Erich, Frantz

Sixtus IV. und die Republik Florenz

Erich, Frantz

Sixtus IV. und die Republik Florenz

Inktank publishing, 2018

www.inktank-publishing.com

ISBN/EAN: 9783747772805

SIXTUS IV.

UND

DIE REPUBLIK FLORENZ.

VON

ERICH FRANTZ,

THEOL. DR.

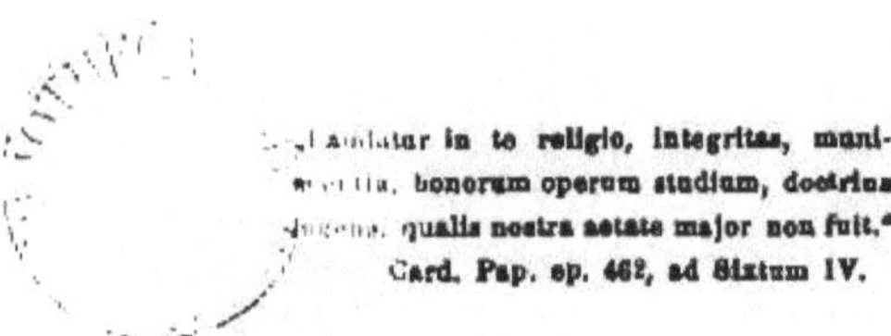

„Laudatur in te religio, integritas, munificentia, bonorum operum studium, doctrina ingens, qualis nostra aetate major non fuit."
Card. Pap. ep. 462, ad Sixtum IV.

REGENSBURG.

DRUCK UND VERLAG VON GEORG JOSEPH MANZ.

1880.

Seinen Hochverehrten Eltern:

Herrn Eugen Frantz,

Königl. Geheimer- und Ober-Regierungs-Rath, Abtheilungs-Chef, Ritter hoher Orden,

und

Frau Agnes Frantz

in dankbarer Gesinnung

gewidmet.

a*

Vorrede.

Das Hauptarsenal der Angriffe gegen Sixtus IV. bietet, ausser den von den Leitern der Republik Florenz producirten Documenten, den Briefen Filelfo's, den Schreiben Ludwig XI., das Diarium Infessura's. Es ist erklärlich, dass in einer von Parteihass erfüllten Bewegung, wie die ist, welche durch die letzten Decennien des XV. Jahrhunderts geht, auch in den Chronisten mehr oder weniger tendenziöse Färbung auftritt; aber hier haben wir es mit einem Autor zu thun, aus dessen Aufzeichnungen infernaler Hass gegen einen Papst aufflammt, dessen Name mit den grössten Denkmälern, den heilsamsten Einrichtungen der ewigen Stadt so unzertrennlich vereinigt ist, dass eine absichtliche Missachtung dieser Verdienste, ein so völliges Uebersehen aller grossen Eigenschaften Sixtus IV. jedem Geschichtsforscher diese Quelle verdächtig machen müsste. Muratori[1]) trug mit Recht Be-

[1]) Cfr. Pref. ad Diar. Inf. (Rer. Ital. Script. T. III, p. 2.)

denken, sie der Sammlung seiner Scriptores Rer. Ital. einzureihen und entschloss sich nur deshalb dazu, weil Eccardus [1]) dieses Tagebuch bereits den „Gelehrten“ zugänglich gemacht hatte. Wir zweifeln nicht, dass in der Hand des unparteiischen Gelehrten diese Quelle unschädlich sein wird, da er Gelegenheit hat, sie mit anderen zu vergleichen und mit Hülfe der historischen Kritik den wirklichen, thatsächlichen Kern zu eruiren versteht. Neben Muratori ist der verständige Tiraboschi, den jeder Kenner italienischer Geschichte als zuverlässig, massvoll und bescheiden im Urtheil erprobt haben wird, in der Kritik über die Zuverlässigkeit Infessura's zu hören. Nachdem er geäussert, dass in der Geschichte des Pontificats Sixtus IV. sich Einiges vorfinde, was nicht zu loben sei, fährt er fort:

„L'Infessura però si mostra sì mal prevenuto contro di lui, che con ciò appunto ci avverte di non fidarci troppo a ciò ch' ei ne racconta. In fatti le sole fabbriche sopra ogni creder magnifiche, che Sisto IV. fece ergere in Roma, e che ancora si veggono, bastano a smentire la taccia di avaro, che l'Infessura gli appone. E quanto agli studi, vedrem fra non molto, che la biblioteca vaticana fu da lui accresciuta e renduta pubblica e ch' ei le diede a custode il celebre Platina. Vedremo ancora che Francesco Filelfo fu da lui con ampio stipendio chiamato a Roma. Quindi Ermolao Barbaro a lui dedicando la sua parafrasi di Temistio, fra le altre lodi che dà a Sisto, annovera l'aver da ogni parte chiamati uomini eruditi e l'avere renduta pubblica la biblioteca vaticana: Nam et ingenia undique conduxisti et Biblio-

---

[1]) Corpus Hist. Medii Aevi, Lipsiae 1723.

thecam opulentissimam aere tuo impensaque publicasti.[1])

Es ist erklärlich, dass die tendenziöse Darstellung der Geschichte, die in neuerer Zeit mehr und mehr die alte schlichte Weise der Chronisten verlassen hat, um sich durch Pikanterien, romanhaften Aufputz, Anecdoten etc. bei der unkritischen Menge in Gunst zu setzen, mit Vorliebe dieses papstfeindliche Diarium ausgebeutet hat und mit der nöthigen moralischen Würde die Schauerscenen dem lauschenden Kreise der Leser vorträgt, an denen diese Quelle nicht arm ist. Nebst dem Diarium des Burchardus, dessen novellistische Beigaben,[2]) zahlreiche Interpolationen in den vorhandenen Copien, und sichtliche Maldicenz dem Historiker von Fach reichliche Gelegenheit geben, historische Kritik zu üben, geniesst das Tagebuch Infessura's bei den offenen und versteckten Feinden der Kirche die höchste Achtung, weil es die nöthigen Waffen liefert, die Päpste als Feinde der Cultur, der Freiheit und der Humanität anzuklagen und diese Anklagen mit den nöthigen Citaten zu belegen, welche den Anstrich der Wissenschaftlichkeit verleihen, der dem Publikum allezeit mehr gefallen hat, als diese selbst. Es leuchtet ein, dass es dem akatholischen Darsteller schwer wird, der geistigen Grösse der Päpste gerecht zu werden, ihrer doppelten Eigenschaft als Herren des Kirchenstaates und Haupt der Kirche Verständniss entgegen zu bringen und unter den Menschlichkeiten die unvergleichlichen Züge der göttlichen

---

[1]) Storia della Letteratura it. T. VI, p. 1, pag. 98, ed. di Venezia 1823.

[2]) So die Geschichte der 50 M., welche dem Boccaccio entlehnt ist.

Providenz, den unwandelbaren Kern, das Wesen dieser Einrichtung zu schauen; wenn aber von Denjenigen, die diese Erkenntniss haben sollten, durch menschliche Rücksichten auf die Tagesmeinung, durch Trägheit in der Ausübung historischer Kritik gefehlt wird, so giebt es dafür keine Entschuldigung.

Es sei fern von uns, die Fehler und Mängel der Päpste, welche die documentirte Geschichte kennt, deshalb läugnen zu wollen, weil sie die erhabene Würde der Verwalter des Gottesreiches auf Erden an sich tragen; denn die Wahrheit ist immer das Erste und Letzte, und wir haben die Göttlichkeit der Kirche und des unzerstörbaren Wesens der Institution des Papstthums niemals besser erkannt, als in unseren Studien über die Päpste der Renaissance; aber man gestatte uns auch, die von den Feinden der Kirche mit Vorliebe und einseitig gebrauchten unlauteren Quellen des XV. Jahrhunderts durch Vergleichung und Kritik auf das Mass von Wahrheit zu reduciren, das ihnen zukommt. Es ist eigenthümlich, dass gerade Diejenigen, denen die göttliche Einrichtung des Primates und des unfehlbaren Lehramtes in seiner unantastbaren Würde als der Freiheit des menschlichen Geistes unwürdig erscheint, nicht anstehen, als Sclaven der Tendenz sich an eine Privatmeinung hinzugeben, an welche sie Freiheit und Gewissen zu verkaufen kein Bedenken tragen. Jeder aufrichtige Freund der Kirche und ihrer Institutionen wird den Nepotismus, welcher im Leben der Päpste hervortritt, als ein Uebel betrachten, welches die Kirche selbst an erster Stelle verurtheilt hat und verurtheilt; aber derartige Ausschreitungen stehen im Zusammenhang mit den Zeitereignissen, mit dem Zusammenbrechen aller Stützen um den heiligen Stuhl, welche eine mehr von Idealen beherrschte Zeit geschaffen, und die Päpste sind nicht bloss die Lenker der Kirche, sondern auch weltliche Regenten und in dieser Eigenschaft, die die Freiheit ihrer geistigen Wirksamkeit gewährleistet und schützt, ihren Staaten verantwortlich, den Einflüssen der Politik unterworfen und von äusseren Umständen abhängig. In einer Zeit, wie die zweite Hälfte des XV. Jahrhunderts ist, wo die Gesellschaft zerbröckelt, welche die Einheitsidee des Mittelalters verknüpft hat, wo die Bedürfnisse der grossen und kleinen Tyrannen Italiens die freiheitlichen Institutionen der Republiken mehr und mehr verdrängen, wo Selbstsucht auf die Fahne der Bedrücker des Volkes geschrieben ist, wo in der Diplomatie und im Felde alle verbriefte und gelobte Treue verhöhnt wird, wo die Feldherren ihre Armeen im Stiche lassen, wenn es ihre Sicherheit erfordert, oder wenn höherer Sold sie lockt, und mitten im Feldzuge zum Feinde überlaufen, ohne dadurch ihrem Rufe zu schaden, wo die Pergamente der Kaiser die Gewaltzustände sanctioniren, wo Unterdrückung und Gewaltthat die Stelle des Rechtes vertritt, und die Idee des Absolutismus, wie sie die arabische Herrschaft des II. Friedrich verwirklichte, in all den Tyrannen vervielfältigt erscheint, die, legitim oder illegitim, ihren mit dem Schwert eroberten, oder durch Verbrechen gegen ihr eigenes Fleisch und Blut erworbenen Besitz mit dem Bewusstsein festhalten, dass kein moralisches Band sie mit ihren Unterworfenen verknüpft und Furcht allein sie gegen die Rache der zertretenen Menschenrechte schützen kann; worauf, so fragen wir, sollen die Päpste ihre Rechtspflege in dem ihnen zugehörigen Dominium stützen, wenn nicht auf Nepoten? Die Zeitverhältnisse nöthigen sie dazu; die gemisshandelten Gemeinden, die geplünderten Pilger, das verwüstete Land flehen um Schutz und Rache gegen ihre Unterdrücker; die Staaten der Kirche sind durch das Schisma im Verfall; Stadt für Stadt muss zurückerobert werden. Wo ist der Feldherr, dem sie ihre Armeen geben können, der nicht mit dem Feinde pactirte,[1]) während die Heere kämpfen, wo der Diplomat, der nicht, in der Schule Macchiavelli's geübt, dem Zauber des Goldes zugänglich wäre, wo der Lehnsträger, der nicht unter dem Scheine des Rechtes Gewalt übte? Die Zeitverhältnisse drängen Sixtus IV. seinen Nepoten zu: er sendet den thatkräftigen Giuliano della Rovere in die Romagna, um den Parteikämpfen ein Ende zu machen, den Klagen des Volkes gerecht zu werden, er giebt Girolamo das Schwert in die Hand, die Colonna niederzuwerfen, und lässt ihn Imola und Forlì erwerben, um Bollwerke zu schaffen gegen die ehrgeizigen Uebergriffe der Republik Florenz, deren Lenker alle Unordnungen in den Staaten der Kirche fördern, er verleiht die Präfectur der Stadt an Leonardo della Rovere und das Vicariat von Senigallia und Mondavio an den Bruder Giuliano's, weil er glaubt, sich auf ihre Treue stützen zu können. Wir wiederholen an dieser Stelle, dass wir damit den Nepotismus nicht rechtfertigen, sondern nur erklären wollen; denn es ererscheint uns unglaublich, dass ein Mann, wie Sixtus IV., der als Ordensmann die höchste Achtung geniesst, seines tadellosen Wandels wegen das Bürgerrecht von Perugia erhält und in ganz Italien

---

[1]) Costanzo Sforza von Pesaro, General der Florentiner, geht plötzlich zu Venedig über; Sanseverino spielt, wie Ludwig XI., eine doppelte Rolle. Der Herzog von Calabrien lässt seine Armee im Stich und flieht nach Toscana, wo er kläglich abwartet, was man über ihn beschliesst.

als Gelehrter wie als Kanzelredner geachtet ist, des Vertrauens seiner Ordensgeneräle würdig befunden und auf ausdrückliches Verlangen Bessarions von Paul II. zum Cardinal creirt wird — der ihn dabei als seinen Nachfolger bezeichnet — der endlich durch die Bemühungen des trefflichen Francesco Gonzaga, Cardinals von Mantua, und Bessarions diese Würde erhält, plötzlich, nachdem er so viele Proben seiner idealen Geistesrichtung abgelegt, keinen andern Gedanken mehr gehabt habe, als den, eine Hausmacht zu gründen! Ein Mann, den Bessarion überall seines gediegenen Urtheils halber zu Rathe zog, ist nicht der Spielball niedriger Leidenschaften; dabei läugnen wir die sträfliche Schwäche der Verwandtenliebe keineswegs, die diesem starken Geiste anhing, den Aegidius von Viterbo mit der Eiche verglichen hat, und die ihn die Uebergriffe der Nepoten mit allzugrosser Nachsicht übersehen liess.

Die Politik Sixtus IV. war mehrfach unglücklich; aber weshalb sollen wir den lächerlichen Anklagen Guicciardini's und Anderer Glauben schenken, dass der Papst kriegslustig und ein Feind des Gleichgewichtes der italienischen Mächte gewesen sei, etwa weil er überall da, wohin er sich wendet, Verrath und Falschheit begegnet? Er war allen Mächten Italiens entgegengekommen und hatte in friedfertiger Gesinnung die Streitenden auf das Ziel gemeinsamen Kampfes, den Islam, hingewiesen, er hatte für ein Concil geeifert, aber die Fürsten hatten seinen Ruf verachtet, weil das Concil nicht nach ihrem Sinne war. Ludwig XI. intendirte ein Schisma; in Deutschland waren die Basler Traditionen mächtig; Spanien lähmten innere Kämpfe; Venedig legte den langen Kampf gegen die Türken nieder und wandte sich den Eroberungen in Italien zu; Neapel, Florenz, Mailand verfolgen die Ziele der Tyrannis, ihre künstliche Herrschaft zu befestigen. Wohin Sixtus IV. sich wandte, hat Verrath ihn erwartet. Florenz, Neapel, Mailand und Venedig haben ihre Verträge gebrochen und den Papst durch die Verachtung der Rechte des apostolischen Stuhles erbittert. Wollen wir ihn anklagen und verantwortlich machen für das Unrecht seiner Zeitgenossen, denn die Gründung der zwei kleinen Fürstenthümer Imola und Forlì kann doch kein Hinderniss des Friedens gewesen sein?

Es ist uns immer unklar gewesen, wie die Anklagen Infessura's über Geiz und Härte des Papstes so viel Glauben finden konnten, während die schrankenlose und echt fürstliche Liberalität desselben so offen zu Tage liegt, dass die Böswilligkeit dieser Angriffe dem Autor jedes Vertrauen entziehen musste. Philippe de Commines, der im Jahre 1478 mit mancherlei Vorurtheilen behaftet nach Rom ging und mit der Ansicht zurückkehrte: „Die Päpste seien weise und wohlberathen, und ohne die Zwistigkeiten der Colonna und Orsini würde das Dominium der Kirche der glücklichste Aufenthalt für seine Bewohner sein, denn sie zahlten keine Steuern und Abgaben," ist gewiss ein unparteiischer Zeuge.[1]) Wo bleibt da der habgierige Sixtus, wie ihn Infessura schildert, wenn ein Feind, der gekommen ist, dem Papste Verlegenheiten zu verursachen, die Stadt mit solchem Urtheil verlässt? Infessura geht noch weiter. Nachdem er Seiten mit den Schilderungen des Geizes, der Eroberungssucht, der Habgier Sixtus IV. angefüllt, klagt er ihn als „crudelissimus Nero" an, den un-

[1]) Cfr. Kervyn de Lettenhove, Lettres et Négociations de Philippe de Commines, Bruxelles 1867, T. I, pag. 184.

schuldigen Lorenzo Colonna, der mit den Waffen in der Hand in offener Empörung gegen seinen Landesherrn gefangen wird, gemordet zu haben. Wenn wir den Papst in seinem Verhalten den Factionen der Grossen gegenüber betrachten, können wir ihn nur allzugrosser Milde anklagen: hier musste Cesar Borgia kommen und den Heerd dauernder Revolutionen und bürgerlichen Elends zerstören.

Die vorliegende Darstellung, welche zunächst das Verhältniss des Papstes zu Florenz, aus dem sich so viele Gesichtspunkte für die Beurtheilung der Zeitverhältnisse, der Tyrannis in Italien überhaupt ergeben, in's Auge fasst, lässt die kirchlichen Zustände, das Verhältniss des Papstes zur Kunst, seine Bedeutung als Theologe als ausserhalb ihres Bereiches liegend bei Seite; denn die vorwiegende Betonung der politischen Ereignisse ist hier die Hauptsache. Eine Würdigung des Pontificates Sixtus IV. in allen seinen Beziehungen würde, einen viel bedeutenderen Raum einnehmend, dem Zwecke dieses Buches nicht entsprechen. Demnächst soll in einem besonderen Bande das Verhältniss des Papstes zur Kunst behandelt werden. Da wir voraussetzen, dass nur Fachmänner diese Abhandlung zur Hand nehmen, sind der Ersparniss des Raumes halber und da, wo die Präcision des Ausdrucks der Gedanken es wünschenswerth machte, die Citate im Text unübersetzt geblieben; denn es lag uns besonders am Herzen, so viel wie möglich die Quellen unmittelbar reden zu lassen: die moderne Fassung des Gedankens schwächt das Originelle desselben ab und nimmt ihm seine ursprüngliche Kraft, zu überzeugen und anschaulich zu machen. Das Geistreiche der Florentiner Chronisten, die Anmuth und Kraft ihrer Sprache verlieren in der Uebertragung, ebenso die elegante lateinische Prosa des Cardinals von Pavia. Savonarola's eherne Worte erscheinen, übersetzt, kraft- und farblos; die köstliche Einfachheit Landucci's verliert ihren poetischen Reiz, die Vornehmheit Guicciardini's ihren Zauber und die Würde ihrer Erscheinung.

In der Einleitung konnte bei der Fülle des Materials für die Zeit überall nur angedeutet werden. Die Kritik Savonarola's ergänzt das, was der Verfasser in „Fra Bartolommeo della Porta“ [1]) über diesen wunderbaren Mann gesagt. Für die Bedeutung der thomistischen Studien ist noch auf Carl Werners grosse und verdienstvolle Arbeiten hinzuweisen, sowie auf die unvergleichliche Encyklika Leo XIII., des gelehrten und feingebildeten Papstes, die alle Herzen mit Genugthuung erfüllen muss, dass die Kirche in so schwierigen Zeiten ein so hellstrahlendes Licht besitzt, sie durch die Irrpfade der menschlichen Weisheit zu geleiten. Auch die empirischen Wissenschaften verdanken in der That dem heiligen Thomas eine gesunde Basis der Speculation, Klärung und Erweiterung der Begriffe. Die Unfruchtbarkeit der neueren Philosophie, die ihre Armseligkeit hinter unverstandenem Ballast und Wortschwall verbirgt, ist so gross, dass wir sie als wesentlich negativ bezeichnen können. Der Mangel gemeinschaftlicher Basis des Operirens, die Zügellosigkeit der aller höheren Einheit baaren Gedanken, die Verschwommenheit der Gefühle haben ein Chaos geschaffen, in dem wie in den abstrusen Speculationen der Platoniker des XV. Jahrhunderts das trübe Licht des Aberglaubens die aufgehende Sonne des Glaubens ersetzen muss.

---

[1]) Regensburg, 1878.

Von einer wesentlich fördernden Wirkung dieser Philosophie auf die Wissenschaften zu sprechen, ist nicht möglich; für das Leben ist sie unfruchtbar geblieben oder zur Quelle des Unheils geworden, indem sie den krassen Realismus gebar, der sich als natürliche Folge unbefriedigter, dem Geiste des Menschen eingepflanzter Bedürfnisse der Erkenntniss transcendentaler Wahrheiten darstellt. Eine Rückkehr zu den Principien des heiligen Thomas würde wieder eine gemeinschaftliche Basis der Speculation geben und die mehr und mehr von ihrem himmlischen Ursprunge und von einander sich entfernenden Wissenschaften durch ein Band vereinigen, das ihnen in der Einheit Halt verleihen und sie vor der Erstarrung in der Sclaverei des Materialismus bewahren würde.

Was die classischen Studien der christlichen Gesellschaft betrifft, wollen wir noch auf Daniel hinweisen. Burckhardt ist vielfach citirt worden, weil die Urtheile desselben keineswegs als zu kirchenfreundlich bezeichnet werden können; ebenso ist der sehr gemässigte Alzog mit Absicht ein paar Mal genannt worden, um den Verfasser gegen den Vorwurf der Einseitigkeit zu decken. Savonarola's Bedeutung als Politiker wurde besonders betont, weil man in Deutschland vielfach sich einen phantastischen Mönch denkt, der nur auf die Erregung der Massen speculirt, von einer praktischen Seite seiner Reform aber wenig Kenntniss hat. Die Widersprüche der Villari'schen Auffassung des Reformators wurden hervorgehoben; sie gehen aus augenscheinlicher Unkenntniss in der Behandlung der theologischen Fragen hervor; nachweisen, dass Savonarola auf katholischem Boden geblieben sei, kann man nur, wenn man diesen Boden kennt und den „Triumphus crucis" studirt hat, sowie die

Predigten, in denen Savonarola über das Verhältniss von Vernunft und Glauben spricht: mit humanistischen Phrasen lässt sich da nicht operiren. Einige Unachtsamkeiten im Druck, welche der Correctur entgangen sind, wolle der Leser gefälligst verbessern. So möge das Buch hinausgehen und dem grossen Papste Sixtus IV. trotz seiner vielen Gegner Freunde erwerben. Hätte er nur die Schätze der Vaticana der Welt geöffnet und sich so als würdigen Nachfolger Nicolaus V. gezeigt, es hätte genügt, seinen Namen unsterblich zu machen, aber ausser diesem gewaltigen Denkmal sind unzählige andere vorhanden, die seinen idealen Geist bekunden; gewiss war es der aufrichtige Wunsch seines Herzens, den er in dem Breve über die Dedication von S. Maria della Pace ausgesprochen hat:

„Sperantes quod per haec et alia quamplura praeclara templa et pia loca, quae in alma Urbe et extra a fundamentis propriis expensis nostris et quidem magnis fundari et instaurari facimus et vita nobis comite, cum aliis bonis operibus omnino perseverare intendimus, Italia ipsa dulcedine pacis fruetur et in ea laetabitur."

Was einst der Generalinquisitor für Oberdeutschland, Heinrich Krämer, dem armseligen Werkzeuge des Hasses gegen Sixtus IV., Andreas von Krain, auf seine Insulten antwortete,[1]) möchte Allen gelten, die für das Grosse und Erhabene in diesem Pontificat kein Wort des Lobes haben: „Si ex caritate fraterna haec processissent, utique et laudabilia ipsius Papae opera non subticuisses, *quae tot et tanta existunt, ut a tempore principis Apo-*

---

[1]) Hottinger, Hist. Eccl. N. T. Saec. XV, Tiguri 1654, p. 395 seqq. Ep. Henrici Institoris, Inq. gen. Sletstadt, X. Aug. 1482.

stolorum usque ad praesens, nullus ex cathedra ejus fecisse legitur. Nam pro augmentatione Divini cultus Hospitale S. Spiritus de novo a fundamentis aedificavit, cui et simile non reperitur. Demum et Cappellam cum choro in Ecclesia S. Petri principis Apostolorum, Cappellam palatii Apostolici, Ecclesias infra scriptas S. Mariae de populo. S. Ciri et Johannis, S. Petri ad vincula, S. Vitalis, S. Susannae, S. Nerei et Achillei, S. Stefani rotundi, S. Johannis de Malva, S. omnium Apostolorum, S. Salvatoris in ponte. Insuper et Bibliothecam, cui et similis in orbe non invenitur, libris pretiosissimis, uti lucidae doctrinae amator extruxit ac decoravit. Pontem denique dirutum maximis sumptibus restauravit, stratas et vias publicas urbis reformavit: unde et ab omnibus instaurator urbis proclamatur. Rhodiensibus idem magnis sumptibus subvenit, ac in pecuniis, ultra summam XII. millium ducatorum transmisit, Regique Ungariae, sumptibus maximis, pro fidei tuitione saepius succurrit: Cappellam Apostolicam paramentis pretiosissimis decoravit. Omnes pauperes Episcopos et Praelatos quotidie reficit. Demum a primo anno suae creationis summam adhibuit diligentiam, ne Turcorum feritas invalesceret etc. Et quoties serenissimo D. Imperatori et aliis Regibus Christianis legatos misit, et nuntios, persuadendo pacem, pertractando concordias, et ut eorum potentiam cum sua contro inimicos crucis Christi erigere vellent! Quid denique Reginae Bosnae expulsae de suo regno, ad dies vitae quolibet mense quinquaginta florenis de Camera opus erat providere? Et Reginae Cypri etiam de suo regno expulsae, dum Romae extitit, providere curat! Insuper et in omnibus regionibus Romanae urbis sunt certi deputati a sua sanctitate, qui sub poena praestiti juramenti habent providere pauperibus per certam quantitatem pecuniae, fiuntque multae aliae provisiones personis indigentibus secrete, quas mandans, dans et recipiens novit, nec vult Papa, quod sciatur. Haec et alia, tu schismatice, si corde perspexisses, et Christiano populo in exemplum promulgasses, non te ipsum vulnerasses, cum hoc habeat proprium Ecclesia, ut praevaleat et triumphet, ubi pulsatur et premitur."

Der Verfasser.

Inhalts-Verzeichniss.

b*

Seite

V. Capitel.

VI. Capitel.

Einleitendes.

Italien in der zweiten Hälfte des XV. Jahrhunderts mit besonderer Berücksichtigung von Florenz.

Auf den Trümmern des römischen Reiches hatte die Kirche das richtige Verhältniss von Geist und Materie, von Ewigem und Endlichem in einer neuen Ordnung der Dinge befestigt, und in dieser Ordnung lagen alle Wohlthaten echter und dauerhafter Cultur beschlossen. Indem die Kirche die höchsten Ziele der Gesellschaft in das Uebersinnliche verlegte, schuf sie einen Schwerpunkt, der alle vorhandenen Kräfte vereinte. Politik, Wissenschaften, Künste erhielten einen idealen Character; die Macht hatte dem Recht, die Materie dem Geiste, das Gegenwärtige dem Zukünftigen, der Mensch und seine Interessen dem Göttlichen sich zu unterwerfen. In der Ausgestaltung des sichtbaren Gottesreiches auf Erden wurden die edelsten Kräfte wachgerufen, erklangen die verschiedensten Saiten der Menschennatur zu harmonischem Wohllaut, wichen die Schatten des Todes langsam zurück von den Völkern, die sie so lange in Erstarrung gehalten. Aber nur in mühevollem, todesmuthigem Ringen vermochten die Bekenner und Streiter des wahren Gottes dem Paganismus, dessen

Frantz, Sixtus IV. 1

Wesen tief im Materiellen wurzelt, den so lange besessenen Boden zu entreissen. An diesen Kampf schloss sich dann ein zweiter mit der Barbarei der nordischen Völker, deren Invasion die kaum befestigte Cultur zu erschüttern drohte. Auch diese ungefügen und gestaltlosen Massen ordneten sich unter dem Walten des neuen Geistes zu staatlichen Organismen, die in der welterlösenden und beherrschenden Idee der Kirche ihren lebendigen Mittelpunkt erhielten. Das Resultat dieses durch die grossartige Politik der Päpste zur Vollendung geführten civilisatorischen Werkes tritt im christlichen Mittelalter zu Tage. Dann beginnt am Ende des XIV. Jahrhunderts in dem Schisma ein gewaltiger Feind der Gesellschaft sich zu erheben, die durch die Weltmacht der Kirche zu geistiger Höhe geführt ist und von ihrem lebenspendenden Centrum, dem unfehlbaren Lehrstuhl Petri, die orthodoxe Lehre unverfälscht empfangen hat. Der gesunde und beständige Contact mit dieser Quelle des lebendigen Wassers war nothwendige Voraussetzung freier staatlicher und volksthümlicher Entwicklung der Nationen auf der geschaffenen Basis und die einzig sichere Garantie für jene wahre Civilisation im Lichte göttlicher Freiheit, welche nicht einseitig auf Kosten der Volksfreiheit für die Gewalthaber da ist, sondern für Alle. Von dieser Quelle des Lebens getrennt mussten die dem Schisma unterworfenen Länder jener geistigen Erstarrung verfallen, welche alle Blüthen des Volkslebens zerstört, der Tyrannei den Boden zubereitet und, schlimmer als der erste Tod im Paganismus, vielleicht für immer jeden geistigen Aufschwung vernichtet.

Das XV. Jahrhundert bedeutet das Wiederaufleben der heidnischen Idee. Es wendet sich mit Vorliebe und innerem Drange zur vorchristlichen Cultur zurück und versucht, dieselbe mit den geschichtlichen Thatsachen und der Entwicklung eines Jahrtausends aus der christlichen

Weltidee heraus zu verschmelzen. Die grossen Entdeckungen der zweiten Hälfte des Jahrhunderts, die Auffindung neuer Ländergebiete, gehen aus der fieberhaften Anspannung geistiger Kräfte hervor, welche sich anschicken, die Erde in Besitz zu nehmen. Der Schwerpunkt ihres Ringens liegt nicht mehr im Idealen, sondern in der Welt der sinnlichen Erscheinungen. Die Universalität der Talente scheint eine besondere, den grossen Geistern dieses Jahrhunderts verliehene Gabe zu sein, und auf dem gährenden Boden wachsen die Gestalten wie Treibhauspflanzen zu üppiger Grösse empor. Die Vielseitigkeit und geistige Regsamkeit in dieser Zeit sind zugleich der beste Beweis für die Gestaltungskraft des Mittelalters, welche die Geister erweitert, ihre Fähigkeiten gesteigert, ihre Spannkraft gestählt hatte. Auch aus den gewaltigen Kräften des gefallenen Geisterreiches und der Tiefe ihres Sturzes schliessen wir auf die Erhabenheit und Macht ihrer einst dem Lichtquell zugekehrten Wesenheiten und die Höhe ihres Aufschwungs zum Göttlichen. In der Erschlaffung des moralischen und politischen Bewusstseins, welche ihre Wurzeln in den zersetzenden Kämpfen des Guelfen- und Ghibellinenthums und in den schismatischen Bewegungen haben, greift man zur antiken Cultur zurück, weil man sich ihr innerlich verwandter fühlt. Es ist bekannt, dass classische Studien innerhalb der Kirche auch im Mittelalter ihre Würdigung fanden,[1]) und dass Petrarca's mehr anregende

[1]) Scotus Erigina im IX., Gerbert im X. Jahrhundert, die Klosterfrau Hroswitha sind Kenner des classischen Alterthums. Das Trivium und Quatrivium ist überhaupt ohne classische Studien nicht denkbar. (Vergl. Alzog, K. G., 9. Aufl. p. 96). Raimundus Lullus hatte sich seit 1286 bei Honorius IV. bemüht, öffentliche Schulen für das Studium orientalischer Sprachen errichten zu dürfen. (Tiraboschi, Storia della Lett. It. Tom. V, p. 3, Venezia, 1823). Das Concil von Vienne 1311 enthält unter den von

als bahnbrechende Wirksamkeit vielfach übertrieben worden ist. Aber es ist, zumal in der zweiten Hälfte des XV. Jahrhunderts, die uns hier vornehmlich beschäftigt, nicht der Geist der keuschen Antike in Literatur und Kunst, dem man sich zuwendet, sondern die Cultur einer sinkenden Zeit, eines perikleischen und augusteischen Zeitalters, dessen üppige Geistesblüthen in Kunst und Wissenschaft die zerbröckelnden Hallen der Volksfreiheit überkleiden. Wie in den Staatenbildungen des Quattrocento in Italien die Künstelei, das politische System, die Ansprüche und Bedürfnisse der emporwachsenden Dynastien die Stelle natürlicher und volksthümlicher Entwicklung mehr und mehr verdrängen, so tritt auch in Kunst und Poesie Kün-

---

Clemens V. publicirten Gesetzen (Corp. Jur. Can. Clem. tit. de Magistris) die Bestimmung, dass an den Orten, wo die röm. Curie ihre Residenz hat und ausserdem an den Universitäten Paris, Oxford, Bologna, Salamanca zwei Professoren der hebräischen Sprache, zwei der arabischen, zwei der chaldäischen anzustellen seien. Mons. Gradenigo sagt, dass in einigen Codd. diesen drei Sprachen auch die griechische beigefügt sei. (Della Letter. greco-ital. p. 116 seq.) Die stürmischen Zeiten verhinderten theilweise die Ausführung des Decrets, das man dem Eifer des R. Lullus für die Bekehrung der Ungläubigen verdankte. Mons. Gradenigo erwähnt in seinem Briefe an Card. Querini, dass das Studium des Griech. nach dem XI. saec. in Italien immer cultivirt wurde (Tirab. l. c. p. 605 seq.). Später wurden durch ihre Uebersetzungen aus dem Griech. berühmt: Pietro d'Albano, Niccolò di Reggio (übersetzte den Galen), Paolo da Perugia (Custode der Bibliothek des Königs Robert) und Cristina da Pizzano. Antonio Galateo erzäht von einem Kloster griechischer Mönche bei Otranto, das später durch die Türken zu Grunde ging: „Hic Monachorum Magni Basilii turba convivebat: hi omni veneratione digni omnes literis Graecis et plerique latinis instructi optimum sui praebebant spectaculum. Quicumque graecis literis operam dare cupiebant, iis maxima pars victus, praeceptor, domicilium sine aliqua mercede donabatur. „Sic res graeca, quae quotidie retro labitur, sustentabatur." (Tirab. l. c. p. 607.)

stelei an die Stelle nationalen und religiösen Aufschwungs. Es wird gewiss Niemand in den lateinischen Geschichtswerken Florentiner Historiker, welche die Form römischer Autoren im Auge haben, Wahrheit, ungekünstelte Anschauung des Lebens und jene ewig ansprechende, bescheidene und würdevolle Anmuth des Gedankens, die oft zu hoher poetischer Schönheit sich gestaltet, suchen, wie sie in den Werken volksthümlicher Chronisten zur Freude des Geschichtsforschers als ein ewig frischer Lebensquell dahinfluthet.[1])

---

[1]) Der gewissenhafteste der Florentiner Chronisten ist wohl Nardi. Varchi sagt von ihm: „Ich liebe ihn wie einen Vater," und Ranke (Zur Kritik neuerer Geschichtschreiber, Berlin 1824, p. 81, 82) fügt hinzu: „Diese Gesinnung gegen sich ist er auch in seinen Schriften zu erwecken im Stande. Gesinnung, Originalität und Wahrheit der Darstellung werden ihm die Unsterblichkeit sichern, so lang man italienisch liest." Kurz vorher sagt derselbe Autor: „Er zeigt sich überall rein, ohne Falsch, gottesfürchtig, nachsichtig und bescheiden." Von Nerli, dessen Buch „commentari de' fatti civili occorsi dentro la città di Firenze" stets eine brauchbare Quelle bleiben wird, spricht Ranke nicht weniger rühmlich (l. c. p. 84): „obwohl es nicht so lebendig, voll so vielen Details ist, wie andere, so erinnert es in seiner Ruhe an die Alten; auch hier ist wie bei Nardi vollständige Kenntniss und eine gewisse Schönheit beisammen." Die umfangreichen „Istorie Fiorentine di Piero di Marco Parenti," Ms. der Magliabech. Cl. XXV, cod. 303, umfassen den Zeitraum von 1476—1507, geben eine sehr minutiöse Darstellung und sind ein wahres Repertorium wie die Diarien Marin Sanudo's in Venedig. Scipione Ammirato, Canonicus zu Florenz, von Attendolo seiner Zeit der „Principe degli Istoriografi del suo secolo," von der Accademia della Crusca der „nuovo Livio" genannt, giebt in seinen „Istorie Fiorentine" eine quellenmässige Darstellung bis zum Jahre 1434, welche von Ammirato d. J. fortgesetzt wurde. Die erste Ausgabe erschien 1648 mit der Widmung an Grossherzog Ferdinand. Scipione Ammirato da Lecce gehörte einer alten Guelfenfamilie an (lib. II. ist. T. I, p. 123) und wurde von Cosimo I. mit der Abfassung seines Geschichtswerkes

Man wird, um Rafael's geistige Grösse am reinsten zu geniessen, vor jene Werke hintreten, wo er als Erbe Giotto's, als Erbe der grossen unvergleichlichen nationalen Florentiner Kunstentwicklung mit religiöser Begeisterung seine tiefsten Gedanken hingeschrieben hat, wo man es ganz zu fühlen vermag, dass er auch ohne die Antike, auf den Schultern seiner grossen ruhmvollen Ahnen stehend und aus ihnen emporwachsend, seine künstlerische Anschauung geformt hat. Man wird, um die Schönheit volksthümlicher Poesie rein in sich aufzunehmen, eher die ebenso einfachen als rührenden „Laudi", welche Feo Belcari in Florenz gesammelt hat, zur Hand nehmen, als die Schaar der Nachahmer römischer Lyrik, in denen das Absichtliche, das unlautere Betonen der Form auf Kosten des Inhalts den reinen Genuss zerstört.

Man wird, um sich lebhaft in Fühlen und Denken der Zeit, in die Anschauungen des Volkes zu versetzen, mit Vorliebe sich in jene zahlreichen Diarien [1]) versenken,

---

beauftragt. Auf der Villa della Topaja, oberhalb der königlichen Villa von Castella, verarbeitete er das aus den Archiven geschöpfte Material in aller Musse. Ammirato d. J. ist mit ihm nicht verwandt, sondern nur sein Gehülfe, sein Name war Cristoforo del Bianco; von Ammirato erhielt er Namen und Wappen der Familie. (Vergl. Moreni, Bibliogr. Tom. I, p. 30 seq.) Buoninsegni in der „Istoria Fiorentina" ist in der Schilderung der Ereignisse seiner Zeit, an denen er in hohen Aemtern stehend, Antheil hatte, zuverlässig. In dem Vorhergehenden giebt er einen Auszug aus Villani. Goro Dati (Istoria di Firenze) geht von 1380—1405 und giebt werthvolle Details über Zusammensetzung, Namen, Character der Magistrate u. a. öffentlichen Aemter, auch über die Innungen. Er war 1363 geboren und starb 1436, gehörte zu den Prioren und war Gonfaloniere. (Vergl. Moreni, l. c. p. 316.)

[1]) Ueber Alamanno Rinuccini sagt Franc. Bocchi: „Alamannus R., natus Florentiae nobilissimo genere, optimis artibus adeo animum suum excoluit, ut se diuturno studio clarissimum effecerit."

deren ungekünstelte, kernige Sprache, gesunde Lebensphilosophie uns oft zur Begeisterung hinreisst, während die elegante Prosa eines Bembo uns kalt lässt und wir uns von der classischen Latinität der Verse Panormita's in seinem den Mediceern gewidmeten „Hermaphroditus" mit Ekel abwenden müssen. Selbst Lionardo Bruni's und Giannozzo Manetti's Lebensbeschreibungen grosser Florentiner muthen uns in ihrem gezwungenen Stil nur wenig an, während uns das einfache Diarium Luca Landucci's und manche der zahllosen volksthümlichen Novellen mit wahrer Genugthuung erfüllen. Vespasiano's da Bisticci ungekünstelte Aufzeichnungen[1]) enthalten eine feine treff-

---

S. Bandini, Specimen litt. Flor. Tom. II, p. 3. Er war Schüler des Argyropulos im Griechischen und sehr angesehen. 1504 starb er und wurde in S. Croce in Florenz in der Familienkapelle begraben (l. c. p. 5.). Seine Tagebücher, wichtig für die Geschichte der Mediceer, zeigen eine grosse Liebe zur Wahrheit und echt republikanische Gesinnung. (Diarii di Alam. Rinuccini, insieme colle notizie istoriche di detta Famiglia, Fir. 1840. Eine wichtige Publication, besorgt von Marchese Pierfrancesco Rinuccini und Giuseppe Ajazzi). So sagt R., nachdem er den Verlust der Florentiner Freiheit durch die Machinationen Lorenzo's erzählt „di che seguì la rovina di quella cittade e la perdita della libertà; e questo parlo per il vero, benchè io Al. R. fossi creato uno del numero di quelli della Balia." Für die Zeit Savonarola's ist wichtig das treffliche Diarium des Luca d'Antonio Landucci, speziale, von 1450—1542.

[1]) Vite di Uomini illustri del secolo XV. scritte da Vespasiono da Bisticci. Zuerst von Angelo Mai im Spicilegium Rom. im I. vol. edirt und mit eleganter lat. Einleitung versehen. Mehus in der Vorrede zum Leben des Ambrogio Camaldolese giebt auch viele Notizen über den „umile cartolaio fiorentino," welcher der Vertraute fast aller bedeutenden und gelehrten Männer seiner Zeit wurde. Nicolaus V. schätzte ihn sehr, und nahm ihn freundlich in Rom auf, als er sich zur Begrüssung des Papstes einstellte. Bei der Vaticana sowohl als bei der urbinatischen Bibliothek war er thätig.

liche Beobachtung des Lebens, eine Fülle reinen, religiösen Gefühls und gesunder Lebensweisheit, die sie zu einer wahren Perle unter den Quellen des XV. Jahrhunderts gemacht haben. Auch wird man gewiss manche Seite der Malerbiographien des „Anonymus"[1]) in ihrer anspruchslosen Art dem Vasari vorziehen, zumal da, wo dieser die Parteilichkeit seines Wesens hervorkehrt. Wer zöge endlich nicht auch die gewaltige urewige Poesie Gottes, die in den Tractaten und Predigten Savonarola's lebt, dem unfruchtbaren Speculiren Ficino's vor, wie es in seinen voluminösen Arbeiten zu Tage tritt, deren Vorwurf die Versöhnung des Christenthums mit dem platonischen Lehrbegriff bildet? Wir läugnen nicht, dass die thomistischen Spitzfindigkeiten am Ausgange des Mittelalters manchen Ekel an der hergebrachten Form des Wissens erzeugten, aber wir erkennen auch in der Klärung der Begriffe und feinen Ausgestaltung der Form für den Ideeninhalt, wie es das erhabene, dem gothischen Dom vergleichbare Lehrsystem des heiligen Thomas mit sich brachte, die nothwendige Voraussetzung für die freiere Behandlung der neueren Wissenschaften und der empirischen insbesondere.[2]) Haben die Vertreter des Humanismus, deren Wirksamkeit mehr in die erste Hälfte des Jahrhunderts fällt, wie Niccolò Niccoli, Lionardo Bruni von Arezzo, Giannozzo Manetti, Ambrogio Traversari, Palla Strozzi, Guerino Veronese, Maffeo Vegio, Benedetto Accolti[3]) ein reineres und

---

[1]) Cod. 17, cl. XVII. Magliab. Von Vasari benutzt, in vielen Dingen aber immer noch eine brauchbare Quelle.

[2]) Plassmann, die Philosophie des heiligen Thomas, I. B., Vorschule.

[3]) Von Maffeo Vegio sagt Vesp. Fior. Vite, Firenze, ed. Bartoli, 1859, p. 502: „Istimò piùi beni eterni che i mortali e caduchi, e andò drieto a quello vero fine, a che debbe andare ogni fidele christiano." Wunderbar an Einfalt und Tugend ist auch das heilig-

aufrichtiges Streben nach jener sittlichen Veredlung der ganzen menschlichen Natur, welche einst den Alten vorschwebte, so tritt später, zumal bei den neuen Platonikern ein unfruchtbares Bemühen zu Tage, das Christenthum mit platonischen Ideen zu vermengen. „Vielen unter ihnen stand auch die platonische Philosophie höher als das Christenthum selbst, und Pletho scheute sich nicht, die Hoffnung auszusprechen, dass das Christenthum sich bald zu einer dem Heidenthum nicht allzufern stehenden Universalreligion ausbilden werde." [1]) In edleren Geistern, zu denen un-

mässige Leben Vittorino's da Feltre, der in Mantua lebte, und von dem Vesp. Fior. eine so köstliche Biographie gegeben hat (l. c. p. 491 seq.). Palla Strozzi ist ein würdiger Repräsentant jenes echt volksthümlichen Adels, wie er nur in Florenz möglich war. Fra Ambrogio, der bescheidene und gelehrte General der Camaldulenser versammelte in seinem Kloster in Florenz die Elite seiner studieneifrigen Zeitgenossen (auch Cosimo de' Medici gehörte zu seinen Verehrern). Papst Eugen, der damals in Florenz weilte, liebte ihn sehr, seiner Gelehrsamkeit und Demuth halber. Er wollte nur kirchliche Schriftsteller erklären und erklärte sich erst auf vieles Bitten bereit, des Diogenes Laertius „De vita et moribus philosophorum" für Cosimo de' Medici zu übersetzen. (S. Vesp. Fior., l. c. p. 243). Niccolò Niccoli ist ein wahres Muster eines christlichen Gelehrten; sein Tod ist von Vesp. Fior. höchst anziehend geschildert worden (l. c. p. 473 seq.). Am Schluss ruft der Biograph aus: „Consideri ognuno nella vita e costumi di Nicolao Nicoli, la quale fu di grandissimo esemplo a tutto il mondo; e beato e felice colui, a chi Iddio concede la grazia che concedette a Nicolao."

[1]) Alzog, K. G., II. B., S. 98, Mainz 1872. Ueber die in Florenz herrschende Geistesrichtung giebt der Biograph Savonarola's aus S. Marco Cod. 1885 conv. oppr. bibl. Magliab. folgendes Bild: „Tornando alla città di Firenze, quando il predicatore venne, la trovò piena d'uomini nobili, sagaci, ingegnosissimi e pieni di sapienza umana, *quali non solo non credevano, ma si facevan beffe delle cose della chiesa e della fede e uccellavano chi la difendava,* trai quali furno alcuni artefici eccellenti, che confessorno non haver

streitig Ficino selbst und Girolamo Benivieni gehörten, ist dagegen das christliche Bewusstsein zu mächtig, um des dogmatischen Glaubensinhaltes verlustig zu gehen. Bezeichnend für Girolamo Benivieni, der später von der platonischen Akademie zu der Savonarola's überging, ist der Brief, in dem seine Gewissenszweifel sich regen. Er hat, ergriffen von der Lectüre des „Convito di Platone" Ficino's eine Canzona gedichtet, in deren Versen er einen Extract der in diesem Werke enthaltenen Doctrinen gegeben. Es entstehen Bedenken in ihm, nachdem Pico diese Canzona mit einem gelehrten Commentar versehen, ob solches Werk einem Bekenner der christlichen Lehre zuständig sei: „nacque nelli animi nostri qualche ombra di dubitazione, se era conveniente a un professore della legge di Christo, volendo lui trattare di Amore, massime celeste et divino, trattarne come Platonico et non come christiano, pensamo che fussi bene sospendere la publicatione di tal opera almeno fino ad tanto che noi vedessimo se lei per qualche reformatione potessi di Platonica diventare Christiana." Dann folgt der Tod Pico's und B. will die Publication ganz unterlassen, da ihm die Dinge der Welt zum Ekel geworden sind: „pieno di confusione et fastidio delle cose del mondo rimanendo pensai di lasciar essa canzona et commento insieme con molti altri mia versi in arbitrio della polvere ... Confidandomi massime nella prudentia, bontà e dottrina di quelli, che ad cosi fare mi hanno persuaso, ben priego hora chi legge che in tutti quelli luoghi dove essa Canzona overo Comento, seguitando *la dottrina di Platone* si parte in qualunque modo della verità christiana possa più in lui l'auttorità di Christo et de sua santi, oltre alle ragioni inrefragabili de

---

mai creduto nella fede nostra, ne vi ora quasi bontà alcuna se non in cerimonie e apparenza."

nostri Theologi, massime dello angelico dottore S. Thomaso de Aquino in contrario addatte, che la oppenione di uno huomo gentile, scusando l'error nostro, se errore però chiamare si può, el recitare semplicemente e sanza alcuna approvatione la oppenione daltri, anchora che non vera, e scusandolo, dico con la inscrittione overo titolo preposto a essa canzona et comento, per il quale apertamente si dice *noi voler trattare di Amore, non secondo la verità catholica, me secondo la mente et oppenione de Platonici.*" [1]) Auf diese Weise suchte der gewissenhafte Benivieni sein christliches Bewusstsein zu retten.

Ein gefährlicher Skepticismus fand in den sog. Neoperipatetikern seine Vertretung. So scheute sich Petrus Pomponatius nicht, die Unsterblichkeit der Seele und die göttliche Providenz als philosophisch unhaltbar hinzustellen.[2]) Francesco Filelfo hat durch die Flecken seines Characters den ganzen Humanistenstand in Verruf gebracht; sein Briefwechsel mit Poggio Bracciolini[3]) hat unglaubliche Lascivitäten zu Tage gefördert. Verächtlicher noch als dieses unsaubere Gezänk des Gelehrten ist die Versöhnung, die dann schliesslich einen Theil der vorgebrachten Invectiven als Erdichtungen kennzeichnet.

Wir wollen nicht verkennen, dass es unter den Platonikern ausser Ficino und Benivieni christlich denkende

---

[1]) Opere di Girol. Benivieni. Venetia 1522, p. 3—5.

[2]) Vergl. Alzog, a. a. O.

[3]) Poggio kommt aus derselben Schule wie Lionardo Aretino, Palla Strozzi, Guarino Veronese, Ambrogio Traversari u. A. S. Recanati, Pogii vita, p. I, u. Elogi degli Uomini illustri Toscani, Tom. I, p. 270. Die unglaublichen Obscönitäten Poggio's in den Facetien sind nebst Beccadelli's Hermaphroditus wohl die beste Illustration jener Geist und Herz tödtenden Richtung des Humanismus, welche Savonarola so energisch bekämpfte, indem er auf Vertiefung des sittlichen Bewusstseins drang.

Geister gegeben habe. Unter ihnen scheint Cristoforo Landino, wie aus seinen „Praefationes zu den drei Theilen des Commentars zum Dante" hervorgeht, von den zersetzenden Richtungen der Zeit in seinem gläubigen Erfassen christlicher Wahrheiten nicht berührt worden zu sein.[1] Bandini (Specimen Litt. Flor. saec XV, Tom II, 156 seq.) giebt ihm wenigstens dieses Zeugniss. „Accedebat etiam in eo christianae theologiae singularis quaedam atque exquisita cognitio eaque non scientiae modo, aut ostentationis, disceptationisve, sed vitae ac disciplinae causa comparata: ad ejus enim praecepta animum mentemque referens, omnes suas cogitationes, consilia, actiones vitam denique omnem ad eam conformaverat atque direxerat, ut non modo juxta Philosophorum regulas bene beateque, sed etiam juxta divinum christianorum praescriptum pie, sancteque viveret. Pietatis in Deum non parva supersunt vestigia etc. Societatem quamdam frequenter adibat, ut sacro

[1]) Von Ficino's gläubiger Gesinnung legt besonders sein Buch: „De religione christiana ad Laur. Med." Zeugniss ab. Im dritten Buche spricht er von den Wundern, indem er ein solches, das zu Ancona geschehen, hervorhebt. „Noli," sagt er, „Laurenti mirari, quod Marsilius Ficinus philosophiae studiosus miracula introducit, *vera enim sunt*, quae scribimus, ac philosophi officium est rationibus propriis singula confirmare: sunt autem propriae rerum naturalium rationes, quae secundum naturam sunt: divinarum vero, quae super naturam hujus modi sunt: tum metaphysicae probationes, tum vel maxime miracula: Deus enim non tantum verbis, quantum miraculosis operibus mysteria sua probat et praecepta confirmat, unde illud: Si verbis non vultis credere, operibus credite." Vergl. Rainaldi, Annal. Eccl. ad ann. 1471 num. 56. S. auch den Brief, den Bandini in den Adnott. ad Ficini Vitam auctore Joh. Corsio (bei Galletti de fam. civ. Florentiae 1847) p. 201 abdruckt. Ficino schreibt an Donato Ugolini: „Dono tibi religionem meam.. Si forte nostra haec religio tibi videbitur pauperrima, memento Christianam religionem in paupertate fuisse fundatam."

adesset, quod in sacello Divis (sic) illis Principibus qui Magi vulgo vocantur, dicato, in Coenobio S. Marci Florentiae celebrabatur. Sacras enim conciones hic habuisse Christophorum patet, quae in Strozziana et Riccardiana bibliotheca mss. delitescunt.

Et profecto mirum est, quod inter tot Atheos et aliqua haeresi infectos, qui Florentiae ea tempestate disseminati erant, noster tam ab ea nota procul esset. Enimvero Marsilium Ficinum eodem vitio inquinatum fuisse nonnulli dixerunt, inter quos acriter in illum invehitur Cl. Schelhornius.[1]) Praeterea Angelum Politianum nostri discipulum, Atheum dixere Philippus Melanchthonus et qui hujus auctoritatem sequuti sint, quos exacte refert Menckenius."[2])

Nach Bandini's Ansicht wäre demnach die Schaar der „Athei" ziemlich zahlreich gewesen, was für die Mediceer jedenfalls gravirend erscheint. Die Skepsis, wie sie bei Luigi Pulci, dem Hofdichter, im „Morgante" deutlich zu Tage tritt, ist jedenfalls für den Geist dieses Kreises bezeichnend. Als Savonarola den Florentinern das moralische Porträt des Tyrannen gab, fügte er auch diese Züge bei: „E molte volte, massime in tempo di abbondanza e di quiete, l'occupa [il popolo] in spettacoli e feste, acciochè pensi a sè e non a lui." Poliziano's Muse war stets bereit, diese Dinge zu verherrlichen. „Non solamente fu panegirista delle azioni pubbliche *buone o no,* come il sacco di Volterra, ma e su'l ritratto della fanciulla *quae est in deliciis* e su'l fonte d'Ambra e sur un pioppo rinverdito dinanzi al palazzo di Via Larga, su tutto in somma fa versi."[4]) Die fade Schmeichlernatur Poliziano's zeigte

[1]) Amoenit. litter. Tom. I.

[2]) In Orat. de dicto Pauli, I. Timoth. IV, quae extat Tom. III, Declamat. p. 375.

[3]) In Vita Ang. Politiani, p. 473.

[4]) Carducci, Delle poesie Toscane di M. Ang. Poliziano

sich besonders dem jüngeren Giuliano de' Medici gegenüber „la mano del poeta adulatore scoprivasi alle lodi soverchie del signore innamorato messe in bocca a lui stesso." [1]) Der Dichter bewegte sich nicht immer in so eleganten Versen wie beim Tode der Simonetta, er sucht auch den Cynismus des Marzial nachzuahmen, indem er die Hand nach dem Soldo ausstreckt, den der Herr ihm zuwirft. „A te," schrieb er eines Tages an den Mediceer, „a te il mio verso, a te tutto serve il mio ingegno. Ma ride il popoletto, perchè il mio vestito mostra le corde e dalle scarpe rattopate escon le dita a godere dell'aria aperta: ride e mi tiene per poeta ignorante, che non abbia saputo piacerti. Tu al contrario mi versi lode su lode dal pieno petto. Ora, se vuoi che ti sia creduto e che restin le ciancie, „Laurenti, vestes jam mihi mitte tuas." [2]) Ueber den Cardinal von S. Sisto, der ihn mit blossen Worten belohnt hatte, liess der Canonicus von Florenz sich so aus: „Verba dedi Xisto, decet haec dare dona poetam: Aera decet Xistum reddere, verba refert." Francesco Salviati sollte dann den Cardinal erinnern „nullo hic vates est tamen aere gravis." Er schliesst mit wahrem Cynismus [3]) „Dicenti te Xiste deum si dona dedisses Quae petit jam te diceret esse Jovem." Sollten nicht hier wiederum die Worte Savonarola's einige Berechtigung haben, wenn wir dabei auch an Gentile, den Bischof von

---

in Le Stanze, l'Orfeo e le Rime di M. Ang. Pol., Firenze 1863, p. XXVI.

[1]) Carducci, l. c. p. XXVII.

[2]) Ganz wie Luther, der an den Kurfürsten von Sachsen schreibt und um schwarzes Zeug für einen neuen Rock bittet. Carducci bemerkt hiezu: „ma il frate tedesco non avrebbe chiesto dei soldi col vocabolo proprio e materiale, aera, come il canonico di Firenze" l. c. p. XXVIII.

[3]) con cinica impudenza. Carducci, l. c.

Arezzo denken, der wie kein zweiter in Lorenzo's Umgebung in der „Synodus florentina" den Geist Luthers in seinen unsauberen Ergüssen gegen das Haupt der Kirche sprechen lässt: „E fa dare (il tiranno) i benefizj ai cattivi preti e ai suoi ministri ed a quegli, che sono suoi complici e favorisce i cattivi religiosi e quegli, che lo adulano." [1])

Schlimmer als in Florenz scheint sich in Rom unter Paul II. in der dortigen Akademie ein dem positiven Glauben feindlicher Geist offenbart zu haben. Der Papst sah die Mitglieder derselben als eine Schaar unruhiger, politisch und religiös der Skepsis verfallener Menschen an und liess sie festsetzen, wo er ihrer habhaft werden konnte.[2]) Platina giebt freilich eine ganz andere Schilderung der römischen Akademie, aber sein Verhältniss zu Paul II. lässt sein Zeugniss unzuverlässig erscheinen. Michael Cannensius in seiner Vita Pauli II.,[3]) und später auch der Cardinal Quirini[4]) geben übereinstimmend ein ungünstiges Zeugniss über den Geist dieser römischen Gelehrtenschule ab. Quirini's Worte[5]) lauten: „ei (Paolo II.) tolse di mezzo dalla curia romana l'empia setta e le ree massime di alcuni giovani di corrotti costumi, che affermavano la nostra Cattolica Religione esser più appoggiata all' astuzia di alcuni Santi che a vere e sicure testimonianze, ed esser lecito ad ognuno all' usanza de' Cinici il goder de' piaceri, come più fossegli in grado. Anzi, disprezzando la Religione medesima, credevan cosa ver-

---

[1]) Savonarola, Trattato del Governo II, cap. 3, p. 42, ed. di Pisa 1818.

[2]) Tiraboschi, Tom. VI, p. 1, p. 143 seq.

[3]) Muratori, It. Rer. Script. vol. III, p. 2, p. 993 seq.

[4]) Quirinus, Vit. et Vindic. Pauli II. Romae 1740, p. 78. Auch Gasparo da Verona, der dritte Biograph Paul II., stimmt damit überein.

[5]) Tirab. l. c.

gognosissima il prendere nome di qualche Santo, ed essi perciò rigettato quello che nel battesimo aveano ricevuto, prendeano il nome da qualche Gentile. Non voglio qui nominare l'autore di questa setta, essendo egli notissimo a tutti (Pomp. Leto). Egli fu il primo che tenendo pubblica scuola di grammatica in Roma, cambiò prima a se stesso e poi a' suoi scolari e a' suoi amici il nome. A lui si univano molti uomini arditi e temerarj per modo, che insieme con Marco romano, detto da essi Asclepiade, con Marino veneziano soprannominato Glauco, con Pietro detto Petreio e con Damiano (Filippo) toscano appellato Callimaco congiuraron di togliere la vita al pontefice. E aveano talmente sedotti alcuni giovani, che, se tosto non si fosse usata sollecitudine e diligenza, molti altri ancora avrebbero trascinato a' più enormi delitti. Ma scoperta questa congiura, tutti presero nascostamente la fuga, e que' che furono sorpresi in Roma, senza riguardo alcuno furon condotti prigionieri in Castel S. Angelo."

Drei Biographen des Papstes, Michael Cannensius, Gasparo da Verona und der Cardinal Quirini geben übereinstimmend von seinem Verhältniss zur schönen Literatur ein ganz anderes Bild als der unter dem Einfluss der Abneigung schreibende Platina.[1]) Sie sagen, „er sei so

---

[1]) „Longo carcere et variis tormentis cruciatus multa amaro animo in Paulum scripsit." Cfr. Oldoini, Annot. in Ciaconium, l. c. col. 1087.

Die Ursache der Einkerkerung war der Schmähbrief und die Drohung an den Papst, sich an die Fürsten zu wenden und ein Concil zusammenzubringen: „Platina ob jacturam muneris et lucri ira concitus, cum sibi aditus ad pontificem non daretur, exaravit epistolam, qua Paulo interminari non est veritus, se et alios conventuros concitaturosque reges ac principes, ut concilium indicerent in quo pontifex ob pulsos sedis Apostolicae administros in judicium vocaretur." Rain. Annal. Eccl. ad ann. 1466, n. 22.

weit von aller Abneigung gegen die classische Gelehrsamkeit und schönen Wissenschaften gewesen, dass er sogar die Nächte zum Studium der Alten verwandt habe. Er habe immer auf seine Kosten eine Anzahl strebsamer und mittelloser Jünglinge unterhalten und sie von tüchtigen Lehrern unterweisen lassen, den Professoren habe er pünctlich ihren zuständigen Gehalt auszahlen lassen und oft noch mehr als diesen, überhaupt habe er zu den Gelehrten eine absonderliche Neigung empfunden, wenn nur ihre Sitten ihrer Gelehrsamkeit entsprochen hätten." [1])

Wir sehen in der That, dass zu den Zeiten Paul II. in Rom die Buchdruckerkunst eingeführt wurde, und die Vorreden, mit denen Giovan Andrea, Bischof von Aleria, fast alle damals in Rom gedruckten Bücher ihm dedicirt, sind voll des Lobes dieses Papstes, [2]) „dem diese Kunst so viel verdanke, unter dessen Beistand sie in Rom blühe und gedeihe." Querini citirt eine Anzahl Briefe Filelfo's, in denen dieser die Munificenz des Papstes den Gelehrten gegenüber hervorhebt, „wie er an sich selber genugsam erfahren habe."

---

[1]) Vergl. Tirab. l. c. p. 95 seq.

[2]) „Platina, sagt J. Burckhardt, repräsentirt in seinem „Leben Paul's II." bereits die biographische Carricatur." S. Cultur der Renaissance in Italien, II. B. 3. Aufl. Leipzig 1878, p. 50. Cfr. Rain.: „Platinam enim ultionis cupidine, quod in vincula ob impudentiam suam temeritatemque conjectus, maleque habitus fuisset, satyrico stylo in odium et contemptum Paulum adducere apud posteros annisum perstringunt plures scriptores, ex quibus Papyrius Massonius gesta Pauli conscripturus his praefatur: Te in vita Pauli, Platina non sequimur, *iratus enim et inimico animo scribere videris, remque historico indignam facere, quem ira et odio rapi indecorum est.*

Später sagt er: illum (Paulum) merito laudem ob perenne studium pacis componendae bellique detestandi; optimi enim Pontifices sunt judicandi, qui nullum inter principes bellum ferunt. Annal. Eccl. ad ann. 1471, num. 62.

Jener Brief besonders, den Filelfo nach dem Tode Paul II. an Sixtus IV. schrieb, wo es sich in der That nicht mehr um Schmeichelei handeln konnte, enthält eine lange Apologie des von Paul II. in seinem Pontificate den Künsten und Wissenschaften gegenüber beobachteten Verhaltens und hebt besonders hervor, wie sehr er die Gelehrten begünstigt und geehrt habe.[1])

Das Interesse des Papstes für die Kunst ist bekannt. Ciaconius bezeugt ausdrücklich: „Statuas veteres tota urbe undique conquisitas in suas illas aedes, quas magnificentissimas sub Capitolio ad S. Marcum extruebat, congerere studuit, advecto etiam ex S. Agnete B. Constantiae sepulcro, frustra reclamantibus monachis loci, qui postea mortuo Paulo sepulcrum illud porphyreticum a Sixto IV. repetiere."[2])

Ein sicheres Zeugniss für den Character Paul II. dürfte auch die Achtung sein, die der Cardinal von Pavia ihm stets erwiesen hat, obgleich er Ursache gehabt hätte, sich über ihn zu beklagen; seine Briefe sind voll des Lobes über die Tugenden und den Eifer des Papstes.[3]) Ebenso günstig urtheilt Rodericus Sancius in der Geschichte Spaniens:[4]) „In principio pontificatus sui Romanam curiam omni simoniae et extorsionis labe severissime purgavit[5]) cunctosque officiales ac curiales reformavit, domumque

---

[1]) S. Rainaldi, Ann. Eccl. l. c. num. 64.

[2]) Ciaconius, Vitae Pontiff. Romae 1677, Tom. II, col. 1077. „Pecuniis ad liberalitatem plerumque utebatur" sagt derselbe.

[3]) Oldoini Annott. ad Ciac. l. c.

[4]) Hist. Hisp. p. 4. c. 40. S. Rainaldi, Annal. Eccl. ad ann. 1466, num. 21.

[5]) Platina in vita Pauli: in eo ordine plures oratores et poetas et utriusque juris peritos fuisse: sed parum intererat quam ornate dicerent scriberentque aut grata carmina funderent: id vero ferendum non visum est Paulo, munera ab iis non caste exercere, sordesque simoniacas ex aula Romana removendas constituit.

habuit mundissimis atque honestissimis viris refertam.“ Der Cardinal Aegidius von Viterbo[1]) sagt über die Entlassung der Abbreviatoren, die dem Papste so viel Hass zuzog: „Paulus Pontifex declaratus nihil duxit antiquius, quam ut Sacerdotium summum suo se splendore ornaret, ab alienis rapiendis abstineret. Sustulit igitur eorum ordinem, qui abbreviatores appellantur, alios omnes pecuniae exactores sublaturus, rem esse indignissimam summo sacerdote arbitratus etc.“

Nach dem Angeführten dürfte einmal die aufrichtige Gesinnung des Papstes, die Curie von unsauberen Elementen zu reinigen, fest stehen, als auch sein Einschreiten gegen die römische Akademie als ein begründetes erscheinen, da sich Zeugnisse genug vorfinden, die seine Verehrung für Gelehrsamkeit und Gelehrte, Kunst und Künstler hinlänglich darthun.

So dürfen wir uns nicht verhehlen, dass eine wahrhaft verzehrende Luft aus den aufgedeckten Gräbern des sinkenden Heidenthums weht, in der die Geistesblüthen einer grossen Vergangenheit dahin welken, ehrwürdige freiheitliche Institutionen zusammenbrechen, die Tyrannis frevelnd emporschiesst. In der heissen Atmosphäre gedeiht das Laster riesengross und verliert im glänzenden

---

[1]) Vita Pauli II. mscpta. S. Rainaldi l. c. „Tam liberalis Paulus fuit, sagt Aegidius non Viterbo, ut paucis egentium non donarit: tam justus, ut furum, sicariorum, maleficorum nemini pepercerit. Grandis natu, cum prius in mercatura more patrio aetatem trivisset, amavit tamen, fovitque quosdam bonae indolis et literarum virtutumque studiosos. Dicebat in rebus aliis hominem esse posse, in ecclesiarum rectoribus creandis angelum, in collegio augendo Deum Pontificem esse oportere.“ Dann vergleicht er ihn mit Pius II. „Uterque justus, uterque clemens: ille eloquentia, his magnificentia melior. Facundia et literaria studia ornabant Pium, Paulum gravitas, liberalitasque commendabat etc.“ Rain. Ann. Eccl. ad ann. 1471, num. 63.

2*

Gewande des Erfolges, der Macht, des Talentes die Schrecken seiner Erscheinung. Bei der tiefsten Immoralität der Mittel erscheint in der Anwendung derselben eine Naivität, welche verderblicher ist als die wilde Leidenschaft, der rohe Gewaltstreich vergangener Zeiten; denn sie sind dem Erkennen des Bösen, der Umkehr leichter zugänglich, als die glatte, elastische Bosheit, welche in ihrem schillernden Gewande stahlhart einherschreitet. Wie eine Fata Morgana steigt diese schimmernde Cultur auf und verheisst die Pracht und Ueppigkeit des Orients: aber vielfach ist es nur der Sand der Wüste, den sie verhüllt. Auf allen Gebieten des Lebens drängen sich die Erscheinungen riesengross und schnell hervor, in denen sich oft ein erschreklicher Widerspruch gegen alle höheren Ziele und ernstere Lebensaufgaben verbirgt. Das Erbtheil der Väter wird vergeudet, das Sinnlichschöne der Form in Kunst und Poesie [1]) wird vergöttert, bis der Schritt französischer Heere auf Italiens Boden den Genuss horazischer Lebensphilosophie vergällt und die Völker daran gemahnt, dass nur das Ringen nach dem Idealen sie zu einigen, zu stärken, zur wahren Freiheit zu führen vermag.

Die glänzendste Cultur der Alten, auch die Zeiten eines Perikles und Augustus vermochten die Verödung

---

[1]) Ein französischer Archaeologe bemerkt treffend in Bezug auf die Kunstrichtung des Quattrocento: „Le XVe siècle, à son tour, mit une sorte de coquetterie dans ses statues et ses figurines, *il ne comprit plus une beauté calme et modeste.* Son ciseau et ses pinceaux voulurent bien encore s'exercer en faveur de la religion, car la foi était encore vivace; on reproduisit donc les mêmes sujets qu' aux siècles précédents, mais on se laissa guider par le sensualisme; les saints et les saintes auraient pu paraître avec honneur dans un tournois et marcher de front avec les chevaliers et les damoiselles. S. Crosnier, Iconographie chrétienne, Paris 1848, pag. 25.

des Gemüthes, die Verwüstung des Gefühlslebens, die Schädigung echter Menschenwürde nicht zu ersetzen. Die Moral des Herzens, das Bild gottentstammter Würde der Menschenseele, ist erloschen, und die schimmernde Hülle ist ohne gesunden Kern. Die Stellung der Frau im Alterthum, das Verhältniss zu den unterworfenen Völkern, die Sclaverei, die blutigen Spiele zeigen eine erschreckliche Roheit des Gefühls, die kein Singen der Dichter, kein Bilden der Künstler ersetzen kann. Hier musste die Kirche ihre bildende und erziehende Macht bewähren. Die zertretenen Menschenrechte musste sie aufrichten, die verwüsteten Herzen waren das Ackerfeld, wo sie den Samen ihrer göttlichen Lehre ausstreuen, ihre heilende Macht bewähren musste. Sie allein konnte dem ganzen Menschen das geben, was er bedurfte, Nahrung für seinen Geist, Erziehung für sein Gefühl, ideale Daseinszwecke, deren Endpuncte über den veränderlichen Erscheinungen der Dinge lagen: ein gemeinsames, übernatürliches, göttliches Ziel, das jene höhere Einheit der Völker bewirken sollte, die einst durch Hochmuth und Gottlosigkeit verloren war.

Die Kirche hatte diese Aufgabe erfüllt, sie hatte den ganzen Menschen erfasst und erzogen und ihm die seiner Würde entsprechende Stellung in der Schöpfung zurückgegeben. Ihr langer beharrlicher Kampf mit der Barbarei im Mittelalter zeigt jene herrlichen Früchte echter Cultur des Herzens und Verstandes, für deren Schönheit und Duft wir kaum mehr das nöthige Verständniss besitzen. Die urewige Poesie Gottes in den reichen Schöpfungen der Caritas, deren Ursprung in den von dem Hauch der Gottesliebe erwärmten Herzen liegt, in dem opferwilligen Dahingeben des Lebens in den Dienst des Elendes, der Armuth, der strengen Ordensregel, in den unvergleichlichen Denkmälern der mittelalterlichen Kunst mit ihrer gottentstammten Schönheit, ihrem Duft göttlicher Poesie, ihrem kindlich reinen Erfassen der geoffenbarten Wahrheit, in jenen Dichtungen, welche, wie die „Commedia divina“, gleich dem Adler des Johannes ihren Thron in den Wolken aufschlagen und mit dem Auge des Ewigen die Dinge in ihrem tiefsten Wesen und Zusammenhang zu erfassen suchen, oder, wie die Legenden und Volkspoesien, eine zarte und innige Sehnsucht nach dem Vollkommenen, Trost und Freude über die Gnade der Erlösung athmen, diese urewige Poesie Gottes im christlichen Mittelalter ist die Frucht der Erziehung durch die Kirche.[1]) Man mache sie nicht verantwortlich für die Ausbrüche roher Gewalt, welche im Mittelalter neben dieser Zartheit religiöser Empfindung

---

[1]) Siehe darüber die schönen Gedanken, welche Montalembert im „Leben der heiligen Elisabeth“ entwickelt hat. Savonarola (Trattato del Governo II, p. 43 ed. di Pisa, 1818), giebt dem Volke von Florenz folgendes Zeugniss: „Questo popolo è molto inclinato al Culto Divino, come sa chi ne ha pratica, onde varia facilissima cosa instituire in lui un perfettissimo culto ed ottimo vivere Cristiano, se fosse in lui un buon governo, che certo, come noi proviamo ogni giorno, se non fossero i cattivi preti e religiosi, Firenze si ridurria al vivere de' primi Cristiani e saria come uno specchio di religione a tutto il mondo: onde noi vediamo al presente, che fra tante persecuzioni contro il ben vivere de' buoni e tanti impedimenti di dentro e di fuori, e fra escommunicazioni e male persuasioni, si vive per tal modo nella città dai buoni, che, sia detto con pace di ogn' altra, non si nomina, nè è alcun' altra città, dove sia maggior numero e di maggior perfezione di vita della città di Firenze.“ Die Corruption ging hier also im XV. Jahrhundert vorwiegend von oben aus. Erst im mediceischen Kreise bildet sich die Skepsis, der der Kirche feindliche Geist aus und findet die den Glauben schwächende Richtung des Humanismus in Poesie, Kunst und Literatur ihre Pflege. Nicht die Kämpfe der Familien, nicht das Ringen der Parteien tödtet die Religion des Volkes, sondern hauptsächlich das „corrumpere et corrumpi,“ das Bacchanal, in dem die Tyrannis sich verbirgt.

sich hervordrängen, denn ihr Dasein ist ein beständiger Kampf mit den feindlichen Mächten, aber man sehe überall im reichen Garten des Mittelalters die schönen Geistesfrüchte gepflegt von ihrer liebevollen Hand, gegen die Feinde geschützt von ihrer übernatürlichen Weisheit und Macht.

Das XIV. Jahrhundert zeigt den verderblichen Einfluss des Schisma, das eine im folgenden Jahrhundert stark hervortretende Schwächung des religiösen Bewusstsein's nach sich zog. Durch die Uebertragung des heiligen Sitzes nach Avignon und das folgende Schisma war auch die kirchliche Disciplin erschlafft, und das in der ersten Hälfte des XV. Jahrhunderts mit Eugen IV., Calixtus III., Pius II. und Nicolaus V. lebhaft erwachte und gepflegte kirchliche Bewusstsein litt am Ausgange desselben unter der höchst ungünstigen Constellation einer doppelten Barbarei, der schismatischen Strömung und der Invasion des Islam. Fürsten und Republiken, vergessend ihrer Aufgabe, die Kirche zu schützen, den verständigen Absichten des Oberhauptes derselben entgegenzukommen, legen ihre sacrilegischen Hände auf das kirchliche Eigenthum, und die Päpste, bemüht, sich vor der hereindringenden Barbarei der Türken zu schützen und das Territorium ihrer Staaten von den christlichen Räubern und aufständischen kleinen Tyrannen zu säubern, verlieren den günstigen Moment einer Reform, die sie selbst wünschen. Die in dem Conclave, aus dem Paul II. hervorging, beschworenen Bestimmungen deuten darauf hin, wie sehr die Päpste von dem Gefühl der Nothwendigkeit einer Reform erfüllt waren. An der Spitze derselben steht der Kampf gegen den Islam, den gemeinsamen Feind aller christlichen Cultur:

I. Quisquis Patrum ad Pontificatum esset assumptus, inchoatam expeditionem in Turcas, quantum Romanae Ecclesiae paterentur opes, continuaret proventumque Aluminis ad eam rem integrum adhiberet.

II. Lapsos Curialium mores ad Sanctae Romanae Ecclesiae Patrum disciplinam restringeret.

III. Porro curiam ipsam, de provincia in provinciam, sine plurium ex Patribus, intra Italiam et extra Italiam sine omnium assensu, qui subscriptionibus pateret, non transferret.

IV. Concilium generale Christianorum intra triennium cogeret, in quo et Principes seculi ad tuendam religionis caussam accenderentur, aegreque partes Ecclesiae communi medicamento sanitatem reciperent. etc.[1])

Wir haben gesehen, wie Paul II. bemüht war, die Curie zu reinigen: „Sustulit igitur eorum ordinem, qui abbreviatores appellantur, alios omnes pecuniae exactores sublaturus, rem esse indignissimam summo sacerdote arbitratus, si nihil sine pretio traderet et quod ipse accepisset gratis, non gratis caeteris mortalibus condonaret: exercuisse se praeterea mercaturam, et qui aris sacrisque utantur ad questum: decere principes omnes tueri populorum suorum res, non rapere aliena, sed largiri sua. Quae res omnes illius ordinis homines sibi infensissimos fecit, ut omne in eum maledicentiae genus loquendo, clamitando, scribendo conjicerent.“[2])

Aber gerade in Rom lag der heftigste Widerstand gegen die Reformideen der Päpste. Burckhardt sagt mit Recht: „Rom[3]) entwickelte nicht nur zu Zeiten einen specifisch antipäpstlichen Radicalismus, sondern es zeigte sich auch mitten in den bedenklichsten Complotten die Wirkung unsichtbarer Hände von aussen. So bei der Verschwörung des Stefano Porcaro gegen denjenigen Papst, welcher gerade der Stadt Rom die grössten Vortheile gewährt hatte. Porcaro, bezweckte einen Um-

[1]) Ciaconius, l. c. in vita Pauli II. ad ann. 1464, Tom. II, col. 1071.
[2]) Rain. Annal. Eccl. ad ann. 1466, num. 21.
[3]) Jac. Burckhardt, Cultur der Renaissance I. B., p. 99.

sturz der päpstlichen Herrschaft überhaupt und hatte dabei grosse Mitwisser, die zwar nicht genannt werden,[1] sicher aber unter den italienischen Regierungen zu suchen sind.[2]) Um dieselbe Zeit schloss Lorenzo Valla seine berühmte Declamation gegen die Schenkung Constantin's mit einem Wunsche um baldige Säcularisation des Kirchenstaates.[3]) Auch die catilinarische Rotte, mit welcher Pius II. kämpfen musste, verhehlte es nicht, dass ihr Ziel der Sturz der Priesterherrschaft im Allgemeinen sei, und der Hauptanführer Tiburzio gab Wahrsagern die Schuld, welche ihm die Erfüllung des Wunsches eben auf dieses Jahr verheissen hätten. Mehrere Römische Grosse, der Fürst von Tarent und der Condottiere Jacopo Piccinino waren Mitwisser und Beförderer. Und wenn man bedenkt, welche Beute in den Palästen reicher Prälaten bereit lag, so fäll es eher auf, dass in der fast ganz unbewachten Stadt solche Versuche nicht häufiger und erfolgreicher waren. Nicht umsonst residirte Pius überall lieber als in Rom, und noch Paul II. hat einen heftigen Schrecken wegen eines Complottes der von ihm abgesetzten Abbreviatoren ausgestanden, welche, unter Führung des Platina zwanzig Nächte lang den Vatican belagerten. Das Papstthum musste entweder einmal einem solchen Anfall unterliegen (?) oder gewaltsam die Factionen der Grossen bändigen, unter deren Schutz jene Räuberschaaren heranwuchsen."[4])

---

[1]) Alberti: de Porcaria conjuratione bei Murat XXV, col. 309 f. Porcaro wollte „omnem pontificiam turbam funditus extinguere." S. auch Gregorovius VII, 130.

[2]) extrinsecos impulsores. Vergl. Burckhardt l. c. pag. 150, Anm. 1, 2, 3.

[3]) Vahlen, Laur. Valla, Berlin 1870, p. 25—32. Vergl. Burckhardt l. c., Anm. 4.

[4]) Wir geben den trefflichen Passus unversehrt wieder, um uns gegen die Anklage der Einseitigkeit zu schützen.

Nachdem Sixtus IV. es versucht, mit Hülfe seines Nepoten Girolamo Riario diesen Unordnungen energisch entgegenzutreten, war es doch erst Cesar Borgia vorbehalten, mit den Tyrannen des Kirchenstaates gründlich aufzuräumen. Dass es nicht früher geschah, lag nur an der Milde und Nachsicht Sixtus IV. Ein Soldatengeschlecht, wie die Borgia, musste diesen Herren entgegentreten und endlich den Klagen des unterdrückten Volkes, der gemisshandelten Communen, der geplünderten Bauern und friedlichen Rompilger volle und glänzende Genugthuung gewähren. Hier liegt das Verdienst der Regierung Alexander's VI.: er ist der energische Rächer des Unrechts, das die kleinen und grossen Herren Italiens den Staaten der Kirche angethan, und sein organisatorisches Talent, mit strenger Rechtspflege verbunden, bringt endlich den Unterdrückten Ruhe: die Macht der Colonna und Orsini, der Herd aller Revolutionen in der Stadt der Päpste ist für immer gebrochen. Wir wollen mit Filelfo's eigenen Worten hier den edlen Reformbestrebungen Paul II. unsere Anerkennung zollen: „Avaritiae vero, quae unquam suspicio in Paulum cecidit, qui et omnem semper simoniacam licitationem ac pravitatem perinde atque pestiferum morbum oderat et indulgentias item ipsas temporum necessitate concessas, quoniam lucrariae viderentur, magna ex parte abrogavit; quae vero vel gratiae, vel expectative appellantur, ex quibus ipsis grandes thesauri conflantur, eas quam inhibuerit, omnes sciunt. At maledici calumniatores illius viri abstinentissimi parsimoniam, quae pulcherrima virtus est, invertunt, et in avaritiae nomen transferunt etc. Atque illum accusant incontinentiae, quo neque frugalior erat, neque temperatior quisquam.“ Dann fordert er Sixtus IV. auf, an den dieser Brief gerichtet ist: „Sed ii, qui aut hujus modi causas naturae (causam naturalem mortis) ignorant, aut sunt animi livore atque odio in sanctissimum patrem illum exulcerati, alii inscitia, alii malevolentia novas fabulas per Italiam dispergunt; quare tui muneris esse arbitror, pater pientissime et optime, ut tanta vel hominum impudentiae, vel impietati consulas, quo vel castigando, vel plectendo sit locus.“ [1])

Wie bei Paul II. tritt auch bei Sixtus IV. die Sorge für den Schutz der Christenheit gegen die Invasion des Islam gleich zu Anfang seines Pontificates in den Vordergrund.

„Sub primis pontificatus sui auspiciis“, sagt Rainaldi,[2]) „religionem tueri armis adversus fidei hostes constituit, significavitque Christi fidelibus non opes modo, verum etiam cruorem suum profundere se paratum.“ Die schönen Worte der Bulle Sixtus IV. lauten: „Cupientes pro fidei defensione et Christianorum salute non solum nostras et sedis Apostolicae facultates camerae dispositioni commissas, quarum partem non exiguam felicis recordationis Paulus praedecessor noster tam pro dilectorum filiorum Hungarorum subsidio, quam nobilium virorum Despoti Moreae Scanderbegi domini in Albania et despoti Arethae et aliorum quam plurimorum magnatum, provinciarum et populorum subventione, rebusque aliis ad hanc rem conferentibus saluti fidelium opportunis, usque ad summam ducentorum millium florenorum liberaliter erogavit, exponere, sed etiam, si opus fuerit, imitatione illius, cujus vicariatum, licet immeriti, tenemus in terris, proprium effundere sanguinem et incommoda quaecunque subire, ejus, cujus causa agitur, atque aliorum principum et populorum fidelium freti praesidiis coeptum opus defensionis fidei hujus modi ultra virium nostrarum mensuram contra insolentissimum hostem praedictum continuare intendimus.“

[1]) L. 35, I. ad Sixtum IV. S. Rain. Ann. Eccl. l. c. num 64.

[2]) Ann. Eccl. ad ann. 1471, num. 71.

Auch ein Concil zu berufen lag Sixtus am Herzen,[1]) aber von vorn herein scheiterten seine Friedensabsichten an dem Widerstande der Fürsten. Während Venedig mit dem türkischen Erbfeind in heftigem Kampfe lag, hatte der Papst den Clerus besteuert und mit allen Mitteln zur allgemeinen Theilnahme an dem Unternehmen angeregt.[2])

Als sich aber die Schwierigkeiten häuften und ihm von vielen Seiten Indolenz entgegentrat, beschloss er ein Concil „cum autem tantae rei moles tam ardua exigeret, ut Christiani imperii principes et episcopi ad solemnes coetus vocarentur, ut communi sanctione belli sacri auxilia decernerentur, concilium oecumenicum Laterani celebrandum indixit: cumque Imperator Fridericus Utini cogendum poposcisset, in quam urbem se conferre pollicebantur, Sixtus Mantuam vel Anconam proposuit tum ob urgentem rerum difficultatem ut periclitanti imperio Christiano ocyus subveniret, quatuor legatos in varia regna decrevit, ut in iis exercitus conficerent, de quibus Bartholomaeus Platina haec refert: Celebrata coronatione ad rem ecclesiasticam Christianamque componendam animum adjecit. Concilio itaque tantam rem indigere arbitratus ad Lateranum id se habiturum ostendit, quo bellum Turcis indici commodius posset,

---

[1]) „Auch wollte er alsbald nach seiner Thronbesteigung ein allgemeines Concil im Lateran berufen, um den Frieden zwischen den christlichen Fürsten herzustellen. Diese aber verweigerten daran theilzunehmen." Alzog, K. G. II. B., S. 47, 9. Aufl.

[2]) „Decumas imperavit clero Sixtus, tum fideles ad conferendam stipem proposita amplissima criminum venia pellexit docuitque communi studio sumptuque commune propulsandum exitium." Rain. l. c. num. 75.

. „Coronatione igitur celebrata ad rem Ecclesiasticam Christianamque componendam animum adjecit, atque ante omnia Concilium Laterani se inducturum ostendit, in quo et res Ecclesiasticae corrigerentur et de bello Turcis indicendo tractaretur." Ciaconius, Tom. III, col. 5.

quemadmodum Pius Pontifex instituerat, si ei vivere licuisset. At vero dum hac de re maturius consultaretur, Imperatorem rem Christianam in magno discrimine cernens, Pontificem rogat, ut Utinum, habendi concilium locum idoneum, deligat: sed Pontifex, cum videret Mediolanensium ducem aliquotque populos et Italiae principes id nequaquam approbaturos, cumque etiam proventus suos belli nervos absente curia imminui videret, non sine suspicione tumultus si ab urbe discederet, Mantuam primo, mox Anconam proponit, quo Imperator venire percommode poterat, hinc ex Tergestino sinu navigatione, illinc et Austria terrestri itinere.

Verum cum hac deliberatione rem in longum protrahi videret, patrum consensu quatuor legatos decernit, Bessarionem Nicaenum in Galliam, Rodericum Borgiam vicecancellarium in Hispaniam, Marcum Barbum[1]) in Germaniam, Oliverium Carafam[2]) Neapolitanum Cardinalem classi moritimae in Turcos praeficit."

Das waren die Bemühungen eines Papstes, dem nicht nur Ludwig XI. in heuchlerischem Eifer für das Beste der Christenheit, sondern auch alle italienischen Fürsten Mangel an Eifer für die Kirche, Vernachlässigung der Türkenexpedition, Widerwillen gegen ein Concil vorgeworfen

---

[1]) „Marcus Barbus, Venetus, fuit vir prudens, integer, miti ingenio praeditus, morum gravitate et rerum usu praestans. Virum doctum fuisse Marcum Cardinalem non modo Philelphi et Ficini epistolae, sed monumenta, quae ad posteros reliquit, palam omnibus faciunt etc." Ciaconius, Tom. II, col. 1106.

[2]) Ueber ihn Joh. Bapt. Flavius in vita Card. Thomae de Vio: „literis, elegantia morum, vitae integritate, sapientia denique atque adeo omni virtutum genere sui ordinis facile princeps." Franciscus Novellus: „Splendidissimum illud Cardinalium decus atque lumen, speculum et imago virtutum omnium." Ciaconius, l. c. col. 1108.

haben. Man vergisst, mit welchen Räuberschaaren, die unter dem Schutze der Grossen heranwuchsen, Sixtus zu kämpfen hatte, wie das Territorium der Kirche, von kleinen Tyrannen geknechtet, ein trostloses Chaos darbot, die gedrückten Gemeinden sich, Hülfe suchend, nach Rom wandten, während die Nachbarstaaten von allen Seiten diese rechtlosen Zustände förderten, ihre gierigen Hände auf das Eigenthum der Kirche legten, den Verkehr mit der Curie hemmten, friedliche Pilger ausplünderten und auf jede Weise den verständigen Absichten des Oberhauptes der Kirche feindlich entgegentraten. Man vergisst, dass erst die eiserne Strenge Alexander's VI. den Parteikämpfen in Rom selbst ein gewaltsames Ende machte, dass die Colonna mit Neapel offen gegen Sixtus conspirirten, dass die ewige Stadt überhaupt ein höchst unsicherer Aufenthalt war, dass endlich die von Paul II. begonnenen Reformen auch innerhalb der Curie eine Opposition geschaffen hatten. Will man all diesen Factoren gegenüber, mit denen Sixtus, mehr Gelehrter als Staatsmann, zu rechnen hatte, es ihm zum Verbrechen anrechnen, dass er, der souveräne Herr des Kirchenstaates sich auf Nepoten stützte, auf deren Treue er sich wenigstens verlassen konnte?

Sixtus IV. war eine gütige, wohlwollende Gelehrtennatur. Die unglückliche Unternehmung gegen Florenz, deren blutigen Ausgang er nach seinem klar ausgesprochenen Willen nicht gewollt und vorausgesehen hat und in der er nur einen Staatsstreich zu Gunsten der Florentiner Freiheit sah, zeigt nur seine Schwäche und sein allzugrosses Vertrauen seinem Nepoten Girolamo Riario gegenüber. Auch die Unternehmung gegen die Tyrannis des Walter von Brienne, des sog. Herzogs von Athen, zu Gunsten der alten Verfassung der Stadt Florenz war keine blutige gewesen, und an der Spitze der Unternehmung stand der Bischof selbst: man zwang den Herzog seine

Abdankung zu unterschreiben. Warum Sixtus IV. beschuldigen, er habe, nachdem er doch so deutlich seinen Widerwillen gegen ein Verbrechen wider das Leben der Mediceer ausgesprochen und Girolamo gebeten hatte: Habet die Ehre des heiligen Stuhles in Acht, doch den Ausgang voranswissen können und müssen? Warum ihn verantwortlich machen für die Verbrechen, die ein Nepot aus eigener Machtvollkommenheit, und verworfene Cleriker aus Hass oder Rache verübt haben? Selbst Jacob Burckhardt, der Sixtus des politischen Frevelmuthes beschuldigt, sagt doch: „Neben diesem politischen Frevelmuth hatte Sixtus sehr viele Gelehrsamkeit, Kunstsinn, Baugeist, Bildung und eine gewisse Gutmüthigkeit, mit welcher sich auskommen liess, sobald man nicht die speciellen Zwecke Sr. Heiligkeit durchkreuzen wollte: es war viele Naivität in ihm.“[1])

Wir sagen, Sixtus war gütig und hatte das Beste der Kirche im Auge, wenn auch seine Mittel zuweilen unglücklich gewählt waren.[2]) Seine Milde zeigt sich zumal den abtrünnigen Colonna gegenüber. Selbst der Florentiner Gesandte, der über die Wiedereinsetzung des Vitelli in Città di Castello verhandelte und an Lorenzo de' Medici berichtete, lobt die Freundlichkeit des Papstes und fürchtet nur die Intervention des Grafen Riario, die alles wieder zu nichte machen könne. Die Politik Sixtus IV. in seinen

---

[1]) Jacob Burckhardt, Erzbischof Andreas von Krain, in den Beiträgen zur vaterländischen Geschichte, Basel 1854, pag. 24, V. Band.

[2]) „Cum vero admodum liberalis esset; neque ulli prorsus negare quidquam sciret, plurimis easdem gratia importune rogantibus saepe concessit: qua de causa, ut litium et discordiarum initia et occasiones tolleret, subsignandis libellis Joannem de Monte mirabilem virum, in aula exercitatum et industrium severiorisque ingenii praefecit, qui non rite concessa annulla reposset.“ Ciaconius, Tom. III, col. 6.

letzten Lebensjahren war nicht glücklich, aber man vergesse nicht, mit welcher Falschheit und Rücksichtslosigkeit die italienischen Fürsten ihm entgegentraten. Ferrante von Neapel setzte sich ohne Weiteres über das mit dem Papst geschlossene Bündniss hinweg und verhandelte einseitig und hinter dem Rücken des Papstes mit Lorenzo de' Medici, Florenz tritt unaufhörlich seiner Rechtspflege im Kirchenstaat entgegen, Venedig kündigt offen seine Absichten auf Ferrara an, verwirft die sichersten Garantien, die Papst und Herzog ihm bieten und zeigt seine entschiedene Absicht, den Krieg um jeden Preis fortzusetzen, um Gebietserwerbungen zu machen. Soll der Papst eine der schönsten Städte des Kirchenstaates verwüsten, seinen Lehnsträger, den Herzog im Stich lassen? Ueber den Frieden zu Bagnolo, wiederum einseitig mit Beiseitesetzung des Papstes und zum Nachtheil der Kirche geschlossen, konnte Sixtus nur Schmerz und Entrüstung empfinden; aber man scheint ihm das übel zu nehmen, als ob das Oberhaupt der Kirche, der Gebieter des Kirchenstaates nicht das Interesse derselben zu wahren hätte! Dass die Alteration über diese Nachricht des Friedensschlusses den gichtkranken Papst dem Grabe zuführt, wird schliesslich noch so gedeutet, als ob er sich nur an Krieg und Verwirrung ergötzt und deshalb alterirt habe, dass der Friede überhaupt zu Stande gekommen sei. Nicht der Friede, sondern die mit dem Friedensschluss verbundene Verachtung des heiligen Stuhles kränkten Sixtus IV. und beschleunigten seine Auflösung. Aber es giebt eben in jener Zeit des sich zersetzenden Italiens nur Gegensätze zwischen den Geschichtschreibern, und die Neueren halten sich mit Vorliebe an die Feinde des Papstes und des heiligen Stuhles, weil das ihren Intentionen so besser entspricht, die Päpste der Renaissance für alles Unheil verantwortlich zu machen, ohne die Fehler, deren ihre

Politik sich schuldig macht, in Rücksicht auf die schwierige Lage, vor Allem auf den furchtbaren Egoismus der italienischen Fürsten mit unparteiischem Auge zu betrachten.

Wir kehren zur allgemeinen Betrachtung der II. Hälfte des XV. Jahrhunderts zurück.

Italien am Ausgange des XV. Jahrhunderts zeigt mächtige geistige Bewegung auf allen Gebieten des Lebens mit aller Heftigkeit und schnellen Entwicklung der südlichen Natur. Seine Völker machen Anstrengungen, sich von den Tyrannen zu befreien, die das in den unaufhörlichen Fehden usurpirte Land auf jede Weise gegen die antifeudale Strömung zu vertheidigen suchen. Erkältend und auflösend zieht der Gifthauch raffinirter Selbstsucht und Selbstvergötterung durch die Gesellschaft und zersetzt die Bande, welche einst die grossen und idealen, von der Kirche gehüteten Ziele geknüpft. Der Geist des verfallenden Paganismus, nicht der wahren und strengen Antike dringt allmälig aus den Kreisen der Gelehrten in die verschiedenen Schichten der Gesellschaft, wo er verderblich dem positiven Glauben und der Moral entgegentritt.[1]) Mittelalterliche Traditionen, moderne Doctrinen wogen durcheinander und bilden jene Monstruositäten der Vermischung des christlichen Himmels und seiner durch Entsagung und Verklärung der menschlichen Natur erworbenen

---

[1]) Eine ergreifende Schilderung der unter den Mediceern herrschenden Corruption der jungen Leute, befördert durch die unaufhörlichen Feste (zumal die Ankunft des mailänder Herzogs im Jahre 1471), welche selbst mit Verachtung der Fastenzeit (Dove si vide cosa in quel tempo ancora non veduta, che, sendo il tempo quadragesimale, nel quale la chiesa comanda che senza mangiar carne si digiuni, quella sua corte (del duca di Milano) senza rispetto della chiesa o di Dio, tutta di carne si cibava) stattfanden, giebt Macchiavelli, Istorie Fior. lib. VII, 28. Die Verderbniss geht von oben aus.

Herrlichkeit mit den üppigen Phantasien des Olymp. Neue Wege und Quellen für eine der alten entgegengesetzte Weltanschauung öffnen sich, und auf diesen neuen Wegen ergeht sich eine Schaar hochbegabter Geister, welche der harrenden Menge die gefundenen Schätze darbietet. Ein christlich gefärbter Platonismus, welcher sich am besten eignet, den schon vorhandenen Pantheismus zu legalisiren, oder ihm doch die Wege zu bahnen, ist auch in vielen besseren Naturen das Endresultat der durcheinanderwogenden Strömungen des geistigen Lebens, die der Entscheidung zudrängen. Darunter leidet vor Allem die Empfindung für das Wesen echter Moralität.[1]) Die Grenzen zwischen den beiden Polen, innerhalb welcher die menschliche Freiheit sich bewegt, werden mehr und mehr verschoben, und der Erfolg giebt, zumal in den Zügen der Politik, dem Werke erst seinen Character. In der schwülen Luft, die zu rascher Entwicklung drängt, sprosst neben den vielseitigen edleren Naturen das nackte Verbrechen kühn empor. Selbst hochbegabte und besonnene Geister verlieren den feineren Massstab für die moralische Qualität menschlicher Handlungen und, geblendet von dem Eindruck der Persönlichkeit und des an ihre Schritte gehefteten Erfolges, geben sie ihr Empfinden an diejenigen dahin, die es verstehen, ihre Zeit zu beherrschen. Wenn wir edle Geister, wie

---

[1]) Ariosto's 6. Satire dürfte wohl auch auf die Humanisten dieser Zeit passen, wenn anders die Invectiven, mit denen sich Poggio, Filelfo u. A. tractiren einen Kern Wahrheit enthalten:

O nostra male aventurosa etade
Che le virtuti, che non habbian misti
Vitii nefandi si ritruovan rade.
Pochi sono grammatici e humanisti
Senza il vitio per cui Dio Sabaot
Fece Gomorra e i suoi vicini tristi.

Sat. VI, Ed. di Venezia 1555.

Pico, Benivieni, Ficino, den Einflüssen der hochbegabten Persönlichkeit Lorenzo's de' Medici unterliegen, Lionardo da Vinci an den Hof von Mailand sich begeben und dem Cesar Borgia folgen sehen, so sind das höchst characteristische Zeichen der Zeit, die der Ausbildung des reinen Menschenthums sich rühmte.

An die Stelle derber Mannhaftigkeit, ehrlicher That tritt jetzt die Gewalt des Wortes, glänzender Rede, welche die Wahrheit zu verhüllen strebt: jenes feine politische Räuberspiel, das Niemand besser und verständnissvoller als Macchiavelli überliefert hat.

Die Tyrannen des XV. Jahrhunderts streben nach festerer, unabhängiger Herrschaft, die Condottieri nach Kronen.[1]) Die kleineren Herren dienen um Sold den grösseren, um Rückhalt, Schutz und Straflosigkeit für ihre Vergehungen zu erlangen. In der Persönlichkeit des Fürsten, die mehr und mehr als hoch bedeutendes Moment hervortritt, concentrirt sich die Leitung des Staates; in ihm fliessen alle Interessen zusammen; seine Hand ruht immer schwerer auch auf den Privatverhältnissen der Bürger:[2]) die freiheitlichen Institutionen schwinden zu blossen Scheinformen zusammen, welche die Massen blenden. In Wahrheit ist der Staat, lo Stato, d. h. der Fürst und die ihm Nahestehenden, die sein persönliches Interesse vertreten, das Massgebende in der Politik, im bürgerlichen Leben: die Persönlichkeit dominirt Alles. Die Illegitimität

---

[1]) Burckhardt, Cultur der Ren., I. B., p. 15.

[2]) Ganz die Erscheinungen, wie sie unter Friedrich II., dem Hohenstaufen besonders in Sicilien hervortreten. Die Politik der Fürsten im XV. Jahrhundert ist nur die Fortsetzung der Politik Friedrich II., welche in der Kirche, der Schützerin der Volksfreiheit und Volksrechte, einen so beharrlichen und energischen Widerstand fand, der Italien vor dem Absolutismus arabischer Zustände rettete.

der Herrschaft, durch die Pergamente der Kaiser sanctionirt, trägt ihre bösen Früchte. Es ist seit Carl IV. die deutsche Politik der Kaiser in Italien keine andere als eine Sanctionirung des Gewaltzustandes der damaligen Tyrannis.[1]) Matteo Villani[2]) erzählt, wie Carl IV. einem Kaufmann gleich in Italien von Ort zu Ort reist, um Pergamente zu verkaufen und sein Säckel zu füllen, wie er im Gebiete der Visconti herumirrt, sich nach Rom wendet und endlich wieder, ohne etwas Rechtes vollbracht zu haben, der deutschen Heimath zustrebt. Seinen Weg bezeichnen überall Privilegien, Ernennungen, die seiner Kasse aufgeholfen haben. Auch Kaiser Sigismunds italienische Reisen haben auf dortige Verhältnisse keinen besonders heilsamen Einfluss geübt. Der lange Aufenthalt in Siena, wo er aus Mangel an Mitteln gewissermassen gefangen sass, die Dichterkrönung Beccadelli's[3]) waren beide wenig ruhmvoll. Friedrich III. hat auf seinen, für die italienischen Herren äusserst kostspieligen Reisen ausser einer zahllosen Reihe von Ernennungen von conti, dottori und cavalieri nichts Besonderes geleistet. Die Humanisten, besonders Filelfo haben nicht wenig darüber gespottet. Maximilian I. sanctionirt die nach der Entfernung seines unglücklichen Neffen usurpirte Herrschaft Lodovico's. „Die Belehnung des Lodovico Moro unter Beseitigung seines unglücklichen Neffen, sagt Burckhardt, war nicht von der Art, welche Segen bringt.“[4]) Auf diese Weise wird die politische Illegitimität durch das Verhalten der deutschen Kaiser geschützt. Die schwere Schädigung des moralischen

---

[1]) Burckhardt, l. c. p. 17.

[2]) M. Villani IV, 38, 89, 44, 56, 74, 76, 92; V, 1, 2, 14—16, 21, 22, 36, 51, 54. S. Anm. 32, Seite 17 bei Burckhardt.

[3]) Burckhardt, l. c. p. 18.

[4]) Burckhardt, l. c. p. 19.

Bewusstseins durch die Anerkennung solcher Gewaltzustände liegt auf der Hand. Auch die Illegitimität der Geburt verliert immer mehr den Makel, den sie in Deutschland, Frankreich und Spanien an sich trägt und der sie in gewisse Schranken zurückweist. In allen Dynastengeschlechtern Italiens laufen in dieser Zeit die Linien der illegitimen Descendenten neben der der legitimen einher. Die Schranken zwischen ehelicher und unehelicher Geburt verschwinden überhaupt immer mehr unter den Anforderungen der Erhaltung der Familie. Die Arragonesen von Neapel sind illegitim, ebenso Leonello und Borso von Este,[1]) Federigo von Montefeltro und Roberto Malatesta von Rimini.[2])

Unter den italienischen Fürsten war am Anfang dieses Jahrhunderts keiner an Umfang seines Ländergebietes reicher als Galeazzo Visconti von Mailand. Er hatte es zum Theil von seinen Vorfahren geerbt, theils mit den Waffen und der Politik erobert. Als ihn 1402 der Tod ereilte, theilte er seine Herrschaft unter seine beiden legitimen Söhne Giammaria und Filippo Maria. Der erstere erhielt Mailand, Cremona, Como, Lodi, Piacenza, Parma, Reggio, Bergamo, Brescia, Siena, Perugia und Bologna; der zweite, mit dem Titel eines Grafen, Pavia, Novara, Vercelli, Feltre, Belluno und Bassano mit einem Theil von

---

[1]) „Nicolo diede per moglie a Leonello suo figlio naturale Margherita nata del Signore di Mantova: parendogli essere al proposito il ristringere il legame della consanguinità, che la casa di Este havea con quella de Gonzaghi.“ S. Pigna, Historia de' Principi di Este, Ferrara 1570, lib. VI, p. 450. Nach dem Tode Leonello's geht die Regierung an Borso über „inherendo alla forma della successione stabilita dal Marchese Nicolo e accettata da popoli diede la Signoria del dominio a Borso.“ Pigna, l. c. lib. VII, pag. 543.

[2]) Macchiavelli, Ist. Fior. lib. VII, 22.

Trento. Seinem legitimirten Sohne Gabriello gab er Pisa und Crema, oder, wie Andere sagen, Pisa, Lúnigiana und Sarzana.[1]) Das zarte Alter der beiden Gebieter und die Zwietracht der Regenten waren die Ursache, dass die Masse dieses Reiches sich bald auflöste und Mailand als Herrschaft engere Grenzen einnahm. In vielen Städten der Lombardei erhoben sich unternehmende Herren und machten sich zu Signoren derselben. Die angrenzenden Fürsten benutzten die Gelegenheit, ihr Gebiet zu vergrössern, und Florenz machte sich im Jahre 1406 zum Herren von Pisa. Venedig nahm im Verlauf weniger Jahre Padua, Vicenza, Verona, Brescia, Bergamo u. a. Städte und verleibte sie seinem Gebiete ein. Unterdess hatte sich auch der Herzog Giammaria seinen Unterthanen durch seine Grausamkeit verhasst gemacht und fiel am 16. Mai 1412 unter den Dolchen einiger Verschwörer, die sich an dem Vorbilde antiker Tyrannenmörder zu ihrer That begeistert hatten. Der Rest der Staaten von Mailand fiel damit an Filippo Maria. Während seiner langen Herrschaft suchte er mit wechselndem Glück das von seinem Vater hinterlassene Gebiet zurück zu erobern, aber, mehr geeignet, grosse Ideen zu fassen, als sie auszuführen, unbeständig in seinen Plänen, unglücklich in der Wahl seiner Räthe, musste er in seinen letzten Lebensjahren die Truppen Venedigs bis unter die Mauern von Mailand rücken und das fruchtbare Gebiet der Stadt verwüsten sehen. Im Jahre 1447 war der Tod dieses Fürsten erfolgt, und, da er keine männliche Nachkommenschaft hinterliess, sondern nur eine illegitime Tochter Bianca, die an Francesco Sforza, den Sohn des berühmten Condottiere verheirathet war, beschlossen die Mailänder, zur alten Freiheit zurückzukehren. Francesco Sforza kam ihren Plänen entgegen,

[1]) Tiraboschi, Lett. it. Tom. VI, p. 5 seq. ed. di Venezia 1795.

da er nicht minder begierig war, jene Herrschaft zu erlangen als die Mailänder, sich von ihrer Dynastie zu befreien. Im Jahre 1450 wurde er zum Herren von Mailand ausgerufen. Die anderen Fürsten, eifersüchtig auf das Anwachsen dieser Macht, strebten nach politischer Gleichstellung. Der Marchese von Monferrato verwickelte sich in unaufhörliche Kämpfe mit Filippo Maria und im Frieden von 1417 erhielt er den Besitz verschiedener Schlösser. Auch mit den Herzögen von Savoyen führten die Visconti beständige Kriege.

Francesco Sforza hatte, nachdem er mit dem Ruf eines unbesiegten Feldherrn 16 Jahre regiert hatte, 1466 Galeazzo Maria das Herzogthum hinterlassen, der sich bald durch seine Laster verhasst machte und 1476 am 26. December in der Kirche von S. Stefano von drei vornehmen Verschwörern erdolcht wurde.[1]) Gian Galeazzo Maria, sein Sohn, war erst 8 Jahr alt und stand unter der Vormundschaft seiner Mutter, der Herzogin Bona, welcher der treffliche Rath Cecco Simonetta zur Seite stand. Durch die Schwäche der Herzogin für den Ferraresen Tassino, der sich aus niederem Stande zum Rathe emporgeschwungen hatte, konnten sich zwei Parteien am Hofe bilden.

An den ersten Tagen des Februar 1479 hatten Sforza, Duca di Bari und Lodovico, sein Bruder,[2]) vom König von Neapel angeregt, mit Hülfe Roberto Sanseverino's einen Einfall in das Genuesische gemacht, der für's Erste in seinen weiteren Folgen durch die Wachsamkeit des Rathes der Herzogin vereitelt wurde. Ercole von Este und Federigo Gonzaga wurden als Capitani zu Hülfe gerufen, und die beiden Oheime des jungen Herzogs als Rebellen er-

---

[1]) Macchiavelli, l. c. lib. VII.

[2]) Beide Oheime des jungen Herzogs waren auf Simonetta's Rath ihrer Herrschsucht wegen von der Herzogin exilirt worden.

klärt. Die Sachen standen günstig für den jungen Gian Galeazzo, zumal der Herzog von Bari starb; aber die Schwäche seiner Mutter für den Günstling Tassino wurde entscheidend für ihn und die Herrschaft in Mailand. Von Tassino umgarnt rief die Herzogin Lodovico il Moro zur Versöhnung an den Hof und besiegelte dadurch ihren eigenen Untergang, sowie das Verderben ihres Sohnes, vielleicht das Verderben Italiens.[1]) Der unglückliche Gian Galeazzo starb schon 1494 nach einem Leben, das mehr einer Gefangenschaft als einem fürstlichen Dasein glich, wohl in Folge von Gift, das ihm sein Oheim beigebracht. Lodovico's Politik ist die eigentliche Ursache der Beschleunigung des Zerfalls der italienischen Halbinsel in den letzten Decennien des XV. Jahrhunderts. Er wendet sich an das Ausland und ruft die französischen Heere herbei, um seine eigene ungerechte Herrschaft zu festigen, da seine verrätherischen Absichten ihn selbst gegen seine Bundesgenossen mit unaufhörlichem Misstrauen erfüllen. Er bietet das echte Bild eines fürstlichen Verbrechers, den der Anblick der Menschen unruhig macht, weil er in ihnen seine natürlichen Feinde erblickt. Während er mit gieriger Hand die Herrschaft fest hält, irrt sein Blick lauernd und angstvoll umher, damit seine Feinde ihn nicht überfallen und ihm die mit dem Verlust des guten Gewissens erkaufte Beute entreissen. Das Racheamt an Lodovico vollzieht erst Ludwig XII. von Frankreich.

Die Staaten der Kirche befanden sich zu dieser Zeit in traurigem Verfall. Das Schisma und die daraus sich ergebenden Folgen des Parteiwesens, mangelhafter Rechtspflege erweckten in vielen kleinen Herren den Wunsch, sich jener Städte zu bemächtigen, für welche die Päpste,

---

[1]) Corio, Storia di Milano, parte VI, cap. 4, ed. di Milano 1857. vol. III.

weder Geld noch Truppen besassen, sie zu schützen. Um ihren Anhang zu verstärken, liessen die Päpste in den Zeiten des Schisma diese kleinen Tyrannen sich bald der einen, bald der anderen Stadt bemächtigen und gestatteten ihnen den ungestörten Fortbesitz ihrer kleinen Herrschaften.[1]) Erst Cesar Borgia's Feldzüge machen ihnen ein Ende. Wenn darum seit Sixtus IV. der Gedanke an eine Hausmacht als einziges Rettungsmittel den Päpsten sich darbietet, so ist das ganz in den Verhältnissen begründet,[2]) so wie auch, da die Nepoten ohne Herrschaft nichts auszurichten vermögen, die Aufrichtung kleiner Fürstenthümer durch dieselben geboten erscheint. Warum will man es den Päpsten als souveränen Fürsten verübeln, wenn sie, von allen Seiten bedrängt, ihren Verwandten eine Herrschaft gründen, während man kaum Etwas dagegen einwendet, dass die Nachbarstaaten das Raubwesen im Dominium der Kirche begünstigen und die Päpste hindern, dem geplagten Volke Gerechtigkeit gegen seine Unterdrücker zu gewähren? Worauf konnte in einer Zeit, wo die Herren Italiens sich gegenseitig ihre Condottieri durch höheren Sold abspänstig machen, und der Begriff von Treue und militärischer Ehre fast gänzlich erloschen war, die Rechtspflege des Papstes im Patrimonium Petri fussen, da er dasselbe, Stadt für Stadt, erst zurückerobern musste, wenn nicht auf einer Treue, die wenigstens durch die Bande des Blutes gesichert war? Man hat es Sixtus IV. sehr verübelt, dass er Girolamo Riario zu grosse Macht ver-

---

[1]) Tiraboschi, l. c. Tom. VI, p. 1, pag. 10.

[2]) Paolo Giovio, Istorie, vol. I, Venetia 1565, p. 5 sagt: „Dello stato della chiesa era la Marca d'Ancona, l'Umbria, la Romagna, Campagna di Roma, con la maggior parte della Toscana. Ma le città nobili e libere per negligenza e per debolezza degl' antichi pontefici quasi tutte servivano a insolenti tiranni, ò per gli odii crudeli dell' immortali fattioni erano da sanguinose seditioni travagliate."

lieben, und ohne Zweifel hat das Verhalten dieses Mannes dem Papste endlose Verlegenheiten bereitet, seinen Ruf geschädigt; aber die Rebellion in Spoleto, Città di Castello, der Uebermuth des Vitelli, die Raubzüge des Freibeuters Fortebraccio zeigen genügend, wie nothwendig energische Massregeln waren. Als Beispiel diene hier nur das Verhalten der Herren von Anguillara, Vater und Sohn, wahre Geisseln für das Land, die sich der besonderen Gunst von Florenz erfreuten. Paul II. hatte hier schon im Interesse des gedrückten Volkes einschreiten müssen. Rainaldi erzählt den Vorfall des Weiteren:[1]) „Hoc anno crudelis et impius tyrannus, Anguillariae toparcha, Eversus nomine e vivis sublatus, partaque pax est Romanae Ecclesiae, quae diutius ab eo vexata fuerat: quin etiam illius ditio, perdomitis ipsius filiis, ad principatum pontificium reducta. Recenset ejus, quem *non tam hominem quam portentum habitum,* scelera Cardinalis Papiensis, impietatem scilicet in Deum, adeo ut diebus dominicis ad privatum opus miseros subditos cogeret, dictitans impie domini dies illos esse, ac propterea sibi domino merito debitos, libidines, adulteria, rapinas, homicidia, latrocinia, perfidiam, conjurationesque in Pontifices Eugenium, Nicolaum, Callistum, Pium, paratumque in eundem veneficium, tum varias grassationes. *Successere illi filii Franciscus et Deiphobus*[2]) *parenti moribus non absimiles „Ex tetris enim cavatisque sub terram carceribus extracti multi sunt, inquit Papiensis, quos tyrannorum crudelitas annos jam multos suppliciis miserandis affecerat.“* Der Verfall der Kriegszucht und Tapferkeit im Felde ist ein weiteres Moment, das den Päpsten in den Angelegenheiten des Kirchenstaates in der Wahl der Führer Schwierigkeiten bereitete und sie an

---

[1]) Rainaldus, Annal. Eccl. ad ann. 1464, col. 169, Tom. XIX.
[2]) Deifebo, später im Florentiner Heerlager.

erprobte Nepoten wies: nicht immer war ein Malatesta zur Hand, um in letzter Stunde einzugreifen. Macchiavelli hat in den „Sette libri dell' arte della Guerra" des Weiteren über den Verfall der Kriegszucht und Tüchtigkeit im Felde abgehandelt und Vergleiche mit der römischen Kriegskunst angestellt. „Diese sieben Bücher stellen die römische Kriegskunst als Muster, die italienische als die Ausartung einander gegenüber und erörtern, wie diese durch jene zu verbessern sei." Er schliesst: „In Allem waren uns die Alten überlegen und nennt die Soldaten seiner Zeit zusammengelaufenes Gesindel." „Allein die Disciplin habe die Römer unbesiegbar gemacht. Ich schäme mich es zu sagen: alle diese eigenthümliche Tugend der Italiener haben wir verloren." [1]) Macchiavelli verzweifelt, das Alte herzustellen „Wie sollte ich die heutigen Soldaten dahin bringen, mehr Waffen zu tragen als gewöhnlich, oder Lebensmittel oder die Hacke? Wie sollte ich die Ehrerbietung, Gehorsam und Scham lehren, welche geboren und erzogen sind ohne Scham? Bei welchem Gott soll ich sie schwören lassen? bei dem, den sie anbeten, oder dem, den sie lästern? Wen sie anbeten, weiss ich nicht, den kenne ich wohl, den sie lästern." [2])

Der Krieg zwischen Sixtus und Ferrante einerseits und Florenz und der Liga andrerseits, sowie der Feldzug des Herzogs von Calabrien gegen Rom sind reich an Episoden, in denen sowohl die Armseligkeit der Leitung als der Mangel an persönlicher Bravour erschreckend hervortritt. Das Land wird geplündert und verwüstet, die Hütten des Landmannes werden niedergebrannt; aber wenn die feindlichen Heerhaufen sich bei solchen Heldenthaten be-

---

[1]) Rede Navagero's auf Alviano, in Naugerii opera, 1530.

[2]) Ranke, Zur Kritik neuerer Geschichtschreiber, Berlin 1824, p. 191, 192.

gegnen, ziehen sie sich gewöhnlich vorsichtig zurück. Ein ergötzliches Factum aus dem Florentiner Kriege erzählt Macchiavelli: „Indebolito adunque quello exercito e rimaso senza capo e governandosi in ogni parte disordinatamente, il duca di Calàvria, che si trovava con lo esercito suo propinquo a Siena, prese animo di venirgli a trovare, e così fatto come pensato, le genti fiorentine, veggendosi assalire, non nelle armi, *non nella moltitudine, ch'erano al nimico superiori, non nel sito dove erano, che era fortissimo, si confidarono, ma senza aspettare non che altro di vedere il nimico, alla vista della polvere si fuggirono.*“[1]) Die Florentiner vertrauen also weder ihrer Ueberzahl, noch ihrer gesicherten Stellung, sondern fliehen, sobald sie eine Staubwolke sich erheben sehen. Derartige Züge, die eine wahre Carricatur des Soldaten liefern, finden sich in diesen Kriegen nicht selten: „Di tanta poltronia, e disordine,“ sagt Macchiavelli a. a. O., „erano allora quelli eserciti ripieni, che nel voltare un cavallo la testa o la groppa, dava la perdita o la vittoria d'una impresa.“ Von Kopf oder Kreuz des Rosses hing Sieg oder Flucht dieser zusammengelaufenen Schaaren ab. In der That ein schöner Anfang zur neueren Kriegskunst! Von Roberto da Sanseverino, dem berühmten General, sagt derselbe Macchiavelli: „Il signor Ruberto da San Severino, fatta la pace (d'agosto 1486), *sendo stato nella guerra al papa poco fedele amico ed agli altri poco formidabile nimico, come cacciato dal papa si partì di Roma* e seguitato dalle genti del duca e de' Fiorentini, quando egli fu passato Cesena, veggendosi sopraggiugnere, si mise in fuga, e con meno di cento cavalli si condusse a Ravenna e dell' altre sue genti, parte furono ricevute dal duca, parte dai paesani disfatte.“[2]) Auch gilt es keines-

[1]) Ist. Fior. lib. VIII, 16.
[2]) l. c. 32.

wegs als schimpflich, wenn Heerführer, wie der Herzog von Calabrien ihre Armee in kritischer Lage im Stich lassen und Hals über Kopf davon laufen.[1]) Das ist jener Alphons von Calabrien, von dem Fabroni sagt: „Alfonsus Ferdinandi Regis filius Calabriae Dux, manu, ut supra commemoravimus, promptus atque ingenio ferox, omniumque fortasse, qui tum in Italia exercitus ductarent, longe clarissimus."[2])

So schwindet der Begriff kriegerischer Ehre mit dem Sinken der allgemeinen Moral dahin, und der Verrath tritt an die Stelle mannhafter Thaten.

Unter beständigen Revolutionen litt vor allen Städten, die der päpstlichen Herrschaft unterworfen waren, Bologna. Von der Herrchaft der Kirche ging es durch Auflehnung zur Freiheit, von dieser in die Hand eines Tyrannen, dann von Neuem in päpstlichen Besitz über. In diesen traurigen Verhältnissen des Kirchenstaates hatte Ladislaus von Neapel

---

[1]) Es geschah in dem Kriege gegen Rom 1485, der in Folge des energischen Auftretens Innocenz VIII. gegen die Tyrannei Ferrante's entbrannte, dass der Herzog sich mit den Verbündeten in Verbindung setzen sollte. Vor den Thoren Roms gerieth er durch Sanseverino's geschickte Operationen in Verlegenheit und, sich von allen Seiten eingeschlossen sehend, liess er sein Heer in Stich und flüchtete Hals über Kopf nach Florenz. Lorenzo behandelte ihn verächtlich und wollte ihn nicht sprechen. So erwartete er kläglich, was seine Verbündeten über ihn beschliessen würden. „Der Mensch, sagt Fabroni, der kurz vorher durch Stolz und Uebermuth Alles in Schrecken setzte, sass nun als Flüchtling in Montepulciano." S. Fabronius, Vita Laur. Med. I, p. 132.

[2]) Fabronius, Vita Laurentii Medicei, Pisis 1784, p. 88.

Nach der Schilderung des Philippe de Comines war der Herzog „der grausamste, schlechteste, lasterhafteste und gemeinste Mensch, der je gesehen worden," ein grausamer Wüstling, der seine Verachtung gegen die Religion offen an den Tag legte. S. Burckhardt, l. c. p. 37. „Hominem immanissimum" nennen ihn die neapolit. Grossen, die sich an Innocenz VIII. um Hülfe wenden. S. Fabronius, Vit. Laur. Med., p. 129.

vielfach seine Hand. Ein rücksichtsloser und ehrgeiziger Tyrann, schürte er das Feuer der Zwietracht, unterstützte die Gegenpäpste mit Gewalt und belästigte Rom, in das er auch auf kurze Zeit als Sieger einzog. Im Jahre 1414 war dieser Fürst von dem Schauplatz unaufhörlicher kriegerischer Verwicklungen abgetreten, und Giovanna, seine Schwester, die Witwe Guglielmo's, des Sohnes Leopold III., Herzogs von Oesterreich wurde zur Nachfolge berufen. Sie wählte zum Gemahl Jacopo, Grafen von der Mark, aus königlichem Blute von Frankreich, welcher den Titel König annahm und auch die Herrschaft selbst ergreifen wollte, was ihm aber Giovanna und ihre Unterthanen streitig machten. So war er gezwungen, den königlichen Titel abzulegen und nach Frankreich sich zurückzuziehen. Unterdess fiel das Recht der Succession in Neapel an das Haus Anjou, und der Herzog Lodovico III. kam nach Italien, die Eroberung zu versuchen. Giovanna hatte ihren Sohn Alfons von Arragonien adoptirt, ihm einen Gegner seiner Pläne entgegenzustellen. So jung Alfonso war, unterwarf er in Kurzem fast das ganze Reich und zwang Lodovico, sich nach Rom zurückzuziehen. Aber während er selber nach der Herrschaft strebte, wiederrief die launenhafte Fürstin die Adoption und adoptirte Lodovico, gegen den sie bisher zu Felde gezogen war. 1434 starb Lodovico und im folgenden Jahre die Königin. Der Verstorbenen Bruder Renato, bestieg jetzt den Thron von Neapel. Alfonso griff ihn mit neuen Kräften an, in der Hoffnung, einen entscheidenden Streich gegen das Reich zu thun. Aber Genua, von Renato zu Hilfe gerufen, schlug die Flotte Alfonso's und machte ihn selbst zum Gefangenen. Nach Mailand gesendet und dem Herzog Filippo Maria ausgehändigt, gelang es ihm in Bälde, die Freiheit zurückzuerhalten und zu neuen Unternehmungen gegen Neapel zu schreiten. Seine Beharrlichkeit erlangte im Jahre 1442 die Herrschaft, nachdem er das ganze Reich sich unterworfen hatte, und Renato musste nach Frankreich fliehen. Alfonso war ein tapferer Soldat und nicht ohne Vorliebe für gelehrte Studien, aber Grausamkeit gegen die Unterthanen befleckte seinen Character. Das Bild, das Vespasiano da Bisticci von dem ehrgeizigen Spanier entwirft, ist ganz nach den Schilderungen Manetti's gezeichnet, der als Gelehrter von der Theilnahme des Königs für classische Studien bestochen war, und erscheint darum nicht recht zuverlässig.[1]). Er war um Vieles besser als der ränkevolle Ferdinando, sein Sohn, den er hatte legitimiren lassen, um ihm die Succession in der Krone Neapel zu sichern, während Sicilien, Arragon und Sardinien an seinen Bruder Giovanni übergingen.

Die Gonzaga, Herren von Mantua, scheinen weniger nach Ausdehnung ihrer Herrschaft gestrebt zu haben oder versuchten es doch mit weniger Erfolg. Ihre tüchtigen Krieger schlossen sich deshalb an verschiedene mächtigere Herren an, in deren Sold sie traten. Gian Francesco hatte im Jahre 1432 von Kaiser Sigismund den Titel Marchese erhalten und diente bald den Venetianern, bald den Visconti im Felde. Sein Sohn Lodovico, der ihm 1444 folgte und bis 1478 lebte, hielt den Kriegsruhm des Vaters aufrecht, ebenso bereit, den Herren zu wechseln wie sein Vater,[2]) wie es seinem Vortheil diente. Federigo, sein Sohn, blieb dann standhaft in Mailändischen Diensten, wurde aber 1484 frühzeitig vom Tode überrascht. Sein Sohn Gianfrancesco gehört zu den besten Capitani am Ende dieses und am Anfang des folgenden Jahrhunderts. Hervorragend unter den Este von Ferrara ist Niccolò III.,

---

[1]) Vite di Uomini illustri, ed. Bartoli, Firenze, 1859, p. 48 f.

[2]) „imitò gli esempj del padre non meno nel valor del combattere, che nella prontezza a cambiar partito e servigio, come pareagli a' suoi fini più acconcio." Tiraboschi, l. c. p. 10.

der seit 1393 regierte. Durch geschicktes Operiren im Anschluss an andere Mächte gelang es ihm, Parma, Borgo S. Donnino, Reggio und Rovigo mit dem Gebiet von Polesine zu erhalten. Lionello, sein unehelicher Sohn, folgte ihm 1441, da er ihn seinen legitimen Söhnen Ercole und Sigismondo vorgezogen hatte. Lionello hat sich in seiner Regierung vielfaches Lob seiner Zeitgenossen erworben, die seine Gerechtigkeit und Humanität hervorheben: freilich gehörte damals nicht Viel dazu, einen derartigen Ruf zu erhalten, wo die Menschenrechte so wenig galten. 1450 folgte ihm sein ebenfalls illegitimer Bruder Borso, Sohn Niccolò III. Kaiser Friedrich III. gewährte ihm 1452 auf seinen Wunsch den Herzogstitel. 1471 starb Borso und hinterliess seine erweiterten Staaten an Ercole I., den legitimen Sohn Niccolò III., der sie bis 1505 inne hatte. Gerade im Hause Este zeigt sich eine merkwürdige Bevorzugung der illegitimen Descendenz, mit der dieses mehr wie jedes andere gesegnet war.[1]) Andere Familien in Italien, zumal die kleineren Signoren im Kirchenstaat sind von geringerer Bedeutung und kürzerer Existenz. So die Canedoli und Bentivoglio in Bologna, die Manfredi in Faenza, die Ordelaffi in Forli, die Malatesta in Rimini, in Cesena und anderswo, die Varani in Camerino, die Sforza in Pesaro und mehrere andere. Bedeutungsvoll tritt auch die Familie der Herzöge von Urbino auf den Schauplatz der Ereignisse im XV. Jahrhundert. Sie stammen von dem alten Geschlecht der Grafen von Montefeltro, das seit 1375 dauernden Besitz von Urbino nimmt: Antonio di Montefeltro wird mit dem Titel eines Vicarius non Bonifaz IX. bestätigt. Federigo, von Sixtus IV. mit dem

---

[1]) Als Pius II. zum Congress von Mantua reiste, ritten ihm bei der Einholung in Ferrara acht Bastarde vom Haus Este entgegen, darunter Borso selbst. S. Burckhardt, l. c. p. 20.

Herzogstitel beschenkt, ist der natürliche, aber legitimirte Sohn Guidantonio's. Wegen seiner Tüchtigkeit im Felde war er von allen Potentaten eifrig als General gesucht und stets mit besonderen Ehren überhäuft. Als Gründer der berühmten urbinatischen Bibliothek hat er auch für die geistige Entwicklung der Zeit eine hervorragende Bedeutung gewonnen. Unter den Fürsten Italiens ragt er durch jene bürgerlichen Tugenden, die ihn dem Volke theuer machen, fast vereinzelt hervor. An seinem Hofe ist Nichts von dem Apparat, womit argwöhnische Tyrannen sich zu umgeben pflegen: er lebt als Vater seines kleinen Staates, speist öffentlich im Angesicht Aller, die ihren Fürsten im häuslichen Leben schauen wollen, leiht den Geringsten ein offenes Ohr und wenn er durch die Strassen geht, unbewaffnet und ohne Escorte, knieen seine dankbaren Unterthanen nieder und segnen ihn: „Dio ti mantenga Signore." Piero della Francesca hat uns von diesem Fürsten ein treffliches Porträt hinterlassen, das ein ernstes, festgebautes Profil mit stark eingebogener Nasenwurzel, kräftig hervorspringender Adlernase zeigt,[1]) während Vespasiano da Bisticci eine anziehend geschriebene Biographie giebt[2]), die mit besonderer Wärme die bürgerlichen Tugenden des Fürsten und den Eifer des Gelehrten für die Büchersammlung hervorhebt. Sein Sohn Guidobaldo war bei dem 1482 erfolgten Tode des Vaters erst zehn Jahre alt. Von Cesar Borgia 1502 seines Staates beraubt, erhielt er ihn später zurück und adoptirte, da er kinderlos blieb, auf Anrathen Papst Julius II., Francesco Maria della Rovere, der ihm 1508 nachfolgte.[3]) Die zahl-

[1]) Uffizien, Saal der Florentiner Gemälde, Doppelporträt mit prächtiger landschaftlicher Ferne. Dahinter die Allegorie der Krönung der Verdienste des Fürsten.

[2]) Vesp. Fior. l. c. p. 72.

[3]) Tiraboschi, l. c.

reichen Dynastengeschlechter Italiens bergen zum Theil mit Blut geschriebene Seiten ihrer Familiengeschichte in ihrem Schosse. Eheliche und uneheliche Descendenten neben einander streben sich nach dem Leben; in den Kerkern der alten Feudalschlösser schmachten die Blutsverwandten der Tyrannen, bis Gift oder Dolch ihrem Leben ein Ende macht; auch die Frauen spielen eine erhebliche, oft gewaltthätige Rolle in den Familientragödien. Ein neuerer Geschichtschreiber Italiens, durch die Gründlichkeit seiner Forschungen und die Schönheit seines classischen Stils hervorragend, möge hier sprechen: „E di tiranni grandi e piccoli, nobili e plebei, forti e impotenti, brulicavano le terre della Lombardia e delle Romagne. Avresti veduto la scellerata moglie di Manfredi signor di Faenza ficcar disperatamente il pugnale nel petto dell' aborrito consorte; Galeazzo Maria Sforza piacersi publicamente di infami libidini e di crudeltà ancora più infami; Buccolino Guzzoni tiranno di Osimo invocare l'ajuto dei Turchi affine di meglio oppressare le Marche; Galeotto Pico per gelosia di pochi sassi della sua Mirandola, gettar nel fondo del carcere incatenati la madre e il fratello; poscia un altro Galeotto per forsennata voglia di quei sassi medesimi, trucidare di propria mano lo zio; Ferdinando braveggiare sulla pazienza dei miseri Napoletani e con frequenti atrocità stancarla. Pari a lui, se non in potenza, in malvagità, gli Oliverotti di Fermo, i Baglioni di Perugia,. gli Ordelaffi di Forlì." [1])

Es hat zu keinen Zeiten der Kirche an glänzenden Erscheinungen gefehlt, in denen sich die Quelle ihres höheren Lebens ankündigt. Bis in die letzten Decennien des XV. Jahrhunderts leuchten erwählte Geister hinein, deren Flammenwort auf die ewigen Ziele der Menschheit

[1]) P. Vincenzo Marchese, Scritti vari I. vol. p. 122, Firenze 1860.

hinweist, und deren Weisheit die geheimnissvolle Schrift zu deuten weiss, die an die Paläste der Vergewaltiger der Kirche, der Verwüster des Heiligthums, der Feinde des heiligen Stuhles, der Unterdrücker des Volkes geschrieben ist. Auch die in den schismatischen Bewegungen erschütterten edleren Geister stellen sich zuletzt muthig auf den Felsen, der mitten in der zerfallenden Gesellschaft seine unzerstörbare Kraft bewährt. Während in der ersten Hälfte des Jahrhunderts in Deutschland Thomas a Kempis u. a. Mystiker die evangelische Botschaft des Friedens erheben, welche inmitten der zerfallenden, in Selbstsucht sich auflösenden Gesellschaft die Herzen auf den Weg der Verinnerlichung hinweist, kehren die edleren Geister, wie Nicolaus Cusanus, Aeneas Sylvius Piccolomini, Cesarini, Capranica reuig von der in Basel vertretenen, dem Ansehen des apostolischen Stuhles feindseligen Richtung an die Seite des milden und erleuchteten Eugen IV.[1]) zurück. Aeneas Sylvius beginnt seit 1446 mit Eifer die früher bekämpfte Autorität des Papstes zu vertheidigen, während Nicolaus Cusanus, zum eifrigen Verfechter der Würde des Papstthumes in Deutschland, England und Frankreich sich erhebend, in diesen Ländern zum geistigen Centrum wird, um das kirchliches Leben, Cultur und Wissenschaft sich schaaren. In dem feingebildeten Nicolaus V.,[2]) umgeben von den trefflichsten Geistern, tritt das Papstthum an die Spitze der gelehrten Bestrebungen des Jahrhunderts und zwar im edelsten Sinne des Humanismus. Der ehrliche Vespasiano da Bisticci erzählt von ihm in seiner einfachen

---

[1]) Vesp. Fior. l c. p. 6. hat diesem heiligmässigen und geduldigen Papst ein treffliches Denkmal in seiner Biographie gesetzt.

[2]) Vesp. Fior. l. c. p. 20 seqq. giebt eine treffliche Biographie des von ihm hochgeschätzten Papstes, mit dem er in Florenz in freundschaftlichem Verkehr gestanden, als er noch Tommaso da Sarzana genannt wurde.

4*

Art: „Usava dire che dua cose farebbe, s'egli potesse mai spendere, ch'era in libri, e murare." Beides hat er reichlich gethan und die ideale Richtung seines Geistes durch eine reiche Anzahl prächtiger Kirchenbauten und Restaurationen, sowie durch die Grundlegung der vaticanischen Bibliothek bekundet. „Nicolas V., sagt ein neuerer französischer Archäologe, est de tous les papes de la Renaissance celui qui a remué le plus grand nombre d'idées architecturales. Ses successeurs n'ont fait qu' appliquer l'une ou l'autre partie de son programme."[1]) In der Mitte des Jahrhunderts feierte er jenes glänzende Jubiläum, das eine wahre Völkerwanderung veranlasste: „Era cosa mirabile a vedere il grande concorso de' popoli che venivano," sagt Vesp. Fior., „erano le strade di Roma a Firenze piene in modo, che parevano formiche a vedere tanti i popoli che venivano."[2]) Seinem Eifer für Kunst und Wissenschaft entsprachen seine apostolische Energie in Besiegung der Häresien des Manichäismus und Husitismus — Aeneas Sylvius, Cusanus und der heilige Capistran wurden nach Böhmen gesandt — sowie ein practischer Blick für die Bedürfnisse der Stadt Rom, das er befestigte und mit Zugrundelegung wahrhaft freiheitlicher Institutionen

---

[1]) Eugène Müntz, Les Arts à la Cour des Papes, p. I, Paris 1878, pag. 73.

In dem trefflichen Quellenwerke finden sich zahlreiche Urkunden und Belege über Architectur, Sculptur und Malerei, aus sämmtlichen römischen Bibliotheken. Der Verfasser giebt die Belege über die für diese Zwecke aufgewendeten Summen.

Für S. Peter hat Nicolaus V. Grossartiges gethan. Der Autor sagt p. 72: „Pour bien se rendre compte de l'importance des ressources affectées par Nicolas V. à la reconstruction de Saint-Pierre, il faut les comparer aux dépenses occasionnées par la même entreprise sous les pontificats de Jules II., de Clément VII., de Paul III "

[2]) l. c. p. 37.

regierte. Seine Verdienste um die Stadt sind in folgenden Versen gepriesen:

Arces fortificat muris, turrimque stupendam
Extruit alto animo prudenteque, ne extera forsan
Armorum violenta phalanx, ne parva tuorum
Perfida progenies, ne quisque tyrannus ab alma
Quemquam armis valeat papam depellere Roma
Roma igitur videas quam sis obnoxia papae
Qui novat ecclesias, qui castra, palatia, miris
Aedificat muris, adeo qui farier ausim
Pontifices cunctos lapsis jam mille sub annis
Non tot templa dei, non tanta palatia et arces
Aedificasse tibi, simul et reparasse polito
Quanta quidem hic solus paucis extruxit in annis
Ad cultum laudemque dei famamque perennem
Tutelamque tibi, sibi nunc patribusque futuris
Sedis apostolicae. Sed adhuc majora profecto
Magnanimus faciet multos si vivet in annis.[1])

Die schönen Worte des Papstes, die er vor seinem Tode gesprochen, hat uns Vespasiano da Bisticci überliefert.[2]) Er durfte wohl von sich sagen: „Questa isposa di Cristo tanto ornata, io ve la raccomando, la quale in tutto quello che ho potuto l'ho esaltata e magnificata, come ognuno di voi manifestamente conosce, sappiendo così essere l'onore di Dio, per tante degnità quante sono in lei, e per tanti privilegi quant' ella ha e sì degni e da sì degno autore, che è il creatore dell' universo." Aus Spanien erhebt sich die apostolische Gestalt des heiligen Vincenz Ferrerius, des Berathers der Päpste, des gewaltigen Gegners der schismatischen Bewegung, des glänzenden Volkspredigers, dem sein Vaterland zu eng wird für die Grösse seiner apostolischen Mission, dem Gerson mit

[1]) Ex Cod. Vat. 3618, f. 3 etc. bei Müntz, l. c. p. 73 vollständig gegeben, nachdem Ranke, die röm. Päpste, 3 B., einen Theil edirt.

[2]) l. c. p. 46, 47.

Recht Glück wünschen durfte, dass er zur Vernichtung des Schisma's und zur Friedigung der Kirche unermessliche Arbeiten unternommen habe. In Italien leuchtet im Orden des heiligen Dominicus der Erzieher einer Schule von Heiligen, der selige Lorenzo di Ripafratta,[1]) unter dessen Leitung der apostolische heilige Antoninus zum Beispiel aufopfernder Nächstenliebe emporwächst, und das unvergleichliche Talent des Fra Beato Angelico da Fiesole seinen Flug zum Himmel entfaltet, um mit sanfter Gewalt durch die Sprache der Kunst die Herzen zum Ewigen zu lenken, wie es die Mystiker durch ihre Werke gethan hatten. Aus Etrurien ersteht der grosse Liebhaber des göttlichen Namens, Bernardin von Siena, der in diesem Namen die Völker zum Andenken an die Wohlthaten der Erlösung und der auf sie gegründeten christlichen Cultur aufruft, von Nicolaus V. gerade in der Mitte des Jahrhunderts unter die Heiligen versetzt. Wenige Jahre darauf scheidet in Venedig sein grosser apostolischer Patriarch,

---

[1]) Cfr. Cenni storici del Beato Lorenzo da Ripafratta, in den Scritti vari des gelehrten P. Vincenzo Marchese, Vol. II, 1860 p. 235 segg. Firenze, Lemonnier. P. Marchese gehört durch sein gründliches historisches Wissen, in bescheidenster Form vorgetragen, durch seinen blühenden, classischen Stil und den idealen Schwung seines Geistes zu den ersten Schriftstellern Italiens. Seine Werke sind in Deutschland leider wenig bekannt. Viel verdient um die Herausgabe des Vasari, hat er auch für die Kenntniss der Künstler und Dichter des Dominicanerordens reiches Material geliefert. Seine Geschichte von S. Marco enthält eine Biographie Savonarola's und dürfte bekannter sein als die „Memorie.“ Massvolles Urtheil, feiner Geschmack und religiöse Wärme zeichnen diesen Autor überall aus. Seine Biographie Fra Angelico's da Fiesole ist die beste, die je geschrieben, und, bei sorgfältiger Kritik, reich an poetischen Schönheiten der Sprache. Er versteht es, wie keiner der Neueren sich in den Geist der Vergangenheit zu versetzen und den edelsten Ausdruck dafür zu finden.

Lorenzo Giutiniani. Das Beispiel, die apostolische Erscheinung dieser Männer leuchtet noch in die zweite Hälfte des Jahrhunderts hinein und überzeugt in der von den ländergierigen Dynastengeschlechtern Italiens gepflegten Corruption und Revolution gegen das Princip der kirchlichen Autorität und Einheit alle guten und aufrichtigen Herzen von der unzerstörbaren Kraft des Wesens der Kirche.[1])

In den Bergen Calabriens verbirgt der heilige Franz von Paula ein entsagungsvolles Leben gleich den Einsiedlern der Wüste, bis der Befehl Sixtus IV. ihn an den Hof des ränkevollen Ludwig XI. sendet, um inmitten der Verderbniss der Grossen auf die verlassenen Pfade christlicher Einfachheit und Wahrheit hinzuweisen und vor den kommenden Gerichten zu warnen. Die wunderbarste Erscheinung in den letzten Decennien des XV. Jahrhunderts,

---

[1]) Es ist immer gefährlich und unhistorisch, zu generalisiren. Selbst in den Zeiten des Verfalls der italienischen Gesellschaft gab es eine grosse Zahl erleuchteter Männer, die aufrichtig nach dem christlichen Ideal strebten. Auch was die Humanisten betrifft kann man nur sagen, dass die Mehrzahl gleichgültig oder verächtlich über Religion dachte und mit den classischen Studien auch die Skepsis in sich aufnahm: Ausnahmen bestanden fort. Im Cod. 1885 Magliab. conv. oppr., Vita di Fra Gir. Sav., lesen wir p. 12: „fu poi un altro nobil sacerdote Fiorentino per nome chiamato Prospero Pittj, canonico della cathedrale ed era anche pievano di S. Alessandro a Giogoli. Costui fra l'altre grazie da Dio ricevute hebbe il dono della profezia e fu huomo di santissima vita, ma sopra tutto egli era dedito agli studj e' alle sacre scritture lequalj in tanta reverenza haveva che quando le studiava, stava in ginocchioni dinanzi all' imagine del Crocifisso orando e meditando. Distribuiva tutte le sue entrate superflue ai poverj e con gran carità ministrava il verbo di Dio et i SS. Sacramenti alle sue pecorelle. Predisse la partita de' Medici ed il flagello d'Italia, la renovazione della chiesa a Zanobi Acciajuoli 16 anni avanti la venuta del Fra Girolamo etc.“ Cfr. Burlamacchi, l. c. p. 16, 17.

in welchen antikisirende und christlich-mittelalterliche Strömungen gewaltig durcheinanderwogen, mächtige Wirbel bilden und die Geister mit sich fortreissen, bis sie an den Klippen zerschellen, ist der grosse Restaurator der Florentiner Verfassung, Girolamo Savonarola. In ihm concentrirt sich alle Schärfe des Widerspruchs gegen die durch die Mediceer repräsentirte antichristliche Cultur und die in Alexander VI. vollzogene Verweltlichung des Hauptes der Kirche. Der Zustand der damaligen Welt zerreisst ihm das Herz: „Siehst du nicht," sagt er, „in allen Städten und Ländern Raub und Betrug triumphiren? Um Hülfe schreien die Armen, die Unterdrückten, die Seufzenden und Weinenden, und ach! sie werden nicht erhört. Um Hülfe schreien die Witwen und die Völker und sie werden nicht beachtet. Ueberall Elend und Noth; aber kein Mitleid bewegt die steinernen Herzen. Ihre einzige Sorge ist, dem Nächsten seine Habe zu rauben. Alles ist voll Ruchlosigkeit, voll Wucher und Betrug, voll Fluchen und Lästern, voll Ehebruch, Sodomie und Unzucht, voll Mord und Missgunst, voll Heuchelei und Falschheit, Verbrechen und Ungerechtigkeit. Die Tugend ist Laster und das Laster Tugend. Da ist Keiner der Gutes thue, auch nicht Einer. Es mahnen sie zur Busse verheerende Regengüsse, Erdbeben, Hagel, Stürme, und sie hören nicht, es mahnen sie die ausgetretenen Ströme und sie hören nicht, es mahnen sie die Seuchen und die schnellen Fieber und sie hören nicht, es mahnt sie die Stimme der Natur und des Gewissens und sie hören nicht. O ihr, die ihr blind seid über euch selbst, kommt endlich zur Vernunft. Urtheilt selbst, ob es nicht eine neue Zeit ist, die jetzt anbricht!" [1]) Frühzeitig hat er diesen Schmerz empfunden über das

[1]) Sul dispregio del mondo. S. Villari, Leben Savonarola's, D. Uebers., Leipzig 1868, I. B., p. 279.

Elend, dem seine Zeit verfallen ist. Diese Empfindung klingt als der Grundzug seines Wesens aus dem Briefe heraus, den er an seinen Vater von Bologna aus sendet,[1]) „Was mich bewogen hat, in's Kloster zu gehen, ist das ungeheure Elend der Welt und die Schlechtigkeit der Menschen: die Unzucht, der Ehebruch, der Betrug, der Hochmuth, die Abgötterei, das Fluchen und die Gotteslästerungen aller Art, daher es so weit gekommen ist in der Welt, dass man keinen rechtschaffenen Menschen mehr findet. Wie oft habe ich darum weinend gesungen: Heu fuge crudeles terras, fuge littus avarum! Denn ich konnte die Bosheit der verblendeten Völker Italiens nicht ertragen, wo ich alle Tugend erloschen und das Laster triumphiren sah. Es war der tiefste Schmerz, den es für mich in dieser Welt geben konnte."

Ueber Savonarola's Bedeutung als Reformator der Florentiner Verfassung ist bei den Neueren wohl kein Zweifel mehr. „Selbst Macchiavelli," sagt Villari, „dessen Character den grössten Gegensatz zu dem Savonarola's bildet und der deshalb vielfach über den Mönch und Propheten seiner Satyre freien Lauf lässt, spricht doch auch viel von seiner Gelehrsamkeit, seiner Klugheit, seinem Talent[2]) (Discorsi lib. I, cap. XLV) und sagt, dass man von einem so grossen Manne nur mit Hochachtung sprechen dürfe (Discorsi, lib. I, cap. 11). Er erkennt die ganze Bedeutung der Institutionen Savonarola's an, wie aus dem Discorse an Leo X. hervorgeht, in dem er sagt, „Es sei keine andere Reform der florentinischen Verfassung möglich, als dass man einen grossen Rath einsetze: Ohne alle Klassen von Staatsbürgern zu befriedigen hat man noch

---

[1]) Brief Sav.'s vom 25. April 1475 bei Villari, l. c. p. 275 f.

[2]) Villari, Anmerkung zum II. Buch, cap. 5, S. 272 f. der deutschen Ausgabe.

nie eine dauerhafte Republik geschaffen. Man wird die Florentiner Bürger nie zufrieden stellen, wenn man ihnen nicht die Pforten des Saals (des grossen Raths) aufschliesst. Ew. Heiligkeit glaube mir, dass jeder, welcher etwa daran denkt, die Herrschaft an sich zu reissen, es sich vor allen Dingen angelegen sein lassen wird, den Saal wieder zu öffnen."[1])

Daraus erhellt, wie Savonarola die Bedürfnisse der Republik mit scharfem und sicherem Blick erfasst hatte, wie gut er den Boden kannte, auf dem er operirte. Ganz den Idealen hingegeben, ist er doch ein echter Sohn seiner Zeit in der Vielseitigkeit seines Geistes, aber frei von den egoistischen Zwecken nordischer Reformatoren, welche gegen das kirchliche Princip als solches anstürmten und, vom Boden der Wahrheit losgerissen, dem Fluch der menschlichen Natur verfallen mussten, welche nicht durch das Licht des Glaubens erhellt und verklärt wird.

Auch bei Giannotti findet sich volles Verständniss und aufrichtige Bewunderung für die Intentionen Savonarola's und für die politische Bedeutung des hohen Rathes. Er sagt in seiner Abhandlung Della Repubblica Fiorentina, lib. II, cap. I: „Onde noi vediamo che molti ne' tempi passati, per correggere le loro repubbliche, si sono indarno affaticati, perchè non avendo saputo medicare i difetti di esse, in breve tempo ne' medesimi inconvenienti e talvolta in maggiori son ricaduti, siccome è avvenuto in Firenze, nella qual città non s'è mai ordinata un' amministrazione che abbia interamente estinti gli umori che peccavano, avvegnachè alcuno abbia pur voluto farlo, siccome Giano della Bella, il quale fu reputato buon cittadino e ne' tempi nostri Fra Girolamo, del quale non è ragionevole in alcun modo dire, che verso la città nostra non avesse ottima intenzione.

---

[1]) Villari, l. c. p. 273.

Costui avendo solamente rispetto a provvedere, che alcuno non si potesse fare apertamente tiranno, *ordinò il gran consiglio,* che distribuisse gli onori della città, il quale ordine senza dubbio fu bello e profittevole alla quiete e libertà de' cittadini, siccome per esperienza si è potuto vedere, ma pretermesse bene molti altri mancamenti, li quali erano in quella amministrazione." An einer andern Stelle sagt er: „E coll' eloquenza aveva acquistata tanta autorità, che persuadeva ciò che voleva; e perchè nelle cose universali era singolarissimo, *agevolmente persuase e favorì il fondamento e la basa del nostro stato, cioè il consiglio grande, che fu invenzione ed introduzione di Paolantonio di messer Tommaso Soderini.*" [1]) Dabei ist der ehrliche und aufrichtige Bürger nicht blind gegen die Schwächen der Savonarola'schen Institutionen, obgleich er

---

[1]) Giannotti, La Repubblica Fiorentina, Venezia 1840, lib. IV, cap. VIII.

Savonarola zeigte besonders durch die Einbringung des Gesetzes vom 13. August 1495 (Archivio delle Riformagioni, Leggi del 1495), welches den Missbrauch verbot, das Volk auf der piazza zum Parlament zu versammeln, wie sehr er die wahre Freiheit der Stadt im Auge hatte.

Ueber das Parlament sagt Guicciardini: „tutti coloro che hanno voluto in tempo alcuno essere grandi, hanno conosciuto che a volere tenere la tirannide non si poteva extirpare al tutto la libertà, ma era necessario tenerne qualche ombra o colore, secondo la quale bisognando nel fare le leggi e autorità nuove il consenso del populo e de' Consigli e conoscendo non potere averlo per le vie ordinarie, trovorono questa forma di chiamare colle arme il popolo in piazza e farlo deliberare a voce le cose proposte da loro, che non é altro che col terrore delle arme e colla forza costrignere il populo a acconsentire a tutto quello che si propongono e dare ad intendere che quello che è fatto sia fatto per voluntà e modo di tutti." Cfr. Discorsi, p. 299 seg. in den Opere inedite, vol. II, Firenze 1858. Daselbst auch der Wortlaut des von Savonarola eingebrachten Gesetzes.

für die Absichten desselben die höchste Achtung bezeigt: Er spricht von den Zerstreuungen und Erholungen des Weltlebens (piaceri mondani) und sagt, dass sie mit Mass genossen, doch ein natürlicher Gegensatz gegen die Beschwerden (affanni) des Erdenlebens seien: „e però si vede manifestamente che chi vuole privare gli uomini di questi piaceri mondani cerca combattere contro la natura, siccome noi vedemmo che fece Fra Girolamo, uomo per eloquenza, per dottrina e per santità di vita da esser con somma riverenza ricordato, il quale volendo fare gli uomini buoni, messe tanto terribili e violenti usanze, togliendo via tutte l'allegrezze e feste pubbliche, che ebbero poca stabilità ed insieme colla voce di quello rovinarono."[1]) Auch eine andere wichtige Betrachtung drängt sich ihm auf: „Nel tempo che Fra Girolamo predicava, i più onorati e maggiori cittadini di Firenze furono quelli, i quali simulatamente seguitavano la dottrina ed imitavano la vita di quello; successe poi la mutazione dello stato nel 1512, la quale fece a questi mutare la vita loro, perchè vedendo essi che la santità della vita, predicata da Fra Girolamo, non era più nè onorevole, nè fruttuosa, lasciato tal modo di vivere, cominciarono a seguitare quello che gli ajutava sfogar l'ambizione ed avarizia loro. Ma che dic' io de' secolari? quando li stessi religiosi di S. Marco dopo quella mutazione di stato, fecero ancor essi mutazione di vita ed abbandonarono quella continenza e santità, che fino a quel tempo avevano seguitata."[2])

Guicciardini, der sich in den „Opere inedite" als viel aufrichtigerer Anhänger der freiheitlichen Institutionen der Stadt Florenz erweist als in der Geschichte Italiens, hat viele treffliche Beobachtungen über das Wesen des Medi-

---

[1]) Giannotti, l. IV, cap. 6.
[2]) l. c. p. 180.

ceerregiments, über Savonarola und den von ihm eingesetzten Rath darin niedergelegt. Er lobt vor allen Einrichtungen Savonarola's den grossen Rath:[1]) „E però per fondamento della libertà bisogna il vivere populare, del quale è spirito e base il Consiglio Grande, che abbi a distribuire i magistrati e degnità dalla città." Das ist die einzige Grundlage der Freiheit: „Tenendo fermo questo, si può fare uno difficilmente grande nella città, perchè non sendo in mano sua dare stato e riputazione a persona, non ha chi si truova in magistrato di ubbidirgli o per paura o per speranza; levato questo non è la citta libera, nè può essere, perchè è necessario, che la si empia di sette e fazioni e almeno con corso di qualche anno si riduca in mano di uno solo."[2]) Hier stimmt Guicciardini, in dem nun der echte Republikaner spricht, ganz mit Macchiavelli überein, der in dem Discorse an Leo X. offen bekennt: „es sei keine andere Reform der Florentiner

---

[1]) Die Einführung erzählt Guicciard.: „In sulla cacciata di Piero parlando apertamente cominciò a predicare per parte di Dio, che Dio, non gli uomini, era quello che aveva liberato la città dalla tirannide, e che Dio voleva si mantenessi libera *e si riducessi a uno Governo populare alla Viniziana, il quale era più naturale a questa terra che alcuno altro.* E sendo questa opera favorita dalla Signoria, si cominciò a tenerne pratica, e finalmente appiccandosi, fu commesso a' Gonfalonieri, a' Dodici, ai Venti, a' Dieci, agl' Otto, che ognuno ordinassi un modo di vivere populare. La quale cosa sendo fatta, e piacendo più quello de' Dieci, fu mandato per Fra Girolamo, al quale, presente la Signoria, fu letto questo modo, e lui avendolo approvato con parole savie e con mostrare che allora era assai fermare un modo che fussi buono in universale, perché i disordini che fussino ne' casi particulari col tempo si cognoscerebbono meglio é più maturamente si limerebbono e correggerebbono e in effetto chiamati il Consiglio del popolo e del Comune si vinse e approvò." Cfr. Storia Fior. p. 124, 125.

[2]) Discorsi, l. c. p. 269.

Verfassung möglich, als dass man einen hohen Rath einsetze. Nur auf dieser Basis allgemeiner Betheiligung an der Regierung können die Missstände der Factionen, an denen die Freiheit krankt, beseitigt werden: „ed è stato necessario aprire la via a tutti li altri e farli abili, perchè il ristrignere o vagliare usciva de' termini del Consiglio populare.“ [1])

Daher weist Guicciardini die Florentiner immer wieder auf die grossen Verdienste Savonarola's hin. [2]) Im „Reggimento di Firenze“ lässt er den Bernardo del Nero sagen: „*Io credo che voi abbiate uno obligo grande a questo Frate, che per avere levato a buon' ora il romore, è stato causa, che e' non si sia fatto esperienza di quello, che arebbe partorito questa vostra forma di governo, perchè io non dubito che arebbe introdotto discordie civili di qualità che si sarebbe venuti presto a qualche mutazione disordinata e tumultuosa.*“ [3]) Villari citirt für die politische Bedeutung

---

[1]) Die Gesetze über die demokratischen Institutionen von 1494—1512. Cfr. Opere inedd. del Guicciard., vol. II, p. 229 segg. Auf p. 243 das Gesetz vom 13. August 1495 über den „Consiglio grande“ ex Archivio delle Riformagioni, Provv. del 1494 e 1495.

[2]) Auch Bernardo Segni versetzt Savonarola unter die guten Gesetzgeber und versichert, die Florentiner seien ihm so viel Verehrung und Dank schuldig, als die Athenienser, Lacedämonier und Römer dem Solon, Lykurg und Numa. Cfr. Storie Fior. lib. I, ad ann. 1527.

[3]) Del Reggimento di Firenze, Opere inedd., Vol. II, p. 28.

Lorenzo de' Lenzi sagt in der Sitzung der Consiglien vom 3. März 1497 (Nuovi Documenti intorno a Sav., Firenze 1866, p. 38): „La doctrina sua è in tucta perfectione, e' costumi migliorati: gl' obblighi della cictà sono assai con epso lui, et io ne ho ricordo et altri, che se non fussino state le sue predicationi si vedeva ruina grande. Che se non fussi stato lui non sarèmo dove noi siamo. *Appresso, el benefitio del Consiglio ordinato per lui, che*

Savonarola's noch einen neueren, Francesco Forti (Istituzioni civili), der „ausserordentliche Kenntniss der Rechtsgeschichte und der alten Institutionen besass." Forti erklärt: „Die Reform dieses Mönchs ist vielleicht die einzige gerechte Verfassung gewesen, welche Florenz in den Zeiten, wo es eine Republik war, besessen hat. Und alle Männer von Bedeutung, die in Florenz bis zum Jahre 1530 für die democratische Verfassung Partei nahmen, waren den Ideen Savonarola's ergeben: Die Geschichte des XV. Jahrhunderts hat wenige aufzuweisen, die grösser waren als er, und die Geschichte der florentinischen Republik vielleicht keinen einzigen." [1])

Savonarola's Werk der Reform der Florentiner Verfassung fiel demnach nicht, weil es auf den nothwendigerweise rasch vorübergehenden Zustand einer fieberhaften Erregung gegründet war, wie man aus Unkenntniss der Zeitverhältnisse wohl, zumal in Deutschland angenommen hat, sondern weil die Feinde der Republik Florenz, vor Allen Lodovico von Mailand und die vertriebenen Mediceer alle Hebel in Bewegung setzten, und Alexander VI., von allen Seiten gedrängt und erregt, mit den Kirchenstrafen

---

ha facto intra l'altre due cose, di non far grandi et di non far novità."

[1]) Villari, Leben Savonarola's I. B., p. 275. Wie sehr selbst die Gegner Savonarola's einer Zerstörung des hohen Rathes, seiner eigenen Schöpfung, entgegen waren und damit unwiderleglich das Volksthümliche dieser Institution bewiesen, bezeugt Guicciardini, Stor. Fior. cap. 17, l. c. p. 177: „Da altra parte messer Guido, Bernardo Rucellai, i Nerli e quegli che in fatto erano i capi, confortavano largamente la conservazione loro, mossi massime, secondo fu opinione di molti, perchè avevano creduto che battendo il Frate fussi rovinato il Consiglio Grande, e però gli avevano sì caldamente operato contro, ma dipoi ne restorono ingannati *e veddono che molti de' loro seguaci e in spezie i Compagnacci, e universalmente tutto il popolo voleva conservare il Consiglio.*"

vorging. Man lese die Predigt, welche Fra Mariano da Gennazzano in Gegenwart des Papstes und der Cardinäle hielt, sowie die zahlreichen Berichte des Ferraresischen Gesandten, Manfredi, oder des Mailändischen, Castiglioni, an Lodovico il Moro[1]) und die Verhandlungen in den Consiglien.[2]) Wie die Vertheidiger Savonarola's die Breven Alexander's VI. auffassten, geht aus den Worten Francesco Valori's hervor:[3]) „E' giudica lui ch' e' brevi sieno mendicati e' primi et etiam gl'ultimi et che la non sia voglia del Papa principalmente. Questi potentati d'Italia non solo vogliono heresicare, ma e' cercano di mettere dissensioni nella cictà vostra, che sono in mala dispositione contra di voi perchè sono in questa sententia di stempecrare questo." Von den Gegnern Savonarola's sagt Guicciardini: „Erano gli avversarii suoi molto più potenti che l'usato,[4]) per più cagioni: prima perchè gli è lo ordinario

---

[1]) Fra Girolamo Savonarola e Notizie intorno il suo tempo per Antonio Cappelli, Modena, 1869. Enthält, ausser einigen Briefen Savonarola's und des Herzogs von Ferrara an ihn, zahlreiche Berichte des Ferraresischen und des Mailändischen Gesandten in Florenz an ihre Regierungen, in denen zumal die Intentionen des Mailänder Herzogs zum Ausdruck kommen.

[2]) Nuovi Documenti intorno a Fra Gir. Sav. Arch. stor. it. III. Serie, T. I, p. 1, im Separatdruck, Florenz (mit Vorrede von C. Lupi) 1866.

[3]) Nuovi Doc. loc. cit. p. 45. Soderini bemerkt: „E tucta astuzia de' Potentati d'Italia per tôrvi ogni speranza della cictà vostra." l. c. p. 37.

[4]) Cfr. Jacopo Pitti, Stor. Fior. im Arch. stor. it. Tom. I, p. 50, 51: *„I nemici suoi si misero sotto, con più effetto che mai, al Duca di Milano: il quale, desideroso, col favor loro, di ristrignere quello stato, aveva fino dall' anno 1495 a loro istanza, per mezzo del Cardinale, suo fratello, cavato brevi da Roma per interdire la predica al Frate.* Il che conosciuto da lui, come surrettizzi li destò pubblicamente sul pergamo, non mancando insieme co'reggenti la repubblica giustificarsi della sua dottrina e

de' popoli, quando hanno un pezzo favorito una cosa, voltare, eziamdio sanza ragione, mantello; dipoi per conto della scomunica, la quale gli aveva alienati molti che lo solevano seguitare, fattigli inimici tutti quegli che solevano stare neutrali e di mezzo, parendo loro cosa grande e non conveniente a buoni cristiani non ubbidire a' comandamenti del papa; appresso i capi della parte contraria, vedendo che molti giovani da bene, animosi, fieri e in sull' arme erano inimici di questo Frate, gli avevano stretto insieme e fattone una compagnia chiamati i compagnacci, di che era signore Doffo Spini, i quali spesso facevano cene e ragunate. E perchè erano di buone Case e in sull' arme tenevano in timore ognuno, in modo che Paolantonio Soderini che svisceratamente favoriva il Frate, per avere patto con loro se venissi caso avverso, vi aveva fatto entrare Tommaso suo figliuolo. Per le quali cose Fra Jeronimo andava in declinazione, insino a tanto che per nuovo modo si terminò il caso suo." [1])

Der gewaltige Eindruck der Excommunication zeigt sich am besten in den einfachen Berichten Landucci's, die in Form eines Tagebuches ein anschauliches Bild der Zeit geben, wie sie sich in der Reflexion eines ehrlichen und schlichten Mannes abspiegelt. Das warme Gefühl, die feine Beobachtung des Lebens, zumal in den Schilderungen der durch Savonarola bewirkten Umkehr von der Frivolität des Florentiner Lebens zur Eingezogenheit, die treuen Berichte über die Kinderprocessionen, das Verhältniss der Jugend zu Savonarola überhaupt, über den Eindruck der Predigten auf das Volk haben dieses Diarium stets werth-

---

degli ottimi frutti. A papa Alessandro, il quale vi si acquistò come affari non proporzionati a'suoi alti concetti, sino a che il duca Valentino ve lo infiammò co' suoi artifizii non poco."

[1]) Stor. Fior. cap. 16, p. 167.

voll gemacht.[1]) Der Autor hat sein ganzes, von der Religion erfülltes Herz in diesen, vielleicht nur für seine Familie bestimmten Aufzeichnungen niedergelegt, und ein feiner Tact echter Religiosität leitet sein Urtheil über Dinge und Menschen. Wie schön ist sein Bericht über die Kinder in S. Maria del Fiore.

„Addì 17 di febb° fu el primo dì di quaresima venne alla predica di Fra Gir. in S. M. del Fiore un grande numero di fanciugli; fu fatto certi gradi accosto al muro dirimpetto al pergamo per detti fanciugli dietro alle donne, e anche molti si stavano in fra le donne; e tutti quegli che stavano su' gradi cantavano innanzi alla predica dolci laude e poi venivano e cherici in sul pergamo e cantavano Letanie, e fanciugli rispondevano per modo che facevano per dolcezze piagnere ognuno e massime gli intelletti sani dicendo: questa cosa è del Signore e questo durava ogni mattina di quaresima innanzi ch' el Frate venissi: e nota questa maraviglia che non si poteva tenere nel letto la mattina niuno fanciullo, tutti correvano innanzi le loro madri alla predica.“[2]) Gewiss ein anschaulicheres Bild

[1]) Anziehende Detailschilderungen giebt auch der Biograph aus S. Marco, Cod. 1885 Magliab. dei Conv. oppr.: Vita e morte del padre Fra Gir., scritta da un Piagnone, Frate in S. Marco; p. 62 heisst es: „nelle case de' secolari si viveva a modo de' religiosi . . . confluiva sempre da ogni banda gran gente per udire la verità e insino dalle montagne asprissime . . . talchè la mattina all'aprir delle porte moltissima gente entrava . . . ne mancavano dei cittadini ricchi e pieni di carità, che davano di grazia a mangiare, bere ed alloggiare in casa loro a ·20, 30, 40 persone . . . talchè proprio pareva una primitiva chiesa.“

[2]) Ex cod. XXVI. Marucell. p. 116. Die Savonaroliana sind von Fanfani in der philolog. Zeitschrift „Il Borghini“, Firenze 1865, S. 96, 3. Jahrgang abgedruckt. Ausser dem Codex der Marucelliana existirt ein zweiter in Siena. (Uebrigens wurde das Diarium zum Druck vorbereitet, als der Verfasser vor zwei Jahren Florenz

als die Feder eines lateinisch und zierlich schreibenden Humanisten hätte geben können. Seine richtige Erkenntniss sagt ihm, als Landucci von den Processionen und den durch die Feinde derselben verursachten Störungen spricht: „Il povero Frate Girolamo era in odio molto agli huomini, e giovani communemente più cattivi che gli altri; perocchè sempre troverai, che chi ha in odio le cose, che sono di lor natura buone, e non vede ni sa altra verità, colui sempre erra e pecca." [1])

Dann beschreibt er das Eintreffen der Excommunication: „E adì 18 di giugno venne dal papa una scomunica, che scomunicava Fra Girolamo, la quale si gittò in questa mattina a S. Spirito, in S. Maria Novella, in S. Croce, nella Badia e ne' Servi, la quale sentii io leggere

---

nach langem Studienaufenthalt verliess). Landucci wurde 1437 in Florenz geboren und hielt einen Laden als „speciale" al canto de' Tornaquinci. Er ist ein keineswegs fanatischer Piagnone und schildert nur Erlebtes. Fanfani sagt mit vollstem Recht von ihm: „Racconta cose vedute da lui e lo fa con tale aria di spassionata verità, che queste notizie, in parte aneddote, ci danno veramente più di qualunque Storia o vita il fidele ritratto del frate. E di fatto comme immaginarci passione e menzogna? Il Landucci scriveva per uso proprio e della sua famiglia." l. c. Einleitung für die Savonaroliana.

[1]) l. c. p. 129. Besonders die anderen Klöster waren nicht gut auf Savonarola zu sprechen. Landucci sagt, p. 130: „E in questo tempo fu cavato fuori certe pistole molto vituperose contro a Fra Girolamo di mano d'un Frate di S. Spirito." Ferner p. 132: „E adì 20 di luglio 1497 fu preso un prete, che uficiava in S. Maria Maggiore, dagl' Otto, il quale confessò avere tamburato (öffentlich angeklagt: die Anklagen wurden geschrieben und in einen Kasten gelegt) Fra G., Fra Domenico e tutti e Frati di S. Marco, come erano sodomiti etc., e questa mattina fu mandato dagli Otto a rendere loro la fama ... Ebenso pag. 126: „E adì 5 (aprile 1497) ci venne una certa monaca di verso el ponte a Rignano, laquale era un poco in oppinione di santità e cominciò a parlare e dire contro a Fra Girolamo: e presto si spense."

5*

e gittarla; e a S. Spirito nel pergamo di Coro infra due torchi accesi e più frati e letta e gittata per le mani di un frate Lionardo, loro predicatore e avversario di detto Fra Gir., la quale conteneva che il detto Fra G. non aveva obbedito a un certo breve alui mandato insino di novembre 1496, che lo citava in Santa ubbidienza a ch'andassi al papa, e non volendo ubbidire la scomunica, e che non fia che gli dia ajuto o sussidio, e che non si possa andare a udire etc."

Am 20. Juni erliess Savonarola eine Vertheidigung: „E adì 20 mandò fuori una pistola Fra G. in difensione della scomunica, laquale si difendeva secondo alcuni.[1]) Auch die Kinder verwenden sich für ihn: „E adì 17 di Settembre andarono e fanciugli alla Signoria a chiedere, che Fra Gir. predicassi e racconciassino e gradi (die Tribünen, welche für die Kinder erbaut waren) in S. M. del Fiore. Auch ein Carmeliter tritt für Sav. auf: „E adì primo d'ottobre 1497 predicò un Frate del Carmine a quella Vergine Maria, ch'è nel canto delle mura dalla porta a S. Friano e affermava molto la dottrina di Fra Gir. dicendo: „e mi a detto Iddio ch'egli è santo uomo e che la dottrina sua è vera e chiunque gli a fatto resistenza, o detto male della divina opera, sieno signori, sieno religiosi o gran maestri, gli sarà cavata la lingua e data a'cani e simili pazzie." E fu mandato per lui, esaminato al vescovado e fugli mandato che non predicassi.

E adì 6 di gennaio 1497 andò la Signoria di Firenze a offerire a S. Marco, e baciarono la mano a fra Gir. all' altare e non senza gran maraviglia de' più intendenti e non tanto degli avversari, quanto degli amici del Frate. Fu el dì della Pifania.[2])

---

[1]) l. c. p. 131.
[2]) l. c. p. 133.

E adì 11 di Febbrajo 1497 cominciò a predicare Fra Gir. in S. M. del Fiore, e rifecesi e gradi come prima, e andovvi molta gente, e molto si parlava di lui ch'era scomunicato, *e molti mancorono d'andarvi per temenza della scomunica dicendo: Giusta vel ingiusta timenda est. Io fui di quegli che n'on v'andavo.*[1])

E adì 18 di febbrajo predicò Fra Gir. in S. M. del Fiore e manconne ancora più gente.

E adì 25 di febbrajo predicò fra Gir. in S. M. del Fiore sempre provando la scomunica non valere ne tenere: e noto che tutte le dette prediche sono state scritte e gittate in forma da un giovane notajo, ch' ha nome Ser Lorenzo Vivoli.[2])" Landucci will fortan den Predigten nicht mehr beiwohnen, da ihm sein Gewissen sagt, dass der Befehl des Papstes zu achten sei. Nachdem er die Carnevalsprocession, welche Savonarola mit dem Sanctissimum begleitete, geschildert, sagt er: „non volli mettermi mai a pericolo andare a udirlo, poichè fu scomunicato."[3])

E adì 14 detto fu richiesta la pratica per pigliare modo di questo frate, e finalmente s'andò in licenzia molti cittadini: chi voleva levarlo dal predicare, chi no, e fuvvi grande controversia d'ambizione di stato, nondimeno tutta volta predicava: e'l Papa minacciava d'interdire la città. Pareva cosa maravigliosa ch'el papa nollo potessi fare istar cheto e cessare dal predicare.

E adì 17 di marzo la Signoria mandò cittadini a Fra Gir. la sera di notte a pregarlo che non predicassi per qualche dì, e lui rispose che voleva prima dimandarne colui che lo mandò a predicare e nondimeno pure predicò in S. Marco.[4])

---

[1]) l. c. p. 137.
[2]) l. c. p. 138.
[3]) l. c. p. 139.
[4]) l. c. p. 140.

Die Verhandlungen der Consiglien vom 3. März 1497 über die dem Papste zu gebende Antwort auf sein Breve, welches die Einschliessung oder Auslieferung Savonarola's forderte,[1]) geben reichen Aufschluss über die Stimmungen der thätigen Parteien in Florenz. Luigi Corsi schlägt vor: „Perchè giudicano, che se el Pontefice sapessi e' fructi di questo frate, pensono non hare' mai potuto fare questo, maxime essendo sancto: *et perchè judicano la decta excomunica essere procurata dagli Stati d'Italia per fare contra a noi,* e però scrivere al Papa o per la via dello 'mbasciadore, fare intendere al Papa della qualità di fra G." Giovanni Canacci betont: „Quegli servidori vostri, a me padri honorandi, XII nuovi, pel comandamento de' quali sono venuto qui, hanno inteso le lettere dell' oratore et il breve et hanno examinato intra loro et havuto considerati one a tre cose: alla qualità di chi manda, a chi e' manda et quello che chiede. E' manda el sommo Pontefice, vicario di Dio, signore de' cristiani, *ha jurisdictione per tucto el mondo maxime cristiano;* manda a questa excelsa Signoria inferiore delle cinque potentie d'Italia quando havessi tucto el suo imperio, vive d'industria, ha ciptadini per tucto el mondo et sanza questo non può vivere. Domanda, secondo hanno considerato, due cose, che in tucto si levino le prediche, o che questo frate si mandi a lui o qua stia a sua petitione. Quegli miei padri si sono resoluti tucti d'achordo che le prediche totalmente si levino tucte via, appresso che nessuno cictadino possa tenere practica con epso o andare a lui. Io per me gli darei al Papa la electione al Pontefice che si tenessi a suo' stanza ... lui ha correggere et castigare e religiosi." Deshalb räth er am Schluss „di dare al Pontefice le cose sue."[2])

---

[1]) Nuovi Documenti, l. c. p. 30.

[2]) l. c. p. 36.

Ein richtiges Wort sagt Francesco de' Alessandri: „*Chi teme le censure ingiuste merita etiam appresso di Dio*“ [1]) und weiter „Questa cosa io non la fo piccola, perchè l'arme della Siede Apostolica sono le censure, et levate queste, è levata loro la dignità et obedienza loro et sono da stimare assai, perchè loro le stimano assai perchè non hanno altre armi. Item era, chi diceva si mandassi a Frate Hieronimo, monstrargli el breve et confortare si voglia abstenere dal predicare. O lo farà o non farà. Se lo farà, potrete scrivere al sommo Pontefice et placarlo. Et non lo faccendo, dipoi ci piglierete quello modo vi parrà più a proposito, pur si facci sanza scandalo. Et quando e' si fussi certo *omni certitudine* che e' fussi mandato da Dio, sarebbe da lasciarlo predicare e mettere inanzi a ogni cosa. Ma non essendo certo *omni modo*, gli pare più fructo per la cictà satisfare al sommo Pontefice.“ Antonio Malegonelle legt das Gewicht auf die Umtriebe der Potentaten Italiens: „Et i potentati d'Italia non cercano altro se non in che modo nasca divisione nella cictà nostra, et cercano questo modo di frate Hieronimo. Et non è da credere che' e' cictadini nostri procurano questo, nè non lo voglio cercare, ma credo piuttosto sia da quegli che ci vogliono male et hanno condocto el Papa insino a qui.“ [2]) Vielfach sind Rücksichten auf den Handel und Verkehr der Stadt, zumal auf die in Rom weilenden toscanischen Kaufleute, massgebend bei der Beurtheilung. So hebt Ridolfo de' Ridolfi hervor: „Sarebbono di questo parere, che Fra Girolamo per un poco di tempo habbi patientia a non predicare, perchè altrimenti veggono interdetti e maledictioni sopra e' mercatanti nostri.“ [3]) Ebenso

---

[1]) l. c. p. 39.
[2]) l. c. p. 41.
[3]) l. c. p. 43.

Piero de' Gualterotti: „Et circa el mandare Frate Hieronimo non lo farebbono, ma bene leverebbono via le prediche sue per un tempo, per satisfare al Pontefice, chè altrimenti la cictà vostra et mercatanti sono spacciati, et la industria la mantiene, et per questo si observi el breve o veramente si contenti el Pontefice." — Giuliano Gondi erinnert an die dem Papst schuldige Obedienz: „Richordovi, Signori miei, la dignità et obedienza della S. V., perchè havete dato al sommo Pontefice l'obedienza. Et io fui all' entrata uno de' vostri mallevadori et sentii da messer B. Ciai el giuramento delle S. V., et intr' all' altre, fedeli di Santa Chiesa et obedienti, et quando voi non lo facciate, lo spergiuro ci nasce. Costui predica che non è Papa et che non si gli de' credere, et cose che non si direbbono a uno cuoco. Costui farà una setta di fraticelli come altra volta fu in questa cictà, et è una secta di heresia che voi fate in questa terra. Abbiamo noi a opporsi a tucta Italia et a' potentati d'Italia et al sommo Pontefice? Le censure di Roma vogliono dire, che noi siamo ribelli di Sancta Chiesa, et molti mercatanti non hanno mandato le robe a Napoli et in altri luoghi per non esser rubati, nè scannati." [1]) Giovanni Brunetti betont die Pflichten dem Papst gegenüber: „E sono in questo parere, che il predicare di Frate G. non predichi per obedire al breve in questo solamente et stiasi in S. Marco. Iddio dette a Pietro et al pontefice suo e' duo coltegli, che è lo spirituale et il temporale et allegò exempli di molti imperadori a' quali el Papa ha comandato. A quella parte di Frate G. che ha doctrina ec., ogni huomo può errare, et quelle cose che si sanno a comparatione di quelle, che non si sanno, sono molte poche. Et non sono stati e' primi huomini doctissimi, huomini come Origene et altri, che sono stati doctissimi

---

1) l. c. p. 43.

et hanno havuto degli errori? immo etiam gl'angeli hanno in loro qualche inscientia. Hor se cade negl' angeli qualche nescientia, molto più può esser negl' uomini. Appresso, di quegli che hanno decto, s' egl' è buono non può errare, perchè e' non sarebbono e' primi che possono essere ingannati in pensare d'avere la profetia, et esser di suo' fantasia.[1]" Dabei wird von den Vertheidigern Savonarola's zuweilen ein höchst bedenklicher Ton angeschlagen, der an die von den Reformatoren gesuchte Emancipation des göttlichen Wortes von der Lehrautorität der Kirche, welche allein es unversehrt zu bewahren und auszulegen berufen ist, erinnert. Tommaso Fortini bemerkt: „Et quanto alla parte del breve, come s'abbi observare o no, o come, considerando di levare el verbo di Dio per obedire al vicario suo, s' egl' è, non pare da doverlo consentire. El subdito non può havere auctorità sopra 'l superiore."[2]) Ein kräftiges Zeugniss für die politische Bedeutung Savonarola's legt Sacchetti ab: „Io credo sia noto che nel 1494 la ciotà vostra fu liberata dal tiranno. Et io in quel tempo mi trovai in cotesto seggio et tucto attribuisco a opera divina più che humana. Et è da ricognoscere tucto da Dio, et puossi dire, che per suo' opera et suoi orationi ella si sia conservata, et credo sia bene ricorrere alle orationi. Et è da procurare in tal modo, che non ci provochiamo Iddio controci, per perseguitare questo servo di Dio. Egli è in gran cagione principio decto frate di questo governo della ciotà nostra." Bernardo de' Nasi hebt hervor: „Sono tucti modi introdocti da' vostri inimici et potentati d'Italia e vi danno buone parole et seminano in voi le zizanie."[3])

Aus diesen Verhandlungen geht hervor, dass der

---

[1]) l. c. p. 47, 48.
[2]) l. c. p. 49.
[3]) l. c. p. 52.

Schwerpunct der Angriffe gegen Savonarola bei seinen politischen Gegnern liegt.[1]) Die ganze Angelegenheit ist eine mehr politische als religiöse. Auch die lange und grausame Tortur der Brüder lag nicht in der Absicht des Papstes; er hatte mehrmals an die Republik geschrieben,[2]) ihm die Schuldigen zu übersenden, ohne dass dem Folge geleistet wurde: sie ist durchaus das Werk der politischen Gegner Savonarola's. Guicciardini sagt: „Furono dipoi deputati circa a venti cittadini alla esamina di Fra Jeronimo e de' compagni, tutti i più fieri degli inimici sua; e finalmente avendogli dato, *sanza licenza però del papa, qualche tratto di fune*, doppo spazio di più dì ordinato uno processo, publicorono in Consiglio Grande quello dicevano averne ritratto." Des Papstes Zorn wird erst völlig rege als ihm die Briefe Savonarola's an die Fürsten durch Lodovico il Moro in die Hände fallen.[3]) Eine Absetzung

[1]) Scipione Ammirato, Ist. fior., lib. 27, ad ann. 1497: „Non essendo dunque al pontefice riuscito di ridurre i Fiorentini a' voleri della lega (perciocchè con questa esca era egli stato tirato dal duca di Milano ad entrar in queste pratiche, se bene il duca era mosso per particular stimolo che aveva della grandezza de' Veniziani) si volse egli insieme con l'oratore veneziano a veder di conseguire per un' altra strada il suo avviso, rimettendo Piero de' Medici in Firenze, per mezzo del quale reputava facilissimo il fare alienare i Fiorentini dalla devozione di Francia."

[2]) Doc. XIII, l. c. „Magnifici Domini ec. proposuerunt. Prima: „Ciò, che sia da rispondere al Papa, circa la domanda più volte fatta per lui che e' frati si mandino." Zu bemerken ist, dass Villari in demselben Document (p. 76 l. c.) anstatt corteccia, tortura gelesen hat. Der Satz muss heissen: Pro Gonfaloneriis qui erant in officio dixit Girolamo di Filippo Rucellai: „Circa l'examine, judicano, che sia bene di nuovo examinare perchè e' credono si sia havuta la corteccia (die Schale), acciocchè andando a Rome e' si sappia ogni cosa che lui ha in corpo." Anm. I. zu diesem Document. Bei Villari, in der Originalausgabe II, 186.

[3]) „In questo tempo occorse che il Padre scrisse ai principi

Alexander VI. aber, wie sie Savonarola intendirte, hätte in der That nur ein unheilvolles Schisma erzeugt und die Gefahren der Kirche vergrössert. Carl VIII. hatte, nachdem er schon seine Kanonen auf die Engelsburg gerichtet hatte, nur seinen besseren Räthen nachgegeben, indem er allen weiteren gewaltsamen Schritten gegen den Papst verständigerweise entsagte.

Wenn übrigens Nardi erzählt, nach dem Tode Savonarola's seien in wenigen Tagen die alten Unordnungen zurückgekehrt: „Tornorono in pochi giorni tutte le lascivie e mali costumi," so liegt darin die Gefahr dieser socialen Reform ausgesprochen, welche eben in solcher Gestalt ganz auf der Persönlichkeit dieses Mannes ruhte, in dem klösterliche Anschauungen und die gewaltigsten Freiheitsideen sich vereinigten. Die gefährliche Gabe der Prophezeihung, die selbst Macchiavelli nie geleugnet oder auch nur in Zweifel gezogen hat[1]) und die Philippe de Commines mit Bewunderung erfüllte,[2]) hatte einen Nimbus um das ausdrucksvolle Haupt dieses Mannes gelegt, der nie seinen

---

Cristiani come la chiesa andava in rovina e che ò dovessino fare, che si radunasse un Concilio, nel quale voleva provare la chiesa di Dio esser senza capo e che chi risedeva, non era ne degno di quel grado, ne vero Pontefice. Una di quelle lettere fu intercetta da alcuna spia del Duca di Milano. Mandò la lettera a Roma al Cardinal Ascanio suo fratello che presentossi avanti al Papa." Cfr. Cod. 1885 Conv. oppr. Magliab. Ursache des Hasses von Seiten Lodovico's gegen Savonarola war zumal der Brief, den der letztere an den Herzog geschrieben hatte und in dem er ihm sein trauriges Lebensende voraussagte (Pico, Vita Sav. cap. XVI, pag. 145 und Burlamacchi, Vita, pag. 86 ed. di Lucca, 1764). Savonarola bezeugte es selbst im Process: „Al duca di Ferrara e al duca di Milano ho ancora scritto circa al ben vivere, ma non per cose di stato."

[1]) Discorsi sulla Deca, vol. I, cap. 9.

[2]) Mémoires, liv. VIII, chap. 3, 26.

Eindruck verfehlte. Die Gewalt seiner Rede [1]) hat sich in so langer Zeit bewährt, dass wir sie wohl als einzig in seiner Zeit bezeichnen müssen. Welcher Prediger hätte in einer Stadt wie Florenz so lange und so erfolgreich die Fastenzeiten hindurch mit immer neuen Reizen seine Predigten auszustatten vermocht, wie Savonarola? [2]) Selbst die aufgeschriebenen Worte tragen jenen ergreifenden Ausdruck an sich, dass sie in ihrer Originalität und Einfachheit fast wie ein gesprochenes Wort zu wirken vermögen. Er hatte den Geist der heiligen Schrift so in Fleisch und Blut in sich aufgenommen, er hatte, selbst eine tiefpoetische Natur, diese urewige gewaltige Poesie Gottes so verstanden, dass er dem Volke als wahrhaft gottgesandter, von Gottes Geist erfüllter Retter, als ein zweiter Moses erschien, der es aus der Knechtschaft der Mediceer zu politischer und religiöser Freiheit zu führen berufen war. [3])

Es ist ein eigenthümliches Merkmal der grossen Geister, welche in dieser gährenden Epoche des Uebergangs in eine neue Zeit, welche die Franzosen Renaissance genannt haben, emporwachsen, dass sie Licht und Schatten so reichlich vertheilt in sich tragen. Man darf nicht den

---

[1]) „Le parole sue erano saette acutissime e faccelline accese nei cuori di quelli che lo ascoltavano.“ Cod. 1885 Magliab. Conv. oppr.

[2]) „Fu cosa mirabile, avendo predicato tanti anni continuamente non solo le Quaresime, ma molti dì festivi dello anno in una città piena d'ingegni sottilissimi e anche fastidiosi e dove i predicatori, benchè eccellenti, sogliono, al più lungo termino da una Quaresima o due in là, rincrescere.“ Guicciardini, Stor. Fior. l. c. p. 179.

[3]) „Confessano eziamdio gli avversarii suoi, lui essere stato dottissimo in molte facultà, massime in filosofia, la quale possedeva sì bene e se ne valeva sì a ogni suo proposito, come se avesse fattala lui, ma sopra tutto nella Scrittura Sacra, in che si crede, già qualche secolo, non essere stato uomo pari a lui.“ Guicciardini, l. c.

Massstab des Gewöhnlichen an diese Grössen legen, die ihre eigenen Gesetze der Entwicklung in sich tragen, in denen Vergangenheit und Zukunft sich berühren, durcheinanderwogen, und die deshalb mit dem Masse beider zu messen sind.[1]) Die prophetische Gabe Savonarola's, die furchtbare Deutlichkeit, mit der in seinem Geiste die Geschicke Italiens sich enthüllen, die Menschen den kommenden Strafen entgegen gehen, erzeugt jene Wunderbarkeiten, von denen der gewöhnliche Verstand unberührt bleiben muss. Mit tiefem Gefühl umfasste diese glühende Natur die kommenden Leiden der Menschheit und liess sich von ihnen foltern als wären es ihre eigenen. Die Voraussicht der kommenden Revolutionen auf allen Gebieten trieb ihn an, sich dem Strom entgegenzuwerfen, aber, von Anfang an dem Tode geweiht, wusste er wohl, dass sein Leben zum Opfer fallen musste. Er sah den grossen Abfall in der Häresie des XVI. Jahrhunderts voraus, darum wollte er die Unzähligen, die ihm entgegen-

---

[1]) Wie hoch stand Savonarola über dem Aberglauben, dem besonders die gelehrten Platoniker, vor Allen Ficino selbst, ergeben waren. „Soleva il predicatore," sagt der Biograph Savonarola's, „riprendere gl'abusi delle scienze secolari con molto rigore e massimamente l'astrologia divinatoria contro di che egli scrisse un' operetta." Cfr. Cod. 1885 Conv. oppr. Magliab. p. 64. Es ist ganz falsch, wenn Joan. Corsius in Vita Ficini (bei Galletti, de famosis civibus, Florentiae 1847, p. 191) sagt: „superstitioni praeter modum infensus," weshalb Bandini in den adnotationes ad Ficini vitam, l. c. p. 206 bemerkt: „Ad superstitionem Ficinus aliquando proclivior et Astrologicis vanitatibus addictus fuit. Nonnunquem abutebatur divinae scripturae oraculis cujus quidem rei specimina occurrunt in Ep. ad Sixtum IV. (lib. VI, fol. 115) et in prooemio ad Jamblichum (lib. IX, f. 159) etc. Hinc mirum nemini videatur, si apud Innocentium VIII. Pont. haereseos, vel ipsius forte Magiae crimine fuerit insimulatus." Er hatte immer mit Amuletten, Steinen in Ringen und ähnlichem Aberglauben zu thun.

steuerten, aufhalten und zur kirchlichen Einheit führen. Savonarola's Fehler, zumal sein Widerstand gegen den einmal anerkannten Papst entspringen darum seinem übergrossen, in falsche Bahn geleiteten Eifer für die Reinheit des Glaubens, für die Kirche selbst, in der er die einzige von Gott gesetzte Ordnung zum Heile der Welt und der Seelen anerkannte, deren rechtmässigem Oberhaupt er Unterwerfung und Gehorsam schuldig zu sein glaubte. In Alexander VI. wollte er einen durch Simonie zu dieser Würde gelangten, darum nicht legitimen Nachfolger Petri sehen.[1]) Er irrte darin, dass er übersah, dass Alexander einmal völlig anerkannt war, dass die Gerüchte über seine Wahl, wie sie sich in römischen Diarien und anderen Aufzeichnungen vorfinden, doch eben nur Gerüchte, keineswegs erwiesene Thatsachen waren, dass diese Gerüchte doch auch nicht allgemein bekannt waren, dass es demnach bei den meisten seiner Anhänger nur Aergerniss erregen musste, wenn er den Breven des Papstes mit Verachtung entgegen trat. Die Ereignisse haben ihn hier mächtig fortgerissen und ihm den Abgrund verhüllt, der sich vor seinen Füssen aufthat.[2]) Erst die verfehlte Feuer-

---

[1]) In den beiden Briefen an den Kaiser und den König von Spanien wollte er beweisen, und zwar mit den sichersten Gründen sowohl als mit übernatürlichen Zeichen, dass die Kirche derzeit ohne Haupt und Hirten sei, denn Alexander VI. sei nicht Papst, ja nicht einmal Christ. Die Briefe bei Baluzius, Miscell.

[2]) Bayle, Diction. Histor. et Critiq. Article Savonarola, wirft ihm mit Recht Inconsequenz vor: „Cette conduite inégale n'est point digne d'un Prophète, ni d'un nouvel Apôtre; la même raison, qui l'empêchoit de se soumettre aux ordres du Pape, devoit l'empêcher de se soumettre aux ordres des Magistrats; car si les intérêts du grand ouvrage pour lequel il croioit avoir reçu commission extraordinaire, demandoit que non obstant les ordres du Pape il exerçât la fonction de prédicateur, puis qu'il vaut mieux obéir a Dieu, qu'aux hommes, ils démandoient aussi qu'il l'exerçât

probe, die eben noch ganz dem Standpunct der Zeit angehört, dann der Widerstand gegen die Breven, Beides

---

malgré les défenses du bras séculier." In der That, wenn bei ihm das Princip vorwaltete, Gott durchaus mehr gehorchen zu müssen als den Menschen, wie kommt es dann, dass er mehr wie ein Mal auf Anordnung des Magistrats das Predigtamt niederlegté, was er dem Papste gegenüber zu thun nicht für nöthig hielt? Bartoli (Apologia di Sav. Firenze 1782, p. 347) sucht ihn davon zu reinigen: „Non conveniva al Sav. il trasgredirlo: qui non avea parte il comando, esser meglio ubbidire a Dio che agli uomini, poichè qui gli uomini non contradicevano l'opera di Dio, ma soltanto per una cautela di buon governo, per una ragione di Stato, per una regola d'illuminata economia che è sempre conforme all' ordine della società e al bene della stessa religione, sospendevano la predicazione, sapendo che ancor quivi può aver luogo il detto „vi è un tempo di parlare ed un altro di tacere." Gewiss ist diese „illuminata economia" zumal den Gewissen des Volkes gegenüber nicht stichhaltig, das auch in Alexander das Haupt der Kirche sah, von dem, als einzig berufener Autorität, die apostolische Sendung zum Predigtamt ausgehen musste, und dem gegenüber Savonarola deshalb in eine ganz schiefe Stellung gerieth. Bartoli sagt: „non poteva ubbidire al divieto del Papa volendo seguire i dettami della giustizia e della carità pel pubblico bene." Damit wäre allerdings die prop. damn. des Hus sanctionirt: „Sacerdos Christi, vivens secundum legem ejus et habens notitiam scripturae et affectum ad aedificandum populum *debet praedicare non obstante excommunicatione.*" Wo bleibt da die höchste Jurisdictionsgewalt des Papstes, wenn jede Stadtobrigkeit und jeder Prediger, der das Volk erbauen will, Richter sind? Man sieht, wie gefährlich die von Savonarola eingeschlagene Richtung werden musste, welcher Knoten sich unauflöslich um ihn schlang, sobald diese Praxis zum Princip erhoben wurde. Bartoli sagt (l. c. p. 341): „Noi, per giustificare una simil condotta, non staremo qui a far menzione dei lunghi e maturi consigli, che il Savonarola prese da gravissimi teologi e canonisti." Gewiss ist das Alles kein Grund der Weigerung dem klar ausgesprochenen Befehl des Papstes gegenüber, sich gänzlich der Predigt zu enthalten. Savonarola war für die Folgen nicht verantwortlich, wenn er der päpstlichen

musste ihm den Boden unter den Füssen fortziehen, ohne dass menschliche Hülfe ihn retten konnte. Waren erst einmal diese Volksmassen, die er selbst im Glauben an solche äussere Zeichen wie die Feuerprobe war, befestigt, in ihrer Erwartung getäuscht, musste ihre Rache schonungslos sein, wie alle Rache des Volkes überhaupt, das sich in seiner Würde und Erwartung verletzt fühlt.

Luthers gänzliche Unkenntniss der Schriften Savonarola's verleitete ihn, auf Grund der kleinen Abhandlung über den Psalm „Miserere," wohl mehr in Rücksicht auf seine Opposition gegen Alexander VI., den Dominicaner zu den Reformatoren im Sinne der nordischen Häresiarchen zu rechnen. Hätte er den „Triumphus crucis" und andere Sachen gelesen, wäre er wohl schnell von seinen Vorurtheilen zurückgekehrt. Weit richtiger hatte Savonarola der englische Bischof und Martyrer Fisher von Rochester beurtheilt, als er gegen Luther sich wandte (Assertionis Lutheranae confutatio, artic. 38, p. 337) und über Savonarola schrieb: „Satis ex libris, quos edidit exploratum est, neminem tuas assertiones condemnasse magis quam Hieronymum illum." Der gelehrte Anonymus bei Baluzius (Miscellanea, ed. Luc. 1764, p. 521) beschuldigt Savonarola, die auf dem Concil zu Constanz verurtheilten Propositionen des Hus (artic. 13 u. 14) acceptirt zu haben:

I. Papa non est manifestus et verus Successor Principis Apostolorum Petri, si vivit moribus contrariis Petro.

II. Sacerdos Christi, vivens secundum legem ejus et habens notitiam scripturae et affectum ad aedificandum

---

Weisung nachgab und salvirte sein Gewissen. Er hatte den heiligen Thomas (III. p. q. 12. art. 2) missverstanden; denn der äusserste Fall, dass das Volk ganz ohne Predigt, Spendung der Sacramente blieb, war hier ausgeschlossen, da in S. Marco noch andere gute Prediger vorhanden waren und für die geistigen Bedürfnisse der Stadt hinreichend gesorgt war.

populum, debet praedicare, non obstante praetensa excommunicatione. Quod si Papa, vel aliquis Praelatus mandat Sacerdoti sic deposito non praedicare, non debet obedire subditus.

Mansi bemerkt dazu: „Quando anche il Savonarola avesse insegnato, che Alessandro VI., ,perchè illegittimamente eletto, non era vero Pontefice, non avrebbe insegnato un' eresia; appunto come eresia non sarebbe l'affermare questa tal ostia non contenere il Corpo e sangue di Christo, perchè non legittimamente consecrata. L'errore de' Protestanti consiste in non credere e non riconoscere per successori di Christo alcuno de' Pontefici benchè legittimamente eletti. Repugna pertanto a siffatto errore il zelo del Savonarola di avere un Pontefice canonicamente eletto." [1]) Auch die Croniche Dominicane (Tom. VI Monum. del P. Martene) und die Costituzioni de' Frati Predicatori (Roma 1566, dedicate a Pio V.) heben Savonarola's Eifer für den Glauben hervor. In letzteren liest man: „Anno 1498 non minori Sanctitatis apud multos et doctrinae apud omnes opinione floruit F. Hier. Sav., qui regularem observantiam promoverat. Hic post reformatos mores et regimen Civitatis Florentinae facinorosorum rabie in publica platea, sicut ipse predixerat, crematur. Multa predixit futura, *complura ad catholicae fidei confirmationem* et morum reformationem doctissime ac religiose scripsit." [2])

Die Kirche hat in den Schriften Savonarola's keine formale Häresie gefunden und nur eine Anzahl von

---

[1]) Savonarola bemerkt im Trattato del gov. lib. I, cap. II: „Onde il nostro Salvatore volendo mettere nella sua Chiesa ottimo governo, fece Pietro capo di tutti li fedeli, ed in ogni diocesi, anzi in ogni parrocchia e monastero volse, che si governasse per uno e che finalmente tutti li capi minori fussino sotto un capo."

[2]) Bei Baluzius. Echard (Script. Ord. Praedicat. Tom. I.) sagt nur: „Vir fuit eruditione conspicuus graece et latine doctus."

Predigten und den Dialog über die prophetische Wahrheit, die ersteren ihrer starken Invectiven gegen die Curie halber, auf den Index versetzt.[1]) Auch Alexander VI. hat wohl in Savonarola keinen eigentlich formalen Häretiker im Sinne der vom Constanzer Concil verurtheilten Richtung gefunden, sondern in seiner Nichtachtung der päpstlichen Breven nur eine practische Häresie gesehen, die, zum Princip erhoben, ausserhalb des concreten Falles, der für Savonarola noch Entschuldigungen zuliess, gleich den Lehren des Hus die Jurisdictionsgewalt des Papstes als die alleinige Quelle aller subdelegirten Gewalt und damit die Grundlage aller kirchlichen Ordnung umstossen musste.[2]) Savonarola ist sich dieser aus der von ihm befolgten Praxis nothwendigerweise herzuleitenden Consequenzen wohl nicht im ganzen Umfange bewusst geworden:[3]) die Ereignisse rissen

---

[1]) „Donec. corrigantur.“ Der Defensor Bernardini schlug vor: „di proibire solamente quelle poche prediche, che in sull' Indice de' libri proibiti sono notate, ma non già per eretiche, ma piuttosto sotto nome di sospensione.“ Er fügt hinzu, dass, wenn diese Predigten in Latein abgefasst wären, man sie nicht verboten hätte, weil die Gefahr des Aergernisses bei Ungelehrten das Motiv der Suspension gewesen sei. Ebenso der P. Neri in der Apologie und Burlamacchi, Vita p. XXIII.

[2]) Dass auch die ungerechte Excommunication zu respectiren sei, lehrt der heilige Gregor (hom. 26. super Evangg.) Cfr. Decretum Gratiani II, qu. 1: „Sententia Pastoris, sive justa, sive injusta est timenda.“ Die bei Bartoli p. 354 citirten Stellen „S. Aug. ep. 78 ad Hipponenses und S. Greg. Hom. 26.“ empfehlen keineswegs die Verachtung der Excommunication, sondern handeln nur davon, ob sie dem betreffenden schade, wenn sie ungerecht sei, oder nicht, passen also gar nicht hierher.

[3]) An einen Freund schrieb er: „Inprimis alcuni dicono che io sono eretico, parlano con poca prudenza e consideratione, havendo io pubblicamente molte volte decto e scripto, che io mi sottometto alla correzione della Santa Romana Chiesa in tutto quello che io avessi errato etc. Cfr. Burlamacchi, l. c. p. LIII. die citirten Predigten.

ihn mächtig fort, und sein aufs höchste gereizter nervöser Zustand in den letzten Jahren, von Visionen und Offenbarungen beeinflusst, machte ihn für diese Logik untauglich. Er hatte Kräfte in Bewegung gesetzt, die er nun nicht mehr zu beherrschen vermochte.[1]) Auch Alexander VI. hatte in der 1501 erlassenen Constitution gegen die der Häresie verdächtigen Bücher die Werke Savonarola's nicht einbegriffen,[2]) ein Beweis, dass er ihn nicht als formalen Häretiker betrachtete.[3]) Nardi's Erzählung (lib. 2, XXXVII, vol. I ed. di Firenze 1858) stimmt damit überein. Nach dem Tode Savonarola's werden seine Schriften der bischöflichen Behörde übergeben und geprüft, aber nach einigen Tagen Allen, welche sie zurückwünschten, wieder ausgeliefert: „E poscia, come è manifesto, furono impresse in Firenze liberamente e dipoi in Vinegia *con l'approvazione del reverendo inquisitore della eretica pravità dell ordine de' Frati minori* e di licenza del patriarca e col privilegio di quel dominio. La qual cosa fu una attestazione della sana dottrina di tali opere."

Von dem Einfluss Savonarola's auf das bürgerliche Leben in Florenz und Umgegend haben wir zahlreiche eingehende Berichte. Auch Guicciardini hat, Cap. 17 seiner Storia Fiorentina, eine mit Wärme vorgetragene Schilderung

---

[1]) „Le infelici circostanze dei tempi involsero le cose in tali controversie, che parve necessario agli uomini più illuminati di venire a qualche passo, che in qualunque altra stagione sembrato sarebbe irregolare e degnissimo di rimprovero." So Bartoli, Apol. cap. XXI. Savonarola deutet selbst darauf hin. Cfr. die Predigt vom Montag nach dem vierten Sonntag Quadrag. num. 3.

[2]) Bartoli, Apologia, l. c. p. 324.

[3]) Pico della Mirandola erzählt (In vit. Savon. cap. 20), dass Felino Sandei, Uditore der Rota es bezeugt habe, die Richter der Rota hätten trotz der sorgfältigsten Prüfung keine Häresie auffinden können.

6*

gegeben. Eigenthümlich bleibt immer, dass Nardi sagt, es seien nach dem Tode Savonarola's alle Unordnungen in wenigen Tagen zurückgekehrt. Meint er damit nur, auf Seite der Gegner, die nur die Furcht in Schranken hielt, oder meint er, auch bei den Anhängern Savonarola's? dann wäre die Umgestaltung der Sitten keine tiefgehende, sondern vielfach nur eine äusserliche gewesen. Das spätere Verhalten der Brüder von S. Marco ist jedenfalls sehr auffallend und sieht aus, als hätten sie nur widerwillig ihrem Prior sich ergeben. So grossartig Savonarola's politischer Reformgedanke war, so sehr er dahin strebte, das gesammte geistige Leben seiner Zeit zu den reinen Quellen des in der Kirche allein fliessenden Wassers unsterblichen Lebens zurückzuführen, in Bezug auf die Reform der Stadt war er von kleinlichen Anschauungen nicht frei zu sprechen. Er vermochte sich nicht über klösterliche Vorstellungen zu erheben und wollte derartige Institutionen auf das bürgerliche Leben übertragen.[1]) Er

[1]) Sein Biograph aus S. Marco (Cod. 1885 Magliab. Conv. oppr.) erzählt p. 62 segg.: „Nelle case de' secolari si viveva a modo de religiosi. Per il contado non cantavano più canzone o vanità ma laude e canti spirituali, che a quel tempo in gran copia si componevano, cantando alle volte insieme a vicenda da ogni banda dello vivo come usano i frati, così mentre lavoravano nei campi con somma letizia, così per le case e per le botteghe, tanto si era sparso e acceso questo fuoco. Vedevansi talvolta per le strade le madri andar dicendo l'uffizio con gli proprii figliuoli a uso di religiosi; alle mense loro, fatta la benedizione, si teneva il silenzio, leggendo le vite dei santi padri o altri libri devoti, massime le prediche del padre e altre opere sue, e i libri di battaglia e poeti gentili tutti andavano al fuoco etc. Le nozze ancora con molta divozione si celebravano senz' alcun eccesso di vanità, senza balli e canti lascivi, senza stromenti musicali e altri giuochi leggieri e vani, ma invitati i parenti e amici al convento e udita la mattina la messa, dove lo sposo e la sposa si comunicavano, convenivano tutti ad' una moderata mensa, dove un sacerdote o religioso soleva

half eine Verfassung auf der breitesten und gesundesten Basis allgemeiner Betheiligung erbauen, und die grössten Florentiner haben ihn darin bewundert, aber er vermochte nicht langeingewurzelten Verhältnissen mit jenem massvollen Verständniss für das Leben gegenüberzutreten, das allein dauernde Zustände schaffen kann. Ideale Verhältnisse strebt auch die Kirche an, aber sie weiss, dass dieselben nicht überall und immer zu erreichen sind und dass nur ein Theil ihrer göttlichen Lehre auf gutes Erdreich fällt. Sie vermeidet vor Allem jeden allgemeinen Zwang zu höheren Anforderungen, als ihre milden Gebote erfordern und ebnet auch den Schwachen und Geringeren die Wege zum Heil. Die Verhältnisse in Florenz mögen es erklären, wenn Savonarola da, wo viel gefehlt worden war, in dem Streben nach Idealem den rechten Massstab für die Wirklichkeit des Lebens verloren hat. Die harte Busse, die sein Leben krönte, war wohl im Stande, die grossen Fehler seines Lebens hinwegzuwaschen und ihn in seinem Wollen reiner hinzustellen als es die stürmischen Zeiten gethan, in denen das Drama seines Lebens sich erfüllt hat.

Savonarola hat sein politisches System im „Trattato circa il reggimento e governo della città di Firenze“ niedergelegt. [1]) Er folgt darin der Doctrin des heiligen Thomas

far un bel sermone, esponendo Tobbia etc. Gli sposi in quel giorno stavansi quietamente occupati in qualche divozione. Molte donne e uomini commossi da questa predica fecero poi proposito di castità. Si trovorono di quelli che il primo giorno delle nozze convenivano insieme di servare perpetua castità.“ Pag. 67 heisst es: „Usavano anco talvolta i secolari uomini e le donne separatamente ragunarsi insieme venti o trenta per volta e attendevano a ricrearsi spiritualmente o nella città, o nella villa e fatta prima la comunione alla mensa, tutto il giorno consumavano in lodi divine e salmi e qualche volta pigliando il piccol Giesù dinanzi a quello molte orazioni non senza lagrime facevano.“

[1]) Auch an vielen Stellen seiner Schriften treten seine Gedanken

wie sie in der Abhandlung „De regimine Principum“ enthalten ist, ja er bedient sich zuweilen oft der nämlichen Worte.[1]) Nachdem er die verschiedenen Formen des governo, von dem die Völker regiert werden, auseinandergesetzt hat, ertheilt er die erste Stelle der Monarchie: „il governo civile (popolare) e buono, e quello degli ottimati (nobili) è migliore, e quello de' re è ottimo. Perchè essendo l'unione e pace del popolo il fine del governo, molto meglio si fa e conserva questa unione e pace per uno che per più, e meglio per pochi che per la moltitudine.“[2]) Auch die Regierung der Kirche wurde von Christo in die Hände seines Vicarius gelegt, welcher das Haupt des Ganzen ist; in jeder Diöcese, jedem Kloster ist die Leitung einem Einzigen anvertraut, die wieder dem gemeinsamen Haupte sich unterordnen.

Das monarchische Princip ist zwar an sich das beste, aber nicht für jeden Ort und für jedes Volk, wie auch der Stand der geistigen Vollkommenheit, des Religiosen, der an sich der beste ist, keineswegs für Alle passend ist.

---

darüber zu Tage, besonders in der Predigt vom 10. October 1495, die er vor dem höchsten Magistrat hielt. Giuliano Salviati, Gonfaloniere im Januar und Februar 1498, veranlasste Savonarola zur Herausgabe des Tractates. Cfr. P. Marchese, Scritti vari, vol. I, p. 177. Firenze 1860.

[1]) Während Savonarola Aristoteles folgt, hält sich Campanella in der „Città del Sole“ ganz an Plato. Auch Campanella sah die Religion als Basis des Gemeinwesens an: „Finis autem Reipublicae est Dei cultus, ut Plato cognovit, non autem rex, aut libertas, aut divitiae: his enim finibus positis, tyrannides fiunt et Machiavellismus et idolatria. Sed cum rex cognoscit se populum pascere Deo, non potest tyrannizare sui gratia regnando, sed Dei et juxta ejus leges, non proprio temerario quocumque arbitratu.“ Polit. Quaest., I, 4. u. II, 6.: „Finis Reipublicae est conservatio felix in vita ordinata ad Deum.“ Cfr. P. Marchese, l. c. p. 182, nota 1.

[2]) Lib. I, cap. 2, l. c. P. Marchese, l. c. p. 178 seq.

Einzelne Völker sind an sich unfähig, ein monarchisches Regiment zu dulden, oder können es doch wenigstens nicht ohne grosse Uebel ertragen. Desshalb muss man vor Allem die Natur des Volkes berücksichtigen: „e però li huomini savii e prudenti, li quali hanno ad instituire qualche governo, prima considerano la natura del popolo e secondo quella gli danno il governo regio, o degli ottimati, o il civile e popolare." Für diese Doctrin lag sein Vorbild vielleicht in den Anschauungen des heiligen Augustin (De libero arbitrio, lib. I, cap. 6.)

Im dritten Capitel sucht Savonarola zu beweisen, dass das governo civile oder popolare für die Stadt Florenz das beste ist. Er theilt die Völker in drei Klassen, in solche, welche: „povertà di sangue e d'ingegno" haben und die er „popoli di natura servile" nennt, in solche, die „abbondanza di sangue," aber „difetto d'ingegno," endlich diejenigen, welche das eine und das andere besitzen, wie im Allgemeinen alle Italiener, das Florentiner Volk aber insbesondere."[1]) Dann folgen die Beweise, dass das jetzige Regiment für die Republik das glücklichste und angemessenste ist. Im zweiten Buch kommt eine Exposition über die Uebel der Tyrannis, in der er sich an den heiligen Thomas anschliesst — das zweite Capitel dieses Buches enthält insbesondere die Grundzüge des Mediceerregiments

---

[1]) Diese Ansicht ist ausführlich in der Predigt vom 10. October 1495 entwickelt: „In Italia, perchè c'è assai sangue et assai ingegno, è buono che si regghino a popolo. Et però dice Santo Thommaso, che i principi di Lombardia sono tyranni, perchè e' bisogna che, se vogliono regnare, tenghino bassi gli altri, acciocchè non sia tolto lora la signoria. A Vinezia usurpano la dignità i gentili uomini; non si può dire nulla bisogna fare di berretta a tante magnificentie. El popolo è il più sicuro ghoverno che sia in Italia et maxime se ti ridurrai a Jesu Christo." P. Marchese, l. c. p. 180.

— während er im dritten Buch die Mittel auseinandersetzt, das governo popolare in Florenz dauernd zu befestigen. Die Mittel dazu sind vier: „1) il timor santo di Dio; 2) amare il bene comune della republica e anteporlo al privato; 3) l'amore scambievole fra i cittadini, cessando dalle gare e dagli odii e dimenticando le offese; 4) pronta ed incorrotta giustizia, purgando la città dagli scellerati, che corrompono il costume."

„Es war nicht die Republik des heidnischen Rom," bemerkt der P. Marchese, „noch die von Athen oder Sparta, die er aus der Vergangenheit zurückrufen wollte, wie es einst Arnold von Brescia, Cola di Rienzo und Porcari gethan, und wonach die modernen Demagogen trachten, sondern die christliche Republik des Mittelalters, die Föderativrepublik der lombardischen Liga, die guelfische und päpstliche Republik wie sie von Alexander III. gesegnet, durch religiöse und bürgerliche Traditionen ehrwürdig war seit den Zeiten unserer Vorfahren. Savonarola's Ziel war, was Florenz anlangt, dorthin eine Theokratie zu verpflanzen, wie sie bei den Juden zu den Zeiten der Richter existirte. Deshalb gestaltete sich die religiöse Idee zur politischen, und wurde das monarchische Princip durch das democratische unter dem unmittelbaren Einfluss der Gottheit ersetzt: Savonarola als neuer Daniel sollte dem Florentiner Volke die göttlichen Antworten und Anordnungen vermitteln." [1])

Hier lag der Todeskeim für die Republik Savonarola's: das Florenz am Ende des XV. Jahrhunderts war nicht im Stande, eine derartige Theokratie auf längere Zeit zu

---

[1]) P. Marchese, l. c. p. 181. Cfr. den Sermone über Ruth vom 20. Mai 1496: „O frate, dunque tu ci hai a commandare? Io non ti ho a commandare, ma Cristo è re della città et io sono il suo nuntio." Nota 2, l. c.

ertragen, in der doch schliesslich Savonarola als Interpretator des göttlichen Willens die letzte Instanz, das monarchische Princip bildete und sich eine gewisse Unfehlbarkeit vindicirte. Hier lag die Gefahr auch für alle seine kirchlichen Einrichtungen in Florenz. Die Kirche hat nur im Primat die Verheissung des unfehlbaren Magisteriums erhalten; mit welchem Rechte durfte Savonarola sich den unmittelbaren Vermittler des göttlichen Willens in Sachen der bürgerlichen Verwaltung nennen? Die Zeit war vorüber, da der göttliche Wille durch Propheten und Richter dem Volke kund wurde, nachdem einmal in Christo die volle Wahrheit erschienen war, die in der Kirche hinterlegt, durch das unfehlbare Lehramt vor irrthümlicher Auslegung geschützt, bestimmt ist, für alle Zeiten die Quelle des Heils zu bilden. Hätte Savonarola auf der gesunden Basis volksthümlicher Institutionen, wie er sie in der Einsetzung des Consiglio grande, in der energischen Beseitigung des Missbrauchs der Parlamente und anderen gelegt hatte, weitergebaut und die alte Guelfenrepublik des Mittelalters, aus welcher die Früchte wahrer Volksfreiheit: Blüthe des Innungswesens, gesteigerter Wohlstand durch vermehrten Handel und erweiterte politische Macht der Gewerbe, Pflege der Künste, ganz besonders die grandiosen Stiftungen der Caritas hervorgewachsen waren,[1]) wieder aufgerichtet, er hätte gewiss seiner Schöpfung eine längere Dauer verliehen und sich den Beistand vieler Elemente gesichert, die sich so den vertriebenen Mediceern anschlossen und zum Untergange des Propheten beitrugen. Dass Savonarola den Boden der Kirche nicht verlassen wollte, hat der Protestant Sismondi richtig erkannt: „non

[1]) Die grössten Kunstschöpfungen in Florenz gehören der Zeit der nach Niederwerfung des grossen ghibellinischen Feudaladels emporblühenden Volksfreiheit an.

deviava in alcuno modo," sagt er, „dalla cattolicità, non si faceva lecito l'esame del dogma, restringeva i suoi conati alla restaurazione della disciplina, all' amendamento de' costumi del clero, al richiamo non meno dei sacerdoti che del rimanente degli uomini alla osservanza dei precetti evangelici."[1]) Villari's sorgfältige, auf einer Menge von Urkunden gegründete Darstellung des Lebens und der Zeit Savonarola's hebt diese Katholicität sowohl bei Savonarola als bei seinen Nachfolgern hervor. Wie wenig er aber das innere Wesen Savonarola's erfasst hat, zeigt der Schlusspassus seiner Schrift, der Alles wieder über den Haufen wirft und darthut, wie wenig der Autor den theologischen Fragen gewachsen ist. Er sagt: „Und wird nun noch Jemand fragen, ob Savonarola an das servum arbitrium Luther's oder an die Praedestination Calvin's geglaubt? — Er umfasste mit seinem Geiste und mit seinem Herzen eine Ideenwelt, die, wenn auch noch mit vielen Vorurtheilen und beschränkten Meinungen verpflochten, doch ungleich grösser war als die Welt jener, insofern sie auf ein weit ferneres Ziel gerichtet war. Der Geist, der in ihm zuerst sich zu äussern begann, war derselbe, der das ganze folgende Zeitalter mit einem neuen Leben durchströmte und die Cultur der Neuzeit begründete, der die moderne Philosophie schuf[2]) und, während er den Katholi-

---

[1]) Storia del risorgimento etc. della libertà in Italia, cap. XIII. Cfr. auch Aquarone, Vita di Fra Gir. Savonarola, Alessandria, 1857—58, unter den daselbst publicirten Documenten den Brief des Fra Vinc. Ercolani.

[2]) Wenn Savonarola, der in seiner Philosophie ganz dem heiligen Thomas folgt, in der That der Vater der neueren deistischen, pantheistischen und atheistischen Philosophie wäre, so könnte man ihn mit Recht den nordischen Reformatoren beizählen. Aber zumal die Predigten der Quadragesima 1495, in denen er in S. M. del Fiore seine sociale Reform dem Florentiner Volke entwickelte,

cismus zwang, sich zu läutern und zu reinigen, die Reformation nöthigte, für die Freiheit des Gewissens und für die freie Forschung in die Schranken zu treten, obschon diese Lehren nicht immer die logische Folge der Praemissen Luthers waren. Es war der Geist der Renaissance, der sich in keiner einzelnen Erscheinung der neuen Cultur vollständig äusserte, eben weil er gleichsam ihre Seele, ihr Leben selbst war. Savonarola war der erste, der die Vernunft mit dem Glauben, die Religion mit der Freiheit in Einklang zu setzen versuchte (sic). Er war der erste, der die Menschheit auf jenes Ziel hinlenkte, welches wir auch heute noch nicht erreicht haben, auf das wir aber mit verdoppelter Kraft gerichtet sind." [1]) Was der Verfasser mit diesem unklaren Passus sagen will, wird den meisten Lesern unverständlich bleiben, nachdem er (S. 309) behauptet hat: „Seine religiöse Lehre war, wie wir sahen, immer streng katholisch geblieben. Als Rom von protestantischen Horden erstürmt wurde und als

---

enthalten seine Ansichten über das Verhältniss der Vernunft zum Glauben klar entwickelt. P. Marchese, l. c. p. 185 sagt darüber: „Quindi il Savonarola si adoperava anzi tutto a ben ribadire nelle menti de' suoi ascoltatori questo salutare principio, cioè affievolirsi di troppo e di leggieri tralignare le precipue verità *della morale qualora vengano disgregate dai veri rivelati;* il perchè, aggiungeva, a non volere andare smarriti fra i deliramenti e la paurose incertezze delle umane opinioni, essere di mestieri assegnare il *predominio della fede sulla ragione* e della autorità divina sopra l'umana, affinchè (usiamo le sue stesse parole) *un gran lume ajutasse un lume piccolo,* e l'impotenza dell' umano intelletto e il perpetuo fluttuare e traviarsi della ragione, trovassero nel connubio con la rivelazione ajuto, scorta e fermezza." Die menschliche Vernunft ist ihm das kleine Licht, welches von dem grossen Licht des Glaubens unterstützt wird.

[1]) Villari, Geschichte Savonarola's. Deutsche Uebers. II. B. pp. 312, 313.

Clemens VII. die Republik mit Krieg überzog, sie belagerte und ihr den Untergang drohte, da traten die Piagnoni nicht zur Reformation über."

Villari erzählt uns also, dass bis auf Savonarola die Vernunft mit dem Glauben, die Freiheit mit der Religion nicht im Einklang standen.[1]) Nun ist es Lehre der katholischen Religion von Anfang an bis auf Savonarola und von ihm bis auf heute gewesen und wird es immer sein, dass die über der Vernunft liegenden Dinge, welche wir mit dem Glauben erfassen, niemals gegen die Vernunft sind und dass in und mit der Religion die höchste geistige Freiheit des Menschen gesetzt ist, dass endlich auch die wahre Freiheit des Einzelnen im Gemeinwesen nur durch die Religion und die Wirksamkeit der Kirche gewährleistet ist. Wir halten eine Kenntniss der katholischen Religion und ihres Wesens für die Beurtheilung Savonarola's für unbedingt nöthig, wenn man nachweisen will, dass derselbe sich auf katholischem Boden befunden habe. Wenigstens ein genaues Studium des „Triumphus Crucis,"[2]) der

---

[1]) Er hätte vor allen Dingen die Principien des katholischen Glaubens studieren müssen, die ihm fremd zu sein scheinen, denn er sagt nicht einmal, dass es Savonarola gelungen sei, den Glauben mit der Vernunft in Einklang zu setzen, sondern dass er es versucht habe. Wem ist es denn nun gelungen? Das ist leider nicht ausgeführt.

[2]) Della verità della fede Cristiana sopra el glorioso Trionfo della Croce di Cristo. In fol. sine anno loco et nomine. Wiedergedruckt in Florenz 1509 und 1524, in Paris 1524, Basel 1540, Leyden 1633, Romae cum typp. Propag. sine anno, Grenoble 1666. Die Propaganda druckte das Buch mit folgendem Titel: Hieronymi Ferrariensis Triumphus Crucis, sive de veritate Fidei libri IV. Et meditatio ejusdem in Psalmum Miserere. Romae typis sacrae Congregationis de Propaganda Fide. Diese Ausgabe, sagt Burlamacchi (Vita Sav. XXIII.), wurde für den Gebrauch der Missionen gedruckt, denn die Congreg. pflegt nur für solche Zwecke zu ediren.

nach Villari in den katholischen Seminaren eingeführt wurde, dürfte erforderlich sein, um nicht in so auffällige Widersprüche und Unklarheiten zu gerathen, wie es Villari begegnet ist und vor ihm den deutschen Biographen Savonarola's, Meyer und Rudelbach, die a priori einen Helden der Reformation suchten. Ueber die Biographie von Perrens scheint uns das Urtheil eines italienischen Kritikers durchaus begründet zu sein: „Il Perrens, francese, lascia involto in una nebbia di dubbio tutto il carattere del suo eroe.“ [1])

[1]) Fra Girolamo Savonarola. I tempi e la satira di Giuseppe Giusti. Letture pubbliche di Ernesto Masi, Firenze 1871.

I. Capitel.

Die Constitutionen von Florenz und das Problem der Freiheit.

Drei Klassen von Einwohnern bildeten die Bevölkerung der Republik: der Feudaladel mit grösserem Grundbesitz, die „Grandi" genannt, der wohlhabende Bürgerstand, die Aristokratie der Stadt „Popolo grasso" oder „Popolari," und das niedere Volk, die „infima Plebe."[1]) Bis um 1250 war dieses von der Verwaltung der Stadt und ihrer Aemter ausgeschlossen, ein Zustand, der mit dem Tode Friedrich II. sich änderte.[2]) Die grossen Zwistigkeiten, welche hohen und niederen Adel zerrissen, die Kämpfe der Guelfen und

---

[1]) Nardi, Ist. Fiorent., Firenze 1858, vol. I, p. 2 segg. Nerli, Commentari de' fatti civili etc., Augusta 1725, p. 4 segg.

[2]) Macchiavelli, (Ist. Fior. lib. II, num. IV, ed. di Milano 1874) sagt: „E stette Firenze in questi travagli insino al tempo di Federigo II, il quale, per essere re di Napoli, si persuase potere contro alla Chiesa le forze sue accrescere e per ridurre più ferma la potenza sua in Toscana favorì gli Uberti e i loro seguaci, i quali, con il suo favore, cacciarono i Buondelmonti: e così la nostra città ancora, come tutta Italia più tempo era divisa, in guelfi e ghibellini si divise." Cfr. Ammirato, Ist. Fiorent. ad ann. 1250, vol. I, p. 194, ed. di Torino 1853.

Ghibellinen beförderten das Emporkommen des dritten Standes, der allmälig bedeutungsvoll auf dem Kampfplatz der Parteien wurde. Die militärische Organisirung dieses Standes, an dessen Spitze der Capitano del popolo stand, war die nächste Errungenschaft. Die Schlacht bei Benevent und Manfreds Tod brachten die Befreiung der Stadt von den Unterdrückern, und mit der Rückkehr der verbannten Guelfen kam ein neues, lebenskräftiges Element bedeutungsvoll für die Gestaltung des Gemeinwesens zur Geltung. Jetzt entfaltete sich die Macht der Innungen, zumal der sieben grossen Zünfte, denen die wohlhabenden Kaufleute, die Richter und Notare, Aerzte und Apotheker, Geldwechsler, Wollenweber, Seidenwirker und Kürschner angehörten. Sie besassen jede ihren Hauptmann oder Gonfaloniere, hatten ihre Syndicate mit eigener Gerichtsbarkeit und zwei Consuln, von denen jeder vier Monate functionirte. Der höchste Beamte der sieben Innungen war der Proconsul, der ersten Zunft der Richter entnommen, der das Gemeinsame zu leiten und zu vertreten hatte. Aus sämmtlichen Beamten der sieben Innungen wurde ein Rath gebildet, dem als zweitem Collegium die dem Consiglio del popolo vorliegenden Gesetze zur Berathung zustanden. Die Innungen hatten ihre Häuser, Wappen und Banner. Später traten zu den sieben grossen noch die vierzehn kleinen Innungen hinzu.[1]) Das Jahr 1282 brachte den Zünften einen neuen Zuwachs an politischer Macht; in diesem Jahre wurde auch das Amt des Priorates durchgesetzt. Diese Prioren, von Anfang an drei, später sechs, je für ein Sestiere der Stadt, waren mit zweimonatlicher Amtsdauer gewählt.[2]) Der Eintritt in diesen Magistrat

---

[1]) Ueber die Innungen cfr. Goro Dati, Istorie di Firenze, 1755, lib. IX, p. 132 segg.

[2]) Ihre Zahl stieg später bis auf acht.

sollte nur den Angehörigen der Zünfte verstattet sein, aber das Mittel, die Grandi abzuschrecken, genügte nicht; denn da es sich um ein Einschreiben in die Zunftbücher handelte, war es ihnen leicht, sich durch Erfüllung dieser Form in die Magistrate einzudrängen. Das Jahr 1292 brachte in der Wahl des Gonfaloniere della giustizia, der den sechs Prioren beigegeben wurde, einen neuen Hebel gegen den alten Adel. Ihm wurde eine hinlängliche bewaffnete Macht beigegeben, um die Aufrechthaltung der Rechtsordnungen kräftig zu unterstützen. Die grossen Familien blieben gänzlich von diesen Aemtern ausgeschlossen, denn es wurde bestimmt, dass eine wirkliche Ausübung eines Handwerks dazu erforderlich sei. Unterstützt wurden die Prioren durch die Gonfalonieri delle compagnie del popolo, welche allmälig bis auf sechszehn stiegen. Haupt dieser Reform war Giano della Bella, welcher später die Wandelbarkeit der Volksgunst erfuhr, indem er durch die Intriguen der grossen Herren, die er erfolgreich bekämpft hatte, vom Volke preisgegeben und verbannt wurde.[1]) Die Dauer der Amtszeit für den Gonfaloniere waren zwei Monate; zur Uebernahme musste man das fünfundvierzigste Jahr erreicht haben. Im Jahre 1295 hatte die Adelspartei ein Gegenbündniss geschlossen und wagte einen Angriff auf die Prioren, welche damals in gewissen Häusern der Cerchi bei der Badia residirten. Das Volk aber zog bewaffnet unter seinem Gonfalone auf

[1]) Giannotti, La Repubblica Fiorentina, lib. IV, cap. 8: „La città nostra ne' tempi passati fu ordinata da Giano della Bella, al quale ancora che paja che la repubblica si commettesse, nondimeno tal commissione non nacque da tutta la città, ma da una sola parte, cioè da' popolari, e perchè Giano era reputato cittadino molto al ben pubblico inclinato, però la parte contraria stette quieta ed alquando si contentò.“ Das Factum ausführlich bei Ammirato, lib. IV, ad ann. 1295.

den Platz und vertheidigte sich standhaft. Zur grösseren Sicherheit erbaute man den Palast der Prioren mit seinem gewaltigen Thurm, dessen Glocke das Volk zusammenrief.[1]) Bei der Wahl der Magistrate wurden zwei Borsen gehalten, eine für die grösseren, eine für die kleineren Innungen; dahinein legte man die Wahlzettel mit den Namen derjenigen, welche man für fähig hielt, im Magistrat zu sitzen: sie hiessen dann „Imborsati" oder „Squittinati." Waren dann die Magistrate zu wählen, so zog man die betreffende Anzahl Namen aus den Borsen hervor. Diese Art der Wahl zu den Aemtern der Republik sank zur Zeit der Mediceer zu einem blossen Scheinmanoeuvre herab; sie sicherten ihre Tyrannis hauptsächlich dadurch, dass sie das Volk durch Verpflichtungen an sich fesselten, so dass nur Leute ihrer Partei in die Wahlurne kamen, oder durch die ihnen ergebene Wahlcommission, wenn diese frei sich entscheiden durfte, nur ergebene Anhänger der Familie zuliessen. Die Signorie bestand demnach aus den Prioren und dem Gonfaloniere di giustizia mit zweimonatlicher Amtsdauer. Die sechzehn Gonfalonieri delle compagnie del popolo, an der Spitze der Capitano del popolo, mit den zwölf Buonuomini bildeten mit der Signorie zusammen ein Collegium und hiessen die „tre maggiori uffizi." In dieser Behörde lag die höchste executive und legislative Gewalt beschlossen, und Gesetzesvorschläge erhielten nur durch sie Rechtskraft. Es war naturgemäss, dass die Grandi durch eine derartige Verfassung, welche alle Gewalt in die Hände der Popolanen legte, sich gedrückt fühlten, und die Saat des Misstrauens fortwährende Reibungen erzeugte. Als sich Pistoja in Bianchi und Neri[2]) schied, fürchtete das Guelfenregiment in Florenz

[1]) Ammirato, lib. IV, ad ann. 1299.

[2]) Der Name „Bianchi" stammt von Bianca, der Gemahlin

den Rückschlag dieses Ereignisses. Man rief gewisse Parteihäupter aus Pistoja herbei, und die pistojeser Unordnungen setzten sich schlimmer noch in Florenz fort.[1]) Tod und Verbannung traf die Häupter der Ghibellinen, und auch Dante musste in's Exil gehen.[2]) Der Cardinal von Prato vermochte die Wünsche Bonifaz VIII. nicht zu verwirklichen und verliess die Stadt, nachdem er sie mit dem Interdict belegt hatte.[3])

Heinrich VII. vergeblicher Zug vor die Mauern von Florenz ist ein Zeichen von der Kraft des dort herrschenden guelfischen Regiments. Alle Unzufriedenen und Verbannten hatten sich um den Kaiser geschaart, aber er zog unverrichteter Sache von dannen. Die Furcht vor den mächtigen auswärtigen Parteihäuptern der Ghibellinen gab endlich auf fünf Jahre die Regierung in König Roberts Hand; später wurden ihm noch drei Jahre bewilligt. Es gab nun Freunde und Feinde König Roberts, und da die

---

Guglielmo's de' Cancellieri, deren Descendenten ihn annahmen. „Neri" ist wohl nur als Gegensatz von der feindlichen Partei gewählt worden. Cfr. Macchiavelli, Ist. Fior. lib. II, cap. 16. Marchionne Stefani, Tom. IV, p. 1. in „Delizie degli Eruditi Tosc. T. X."

[1]) Giov. Villani. Rer. It. Script. Tom. XIII, p. 369. Dino Compagni. Rer. It. Script. Tom. IX, p. 480. Annales Pistorienses, It. Rer. Script. Tom. XI. (der Autor war Augenzeuge vieler Ereignisse). Ferreto Vincentino, It. Rer. Script. Tom. IX. (erzählt die Ereignisse von 1250—1318). Ptol. Luc. Annales. It. Rer. Script. Tom. I. Cfr. Ciampi, Notizie inedite della Sacrestia pistojese etc. p. 56. Pignotti, Storia della Toscana, Capolago 1843, Tom. II, p. 126 segg., folgt der Erzählung des Verfassers der Annales Pistorienses.

[2]) Die erste Condanna vom 27. Januar 1302 in Delizie degli Eruditi Tosc. T. X, p. 73, ed. 1778, die zweite vom 10. März in Tiraboschi, Storia della Lett. It. T. V, p. 494. Cfr. Balbò, Vita di Dante, Firenze 1853, p. 179 segg.

[3]) Villani, p. 371.

Zahl der letzteren in den Magistraten die überwiegende war, erhielt Lando d'Agubbio die Dictatur, die ihm über Leib und Leben zu schalten erlaubte, ohne wie die anderen Rectoren dem Syndicus unterworfen zu sein. Auf diese Weise rächten sich die Feinde Roberts an ihren Gegnern, welche heimlich sich mit dem König in Verbindung setzten. Im Jahre 1316 erfolgte endlich der Sieg über Ser Lando und seine Entfernung aus der Stadt. Unter dem Herzog von Calabrien, welchem der Herzog von Athen die Wege gebahnt hatte, stand das Gemeinwesen nur kurze Zeit, denn sein 1328 erfolgter Tod befreite die Stadt; aber neuere Unordnungen hatten zur Folge, dass sieben Bargelli[1]) gewählt wurden, wozu 1335 ein Capitano und ein Esecutore, genannt Consenatore di pace, hinzutraten. Es waren traurige Zeiten für die Republik. Die unglückliche Expedition gegen Lucca, welche mit einer Niederlage durch die Pisaner endigte, hatte dem Abenteurer Gautier de Brienne die Thore geöffnet. Begünstigt von den Unzufriedenen des Feudaladels und dem Pöbel gelang es ihm, kurze Zeit ein Regiment der Gewalt aufzurichten. Am 7. September wurde er trotz des Einspruchs der Prioren zum absoluten Herrn ausgerufen; aber nur bis zum Juli des folgenden Jahres ertrug das Volk den Verlust seiner Freiheit. Der Hass aller Stände ruhte auf dem Usurpator, so dass selbst der Bischof an die Spitze der Verschworenen trat. Nach der Vertreibung des Tyrannen wurde eine Balia von vierzehn Bürgern eingesetzt, sieben von den Grandi und sieben Popolanen, welche zusammen mit dem Bischof Gewalt erhielten, die Regierung zu formiren. Aber die Reform fand grosse Schwierigkeiten in dem Widerspruch der alten Familien, welche sich allein das Verdienst der Vertreibung des Herzogs und damit das Recht zugeschrieben

[1]) Hauptleute der Sicherheitspolizei.

7*

hatten, den Staat zu leiten, und mit Hülfe der auswärtigen Parteigenossen widersetzten sie sich der neuen Regierung. Da erhoben sich die Popolanen, vertrieben die Prioren der grossen Familien, welche die Republik so lange in Aufregung der Parteileidenschaft erhalten hatten und ernannten die vierzehn Reformatoren, welche die Stadt in Quartiere theilten und die Anzahl der Prioren auf acht festsetzten. Die alten Gesetze und Justizordnungen traten wieder in Kraft, so dass der Adel gänzlich gedemüthigt wurde.[1]) Die grosse Pest des Jahres 1348 löschte ein Weniges diese Eifersucht der Stände aus; aber in den fünfziger Jahren treten die grossen Familien der Albizzi und Ricci auf den Schauplatz. Um 1366 wurde durch ein Gesetz bestimmt, dass die Zahl der Capitani der Guelfen von sechs auf neun erhöht, und dass zwei von den kleineren Innungen zugelassen wurden, sowie dass von diesen Capitani allein Niemand für Ghibelline erklärt werden durfte, wenn nicht vierundzwanzig Bürger der Gegenpartei es bestätigten. Durch dieses Gesetz wurden die häufigen Ammonitionen, ein gefährlicher Ostracismus in der Hand der Parteien, etwas beschränkt. Im Jahre 1378 war Gonfaloniere di giustizia Messer Salvestro de' Medici. Verbündet mit Giorgio Scali, mit den Ricci und Alberti brachte er ein Gesetz in den Consiglien ein, welches die strengen Strafverfügungen gegen die Grandi erneuerte und dem Popolo grasso und minuto sehr behagte. Aber der Widerstand der Consiglien führte zum Aufstande. Die Räthe, bestürzt über den gegen sie gerichteten Tumult, gaben nach und approbirten das Gesetz. Doch konnten Salvestro

[1]) Die alten Ordini de' grandi waren von bemerkenswerther Härte; so durften die Betreffenden sich bei Todesstrafe zur Nachtzeit nicht ausserhalb ihrer Häuser sehen lassen. Cfr. Nardi, Discorsi politici in den Scritti minori, Firenze 1867, p. 231.

und die Seinigen den Tumult nicht stillen, und die erregte Volksmasse stürmte und verbrannte mehrere Häuser. Piero Albizzi und Carlo Strozzi, die Häupter der Gegenpartei, konnten sich nur durch Flucht retten. Erst unter dem neuen Gonfaloniere Luigi Guicciardini beruhigte sich das erregte Volk.

Durch die Trennung der Arti maggiori von den minori, welchen letzteren eigene Residenten, Consoli, Ordnungen und Statuten verliehen wurden, suchte man die Volkspartei zu besänftigen; aber kurz darauf brach der unter dem Namen des „Tumulto de' Ciompi" berühmte Aufstand los. Der Name Salvestro's de' Medici ist mit diesem Volksregiment, das nur drei Jahre dauerte, eng verknüpft; da nur die niederen Klassen und die kleineren Innungen daran Theil hatten, hiess es das Plebejerregiment. Viele Todesurtheile und Verbannungen bezeichneten seine Wirksamkeit.

Das Jahr 1378 sah die Verbannung des Michael de Lando; die kleineren Innungen verloren ihre Autorität und wurden den Innungen, denen sie früher unterworfen waren, von Neuem unterstellt; von dem Gonfalonierato di giustizia blieben sie ganz ausgeschlossen, an den übrigen Aemtern participirten sie nur mit einem Drittel. Giorgio Scali, Strozzi, und die übrigen Häupter sahen ihre Gegner an's Ruder kommen.

Nach dem 1388 erfolgten Tode Salvestro's de' Medici war Vieri Haupt dieser Familie. Als die Gewaltthätigkeit des Maso Albizzi, um den Adel und sein Regiment zu stärken, zu Verbannungen der Alberti und anderer Volksfreunde griff, erhob sich das von Steuern gedrückte Volk, zog bewaffnet mit den Fahnen der Innungen vor Vieri's Haus und forderte ihn zum Haupte der Bewegung. Er lehnte es indess ab und beruhigte das Volk, indem er mit der Signorie vermittelte. Seine gewichtige, vom Volke geachtete Persönlichkeit war dazu allein geeignet. Dabei gewann die Signorie Zeit, sich zu rüsten und dem Volke entgegen zu treten, das dann ihren Zorn in Ammonitionen, Verbannungen und Hinrichtungen erfahren musste. Das XV. Jahrhundert sieht an der Spitze der Mediceer Giovanni di Bicci; Reichthum und stattliche Verwandtschaft geben ihm Bedeutung, und in öffentlichen Aemtern zeigt er sich als eifriger Freund des Gemeinwohls. Als er Gonfaloniere di giustizia geworden, stieg sein Ruf noch mehr, und vergebens suchten Niccolò da Uzzano und seine politischen Freunde die Stellung eines Mannes zu erschüttern, der es verstand, sich das Volk zu verpflichten, indem er es gegen die lästigen Steuern schützte und ihm seine eigenen Kassen öffnete. Cosimo, der nach dem Tode seines Bruders ausserordentlich reich geworden war, verfolgte dasselbe System, sich das niedere Volk günstig zu erhalten. Giannotti hat Recht, wenn er von ihm sagt: „chi considera bene la vita di quelli che hanno dato principio a tirannidi, troverà che tutti sono di natura prodiga non che liberale, siccome fu Cesare in Roma e Cosimo in Firenze.“ [1])

Die mächtige Gegenpartei der Albizzi, Strozzi, Guicciardini, da Uzzano, Barbadori, Gianni, Peruzzi und anderer, welche die emporwachsende Grösse des Hauses Medici fürchteten, setzte am 3. October 1433 Cosimo's Verbannung durch. Aber schon im folgenden Jahre traf dieses Loos seine Gegner, und er selbst kehrte nach Florenz zurück. Die Vermittlung des sanften und geduldigen Papstes Eugen IV. hatte indess nur kurzen Erfolg: zwei Monate

---

[1]) La Repubblica Fior. lib. IV, cap. 7. Nardi sagt in den Discorsi politici: „con le medesime arti si acquistò grazia de' meno potenti e con l'ultima e più bassa parte de' beneficiati tanto che li suoi emuli lo chiamavano padre di gaglioffi.“

darauf fanden Verbannungen in Menge statt, und die Partei Cosimo's theilte sich in die Besitzungen der Rebellen, während zugleich von ihr aus mit Hülfe der Accoppiatoren die Wahlen zu den Collegien und zur Signorie geleitet wurden. Im Jahre 1444 kam eine neue Balia, und die Leitung der Republik gelangte in die Hände Weniger, welche die Signorie zu erwählen hatten.[1]) Mehr als sechszig Bürger wurden verbannt, die Verbannung der Uebrigen wurde verlängert. Das Jahr 1458 brachte ein Parlament, und unter dem Druck der Waffengewalt, welche die piazza umgab, wurde ein neues Gesetz über die Balia zu Stande gebracht, begleitet von Verbannungen zahlreicher Bürger, zumal solcher, die aus Liebe zur Freiheit keine neue Balia zulassen wollten und die Magistrati durch die Consiglien zu wählen verlangten. 1464 beginnt die Theilung in der Partei Cosimo's; im September 1466 wurde vermittelst der Gewalt und des Parlaments eine neue Balia eingesetzt, und während einer solennen Procession wurden Viele unter dem Scheine des Friedens gefangen genommen, hingerichtet und verbannt. Der alte Cosimo hatte mehr die Erstlinge einer neuen und ungewohnten Macht gekostet und viel von ihrer Bitterkeit empfunden.[2]) Er regierte nicht allein,

---

[1]) Balia fand statt, wenn eine Signorie oder eine dieselbe vorstellende Partei einen feindlichen Einfluss fürchtete. Sie berief dann das Volk durch die grosse Glocke zum Parlament. Hatte sich dieses vor dem Palast versammelt, so erschien die Signorie auf der Ringhiera (Podium vor dem Palast mit Balustrade umgeben) und frug, ob es dem Volke gefiele, einer gewissen Anzahl von Bürgern Gewalt zur Vornahme von Modificationen in Gesetz und Verfassung zu ertheilen. Der Platz war von Bewaffneten umstellt, und der dadurch geübte Zwang förderte die Absichten der Signorie. Dann ernannte der gewählte Ausschuss einen zweiten, der die wählbaren Bürger wählen sollte.

[2]) Gino Capponi, Nota al Documento I. Provv. della rep. Fior. Arch. stor. it. Tom. I, Firenze 1842, p. 316 segg.

aber er gab den Namen und die Autorität an eine Faction. Wenn in den ersten Jahren die Proscriptionen ihm dazu dienten, sich seiner Feinde zu entledigen, so hatte er in den letzten mehr von seinen Freunden zu leiden. Seinem Sohne hinterliess er eine unsichere und schwankende Macht. Nardi's Urtheil über Cosimo de' Medici ist scharf aber wohl gerecht: „Il proposito e il fin del tiranno è di rovinare e distruggere ogni nobiltà e generosità d'animo: e testimonio ne sia quello amorevole detto di un uomo degno d'esser nominato padre della patria, Cosimo de' Medici, il quale sendoli ricordato da' suoi medesimi, che la città si distruggeva con lo esiglio di tanti nobili cittadini, rispose: Voi non ve ne intendete bene; cinquanta pezze di panno lucchesino fanno più di ducento cittadini, e così messe ad effetto lui e i suoi seguaci e discendenti, vuotando la città di nobilità e riempiendola d'ogni feccia e d'ogni ignobiltà. E nondimeno così empia e detestabile parola è ancora celebrata dagli sciocchi e imprudenti adulatori, come detta da uomo savio e prudente come Cosimo de' Medici." [1])

Lorenzo fand die Zahl seiner Gegner, der Optimaten, welche Miene machten, ihn zu beherrschen, verdünnt, und die Verschwörung der Albizzi flösste seinen Parteigängern jene fanatische Devotion ein, welche ungemessener Autorität die Wege bereitet. Aber die Formen der Republik mussten bleiben, und, sie in der Hand zu behalten waren die Balien geeignet, welche die Magistrate und Consiglien als gefügige Werkzeuge einer imaginären Freiheit der Gewalt Weniger unterstellten und diese Wenigen dem Willen eines Einzigen.[2]) Dieses Mal wurde die Balia nicht vom Volke in

---

[1]) Discorsi polit. p. 239. Cosimo's Biographen sind Razzi, Maffei, Cavalcanti, vor Allen Fabroni, Vita Magni Cosmi Medicei, Pisis 1789.

[2]) Im Arch. delle Riformagg. Prov. del 28. Settembre 1434

parlamentarischer Form constituirt, sondern von den Signoren und Consiglien, die sich derzeit in Function befanden und sich ohne den Ruf der Glocke versammelten.

Es wurden nun dreissig Bürger erwählt, — von den neun der Signorie — in deren Händen unter legalen Formen das ganze Regiment der Stadt ruhen sollte. Diese setzten eine Balia von 210 zusammen, welchen die Leitung des Wahlactes obliegen sollte, nämlich das Formiren der Borsen und das Aufschreiben der Namen derjenigen, zwischen welchen durch das Loos über die Aemter bestimmt werden sollte. Da die Dreissig zu wenig schienen, und Lorenzo selbst fürchtete, sie möchten die Vielen nicht regieren können, erhöhte man die Zahl der Dreissig auf Siebenzig. [1])

---

lesen wir unter dem Scheine der Freiheit und Ordnung: „Considerantes quemadmodum propter ea, quae in proximis diebus palam contra honorem, pacem et quietem populi Florentini fiebantur, tota civitas est in armis et in tanta commotione, quod nisi quam primum salubri remedio obviam eatur, manifestum periculum libertatis, detrimentum bonorum omnium, ac pernities totius Reipublicae Florentinae profecto imminetur, et asserentes festina reparatione et opportuno rimedio opus esse, secundum consilia fere omnium civium exhortationesque illorum idem suadentium, et propterea expedire multa et magne importantie disponere et ordinare etc."

[1]) Provv. della Rep. Fior. del 10 e 19 aprile 1480, per la formazione dell' Ordine dei Settanta etc. im Arch. Stor. It. Tom. I, Firenze 1842, p. 316 segg. mit der Einleitung von Gino Capponi. Derselbe bemerkt: „I trenta crebbero a settanta: ma i nuovi quaranta furono eletti dai primi trenta: e questo Consiglio, da sè riempiendo i luoghi vacanti, governò poi quietamente nè senza gloria lo stato, come farebbe una consulta sotto un principe assoluto per tutta la vita di Lorenzo. *Questa gli diede comodità di volgere i danari pubblici a proprio benefizio ed a sostegno di quelle mercatanzie che avevano fatto insino allora, la ricchezza della casa Medici e nelle quali egli fu sempre. come dice il Macchiavelli, infelicissimo.* Questa gli servì ad opprimere con l'autorità dei voti, o a domare colle seduzioni, o a comprare colla

Dieses Consilium, aus dessen Mitte die vacanten Stellen ergänzt wurden, regierte dann ruhig unter dem absoluten Regiment Lorenzo's nach Art eines Rathes der Krone. Unter dem Schutze desselben ist es ihm gelungen, öffentliche Gelder im eigenen Nutzen anzulegen, um seine Banken zu stützen. Durch die Autorität der Voten dieser Männer, in welchen alle Freiheit des Volkes aufging, vermochte er allen Widerspruch zu bändigen, durch Gold die Stimmen zu erkaufen, durch Wohlleben die Kraft des Volkes zu brechen und alle feindlichen Elemente gefügig zu machen.

Alamanno Rinuccini hat diesen Uebergang in die Sclaverei dieses Perikleischen Zeitalters mit treffenden Worten geschildert: „Donde s'intese esser levata ogni libertà al popolo e in tutto esser ridotto in servitute de' sopradetti 30, come si legge esser già avvenuto ad Atene, di che seguì la rovina di quella cittade e la perdita della libertà; e questo parlo per il vero, benchè io Alamanno Rinuccini fossi creato uno del numero di quelli della Balia.“ [1])

Die Ehren und Würden, welche die Medici austheilten, sind niemals dem Verdienste und der Tüchtigkeit zu Theil geworden, sondern flossen den Günstlingen ausnahmslos zu und zwar auf dem Wege oft der niedrigsten Vermittlung. Intriguen der Frauen und Diener, Fürsprache brauchbarer Creaturen, oft von geringster Lebensstellung, waren hier massgebend, und der Hof Lorenzo's de' Medici spiegelt im Kleinen jene Verhältnisse ab, die später am Hofe der

moneta, o ad ammolire con le dolcezze d'un tranquillo vivere, gli amatori della libertà, questa rendè la città, che si godeva d'avere a capo un Lorenzo capace bentosto di tollerare un Alessandro.“

[1]) Diarii di Alamanno Rinuccini, Firenze 1840, p. CX—XII. Von der Ordnung der 70 bemerkt derselbe: „Contiene molte parti disonestissime e tutte contro a ogni buono vivere e contro la libertà del popolo, la quale in tutto mi parve detto di sotterrata.“

französischen Ludwige zum Schaden der Nation hervortreten und die Revolution vorbereiten.[1])

Nardi, von dem Ranke mit vollem Rechte sagt: „Er zeigt sich überall rein ohne Falsch, gottesfürchtig und bescheiden" und „Gesinnung, Originalität und Wahrheit der Darstellung werden ihm die Unsterblichkeit sichern, so lang man italienisch liest,"[2]) stimmt mit Guicciardini hier völlig überein; er sagt über die Mediceerwirthschaft: „mediante i favori degli uomini più bassi, onorò plebei, attese sempre ad abassare le famiglie più nobili e rilevare dell' altre. E così per il contrario attese a riempiere il governo di uomini nuovi e vili, i quali come beneficati avessere a dipendere da' detti Medici."[3])

Seit dem Jahre 1434. blieb in Florenz eine gewisse Klasse der Bürger, denen man kein besonderes Vertrauen schenkte, systematisch und gesetzlich von Ehren und Aemtern ausgeschlossen. Was damals die Väter gegen

[1]) Guicciardini, Del Reggimento di Firenze, in den Opere inedite, Tom. II, pag. 39. Der Autor, der hier aufrichtiger als in der Geschichte Italiens und als wirklicher Freund der Republik mit wahrem patriotischen Gefühl schildert, sagt darüber: „Come questi siano stati distribuiti dalla casa de' Medici (cioè gli onori) ognuno lo sa, perchè il principale objetto non è mai stato dargli a quelle persone, che per la qualità della casa, per la virtù o altrimenti se gli convenghino, ma fargli girare in chi hanno riputato amico e confidente e contentatone ancora spesso li appetiti più leggieri. *Lo sappiamo tutti, che non solo le mogli, i cagnotti e molte persone basse loro domestiche hanno avuto autorità in questo, ma se ne è satisfatto insino agli amori.* E quello che importa più ed è manco tollerabile in una repubblica, una parte grande della cittadinanza ne è stata esclusa quasi per legge, cioè quelle case, delle quali non si sono mai voluto fidare, chè cominciando dal 34, loro figliuoli e descendenti in perpetuo ne sono stati privati totalmente, come prodotti da radice infetta."

[2]) Zur Kritik neuerer Geschichtschreiber, Berlin 1824, p. 81, 82.

[3]) Discorsi polit., Firenze 1867, p. 237.

Cosimo gesündigt, mussten ihre Descendenten büssen, als wäre durch die Wurzel der ganze Baum verderbt worden. Daraus resultirte ein doppeltes Uebel, dass nicht nur verdienstvolle Bürger von den Aemtern der Republik ausgeschlossen blieben, sondern auch, dass die niedrigsten Klassen von Einwohnern an ihre Stelle befördert wurden.[1]) Dazu trat die ungerechte Vertheilung der Steuern, welche niemals gesetzlich bestimmt wurden. Denn die Mediceer behielten sich stets den Modus der Auflagen vor, weshalb die „Decima scalata" in ihrer Hand eine ungerechte und gefährliche Waffe blieb. Sie gebrauchten dieselbe nicht nur für ihre eigene Sicherheit, sondern als Mittel, sich zu Herren auch in den Privatangelegenheiten und geringsten Dingen zu machen. „Es ist bekannt, sagt Guicciardini,[2]) wie viel Adel und Reichthum durch Cosimo zerstört wurden und später mit Hülfe der Steuern. Der Grund, weshalb die Mediceer niemals zugelassen haben, dass die Steuern gesetzlich und nach einem bestimmten System vertheilt wurden, liegt darin, dass sie sich nicht der Macht berauben wollten, ihre Widersacher nach Belieben zu vernichten."

Man hat vielfach angenommen, dass Lorenzo der Schöpfer des Gleichgewichtes und der Union Italiens

---

[1]) „e come tirannicamente, disse Puccio, sforzatisi di riempiere il luogo de' nobili col mettere indosso alla gente vile i panni di grana di San Martino." Cfr. Guicciardini, l. c. p. 40.

[2]) „È notissimo quante nobilità, quante ricchezze furono distrutte da Cosimo e poi ne' tempi sequenti colle gravezze, e questa è stata la cagione, che mai la casa de' Medici non ha consentito, che si truovi un modo fermo, che le gravezze si ponghino quasi dalla legge, perchè hanno voluto riservarsi sempre la potestà di battere co' modi arbitrarii chi gli pareva" l. c. Ueber die „Decima scalata" als imposta progressiva hat der französische Unterrichtsminister Esquirou de Parieu in seinem Buche „Histoire des impots généraux sur la propriété et le revenu," Paris 1856 abgehandelt.

gewesen sei, während dieses politische System der italienischen Staaten, den allgemeinen Frieden durch das Gleichgewicht der Kräfte und die Föderativunion herzustellen ein altes ist.[1]) Lorenzo wäre eher als der Letzte zu bezeichnen, der es in's Werk setzte, denn als der Erfinder desselben. Wenn in der That unter der Regierung Lorenzo's die äussere Politik zu gewissen Zeiten eine glänzende war, und die Geschichtschreiber Italiens ihm den Ruhm ertheilt haben, er habe äussere Feinde, die nach seinem Tode einbrachen, durch geschicktes Operiren fern gehalten, so vergesse man nicht, dass ihm gefügige Räthe und Magistrate zur Seite standen, welche, die inneren Zwistigkeiten niederhaltend, alle Kräfte der Republik gegen äussere Feinde in's Feld zu stellen ermöglichten.[2]) Den Interessen der Republik die des eigenen Hauses geschickt zu unterstellen und die Verherrlichung der eigenen Familie mit der Ehre und dem Wohle des Gemeinwesens zu confundiren, war die geschickt und mit Aufbietung aller Kräfte durchgeführte Hauspolitik der Mediceer. Die reichen Bauten, in denen sie dem Volke Nahrung und Arbeit boten, Banken, welche durch reichliche Darlehen die Massen beherrschten, glänzende Feste und Schaugepränge, ein gefälliger Kreis von Dichtern, Gelehrten und Hoftheologen haben es den Florentinern unaufhörlich gepredigt,

---

[1]) „Fu sempre detto e ripetuto, che Lorenzo de' Medici fosse l'autore dell' equilibrio e della unione d'Italia, mentre che quel sistema politico degli Stati italiani diretto a conseguire e conservare la pace generale mediante il contrappeso delle forze e l'unione federativa degli Stati medesimi, è anteriore. La verità è, che Lorenzo fu l'ultimo piuttostochè il primo e fu il principale continuatore di quella politica.“ Cfr. Guicciardini, Stor. Fior. Prefazione, p. XI.

[2]) Gino Capponi in Pref. al Documento Provv. della Rep. Fior. dei 10 e 19 aprile 1480, im Arch. Stor. it. T. I.

dass das Heil der Republik mit dem dieses Hauses identisch sei.[1])

Von dem „corrumpere et corrumpi," dieser echt Mediceischen Maxime,[2]) in dem alle edleren Kräfte untergingen, hat Macchiavelli ein anschauliches Bild hinterlassen und zwar schon vom Jahre 1471, wo die Corruption noch nicht auf der Höhe stand. Nach Beseitigung der Unruhen in Pistoja und Prato, die ein wenig den alten kriegerischen Geist wachgerufen haben, kehrt man zur Musse zurück.[3]) „Nachdem dieser Tumult, sagt er, ebenso schnell unterdrückt worden war wie er entstanden, kehrten die Bürger zu ihrer gewohnten Lebensart zurück mit dem Bewusstsein ungestörten Genusses. Daraus entstanden[4]) für die

[1]) Giannotti, La rep. Fior. lib. IV, cap. 7 bemerkt: „e però chi considera bene la vita di quelli che hanno dato principio a tirannidi, troverà che tutti sono stati di natura prodiga non che liberale, siccome fu Cesare in Roma e Cosimo in Firenze."

[2]) corrumpere et corrumpi saeculum vocatur. Tacit. Germ.

[3]) Und zwar zu jener Musse, von der Seneca sagt: „Otium sine literis mors est."

[4]) „Di che ne nacquono alla città quelli mali, che sogliono nella pace il più delle volte generarsi, perchè i giovani, più sciolti che l'usitato, in vestire, in conviti, in altre simili lascivie spendevano sopra modo ed essendo oziosi, in giuochi ed in femmine il tempo e le sustanze consumavano, e gli studj loro erano apparire con il vestire splendidi e con il parlare sagaci e astuti: e quello che più destramente mordeva gli altri, era più savio e da più stimato. Questi così fatti costumi furono dai cortigiani del duca di Milano accresciuti, il quale insieme con la sua donna e con tutta la sua corte ducale, per soddisfare, secondo che disse, a uno boto, venne in Firenze, dove fu ricevuto con quella pompa, che conveniva un tanto principe e tanto amico alla città ricevere. Dove si vede cosa in quel tempo nella nostra città ancora non veduta, che, sendo il tempo quadragesimale, nel quale la chiesa comanda che senza mangiar carne si digiuni, quella sua corte, senza rispetto della chiesa o di Dio, tutta di carne si cibava. E perchè si feciono molti spettacoli per onorarlo, intra i quali nel Spirito Santo agli

Stadt jene Uebelstände, welche meistens das Resultat des Friedens zu sein pflegen: die jungen Leute, ausgelassener als sonst, verschwendeten in Kleidung, Gastmählern und andern Lascivitäten masslos, und da sie sich der Musse hingaben, vergeudeten sie Zeit und Vermögen im Spiel und in Weibern. Ihr einziges Bestreben war nun, in glänzendem Costüm zu erscheinen, fein und verschlagen in der Rede zu sein, und wer die bissigste Zunge hatte, galt als der Verständigste und Angesehenste. Diese Corruption der Sitten wurde von den Höflingen des Herzogs von Mailand befördert, welcher mit seiner Gemahlin und seinem ganzen Hofe nach Florenz kam, um, wie man sagte, einem Votum zu genügen. Hier wurde er mit einem Glanze empfangen wie es sich für einen solchen Fürsten und Freund der Stadt geziemte. Da geschah, was man in unserer Stadt bis dahin noch nicht gesehen hatte, dass nämlich zur Zeit der Quadragesima, in welcher die Kirche die Enthaltung von Fleischspeisen befiehlt, der Hof des Herzogs ohne Respect vor den Geboten Gottes und der Kirche sich ganz von Fleischspeisen nährte. Und da man, ihm zu Ehren, viele Schauspiele gab, unter denen in S. Spirito die Herabkunft des heiligen Geistes dargestellt wurde, geschah es, dass in Folge des vielen dabei verwendeten Feuerwerks die ganze Kirche abbrannte, was von Vielen als ein Zeichen des göttlichen Zornes gedeutet wurde. Wenn also der Herzog die Stadt Florenz voll von höfischer Feinheit und der einem gutgeordneten Gemeinwesen ziemenden Sitte baar vorfand, so liess er sie noch viel schlimmer zurück." [1])

Apostoli, e perchè per i molti fuochi, che in simile solennità si fanno, quel tempio tutto arse, fu creduto da molti, Dio indegnato contro di noi avere voluto della sua ira dimostrare quel segno etc." Istorie Florent. lib. VII, cap. 28.

[1]) Cfr. Savonarola, Tratt. del gov. II, cap. 2. „Dal suo governo

Das war das Vorbild, mit dem die Mediceer das Volk beglückten; sollte Savonarola übertrieben haben, wenn er, das Bild des Tyrannen malend, ihm folgenden Zug giebt: „Così sempre cerca di corrompere la gioventù e tutto il ben vivere della città, come cosa a lui sommamente contraria.“? [1]) Wie er dazu gelangt, wie Lorenzo der sterbenden Republik die letzten Regungen des Lebens entwunden, dafür sind Rinuccini's Tagebücher und Giovanni Cambi's Chronik belehrend. [2])

Der ungerechte Krieg von Volterra, [3]) welcher Florenz

(del tiranno) seguono tutti i peccati nel popolo e però egli è debitore di tutti, come se gli avesse fatti.“

[1]) Trattato del governo II, cap. 3.

[2]) Diarii di Alamanno Rinuccini, Firenze 1840, p. CX—CXII. Ueber die Art, wie die Gelder des Monte di pietà in Lorenzo's Hände übergingen, siehe die Istorie di Giov. Cambi, Firenze 1785, ad ann. 1490, p. 56. Ferner Nardi und auch Cerretani, Cod. Magliab.

[3]) Ueber den Krieg gegen Volterra sind ausser den Cronache Volterrane wichtig die Notizen, welche Marco Tabarrini im Arch. stor. it. Appendice T. III. geliefert hat. Vesp. da Bisticci giebt im Leben des Herzogs von Urbino eine anschauliche Erzählung, aus der wir ersehen, wie sehr der Herzog die Plünderung der Stadt zu verhüten suchte und dadurch sein edles Herz documentirte, ohne dass es ihm gelang, das Unglück aufzuhalten: „intanto che per il dispiacere e dolore non poteva contenere le lagrime.“ Vita di Uom. ill. ed. Bartoli, Firenze 1859, p. 83, 84.

In dem Briefe Lorenzo's an Jacopo Morelli, den florentinischen Gesandten heisst es: *„Se noi non trovavam modo a trarre e cento mila fiorini dal monte,* se havessimo avuto a far prove di più difficil cosa, credo e' haremo veduta cattiva.“ Fabronius, Vita Laurentii Medicei, Vol. II, 62. Aus einer Provisio der Republik erhellt, dass dieser Krieg 100,000 fior. larghi kostete und dass, nachdem man aus dem Monte delle doti 100,000 fior. di suggello entnommen, eine andere Provision nöthig war, die noch übrigen 20,000 zu entnehmen. Ueber den Krieg siehe auch Allegretti, Diarj Sanesi, bei Muratori, It. Rer. Script. T. XXIII.

in schwere Gefahr und bedeutende Unkosten brachte, war ein Resultat der Politik Lorenzo's, welcher durch seine exorbitanten Forderungen die unglückliche Stadt zum Aufruhr brachte: das Motiv war eine reine Geldspeculation.

Waren hier finanzielle Pläne die Ursache vielfachen Unglücks für die Bürgerschaft Volterra's, so lagen die Wurzeln für den Hass des Erzbischofs von Pisa und des Grafen Girolamo Riario in den ehrgeizigen Ausschreitungen Lorenzo's, da Sixtus IV. von Anfang an der Republik Florenz wohlwollend entgegen gekommen war. Aus den Trümmern Volterra's, aus dem Druck der Tyrannis auf die andern edlen Geschlechter von Florenz, aus den Uebergriffen in die Rechtspflege im Kirchenstaat sprosst eine Saat des Verderbens, deren blutige Frucht die Pazzi'sche Verschwörung bildet. In ihr gehen so viele Fäden zusammen und sie hat so viele Voraussetzungen,[1]) dass es nur geringe Kenntniss der Verhältnisse verräth, wenn man hier nichts Anderes als einen Anschlag des päpstlichen Nepoten auf Florenz erblicken will. Die Verschwörung, die darauffolgenden Uebel des Interdicts, der wenig ruhmvolle Krieg gegen den Papst und Neapel, masslose Kriegskosten brachten der Republik Florenz schweren Schaden und sie selbst dem heiligen Stuhl gegenüber in eine höchst unglückliche Opposition, die auf das Volk nur verderblich wirken konnte. Damals war die Stellung Lorenzo's de' Medici auf's Höchste erschüttert, und nur seine Verdemüthigung vor König Ferrante, mit Umgehung des Papstes, konnte ihn vor dem unausbleiblichen Sturze retten. Seine

[1]) In einem von Fabroni citirten Mscpt. (schedae Zacchariae Zacchi, Civis Volat.) heisst es: „s'accostarono a Lorenzo de' Medici, che ora governa e regge Firenze, e quello messono per compagno e parziale del guadagno.“ Dies gilt in Bezug auf Volterra. Fabroni, l. c. p. 63.

ergebenen Parteigänger hatten damals in Florenz alle Mühe, die murrende Stimme des von Steuern erdrückten Volkes zu ersticken und die Unentbehrlichkeit Lorenzo's für das Wohl der Republik den Geschädigten zu beweisen.

So war denn in Neapel der Friede geschlossen, und Lorenzo kehrte triumphirend nach Florenz zurück; aber die Freude der Bürger darüber wurde bald gedämpft durch den Druck einer neuen Steuer, welche diesen Erfolgen der Mediceischen Politik auf dem Fusse nachfolgte.[1]) Auch in dem Kriege Ferrante's gegen die aufständischen Barone hatte Florenz in Folge der Anhänglichkeit Lorenzo's an die Dynastie der Arragonesen schwere Kosten zu tragen. Dennoch verstand es Lorenzo, Ehrenbezeugungen und glückliche Resultate langer und für die Republik schädigender Kämpfe für sich in Beschlag zu nehmen, ohne die Mühen und vielfachen Niederlagen, die diesen Erfolgen vorausgingen, getheilt zu haben; denn das hätte seine künstlich aufgebaute Herrschaft nicht zu ertragen vermocht, da das moralische Band fehlte, das ihn mit dem Volke verknüpfte, wie es in legitimen Herrscherfamilien der Fall ist. Aber er wählte stets die glückliche Stunde, wenn er gefahrlos den Lorbeer in Empfang nehmen konnte. So erschien er auf dem Fürstentage von Cremona und auf dem Schlachtfelde von Pietrasanta als die Mühen und Verwicklungen vorüber waren.[2]) Dasselbe that er nach der langen und unglücklichen Belagerung von Sarzana,[3]) die

---

[1]) „Ob diuturnum bellum aerarium publicum atque adeo civitas omnis pecuniis exhausta erat. Proventus et negociatorum rationes magna ex parte defecerant, subditi oppressi, ager populationibus vastatus majestasque omnis Florentinae Reip. veluti senio confecta videbatur." Nic. Valori, Vita Laur. Med. bei Galletti, de fam. civ. Flor., Firenze 1847, p. 172.

[2]) Macchiavelli, Ist. Fior. lib. VIII, cap. 31.

[3]) Macchiavelli, l. c. cap. 33.

er eingeleitet hatte. Als die Festung der Uebergabe nahe war, erschien er auf dem Kampfplatz, um die Ehre des Sieges zu beanspruchen und zog an der Spitze des Heeres in Florenz ein. Eine einzige missglückte Unternehmung hätte damals leicht, zumal wenn er von Florenz fern blieb, seiner Herrschaft ein Ende bereiten können.

„Alle diese Uebel, lässt Guicciardini den Capponi sagen, haben eine gemeinsame Wurzel, weil derjenige, der absolutes Haupt eines Staates ist, keinen anderen Zweck im Auge hat als seine eigene Grösse, der er Alles aufopfert, ohne nach Gott, Vaterland und seinen Mitmenschen zu fragen.“ [1]) „Wissen wir nicht, fährt er fort, wie oft das Glück unserer Waffen von denen auf's Spiel gesetzt wurde, die uns ohne Noth in Unternehmungen stürzten? Wozu man unfähige Heerführer wählte, bloss deshalb, weil sie Freunde und Vertraute der Regierenden waren? Um die ausserordentlichen Kosten zu decken und an den Höfen und

[1]) Guicciardini, Del Reggimento di Firenze, pag. 43. Cambi, Ist. di Firenze, ed. 1785, pag. 65 sagt: „Detto Lorenzo di Piero di Cosimo de' Medici sera fatto capo di detta ciptà et Tiranno più chessè fussi stato Signore.“ Die Rechtspflege hatte unter Lorenzo's Einfluss unzweifelhaft bedeutend gelitten, zum Theil war sie ganz illusorisch geworden. In dem Handelsgericht (Merkatanzia) wurden die Borsen mit den Namen ergebener Leute gefüllt; in ihren Processen unterstützten die Parteigänger der Medici sich gegenseitig, so dass die Angelegenheiten derjenigen, die von der Clique waren, stets vortheilhaft erledigt wurden. Um diesen Zweck noch besser zu erfüllen, wurde bei der Merkatanzia ein Kanzler gehalten, den man aus der Borse gewählt hatte, was über alle Innungen und Offizien ausgedehnt wurde. Die Gerichte der „Sechs“ und der „Ricorsi“, die früher in hohem Ansehen standen, verloren allen Credit. (Das Tribunale del commercio bestand aus sechs Richtern; zuweilen präsidirte ein Fremder; zu den „Sechs“ und dem officio des fremden Richters wurden zwei von den Innungen erwählt und diese constituirten das officio der „Ricorsi.“ Die Sentenz musste innerhalb eines Monats erfolgen).

8*

bei den Fürsten ergebene Diener zu halten, hat sich Lorenzo dem Bankerott seiner Handelsunternehmungen nahe gebracht. Um dann den Ausfall zu decken, hat er da nicht seine Hand auf die öffentlichen Gelder gelegt und grosse Summen zu seinem Besten verwendet?[1]) Weiss man doch recht gut, wie seine Bank stand, als die Soldaten im Kriege des Jahres 1478 und 1479 sich wegen rückständigen Soldes an sie wandten. Das, was er für sich that, konnte oder wollte er nicht seinen Freunden verweigern, von denen viele sich der Gelder der Commune bedienten, welche mit dem Schweiss der Bürger erworben waren, ja welche selbst das Heirathsgut der unglücklichen Mädchen ausmachten. Daher kam naturgemäss der Verdacht gegen Andere, die nicht von gleicher, niedriger Gesinnung beseelt waren, oder nicht in ausserordentlicher Weise sich ihnen verpflichtet fühlten; deshalb sind sie genöthigt, Jedermann mit Verdacht zu behandeln und alle Diejenigen, welche ihnen zu mächtig erscheinen, niederzuhalten.[2]) Daher das ungerechte Gesetz gegen die Pazzi, wodurch diesen die Erbschaft der Borromei entzogen wurde, und die vielfachen Misshandlungen, welche diese endlich zur Verschwörung trieben, woraus unzählige Uebel hervorgegangen sind. Daher entstand auch die Massregel, keine

---

[1]) Das bestätigt auch Alessandro de' Pazzi in seinem Discorse an den Cardinal Giulio de' Medici. Der Neffe Lorenzo's de' Medici sagt: „In modo, che incominciando a mancare alquanto il credito, senza dubbio questa cosa era potente causa che forse avessino perso la stato, se non veniva il 78 a farli amici nuovi e a confirmare i vecchi e stabilire lo stato, *così ancora a servirsi e del pubblico e del privato* etc."

[2]) Siehe die Ammonition des Cambi, der eben das Gonfalonierat vollendet hatte. Sein Sohn berichtet ausführlich über dieses Factum in den „Delizie degli Eruditi Toscani" del P. Ildefonso da S. Luigi, T. XXI, p. 38 segg. Cfr. Rinuccini, l. c. p. CXLV.

Heirathen zwischen den Personen zuzulassen, welche, vereinigt, zu bedeutend werden könnten. Daher das fortwährende Bemühen, so Viele durch allerlei Kunstgriffe zurück zu halten. Ich will mich nicht über die anderen Dinge wundern, wenn ich mich erinnere, dass Lorenzo selbst seinen vertrautesten Freunden kein Vertrauen schenkte,[1]) indem er sie auf verschiedene Weise täuschte und immer gegen sie auf der Hut war, wie die schlaue Erfindung der Geheimschreiber beweist, welche von den „Otto della Pratica" eingesetzt und den Gesandten beigegeben wurden, trotzdem, dass diese selbst nur aus seinen vertrautesten Freunden bestanden."[2])

Die Hauptwaffe Lorenzo's war der Rath der Siebenzig, welcher alle Autorität der alten Magistrate vereinigte und in der That die Freiheit der Gewählten ausschloss, indem die Bürger daran gewöhnt wurden, Aemter und

---

[1]) In dem „Discorso di Alessandro de' Pazzi" heisst es: „Lorenzo usava estrema diligenza con varie arti e sette segrete di compagnie che l'una non sapeva dell' altra, e merita gran commendazione la pazienza, che ebbe con quelli cittadini, lo ingegno e la industria che usò, la liberalità ch' intesi io da mia madre (Lorenzo's Schwester) particolarmente in quelli anni primi *dopo la morte di Piero pretermesse ogni altra cura e di dì e di notte non attese mai ad altro che a ridurre li amici con varie arti a proposito suo, ma perchè bisognò che spendesse assai.*" Arch. stor. it. T. I, p. 422. So das Zeugniss eines Verwandten. Cfr. Savonarola, Tratt. del gov. II, cap. 2. „In tutti i Magistrati e Uffizi ha chi vigila e chi riferisce ciò che si fa e dice."

[2]) „usava una estrema diligenza, con varie arti e sette segrete di compagnie, che l'una non sapeva dell' altra, con tanta pazienza e assiduità, che non era possibile più." l. c. p. 423. Die Geheimschreiber der Gesandten der Republik correspondirten mit der Signorie, den Zehn, oder mit den Acht der Pratica und unterhielten zu gleicher Zeit mit den Medici geheimen Briefwechsel, so dass die Gesandten unter fortwährender Controlle standen. Auch die Grossherzöge behielten diesen Gebrauch bei.

Würden zum Vortheil einer einzigen Familie hinzugeben.[1]) Cambi berichtet ausführlich, mit wie feinen Künsten jenes Institut gegründet worden sei und wie es durch die Aufnahme der Gonfalonieri und anderer höchster Magistratspersonen nach ihrer Dienstverwaltung seinen Einfluss gestärkt, so dass die Signorie in der That jenem souverainen Rath sich unterordnete. Die kurze und falsche Autorität der Signorie war nur eine Art Candidatur oder Noviziat, welches zur Theilnahme an der höchsten Autorität Lorenzo's berechtigte.

Den besten Beweis für den Absolutismus dieses Regiments liefert die sogenannte „Synodus Florentina," das schamlose Machwerk der Mediceischen Hoftheologen, wahrscheinlich des Bischofs Gentile von Arezzo selbst. Hier finden wir das offene, höchst naive Zugeständniss: „*nullus enim pene in ea civitate patritius est, qui, hac promovente domo, patritius non sit, nullus plebejus, qui Cosmianis opibus et pane Laurentiano pastus aliquando non fuerit.*"[2])

---

[1]) Jacopo Pitti, Storia Fior. im Arch. stor. it. T. I, p. 25 seq. Dort heisst es: „Questi Settanta, o Senato, lasciati satisfarsi nella utilità, se li astringeva Lorenzo a fare ogni cosa per lui, con malissima satisfazione dell' universale. Quelli ducento ancora si andavano pascendo, sperando insieme di essere promossi al Senato; molti eziandio avevano tanto l'occhio all' avantaggiarsi di coloro che, quatunque si stessero a vedere, vi si compiacevano assai: però procacciavano per ogni mezzo la grazia di Lorenzo, per esservi anche loro, quando che fosse, intromessi. Con tale industria adunque, impadronitosi dell' essenza del reggimento, Lorenzo lasciava l'apparenza interamente ne' magistrati, velando sotto l'abito civile e modesto la suprema autorità del principato."

[2]) Fabronius, Vita Laurentii Medicei, T. II, p. 139. Cfr. Savonarola, Trattato del gov. II, cap. 2: „Non si può fare offiziale alcuno, che egli non voglia sapere, anzi che egli non voglia fare, ed infino alli cuochi del palazzo e famigli de' magistrati non vuole che senza suo consenso si facciano" und: „così di tutti gli onori

Damit gesteht die Republik ihre Schande, eine Domaine der Mediceer zu sein, vollständig und gründlich ein, und dass man Derartiges offen sagen durfte, deutet besser wie jeder andere Umstand auf das Sinken des moralischen und patriotischen Gefühls in Florenz.

Die Criminaljustiz hatte da nicht viel zu bedeuten, wo man mit so freigebiger Hand spendete.[1]) Es ist nicht zu leugnen, dass Lorenzo die Ruhe der Stadt wünschte und des Landes Frieden suchte; waren aber die Verbrechen begangen, so schloss er vielfach die Augen oder beendigte die Sache leicht, sobald es sich um Anhänger und Freunde handelte,[2]) und diese waren so zahlreich, dass eine Masse derartiger Fälle im Jahre in dieser Weise erledigt wurde. Eine Unzahl Parteigänger wurden unterhalten, um die Herrschaft zu stützen und die übrigen Bürger niederzuhalten: auf Alle war Rücksicht zu nehmen. So schloss man die Augen, wenn die eigenen Bürger oder die kleinen Tyrannen draussen ihre Hand auf die Güter der Nachbarn, der Kirche, der Communitäten legten.[3])

Rinuccini klagt die Reform der Verfassung vom Jahre 1480 offen an, dass sie die reichsten Capitalien des Monte di pietà, welcher eine überaus segensreiche Stiftung aus den Zeiten der Guelfenherrschaft in Florenz bildete, ganz

---

e dignità che si distribuiscono ai cittadini, egli se ne mostra autore e cerca che ognuno le riconosca da lui."

[1]) Savonarola l. c.: „Esalta i cattivi uomini, i quali senza la sua protezione sariano puniti dalla Giustizia, acciocchè lo difendino difendendo in questo modo se medesimo."

[2]) Aehnliche Zustände unter Galeazzo Sforza von Mailand beschreibt Corio, Storia di Milano, Parte VI, cap. 3: „Galeazzo seguiva in tutto il rigore la giustizia, ma molti liberava per denari."

[3]) Guicciardini, Opp. ined. II, p. 38. Wie berechtigt waren demnach die Klagen Sixtus IV.

in die Hände Lorenzo's gelegt habe. Dass diese Anklage berechtigt ist, ersehen wir daraus, dass nach der Vertreibung Piero's de' Medici das Volk zum Hause des Antonio Miniati stürmte, welcher „Provveditore" des Monte war und mit dem Kanzler der „Riformaggioni" Lorenzo die Wege gezeigt hatte, die öffentlichen Gelder zu unterschlagen.[1]) „Lorenzo," sagt Rinuccini, „war viele Jahre hindurch bemüht, durch Gesetze und Verfügungen diese grosse Anstalt zu Grunde zu richten, um sich der Verpflichtungen der Zahlung der Rente zu entledigen und nach eigenem Belieben schalten zu können."[2]) Mit Hülfe seiner Creaturen Antonio di Bernardo und Ser Giovanni von Pratovecchio ist es ihm gelungen, die Beraubung dieser für den sittlichen Zustand der Stadt höchst wichtigen und segensreichen Anstalt zu vollenden.[3]) Viele, der Mittel zu anständiger Verheirathung beraubte Jungfrauen besserer Stände, deren Väter durch Ammonitionen, Verbannungen verarmt oder fern waren, warfen sich nun dem Laster in die Arme.[4]) Fürwahr, eine Ruchlosigkeit, wie sie in den stürmischsten Zeiten der Republik keine der sich bekämpfenden Parteien gewagt hätte. Aber die Zeiten des Humanismus, der „Herausbildung des echten Menschenthums, der allseitigen Erfassung der Stellung des modernen Menschen" scheuten vor derartigen barbarischen Mitteln

---

[1]) Al. Rinuccini, Diari, pag. 147 bemerkt: „gli mostravano (a Lorenzo) le vie di convertire in sè tutte le entrate publiche." Siehe auch Nardi, Ist. Fior. und Cerretani, Cod. 53 Magliab. Cl. XXV.

[2]) Rinuccini, l. c. p. CXLVI.

[3]) Cfr. Savonarola l. c.: „Tutte le buone leggi cerca con astuzia di corrompere, perchè son contrarie al suo governo ingiusto e fa continuamente nuove leggi a suo proposito."

[4]) Savonarola l. c.: „Spoglia le vedove, e pupilli, fingendo di volergli difendere e toglie le possessioni, e campi, e case a' poveri" etc.

nicht zurück, welche eher dem Islam angehören, und deren sich Friedrich II. mit Vorliebe zu bedienen pflegte. Die Politik der Tyrannen des XV. Jahrhunderts schliesst sich eng an die des deutschen Kaisers an, den Burckhardt mit Recht den „ersten modernen Menschen auf dem Throne" nennt, wie er denn auch treffend über die Tyrannis der Renaissance bemerkt: „der innere Zustand der von Gewaltherrschern regierten Territorien hatte ein berühmtes Vorbild an dem Normannenreiche von Unteritalien und Sicilien, wie Kaiser Friedrich II. es umgestaltet hatte." [1])

Savonarola's Characterzeichnung [2]) des Tyrannen dürfte demnach in Vielem durch die Thatsachen bestätigt werden: „Similmente cerca di apparire religioso e dedito al culto divino, ma fa solamente certe cose esteriori, come andare alle chiese, far certe elemosine, edificare templi e cappelle, o fara paramenti e simili altre cose per ostentazione. Conversa etiam con religiosi e simulatamente si confessa da chi è veramente religioso per parere di essere assoluto, ma dall' altra parte guasta la religione usurpando i benefici e dandoli ai suoi satelliti e complici e cercandoli per i loro figliuoli e cosi si usurpa i beni temporali e spirituali. Non vuole, che alcun cittadino faccia alcuna cosa eccellente, come maggiori palazzi, o conviti, o chiese, o maggiori opere nel governo o nelle guerre di lui, per parer lui solo singolare. E molte volte abbassa occultamente gli uomini grandi e poichè gli ha abbassati, gli esalta manifestamente ancora più che prima, acciocchè si riputino obbligati a lui, e che il popolo lo reputi clemente e magnanimo per acquistar più favore. Non lascia fare giustizia ai giudici ordinari, per favorire e per ammazzare

[1]) Burckhardt, Cultur der Renaissance, Leipzig 1877, I. B. p.

[2]) Trattato del gov. II, cap. 2.

o abbassare chi piace a lui. Usurpasi i denari del Comune e trova nuovi modi gravezze e angherie per congregare pecunia, della quale nutrisce i suoi satelliti e con essa conduce al soldo Principi e altri capitani molte volte senza bisogno della Comunità, per dar loro qualche guadagno e farseli amici e per potere più onestamente aggravare il popolo, dicendo, che bisogna pagare i soldati. E per questa cagione ancora muove e fa muover guerre senza utilità, cioè che per quelle non cerca nè vuole vittoria nè pigliare le cose d'altri, ma solamente lo fa per tenere il popolo magro e per stabilirsi meglio nel suo Stato. Ancora delle pecunie del Comune molte volte edifica palazzi grandi e templi e le armi sue appicca per tutto e nutrisce cantori e cantatrici, perchè cerca di esser solo glorioso. A' suoi allevati, che sono di bassa condizione dà le figliole dei cittadini nobili per donne, per abbassare e torre la reputazione ai nobili ed esaltare tali persone vili, le quali sa che gli saranno fedeli, perchè non hanno generosità d'animo, ma hanno bisogno di lui, essendo comunemente tali persone superbe e reputando tale amicizia essere gran beatitudine."

Blicken wir auf die wechselvollen Geschicke der Republik Florenz zurück, so liegt die Betrachtung nahe, dass in den italienischen Communen — und am meisten in Florenz — vielleicht mit alleiniger Ausnahme Venedigs, die ausgezeichnetsten Gesetze, vortrefflichsten Constitutionen unbeachtet geblieben und zum todten Buchstaben geworden sind, anstatt zur Quelle besserer Zustände und anwachsender Macht und Grösse zu werden. Oft sanken sie zu blossen Scheinkörpern herab, deren sich successive alle Parteien bedienten, die in der Republik an's Ruder kamen. Die politische Freiheit kann nicht existiren, wenn sie sich nicht auf Fundamentalgesetze stützt, die den Bedürfnissen des Staates und seiner Bürger entsprechen und die aus ihnen hervorgewachsen sind. Ohne diese Bedingung werden sie zu Werkzeugen der Gewalt und Unterdrückung. Giannotti's Betrachtungen über die beste Form der Verfassung in Florenz sind ein trefflicher Commentar zu der bewegten Geschichte der Republik und mit wahrem Gefühl für seine Vaterstadt niedergeschrieben, die er zweimal als Verbannter verlassen musste. So knüpft er an die Institution der Signorie[1]) die verständige Reflexion: „Der Missbrauch der Autorität der Signorie gab schon in den frühen Zeiten der Republik Veranlassung zu allen bürgerlichen Streitigkeiten. Vor der Tyrannis Cosimo's de' Medici geschah es häufig, dass ein Magistrat einer gewissen Faction angehörte, der darauf folgende einer andern, oder dass zu gleicher Zeit beide Parteien vertreten waren, woraus eine Menge von Zwistigkeiten, Verbannungen und zahlreiche Unordnungen in der Stadt hervorgingen, und endlich entstand aus der Autorität dieses Magistrats die Tyrannis Cosimo's, welche mit grösserem Drucke als es je geschehen auf der Stadt lastete. Wie Jedermann weiss, war dieser Mann ausserordentlich reich und verstand es, sich durch den Reichthum Ansehen und Macht zu verschaffen, indem er viele Bürger zu seinen Parteigängern machte, so dass er, auf seine Anhänger und Freunde gestützt, während er im Exil weilte, eine Signorie wählen zu lassen im Stande war, vermittelst welcher er zurückkehren und nach seinem Belieben mit seinen politischen Gegnern schalten konnte; so war er in der That absoluter Herr in Florenz und damit er nicht dieser ihm zur Seite stehenden Autorität beraubt würde, durch die er seine Feinde besiegt hatte, liess er mit Hülfe dieses Magistrats die Accoppiatoren einsetzen, welche verhinderten, dass andere als ihm ergebene Personen dort

[1]) La Repubblica Fior., lib. II, cap. 4.

gewählt wurden. Derart wusste dieser schlaue Tyrann sehr wohl die furchtbare Autorität dieses Magistrats zu benutzen."

So dienten die Gesetze der Florentiner Republik niemals dazu, die natürliche Mischung der Parteien im Gleichgewicht zu erhalten und die Stände durch gemeinsame Interessen zu vereinigen. Man versuchte auf das Künstlichste, das Gleichgewicht der Massen herzustellen; aber eben das Künstliche der Verfassung machte sie unfruchtbar. Man gebrauchte alle Modificationen, holte die alten Institutionen hervor, reformirte in aller denkbaren Abwechslung, ohne die Zwietracht der Parteien besänftigen zu können. Unter stets neuen Gestalten brach diese Hydra hervor, durchbrach die Gesetze, schwächte das Ansehen der Republik und bereitete endlich ihren Sturz vor. Die Parteien haben oft ihren Namen gewechselt, sowie Eigenschaften und Zwecke, aber im Grunde lassen sie sich auf die Adels- und Volkspartei reduciren, welche allen Republiken gemeinsam sind. Keiner von beiden ist es gelungen, in Florenz eine Verfassung von längerer Dauer, ein festes Regiment zu gründen.

Die einzige gesunde Basis für die Florentiner Verfassung sieht Giannotti in der gleichmässigen Betheiligung der drei Klassen, der grandi, mediocri und populari[1]) an der Regierung: „perchè, come dice Aristotele, quella republica è bene ordinata, la quale è amata e tenuta cara da tutte le parti e membri della città." Schon die römische

---

[1]) Unter populari versteht Giannotti solche „che sono a gravezza, ma non sono abili a' magistrati" also nicht die eigentlichen Plebejer: „de' plebei non occorre far menzione, essendo gente forestiera che vengono alla città per valersi delle fatiche corporali e ne vanno a cosa loro, qualunque volta torna lora a proposito," lib. III, cap. 5.

Geschichte zeigt, dass der Ausschluss der Popolaren von der Regierung Unzufriedenheit und Unordnungen hervorbringt, und die Fernhaltung derselben von den Ehren und öffentlichen Aemtern des Staates bewirkt, dass sie sich eher an einen Privaten anschliessen, von dem sie mehr Nutzen erwarten und die Waffen gegen das Vaterland ergreifen, das sie wie Stiefkinder behandelt. Wenn Aristoteles nach Venedig und Florenz käme und sehen sollte, dass man mit einer grossen Menge von Leuten gar nicht zu rechnen pflegt, er würde sehr erstaunt sein, da er doch im siebenten Buche seiner Politica von der Vertheilung der Aemter in einer wohlgeordneten Republik an alle Qualitäten der Einwohner ausführlich abgehandelt hat. Was würde auch Plato sagen, der grösserer Einigkeit und festerer Organisirung halber Alles bis auf die Frauen zum Gemeingut machen wollte?"

Nur im Consiglio grande kann eine allseitige Betheiligung der Kräfte in der Republik und damit eine Ausgleichung der vorhandenen Differenzen stattfinden: „volendo ordinare questa repubblica perfettissimamente, è necessario connumerare in questo consiglio quella moltitudine di cittadini che abbiamo chiamati popolari." Darum verdient Paolantonio Soderini, der als Gesandter in Venedig war und den dortigen grossen Rath zum Vorbilde nahm, das höchste Lob, eben so wie Savonarola, der diese Einrichtung in seinen Predigten empfahl und auf alle Weise begünstigte.[1]) Sie waren darum verständiger als Giano della Bella und der Cardinal von Prato, denn diese hatten zwei Dinge im Auge: das Volk sicher zu stellen und die Grossen nieder zu halten, jene aber dachten an die Freiheit der Stadt allein, in der Niemand sich mehr erheben sollte als es in einer wohlgeordneten Republik zulässig ist, und Jedermann

[1]) l. c. lib. I, cap. 5.

ohne Furcht vor Privatmacht leben sollte: „tanto che altro non si può dire, se non che questo consiglio fosse un ottimo fondamento alla libertà e quieto vivere di Firenze." Aber das genügte nicht, denn um den Unordnungen zu steuern wäre nöthig gewesen, einen Gonfaloniere auf Lebenszeit zu erwählen: „e se si fussino fatte l'altre provvisioni necessarie al mantenimento di quel vivere e riparato agli altri suoi mancamenti, non saria poi nel 1512 rovinato." [1])

Leider hat in Florenz zu allen Zeiten jene bürgerliche Intoleranz geherrscht, welche die Grundgesetze der Ordnung umstösst oder sie zu Parteihebeln macht und beständigen Hader wachhält. Das unaufhörliche Wechseln der regierenden Parteien und das Fluctuiren der Formen, unter denen sie ihre Tyrannei ausübten, ertödteten das allgemeine Vertrauen und die Liebe zum Vaterlande. Nur so war es möglich, dass jene Familie heranwuchs, welche sich zweimal mit Hülfe von Fremden zur Gebieterin der Republik machte. So passirte Florenz nicht nur durch die verschiedensten Formen der Regierung, sondern auch durch die Corruption dieser Formen; denn jede der herrschenden Parteien war bemüht, die Gesetze zu verletzen und die bürgerliche Gleichheit, die Grundbedingung der Republik mit Füssen zu treten, indem sie ihre Gegner sofort aller politischen Rechte beraubte, ihre Personen und Güter preisgab.

Es handelte sich hier nicht um Fragen der inneren Verwaltung oder äusserer Politik, die den Gegenstand des Ehrgeizes ausmachten, sondern man griff die Basis der Constitution, der Freiheit, der Gleichheit an. Jede Partei war auf den äussersten Ruin der andern bedacht, so dass man wohl sagen kann, die Fractionen in Florenz waren

[1]) lib. I, cap. 5.

nichts Anderes als Feinde und Freunde innerhalb derselben Mauern, welche in letzter Instanz sich auf oligarchische oder ochlokratische Gewalt stützten.

Man hat den Grund, weshalb in Florenz nicht wie in anderen Staaten, z. B. Venedig eine regelmässige, stabile Form der Regierung sich erhalten, in einem Mangel an Legalität gesucht, einem Fehlen des Gemeinsinnes, der den eigenen und Privatnutzen dem allgemeinen Wohl unterordnet. [1]) In der That besass nur Venedig jene Klassen von Nobili, die durch Hochherzigkeit und patriotischen Opfermuth hervorragten, so dass jene Republik mehr wie alle übrigen in Italien eine gewisse Freiheit und Unabhängigkeit besass. In Florenz ist es inmitten absolut demokratischer Tendenzen keiner Aristokratie gelungen, sich zu halten; andererseits war das demokratische Element immer ohnmächtig, die Ueberbleibsel der alten Aristokratie zu vertilgen, welche unter anderen Formen, mit anderen Elementen vermischt und unter neuem Namèn stets wieder auferstanden. Der Geist der Gleichheit hatte die alte Feudalaristokratie niedergeworfen, dann den ghibellinischen und guelfischen Adel, das Patriciat, die Geld- und Handelsaristokratie, bis die Regierung bei dem niedrigen Volke anlangte. So war der ganze Kreis socialer Daseinsformen durchlaufen, und die Reaction, durch welche die Regierung in die Hände weniger Parteihäupter überging, war dann natürlich.

Sie endigte in der Tyrannis der Mediceer, welche vom Jahre 1434 ab bemüht waren, durch die Künste der Corruption die alten Rechtsordnungen zu durchbrechen

---

[1]) „Se la repubblica sarà bene ordinata, sagt Giannotti, nè chi sara principe, nè altro privato potrà mai acquistare alcuna tirannica autorità, siccome in Vinezia non fu mai alcun doge che si facesse tiranno."

und jede bürgerliche Tugend zu ersticken, indem sie den Staat zu einer Domaine ihrer eigenen Grösse und Macht gestalteten. Zu diesen Ursachen tritt die Lebhaftigkeit der politischen Geister, der anwachsende Reichthum und die natürliche Beweglichkeit des Denkens und Empfindens im Toskanischen Volksgeiste hinzu, wie es Savonarola im Trattato del Governo betont hat.[1]) Trotzdem ist es merkwürdig, wie inmitten fortwährender Parteikämpfe, äusserer Kriege, oft von Aussen geschwächt, von Innen belagert, die Republik zu einer so glänzenden Stellung unter den italienischen Staatenbildungen sich erheben und drei Jahrhunderte lang nicht nur durch politische Grösse, sondern auch durch geistige Productivität und erhabene Leistungen in Kunst und Wissenschaft glänzen konnte, so dass am Ende des XV. Jahrhunderts trotz der sechzig Jahre Mediceischer Corruption das Gefühl der Freiheit im Volke noch so lebendig war, dass die sterbende Republik noch zweimal ihre letzten Kräfte sammelte, die alte Freiheit zurückzuerobern.[2]) Sollte nicht jene schöne Eigenschaft dieses reichbegabten Volkes die Ursache der unvergleichlichen Geistesblüthen sein, welche inmitten der Dornen innerer und äusserer Kämpfe emporsprossten, und die Savonarola richtig erkannte: „Questo popolo è molto inclinato al Cultu Divino come sa chi ne ha pratica, nè è alcun' altra città, dove sia maggior numero e di maggior perfezione di vita della città di Firenze. Se dunque fra tante persecuzioni ed impedimenti la cresce e fruttifica per il Verbo di Dio, che farebbe lei, quando fosse in essa un quieto vivere dentro, rimossa la contradizione de' tepidi e religiosi e

---

[1]) „Essendo il popolo Fiorentino ingegnosissimo tra tutti i popoli d'Italia e sagacissimo nelle sue imprese, ancora è animoso ed audace etc." Tratt. I, cap. 1.

[2]) Guicciardini, Opp. ined. in pref. p. XI segg.

cittadini?"[1]) Der ideale Geistesflug dieses Volkes, genährt an den Quellen der Religion, hat es über die Uebel des Parteihaders emporgetragen und seiner Kunst, seiner Poesie, seiner Literatur jenen unvergleichlichen Adel verliehen, der, erfüllt von der Inspiration des göttlichen Geistes, die Seele über die Unvollkommenheiten des Daseins in eine reinere Sphäre emporträgt.

---

[1]) Tratt. II, cap. 3.

II. Capitel.

Sixtus IV. und die Republik Florenz.

Das erlauchte Geschlecht der della Rovere ist eines der ältesten Italiens.[1]) Es leitet seinen Ursprung von Hermundus, dem Longobardenfürsten in Turin ab, der um 700 lebte. Seine Descendenten besassen zahlreiche Schlösser — darunter Viconovo, Cinciano und Rivalba — und einige derselben liessen sich im Gennesischen nieder, wo sie in Savona eine Signorie ihrer Familie gründeten. Von dieser in Savona ansässigen Familie stammt Sixtus IV. Seine Eltern waren Francesco della Rovere,[2]) ein in seiner

---

[1]) Sansovino, Della Origine et de' Fatti delle Famiglie illustri d'Italia, Venezia 1609, lib. I, p. 100. Paulus Diaconus, Hist. Longobard. Ciaconius, Vitae Pontiff. Tom. III, p. 3. Oldoini, Add. ad Ciac. l. c. p. 15. Der Papst sagt in seinem Schreiben an den Magistrat von Turin: „Tamdiu inter ceteras Nostras curas cogitavimus, in Civitate ista Taurinensi, *ex qua Nos et Nostra de Ruvere vetustissima familia* originem ducimus, monumentum relinquere etc." Cfr. Oldoini l. c.

[2]) „Vir inter urbis suae cives honoratus et omnibus in patribus magistratibus functus." Ciac. l. c. „A lungo andare la casa pervenne nella persona di Leonardo, della cui grandezza et eccellenza ne appariscono honorate memorie in quella città." Sansov. l. c.

Vaterstadt hochangesehener und mit den höchsten Würden und Aemtern ausgezeichneter Mann, und Luchina Monleone, ebenfalls aus angesehener Familie.[1]) In Folge eines Gelübdes seiner Mutter wurde Francesco della Rovere, geboren 1414, frühzeitig dem Orden des heiligen Franciscus zur Erziehung übergeben, in den er dann ganz übertrat. Unter der Leitung des Fr. Giovanni Pinaroli studirte der Knabe die Grammatik, wobei er sich geistig regsam und so begabt zeigte, dass er bald zur Lectüre der Schriften Cicero's übergehen konnte.[2]) In die damals florirenden

---

„B. Cimarellus tradit, Leonardum Francisci patrem Savonae per omnia clarum fuisse et primaria quaeque publica munera obiisse immo ad illustria quaelibet et magni momenti negocia semper adhibitum.“ Oldoini, Add. ad Ciac. l. c. p. 18.

[1]) „Addo Francisci genus tum paternum, cum maternum clarum fuisse. Materna vero stirps Francisci, cui nomen Monleona, nobilis in urbe Savonensi, primariis ejusdem urbis familiis innexa est. Publicae tabulae urbis Savonensis anno 1439 scriptae cum laude memorant Nicolaum de Monleone etc. Imo ex Pauli de Otino Savonensis actuario compertum habeo, anno 1400. Emanuelem, Gasparem atque Simonem stirpis Monleone germanos amplas obtinuisse facultates. Non igitur Franciscus de foece populi neque prae egestate domestica ad vitam coenobiticam adactus, ut aliena largitate sustentaretur.“ Oldoini, l. c.

[2]) Ciaconius, l. c. Platina, Panvinius, Ciaconius und der Anonymus (vita Sixti) stimmen darin überein, dass Sixtus IV. i. J. 1414 geboren ist, was auch durch das Archiv des Hospitals von S. Spirito bestätigt wird. Leonardo della Rovere wird noch 1427, 20. März als Mitglied des Rathes von Savona genannt; 1430 8. April unterschreibt er einen Contract: damit fällt die Erzählung Garimberts, dass die arme Wittwe Leonardo's ihren Sohn dem Kloster übergeben, zusammen. Francesco wurde neunjährig von seinen Eltern dem Kloster zur Erziehung übergeben. (Ueber den Traum der Mutter siehe Ciaconius). Vergl. Oldoini l. c. p. 18. 1430 war nach demselben Leonardo als Mitglied einer Gesandtschaft bei Filippo Maria Sforza von Mailand (cujus legationis acta Savonense tabularium asservat), konnte also nur zu den ersten Bürgern von

Gymnasien von Pavia und Bologna gesandt, hörte er eifrig Philosophie und Theologie. Seine dialectische Begabung trat zuerst auf dem in Genua abgehaltenen Generalcapitel seines Ordens zu Tage, wo der zwanzigjährige Jüngling sich so elegant in der lateinischen Disputation bewegte, dass ihn der General Guglielmo Casale umarmte und seinem Orden zu den Talenten dieses jungen Mannes Glück wünschte. In Padua erhielt Francesco den Doctorgrad der Philosophie und Theologie und trat nun selbst das academische Lehramt an. In Bologna, Padua, Pavia, Siena, Florenz, Perugia hat er mit Auszeichnung in beiden Facultäten gelehrt und wurde in Perugia seiner ausgezeichneten Gelehrsamkeit und Sittenreinheit halber zum Ehrenbürger der Stadt ernannt. Wie Argyropulos, Bonfranciscus, Arlotus und Andere bezeugen, gab es damals fast keinen Gelehrten in Italien, der nicht sein Zuhörer ge-

---

Savona gehören. Ebenso haltlos ist die Annahme, wonach Sixtus in Albizola od. Celli, wohin seine Eltern der Pest wegen geflohen seien, geboren sein soll. In den alten Aufzeichnungen des Convents von S. Francesco in Savona (Oldoini l. c.) heisst er: „Savonensis, oriundus ex praeclara nostra civitate Savona." Sixtus selber schreibt im ersten Jahre seines Pontificats an die Aeltesten von Savona: „Non fuit vacua in Nobis divina gratia, siquidem ad apicem summi Apostolatus non meritis Nostris, sed divina potius clementia evecti sumus: *quam rem non dubitamus urbi magnae laetitiae fore. Amor Noster erga patriam magis in dies confirmatur* etc." (Oldoini, l. c.) Deshalb hatte Savona auch den neuerwählten Papst durch eine Gesandtschaft beglückwünschen lassen. In der Cathedrale von Savona wurde eine Marmortafel mit dem Wappen der della Rovere und folg. Inschrift eingelassen:

Pontificis Sixti sunt haec insignia Quarti
Cui genus et patriam clara Savona dedit.
Hic frater Franciscus erat de Ruvere dictus,
Pro Christo in terris nunc gerit ille vices.

Eine andere Marmortafel daselbst besagt: Sixtus IV. Pontifex Maximus Savonensis, anno 1471.

wesen wäre. Der Cardinal Bessarion zeichnete ihn durch intime Freundschaft aus und pflegte sich vielfach seines Rathes zu bedienen,[1]) wie er denn auch Paul II. die Erhebung Francesco's della Rovere zum Cardinal an's Herz legte.[2])

Innerhalb seines Ordens war Francesco della Rovere überaus geschätzt. Zwei Generalen desselben stand er als Vertrauter und Begleiter zur Seite; der dritte, Jacopo Sarguella, machte ihn zum Procurator des Ordens an der römischen Curie, wo er Gelegenheit hatte, bei Feierlichkeiten das Talent seiner Rede glänzend zu entfalten. Als Sarguella seines hohen Alters wegen sich der Last des Generalates nicht mehr gewachsen fühlte, wählte er Francesco zu seinem Vicar für ganz Italien und machte ihn zum Provinzial der Ligurischen Ordensprovinz, wo er sich durch Reform der Convente hervorthat. Nach dem Rücktritt Sarguella's wurde in dem zu Perugia abgehaltenen Convent Francesco della Rovere einstimmig zum General der Minoriten erwählt. Jetzt entwickelte er für den Orden eine vielfache Thätigkeit indem er die Convente besuchte und für Lehrkräfte der Gymnasien sorgte; in Florenz hielt er ein Generalcapitel und war eifrig für die Reform des Ordenslebens bemüht. In dieser Thätigkeit wurde er durch längere Krankheit, die Folgen des römischen Fiebers, unterbrochen und ging deshalb nach Savona, dann nach Pavia,

---

[1]) „Eum frequenter audivit Bessarion Cardinalis Nicaenus, vir Latina et Graeca literatura insignis, cujus familiaritate ita delectatus est, ut eodem contubernio persaepe usus sit, nihilque edere Nicaenus ipse unquam voluerit, quod non ejus lima prius et judicio emendatum esset, tanti faciebat hominis doctrinam et ingenium.“ Ciacon. l. c.

[2]) Rainaldi, Annal. Eccl. ad ann. 1471. n. 60. Pigna, Hist. Princip. lib. VIII. Cfr. Al. Bandini, De Vita Bessarionis Comm. L. XX, 93.

um von hier aus nach Venedig sich zu begeben, wo er den nächsten Winter über theologische Vorlesungen halten wollte. Auf dieser Reise erhielt er die Nachricht seiner Cardinalsernennung durch Paul II., im Jahre 1463.[1]) Mit Hülfe der übrigen Cardinäle konnte er bald den baufälligen Palast von S. Pietro in vincoli, sein Domicil, restauriren lassen, aber auch unter den Ansprüchen und der Thätigkeit seiner neuen Würde vergass er der Studien nicht und liess jetzt sein Buch „De sanguine Christi" erscheinen, in dem er eine damals zwischen Minoriten und Dominicanern vielbesprochene Streitfrage behandelte.[2]) Nach dem Tode Paul II. wurde der Cardinal Francesco della Rovere von den achtzehn im Conclave versammelten Cardinälen einstimmig zum Papst gewählt[3]) und empfing am 22. August 1471 aus den Händen des Archidiacons und Vicekanzlers Roderigo Borgia die Insignien der Krönung. — Mit Recht hatte Filelfus die gediegene theologische Bildung des Papstes gepriesen, der Cardinal Aegidius von Viterbo ihn den gelehrtesten, sanftesten und freigebigsten Mann genannt, Panvinius seinen europäischen Ruf hervorgehoben.[4])

---

[1]) Der venet. Gesandte sagt in der an den Papst gehaltenen Rede: „Neque in eo etiam morabor, quod in hunc Senatum reverendissimorum gloriosissimumque sola sapientia atque virtute nixus conscendisti." Die Rede bei Oldoini l. c. col. 20 seq.

[2]) Cfr. Al. Bandini l. c. X. L. VIII, 58.

[3]) „Stimato molto dal mondo e grandemente riverito da Papa Paolo II. fu da lui creato Cardinale col titolo di S. Pietro in Vincola l'anno 1467. Indi a quattro anni essendo sempre vivuto modestamente e con grande essempio alla corte Romana di bontà et fatto benemerito di S. Chiesa per diverse sue operationi et publicate alcune cose composte da lui nella scrittura sacra ripiene di profonda et esquisita dottrina, venuto a morte Papa Paolo, fu creato in suo luogo l'anno 1471." Sansovino, l. c.

[4]) Victorelli, Add. ad Ciacon. p. 11. Cfr. Fontius, Annales, bei Galletti de fam. civ., Firenze 1847, p. 156: „Franciscus Savonensis

Florenz hatte zur Begrüssung des neuen Papstes eine stattliche Gesandtschaft abgefertigt, an deren Spitze Lorenzo de' Medici stand.[1]) „Im Monat September 1471, sagt Lorenzo in seinen Aufzeichnungen, wurde ich zum Gesandten in Rom erwählt für die Krönungsfeier von Papst Sixtus. Man erwies mir alle Ehren und ich brachte von dort die beiden Marmorbüsten des Augustus und Agrippa mit, welche mir der Papst schenkte; auch unsere Schale von Calceden wurde damals mit vielen anderen Cameen erworben etc."[2]) Der Papst, wie Lorenzo de' Medici überboten sich in Höflichkeiten,[3]) und Lorenzo erhielt das Amt eines Schatzmeisters, wodurch sowohl für ihn als für seinen Oheim Giovanni Tornabuoni eine Quelle des Reichthums sich öffnete.[4]) Indem Sixtus ihnen ausserdem die Alaungruben von Tolfa, welche unter Pius II. entdeckt worden waren, in Pacht gab, documentirte er gleichfalls seine Freundschaft für diese Familie.[5]) Papst und Cardi-

---

Ord. Min. Fr. Presb. Card. *insignis theologus.*" Oldoini, l. c. col. 20: „Onuphrius Panvinius, Philippus Bergomensis et alii a virtute, a literis, a mansuetudine, liberalitate, grato animo, a zelo fidei propagandae laudant abunde."

[1]) Fabroni, Vita Laur. Med., I, p. 38.

[2]) Fabroni, II, 58.

[3]) „Inter hunc et Pontificem non magis mutua quam inexplicabili comitate certatum est." Cfr. Fabroni, I, 38. Pignotti, Storia della Tosc. IV, p. 42: „Il papa espresse grandi sentimenti di amicizia alla casa Medici, nè furono sole parole, ma fatti." Valori (Vita Laur. Med.) sagt: „(Laurentius) tam honorifice ab eo excipitur ut nihil magis optare Pontifex videretur quam Laurentii amicitiam."

[4]) Eine Erwerbsquelle war für Lorenzo auch der Verkauf der Cameen. Fabroni: „parvo pretio coemptas gemmas, quas ingenti comparaverat Paulus II. cum vendidissent regibus aliisque harum rerum cupidis, plurimum ex hac re lucri fecerunt."

[5]) Valori, l. c. bemerkt: „Nam et eum statim Apostolicae Camerae thesauris praefecit et rationum ejus socios ita tractavit, ut brevi omnes et maxime Joannes Tornabuonus ejus avunculus

näle, die Lorenzo's Interesse an antiquarischen Schätzen kannten, überhäuften ihn mit Geschenken „Incredibile autem est," sagt Fabroni, „cum ostendisset Laurentius de colligendis antiquitatis monumentis se plurimum laborare, studii et delectationis et nobilissimarum artium, quae ad graphicen pertinent, provehendarum causa quanta hujus generis dona tum a Pontifice ipso, tum a Cardinalibus acceperit etc." [1]) Dass Lorenzo schon jetzt persönlich mit dem Papste über die Erhebung seines Bruders Giuliano zum Cardinal verhandelt habe, wie Einige versichern, ist nicht unwahrscheinlich, wenn man das spätere Verhalten desselben Innocenz VIII. gegenüber in Betracht zieht. Lorenzo suchte feste Stützpuncte in Rom, und die Zudringlichkeit mit der er durch seine Gesandten bei Innocenz um Benefizien für seinen unmündigen Sohn und endlich um das Cardinalat betteln lässt, berechtigt uns zu dem Schlusse, dass er auch hier rücksichtlos seine ehrgeizigen Ziele verfolgt habe. Das Unpassende einer derartigen Speculation, einen Laien in den höchsten Senat der Kirche zu erheben, wurde vom Cardinal Ammanati, der den Mediceern befreundet war, gehörig betont: „Se pensate di Giuliano," schrieb er mit naiver Offenheit, „dubito che così rozzo non piacesse alla brigata. Sarei di vedere se gli mettessi indosso per qualche poco di tempo uno rocchetto o di chiesa o di protonotario col quale non se farebbe a mio judicio alcuna

---

maximas sint divitias consequuti. Gemmas quippe et margaritas, quibus comparandis Paulus Pontifex unice studuerat, pleraque illis aut nullo aut parvo admodum pretio concessit. Consensit etiam ut Volaterrae urbs natura loci et moenibus munitissima Florentinorum adderetur imperio etc. Sic et publice et privatim manifestis summae benevolentiae signis hominem prosecutus quam honoratissimum in patriam dimisit, qui tamen ad suos reversus non diu in Pontificis amicitia permansit.

[1]) l. c., Vol. I, p. 39.

difficoltà.“ [1]) In einem späteren Schreiben betont er wiederum die Nothwendigkeit, Giuliano wenigstens einige Zeit das geistliche Kleid des Protonotarius tragen zu lassen: „Judico sia necessario farlo Protonotario et con questo habito sia veduto almanco un mese: perchè così laico trasferirlo a tanto grado nessuno di noi ci potrebbe assettare la bocca: ma ben loderei non pigliasse alcun ordine sacro per insino fosse condotto dove cerchiamo, acciochè per ogni caso potesse occorrere gli sia lecito tornarsene allo habito primo etc.“ [2])

Uebrigens schrieb Lorenzo de' Medici selbst an den Papst „sopra el lungo desiderio di casa nostra di avere uno cardinale.“ Der Brief documentirt das gute Verhältniss, das damals noch zwischen beiden herrschte „benchè habbi tanta fede nella V. Sanctità, che sia certo non bisogni procurare più quello che epsa ha a me tanto liberalmente in questa causa promesso, nondimeno spargendosi alcune fame e opinioni che de proximo si debbe fare Cardinali, ho voluto per questa via reducere a memoria alla V. Beatitudine questa nostra antica voluntà, supplicando con ogni humilità a quella, che si degni aggiugnere alle altre nostre immortali obligationi con epsa questa, la quale tra le altri grandi sarà maxima et inextinguibile come V. B. intenderà dal detto Giovanni (Tornabuoni) al quale quella si degnerà prestare quella certezza, che se io proprio parlassi con epsa, ai piedi della quale con omni humilità me et le mie cose raccomando.“ [3]) Aus dem Briefe geht allerdings hervor, dass Lorenzo schon mündlich mit Sixtus über eine Cardinalsernennung in seiner Familie conferirt hatte, sonst würde er sich nicht auf „questa nostra

---

[1]) Fabroni, Vol. II, 58. Der Brief v. 25. April 1473.
[2]) Fabroni, II, p. 60. Brief vom 15. Mai 1473.
[3]) Fabroni, II, p. 61, 62. Der Brief vom 21. November 1472.

antica voluntà" beziehen. Da er auch die „immortali obbligationi" betont, scheint es, dass bereits früher eine Zusage gemacht worden ist, wahrscheinlich nur auf ein Mitglied der Familie überhaupt. Die entschiedene Weigerung des Papstes, Giuliano auf diesem Wege zum Cardinal zu erheben, wurde auch durch die Vermittlung Ammanati's nicht gehoben, und Lorenzo de' Medici mochte ungern darin den energischen Character des Papstes empfinden, der weniger als der seines Nachfolgers Innocenz VIII. geeignet war, sich vor den ehrgeizigen Gelüsten des Mediceers zu beugen.

Um die Wichtigkeit der Stellung der Medici als Schatzmeister des Papstes und das Missfallen dieser Familie über den späteren Verlust dieser Stellung zu würdigen, dürfte ein näheres Eingehen auf die Verhältnisse der Florentiner Bankiers hier angezeigt erscheinen.

Die Innungen der Wollen- und Seidenweberei bildeten die eigentliche Basis des gediegenen Florentiner Handels; aber auch die der Geldwechsler des „cambio" war von grösster Bedeutung nicht nur für Italien, sondern für Europa, ja für die meisten der regierenden Häuser. Die geistreiche Erfindung, mit einem Federstrich grosse Summen von einem Lande in das andere zu übertragen, auch in das entfernteste und dem Verkehr unzugänglichste, ohne des wirklichen Metalles zu bedürfen, wurde, wenn sie auch nicht aus Florenz selbst hervorgegangen ist, doch von den Florentinern hauptsächlich benützt, das Netz ihrer Handelsverbindungen über alle Staaten Europa's auszudehnen. Die ältesten Statuten für die cambisti, welche den Wechselverkehr regulirten, gehen bis 1299 zurück, aber in ihnen wird wiederum auf solche des Jahres 1280 hingewiesen, so dass leicht noch ältere vorhanden sein konnten. Sowohl die cambisti als die sensali mussten sich einer Art Examen unterziehen ehe sie ihren Beruf ausüben durften, wozu ihnen in Florenz der Mercato nuovo und vecchio angewiesen war. Hier hatten sie ihre botteghe, davor einen Tisch mit einem Teppich bedeckt, auf dem die Geldcasse und das Contobuch sich befanden.[1]) Sowie die verschiedenen Zweige des Handels sich berühren und unterstützen, so ist auch diese Innung erst durch die Ausdehnung und die Bedürfnisse der beiden Hauptinnungen von Florenz entstanden, und die grossen Geldsummen, welche auf den Märkten verschiedener Plätze Europa's den Florentiner Kaufleuten zuströmten, riefen das Verlangen nach Erleichterung des Geldverkehrs wach. Zu gewissen Zeiten waren die Florentiner Banken die ersten Europa's, und Florentiner Wechsler an allen Handelsplätzen vorhanden. Die Firma Jacopo e Carroccio degli Alberti hatte 1348 ihre Häuser in Avignon, Brügge, Brüssel, Paris, Siena, Perugia, Rom, Neapel, Venedig. Aus einem Briefe Papst Gregor IX. ist zu entnehmen, dass seit 1233 die Toscanischen Handelsleute ihm aus verschiedenen Theilen Europa's Gelder übermittelten. Als der päpstliche Stuhl nach Avignon übertragen wurde, waren Florentiner die Pächter der Einkünfe des Dominiums der Kirche und ihre Bankiers. Von der Thätigkeit dieser Florentiner Kaufleute kann man sich eine Vorstellung machen, wenn man bedenkt, dass jede Woche in Venedig allein 7000 Ducaten girirt wurden.[2]) Auch die Geldverleiher waren in Florenz häufig und verbreiteten sich über die auswärtigen Handelsplätze, nicht ohne dem Vorwurfe schmutzigen Wuchers zu entgehen, der ihnen im Mittelalter gemacht wurde.[3]) Aller-

[1]) Sog. „botteghe di tavolello e tappeto." Ausserhalb der botteghe durften sie ihr Geschäft nicht treiben.

[2]) Marin Sanuto bei Muratori, It. Rer. Script. T. II, p. 960.

[3]) Die ital. Kaufleute jenseits der Alpen hiessen Lombarden; in London wie in Paris gab es nach ihnen benannte Strassen. Cfr. Muratori, Antiqq. ital. dissert. 16.

dings machte die Unsicherheit der Zeiten ganz besondere Vorsichtsmassregeln nöthig. So verlangten die Geldleiher, welche Aldobrandino di Este grosse Summen vorschossen, als Pfand nicht nur alle seine Allodialgüter, sondern auch die Person seines Bruders Azzo.[1]) Philipp von Burgund verpfändete dem Hause Salviati das berühmte Reliquiarium, die Lilie von Burgund, und Eduard III. von England, der Sieger von Crecy und Agincourt, wurde in seinen kostspieligen Unternehmungen von der Bank der Perruzzi unterstützt, die ihm eine — in unsere Verhältnisse übersetzt — enorme Summe lieh.[2]) Dieselbe hatte 1321 den Rittern des Ordens von Jerusalem 191,000 Goldgulden geliehen, während die Bank der de' Bardi für denselben Orden 133,000 Goldgulden hergab. Aber auch die Privatleute liehen oft bedeutende Summen an souveräne Fürsten: die Familie Medici ist in den öffentlichen Tractaten der Fürsten oft als Bürge genannt worden.

Dabei waren die Zinsen eines als Darlehen gegebenen Capitals hoch, und 10, 12 auch 20 Procent wurden als gewöhnlich in einer Stadt angesehen, wo bei dem ausserordentlichen Verkehr das Geld sehr nutzbringend angelegt werden konnte, ohne dass man dabei an wucherische Absichten zu denken hat. So zahlte die Commune im XIV. Jahrhundert 12, 15 und 20 Procent; der Wucher trieb diese dann bis auf 30 und 40, und wenn die Commune den Hebräern nicht mehr als 20 Procent zu nehmen gestattete, deutet das auf den Wuchersinn dieses Volkes, welches deshalb mehrmals den Hass der Florentiner bitter erfahren hat. Der Speculationsgeist der Toscanischen Kaufleute machte sie auch zu Collectoren der Einkünfte

[1]) Muratori, Annali d' Italia, all' anno 1214.

[2]) Villani, lib. XII, cap. 54, 56. Da der König die Summe nicht zurückzahlte, fallirte die Bank der Peruzzi.

der Fürsten; grossen Grundbesitzern kauften sie die Früchte ihrer Ländereien anticipando zu mässigen Preisen ab, um sie dann mit Gewinn wieder abzusetzen. Der Ruf, den die Florentiner Münze und der Goldgulden gewannen, öffneten ihnen auch die Wege, hinwiederum Pächter und Directoren anderer Münzen Europa's zu werden.[1])

Die erste Trübung des Verhältnisses zwischen Sixtus IV. und Lorenzo de' Medici hat seine Ursache wohl in der entschiedenen Weigerung des Papstes, Giuliano de' Medici zum Cardinalat zu erheben; andere Gründe der gegenseitigen Abneigung traten hinzu. Nach dem Tode Filippo's de' Medici, des Erzbischofs von Pisa hatte der Papst diese Praelatur an Francesco Salviati vergeben, den die Medici als Rebell betrachteten, und dem sie deshalb die Besitznahme seines Erzbisthums verweigerten. Dann trat der Kauf von Imola hinzu. Die Erwerbung dieses Territoriums aus den Händen des Mailänder Herzogs, dem es bei den fortwährenden Besitzstreitigkeiten zuletzt angehört hatte, störte die Absichten der Republik, welche nach dieser Gebietserweiterung eifrig gestrebt hatte.[2]) Aber weder der Papst noch der König von Neapel durften diese gestatten, da es sich um den Boden der Romagna handelte. Piero Riario war in Mailand sehr günstig aufgenommen

---

[1]) Pignotti, Storia della Toscana, T. IV, p. 160 segg.

[2]) „(Petrus Riario) Imolam, quod Forum Cornelii antiqui appellarunt, XL millibus nummûm aureorum emit a Taddeo Manfredi loci domino, inde filii et uxoris seditione pulso, Hieronymumque fratrem, consentiente Pontifice et Cardinalium Senatu, loci dominum et vicarium creat." Vita (Anonymi) Sixti b. Muratori, It. Rer. Script. T. III, 2. Taddeo Manfredi beklagte sich in einem Schreiben an die Florentiner, dass er von Galeazzo seiner Herrschaft beraubt worden sei und hart behandelt werde. Nach dem Tode Galeazzo's ging er nach Venedig und hörte nicht auf, Lorenzo aufzustacheln, sich der Vertheidigung seiner Rechte anzunehmen.

worden und hatte die Hand der Caterina Sforza für Girolamo zugesichert erhalten, der nun in den Besitz von Imola trat.

Der Papst hatte von Anfang seines Pontificates an sein Augenmerk auf die grosse Gefahr gerichtet, welche die Invasion des Islam der christlichen Cultur bringen musste: darum wünschte er vor Allem ein Bündniss, dessen Spitze ausschliesslich gegen die Türken gewendet war.[1] In einem eindringlichen Schreiben vom 31. December 1471 hatte er der Christenheit diese drohenden Gefahren auseinandergesetzt. Das lateranensische Concil sollte seine grossen Gedanken verwirklichen, aber es scheiterte an der Indifferenz und den Sonderinteressen der Fürsten, welche für die idealen Zwecke, wie sie das Papstthum zu allen Zeiten vertreten hat, weder Verständniss noch guten Willen mehr besassen.

Sixtus konnte ein Sonderbündniss der drei nördlichen Republiken, das gegen ihn und Ferdinand von Neapel gerichtet war, nicht gutheissen, da es vielmehr Zwietracht als Einheit in die Staaten Italiens zu bringen versprach.[2] Er wünschte vor Allem den Gedanken gemeinsam zu vertretender Interessen wieder zu erwecken, wie er im Mittelalter die Völker geeint und zur Völkerfamilie gestaltet hatte; aber das XV. Jahrhundert mit seinen zersetzenden Strömungen bedeutet den Zerfall der Gesellschaft in Sonderinteressen, und die grossen Traditionen des Mittelalters verklingen; die Stimme des Papstes ver-

[1]) „Infra nostrae mentis arcana pia consideratione saepius, ut tenemur, non absque gravi cordis dolore animadvertimus etiam truculentissimam Turcorum gentem, impii canis Machometi sectatricem, adeo rapide in christianam religionem insurrexisse." Cfr. die Encyclica bei Rainaldi, ad ann. 1471, n. 72.

[2]) Rainaldi, ad ann. 1474 n. 16. „Per idem tempus instauratum est foedus novum inter Italiae principes."

halite fast unbeachtet in dem Brausen der Sturmfluth, die von Osten her gegen die in Selbstsucht sich auflösenden Culturstaaten Europa's drohend hereinbricht.

„In senatu de foedere Italico acta haec sunt, sagt Maffeo Volterrano,[1]) vocaverat ab initio pontificatus sui Sixtus Italos oratores ad innovandum foedus commune, quod olim sedente Nicolao V. actum Neapoli est. Agitata res, et quamplures menses in eo vertebatur difficultas omnis, quod rex, dux Mediolani et Florentini in eo innovando exprimi et confirmari contendebant foedus aliud sedente Paulo II. inter se tantum initum, *quo ecclesia plurimum laedebatur.* Veneti ab initio et huic postulationi adversi, tandem dederant manus et ad arbitrium Pontificis cuncta referebant. Pontifex rem damnosam rejiciebat, dignitatis etiam suae non statuens detrimentis propriis assentiri. Dati Cardinales sex erant ad haec ipsa cum legatis tractanda ex consuetudine nostra: pervincere nunquam eorum potuerant contumacias. Relata igitur re ad Pontificem decretum est, legatos dimitti. Dimissionis caussae sunt dictae, quod vocati illi essent ad innovandum commune tantum, non privatum etiam foedus: quod in privato nulla esset utilitas publica, quando non una omnium, sed sejuncta quaedam a ceteris appareret voluntas: id actura semper, ut minus Itali invicem fiderent, minus fidei subvenirent, minus etiam nos timeret Turchus factionem hanc noscens, quod nulla esset nostra existimatio, quod tantum de nobis iis cederemus, commista in ecclesiam arma hac innovatione, probantes esse in ea re damni plurimum lucrique minimum. Quod si acquievisse Paulum his difficultatibus dicant, non videri horum atque illorum temporum eandem rationem, illi regem ducem et Florentinos fuisse infestos, Xysto autem quemque horum favere,

---

[1]) Rainaldi, ad ann. 1472, n. 50.

quod metus causa nil damnosum confirmare cogatur. Haec in senatu consensu omnium probantur: illa tamen angebat res, quod non innovati foederis culpa omnis apud ignaros nostra videbatur futura, sed hoc benignitas Dei in illo ipso articulo responsi dandi oneris nostri esse non voluit, in foveam incidere fossores ipsos compulit.“ [1])

Sixtus hatte, wie früher bemerkt, Gesandte an die christlichen Mächte geschickt: Bessarion war nach Frankreich, Borgia nach Spanien, Marco Barbo nach Deutschland gegangen, und Olivero Caraffa war zum Führer der Seemacht ernannt worden, die auf das Andringen des Papstes endlich gebildet worden war.

Als Bessarion zu Ludwig XI. kam, wurde er unhöflich empfangen, und obgleich der heuchlerische König zuvor selbst mit beredten Worten zur Türkenexpedition angeregt hatte, dachte er doch nicht im Geringsten daran, sich zu betheiligen. Als ihn Bessarion ermahnte, seine Streitigkeiten mit Burgund und England fahren zu lassen und sich der bedrängten Christenheit anzunehmen, verlangte er vor Allem, dass Burgund und England zuvor in den Bann gethan würden, die sich seiner Oberherrschaft widersetzten. Als Bessarion diese Zumuthung, sich in Privatstreitigkeiten zu mischen, als eines Legaten unwürdig zurückwies, der als Dolmetscher des Friedens gekommen sei, brach der König alle Verhandlungen ab, und der Cardinal musste zurückkehren.

Die erfahrenen Kränkungen — Ludwig XI. liess ihn auch zwei Monate auf die Audienz warten — hatten den um die Kirche hochverdienten Mann erschüttert; ein Fieber

---

[1]) Der Cardinal von Pavia schrieb darüber an den Card. von S. Marco: „Italica, quantum video, nutant: conatus innovandi foederis ad nihilum rediit: jam est dissolutus omnis noster atque oratorum tractatus.“ Rainaldi, l. c. n. 51.

trat hinzu und führte ihn in Ravenna in kurzer Zeit der Auflösung entgegen.[1])

Rodrigo Borgia, damals achtunddreissig Jahre alt, ging mit vielen Prärogativen nach Spanien und wurde in Valencia von Clerus und Laien ehrenvoll empfangen. Wegen der Ermordung des Bischofs von Pampelona hatte Sixtus gegen mehrere Betheiligte die Excommunication verhängt, und der Legat hatte hier Bussen aufzulegen und vom Banne zu lösen.[2]) Im Uebrigen war Spanien von inneren Kämpfen zerrissen: Navarra war der Gegenstand von Besitzstreitigkeiten, und auch in Castilien waren die alten Unruhen nicht beseitigt, so dass der Legat für seine Intentionen keinen rechten Boden fand.

Nach Deutschland war der Cardinal Marco Barbo gegangen, welcher den Kaiser[3]) für die Türkenexpedition

---

[1]) Der Card. von Pavia schrieb darüber: „Mox ut regnum ingressus est ipsi regi coepit esse suspectus, progredi ad eum est vetitus menses duos: ludibrio habitus, tandem tertio admittitur uno atque eodem ingrato colloquio. Finitur legatio, rediit moestus, ad explicandas facultates nec locus fuit nec tempus, dolore confectus Ravennae decessit.“ Rainaldi, ad ann. 1472, n. 8. Der König suchte dann den üblen Eindruck dadurch abzuschwächen, dass er eine Gesandtschaft nach Rom abgehen liess, welche am 8. Juni 1472 empfangen wurde. Cfr. Vast, Le card. Bessarion, Paris 1878.

[2]) Das Schreiben des Papstes bei Rainaldi, ad ann. 1472 n. 24. Der Card. von Pavia sagt über Borgia's Legation: „utrobique multa vanitatis et luxus et ambitionis et avaritiae documenta relinquens, nullo eorum perfecto, quod sibi ad nomen legationis praetenderat.“

[3]) „Fridericum Sixtus Pont. sollicitavit ut Mathiam Pannoniae regem in controversia Bohemica juvaret.“ Rainaldi ad ann. 1473, n. 13. Der Bericht des Cardinals über das Erfolglose seiner Bemühungen bei Rainaldi, ad ann. 1474, n. 6. Dort heisst es: „Postremo procumbens in genua veniam poposcit quod nec publicis necessitatibus, nec imperio Pontificis, nec patrum expectationi sciret esse satisfactum: nihil tamen omissum affirmavit, quod vel pote-

anregen und die Streitigkeiten der Könige von Ungarn und Polen über Böhmen beilegen sollte. Neben der Vollmacht, gegen Casimir und Wladislaus von Polen mit den Kirchenstrafen vorzugehen, brachte er auch ein dringendes Schreiben des Papstes an Casimir, die Partei der häretischen Böhmen zu verlassen und mit Mathias Corvinus Frieden zu schliessen: „Sapientiae tuae esset, carissime fili," sagt der Papst, „considerare quam bellum hoc contra carissimum in Christo filium nostrum Mathiam Hungariae regem illustrem, pro Bohemis susceptum, non decet puritatem fidei tuam; tu enim catholicus bonus more carissimorum progenitorum semper fuisti, Bohemi vero, quos defendis, execrata haeresi imbuti, justo Dei et Apostolicae sedis judicio damnati sunt, ut mirum ferme videatur, quod ipsa tua majestas pro damnata causa arma sumpserit, optentque omnes qui bene tibi consultum volunt, ut ab incoepto hujusmodi, in quo nihil laudis est, te retrahas."[1]) Den König Mathias Corvinus ermahnte Sixtus, er möchte mit Polen einen Weg der Verständigung suchen, damit beide gemeinschaftlich ihre Waffen gegen den Erbfeind der Christenheit zu richten im Stande wären; zugleich löste er den Eid, welchen die Böhmen Wladislaus, dem Sohne des Königs von Polen, geleistet: „cum Bohemicum sceptrum ad Mathiam Pannoniae regem, qui sedis apostolicae consilio sacrum bellum pro redintegranda collapsa religione susceperat, spectaret."[2]) Der Papst legte diese

---

statis, vel diligentiae, vel consilii sui fuisset." Ex ep. Card. Pap. ad Card. S. Theodori.

[1]) Rainaldi, ad ann. 1472 n. 30.

[2]) Rainaldi, l. c. n. 31. Die Urkunde, wodurch der Papst die Böhmen, Schlesier und Mähren, welche Wladislaus anhingen, ermahnt, dem König von Ungarn, dem rechtmässig erwählten Fürsten zu folgen, ebend. n. 33. „Nos igitur," heisst es darin, „cupientes, ut memoratus Mathias Rex ab omnibus et singulis ducibus, baro-

Mission dem Cardinallegaten dringend an's Herz: „Te, dilectissime fili, in Domino benedicimus et pro nostro ardenti futurae pacis desiderio hortamur, ut toto pectore ad celebrandam dictam ac pacem conficiendam incumbas: nihil monendo et suadendo omittas, pericula tum privata tum publica ante oculos omnium ponas, quantum boni in pace, quantum in discordia mali sit explices, obtesteris per Dei et Apostolicae sedis reverentiam, ut concordiam seposita omni contentione sectentur." [1])

Filelfo hatte Recht, als er an den Papst über diese Gesandtschaften schrieb: „Mittis tu, pater Beatissime, legatos in Galliam, in Germaniam, in Hispaniam, in Pannoniam, in Britanniam et prudenter id quidem: *modo tamdiu praestoletur Turcus, donec ii accingantur ad bellum externum.* Accelerandum est, inquam, accelerandum antevertendumque, ne imparati atque inermes cum paratis instructissimisque hostibus de imperio, de liberis, de parentibus, de uxoribus, de vita religioneque dimicemus." [2])

Mit Hülfe Venedigs und des Königs von Neapel war endlich eine Flotte zu Stande gekommen. Die Schiffe, welche den Cardinal Caraffa als Legaten und sein Gefolge

---

nibus, militibus et aliis cujusvis status dicti regni Bohemiae, ducatus Silesiae ac marchionatus hujusmodi personis in regem recognoscatur et habeatur etc." Den weiteren Verlauf bei Rainaldi, ad ann. 1474, n. 7, 8.

[1]) Auch bei anderen Fürsten bemühte sich der Papst, Interesse für die Türkenexpedition zu erregen, so bei Jacob von Schottland, wo er ein Erzbisthum gegründet hatte: „datum est," sagt Rainaldi, „eidem internuntio amplissima auctoritas, ut de reprimenda Turcarum ferocia cum Jacobo rege Scotiae ac principibus colloquia faceret." Die Gesandten des Pfalzgrafen Friedrich wurden ebenfalls herangezogen: „Hortati sunt ad capessendam Christianorum causam in Turcos ad quam et comitem obtulere." Ebenso die von Portugal. Rainaldi, ad ann. 1472, n. 16.

[2]) Rainaldi, ad ann. 1472, n. 5.

10*

aufnehmen sollten, wurden, wie Raphael Volaterranus erzählt, im Tiberhafen feierlich vom Papste eingesegnet.[1]) Er hatte in einem Anschreiben an alle Christen diese Rüstungen der katholischen Welt als heilige Pflicht an's Herz gelegt: „Charissimos in Christo filios nostros catholicos reges ac principes, quacumque praediti sunt dignitate ac communitates, quae suis legibus vivunt et universos Christifideles per viscera misericordiae Dei nostri ac passionem ejus et crucem quam pati voluit, ut nos redimeret, obtestamur, ut non patiamini hanc tantam ignominiam et labem in oculis omnium diutius versari: omittamus regiones ac provincias secundum legem Domini viventes, quas ferro et igni Turcus immanissimus devastavit et tandem suae tyrannidi deservire coegit, templa ac sancta loca polluta et labefactata sunt: sanctorum reliquiae laniatu canum dejectae, sacrae imagines luto et sputo deturpatae et coinquinatae, Christiani utriusque sexus tanquam pecora in praedam deducti, liberi ab amplexu matrum et infantes lactentes non sine lacrymis et suspiriis direpti et divulsi extiterunt. Denique nullum saevitiae et immanitatis barbaricae genus per Turcos praetermissum est, quod non fuerit in christianos homines conjectum etc.

Ad hanc igitur immanissimam belluam non solum exterminandam, sed penitus extinguendam excitemini viri fortes, excitemini, nec patiamini, immanissimos Turcos in Christianitate imperare etc.“[2]) Das waren die Bemühungen eines Papstes für den Frieden der christlichen Fürsten und den Kreuzzug gegen den Islam, der wie kein zweiter von den kleinlichen Geistern, den ihre Scholle ängstlich hütenden Tyrannen und den Verbrechern auf dem Throne, wie Ludwig XI. und Lodovico il Moro, angeschuldigt worden

[1]) Rainaldi, ad ann. 1472, n. 4.

[2]) Rainaldi, l. c. n. 2 u. 3.

ist, die Interessen der Kirche über der Gründung von Dynastien für seine Nepoten vernachlässigt zu haben. Uns erscheint er als eine wahre Heldengestalt, deren Blick die Welt umspannt, hervorragend durch Eigenschaften des Geistes und Herzens, ein furchtloser Krieger und ein sinniger Gelehrter, als ein Mann von wahrhaft königlicher Freigebigkeit und Liberalität, als der Mäcen der Kunst und Wissenschaft, als der Neugründer und Wohlthäter von Rom, als einer der bedeutendsten Päpste aller Zeiten, dessen grosse Eigenschaften auch der Nepotismus, der mehr den unglücklichen Zeitverhältnissen, dem Zusammenbrechen aller Stützen um den heiligen Stuhl entstammt, wie sie idealer angelegte Zeiten geschaffen, nicht ganz zu verdunkeln im Stande ist.

Das Jahr 1474 brachte die Erneuerung des Bündnisses zur Aufrechthaltung des Friedens in Italien und zur Abwehr äusserer Feinde und zwar auf fünfundzwanzig Jahre. Zweck dies Bündnisses war vornehmlich, dass im Falle eines feindlichen Einbruchs stets die nöthige Truppenmacht vorhanden wäre, und die Theilnehmer verpflichteten sich, gegen innere und äussere Feinde zu Felde zu ziehen. Venedig sollte 6000 Reiter und 2000 Mann Fussvolk, im Falle eines Krieges 8000 Reiter und 4000 Infanteristen bereit halten. Ebensoviel versprach Mailand, während sich Florenz zu 2000 Reitern und 1000 Mann, eventuell 5000 Reitern und 2000 Mann Fussvolk verpflichtete. Im Falle eines Krieges sollte keiner der Bundesgenossen ohne Vorwissen des andern mit dem Gegner Frieden schliessen; eine etwaige Flotte sollte aus gemeinsamen Mitteln hergestellt werden. Sowohl König Ferrante von Neapel als der Herzog von Ferrara wurden eingeladen, dem Bündniss beizutreten, aber nur der letztere entschloss sich dazu.[1])

[1]) „Si contrasse una lega fra 'l duca, Viniziani e Fiorentini,

Der Papst sah mit Recht darin eine Coalition gegen den heiligen Stuhl, einen Versuch, ihn zu isoliren und zu einem gefügigen Werkzeuge der egoistischen Politik der Tyrannis zu machen. Sowohl der König von Neapel, als Lorenzo de' Medici und Lodovico il Moro, der später so verhängnissvoll für Italien wird, waren genöthigt, ihre durch Gran-

---

dove di poi entrò ... Ercole duca di Ferrara. Al papa e al re dispiacque assai questa lega, e però lui e il duca di Urbino vennono personalmente a Roma, solo per pensare modi da interrompere questa unione, e feciono resoluzione che il vero modo fussi che il papa praticassi una lega generale d'Italia ne' modi si era fatto a tempo di Niccola e poi di Paolo etc." Guicciardini, Stor. Fior. cap. 3. Guicciardini täuscht sich hier gröblich, oder vergisst aus Abneigung gegen Sixtus, dass die lega generale d'Italia vom Papste sehnlichst gewünscht, auf dem lateranensischen Concil angestrebt, schon von Nicolaus V. in's Werk gesetzt war, um der Türkengefahr entgegenzutreten. Wenn Guicciardini sagt: „mostrando farlo per volere pensare alla difesa della religione contro al Turco," so widerspricht er allen geschichtlichen Thatsachen. Rainaldi berichtet ad ann. 1472, n. 50: „Conjungendos autem potius arctissimo foederis nexu Christianos principes visum est, quorum arma hosti paria essent etc.: atque in primis in Italicis inter se conciliandis, quorum oratores apud sedem Apostolicam agebant, desudatum est. Actum ea de re jam ante fuerat in Cardinalium consistorio vigesima quinta maji, in quo haec gesta esse narrat Maffeus Volat: In senatu de foedere Italico acta haec sunt. *Vocaverat ab initio pontificatus sui Sixtus Italos oratores ad innovandum foedus commune, quod olim sedente Nicolao V. actum Neapoli est.*" Der Papst hatte also von Anfang seines Pontificates an die Absicht, die Liga aller Fürsten Italiens zu erneuern, und schon vor 1472 wurde in den Consistorien darüber verhandelt. Venedig zeigte den meisten Eifer für ein Bündniss gegen die Türken, am heftigsten aber widersetzte sich Mailand, da der Herzog von den kriegerischen Verwicklungen Venedigs nur für seine eigene Sicherheit zu gewinnen glaubte. Deshalb entstand zwischen ihm und Venedig Misstrauen, so dass er in Versuchung war, sich an den König anzuschliessen, es aber mit Rücksicht auf Florenz unterliess.

samkeit und Verbrechen gegen die Menschenrechte gestützte Herrschaft auf jede Weise zu stützen und zu sichern; als ihr grösster Gegner musste ihnen der legitime Thron der Nachfolger des heiligen Petrus erscheinen, der stets drohend wie eine Gewitterwolke über ihnen stand, bereit, die Blitze des Zornes auf das unheilige Treiben herabzusenden, die zertretenen Rechte des Volkes anzuerkennen und wieder aufzubauen; denn über den ehrgeizigen Zielen der italienischen Fürsten dieser Zeit liegen die höheren Zwecke des Papstthums, die der göttliche Stifter der Kirche selbst ihr angewiesen, die auch in Naturen wie Alexander VI. ihre Vertretung finden und die der beste Beweis für den in Petrus verheissenen Beistand des heiligen Geistes und das unzerstörbare Wesen der Kirche sind. Selbst die von Kränklichkeit und Verrath gebrochene weiche Natur Innocenz VIII., die vor Lorenzo de' Medici sich beugt, wird löwenkühn, wenn es gilt, dem falschen Arragonesen gegenüber die Rechte der Kirche und seiner gemisshandelten Unterthanen zu wahren. Sixtus IV. ist eine Heldenfigur, zu gross und zu ideal angelegt für die armseligen Feinde, mit denen er gestritten hat; seine Fehler entspringen seinen grossen Eigenschaften, die sich weit über die seiner Zeitgenossen erheben und die von der kleinlichen Schaar seiner Neider und ihrer Nachfolger nicht besudelt werden können. Wenn wir nur das Verhältniss dieses Papstes zu den Künsten und zur Wissenschaft mit dem Lorenzo's de' Medici in Vergleich stellen, welcher Unterschied ergiebt sich da! Während in der edel angelegten Natur Sixtus IV. sich Alles aus den Bedürfnissen des Verstandes und Herzens ergiebt, und ideale Ziele seine Schritte leiten, während er natürlich und leicht aus der Zelle des Ordensmannes an die Spitze der geistigen Bewegung tritt, und die Vaticana der Welt ihre Schätze bietet, Kirchen erstehen, die ersten Florentiner Meister sich beeilen, ein grosses Feld für ihre Thätigkeit in der Sixtina zu finden, wo sie im monumentalen Freskowerk den würdigsten Ausdruck ihrer Kunstrichtung finden, während die herrlichen Gesänge dieser Kapelle ertönen, während antike Statuen aus dem Schutte sich erheben, die Stadt sich verschönert, ihre Mauern neu erstehen, gesunde Wasserquellen ihr Lebenskraft zuführen, sucht in Florenz die Tyrannis hinter den werthlosen Speculationen der platonischen Philosophie, hinter dem Singen lasciver und feiler Dichter, hinter glänzenden Bauten sich zu verschanzen,[1]) durch die sie das Volk in Nahrung und Abhängigkeit erhält: die Kunst wird zur Dienerin und Schmeichlerin erniedrigt, der Naturalismus begünstigt;[2]) was später nach dem Sturz der Mediceer an idealer angelegten Naturen übrig bleibt, flüchtet sich zu Savonarola, um wieder eine feste Basis zu gewinnen: aus den Besten der platonischen Akademie wird die christliche Akademie des Dominicaners in S. Marco gebildet.

Unterdess trat die Angelegenheit des Vitelli in den Vordergrund, deren Verlauf am besten die Schwierigkeiten

---

[1]) Savonarola sagt im Trattato del governo II, cap. 2: „così il Tiranno tutti i beni che fa, ordina alla sua superbia, nella quale per ogni modo e via cerca di conservarsi."

[2]) Die ideale Kunstrichtung Giotto's und seiner Schule, die grandiosen Bauten des Domes mit dem Campanile, S. Croce, S. Maria Novella, die alte gothische Kirche von S. Marco, S. Trinità, Or. S. Michele, der Signorenpalast, der Palazzo del podestà u. a. gehören der Republik an. Trotz aller Kämpfe ist das nationale und religiöse Empfinden hier so stark und fruchtbar, dass es jene Wunderwerke schaffen konnte, die noch heute Florenz den idealen Character des Mittelalters verleihen. Giotto's Riesengeist befruchtet Jahrhunderte, Assisi und Padua erhalten von ihm ihre edelsten Denkmäler, und der Wellenschlag dieser Kunstrichtung geht bis Venedig und Neapel. Die Mediceer haben keine nationale Kunstrichtung hervorgerufen, denn ihre ganze Herrschaft war der nationalen Entwicklung direct entgegengesetzt.

zeigt, unter denen Sixtus im Kirchenstaat regierte, und wie berechtigt seine Klagen über die Einmischung der Republik Florenz in seine Rechtspflege sind. Unter den Städten im Gebiete der Kirche flössten Todi, Spoleto und Città di Castello dem Papste ernstliche Besorgnisse ein. Während er bemüht war, dem Schaden, den eine in diesem Jahre (1474) hereinbrechende Hungersnoth verursachte, abzuhelfen, kam die Nachricht nach Rom, dass der guelfische Signor von Todi, Gabriello Catalani, von Meuchelmördern getödtet und ein nicht unbedeutender Aufstand in dieser Stadt ausgebrochen sei, welcher weitere Dimensionen anzunehmen drohte.[1]) Aus ganz Umbrien kamen die Unzufriedenen und Parteigenossen hier zusammen und besonders die Spoletaner, an deren Spitze Giordano Orsini und der Graf von Pitigliano standen. Die ghibellinische Partei schloss sich ihnen an: es fanden Tumulte statt, die Häuser der Guelfen wurden geplündert und in Brand gesteckt.

Als der Papst die Bedrängniss dieser Stadt erfuhr, sandte er den Cardinal Giuliano della Rovere, seinen Neffen, als Legaten an der Spitze eines Heeres den Bedrängten zu Hülfe. Unterstützt durch den Signor von Camerino, einen tüchtigen Soldaten, drang dieser in Todi ein. Giordano Orsini und der Graf von Pitigliano zogen sich zurück; ein Theil der Aufständischen ward in's Gefängniss geworfen, Andere wurden verbannt. Als diese Angelegenheit durch das umsichtige und energische Auftreten des Legaten beendet war, ging er nach Spoleto, um auch dieses dem apostolischen Stuhl zu unterwerfen, da es mehr orsinisch als päpstlich gesinnt war, nachdem

[1]) „Tantus repente Tuderti tumultus exortus, ut paulum a perturbanda tota Italia abfuerit.“ Vita (Anon.) Sixti IV. bei Muratori, It. Rer. Script. T. III, p. 2.

er zuvor sein kleines Heer verstärkt und kriegstüchtig gemacht hatte. Als er 3000 Schritt von der Stadt sich gelagert hatte, liess er die Bürger zur Niederlegung der Waffen auffordern, indem er den Patriarchen von Antiochien als Vermittler sandte. Da die Haltung der Stadt eine andauernd feindliche blieb, so flohen viele Bürger, indem sie ihre beste Habe in die nahen Castelle überführten. Die Uebriggebliebenen entschlossen sich zur Uebergabe und nahmen die Friedensvermittlung des Gesandten an. Als dieser eingezogen war, erbot er sich zur Versöhnung der hadernden Parteien; aber die Soldaten fingen vorschnell an zu plündern, und nur mit Mühe entging er selbst der Todesgefahr, als er sich dem widersetzte: „so war das Schicksal der Spoletaner," sagt der Chronist, „welche die Befehle des Papstes verachteten und die selbst bemüht gewesen waren, in ihrer Stadt alle Kriegsbeute zusammenzuschleppen, die sie in der Umgegend gewonnen hatten." [1]) Mit Mühe nur rettete der Legat die Klöster; indem er selbst durch die Stadt lief und die Leiden zu mildern, Frauen und Jungfrauen vor Beschimpfung zu retten versuchte, zeigte er sein menschenfreundliches Herz, das ebenso furchtlos und tapfer war. Die Begeisterung, die reichen Spenden, die der Cardinal nach dieser Expedition auf dem Rückwege fand, von dem dankbaren Volke ihm dargebracht, zeigen, wie sehr man die Eigenschaften des Legaten schätzte und wie wohl Sixtus gethan hat, diesen energischen Nepoten an seine Seite zu stellen, um die Räuber des Kirchenstaates niederzuwerfen, den Klagen der gedrückten Gemeinden Recht zu verschaffen: in dieser Schule wächst der kriegerische Julius II. auf, dessen Zeitalter ihm wie Judas Maccabäus das Schwert in die Hand giebt.

---

[1]) Vita Sixti, l. c.

Nachdem die Urheber des Aufstandes verbannt und einige in den Kerker geworfen waren, zog der Legat nach Città di Castello, nachdem er Boten vorausgeschickt, welche dem Vitelli Krieg ansagen sollten, der sich zum Herrn dieser Stadt aufgeworfen hatte. Es war die Zeit der Ernte und die Felder voll reifer Garben; deshalb fing der Legat in milder Weise an zu unterhandeln, um die Uebergabe in Güte zu erreichen. Als es damit nicht vorwärts ging, und tagtäglich neue Hülfstruppen anlangten, wurde er dringender und nahm einige Befestigungsthürme weg, um von hier aus die Beschiessung zu eröffnen. Täglich fanden Ausfälle statt, und wurden die Belagerten mit den päpstlichen Truppen handgemein.[1]) Jetzt sah sich Niccolò Vitelli nach Hülfe um und wandte sich an den Herzog von Mailand und nach Florenz. Florenz, uneingedenk des noch im Kriege gegen Volterra empfangenen Wohlwollens Sixtus IV., versprach dem Tyrannen seine Hülfe, rüstete ein kleines Heer und schickte es nach Borgo San Sepolcro in die Nähe von Città di Castello, um dem Widerstande des Vitelli mehr Nachdruck zu verleihen, der auch in Folge dessen immer verwegener auftrat.[2]) Der Legat liess jetzt

---

[1]) „Quibus in proeliis vulnerati multi et plerique caesi sunt, maxime vero Johannes Baptista Ursinus et Chiappinus turmarum Ecclesiasticarum Praefecti.“ Vita Sixti IV, l. c.

[2]) „Militem conscribunt ac Joannem Comitem Ducis Mediolani auspiciis militantem Burgum haud longe a Tiferno mittunt.“ Vita Sixti IV, l. c. Es waren 3000 Reiter und 3000 Mann Fussvolk, welche unter dem Vorwande, die Grenzen zu schützen, dahin verlegt waren. N. Valori, (Vita Laur. Med.) sagt: „Xystus conquerebatur, Nicolaum Vitellium Laurentii opera contra Pontificis arma ita defensum fuisse, ut ex Tipherno urbe ditioni Ecclesiasticae subjecta eum expellere nequiverit, nisi persoluta prius auri summa non parva cum maximo Pontificis et Ecclesiae damno ac dedecore. Hinc primae irarum causae, quibus adeo animi exarserunt, ut et

die Belagerung energischer in Angriff nehmen und Kanonen gegen die Stadt richten. Die Anwesenheit des kriegstüchtigen Federigo von Montefeltro gab der Belagerung mehr Nachdruck, und nachdem die Stadt mehrere Tage lang mit Kugeln beworfen worden war, zeigte sie sich geneigt, zu unterhandeln. Am meisten trug zu diesem Resultat wohl die Furcht vor der Kriegstüchtigkeit des Herzogs von Urbino bei, der die Verhandlungen im Namen Ferdinands von Neapel leitete.[1]) Mit welchen Verbündeten Sixtus zu rechnen hatte, sieht man daraus, dass der Abschluss dieser Angelegenheit in einer die Ehre des heiligen Stuhles empfindlich verletzenden Weise erfolgte, welche die Frechheit des Vitelli vielmehr bestärkte als demüthigte und den Papst kaum noch als Herrn im Dominium der Kirche anerkannte. Von Verrath umgeben, mit solchem Bundesgenossen wie der tückische Ferrante[2]) von Neapel

Romae plurima de Laurentio vulgo dicerentur et Florentiae Pontificis minister non admodum honeste haberetur."

[1]) „Ferdinandus Rex pro ea pontificio imperio restituenda interpretem fucatae concordiae se exhibuit ita ut Nicolaum in tyrannide confirmaret. Ferdinandi itaque nomine Fredericus Urbinas cum ad castra accessisset, Vitellium adduxit, ut aliquam officii spem praestaret legato." Rainaldi, Annal. eccl. ad ann. 1474, n. 17.

[2]) Der König hatte allen Grund, gegen Sixtus zuvorkommend zu sein. Einmal war die Grafschaft Sora, welche Pius II. dem Kirchenstaat einverleibt hatte, der Krone Neapel zurückgegeben worden, dann war Leonardo della Rovere, der Neffe des Papstes, welcher urbis praefectus war, mit einer natürlichen Tochter des Königs vermählt worden. Cfr. Platina und Rainaldi, ad ann. 1472, n. 54. „Regis filiam Leonardo ex fratre nepoti, quem paulo ante praefectum urbis creaverat, in matrimonium collocat. Ut vero omnis inter Reges deinceps et Pontifices controversia tolleretur, oppida quaedam in Hernicis partim a Pontifice, partim a Joanne comite possessa, puellae in dotem ascribuntur, Joanni autem quinque millia nummum aureorum a Pontifice persoluta sunt, ne queri posset, illa loca vi sibi adempta esse. Oppida autem fuere Sora,

an der Seite, solchen Nachbarn wie Lorenzo de' Medici, kann man es dem Papste verübeln wenn er seinen Nepoten feste Stellungen im Dominium der Kirche gründete, das eines Cesar Borgia und eines Papstes wie Julius II. bedurfte um von den grossen und kleinen Bedrückern des Volkes gesäubert zu werden?

Der Papst war über das treulose Auftreten der Floren-

Arpinum, arx quaedam munitissima ultra Lyrum atque alia castella non contemnenda, pro quibus tanta contentio inter Paulum et Ferdinandum est orta, ut paulum abfuerit, quin bello decerneretur cujus esse deberent; nam Pius eo bello, quo Ferdinandum contra Gallos pugnantem juvit, pulso Sorano duce Ferdinandi hoste, oppida illa ex foedere cum Rege inito occupavit: verum postea mutata sententia mortuo Pio haec loca in regno posita minis etiam habitis repetit." Ein zweites Motiv für Ferrante, sich gegen Sixtus verpflichtet zu fühlen, war die Erlassung des jährlichen Tributes, den der König als Inhaber eines Kirchenlehens zahlte. Er wurde bis auf ein jährlich darzubringendes weisses Ross, das die Lehnsverpflichtung documentiren sollte, beseitigt. Der Cardinal von Pavia schrieb darüber: „Redditus est ducatus Soranus et condonatus regni census tam qui debebatur, quam qui vivo illo poterat in futurum deberi: pro iis triremes duas ad custodiam nostris littoris continue exhibet *et Romanam ecclesiam suis temporibus tueri spondet omnibus tam stipendiis quam viribus et exercitibus regni: fructuosa admodum res, si dicto fides consentiat.*" Rain. l. c. n. 56. Der Zweifel des Cardinals über die fides des hinterlistigen Arragonesen war allerdings berechtigt, wie die Ereignisse darthun.

Ferrante hatte am 6. März 1472 an den Papst, nachdem durch den Gesandten Alles verhandelt worden, ein Schreiben abgefasst, das die Versicherungen seiner Verpflichtung enthält: „Promitto et sub fide regia polliceor atque spondeo, taliter me, auctore Domino, ad omnia grata apostolicis affectibus habiturum, quod de collatis a me gratitudo proveniat et in conferendis affectus promptior excitatus exurgat, nec non etiam tenore praesentium de jam dicta mea sententia ratifico et accepto omnia, quae per ipsum M. Annellum meum oratorem et in hac parte procuratorem vigore mei mandati ipsi facti fuerunt promissa vestrae beatitudini etc." l. c. n. 58.

tiner entrüstet: so vergalt man ihm die Stellung, die er dem Kriege von Volterra gegenüber eingenommen hatte; noch mehr entrüstet zeigte er sich über die Art und Weise, in der die Uebergabe von Città di Castello zu Stande gekommen war. „Ad rem Tifernatem," schrieb der Cardinal Ammanati von Siena aus am 9. September 1474, „abunde quod lamenter et respondeam habeo. Heri ad me venit Bacius Ugolinus,[1]) paulo ante Tiferno profectus, retulit in deditione civitatis se affuisse, *nihil illa turpius potuisse fieri affirmat.* Acceptas leges a nostris non datas commemorat: non admissum legatum, nisi quibus custodibus Vitellio placuit: pedites tantum ducentos intus receptos, atque eosdem ita per cives dispositos, ut non praesidere ipsi, sed in alieno esse praesidio videantur: venientem Vitellium in conspectum legati contumacis adhuc animi et victoris potius, quam victi signum dedisse: non cecidisse in genua, non supplici usum oratione, non facinoris poenitentiam ostendisse: levi tantum detectione capitis et colli inclinatione ad speciem, non honorem indicasse ibi esse Romanae ecclesiae Cardinalem."[1]) Auch der Cardinal Giuliano beklagte sich bitter in Florenz über die Hülfe, die man dem Vitelli geleistet; aber es schien in Florenz fast selbstverständlich, dass der Papst nicht mehr Herr im Kirchenstaate sei.[2]) Zwischen dem Papste und Florenz entstand jetzt jene gefährliche Spannung, die so viel Unheil für die Republik in ihrem Schoosse bergen sollte.[3])

---

[1]) Der Brief bei Rain. Annal. eccl. l. c.

[2]) „Extant epistolae Julii Card. S. Petri ad vincula datae IV. Kal. Quintil. ann. 1474 quibus cum Florentina rep. queritur de allatis Vitellio subsidiis." Fabroni, Vita Laur. Med. Vol. II, pag. 106.

[3]) „Laurentius," sagt Raph. Volat. Geogr. l. 5, „in obsidione Tiferni Nicolao Vitellio auxilium clandestinum ferre contra Pontificem deprehensus fuerat." Ebenso Fabroni, l. c. vol. I. p. 60: „Dederat is quidem secreto in bello Tifernati auxilia Nicolao

Noch hätte vielleicht das tiefe Misstrauen des Papstes gegen Lorenzo de' Medici beseitigt werden können, wenn dieser sich entschlossen hätte, nach Rom zu gehen und persönlich mit Sixtus zu verhandeln. Der Brief Girolamo Riario's an Lorenzo giebt ihm diesen als den einzigen Weg an, den Papst zu versöhnen.[1]) „Stringendomi," schreibt Riario, „grandemente el desiderio, che io ho de ogni bono progresso delle chose di Vostra Magnificentia non solo per quelle son pubbliche, ma etiam per le vostre private, et pensando tucta volta essere occorso chose assai intra la Santità di N. S. et quella Excelsa Signoria, in lequali la Magnificentia Vostra commo principale et capo di quello stato è bisognato intervenire, unde è succeduto qualche cagione da tenere la mente della prefata Santità in alchuna dubitazione. Per questo desideroso, che et per le pubbliche occurrentie della prefata Excelsa Signoria et vostre private ognuna delle parti rimanesse ben satisfacta et contenta, et se dubitatione alchuna fosse, si havesse a chiarire et dilucidare, laudaria assai, che la Magnificentia Vostra fesse pensiero et determinatione venir personalmente al conspecto della prefata Santità la quale non du-

---

Vitellio." Die Sache bleibt also offenbar ein feindseliger, undankbarer und gesetzloser Act gegen den Papst, obgleich die Darsteller dieses Gegenstandes, welche so oft in heiliger Entrüstung über die Kriegsliebe des Papstes ihrer Empfindung Worte verleihen, hier nichts zu bemerken finden, als ob sich das von selbst verstünde, dass Lorenzo seine guten Freunde, wenn sie auch Rebellen und Freibeuter sind, unterstützen müsse. Gerade dieser Vorgang zeigt das Sinken der moralischen und Rechtsbegriffe und die Nothwendigkeit energischen Einschreitens.

[1]) Auch Fabroni, l. c. giebt zu: „Non una erat causa Sixto sui in Laurentium odii . . . quanquam affirmaretur, insidiose fortasse, Laurentio, si Romam advenisset, fore ut omnia placarentur inter illum et Pontificem non modo sermone et disputatione sed conspectu ipso atque congressione."

bito vi vedrà molto volentieri et io cum quello vero affecto mi è debito per la comune et mutua benivolentia interveniró in tal modo, che la Magnificentia Vostra ne remanerà consolata, et sirà cagione levar di mezzo ogni dubitazione che fusse nata per qualumque cagione. Parato sempre ad tucti piaceri di Vostra Magnificentia, quae feliciter valeat." [1])

Nach dem Vorhergegangenen bietet das Verhalten Sixtus IV. gegen die Republik Florenz, das von Anfang an ein entgegenkommendes war, nicht den geringsten Anhalt, der die Treulosigkeit Lorenzo's de' Medici rechtfertigen könnte. Die aufrichtige Haltung des Papstes während des Feldzuges der Republik gegen Volterra vergalt er, wie bereits bemerkt, damit, dass er die Rebellion im Gebiete der Kirche mit Waffengewalt unterstützte; denn es ist unzweifelhaft, dass die Aufstände in Todi, Spoleto sich auf die Hülfe auswärtiger Bundesgenossen zurückführen lassen, und dass der Vitelli von Città di Castello auch da seine Hand im Spiele hatte. Mit Recht lässt Guicciardini den Capponi [2]) bezugnehmend auf das Wesen der Tyrannis in Florenz sagen: „Sapete voi quanti capi, quanti parentadi intrattenevano nel Dominio per potersene servire a' bisogni, cioè per avere forze da tenere soffocati i cittadini? A tutti questi si conveniva avere rispetto e a' parenti e amici e partigiani di questi. Il medesimo dico in Firenze, e per questa ragione non solo non si procedeva spesso contro alle violenze *ma si tollerava, che i nostri cittadini, o questi tiranelli di fuora usurpassero i beni de' vicini, degli spedali, delle chiese e delle communità!*"

Nach Beilegung der Angelegenheit von Città di Castello, in der der König von Neapel eine nicht weniger zweideutige Rolle gespielt hatte, als Lorenzo de' Medici, wurde

---

[1]) Fabroni, l. c. vol. II, p. 105. Der Brief vom 15. Januar 1478.

[2]) Trattato del Regg. di Firenze. Opp. ined. vol. II, p. 38.

der Graf von Montefeltro nach Rom berufen und mit dem Herzogstitel belehnt. Sixtus wünschte dieses Band durch Familienbeziehungen noch fester zu knüpfen. Am 28. Mai wurde Federigo von Urbino in Rom feierlich im Senat der Kirche empfangen, und ihm der Platz angewiesen, der sonst nur für die Erstgeborenen von Königen bestimmt war.[1])

Es handelte sich um die Verlobung von Federigo's Tochter, Giovanna, mit dem Neffen des Papstes, des Bruders von Giuliano della Rovere, dem Sixtus das Vicariat von Senigallia und Mondavio bestimmte.[2]) „Heute," schrieb Giovanni Arrivabene an den Cardinal von Pavia am 21. August 1474, „sind dem Grafen von Urbino grosse Ehren ertheilt worden. Er trug die Schleppe des Papstes und hatte seinen Sitz in der Kapelle zu den Füssen des Thronsessels. Während der feierlichen Messe, vor dem Evangelium, wurde er mit dem Titel eines Herzogs belehnt und erhielt den goldgestickten Talar und Kette wie der Herzog Borso. Nach der Uebergabe der Insignien nahmen ihn zwei Diaconen in ihre Mitte und führten ihn zu den Sitzen der Diaconen, dann zu denen der Presbyter. Als der Papst in seine Gemächer zurückkehrte, begleiteten ihn die Cardinäle mit dem Herzog. An der Treppe hielt ein Ross, mit rother Seide bedeckt, das der Papst dem Herzog geschenkt, und mit vorangetragenen Fahnen kehrte er in seine Wohnung zurück."

Jetzt trat das Bündniss zwischen Mailand, Venedig und Florenz wieder in den Vordergrund. Venedig hatte die Verbindung mit dem Papste und Ferdinand von Neapel

---

[1]) „Quique quadriennis ante apud Ariminum pontificium exercitum profligasset, ad subsellia Cardinalium admissus ultimus, frustra Sixtum Rhotomagensi et Mantuano monentibus, illum locum proprium esse primogenitorum regum." Rainaldi, ad ann. 1474, n. 19.

[2]) „Putatum est carnis et sanguinis id perniciosum exemplum fuisse." Rain. l. c.

abgelehnt und sich definitiv für Florenz und Mailand entschieden. Am 20. November 1474 erfolgte in Venedig und Florenz die Verkündigung dieser Liga der drei Staaten, und eine neue und harte Steuer begleitete in letzterer Stadt diese Nachricht, welche den ursprünglichen Jubel nicht wenig dämpfte. Sixtus und Ferrante weigerten sich, diesem Bündniss beizutreten, und der Letztere entschloss sich, nach Rom zu gehen, um die Angelegenheit durch persönliche Besprechung mit dem Papste zu ordnen. Am 25. Februar 1475 kam Ferrante mit stattlichem Gefolge nach Rom und stieg im vaticanischen Palaste ab; er brachte, wie Infessura berichtet, reiche Geschenke an golddurchwirkten Teppichen für die vaticanische und lateranensische Basilika mit. Zur selben Zeit weilte auch die vertriebene Königin Carlotta von Cypern in Rom, welche von Sixtus mit vieler Güte aufgenommen worden war.[1])

So waren der Norden und Süden Italiens durch zwei Separatbündnisse von einander geschieden. Trotzdem, und das ist ein erschreckendes Zeichen von der Characterlosigkeit und dem Sinken moralischer Begriffe, unterhan-

---

[1]) Vita Sixti, l. c: „Carlotta Cypri regina spoliata regno fortunisque omnibus, supplex ad Sixtum confugiens, comitantibus Christophoro de Ruvere Castellano S. Angeli et Dominico Cubiculario secreto, fratribus pientissimis, benigne suscepta et bene operare jussa, Pontificis munificentiam et gratiam summis laudibus extollit." Sixtus war also nicht der „crudelissimus Nero", wie ihn Infessura geschildert hat. Sansovino, (Illustri fam. d'Italia, p. 101) führt noch andere von Sixtus aufgenommene fürstliche Personen an: „si mostrò molto cortese, percioccbè mantenne con larga spesa diversi principi ch' erano andati a trovarlo per la sua liberalità. Perchè alloggiò in Roma Andrea Paleologo, Despoto della Morea, Lionardo Tocco, Despoto dell' Albania, Carlotta Regina de Cipri e Caterina Regina della Bosna, che erano tutti stati scacciati degli stati loro dall' armi del Turco dando loro cortese et largo trattenimento."

delte man fort, unterhielt Gesandtschaften, suchte sich die Capitani durch Bestechung zu entfremden, wog mit raffinirtester Selbstsucht jeden sich darbietenden Vortheil ab, den Gegner in höflichster Form zu überlisten und durch diplomatische Kunstgriffe zu täuschen. In der Verderbniss der Zeit ist es eine erhebende Thatsache, dass der Geist Sixtus IV. den Unglücklichen und Verlassenen sich zuwendet, während die Fürsten Italiens nur auf Vergrösserung ihrer Machtstellung bedacht sind. Wir meinen die dem Jahre 1474 angehörige Stiftung oder Neugründung des Hospitals zum heiligen Geiste, ein wahrhaft fürstlicher Gedanke, dessen Ausführung die Anschuldigungen Infessura's über Geiz und Härte des Papstes schlagend widerlegt. Der Chronist erzählt,[1]) dass die Leichen der

[1]) Die Inschrift besagt:

I.
Foeminae
Clandestino stupro corruptae
Ne flagitii indicia extent
Prolem
Variis modis clam interimunt.

II.
Tyberis frequens tanti sceleris
Testis et minister
Infantes
Noctu de Ponte projectos
Tacitis excepit
Mersitque vorticibus.

III.
Piscatores
Dum sagenam
In Tyberi ducunt
Pro vivis Piscibus
Mortuos Infantes
Non sine horrore extrahunt.

11*

Kinder, welche die Fischer im Tiber fanden, in Innocenz III. den Gedanken erregten, diese Verlassenen in Zukunft vor der Grausamkeit der eigenen Mütter zu schützen und eine Zufluchtsstätte für sie zu gründen. Dieses grosse, von

---

IV.
Anxius hoc Piaculo
Innocentius III. Pont. Max.
Solemni supplicatione
Consilium
Tantique remedium mali
A Deo exposcit.

V.
Innocentius
Angeli monitu
Expositis Infantibus
Excipiendis educandisque
Hospitium
In veteri Saxonum Schola
Designat.

VI.
Hospitium
Ex coelesti visu institutum
Ut Christianae charitatis
Gymnasium
Spiritu sancto
Divini amoris fonti
Innocentius III. dedicat.

VII.
Curam Hospitii
Et Infantium educationem
Viris Regularibus
Duplici Cruce insignitis
Innocentius PP. committit
Iisque Sudarium
Vultus Christi Domini
Asservandum tradit.

Oldoin. l. c. col. 39.

Innocenz gestiftete Hospital war seitdem verfallen, und Sixtus IV. fasste den Plan der Wiederherstellung: „Pietate motus," sagt sein Biograph, „ad tantum opus conficiendum accenditur." Als er bei mehrfachen Besuchen des baufälligen Hauses die ausgesetzten unmündigen Kinder zu seinen Füssen spielen sah, wurde sein Herz gerührt und er beschloss, es von Grund auf neu bauen zu lassen und mit den reichsten Mitteln auszustatten. Nachdem die besten Architecten verschrieben waren und zahlreiche Handwerker gedungen, ging man an's Werk, und bald war diese fürstliche Stiftung vollendet. Sixtus erweiterte noch den ursprünglichen Plan: für die heranwachsenden Mädchen bestimmte er eine Aussteuer, damit sie nicht, mittellos, den Verführungen der Welt ausgesetzt wären, die Genossenschaft der Religiosen stattete er mit zahlreichen Privilegien aus. Als der Bau vollendet war, kam er selbst, ihn seinen zukünftigen Bewohnern zu übergeben, und sein Herz war bewegt, als er die Schaar der unmündigen Kinder mit ihren Wärterinnen um sich versammelt sah und den Leitern der Anstalt ihre Pflichten mit warmen und beredten Worten an's Herz legte.[1])

Die Liberalität des Papstes zeigt sich auch in den Stiftungen, die er seiner Heimath als Denkmal seiner anhänglichen Gesinnung hinterlassen hat. So die des Monte di pietà für Savona. „Erga Savonam patriam," sagt Oldoinus, „maxime se pium ostendit Sixtus non in privata tantum sorte, sed etiam in suprema conditione inter mortales. Monte ibi Pietatis pro subventione pauperum in Hebraeorum domiciliis erexit, edito diplomate 1478, quare

---

[1]) Die Bulle: De electione et munere Magistri seu Praeceptoris Archihospitalis S. Spiritus in Saxia de Urbe etc. in Bullario Rom. Lugd. 1655, T. I, p. 439. Das Hospital war von allen Steuern und Abgaben befreit. Die von Platina verfassten Inschriften bei Ciacon, col. 35 seq.

in aula ad quam ministri montis conveniunt, hi versus leguntur:

Impia quam coluit proles Judaica sedem,
Hanc Sixtus Quartus jussit inesse piam.
Foenus in hac dudum cives sordebat egenos
Quos pietatis opus nunc juvat aere pio.
Octuaginta simul centum quater adjice mille
Annos, quo Pietas tempore structa fuit.[1])

In Turin gründete er ein Collegium für Studirende des canonischen und civilen Rechts und stattete es auf's Reichste aus; das Schreiben, das diese Stiftung begleitete, betont die dankbare Gesinnung gegen seine Heimath: „Tamdiu inter ceteras Nostras curas cogitavimus, in Civitate ista Taurinensi, ex qua Nos et Nostra de Ruvere vetustissima familia originem ducimus, aliquod monumentum relinquere, quo et Noster in illam praecipuus amor eluceat et ejusdem urbis totiusque viciniae ornamento pariter et utilitati consulatur et multa Nobis volentibus animo, nihil accomodatius huic Nostro desiderio occurrit, quam in ea Collegium Scholarum erigere.“[2]) Eine grosse und ruhmvolle Bauthätigkeit hat den Namen Sixtus IV. unsterblich gemacht und mit den erhabensten Denkmälern Roms durch verständige und umsichtige Restaurationsarbeiten auf immer verknüpft. Der Ponte San Sisto[3]) erzählt von seiner Für-

[1]) Annott. ad Ciacon. l. c. col. 32. Diplom vom Jahre 1478.
[2]) Der Brief v. 23. März 1482 bei Oldoinus, col. 32.
[3]) Inschriften:

MCCCCLXXV
Qui transis Xysti Quarti beneficio
Deum roga ut Pontificem optimum maximum
Diu nobis salvet ac sospitet
Bene vale quisquis es ubi haec precatus
Fueris
Xystus IIII. Pont. Max.
Ad utilitatem P. Ro. Peregrinaeque multitudinis

sorge für die Pilger, welche, nach den Gräbern der Aposteln eilend, oft durch die Enge des Zuganges zum vaticanischen Palaste zu leiden hatten; er liess diese Brücke ganz aus seinen eigenen Mitteln aus den Fundamenten errichten. S. Maria della Pace [1]) ist ein ehrwürdiges Denkmal der grossen Verehrung dieses Papstes gegen die „Regina coeli" und zugleich ein Beweis, wie aufrichtig er den Frieden Italiens angestrebt hat. Mit dieser Kirche verband er den Convent der Regularcleriker des heiligen Augustin, während mit der Kirche S. Maria del Popolo, die ein zweites erhabenes Denkmal seiner Marienverehrung bildet, [2]) der grosse Convent der Augustiner neu erstand. In S. Pietro und S. Giovanni in Laterano liess er vielfache Erneuerungen vornehmen; die Apsis in der Kirche degli Apostoli, die Herstellung der Kirchen von S. Pietro in Vincoli, S. Balbina, S. Susanna, S. Vitale, S. Quirico e Giulitta, [3]) S. Vito in Macello, S. Salvatore in Trastevere, S. Giovanni de Malva ist sein Werk. Den baufälligen lateranensischen Palast erneuerte er und erweiterte den Vatican. [4]) Die

---

Ad Jubileum venture Pontem
Hunc quem merito ruptum vocabant
A fundamentis magna cura et impensa restituit
Xystumque suo de nomine appellari
Voluit.

[1]) Inschrift:
Templum Pacis Virgini Dicatum Per Sixtum Papam.

[2]) „Religione deinde et singulari pietate inflammatus, qua semper beatam virginem prosecutus est, nobilem aedem cum amplissimo coenobio S. Mariae de populo ordinis Aug. a fundamentis erexit." Panvin. in vita Sixti.

[3]) Er erhob diese Kirche zum Cardinalstitel. In das Jahr 1476 fällt die Errichtung der Kapelle der heiligen Margarita bei S. Croce in Gerusalemme.

[4]) Die dem heiligen Stephanus geweihte Kapelle wurde gleichfalls hergestellt.

Constantinische Basilika liess er reinigen und pflastern, den Glockenthurm, dem der Einsturz drohte, ausbauen. Dieser Basilika gab er die Abtei S. Maria de Gloria mit ihren reichen Besitzungen, welche Roger von Sicilien und Calabrien ihr verliehen hatte, zum Geschenk. Ausserdem bestätigte er die von Ludwig XI. dieser Kirche gegebenen reichen Einkünfte.

Auch die Mauern der Stadt, die an vielen Stellen schadhaft waren, wurden ausgebaut, wie er denn die ganze Stadt verschönern und erweitern, enge und und ungesunde Stadttheile niederlegen liess und für die Gesundheit der Bewohner durch Reinigung und Herstellung der Cloaken besorgt war.[1])

Für die reichliche Zuführung gesunden Wassers, eines der Lebensbedürfnisse Roms, sorgte der Papst, indem er die Wasserleitung herstellte und die Acqua Vergine vom Quirinal nach der Fontana di Trevi leitete. Seine Sorge für die Erhaltung der antiken Monumente liess ihn manche Verordnungen geben, welche z. B. den Gebrauch antiker Säulen zu profanen Zwecken verboten;[2]) die Reiterstatue des Marc Aurel wurde restaurirt und vor dem lateranen-

---

[1]) „Urbem ante omnia a situ et coeno vindicavit, viis Urbis primum munitis et lateribus stratis porticibusque et moeniis disjectis quae vias deformes et inconcinnas redditas obscurabant." Panvin. in Vita Sixti. „Cui vicorum Magistros ac curatores ab se institutos praefecit." Ciacon. l. c., col. 9. Die Inschrift am Campo di Fiore lautet:

Quae modo putris eras tollenti sordida coeno,
Plenaque deformi Martia terra situ;
Exuit hanc turpem Sixto sub Principe formam
Omnia sunt nitidis conspicienda locis
Digna salutifero debentur praemia Sixto:
O quantum est summo debita Roma duci.

[2]) „Cavit etiam edicto, ne porphyretici aut ophitici lapides, neve marmorei pilei ad profanos usus a templis tollerentur." Ciacon.

sieben Palaste aufgestellt.[1]) Auch die Herstellung des Tiberhafens ist sein Werk; die Krone aller seiner Arbeiten

---

[1]) 1473, 3. Lug. Assegnamento alla banca de' Pazzi di pagare honorabilibus viris Magistro Nardo Carbolini et Leonardo Guidocci civibus romanis aurifabris, quibus data est cura *„sarciendi equm eneum Constantini (Marci Aurelii) ante palatium Lateranensem existentem“* fl. auri de cam. 100 Div. 38, p. 103 a t.

(Simili assegnamenti si ripetono 1473, 11 dec., duc. 200; 1474, 29 apr. duc. 100; 15 nov. duc. 200 „pro residuo“ e poi il 24 dec. ad uno scalpellino non nominato sono assegnati „pro parte operis quod facturus est in basi nova marmorea equi Constantini.“ fl. 75. Ib. p. 126, 156, 194, 200.

Cfr. Notizie artistiche tratte dal Arch. segr. Vatic. Arch. stor. it. Serie III, Tom. VI, 1, p. 191, Firenze 1867. Ebendaselbst sind noch folgende Notizen für die Baugeschichte wichtig:

1471, 16 Aug. Pagamento a „Bartholomeo de Maraschis Magistro domus palatii apostolici pro expensis dicti palatii fl. aur. de cam. 1000

(Simili pagamenti, tra' quali sfortunamente si nascondono le spese artistiche, si ripetono quasi ogni mese, o due volte per mese negli anni 1473—74, mancano poi o rincominciano vel 1477, 31 Maggio).

1471, 22 Aug. Pagamanti „Francisco de Genova carpentario-esponendos per eum in talamo faciendo ad gradus Sancti Petri et ad Sanctum Joh. Lateranensem pro coronatione S. D. N. floren aur. de cam. 100

1471, 24 Aug. Pag. „Magistro Salvato de Roma et sotiis carpentariis pro fabrica dicte coronationis et certis tabulis“ fl. aur. d. c. 50

1471, 26 Aug. Pag. „Francisco de Janua“ per l'istessa cosa, fl. papales 400

1471, 6 Sett. Pag. „Magistro Saluato Theotonico occasione palatii S. Johannis Lateranensis“ fl. aur. d. c. 50

1471, 23 Oct. Pag. „Nuciolo de Narnia pro fabrica Scti Petri“ a conto fl. d. c. 130

1471, 15 Nov. Pag. „Magistro Gratiadeo de Brixia pro se et sociis — pro operis XL positis in aptando ad Sctum Petrum ad Vincula fl. d. c. 8 bon. 26.

1471, 20 Nov. Pag. „Nuzzolo de Risis de Narnia“ pro certis

bildet die Umgestaltung und Erweiterung der vaticanischen Bibliothek:

---

rebus datis pro fabrica tribune Sancti Petri et lignis pro fabrica palatii" fl. d. c. 70

1471, 23 Nov. Pag. „Cardinali Niceno — pro valore VIIII trabium ab eo emptarum pro sala pontificum" fl. d. c. . 321

1471, 5 Dec. „Magistro Francisco de Insulabona Januensi — pro certis palchis (et altre cose) apud S. Joh. Lateranum et S. Petrum ad Vincula" fl. d. c. 193

1471, 17 Dec. Missiva del Card. Cameri.; licenzia per il trasporto di pietre di *fabbrica per la bibliotheca Vaticana* (vedi Arch. stor. it. Tom. III, 1, p. 215.)

1471, 20 Dec. Pag. acconto „Mariano Paulo Pisanelli — certorum operum in magna aula palatii apost. fl. d. c. . . 50

1472, 13 Feb. Pag. „Johanni Petri lignario — occasione fabrice palatii" fl. 35

1472, 8 Mag. Lettera del Card. Camerlengo al Comune di Velletri spettante al taglio del legname pel palazzo apostolico.

1472, 5 Giug. Mandato „Johanni de Como muratori" spettante al trasporto di sassi per una strada da fabbricarsi" intra portam Pertusam de Roma.

1472, 9 Sett. Assegnamento „Magistris Salvato de Tocco et Egidio ejus fratri muratoribus — pro continuatione reparationis fabrice *aqueductus fontis Trivii*" fl. d. c. 200

(Altri pagamenti ai medesimi, sempre di fl. d. c. 200 si fecero 1472, 27. Dec.; 1473, 27 Marzo, 27 Maggio, 20 Giugno, 11 Nov.; 1474, 17 Genn., 12 Marzo, 8 Giugno, 6 Sett.; somma 2000 fior. d. c.)

1472, 18 Nov. Assegnamento alla banca del Cigala e Vivaldo di pagare „prudentibus viris Magistris Antonio Lori e Florentia et Jacobo de Carrara marmorariis — pro cornicibus aqueducti fontis Trivii" fl. 40

1474, 20. Feb. Simile assegnamento di fl. 38, debiti dal comune di Bassiano a „Hieronymo de Gigantibus s. d. n. pape cubiculario etc., exponendum per eum in edificio quod in palatio apostolico de novo factum est.

1474, 7 Nov. *L'istesso Hieronymus de Gigantibus per Breve viene incaricato della nettezza delle strade di Roma;* non debet a nobis inter alias innumeras curas negligi alme urbis nostrae munditiea et ornatus. Nam si quam mundam ornatamque esse

Templa, Domum expositis, Vicos, Fora, Moenia, Pontes
Virgineam Trivii quod repararis aquam;
Prisca licet nautis statuas dare commoda, Portus
Et Vaticanum cingere, Sixte jugum:
Plus tamen Urbs debet, nam quae squallore latebat,
Cernitur in celebri Bibliotheca loco.

---

decet, eam profecto decet, que caput est orbis et prope beati Petri cathedram inter omnes alias principatum.

1474, 19 Sett. Assegnamento alla banca del Cigala di pagare Magistro Antonio Rubeo Lombardo *pro certa reparatione muri urbis* qui est inter portam Subtignani et Tiberim."

1474, 13 Dec. Assegnamento alla banca del Cigala di pagare „Magistro Christoforo Malnato muratore ad exponendum in reparatione domus turris None in qua tenentur carceres turris Soldani."

1474, 23 Dec. Assegnamento al Cigala di pagare „Petro de Marganis exponendum per eum pro strata facienda inter castrum S. Angeli et ecclesiam S. Petri."

1475, 27 Gen. Lettera del Card. Camerlengo al Tesoriere di Viterbo, spettante al taglio di legname per la *fabbrica di S. Spirito di Roma.*

1475, 17 Mar. „Magistro Johanni de Florentia lignario in deductionem solutionis *fabricae sanctorum Apostolorum et ejus tribunae"* — fl. d. c. 422, compresi 22 fl. per l'esazione da certi Reatini.

1475, 21 Giug. Assegnamento alla banca del Cigala di pagare alla banca de' Pazzi, la quale pareche ne sia stata l'impresaria „*pro fabrica pontis Sixti"* fl. 500.

(Altri pagamenti di fl. 633, baj. 20; 1475, 22 Sett., fl. 1500; 28 Nov. fl. 100; 1476, 13 Febb. fl. 200, 10 Maggio pro fabrica pontis Sixti et construendo edificio ad perpetuam solidatem (sic) pontis juxta faciendam per nos ordinationem.

1477, 31 Mar. Pag. „Magistro Nuciolo de Narnia et magistro Manfredo muratoribus occasione fabrice tam palatii sancti Marci quam *tribune sancti Petri* et pro ipsis magistro Christophoro muratori recipienti — numeratos Jacobino fratri dicti Christophori fl. 171.

1477, 21 Apr. Pag. „Laurentio de Pietrasancta (carpentario palacii) exp. in fabrica palatii apost. in Capitolio fl. . 100

(Al med. sono pagati altri 50 fl. per l'istesso: 1477, 7 Giug.)

1480, 22 Dec. Pag. „a Lorenzo Pietrasancta *per riparazione de' Muri di Roma"* fl. 104, 12 baj.

Die vaticanische Basilika, deren linke Seite baufällig geworden war, liess er stützen und führte ihr durch die Anbringung neuer, marmorverkleideter Fenster reichlicheres Licht zu. In der Kirche selbst errichtete Sixtus eine Kapelle; noch ist das Bild des heiligen Petrus vorhanden, das sie einst schmückte, mit der Inschrift:

Imago B. Petri ex Ruinis Sacelli Sixti IV.

Der Papst spricht von dieser Kapelle in einer Urkunde vom 1. Januar 1479 in folgenden Worten: „Archidiaconus vero gerat omnimodam curam capellae Nostrae, quam nuper in praefata Basilica ab ipsis fundamentis sub invocatione beatae Mariae virginis, S. Francisci et S. Antonii de Padua cum magno siquidem sumptu insignique opere et ornamentis condecentibus, prout omnibus intuentibus patet, erigi fecimus." In den Diarien lesen wir: „Die 7 Decembris anno 1481 Pontifex Sixtus scilicet IV descendit in Basilica S. Petri et interfuit Vesperis in sacello Conceptionis cum Cardd. Die 8. Papa cum Cardd. interfuit missae solemni ibidem, celebrante missam Gulielmo Rocha Archiepiscopo Salernitano, qui fuit tantae auctoritatis apud Papam, ut subscriberet chyrographa, vice Papae ac supplicationis (Oldoini, l. c. col. 31)." Die Cathedra des heiligen Petrus beschenkte er mit einem kostbaren Goldstoff, wie aus dem Diarium des Volaterranus hervorgeht: „Die 22 Febr. Pontifex Sixtus videlicet IV visitavit Basilicam S. Petri et obtulit sacrario Basilicae aureum pannum ad operiendam Cathedram Apost. Petri, quae in eodem cum summa veneratione servatur, ac se presente, jussit illam operiri eo munere et taliter ornatam in locum suum deferri mandavit a majoribus templi Sacerdotibus incensis caereis praecedentibus cantantibus quoque nonnullis ad caeremonias praecedentibus." Von dem Ciborium, mit den Statuen der zwölf Apostel geschmückt, das der Papst über dem Altar des heiligen Petrus errichten liess, erzählt Oldoinus l. c. col. 31. Die Inschrift lautet:

Imagines Istae Marmoreae SS. XII Apostolorum Erant Ad Ornatum Ciborii Quod Xystus IV. Pont. Max. Supra Altare Sacrosanctae B. Petri Magnifice Constituerat.

Auch von den Ueberbleibseln des Ciboriums berichtet derselbe mit folgender Inschrift:

Oramenta Xysti Papae IV. Ad Altare B. Petri Existentia.

Ausser der Reiterstatue des Marc Aurel wurden auf dem Capitol die beiden erzenen Jünglingsfiguren aufgestellt und mit der Unterschrift versehen:

Sixtus IV. Pont. Max.
Ob immensam benignitatem aeneas insignes Statuas priscae excellentiae, virtutisque monumentum Populo Romano, unde extortae fuere, restituendas condonandasque censuit. Latino de Ursis Card. Camerario administrante et Joanne Alberino, Philippo Paloscio, Nicolao Pinciaronio Urbis Conservatoribus procurantibus. Anno salutis nostrae MCCCCLXXI. Kal. Jan. XIX.

Die Restauration von S. Vito e Modesto ist vom Jahre 1471:

Sixtus IV. Pont. Max. fundavit. MCCCCLXXI.

Die Restauration von S. Quirico und Julitta erwähnt Urban VIII., als er die Kirche, welche damals schon sehr verfallen war, erneuerte:

Ecclesiam DD. Mart. Quirico et
Julitae Dicat. A Sixto IV.
Pene Collabentem Instauratam
Denuo Ruinam Minan. In Elegantiorem
Hanc Formam Restituit Urbanus VIII
Pont. Max. A. S.
MDCXXX. Pont. VII.
Jussu, Impensaque Sixti IV. Pont. Max.
Georgius De Ruvere Ecclesiarum Urbis
Curator, Instauravit Anno Jubilei.

III. Capitel.

Die Verschwörung der Pazzi und ihre Folgen.

Unter den Familien, deren Rivalität die Mediceer zu fürchten hatten, nahm die der Pazzi die erste Stelle ein.[1]) Sie stammte aus Val d'Arno, gehörte zum alten ghibellinischen Feudaladel und war fast immer in Kämpfe mit der Republik verwickelt. Das Aufblühen der Florentiner Republik nöthigte sie, ihre Burgen zu verlassen und sich dem aufstrebenden Gemeinwesen anzuschliessen; aber dem demokratischen Regiment, das zeitweilig dort regierte, verdächtig, sah sie sich vielfach unter den edlen Häusern zurückgesetzt und von den Aemtern der Republik ausgeschlossen. Als Cosimo de' Medici die Regierung aus den Händen der Popolanen gerissen hatte, schien es ihm vortheilhaft, unter dem alten Adel Stützen zu suchen. Um dieses Ziel zu erreichen, bewilligte er vielen Mitgliedern desselben, sich den Popolanen anzuschliessen. Die Familie de' Pazzi war eine von denjenigen, welche sich unter die Popolararistokratie einschreiben liess — ein

---

[1]) Corio, Storia di Milano, con note del de Magri, Milano 1857, vol. III, cap. 3, nota 3.

Schritt, der Vielen als Zeichen entarteter Gesinnung galt — und Andrea de' Pazzi wurde 1439 als der erste dieser Familie in die Signorie aufgenommen. Er hatte drei Söhne: Antonio, Piero und Giacomo, von denen einer wiederum mit fünf, der andere mit drei Kindern gesegnet war; Giacomo der jüngste war unvermählt. Die zahlreiche Familie gehörte nicht nur durch ihr Einschreiben in den ordo popularis zur Volkspartei, sondern sie nahm auch allmälig die Gewohnheiten des Popolanadels an, d. h. sie trieb Handel, und ihr Bankhaus zählte bald zu den reichsten und angesehensten Italiens. Für die Medici war dieses Emporkommen der ehemaligen Ghibellinenfamilie entschieden ungünstig, denn als Kaufleute waren die Pazzi ihnen ebenbürtig, als Edelleute überlegen: so hatten sie nicht nöthig, öffentliche Gelder zu ihrem Vortheil zu verwenden.

Cosimo de' Medici war durch die Bande des Blutes mit jener reichen und mächtigen Familie verbunden und suchte sie sich günstig zu erhalten, aber Lorenzo verfolgte eine andere Politik und war auf den Ruin derselben bedacht, wenigstens suchte er sie von den Ehrenämtern und einflussreichen Stellungen in der Republik fernzuhalten und enthielt ihnen selbst das vor, was ihnen gebührt hätte, wofür Guicciardini Zeuge ist.[1]) Ein Umstand trat hinzu, diese Spannung zu vergrössern: Giovanni de' Pazzi, der Schwager von Lorenzo's Schwester, hatte die Tochter von Giovanni Borromei zur Frau, dessen Reichthum gesetzlich auf diese einzige Erbin überging.[2]) Carlo, Borromei's Neffe, hatte einen Theil der Erbschaft an sich gerissen,

---

[1]) „Negli onori e magistrati della città gli teneva adrieto, nè dava loro quello grado si sarebbe convenuto.“ Guicciard. Stor. Fior. cap. IV.

[2]) Er hatte natürlich kein Testament gemacht, da er eine Unterbrechung des bestehenden Rechtes nicht voraussehen konnte.

und als es zum Processe kam, wurde auf Veranlassung Lorenzo's de Medici ein Gesetz gemacht, kraft dessen die Tochter der Erbschaft ihres Vaters beraubt wurde, welche nun dem Neffen zufiel; denn nach dem Wortlaut des Gesetzes, dem rückwirkende Kraft verliehen wurde, sollten die Neffen den Töchtern in der Erbschaft ab intestato vorgehen. Diese offenbare Barbarei, welche Lorenzo die Furcht vor dem Anwachsen der Familie de' Pazzi abnöthigte, hatte selbst seinen Bruder Giuliano häufig veranlasst, ihm darüber Vorwürfe zu machen und ihn auf die Gefahren hinzuweisen, die aus einem so aggressiv feindseligen Vorgehen gegen eine verwandte und mächtige Familie entspringen mussten.[1]) Von den drei Söhnen des Andrea Pazzi lebte nur noch Jacopo, welcher unvermählt geblieben war. Im Jahre 1469 war er Gonfaloniere di giustizia gewesen, und das Volk hatte ihn zum Cavaliere gemacht; aber dann hatte sich Lorenzo bemüht, die Pazzi von dem Priorat auszuschliessen, und nur Giovanni hatte noch einmal 1472 unter den Prioren gesessen. Diese Ausschliessung erschien um so härter, da die Familie neun Mitglieder zählte, welche fähig gewesen wären, öffentliche Aemter zu bekleiden, als sie zu den ersten der Stadt gehörte, und alle Wahlen allein von Lorenzo de' Medici abhingen. Sie besass ferner ihre Banken an vielen Plätzen Europa's und erfreute sich auch ausserhalb Italiens eines solchen Rufes in der Handelswelt, dass diese systematische Zurücksetzung ihr Ansehen auch über Florenz hinaus

---

[1]) Savonarola's Characteristik des Tyrannen besagt: „Tutte le buone leggi cerca con astuzia di corrompere, perchè son contrarie al suo governo ingiusto, e fa continuamente nuove leggi a suo proposito“ und „Sotto il Tiranno non è cosa stabile, perchè ogni cosa si regge secondo la sua volontà.“ Tratt. del gov. II, cap. 2.

schädigen musste. Die Folge war, wie Macchiavelli sagt: „non potendo adunque i Pazzi, con tanta nobiltà e tante ricchezze, sopportare tante ingiurie, cominciarono a pensare se n'avessino a vendicare."[1])

Francesco de' Pazzi, der älteste der Schwager von Bianca de' Medici, vermochte es nicht länger zu ertragen, dass ein Bürger von Florenz die Stadt nach seinem Willen leitete und das, was Allen offen stand, als eine Gunst aus seiner Hand zu bewilligen oder zurückzuhalten sich erlaubte. Missmuthig ging er nach Rom, wo er eine seiner Hauptbanken hielt, und Papst Sixtus machte ihn, mit Rücksicht auf die von Lorenzo de' Medici erfahrenen Beleidigungen, an Stelle der Mediceer zu seinem Schatzmeister. Lorenzo hatte sich damals, als der Kauf von Imola bevorstand, an die Pazzi mit der directen Bitte gewandt, dem Papste die Anleihe zu versagen, damit Imola in den Besitz der Republik käme.[2]) Der Papst durfte, zumal nach den gemachten Erfahrungen, nicht zulassen, dass ein für den Kirchenstaat so wichtiger Platz in die Hände einer Macht gelangte, die ihm entschieden feindselig gegenübertrat, und hatte darum diese Machinationen höchst übel empfunden.[3]) Girolamo Riario seinerseits fürchtete, dass im Falle des Todes Sixtus IV. die Medici ihn leicht

---

[1]) Macchiavelli, Stor. Fior., lib. VIII. Cfr. Savonarola, l. c. „E se qualche mercatante ha gran credito, cerca di farlo fallire, acciocchè non abbia credito come lui."

[2]) „gli pregò non lo servissino di danari acciocchè non la potendo comperare il papa, Imola venissi nelle mani nostre." Guicciard., Stor. Fior. cap. IV.

[3]) „Nè Sisto aveva dimenticato gli ajuti dati dai Medici a Niccolò Vitelli, signore di Città di Castello, nè la lega ordita nell' Italia settentrionale, nè infine le negoziazioni intavolate da Lorenzo per impedire che Girolamo Riario facesse l'acquisto d'Imola." Cfr. de Magri in der nota 3 zum III. Cap. parte 6 der Storia di Milano von B. Corio.

seiner kleinen Herrschaft berauben möchten [1]) und wünschte deshalb lebhaft, Florenz möchte zu seiner alten Freiheit zurückkehren, da er dann unter dem Schutze der Republik sicher zu leben hoffte. Francesco de' Pazzi trat in nähere Beziehungen zum Papste und zum Grafen Riario, und diese empfingen nun zum ersten Mal durch die Schilderungen des tief erbitterten Mannes einen klaren Blick in das Wesen und den Umfang der mediceischen Tyrannis, Schilderungen, die durch ihre eigenen Erfahrungen nur zu sehr bestätigt wurden.

Es scheint zweifellos, dass die Verschwörung der Olgiati, Visconti und Lampugnano in Mailand gegen das Leben des Tyrannen Galeazzo Sforza, wie verhängnissvoll immer die That für die Ausführenden wurde, doch das Vorbild für die Vorgänge in Florenz gewesen ist, und dass sie die Pazzi, indem sie ihnen zeigte, wie leicht es sei, das Leben des Tyrannen auszulöschen, dadurch zu gleichem Vorgehen aufmunterte. Wie man sich damals so ganz in die antike Auffassung des Tyrannenmordes hineingelebt hatte, zeigt das Beispiel des Girolamo Olgiati, der unter den Qualen der Tortur die Worte wiederholte: „Collige te Hieronyme: stabit vetus memoria facti. Mors acerba, fama perpetua.“ [2]) Derselbe hatte folgendes Epigramm unter seine Bekenntnisse geschrieben:

---

[1]) Cfr. das Verhör des G. B. da Montesecco in der Excus. Flor. bei Fabroni, l. c. Vol. II, p. 169. „Se questa cosa non si fa, non ghe daria del suo Stato una fava, perchè Lorenzo de' Medici gli vuol mal di morte, nè crede che sia uomo al mondo, che gli voglia peggio; e dopo la morte del Papa non cercherà mai altro che torli quel poco di Stato e farlo mal capitare della persona.“ „Et volendo io intendere el perchè et la cagione Lorenzo era così inimico del Conte, mi disse cose assai sopra questa parte e della depositeria e dell' Arcivescovado di Pisa.“

[2]) Corio, Storia di Milano, parte VI, cap. 3.

Quem non armate potuerunt mille Phalanges
Sternere, privata Galeaz Dux Sfortia dextra
Concidit, atque illum minime juvere cadentem
Astantes famuli nec opes, nec castra, nec urbes;
Unde patet scevo tutum nil esse tyranno
Hinc patet humanis quae sit fiducia rebus.

Noch besser ist das Bekenntniss des unglücklichen Jünglings, das er vor seiner Hinrichtung niederschrieb, im Stande, über die Anschauung der Zeit Aufschluss zu geben: „Cola de Montanis de' Sagio Bononiensis, vir summi ingenii et eloquentiae praeceptor meus in tempore introitus principatus Domini Galeaz Mariae Mediolanensium Ducis erat, transeunte quae ipso Duce cum magna caterva procerum per plateam Arenghe, Nobis a scolis pompam et triumphum prospicientibus ensem principi ferebat, Johannes Franciscus Pusterla vestitu et amictu ceterisque ornamentis circa corpus dignissimis, *Tum increpare coepit idem Colam eundem Joannem Franciscum aliosque plures qui nequaquam virtutibus et virilitati intendentes, effeminati luxu tantummodo delectarentur atque erga me talia dicens monebat, ne illos sequerer, sed de animo gravi et fortissimo aliquod preclarum facinus cogitare inciperem, quam plurimorum Atheniensium, Carthaginiensium et Romanorum vestigia imitando quos pro patria fortissime facientes fuisse laudem eternam consequtos ajebat.* Itaque per longum spacium eo die ipse talia recitante forte prospiciens me, ut tenellus eram faciliter ad voluntatem suam inclinatum me dimisit: pollicitusque est multa alia pulcherrima alias narrare, tantummodo tacite ad virtutem et animi fortitudinem, Hieronyme mi, dixit, persevera. Eo tum talem de ipso preceptore fidem habebam habuique magis ut ita dicam verbis ejus quam Evangelio fidem."[1]) Die Verbrechen des Herzogs sind

---

[1]) Corio, Storia di Milano, l. c.

dann die nähere Ursache für die That: „Medio itaque exacto anno domini a nativitate mille quadringentesimo septuagesimo sexto, primo inter Johannem Andream et me sepius dicto aut communiter confesso de injustitia, scelleritate, de moribus ac crudelitate Galeaz Mariae principis Mediolani, facta est conjuratio de principis vita auferenda.“ Ebenso Lampugnano: „essendosi fra me e Giovanni Andrea spesse volte parlato del principe Galeazzo Maria e convenuto essere il medesimo iniquo e scellerato, rotto ad ogni genere di lussuria ed efferato pensammo torgli la vita.“ [1]) Hier wie in Florenz ist die Tyrannis und ihr Gefolge von Grausamkeit, Ungerechtigkeit, Wollust die Ursache, dass edlere Kräfte, die im Dienste des Vaterlandes zu verwenden waren, irregeleitet, sich an antiker Grösse begeistern. Wie selbst edle Naturen in Florenz über die Mailänder Verschwörung dachten, beweist der Ausspruch Rinuccini's, eines Mannes von unbestechlicher Geradheit der Gesinnung: es war eine löbliche, nachahmungswürdige That. Dass einem moralischen Ungeheuer gegenüber, wie Galeazzo Sforza war, dem ganz in antiken Traditionen lebenden Republikaner der Tyrannenmord in anderem Lichte erscheinen musste, als in früheren Zeiten, wo die Skepsis die Geister weniger vom Boden des Glaubens losgerissen hatte, ist natürlich. Von Galeazzo Maria Sforza giebt Corio folgendes Bild: „Questo principe fu molto dedito a Venere ed a sozza libidine, pel qual motivo molestava grandemente i suoi sudditi: teneva a proprie spese molte donne: [2]) e peggio si è che

---

[1]) Siehe die confessio in der nota 2 ad cap. 3, parte VI. der Storia di Mil.

[2]) Auf ähnliche sittliche Zustände in Florenz deutet Savonarola: „Sotto il Tiranno non è cosa stabile, perchè ogni cosa si regge secondo la sua volontà, la quale non è retta dalla ragione, ma

quando avea soddisfatto i carnali appetiti, le faceva poscia stuprare da gran numero de' suoi cortigiani. Egli fu crudele, talchè un sacerdote essendo dal duca richiesto quanto tempo avesse a regnare, rispose che non toccherebbe l'undecimo anno, percui fattolo imprigionare gli mandò un piccol pane, un bicchier di guarnazza ed un ala di cappone facendogli dire, che non avrebbe più nulla d'altro. Con tali cose si mantenne per dodici giorni e finalmente morì. Petrino da Castello conversando con una sua amata, prese sospetto, per cui imputandolo d'aver contraffata una lettera, gli fece per tal motivo tagliare ambe le mani. Da certo Paolo di Monza fece inchiodar vivo in una cassa Pietro Drago milanese e come fosse morto lo sotterrò. A certo Giovanni da Verona suo favorito, legato sopra una tavola fece tagliare un testicolo. Avendo un contadino preso un lepre, volle che lo mangiasse colla pelle e cogli intestini, per cui morì. Galeazzo seguiva in tutto il rigore la giustizia, ma molti liberava per denari: era avido d'accumulare tesori, per cui privava molti sudditi delle loro sustanze ed imponeva gravose tasse. Si dilettava a rimirare molti cadaveri entro i sepolcri etc.“ Aber die Tyrannis hat auch ihre glänzende Seite: sie häuft nicht nur Schätze auf, die durch erdrückende Steuern gewonnen sind, sondern sie legt das buntschillernde Kleid der Schlange über ihren

---

dalla passione; onde ogni cittadino sotto di lui sta in pendente per la sua superbia, ogni ricchezza sta in aria per la sua avarizia, ogni castità e pudicitia di donna sta in pericolo per la sua lussuria; e ha per tutto ruffiani e ruffiane, i quali per diversi modi le donne e figliuole d'altri conducono alla mazza e massime nei conviti grandi, dove molte volte le camere hanno vie occulte, ove son condotte le donne, che non se ne avvedono ed ivi rimangono prese al laccio, lasciando stare la sodomia, alla quale è molte volte etiam dedito per tal modo, che non è garzone di qualche apparenza che sia sicuro.“ Tratt. del gov. II, cap. 2.

giftigen Kern: „avea caro, sagt Corio, che si potesse dire con verità, che la sua corte era una delle più splendide dell universo: era magnificentissimo di suppellettili e nel suo vivere e nella sua corte fu oltremodo splendidissimo.“ Seine Söldlinge, die Stützen seiner Macht sind reicher besoldet, als die aller übrigen Fürsten Italiens, seine Jagden glänzend. Er ist Beschützer der Künste und bezahlt reichlich, wenn man ihm in einer Nacht ein Zimmer ausmalen kann, liebt die Musik, Literatur und ist in seiner Unterhaltung von höchster Feinheit und Eleganz der Sprache. Er versteht es, unter den Seinigen scherzhaft, unterhaltend und liebenswürdig sich zu zeigen. Seine äussere Erscheinung strahlt in den kostbarsten Goldbrocat- und Damaststoffen, sowie sein ganzer Hof. Für den Fall seines Todes bestimmt er noch ein Gewand von hellem Goldstoff, das man ihm anlegen soll: seine Wittwe sendet für seine Leiche noch drei kostbare Ringe.

Aehnlich die Vorgänge in Florenz. Guicciardini sagt von Lorenzo de' Medici: „Fu di natura molto superbo e in modo, che, oltre al non volere, che gli uomini se gli opponessino, voleva ancora intendessino per discrezione, usando nelle cose importanti poche parole e dubbie; nello ordinario del conversare molto faceto e piacevole, nel vivere in casa più tosto civile che suntuoso, eccetto che ne' conviti co' quali onorava molto magnificamente assai forestieri nobili, che venivano a Firenze: *fu libidinoso e tutto venereo* e constante negli amori sua, che duravano parecchi anni, la quale cosa, a giudicio di molti gli indebolì tanto il corpo, che lo fece morire, si può dire giovane. L'ultimo amore suo, e che durò molti anni, fu in Bartolomea de' Nasi, moglie di Donato Benci ... Cosa pazza a considerare, che uno di tanta grandezza, riputazione e prudenza, di età di anni quaranta, fussi si preso di una donna non bella e già piena d'anni, che si conducessi a fare cose, che sarebbono state disoneste a ogni fanciullo. Fu tenuto da qualcuno di natura crudele e vendicativo per la durezza usò nel caso de' Pazzi imprigionando i giovani innocenti etc. Ma quello che fu in lui più grave e molesto che altra cosa, fu il sospetto, causato forse non tanto da natura, quanto dal cognoscersi avere a tenere sotto una città libera e nella quale era necessario che le cose s'avevano a fare, si facessino dai magistrati e secondo gli ordini della città e sotto la spezie e forma di libertà e però ne' principii suoi, come prima cominciò a pigliare piede, attese a tenere sotto quanto poteva tutti quegli cittadini, i quali cognosceva o per nobilità o per ricchezza o per potenza o per riputazione dovere essere stimati per lo ordinario. E benchè a questi tali, se erano di casa e stirpe confidenti allo Stato, fussino concessi i magistrati, le imbascerie, commissarie e simili onori, nondimeno, non si fidando di loro, faceva signori degli squittini, delle gravezze e conferiva gli intrinsechi segreti sua a uomini, a chi e' dava riputazione, che fussino di qualità, che sanza lo appoggio suo non avessino séguito." [1])

Die Hand des Tyrannen lastete schwer auf allen Privatverhältnissen der Bürger. Wie einst unter der arabischen Herrschaft Friedrich II. in Sicilien durften Ehen nur mit der Genehmigung des Mediceers geschlossen werden: „Questo medesimo sospetto," fährt Guicciardini fort, „gli fece tenere cura, che molti uomini potenti da per loro non si imparentassino insieme e si ingegnava appajargli in modo non gli dessino ombra, strignendo qualche volta per fuggire queste conjunzioni dei giovani di qualità a tôrre per donna alcune che non arebbono tolte, e in somma era la cosa ridotta in modo, *che non si faceva parentado alcuno più che mediocre sanza participazione e licenza sua.*"

---

[1]) Guicciardini, Stor. Fior. cap. IX.

Dieselben Verhältnisse bietet in noch schärferer Form der Hof von Mailand unter Lodovico Sforza. Der Brief der unglücklichen Herzogin Isabella an ihren Vater Alfons von Calabrien enthüllt ein trauriges Bild der dortigen Zustände: „Multos jam annos, Pater, Joanni Galeacio me copulasti, ut ubi virilis aetas affuisset, sui Imperii ipse sceptra regeret, patremque Galeacium, avum Franciscum Sforciam et proavos Vicecomites sub exemplo sequeretur. Tempora juventutis adimplevit, ut parens effectus, sui adhuc Imperii impos est, vix et maximis quidem precibus a Ludovico ejusve ministris ad vitam opportuna conceduntur, omnia illius libito administrantur, paces, bella tractantur, leges sanciuntur, diplomata immunitates conceduntur, vectigalia et subsidia imponuntur, supplicationes decernuntur, pecuniae colliguntur, omnia denique ad illius nutum fiunt, nos privati omni auxilio atque ope destituti vitam inter privatos agimus etc.“ [1])

Auf diesem Boden des durch den Humanismus beförderten Unglaubens, zumal der Skepsis in Betreff der Unsterblichkeit der Seele, des durch den Druck der Tyrannis bewirkten Herabgehens moralischer Begriffe [2]) wächst jene ungesunde Schwärmerei für antike Freiheitsideale und anderes Heidenthum empor. Es ist zweifellos, dass in Florenz das Beispiel des Gemistus Pletho, der offen mit diesen Zweifeln hervortrat, die Spöttereien des Luigi Pulci über die Unsterblichkeit und Anderes höchst verderblich und ansteckend wirkten. Wie verdächtig nach dieser Richtung hin die Humanisten waren, geht daraus hervor,

---

[1]) Corio, p. VII.

[2]) Cfr. Savonarola, Tratt. del gov. II, cap. 3. „Tutto questo bene impedisce e guasta il governo Tirannico, perchè non è cosa, che più abbia in odio il Tiranno, che il culto di Christo ed il ben vivere Christiano, perocchè è direttamente suo contrario.“

dass Pomponius Laetus in seiner Vertheidigungsschrift, die er im Gefängniss abfasste, es als ein entlastendes Moment hervorhebt, das er über die Immortalität der Seele geschrieben habe.[1])

Bandini hat einen beherzigenswerthen Passus über die Platoniker hinterlassen:[2]) „Ex memorato autem doctissimorum virorum coetu, nonnullos Platoni magis addictos selegit Laurentius, quorum ope Academiam ipsi Platoni sacram, quam antea Cosmus alta mente conlegerat, renovaret. Georgius enim Gemistius, qui et Pletho dicitur, Alexandrinorum Platonismum, quem nemo fere inter Latinos, praeter Io. Scotum Erigenam pernoverat, apud Italos in lucem extulit *et occasionem praebuit Platonicam sectam post tot rerum vicissitudines resuscitandi.* In Academiae hortis Poetae sub lauris canentem Apollinem audire, in vestibulo Oratores Mercurium declamantem spectare, in porticu vero et aula Jurisconsulti civitatumque gubernatores Jovem ipsum sancientem leges, jura dictantem, imperia gubernantem, in ipsis denique penetralibus Philosophi Saturnum, coelestium arcanorum contemplatorum agnoscere poterant. Quas vero Academici hypotheses foverent, referre prolixum esset, cum nobis integrum Platonicae Philosophiae systema explicare in animo non sit. Hoc pronunciare libere possum, eorum opiniones tenebricosis allegoriarum involucris et dicendi genere plusquam poetico, qui omnium ferme Academicorum mos erat, fuisse absconditas: eoque id factum consilio, ut enthusiasmo Alexandrino mirifice servirent et *recentiorum Platonicorum*

[1]) Gregorovius VII, 580. Cfr. Anm. 2 zu Seite 316 des II. B. von Burckhardt, Cultur der R. Burckardt bemerkt, l. c. p. 312: „zumal in Florenz konnte man zuerst als ein notorisch Ungläubiger existiren, wenn man nur keine unmittelbare Feindseligkeit gegen die Kirche übte."

[2]) Specimen Litt. Flor., T. II, p. 55.

somniis fidem certissimam facerent. Hanc ineptientis ingenii labem et credulitatem philosopho indignam detestabili superstitione demonstrabant, qua horamatis, somniis, ominibus mirum quantum tribuerent; maximas praeterea rerum civilium vices, nescio quibus imaginationis terriculamentis, significari, vel siderum positionibus et adparitionibus fuisse praemonstratas, indigna viro docto ratione, plerique contendebant. Quis enim sanae mentis Philosophus dicet: „Laurentii Medicis animam expirantem laetum aetherem excepisse, grandiore stella in Laurentiana tecta cadente mirisque flammis ex alto in Caregianis agris coruscantibus? et biduo ante obitum *Jovem*, rubente dextra sacras jaculatum arces terruisse urbem, mox orbam tanto patre futuram?“ [1]) Quin et abdita mysteria in veterum Scriptorum explanationibus investigare penitus solebant adeo ut nonnumquam eorum ingenium, uberiori phantasia abreptum, ita luxuriaretur, ut jure merito in phanaticorum classem referri mererentur. Mundum esse animatum cum Platonicis Alexandrinis credidere, esse quasdam veluti escas, quibus animati Mundi et Stellarum munera adlicere possint mortales, sibique vindicare etc. Tantum itaque addam, Platonis placita ita fuisse sectatos, ut Christiano ac prudenti viro sancitos fines audacter excederent.“ Wenn dieser Geist des Zweifels nach aussen hin nicht durch besondere Kundgebungeñ hervortrat, so lag das an der immer noch vorhandenen Macht der Kirche, Zwangsmittel anzuwenden, die dem Aergerniss steuerten. Wie gross dasselbe zu den Zeiten Leo X. geworden war, ersehen wir daraus, dass auf dem lateranensischen Concil 1513 eine Constitution erlassen wurde[2],) welche die Lehre von der Unsterblichkeit der Seele schützte und ihre Individualität der alexan-

---

[1]) Ficinus, Praef. in Plotinum.

[2]) Septimo Decretal. Lib. V. Tit. III, cap. 8.

drinisch-platonischen Doctrin von der allgemeinen Weltseele gegenüber, die in Allen nur eine sei, hervorhob.[1]) Indem man mehr und mehr die Denkweise der Alten sich zu eigen machte, musste auch ihre Psychologie verderblich wirken. Die Philosophie Cicero's,[2]) der ja schon im vorhergehenden Jahrhundert vielfach von den Gelehrten tractirt wurde, konnte keine gesunde Basis der Speculation abgeben, da er den grossen Fragen gegenüber principienlos sich verhält und die verschiedenen Systeme nur referirend in verführerischer Form wiedergiebt. Auch der aristotelische Zweifel konnte ohne die Lösung des Christenthums nur zersetzend wirken, da man den in das System des heiligen Thomas übersetzten christlichen Aristoteles verschmähte. An die Stelle des durch Entsagung und Glauben gewonnenen Himmels tritt bei Manchen eine Art verklärten Jenseits, das mehr Aehnlichkeit mit dem Elysium und seinen sinnlichen Freuden hat, als mit den Zuständlichkeiten der durch Busse geläuterten, in Gott verklärten Menschenseele. Diese Gedanken treten schon bei Petrarca deutlich zu Tage[3]) indem er sich an Cicero und den Phädon des Plato anlehnt. Tritt dann freilich der Ernst des Todes heran, so werden diese vagen Speculationen verlassen, und die Confusion der Ideen macht einer reuigen Umkehr zu dem Dogma des Glaubens Platz. Hier liegt der grosse Unterschied der Bewegung des XV. Jahrhunderts im Süden von der in nördlichen Ländern: während in Italien durch die lange Erziehung der Kirche die Seele im Grunde

---

[1]) Cfr. Burckhardt, l. c. p. 316.

[2]) Zumal der Epicuräismus, den man aus Cicero kennen lernte, wirkte verderblich. Schon Villani spricht von der Secte der Epicuräer.

[3]) Epp. fam. IV, 3; IV, 6. Cfr. nota 3 zu Seite 317 bei Burckhardt, l. c.

christlich bleibt und dem Eifer der Busssprediger, dem Eindruck göttlicher Strafgerichte, dem Weckeruf prophetischer Stimmen sich zugänglich erweist, trennen sich im Norden ungezählte Schaaren auf immer vom Boden der kirchlichen Lehre, um dem Materialismus und jener geistigen Stagnation zu verfallen, welche jedes Heimweh, jedes Gefühl der verlorenen idealen Güter ausschliesst. Benivieni, dessen Gewissenszweifel wir in der Einleitung betont haben, ist ein redendes Beispiel, wie in edeldenkenden Geistern die religiösen Bedürfnisse des Herzens mächtig waren: er hält es für nöthig, sich dagegen zu verwahren, als wolle er platonische Doctrinen an Stelle seiner christlichen Ueberzeugung setzen.

Belehrend für die Beurtheilung der Zeit ist auch der Fall des Pietro Paolo Boscoli, der mit Agostino Capponi der Verschwörung gegen das Leben der Mediceer überführt und zum Tode verurtheilt wurde.[1]) Nardi[2]) erzählt darüber: „E' il medesimo Pietro Pagolo sappiamo, che per Luca della Robbia, persona letterata e grave, che la notte l'aveva accompagnato e confortato alla morte, secondo che usano di fare i fratelli di quella compagnia a tale pietoso officio deputata,[3]) fu, dico, mandato a dire da Pietro Pagolo ad un suo carissimo amico e ricordatogli che si dovesse astenere dagli studi delle umane lettere che gonfiavano il cervello e convertirsi tutto agli studi e disciplina della cristiana filosofia." Hören wir nun den

---

[1]) Luca della Robbia hinterliess eine eingehende rührende Beschreibung dieses Falles, welche von Polidori im Archiv. stor. it. T. I, p. 275 seqq. publicirt ist.

[2]) Nardi, Ist. Fior. Vol. II, T. 6, p. 21 ed. di Firenze, Le Monnier 1858.

[3]) Die Fraternità de' Neri und die compagnia del Tempio. Siehe die Noten Polidori's zu der Erzählung des L. della Robbia.

Luca della Robbia selber: der mitleidige und fromme Gelehrte, der die Nacht vor dem Tode des schönen und noch jugendlichen Mannes von 32 Jahren im Bargello zugebracht, um den Unglücklichen zu trösten, hebt von ihm hervor: „pazienza, umiltà, *fede*, speranza e carità e finalmente una perfetta conformità della sua volontà con quella di Dio.“ Dann redet er ihn voll Mitgefühl an: „Iddio ti salvi, amico carissimo. Noli timere eos qui occidunt corpus, animam autem non possunt occidere.“ Boscoli verlangt nach einem tüchtigen und gelehrten Beichtvater: „De! Luca,“ ruft er aus, *„cavatemi della testa Bruto, acciò ch' io faccia questo passo interamente da cristiano.* Et io: Cotesta è poca fatica, volendo voi morir cristiano. Senza che voi sapete che coteste cose de' Romani sono state non nudamente scritte, ma con arte accresciute. Allora egli: E quando le fussino vere, che m'è consciossia che non hanno il vero fine. Et io: Ecco che per voi medesimo vi siete curato. E lui: Luca, non mi lodate. Et io: Non absit, io sono qui per ajutarvi. Dite pur il bisogno vostro, ch'io mi rincoro con l'ajuto di Dio avervi a consolare anzi piuttosto voi consolerete me. E lui: L'intelletto mio crede la fede e vuol morir cristiano, ma e' me lo par forzare. E parmi aver un cor duro: io non so s'io mi so dir il concetto mio. Et io: Io l'ho inteso: voi vorreste aver un dolce affetto a Dio con lagrime e gemiti e vorresti che l'intelletto sponte acconsentissi alla fede. E lui allora: Si, cotesto. Et io: Pietro Pagolo, la seconda cosa non è necessaria alla salute, ma è bene esserci la prima. Vi è merito che voi sforziate l'intelletto e sottomettiatelo alla fede, ancora ch' io creda che presto non vi parrà sforzarlo: e così ancora le lacrime otterrete perchè avete a avere degli ajuti, cioè la confessione, la comunione, indulgenze et orazione de' circumstanti. Später bemerkt er: „Luca, io ho poco spazio: io avrei bisogno star con Frati buoni un mese: io crederei diventar tutto spirituale, ma io spero in Dio che in questa notte m'ajuterà." [1])

Wie leicht dieser edle und starke Geist, der von der Nachricht des Todes überrascht wird, sich in eine tief religiöse, der Vorbereitung für den Tod würdige Stimmung hineinfindet und, die Täuschungen der antiken Freiheits-

---

[1]) Die Darstellung bei Burckhardt l. c. p. 313 ist ganz verzerrt; so heisst es dort: „Es zeigt sich weiter, dass diese Leute vom Anhang Savonarola's die Bibel wenig kannten; Boscoli kann nur Paternoster und Avemaria beten. Im Original steht: „Luca io non posso dir se non paternostri et avemaria: *volendo dire che a mente psalmi non sapeva* p. 293. Es ist doch gewiss, wird Jeder zugeben, ein Unterschied zwischen dem Nichtkennen der Bibel und dem nicht auswendig Wissen von Psalmen zu machen, von dem hier die Rede ist. Ebenso verkehrt ist die schöne Unterhaltung pag. 297 aufgefasst. Bei B. heisst es: „merkwürdiger Weise ist dem Armen die Gottheit Christi einleuchtend, während ihm dessen Menschheit Mühe macht." Im Original pag. 295 liest man: „La divinità mi è assai capace, cioè il crederla e *immaginarla*, secondo che a noi è possibile: ma io la credo bene e pensandovi assai me ne satisfo. *Ma l'umanità non si bene mi si rappresenta ancorchè io la credo, intendete bene.*" Boscoli betont also, dass er an die Gottheit und Menschheit glaubt, aber die letztere sich nicht so leicht vorstellen kann. Das ist gewiss ein anderer Sinn. So ist bei B. die ganze ergreifende Scene missverstanden und verzerrt. B. bemerkt auch: „nun zwingt Jener seinen Verstand zu glauben und jammert, dass er nicht freiwillig glauben könne." Davon ist in der ganzen Erzählung kein Wort. Boscoli wünscht einen Beichtvater: „I' ho bisogno d'uno che mi muova l'affetto," denn er fühlt sich „carico di cibo" „Oh indiscrezione! Se me lo dicevano innanzi cena, io avrei fatto un po' di colazione e bastava" p. 286. Er sagt ganz bestimmt, noch ehe der Beichtvater erscheint: „L'intelletto mio crede la fede e vuol morir cristiano, ma e' me lo par forzare." Darauf erwidert Luca: „voi vorreste aver un dolce affetto di Dio con lacrime e gemiti e vorresti che l'intelletto *sponte* acconsentissi alla fede. E lui allora: Sì, cotesto" p. 290.

ideale abwerfend, mit ganzer Freudigkeit sich den Tröstungen des Glaubens in die Arme wirft, dafür ist das Zeugniss seines Beichtvaters, Fra Cipriano, eines trefflichen Ordensmannes, entscheidend. Luca trifft ihn in Prato und fragt ihn nach seinem Freunde, was er von dessen Heil denke. Fra Cipriano entgegnet weinend: „Io non trovai mai più vigoroso ingegno. E' non è mai possibile, che in quel luogo così strepitoso io avessi potuto far confessione generale, se lui non avessi avuto sì distinto ingegno. E di poi aggiunse: Io piansi otto giorni quasi continui, che mai potevo saziarmi: tant' amore in quella notte gli posi: Io credo al fermo ch'e sia beato e che non abbia avuto purgatorio. Bastiti, Luca, ch' e' ne nasce pochi. Egli era giovane di grandissimo nervo e d'optima intenzione."

In diesem Sinne mag in vielen edel angelegten Naturen in entscheidender Stunde, bei äusseren Einwirkungen durch Strafgerichte, Busspredíger, der Einfluss antiker Anschauungen aufgehoben worden sein; aber weniger ideale Geister mussten in den zahllosen philosophischen Systemen, welche über Italien hereinbrachen, und in denen mehr oder weniger der Sieg des Gedankens über den positiven Götterglauben ausgedrückt war, an ihrem christlichen Bekenntniss Schiffbruch leiden und dem Indifferentismus und Epicureismus[1]) verfallen; denn Italien ist nicht das Land der Häresien. Hier nimmt der Abfall vom Glauben jene Form an, die schon in der alten, von Boccaccio wieder vorgetragenen Erzählung von den drei Ringen ausgedrückt ist, oder er wird zum Hass gegen alle Offenbarung, wie ihn das Friedrich II., dem Hohenstaufen in den Mund gelegte Wort ausdrückt.

Wir kehren nach diesen allgemeinen Betrachtungen über den durch die missverstandene Philosophie der Alten

---

[1]) Villani IV, 29; VI, 46.

und die Uebel der Tyrannis für Verschwörungen zubereiteten Boden zu dem in Florenz sich entwickelnden Drama zurück. Die Verschwörung der Pazzi ist, wie früher bemerkt, nicht das Resultat der ehrgeizigen Bestrebungen des eine Dynastie gründenden päpstlichen Nepoten und einer in ihren Rechten gekränkten aristocratischen Familie allein, sondern sie ist die Giftblume, welche auf dem Boden der verletzten Menschenrechte,[1]) des Epicuräismus, des religiösen Indifferentismus, der Skepsis, wie sie die Gewaltherrschaft gepflegt hatte, folgerichtig emporwächst. Sie sendet ihre Wurzeln weithin in die zertretenen Menschenherzen, um aus ihnen jenes tödtliche Gift zu saugen, das von der inneren Fäulniss der staatlichen Organismen Kenntniss giebt, wie glänzend immer die äussere Form sich gestaltet haben mag. Die Zeiten des aufblühenden Christenthums kennen keine Verschwörung. Keine Inschrift der Catacomben hat uns ein Wort des Hasses, der Rache, der Verzweiflung überliefert über eine so lange, so schonungslose, so beispiellose Verachtung der Menschenrechte. Hier athmet Alles Hoffnung, Frieden und Vergebung, und der Blick richtet sich immer und überall auf die Güter der ewigen Verheissung. Aeussere Bande zerfallen, das unzertrennbare Band der Verbrüderung im Blute der Erlösung kettet um so fester die Seelen zusammen; äussere Stützen brechen, der Glaube, die Hoffnung und Liebe tragen hier wie die Schultern des Atlas eine Welt von Tugend und Heroismus, wie sie keine spätere Zeit wieder vereinigt gesehen hat. Aber das XV. Jahrhundert

---

[1]) So tritt Maffeo Volterrano als Rächer seiner verletzten Vaterstadt auf: „Maffeus Volaterranus apostolicus scriptor, quem ad perturbandam rempublicam non tam inopia ac mali mores stimulabant, quam odium in Laurentium ob memoriam calamitatum, quas ille patriae suae intulerat.“ Fabroni, Vol. I, p. 61.

mit seiner Weltlichkeit, seinem Fluctuiren der geistigen Strömungen, seinem gierigen Umfassen der Erde, in die es seine Ideale hineinträgt, seinem Aberglauben, seiner Vermischung des Olymps mit dem christlichen Himmel gebiert jene gewaltigen Kinder der Welt, in denen die Kraft und Schlauheit des Widersachers Gottes wie einst in den Söhnen der Erde, von denen die Schrift spricht, zur Erscheinung kommt. Das sind die Zeiten des Ueberganges, an denen die Menschheit ihren Lauf beschleunigt um das Hinderniss zu übersteigen, das sie von neuen Aussichten und Fernen trennt. Wie die Gewaltherrschaften dieser Zeit mit den mohammedanischen Aehnlichkeit haben, so ist auch der dem Islam angehörige Fatalismus vorhanden und tritt in unklaren Köpfen an die Stelle der von der Kirche gehüteten, idealen Lehre der göttlichen Providenz, des Verhältnisses von Gnade und Freiheit und der Würde der menschlichen Natur in und mit dem der Vollendung entgegenstrebenden irdischen Gottesreiche. Gerade die in dieser Zeit auftretenden Verschwörungen fordern zu Vergleichen mit morgenländischen Zuständen auf; der Gedanke an die arabischen Verhältnisse Siciliens unter Friedrich II. liegt nahe.

Wir sagten, dass Francesco de' Pazzi in Rom mit dem Grafen Riario Verhandlungen begonnen habe. Den Missvergnügten schloss sich der Erzbischof von Pisa an, der von Lorenzo widerrechtlich an der Besitznahme des Erzbisthums verhindert worden war.[1]) Sixtus IV. beklagte sich in der Bannbulle in folgenden Worten über diesen Gewaltact: „Cum nos dudum Ecclesiae Pisanae certo modo

[1]) „E messer Francesco Salviati era stato impedito dall' autorità de' Medici dal poter conseguire la possessione del suo arcivescovado di Pisa.“ Nardi, Ist. Flor., Vol. I, lib. 1, ed. di Firenze 1858.

vacanti, de venerabilium Fratrum nostrorum S. R. E. Cardinalium consilio, de persona bonae memoriae Francisci Archiepiscopi Pisani eundem illi in Archiepiscopum praeficiendo providissemus, Laurentius et complices sui ne provisio hujusmodi debitum sortiretur effectum, per plura tempora prohibere mandatis nostris palam resistendo non formidarunt." Francesco Pazzi schürte bei Riario den Argwohn und die Furcht, seines kleinen Staates beraubt zu werden, wenn der Papst stürbe. Das Wichtigste war, den Papst, der nach den vielfachen von Lorenzo empfangenen Beleidigungen diesem zürnen musste, für einen Wechsel der Regierung in Florenz geneigt zu machen, ohne ihn ein Verbrechen gegen das Leben der Mediceer ahnen zu lassen. Ammirato präcisirt die Situation mit folgenden Worten: „L'odio del Papa trasse primieramente origine dall' ajuto prestato da Lorenzo a Niccolò Vitelli, parendogli troppa arroganza il volersi egli tutto dì impacciare di quello che i Papi verso i loro sudditi si facessero, avendo massimamente nella memoria quello, che a Paolo II suo predecessore era avvenuto per conto di Ruberto Malatesta intorno le cose di Rimini: oltre lo sdegno suo, era acceso il Pontefice contra Lorenzo da' conforti del Conte Girolamo Riario suo nipote, il qual conte sapendo che Lorenzo haveva fatto ogn' opera che Imola dopo che dal duca Giov. Galeazzo fu tolta a Taddeo Manfredi pervenisse in potere de Fiorentini e non sua, fiero odio serbava contro di lui, non ostante che il Conte havesse in ogni modo conseguita Imola datagli dal duca per dota, di Caterina sua figliuola naturale." [1])

Ferrante von Neapel, dessen Beziehungen zum Papste in Folge des Erlasses des Tributes als Lehnsträger der

[1]) Scipione Ammirato, Ist. Fior. lib. 24, ad ann. 1478, ed. di Torino 1853, vol. VI, p. 5.

Kirche, der Erwerbung von Sora und der damit verbundenen Familienbeziehungen die besten waren, und der den Florentinern wegen ihres beharrlichen Festhaltens an dem Bündniss mit Mailand und Venedig grollte, war einer Staatsumwälzung geneigt, die ihn an die Spitze der Potentaten Italiens bringen musste. Den Papst für ein „Mutar lo stato" geneigt zu machen und ihm doch das Verbrecherische der Mordanschläge zu verhüllen war die bedeutungsvolle Aufgabe der Verschworenen. Es erscheint unzweifelhaft, dass Sixtus IV., so masslose und ungerechtfertigte Beschuldigungen die Republik Florenz gegen ihn erhoben hat, von dem verbrecherischen Anschlage gegen das Leben Lorenzo's de' Medici nicht unterrichtet gewesen ist.[1]) Das Zeugniss Giovanbattista's da Montesecco weist ausdrücklich die Mitwissenschaft an dem blutigen Attentat zurück. Die Verhandlungen vor dem Papste zwischen Francesco Salviati und Girolamo Riario, wobei Giovanbattista das erwählte Werkzeug war, lassen erkennen, dass Sixtus einen Staatsstreich gern sah, der der Republik ihre Freiheit zurückgab, den Frieden Italiens näher brachte und ihn selbst von einem ehrgeizigen Gegner befreite.

Das Verhör, dem Montesecco in Florenz unterzogen wurde, trägt den Character eines im Ganzen offenen Soldatenbekenntnisses an sich und erscheint keineswegs gravirend für die Intentionen des Papstes. Obgleich die „Synodus Florentina," welche wir später einer eingehenden Kritik unterstellen wollen, durch geflissentliche Hin-

[1]) Auch Rainaldi entlastet ihn der Mitschuld und Mitwissenschaft des eigentlichen Verbrechens gegen das Leben der Medici: „Passim ab historicis, etiam pontificio nomini addictis carpitur Sixtus ut coitionis in Mediceos particeps, quanquam illum patrandi flagitii ratio ultime a conjuratis concepta latuit, *sed quod Mediceos, quos saepius hostes senserat, a reipublicae Florentinae gubernaculis depelli percuperet.*" ad ann. 1478, n. 3.

13*

weglassung aller Stellen, welche den Papst entlasten und seinen bestimmten Willen aussprechen, Nichts gegen das Leben der Medici zuzulassen, zu masslosen Beschimpfungen des Papstes gedient hat, wird man auf dieses Machwerk eines papstfeindlichen Kreises, dessen Absichten so offen zu Tage treten, doch nicht den geringsten Werth legen dürfen. Die Verurtheilung dieses Documentes, das am Besten den unter den Mediceern grossgewordenen Geist enthüllt, liegt schon darin beschlossen, dass es nicht im Stande ist, eine einzige der von Sixtus erhobenen Klagen zurückzuweisen oder zu entkräften.

Noch ein Moment trat hinzu, die Abneigung des Papstes gegen Florenz zu schärfen. Carlo di Montone, der Sohn des Braccio, wünschte die Macht, die sein Vater in Perugia gehabt, zurück zu erhalten.[1]) Als er seine Condotta bei den Venezianern beendigt hatte, war er mit einigen zusammengerafften Compagnien nach Florenz gekommen, um dort für seine Unternehmung Beistand zu finden. Aber Florenz hatte seine Verbindung mit Perugia erneuert, und Carlo richtete seine Augen auf Siena, mit dem die Republik nicht im Kriege war. Indem er ein von seinem Vater entliehenes und noch nicht bezahltes Darlehn zum Vorwande nahm, rückte er mit seinen Freibeutern gegen Siena in's Feld, nahm, da man sich eines Angriffs nicht versah, mehrere feste Plätze weg und hätte Siena selbst angegriffen, wenn sich Florenz jetzt nicht in's Mittel gelegt hätte. Siena war auf's Höchste gegen Florenz erbittert, weil diese ganze Unternehmung von hier aus ihren Ausgangspunct genommen hatte, das Gebiet der Stadt verwüstet und verbrannt worden war, ohne dass ein eigentlicher Grund zum Bruche des Friedens vorgelegen hätte, und schloss sich nun eng an den Papst und den

[1]) Corio, Storia di Milano, l. c. nota 3.

König von Neapel an; aus dem Kirchenstaat aber ging eine Heeresabtheilung nach Montone ab, um den Capitano zu züchtigen, der so verwegen den Frieden gestört hatte.[1])

Zu dieser Zeit hatten Francesco de' Pazzi und Girolamo Riario ihren Plan, die Regierung in Florenz zu ändern und die Medici zu tödten, entworfen. Francesco Pazzi kam nach Florenz, um seinen Oheim Jacopo, welcher das Haupt der Familie war, in die Verschwörung hinein zu ziehen, und es gelang ihm, den alten Mann durch wiederholtes Bitten für seine Pläne geneigt zu machen. Unter denjenigen, welche sich den Verschwörern anschlossen, sehen wir Jacopo, den Sohn des berühmten Humanisten Poggio Bracciolini, zwei Salviati, Bernardo Bandini und Napoleone Franzesi, Antonio Maffei, Cleriker aus Volterra und Stefano Bagnoni, Pfarrer aus Montemurlo. Francesco de' Pazzi und Bernardo Bandini sollten den Mord Giuliano's, Giovanbattista Montesecco den Lorenzo's auf sich nehmen; als aber der Ort der That, wozu ursprünglich ein Gastmahl im Hause der Medici ersehen war, in die Kirche verlegt wurde, weigerte sich der Hauptmann entschieden, den Mord auszuführen, und Antonio di Volterra nebst Stefano Bagnoni traten an seine Stelle.

Montesecco ging zunächst nach Faenza, wo der Signor Carlo sich dem Tode nahe fühlte, um die Verhältnisse dieser Stadt zu prüfen und von hier aus sich nach Florenz zu begeben, wo er mit Lorenzo de' Medici über den Erwerb von Faenza seitens des Grafen Riario verhandeln sollte. Montesecco traf Lorenzo de' Medici und fand ihn

---

[1]) Im Verhör Montesecco's heisst es: „fu fatta deliberazione d'andare a campo a Montone e tenere in tempo l'assedio più che se posseva a cagion che costoro avesser tempo a dare ordine alla spedizione della faccienda." Fabroni, l. c. II, 171.

scheinbar disponirt, auf die Intentionen des Grafen Riario einzugehen.[1])

Nach dieser Unterredung geht der Hauptmann in die Osteria della Campana, sein Mahl einzunehmen, und, da er Credenzbriefe vom Grafen Riario und vom Erzbischof bei sich führt, schickt er nach Francesco und Jacopo de' Pazzi. Francesco ist nach Lucca gegangen, aber Jacopo kommt nach der Osterie: sie gehen in ein geheimes Zimmer und Montesecco überreicht seine Briefe. Jacopo zeigt zunächst seine Abneigung, sich an diesem Anschlage zu betheiligen: „Io non ti voglio intendere per niente, perchè costoro si vanno rompendo il cervello et voglion deventare Signori de Fiorenza, et io intendo meglio queste cose nostre de loro: non me ne parlate per niente, che non ne voglio ascoltare." Endlich bequemt sich Jacopo, ihn anzuhören, da er von der Geneigtheit des Papstes hört, eine Veränderung der Regierung in Florenz zuzulassen, und da Giovanbattista betont, die Anhäufung von Truppen gegen Montone hin müsse bei längerem Zögern Verdacht erregen. Montesecco referirt dann das letzte Gespräch, das er mit dem Papst, später mit dem Grafen und dem Erzbischof besonders gehalten hat. Daraus geht hervor: Vor dem Papste wird über die Möglichkeit und den Modus eines „Mutar lo Stato" verhandelt. Dem Papste, der von vorn herein erklärt: „che vorria seguisse la mutazione dello Stato, ma senza morte de persona,"[2]) erwiedert Giovanbattista

---

[1]) „ritrovandolo così ben disposto in le cose del Conte, che veramente non s'averia possuto parlare per niuno fratello più amorevolmente che me parlò: „Tu te ne girai a Imola e vederrai come trovi le cose e daraimene avviso de quello te parerà s'abbia a fare dal canto nostro, che tutto si farà senza mancare de niente per satisfare alla Signoria del Conte." l. c. p. 172.

[2]) Er wünsche einen Wechsel der Regierung aber ohne den Tod irgend eines Menschen.

in Gegenwart des Grafen und des Erzbischofs: „Heiliger Vater, diese Dinge lassen sich schwer ausführen ohne den Tod Lorenzo's und Giuliano's und vielleicht noch Anderer."[1]) Der Papst entgegnet ihm:[2]) „Ich will unter keiner Bedingung den Tod irgend eines Menschen; denn es ist Unseres Amtes nicht, zum Tode Jemandes Unsere Zustimmung zu geben, und wenn auch Lorenzo ein Flegel (villano) ist und sich übel gegen Uns beträgt,[3]) so wünsche ich doch heineswegs seinen Tod, wohl aber einen Wechsel der Regierung." Der Graf tritt dazwischen und sagt: „Es soll geschehen, was möglich ist, dass dieser Fall nicht eintritt, wenn er aber einträte, würde Ew. Heiligkeit dem verzeihen, der ihn veranlasste?" Sixtus entgegnet ihm: „Du bist eine Bestie: Ich sage Dir, ich will nicht den Tod irgend eines Menschen, sondern nur einen Wechsel der Regierung und auch Dir, Giovanbattista, sage ich, ich wünsche, dass in Florenz ein Wechsel eintrete und die Regierung aus den Händen Lorenzo's genommen werde, denn er ist ein Flegel und ein böser Mensch, kennt keine Rücksicht gegen Uns, und ist er einmal aus Florenz heraus, liesse sich leicht über die Republik nach Unserem Willen disponiren."[4]) Der Graf und der Erzbischof heben

---

[1]) „Padre Santo queste cose se potranno forse mal fare senza morte di Lorenzo e di Giuliano e forse delli altri," l. c. p. 173.

[2]) „*Io non voglio la morte di niuno per niente,* perchè non è offizio nostro acconsentire alla morte di persona, e benchè Lorenzo sia un villano e con noi si porte male, pure *io non vorria la morte sua per niente,* ma la mutazione dello Stato sì." l. c.

[3]) Cfr. Michael Brutus, Hist. Flor. lib. V, p. 248, ed. Ven. 1764: „*Nam illius* (Papae) *Legato nulla jam erat apud magistratum auctoritas reliqua: atque ut esset a convicio et contumelia munitus, vix illi satis praesidii erat in Pontificis auctoritate constitutum.*"

[4]) „El Papa respuose al Conte: tu sii una bestia. Io ti dico: *non voglio la morte di niuno,* ma la mutazione dello Stato sì.

hervor, dass, wenn Florenz in ihrer Gewalt wäre, der Papst leicht halb Italien Gesetze geben könne: ein solches Ziel sei wohl werth, auf jede Weise darnach zu streben (sicchè siate contento si faccia ogni cosa per venire a questo effetto), welches immer die Mittel seien."

Wiederum entgegnet der Papst mit der grössten Bestimmtheit, ohne Rückhalt und ohne Zweideutigkeit: „Ich sage Dir, ich will nicht" (Io ti dico che non voglio).

Der Papst hat in Vorstehendem viermal seinen entschiedenen Willen erklärt, eine Ermordung der Medici nicht zuzulassen; konnte er erwarten, dass seinem Willen entgegen gehandelt würde, nachdem er den Dreien gesagt: „Habet die Ehre des heiligen Stuhles in Acht?" „Gehet," so entlässt er sie, „und thut wie ihr wollt, aber ein Mord darf nicht geschehen!"[1])

Den kirchenfeindlichen Schriftstellern, die in dem ganzen Vorgange nur eine Comödie des Papstes sehen, gemacht, um sich vor den Folgen zu salviren, und die sich den Argumenten dieses mehrmals so klar ausgesprochenen Willens unzugänglich zeigen, ist zu erwidern, dass sich in dem ganzen Vorleben des Papstes bis zu diesem Punkte und nachher Nichts auffinden lässt, das einen Anhalt böte, ihn einer grausamen That für fähig zu halten, die das Papstthum so schwer schädigen musste. Sein im Orden der Wissenschaft und dem Heile der Menschen geweihtes, enthaltsames Leben, seine von den Generalen dieses Ordens hochgeschätzte Thätigkeit für

---

E così ti dico, Giovambatista, che io desidero assai, che lo Stato di Fiorenza se mute e che se leve delle mani de Lorenzo, che elli è un villano e un cattivo uomo e non fa stima de noe e tuttavolta ched e' fosse fuor de Fiorenza lui, farissimo de quella Republica quello voressimo e saria ad un gran preposito nostro."

[1]) „Andate e fate quello volete voi, *purchè non v' intervenga morte.*"

die Erneuerung der Regel, Förderung der Studien, seine intimen Beziehungen zu einer so kritischen, feinen Natur wie die Bessarions, der die Erhebung seines Freundes zum Cardinal durchsetzte, weil er in ihm eine Zierde dieses Standes sah, sein Eifer für die Beilegung theologischer Streitigkeiten, die sein gediegenes Wissen zeigten, dann später als Papst sein aufrichtiges Bestreben, die Liga aller Fürsten Italiens und damit den allgemeinen Frieden zu sichern, ein Concil zu berufen, alle Fürsten der Christenheit für eine Expedition gegen den Islam zu begeistern, die Streitigkeiten der christlichen Potentaten zu schlichten, seine schrankenlose Liberalität in der Gründung wohlthätiger Stiftungen, seine Pietät gegen Eltern und Vaterland, gegen den Stifter seines Ordens, gegen die „Immaculata,“ für deren Ehre er zeitlebens gestritten hat, seine wahrhaft königliche Bauthätigkeit und Sorge für das Wohl der Römer, sind alle diese Momente, die trotz der Anschuldigungen Infessura's unantastbar feststehen, Nichts bei der Beurtheilung des Verhaltens eines Papstes in einer so wichtigen, so folgenschweren Angelegenheit? Warum dem Haupte der Kirche ein Verbrechen aufbürden, das die vorhandenen Documente allein seinem Neffen, dem entarteten Erzbischof und der Familie der Pazzi zuweisen? [1])

Das spätere Verhalten des Papstes gegen Neapel, gegen die abtrünnigen Colonna, zuletzt gegen Niccolò Vitelli, gegen den Erzbischof von Krain, zeigt keineswegs

---

[1]) Cfr. Hergenröther, Handb. der allgem. K. G. II. B., Freiburg 1877, p. 127: „Da brach in Florenz Seitens der mächtigen Familie Pazzi gegen den regierenden Lorenz von Medici und seinen Bruder Julian eine Verschwörung aus, welche der Papst und sein Neffe Girolamo begünstigt haben sollten; doch hatte der Papst nach der Aussage des nachher in Florenz hingerichteten Condottiere Montesecco die politische Umwälzung der Stadt ohne Blutvergiessen bewirkt sehen wollen.“

ein rachsüchtiges und grausames Gemüth.[1]) Sixtus war allen Mächten Italiens von Anfang an in einer Weise entgegenkommen, dass keine in ihm einen Störer des Friedens sehen konnte. Neapel erklärte sich in höchster Weise befriedigt über den Erlass des Tributes und die Rückgabe von Sora. Später wird der Papst von Neapel verrathen, die Colonna stehen gegen ihn auf, bis die glückliche Schlacht bei Campomorto ihm das Schicksal Neapels in die Hände legt;[2]) aber sowohl der Herzog von Calabrien als die Colonna werden wieder in ihre Rechte eingesetzt, nachdem sie an das Wohlwollen und die Nachsicht des Papstes appellirt haben; auch Niccolò Vitelli findet zuletzt eine Versöhnung angemessen und wird als Signor von Città di Castello anerkannt.[3]) Lorenzo de' Medici tritt von Anfang an dem Papste feindlich entgegen, vermeidet jeden Weg der Verständigung, der Versöhnung; darum wünscht der Papst einen Wechsel der Regierung in Florenz, denn er erkennt hier einen Gegner, der principiell ihm entgegentritt; weshalb sollte man aber Sixtus IV., der überall offen und kühn zu handeln pflegt,[4]) alle ver-

[1]) Die historischen Belege dafür werden im weiteren Verlaufe der Darstellung für jede einzelne dieser Thatsachen gegeben werden.

[2]) Mit Hülfe Ludwig XI. konnten sich jetzt die Wünsche, die später Carl VIII. realisirte, leicht verwirklichen lassen. Wäre Sixtus der Mann blinder Rache gewesen, er hätte nach der jammervollen Flucht des Herzogs von Calabrien leicht den Thron der illegitimen Arragonesen umstürzen und Frankreichs Ansprüche auf Neapel unterstützen können; das fühlte der Herzog sehr wohl und beeilte sich deshalb, den Papst zu versöhnen.

[3]) Von der versöhnlichen Gesinnung des Papstes zeugt das Schreiben Guidantonio Vespucci's an Lorenzo de' Med. b. Fabroni, II. p. 250. „Io noto . . . che la Sua Beatitudine volontier vorrebbe ogni accordo, ma e crede più Sua Beatitudine ad altri che a se."

[4]) Cfr. Michael Brutus, Hist. Flor. lib. V, pp. 242, 243, ed. Ven. 1764: *„Nam Xysti, quemadmodum erat apertus et minime*

schlangenen Pfade und Künste der macchiavellistischen Politik verschmähend, eine Betheiligung an einem niedrigen Anschlage gegen das Leben seines Feindes zuweisen, da er doch in anderen Fällen, wo das Leben anderer Feinde in seiner Hand lag, desselben geschont hat?

Nachdem der Papst seine klare Willensmeinung kundgethan und seine Zustimmung zu einer Unternehmung gegen Florenz, mit Ausschluss des Angriffs auf Leib und Leben der Medici, gegeben, versetzt der Erzbischof: „Padre Santo, siate contento che guidiamo questa barca, che la guideremo bene.“[1]) Der Papst konnte hier nur annehmen, dass die Anwesenden auf seine Intentionen eingegangen seien und giebt seine Zustimmung. Dass ein Mann wie Sixtus IV. sich in die Details der Verschwörung versenkt und mit den Betreffenden über Möglichkeit und Unmöglichkeit einer unblutigen Unternehmung conferirt habe, geht aus dem Bekenntnisse Montesecco's nicht hervor. Eine kleine Heeresmacht stand schon an den Grenzen der Republik, um Montone anzugreifen;[2]) eine Ueberrumpelung und Festnahme der Medici war mit Hülfe des starken Anhangs der Pazzi demnach nicht unmöglich, und der Papst muss eine solche angenommen haben.

Nach dieser Unterredung begeben sich die Drei in die Wohnung des Grafen Riario, wo die Sache insbesondere zerlegt und debattirt wird (dove fu poi discussa la cosa

---

facilis ad iracundiam dissimulandam, cui erat summa potestas imperii adjuncta.“

[1]) „Heiliger Vater, lass uns diese Barke lenken, wir werden sie gut führen.“

[2]) Cfr. Macchiavelli, Stor. Fior. lib. VIII. „E circa gli ajuti forestieri gli (Jacopo de' Pazzi) pareva, che il papa potesse mettere genti insieme per l'impresa del castello di Montone, *avendo giusta cagione di spogliarne il conte Carlo,* per aver fatti i tumulti già detti nel Sanese e nel Perugino.“

particolarmente). In Folge der Berathung kommt man zu dem Beschlusse: die Unternehmung liesse sich nicht ohne den Mord der beiden Medici ausführen (e concluso, che questa cosa non se poteva fare per niun modo senza la morte de costoro, cioè del Magnifico Lorenzo e del fratello). Daraus ergiebt sich, dass also erst das Resultat dieser vom Papste abgesonderten Versammlung ein solches ist, das die Ermordung als nothwendig hinstellt. Montesecco, der die Absicht des Papstes wohl verstanden hatte, dass ein Mord nicht zuzulassen sei, erwidert darauf: „Das sei unrecht gehandelt (esser mal fatto), worauf man ihm entgegnet: „Grosse Dinge liessen sich nicht wohl anders ausführen (mi rispuosero che le cose grandi non si possevano fare altramente)." Das Nähere soll dann mit Francesco und Jacopo de' Pazzi besprochen werden, und Montesecco wird auf einige Tage nach Imola geschickt und besucht auf der Rückreise Lorenzo und Giuliano in Cafaggiolo. Dann geht er in Lorenzo's Begleitung nach Florenz, wo er mit Francesco de' Pazzi conferirt, der ihn in der Nacht zu Jacopo führt. Hier wird beschlossen, den Erzbischof von Pisa unter irgend einem Vorwande nach Florenz zu bringen. Der eigentliche Ursprung des Gedankens, die Medici in der Kirche zu überfallen, der dem Ganzen jenen grausigen Character giebt, wie bei der Ermordung des Mailänder Herzogs,[1]) scheint von Francesco de' Pazzi, dem leidenschaftlichsten Beförderer der ganzen Angelegenheit ausgegangen zu sein (e Francesco diceva altramente, che ad omne modo si faria e sempre gli andò per la mente in chiesa, o a giuoco di carte o a nozze,

[1]) Der Aeusserung Rinuccini's über die That in Mailand: „Es war eine löbliche, edle und mannhafte That, welche von Allen nachgeahmt werden sollte, die unter einem Tyrannen leben," ist bereits gedacht worden. Cfr. Ricordi di Alamanno Rinuccini, p. CXXV.

purchè fossino tutti dua in un luogo); denn Jacopo ist der besonnenste und consequenteste und entschliesst sich nur ungern zur Theilnahme.

Darnach kehrt der Capitano nach Rom zurück, conferirt mit dem Grafen und Erzbischof (nicht mit dem Papste), und diese beiden beschliessen, den Erzbischof nach Florenz zu senden und zwar unter dem Vorwande, die Angelegenheit von Faenza zu ordnen: Montesecco soll mit 100 Füssern nach Imola gehen, was er auch thut. Von Imola begiebt er sich nach Montughi und verkehrt in einer Nacht wieder mit Francesco und Jacopo, welche er von Seite des Grafen Riario zur Beschleunigung der Sache auffordert (gli sollicitai assai a detta espedizione prima che il campo si dividesse loro). Im März ist der Hauptmann wieder in Rom, wo er mit dem Grafen, Gianfrancesco da Tolentino, Lorenzo da Castello[1]) und Francesco de' Pazzi zusammentrifft, die häufige Berathungen halten. Der Graf sagt, die Zeit sei jetzt nahe, denn Lorenzo würde wohl zu Ostern nach Rom kommen. Der Hauptmann fragt: „Wollt ihr ihn ermorden?“ (Faretelo morire.) Darauf antwortet jener: „Durchaus nicht, denn ich wünsche nicht, dass Jemand hier Ungelegenheiten habe“ (madianò, che questo non voglio per niente, che quì abbia alcuno dispiacere), aber ehe er abreist sollen die Dinge gut geordnet sein.“ Dann fragt Montesecco: „Weiss unser Herr (der Papst) davon?“ Der Graf entgegnet: „Jawohl weiss er es.“ Dem Capitano will das nicht recht einleuchten, er beurtheilt also den Papst richtig: „Diavolo egli è gran fatto che 'l consenta!“ Doch hat der Graf vorher bemerkt, er habe keineswegs

[1]) Lorenzo Giustini da Castello war ein persönlicher Gegner Lorenzo's, da dieser den Niccolò Vitelli, seinen Widersacher, beschützte: „inimico di Lorenzo, per avere lui sempre favorito messer Niccolò Vitelli da Castello, suo avversario.“ Guicciard. l. c.

die Absicht, Lorenzo zu tödten; „questo non voglio per niente;" hatte er also den Papst wirklich benachrichtigt, so handelte es sich um eine Festnahme Lorenzo's in Rom, nicht um seinen Tod.

Dann wird beschlossen, Francesco nach Rom zu rufen, Gianfrancesco da Tolentino und Montesecco nach Imola zu senden: Messer Lorenzo da Castello soll mitgehen und dann sich nach Castello begeben, um seine Leute bereit zu halten. Zuletzt kommt der Bischof von Lyon, der von Neuem die Ehre des heiligen Stuhles den Betheiligten an's Herz legt: „in questa forma sono state governate queste cose diciendo imperò sempre, che l' onor de Nostro Signore e del Conte ci fosse raccomandato."

Der Papst wusste also immer noch von dem blutigen Anschlage nichts, sonst würde er nicht seine Ehre noch zum Schluss der Berathungen den Betheiligten haben an's Herz legen lassen: das wäre bei einem Mordanschlage ganz überflüssig gewesen; denn selbst, wenn er glückte, beide Mediceer gleichzeitig fielen, und die Republik sich frei erklärte, musste die Ehre des heiligen Stuhles compromittirt werden. Sixtus IV. lebte demnach, wie aus dem ganzen Verhör zweifellos hervorgeht, in der Anschauung, es handle sich um ein Festnehmen der beiden Medici, Lorenzo's, sei es auf der Reise nach Rom [1]) oder auf der Rückkehr, Giuliano's, vielleicht auf dem Wege nach Piombino, wohin er in Heirathsangelegenheiten zu gehen pflegte, [2]) und dann um eine Proclamirung der Republik.

[1]) Macchiavelli, Stor. Fior. lib. VIII: „A messer Jacopo non pareva che fusse riuscibile, sendo ambeduoi i fratelli in Firenze, e per ciò s' aspettasse che Lorenzo andasse a Roma, com' era fama che voleva andare."

[2]) Guicciardini, l. c. lib. VIII: „con disegno mentre era in Roma (Lorenzo) di ammazzare Giuliano *e che Lorenzo fussi ritenuto.*" Es war also doch möglich, ohne Blutvergiessen die Sache

Anderes aus dem Document zu folgern wird ein unparteiischer Kritiker nicht im Stande sein.

Das Factum der traurigen Vorgänge in Florenz, dessen ausführliche Darstellung Scipione Ammirato und Poliziano hinterlassen haben,[1]) geben wir, da die Neueren sich mit Recht an die umfangreiche, gut disponirte Erzählung Ammirato's halten, im Folgenden mit Absicht nach dem Text Filippo Strozzi's, eines Augenzeugen:[2])

„Richordo come d'un caxo horribile nato in questa nostra ciptà di firenze sinvadi 26 daprile 1478 prossimo passato in domenica mattina in questo effetto. Ritrovandosi a montughi in casa di M. Jacopo de pazi, chevera stato circa due mesi, sendosi partito da pisa sotto cholore dellamoria chevera chominciata el R° M. Raffaello da Saona, chardinale di S. Giorgio, nipote del conte girolamo, giovane detà di 19 in 20 anni,[3]) sutogli mandato ultimamente el chapello a pisa, el primo al suo governo avea M. Francesco Salviati, arcivescovo di pisa, e dimostrando d'aversi a preparare d'andare a perugia leghato, quei suoi,

---

zu vollenden; auch Giuliano konnte leicht auf dem Wege aufgehoben und gefangen werden. Der Papst musste also nicht wissen, dass ein „mutar lo Stato“ nur auf blutigem Wege zu erreichen sei, wie man behauptet hat.

[1]) Die „Congiura de' Pazzi“ Poliziano's, bereichert mit Noten von Giovanni Adimari, erschien 1769 in Neapel. Eine Separatausgabe von Ammirato's Darstellung — im 24. Buche der „Istorie Fior.“ — wurde 1826 in Florenz gedruckt; sie enthält in der nota 3 die Namen der an den verschiedenen Tagen Getödteten, ex Cod. 459, Cl. XXV Magliab.

[2]) Congiura de pazzi notata di propria mano da Filippo di Matteo Strozzi quale si trovò presente. Ex Cod. Riccard. 2780. Cfr. Macchiavelli, Stor. Fior. lib. VIII.; Guicciardini, Stor. Fior. cap. IV.

[3]) „Non conscio per la età di questo trattato.“ So Guicciard. Stor. Fior. p. 38.

che lo governavano provochorono Lorenzo de' Medici a doverlo conjurare, e chosì fecie per la detta domenicha e nel palagio suo qui in firenze e per compagnia aveva invitato M. Marino, imbasciadore della maestà delre Ferrando, M. Filippo Sagramoro horatore del duca dimilano e M. niccolò da ferrara, horatore del duca, e sei o sette chavalieri, cioè M. Antonio della stufa, M. Antonio Ridolfi, M. bongianni gianfigliazzi, M. Luigi guicciardini, M. piero betti e M. bernardo bongirolamo, essendo el predetto chardinale in S. maria del fiore, che udiva missa, in sul dire missa est[1]) Ser Stefano da bagnone[2]) chancelliere di M. Jacopo de pazi e M. marcho maffei da volterra chonalcuni famigli assaltarono chonlarme Lorenzo de medici, e Francesco d'antonio de' pazi e bernardo di giovanni bandini assaltarono giuliano, che tutti a dua passegiavano dintorno al choro; Lorenzo senavide presto o chavò larme e saltò in choro e passò dinanzi allaltare e entrossene nella sagrestia nuova e fecie serrare la porta e quivi si stette fino che da chasa li venne soccorso e solo nel chollo fu alquanto ferito, di che guari in pochi di; francesco de'

---

[1]) Die Aussagen über den Moment gehen auseinander. Guicciardini: „quando il prete si communicò." Scala in der excus. Florent.: „ad fractionem Eucharistiae," ebenso die Synodus Flor. Del Migliore hat „ad elevationem hostiae", ebenso Raph. Volat. in Geogr. und Ughellius. Carolus a Florentiola „dopo l'elevazione del Corpo di Christo", Valori „cum sacerdos Eucharistiam frangeret", Jacopo Filippo a Bergamo „quando il prete si comunicava," Poliziano als Zeuge „peracta sacerdotis communione", Philippe de Commines nennt das „Sanctus", Macchiavelli „quando il prete si communicava."

[2]) Stefano soll der Sohn des Ser Niccolò di Bagnone gewesen sein und war Pfarrer von S. Giovanni B. di Montemurlo. Poliziano bemerkt: „homo impudens et male audiens omni crimine, qui et in Jacobi domo haud satis honeste versari ferebatur: ejus enim unicam filiam adulterio conceptam litteras docebat."

pazi e bernardo bandini assalirono in un medesimo tempo giuliano, che volteggiava il choro e si ritrovava dirimpetto alla chapella della croce e si dettono dieci o dodici cholpi in modo, che subito chascò in terra e morì; e chosì dettono due cholpi a francesco nori, che passeggiava con lui, e subito morì. Il romore fu grande per la chiexa; io mi vi trovai, che parlavo con M. bongianni e tutti quelli chavalieri, ognuno stavano stupefatti e chi fuggiva di quà e chi di là, e per la chiexa erano gran grida, e vedevonsi arme, di quà famigli de' pazi, che avevono fatto il chaso con loro. Il chardinale si restò solo alato alaltare, pure poi de preti fu menato nella sachrestia vecchia e quivi stette tanto, che da due delli Otto chon molta chompagnia fu menato in palagio in un medesimo tempo, che feciono questo caxo. L'arcivescovo di pisa si ritrovava in palagio sotto cholore di volere visitare la Signoria, e sentendosi il romore per la terra, volle pigliare il palagio e chon lui aveva Jacopo suo fratello e Jacopo di Jacopo Salviati e Jacopo di M. poggio[1]) e perugini e altri, e in fine la Signoria chon la famiglia si difesono e chominciorono a sonare a martello e in piaza corsono de ciptadini cholarme e per forza ventrorono che avevano serrato luscio di dentro e presolli tutti. Inventore di questo trattato si disse essere suto francesco de' pazi e l'arcivescovo di pisa e tiratovi poi il conte girolamo, nipote di papa Sisto, e M. Jacopo de pazi, il quale si trovò in sula mattina in S. maria del fiore e chon parecchi famigli chonlarme, e subito fatta la novità in chiexa se ne tornò a casa e chon alchuni de' nipoti e altri amici senandò verso piazza per entrare in palagio gridando libertà; quando s'accostò alla porta del

---

[1]) Secretär des Cardinal Riario. Ammirato sagt von ihm: „questo pazzerello da niun' altra cosa fu a ciò spinto, che da desiderio di cose nuove e da leggerezza di cervello.“ l. c.

palagio, da merli fu gridato, che si scoltassi, altrimenti che arebbe de' sassi: e vedendo lui, che el palagio non era preso, sene ritornò adrieto verso chasa sua e chon sua seguaci montò a chavallo e andonne verso la porta alla croce e trovò il ciptadino, che avea la chiave, e gliela fecie torre e apersela e feciela guardare da sua genti e ritornò a chasa, dove stette per ispazio di circa due hore e vedendo la terra non fare alchun movimento, anzi tutto il popolo armato essere parte a chasa Lorenzo e parte in piazza, pigliò per partito andarsene e chosì fecie per la detta porta chon circa 200 persone. Il dì medesimo la Signoria fecie impichare alle finestre del palagio gl'infrascripti, cioè l'arcivescovo di pisa, Jacopo di M. poggio e più altri di qualche condizione, chome si è Jacopo e Jacopo Salviati e altri suoi amici e servidori del chardinale, che andorono in palagio chon lui, e chosì vi feciono impichare francesco dantonio de' pazi, che fu preso in casa sua; il martedì poi fu impichato M. Jacopo [1]) e renato di M. piero de' pazi e perugini, e molti altri furono morti in palagio apiè delle schale. Furono c morti tra in palagio e al palagio del podestà circha di 80 in più dì, [2]) e chosì

[1]) In Jacopo endigte ein 70jähriger, angesehener Patrizier, einer der reichsten Männer in Florenz. Ammirato erzählt die schrecklichen Umstände seines Todes: „Sapevasi che in su'l tempo della morte si era disperato chiamando il diavolo, fu per ordine de' Signori di notte tempo cavato dalla sua sepultura di S. Croce e lungo le mura seppelito.“ Cfr. Corio, Stor. di Mil. P. VI, cap. 3. Seine letzten Worte lauteten: *„Ho perso le sostanze coll' onore, altro non mi resta che dare l'anima al diavolo.“*

[2]) Ein Mscpt. der Badia von Florenz berichtet, dass von der Familie des Erzbischofs etwa 20 getödtet wurden. Carolus a Florentiola erzählt: „darunter seien zwei Doctoren aus Perugia und ihre drei Brüder gewesen, sowie vier Priester des Erzbischofs.“ Landucci berichtet: „ein Priester aus dem Gefolge sei auf der piazza getödtet und geviertheilt worden, und die einzelnen Glieder

passò, e la chasa de' pazi, cioè c descendenti di M. andrea, furono tutti morti e presi, cciepto Guglielmo, che per essere chogniato di Lorenzo de' Medici, fu confinato nel chontado e M. Antonio vescovo, che si trovò in corte di Roma. Feciesi perquisizione e vinse che tutti e restanti de' pazi mutassino nome e arme e che 'l chanto de' pazi si chiamassi e che qualunque ciptadino avessi in chasa arme de' pazi, o dove se ne trovassino, tanto in luoghi echlesiaxtici, chome temporali infra un mese si dovessino tutte fare dispignere e disfare insino a quelle si trovassi nelle monete.[1]) E perchè fu sostenuto il chardinale larciveschovo di pisa, il papa e col favore del re ferrando, che allora era in sua amicizia, ci mossono ghuerra etc."

Die beiden Mörder, welche Lorenzo de' Medici angefallen hatten, blieben drei Tage bei den Benedictinern versteckt, wurden aber bei den sorgfältigen Nachforschungen aufgefunden und, nachdem man ihnen Nasen und Ohren abgeschnitten, hingerichtet.[2]) Mit Mühe war das Volk abzuhalten, den Mönchen ein Gleiches zu thun, weil sie den Beiden ein Asyl geboten hatten. Montesecco wurde auf der Flucht ergriffen und einige Tage in Gefangenschaft gehalten. In seinem langen Verhör[3]) bekannte er seine Beziehungen zum Grafen Girolamo, zu den Pazzi und jenes Gespräch mit Sixtus IV., in dem der Papst sich energisch gegen jedes Verbrechen wider das Leben der Brüder ausgesprochen hatte. Achtung vor dem heiligen

---

habe man auf Spiessen herumgetragen." Die Namen der an den verschiedenen Tagen des 26. 27. 28. April, 2. 3. 13. 29. Mai aufgehängten Personen sind, wie bemerkt, in der „Congiura de' Pazzi von Ammirato, Firenze 1826, p. 86—88 gegeben.

[1]) Fabroni, vol. II, p. 111 giebt die Prov. Reip. Flor. Darin heisst es: „ubicunque sculpta, ficta, caelata vel picta reperiantur."

[2]) Fabroni, I, p. 69.

[3]) „Dopo una lunga esamina fatta di lui." Macchiavelli, l. c.

14*

Orte, sagte der Capitano, habe ihn abgehalten, seinen Auftrag zu vollziehen.[1]) Bernardo Bandini war nach der Türkei geflohen, aber der Sultan, der viel Sympathie für Lorenzo de' Medici besass, sandte ihn gebunden und in türkischer Kleidung zurück, wonach er hingerichtet wurde. Giovanni, Guglielmo's Bruder, Andrea und Niccolò, Renato's Brüder, wurden eingekerkert, ihr Vermögen zog der Staat ein. Am 19. Mai wurde Andrea de' Pazzi mit zwei seiner jüngeren Brüder in die tiefsten Kerker des Thurmes von Volterra geworfen. Von allen Verschwörern entkam nur Napoleone Franzesi mit Hülfe des Pietro Vespucci.[2]) Guglielmo, Lorenzo's Schwager, wurde auf seine Villa verbannt. Mit Recht sagt Capponi im „Reggimento di Firenze:“ „La ingiuria, che ebbe Lorenzo da' Pazzi, fu gravissima, errerò forse manco a dire la offesa, perchè non pare si possa dire ingiuriato chi ha provocato, e nondimeno *la vendetta passò ogni misura di civiltà;*[3]) perchè non solo nel primo impeto furono impiccati molti, che non erano in colpa, ma poco appresso fu fatto il medesimo a

---

[1]) Die Weigerung Montesecco's, die Kirche sacrilegisch zu entweihen, war der Grund, dass die Unternehmung misslang. Cfr. Macchiavelli, Stor. Fior. lib. VIII.: „Perchè strignendogli il tempo furono necessitati dar questa cura a messer Antonio ed a Stefano duoi che per pratica e per natura erano a tanta impresa inettissimi.“

[2]) den man dafür 5—15 Miglien von Florenz verbannte, während sein Vater lebenslänglich in die Stinche geworfen wurde. Cfr. Ammirato, l. c. Die Namen der im Thurm zu Volterra internirten Pazzi sind: Andrea di Mess. Piero, Giovannino, Niccolò, Galeatto, Giovanni Antonio. Cfr. Cod. 459 Magliab. Cl. XXV.

[3]) „Es fehlte nicht viel, sagt Ammirato, so wäre die Stadt von der rasenden Volksmenge geplündert worden: perciò fu in questo dì per un leggiere accidente molto presso la città ad esser posta a sacco.“ l. c.

Renato,[1]) che aveva sempre detestato l'arme, e poi a sangue freddo tenuti tanti anni in prigione quelli poveri giovani innocenti, vietato il maritarsi alle fanciulle e fatte molte altre esorbitanzie, che sono tutte secondo la natura di simili stati, ne' quali si gastiga non solo chi ha cercato mutazione, ma encora i figliuoli, i fratelli e i parenti.“[2]) In der That handelte es sich nicht nur um Acte der Volkswuth, sondern um überlegte Rache gegen unschuldige Personen.

Der Versuch, die Mediceerherrschaft zu stürzen trug in diesem Ausgange des Unternehmens für Lorenzo glückliche Folgen. Auch diejenigen, die ihm bisher von Herzen und aus republikanischer Ueberzeugung abgeneigt gewesen waren, traten auf seine Seite, da das Niedrige des Anschlages auf sein Leben, der selbst das Heiligthum der Kirche nicht geschont hatte, der Missbrauch der heiligsten Handlung und der Anwesenheit des Cardinals grosse Erbitterung hervorgerufen hatte.

Die Ansprache, die Lorenzo vom Balcon seines Palastes an das dichtgedrängte Volk hielt, und worin er um Mässigung gegen die Schuldigen ersuchte, obwohl er selbst masslos in seiner Rache gegen die Pazzi war, verfehlte ihren Eindruck nicht. Er erklärte sich bereit, zum Wohle des Staates abzutreten, seine eigenen Interessen dem Beschluss der Republik ganz zu unterwerfen. Der Jubel der Menge antwortete dieser geschickten Rede, durch die er seine Stellung befestigte. Das hat er immer verstanden, in den kritischen Augenblicken seines Lebens sich durch Appell an die Grossmuth der Florentiner, durch scheinbar bescheidenes Zurückgehen eine Macht zu sichern, die,

---

[1]) „Uomo e per lettere e per costumi indegno veramente di quella miseria.“ Ammirato, l. c.

[2]) Guicciardini, l. c. p. 45.

indem er sie ganz dem Volke zurückzugeben und aus seinen Händen als unverdientes Geschenk neu zu empfangen schien, um so sicherer ihre Fesseln um die Freiheit der Verfassung legte. Wer mochte es ihm länger verübeln, wenn er nun ganz die Ziele seiner Dynastie mit denen der Republik confundirte, seine erschütterten Banken durch öffentliche Gelder stützte, unter dem Scheine, den Staat zu retten, schonungslos seine Feinde zu Boden trat? Renato Pazzi hatte die Stellung Lorenzo's de' Medici besser erkannt, als die leidenschaftlichen und rachsüchtigen Mitglieder seiner Familie: „Lasst ihn gewähren, hatte er gesagt, denn er steht doch am Abgrunde des Bankerotts, und damit wird seine Herrschaft von selbst aufhören.“ Die Ereignisse befreiten Lorenzo von einem Bruder, der ihm gefährlich werden konnte, da dessen ritterliche Erscheinung im Volke viel Sympathien besass; seine gefährlichsten Feinde waren vollständig in seine Hand gegeben, und er stieg zum Signore assoluto der Republik auf, in einem Augenblick seines Lebens, wo seine Stellung vielleicht am meisten erschüttert war; denn was ist die Tyrannis in Florenz ohne das die Massen beherrschende Gold und den umfassenden Credit, um auswärtige Feinde zu bekämpfen, innere durch die Corruption zu beseitigen? Alessandro de' Pazzi hat in seinem Discorse eine beherzigenswerthe Stelle,[1]) die ganz diese Gedanken enthält und die aus dem Munde eines Neffen Lorenzo's de' Medici um so bezeichnender ist: „Incominciando a mancare alquanto il credito, senza dubbio questa cosa era potente causa, che forse avessino perso lo stato, se non veniva il 78 a farli amici nuovi e a confermare i vecchi e stabilire lo stato; così ancora a servirsi del pubblico (al che prima avrebbe avuto rispetto) e del privato: tanto che riparò alli disor-

[1]) Arch. stor. it. T. I, p. 422.

dini ed ebbe tempo a provvedersi, e in questo modo si stabilì lo stato suo interamente. E benchè avessi molti travagli e pericoli, per le guerre e per la fame e per la peste, che vennono poco di poi, avendoli retto intra le mani li amici e massime quando prese il partito più necessario che sicuro di andare a Napoli e quel che in ogni cosa umana vale più che ogni altra, la fortuna: nientedimeno si preservò e mantenne con grandissima reputazione quello stato mentre che e' visse."

„Dieser Vorfall," sagt Guicciardini,[1]) „war nicht ohne grosse Gefahr für Lorenzo, Leben und Herrschaft zu verlieren, aber er verlieh ihm auch solches Ansehen und solchen Erfolg, dass man jenen Tag für ihn einen höchst glücklichen nennen konnte. Giuliano, sein Bruder, mit dem er seine Habe hätte theilen und um die Regierung hätte streiten müssen, war todt, seine Feinde waren auf eine für ihn ruhmvolle Weise und durch den Arm der öffentlichen Gewalt beseitigt, Verdacht und Uebelwollen verschwanden: das Volk ergriff selbst die Waffen für ihn, stürmte vor seinen Palast und verlangte ihn gerettet zu sehen: zur grossen Freude Aller zeigte er sich ihm, und dieses erkannte ihn an jenem Tage als Herren der Stadt an; er erhielt nun das Vorrecht, zu seinem Schutze sich einer bewaffneten Begleitung zu bedienen und wurde in Wahrheit absoluter Herr, so dass er in Zukunft frei und ungestört in der Republik schalten konnte. Das ist das Ende aller Factionen und bürgerlichen Streitigkeiten: die Vernichtung der einen Partei, während das Haupt der anderen Herr der Situation wird:[2]) seine Anhänger und

[1]) Stor. Fior. cap. IV.

[2]) Macchiavelli, Stor. Fior. lib. III. hat über die „domestiche discordie" Reflexionen hinterlassen. In der angeführten Rede vom Jahre 1372 vor den Signoren, die einer jener wahren Patrioten

Parteigenossen werden aus Gefährten Unterworfene, das Volk und das Gemeinwesen sinkt zur Sclaverei herab, die Regierung geht dann in die Hände des Erben über und zwar oft aus den Händen eines Verständigen in die eines Narren, welcher dem zerfallenden Staatswesen den letzten Stoss giebt." Reitende Boten der Signorie waren noch am Tage des Complotts mit Briefen nach allen Seiten abgeschickt worden, was die Flucht der Pazzi gehindert hatte. Auch ein Bruder des Cardinals wurde in Cercina aufgefunden und nach Florenz gebracht, wo man ihn mit dem Cardinal in Gewahrsam hielt. Diesen hatte die Wache nur mit Mühe durch die tobenden Volksmassen geleitet und vor dem Tode geschützt.[1]) Ciaconius sagt, dass das Entsetzen ihm die natürliche Farbe geraubt und sein Gesicht zeitlebens diese Blässe bewahrt habe. Auch Allegretti erzählt, dass er mehr todt als lebendig erschien als er am 13. Juni in Siena einzog.

---

hält, die mit Trauer auf die Fehden schauen, welche die Bürger zerreissen, heisst es von den Parteien: „Perchè il premio, il quale della vittoria desiderano, è, non la gloria dell' avere liberata la città, ma la sodisfazione di avere superati gli altri ed il principato di quella usurpato; dove condotti, non è cosa si ingiusta, si crudele o avara, che fare non ardischino. Di qui gli ordini e le leggi non per publica, ma per propria utilità si fanno: di qui le guerre le paci e le amicizie non per gloria comune, ma per sodisfazione di pochi si deliberano. E se le altre città sono di questi disordini ripiene, la nostra non è più che alcuna altra macchiata, perchè le leggi, gli statuti, gli ordini civili non secondo il vivere libero, ma secondo l'ambizione di quella parte che è rimasa superiore, si sono in quella sempre ordinati e ordinano. Onde nasce che sempre, cacciata una parte e spenta una divisione, ne surge un' altra, perchè quella città, che con le sette più che con le leggi si vuol mantenere, come una setta è rimasa in essa senza opposizione, di necessità conviene che intra sè medesima si divida etc."

[1]) Allegretti, Diarj Sanesi b. Muratori, Rer. It. Script. T. XXIII, pag. 784.

Das Verhältniss der Republik Florenz zum Papste trat jetzt in ein neues Stadium der Verwicklung. Die brutale Hinrichtung eines Erzbischofs ohne jeden Process und zuständiges Gericht, die Tödtung von 6—7 Clerikern, welche zum Theil ganz unschuldig waren, die Gefangennahme eines Cardinals waren schwerwiegende Dinge. Donato Acciajuoli war zu dieser Zeit Florentiner Gesandter in Rom, ein gerader Character und aufrichtiger Freund seines Vaterlandes, den dieser neue Fall der Entzweiung der Republik mit dem Papste in aufrichtige Trauer versetzte.[1]) Girolamo Riario raffte, als ihm die Kunde von dem Missglücken des Anschlags zukam, eine Schaar Bewaffneter zusammen und stürmte in das Haus des Gesandten, ihn auffordernd, sogleich mit zum Papste zu gehen, um sich zu verantworten. Donato berief sich auf die ihm als Vertreter der Republik zustehende Freiheit und verweigerte die Begleitung, aber der gewaltthätige Riario führte ihn in Mitte seiner Soldaten zum Vatican, wo der Gesandte eine Audienz verlangte, um sich zu überzeugen, ob der Papst dieses Verfahren billige. Als Girolamo und der Gesandte vor Sixtus IV. standen, beklagte

---

[1]) Vesp. Fior. l. c. p. 344 in vita di Don. Acciajuoli: „che se uomo fu mai al mondo, che istimasse l'onore della sua patria e il suo, fu Donato." Die Anwesenheit Donato's in Rom ist auch durch das Schreiben der Republik an Antonio Ridolfi und Piero Nasi vom 2. Mai 1480 documentirt. Darin heisst es: „Donato Acciajuoli si trovò a Roma nel tempo del principio di queste nostre ultime tribolationi. Fu pensiero allora di tenerlo e di metterlo in Castello S. Agnolo." Fabroni ist deshalb incorrect, wenn er sagt: „mittitur Romam Donatus A., vir maxima nobilitate, singulari doctrina etc." l. c. p. 78. Donato war zur Beglückwünschung des neuerwählten Sixtus IV. als orator gesandt worden: „acquistò grandissima riputazione per tutta la corte di Roma e in Firenze e in ogni luogo, aggiunto quello, che aveva fatto a Roma nel tempo di papa Pagolo." Vesp. Fior. l. c. p. 337.

sich Donato über die ihm widerfahrene Gewalt; aber der Papst betheuerte feierlich, dass er von dem ganzen Vorgange nichts gewusst habe, und dass Alles wider seinen Willen geschehen sei, worauf er ihn zufrieden gestellt entliess.[1])

Donato berichtete an die Republik und rieth zu sofortiger Freilassung des Cardinals, da er sich dem Papste dafür verpfändet habe. Zugleich wies er auf die Gefahren hin, die aus einer Verweigerung dieses Verlangens entspringen mussten. Diese vernünftigen Vorstellungen eines bewährten Staatsdieners fanden in Florenz kein Gehör. Endlich wurde der Bischof von Perugia abgesandt, den Cardinal zu geleiten.[2]) Er brachte ein Schreiben des

---

[1]) Vesp. Fior. l. c. „giurò sopra il suo petto, che di questo caso non ne sapeva nulla."

[2]) Vesp. Fior. l. c. p. 345: „E per questa cagione mandò il papa a Firenze il vescovo di Perugia, uomo di grande autorità a fine che glielo rendessino." *Mostrava Donato per veementissime ragioni, essere bene che lo liberassino; di questo medesimo confortava che si facesse per l'universale bene della città, conoscendoci drento manifesto pericolo, sanza guadagno ignuno, non lo facendo, e massime avendo eglino promesso per loro lettere che, ogni volta lo volesse, lo renderebbono.* La Maestà del re confortava a questo medesimo, promettendo che, reddendolo, non ne seguiterebbe ignuno scandalo di quegli, che potevano seguire, non lo facendo. *Non potè Donato adoperare tanto, che a Firenze si consentisse di farlo.* E istandovi il vescovo di Perugia più dì, non potè ottenere che lo volessino rendere, e in questo caso fu più creduto a uomini ch'erano a Roma di pochissima autorità, che a Donato. Veduto questo, ne prese grandissima alterazione, per i mali, che vedeva ne seguitavano alla città, e istavane tanto di mala voglia, quanto poteva; aggiunto questo alle grande vergogna, che gli pareva avesse avuta la sua città per la sua presura e il simile per lo scandalo, ch'era seguito nella città e per la strage grande di tanti uomini morti e il principio, che si vedeva della guerra con manifesto pericolo della città. Sendo in corte

Cardinalcamerlengo mit, das Lorenzo de' Medici von den geschehenen Schritten in Kenntniss setzte. Eine Commission, hiess es darin, sei schon ernannt, den Process gegen die Commune zu führen, wenn der Cardinal nicht sofort seine Freiheit erhielte. Donato Acciajuoli vereinigte damit seine dringenden Bitten, ihn nicht in die Lage zu bringen, wortbrüchig erscheinen zu müssen, hinweisend auf die grossen Gefahren, die aus solchem Vorgehen entspringen müssten, das doch Niemand zum Nutzen gereiche. Auch der König legte sich in's Mittel und rieth zum Nachgeben. Dennoch musste der Bischof von Perugia mehrere Tage lang warten, ehe man den Cardinal frei gab. Am 5. Juni durfte dieser den Aufenthalt im Signorenpalast mit dem im Kloster der Serviten vertauschen, von wo aus er einen Brief an den Papst richtete, der augenscheinlich unter dem Eindruck der Furcht geschrieben ist, denn er beklagt sich darin über die gegen die Republik ergriffenen allzuharten Massregeln. Am 12. Juni reiste er von hier nach Rom ab.[1]) Donato Acciajuoli, indignirt, dass man in Florenz seine verständigen Rathschläge verachtete und das Wohl der Republik der Rache der verletzten Familie opferte, bat um seine Entlassung, da er es nicht mehr mit seiner Ehre und dem Ansehen des von ihm vertretenen Staates vereinbar hielt, länger in Rom zu bleiben. Die erfahrenen Kränkungen hatten seine Gesundheit derartig erschüttert,[2]) dass er nicht lange darauf in Mailand, wo ihn, im Begriff als Gesandter nach Frankreich zu gehen,

---

di Roma non istimato nè lui nè la sua città per i casi occorsi, istando in questi dispiaceri, non vi facendo frutto ignuno, sollecitava a Firenze, che gli dessino licenza che tornasse, non vi sendo l'onore della città lo stare egli a Roma."

[1]) Fabroni, II, 115.

[2]) Vesp. Fior. l. c.: „era ridotto per lo grande dolore in modo, che mai si rallegrava ma istava di mala voglia quant' era possibile."

eine Krankheit festhielt, aus diesem Leben schied, als ein wahrer und treuer Diener seiner Vaterstadt, beklagt und gefeiert von seinen Mitbürgern und auf Staatskosten durch ein glänzendes Leichenbegängniss ausgezeichnet.

Die nächste Folge dieses Streites mit der Curie war die Bulle vom 1. Juni, in der Sixtus, auf's Höchste erbittert, das von der Republik Florenz bisher gegen den heiligen Stuhl eingehaltene Verfahren einer scharfen Kritik unterzog und die Excommunication über Lorenzo de' Medici und die Obrigkeiten der Stadt verhängte. Im Falle der Nichtauslieferung der Schuldigen innerhalb eines Monats wird das Interdict und der Verlust des Erzbisthums angedroht.

Der Cardinalcamerlengo, Bischof von Ostia, hatte in seinem Schreiben an Lorenzo de' Medici auf die drohenden Gefahren hingewiesen, die einer längeren Widersetzlichkeit folgen würden. Nachdem er zuvor erwähnt, dass die Florentiner Bankiers und Kaufleute, an welche die Republik die Weisung hatte ergehen lassen, Rom zu verlassen, um der vielen Verlegenheiten, die eine solche Abreise machen würde, auf einen Tag in der Engelsburg festgehalten, dann aber entlassen worden seien, nachdem sie sich verpflichtet, von Rom nicht abzureisen, bittet er, diese Angelegenheit nicht ernst nehmen zu wollen, sondern vielmehr die Commune zur Befreiung des Cardinals ohne weitere Verzögerung anzuhalten, widrigenfalls die Beschlüsse des heiligen Collegs aufrecht gehalten und sofort ausgeführt werden müssten, die dann der Republik grossen Schaden und Aergerniss bringen würden.[1])

[1]) Der Brief des Card. Rothomag. Camerarius, Bischofs von Ostia vom 24. Mai 1478 bei Fabroni, II, 116. Ammirato ist ganz unwahr, wenn er sagt: „imperocchè il Pontefice non ostante, che il nipote si gli fosse senza niuna offesa a casa rimandato, e che

Die Bulle,[1]) vom 1. Juni 1478, beginnt mit der Bezeichnung „Filius iniquitatis et proditionis alumnus Laurentius de Medicis“ und geht dann gleich anklagend auf den dem Vitelli gewährten Schutz und Beistand über, der sich in offener Rebellion gegen die Kirche befunden und sich gewaltsam zum Herren von Citta di Castello aufgeworfen habe, wobei ihm Rath, Begünstigung und Hülfe[2]) auch dann noch von der Republik zu Theil geworden sei, nachdem der Papst sich durch Briefe und Gesandte bei Lorenzo de' Medici beschwert und ihn gebeten habe, von weiterer Hülfeleistung abzustehen und zwar in väterlicher und liebevoller Weise. Obgleich der Papst Alle, die den rebellischen Vitelli unterstützen würden, dann mit schweren Censuren (ipso facto zu incurriren) bedroht habe, hätten sie doch weder der Bitten, noch der Strafe geachtet und fortgefahren, den Betreffenden im Widerstande gegen die Kirche, der er Treue geschworen, zu ermuntern. Damit nicht genug hätten sie auch den Freibeuter Fortebraccio in seinem Raubzuge gegen Perugia begünstigt, der die Lostrennung dieser Stadt von der Herrschaft des Paptes beabsichtigte und die

---

la Republica per la irregolarità, nella quale era incorsa per haver messo mano a' Preti gli chiedesse umilmente perdono, si vedea che si preparava a pigliar la via dell' arme“ lib. XXIV.

[1]) Bei Rainaldi und bei Mansi, in Baluzius, Miscell. Vol. I, ferner bei Fabroni, l. c. Vol. II, p. 121. Scip. Ammirato ist im Irrthum, wenn er behauptet: „E con tutto ciò al Pontefice istesso si era mandato Donato Acciajuoli *per veder di placarlo,* ma non che ad accordo alcuno il suo altiero animo si piegasse, anzi i Perugini, i quali erano in lega coi Fiorentini, mandaron per ordine del Papa a disdire la lega.“ Acciajuoli hatte Alles versucht, die Florentiner zur Vernunft zu bringen, und reiste endlich, da er sich ausser Stande sah, sein gegebenes Wort zu halten, missmuthig von Rom ab.

[2]) „Consulere, favere et auxiliare.“ l. c.

Bürger zum Abfall aufreizte. Nicht achtend der drohenden Türkengefahr, welche eine Schwächung der Kirche um so verderblicher machte, habe Lorenzo fortgefahren, dem Carlo Fortebraccio zu gestatten, mit seinen Raubschaaren in das sienesische Gebiet einzufallen, dasselbe zu verwüsten, Beute hinwegzuführen und ihn bei seinen Unternehmungen auf Perugia zu begünstigen. Als die Anschläge auf diese Stadt missglückt seien und das Schloss Montone im Territorium von Perugia, einst dem Fortebraccio gehörig, wieder unter die Botmässigkeit der Kirche gebracht worden sei, hätten Lorenzo und seine Anhänger, ohne dass das Verhalten des Papstes dazu Veranlassung gegeben, dieses zu verhindern gesucht und Bewaffnete ausgeschickt, von denen Einige durch die päpstlichen Truppen aufgefangen worden seien. Dann hätten sie ferner den Deiphobus von Anguillara, der unter Paul II. seiner unerträglichen Tyrannei wegen aus seinen Schlössern vertrieben worden sei (welche er im Territorium der Kirche innegehabt), angestachelt, sich mit einer bewaffneten Schaar dem Fortebraccio anzuschliessen[1]) und ihn ausserdem auf ihrem Gebiete bei sich aufgenommen, so dass die Kirche von einem doppelten Feinde zu leiden gehabt hätte. Ausserdem hätten sie nach den festen Plätzen im Kirchenstaat gestrebt und das eine Castell zu überrumpeln versucht, was nur an der Wachsamkeit der Besatzung gescheitert sei.[2]) Auch die Pilger und Wallfahrer seien auf

---

[1]) Die Schuld Lorenzo's in Betreff der Expedition des Carlo Braccio betont auch der Brief des Herzogs von Urbino an Ser Matteo in Mailand, der später (nach A. v. Reumont) gegeben wird. Darin heisst es: „denn er hat den Grafen Carlo erst gegen Perugia gereizt und ihn dann gegen Siena gehetzt.“ Wer war also der Friedensstörer, der Papst oder Lorenzo de' Medici?

[2]) „Castrum Citernae civitatis Castelli dioecesis, quod ad

ihrer Reise nach Rom aufgehalten, geplündert und gemisshandelt worden. Räuber und Piraten wären deshalb begünstigt und hätten unter dem Schutze der Republik ungestraft ihr Wesen treiben dürfen; zumal die Piraten, die an der Westküste Italiens bis Terracina herab friedliche Schiffe geplündert, die Reisenden getödtet hätten, wären auf Florentiner Gebiet sehr begünstigt worden und hätten dort Zuflucht vor der Strafe gesucht und gefunden. Dann wären die Transporte der für die römische Curie bestimmten Lebensmittel aufgehalten, und selbst Diejenigen, die sich Geschäfte halber nach Rom begeben hätten geplündert und in's Gefängniss geworfen worden. Die Wahl Francesco Salviati's zum Erzbischof von Pisa wäre von Lorenzo und seinen Freunden beanstandet, der Betreffende sogar verhindert worden, von seinem Erzbisthum Besitz zu ergreifen; überhaupt sei die Tyrannei, welche Lorenzo gegen das Florentiner Volk geübt, die Ursache des gegen ihn und seine Familie entstandenen Hasses und der Verschwörung. Nach der letzteren wären Rache und Grausamkeit, die sich in Hinrichtungen und Verbannungen geäussert, masslos gewesen, ja Lorenzo, der Gonfaloniere und die Prioren hätten in rasender Wuth und aus teuflischer Einflüsterung die Hand an geistliche Personen gelegt,[1]) den Erzbischof im Angesicht der Menge an das Fenster des Palastes gehängt, dann den Strick durchschnitten und den Leichnam auf die Strasse geworfen, auch hätten noch andere, unschuldige geistliche Personen,

---

eandem ecclesiam pertinere dignoscitur, per insidias nocturnas clam invadere et dato ad id nonnullis armigeris negotio, tyrannidi eorum subjicere, quamvis temerariis eorum ausibus fidelium dicti Castri custodum opera et diligentia obstiterit, minime erubuerunt." l. c.

[1]) „Tanquam canes ad efferam rabiem ducti, in Ecclesiasticas personas, quantum possent, ignominiosius saevirent." l. c.

von denen Einige zum Gefolge des Cardinals von S. Giorgio gehört, mit dem Leben büssen müssen. Endlich habe man, trotz der Sendung des Legaten, des Bischofs von Perugia, der im Namen des Papstes um die Loslassung des Cardinals ersucht, dem Gesuche keineswegs Folge geleistet. In Folge dieser langen Reihe von Vergehen wird am Schluss über Lorenzo und die gedachten Obrigkeiten von Florenz die Excommunication verhängt, und im Falle der Nichtauslieferung Lorenzo's und der Mitschuldigen innerhalb eines Monats das Interdict[1]) und der Verlust des Erzbisthums angedroht.

Trotz dieser Bulle erfolgte die Befreiung des Cardinals nicht sogleich, sondern man hielt ihn unter dem Vorwande der Betheiligung an der Verschwörung zurück, obgleich seine Jugend ihn vor allem Verdachte hätte schützen sollen.[2]) Endlich, da man in Florenz fürchtete, die Verbündeten von sich zu entfernen und die Gläubigen zurückzustossen, liess man den Nepoten des Papstes frei. Sixtus begnügte sich damit nicht, sondern vergalt die Verachtung, mit der man seiner Bulle begegnete, mit einem neuen Anathem. Die Gläubigen sollten mit der Republik keinen Verkehr mehr haben, noch Bündnisse mit ihr schliessen, noch sollte Jemand Kriegsdienste ihr leisten. Zugleich schloss der Papst ein Bündniss mit König Ferdinand, der allen Grund hatte, trotz persönlicher freundschaftlicher Beziehungen zu Lorenzo de' Medici die wachsende Florentiner Macht als ein Hinderniss anzusehen, selbst die Politik

---

[1]) Interdicirt wurden die Diöcesen Florenz, Pistoja und Fiesole.

[2]) Cfr. Rain. l. c. ad ann. 1478, num. 11.: „Agebat enim tantum decimum octavum aetatis annum et recentissime e Pisana academia exierat neque in societatem tantae conjurationis accitus videri poterat, quamvis illius praesentia conjurati ad sceleris captandam occasionem abusi essent."

zu beherrschen. Siena hatte in dem Raubzuge des Fortebraccio üble Erfahrungen gemacht und schloss sich naturgemäss um so fester an dieses Bündniss an, da es wohl fühlte, dass es, im Falle des Gelingens der Pläne des Freibeuters, der Republik Florenz als Beute zufallen würde. Ein Bündniss bestätigte die guten Beziehungen zum Papst, und das Gebiet des Chianathales wurde als Basis der Operationen gewählt, die der Herzog von Urbino und der Thronerbe von Neapel leiten sollten. Der Ruf Federigo's von Montefeltro als besonnener und tüchtiger Feldherr gab ihm Anspruch auf diese Stellung.

Am 21. Juli 1478 hatte die Signorie von Florenz die Bulle des Papstes in hochfahrender Weise beantwortet.[1]) Nachdem sie zuerst ihr Befremden über den so gänzlich von der gewöhnlichen Form wohlwollender Schreiben abweichenden Ton zu erkennen gegeben und beklagt, dass die Neigung des Papstes für das Florentiner Volk sich in Uebelwollen verkehrt habe, versucht sie eine Vertheidigung Lorenzo's de' Medici, ohne die in der Bulle erhobenen Anklagen zu widerlegen: „Ejicere vis nos e civitate Laurentium de Medicis, hujus autem voluntatis tuae duas in litteris tuis potissimum causas colligimus: et quod tyrannus noster sit et quod publico religionis christianae bono adversetur.

Quo ergo pacto, ut primam causam primum diluamus, nos liberi erimus Laurentio ejecto, si tuo jussu erit ejectus? Contraria tuae litterae loquuntur, quae, dum libertatem pollicentur, imperando auferunt et, ut isto te labore liberemus, ejicere nos malos cives tyrannosque didicimus et administrare rem nostram publicam sine monitoribus. Redi paulum ad te, Beatissime Pater, oramus, da locum

[1]) Der Brief gedruckt bei Pignotti, Storia della Toscana, T. IV, p. 123 seqq.

affectibus qui sacrosanctam istam sedem, istam gravitatem et sanctitatem pontificalem adeo decorant. Laurentium de Medicis tyrannum clamitas, at nos populusque noster defensorem nostrae libertatis[1]) cum caeteris, quos tu arguis, civibus experimur et una omnium voce appellamus, *parati, in quemcunque rerum eventum omnia ponere pro Laurentii de Medicis salute et civium reliquorum in qua quidem publicam salutem et libertatem contineri nemo nostrum dubitat.* Quod invehuntur in Laurentium illae literae liberius, nihil est quod contradicamus in praesentia, veritas ipsa satis contradicet et tua conscientia: hoc tamen fatebimur, Beatissime Pater, movent risum omnibus nobis tam inaniter, ne dicamus maligne, conficta audientibus. Nam quod callide Bartholomaei Colleonis temporum mentionem facis et insimulas confoederatorum nostrorum studia, non est acutiore opus interprete. Artes sunt istae pontificiae majestatis dignae et vicariatus Christi? Nos tamen etiam tum sociorum integram fidem sumus experti, quorum auxiliis gloriose adeo debellavimus. Nos melius, dictum id sit bona omnium venia, ista novimus et Laurentium de Medicis, qui ab omni familia sua, qui ab avo Cosmo, Patre patriae nostrae, qui a Petro patre, clarissimo viro et optime de nostra libertate merito, nihil degenerat, dum huic civi nostro quem et religione vera et Dei cultu et caritate et pietate praeponamus, non habemus, tu de civitate ejicere vis? Movet te fortasse et de ea re Laurentium succenses, quod e furentibus populi armis Raphaelem cardinalem, suum nepotem, eripi curaverit et salvum reddiderit! movet, quod, trucidato Juliano fratre, saucius ipse, divina potius quam humana aliqua spe, sceleratos gladios sacrilegosque parricidarum et mortem evitaverit! Si caedi se passus fuisset

---

[1]) Richtiger wäre gewesen, Lorenzo „oppressorem libertatis" zu nennen.

ab missis a vobis efferatissimis satellitibus, si Arcem libertatis nostrae, publicum Palatium, captum dolis a proditoribus vestris, non recuperassemus, si trucidandos nosmet ac magistratus nostros et cives tradidissemus vobis, nihil modo tecum contentionis haberemus.

Sed ut ad alteram descendamus causam, quomodo talis aliquis civis publico est, ut scribis, bono adversatus? Aliae causae sunt quae arma christiana movent contra christianos et defensionem religionis atque expeditionem in Turcas impediunt, ut alias quoque imperatorem Ratisbonae eam procurantem impedierunt; in quam tamen nos publice longas naves et tibi et Ferdinando regi complures dono dedimus, et Cosmus, Laurentii avus, suprascriptus suis privatis sumptibus Summo Pontifici unam perpulchre armatam est elargitus; praeterea magnam pecuniarum vim, ut pro viribus laboranti religioni nostrae succurreremus, dum Laurentius de Medicis in urbe esset, subministravimus et juvimus 20 florenorum millibus Ferdinandum regem quem modo fama fert et legatis et muneribus conciliare sibi religionis christianae publicum hostem, et qui cum te conjunctus modo christianis bellum infert, dum in limine Italiae superbissimus ille victoriosissimusque insultat. Juvimus etiam, hortatu tuo, Matthiam, Hungariae regem, et qui sunt nobiscum foedere conjunctissimi, Venetis non defuimus. Ad quem multo haec magis pertinent pluraque majoraque non fecit, et tamen hanc causam asseris cur bellum inferas et ita omnia jura humana divinaque confundis! Sed alia profecto, alia causa est, quae armat te contra christianos et quidem istius sacrosanctae sedis, in qua vicarium Christi sedere jam oportet praecipuos perpetuosque cultores. Ex quo in ista sede es, quid arma tua, quid signa pontificalia, quid pedum istud Beati Petri, quid navicula egerit, heu! nimis notum est: quae profecto, quis sit is qui publico adversetur bono, heu nimium decla-

15*

rant. Nos quidem egerimus pro quiete Italiae, dum tibi, cum sociis nostris securitatem rerum tuarum, paulo ante, sic te rogante, promittimus, dum Hieronymo comiti, nepoti tuo, dignitatem esse avitam meritissime procuramus, sed noti nondum erant mores perditissimi ac feralis execrandaque natura: dum Urbinatem ducem ad stipendia foederis nostri traducere conamur et eas offerimus conditiones, quae multo supra virtutem et militandi et ductandi consuetudinem essent, ut omni ex parte stabilita Italiae pax esset manifestum est. Et tamen audent illae litterae tuae turbatorem Italicae quietis appellare Laurentium.

Indue, indue, Beatissime Pater, meliorem mentem, memineris pastoralis officii tui et vicariatus Christi, memineris clavium, non in istos usus datarum. Quam enim veremur, ne in nostra tempora illud incidat dictum Evangelicum: malos male perdet et vineam suam locabit aliis agricolis.

Nos certe, cum Christo redemptore et Salvatore nostro qui justissimam causam nostram proteget et non deseret cultores suos sperantes in se, juvantibus sociis et causam nostram suam causam reputantibus, juvante etiam et protegente nos Ludovico, christianissimo Francorum rege, perpetuo patrono et patre civitatis nostrae, pro religione et libertate nostra fortiter repugnabimus. Vale. Die XXI. julii, 1478.“

Dieses Schreiben der mediceischen Partei in Florenz, denn nur sie, nicht das Florentiner Volk konnte solchen Kampf gegen den Papst als einen „pro religione et libertate“ unternommenen bezeichnen, vermeidet jede sachgemässe Widerlegung der vom Papste erhobenen, klar formulirten Anklagen und enthält im Grunde nichts als eine schwache Apotheose der Mediceer; es macht, wie alle übrigen, von den Obrigkeiten der Republik und von Lorenzo de' Medici in dieser Angelegenheit erlassenen Schriftstücke, einen kläglichen Eindruck. Vergebens sucht man zwischen diesen Phrasen den unbeugsamen Muth eines klaren Gewissens, der ruhig und fest ungerechte Anschuldigungen zurückweist und widerlegt, noch auch die edle Trauer über erlittenes Unrecht, wie sie sich dem Oberhaupte der Kirche gegenüber und der vielgerühmten Ergebenheit gegen dasselbe entsprechend, geziemt hätte. Ebenso wenig wie die Privatbriefe Lorenzo's de' Medici an Ludwig XI., das Schreiben an den Kaiser, die Synodus Florentina, documentiren diese Ergüsse der empfindlich gekränkten Partei Lorenzo's de' Medici, welche die Signorie anfüllte, das reine Gewissen den vor aller Welt erhobenen Anklagen des Papstes gegenüber. Ueberaus kläglich erscheint der vorgetragene Eifer für die Abwehr der Türkengefahr: gerade Florenz verhinderte durch den Schutz, den es den Verwüstern des Kirchenstaates angedeihen liess, am meisten die Bewegungen des Papstes zu Gunsten dieser für die Christenheit wichtigen Angelegenheit und nöthigte ihn, sein Augenmerk auf den von der Republik geschürten Aufruhr im eigenen Lande zu richten. Am 25. Juli schrieb Sixtus IV. an den Herzog von Urbino über dieses Document: „Die Antwort der Florentiner, welche mit so vieler Verachtung des Statthalters Christi abgefasst ist, hat Uns nicht erschreckt, sondern giebt Uns zu denken, dass Gott ihnen den Verstand genommen hat, um sie für ihre Sünden zu strafen. Wir hoffen zu Gott, dass er Dir den Sieg verleihen wird, denn Unsere Sache ist gerecht. Treten Wir doch Niemand entgegen als dem undankbaren, excommunicirten und häretischen Lorenzo und bitten Wir zu Gott, er möge diesen in seiner Gerechtigkeit strafen und Euch, als den Dienern seiner Gerechtigkeit, die Macht verleihen, das Böse zu rächen, was Jener ohne Ursache und mit grosser Undankbarkeit gegen die Kirche verübt hat. An die Venetianer haben Wir geschrieben: wenn sie unrecht handeln wollen, so ist ein Gott über Uns, der einem Jeden nach seinen Werken vergilt. An den König von Frankreich haben Wir Gesandte abgeschickt zu Unserer Rechtfertigung sowie auch an die übrigen Fürsten, den Kaiser, die Könige von Ungarn und Spanien und andere Potentaten. Ausserdem wird Unsere Bulle, welche für alle Welt gedruckt ist, Unsere Rechtfertigung ausmachen; gesetzt aber, die Sache nähme für Uns einen ungünstigen Ausgang, so werden Wir uns freuen, alle Verfolgungen für die Kirche, deren unwürdiges Haupt Wir sind und selbst den Tod des Martyrers zu leiden. Du und der Herzog von Calabrien werdet als wahre Fürsten handeln und Ruhm bei Gott und den Menschen erlangen. Wir erwarten jetzt die französischen Gesandten und hoffen, dass Gott Uns die passenden Antworten eingeben wird, die Wir Euch mittheilen werden. Grüsset von Herzen den erlauchten Herzog von Calabrien, für den, sowie für Dich, Wir bei Gott Segen erflehen werden. Jene drohen jetzt mit einem Schisma und dem Ungehorsam: möge geschehen was Gott will. Es wäre vielleicht gut, wenn Du an den König von England schriebest, und König Ferdinand an seine Verbündeten, und an den König von Frankreich, wie es Deiner Einsicht gefallen wird." [1])

---

[1]) Der Brief bei Fabroni, II, p. 130. Wie übrigens der Herzog von Urbino über Lorenzo de' Medici dachte, dafür ist der von Gubbio, 1. Juli 1478 datirte, an Ser Matteo in Mailand gerichtete Brief bezeichnend. Er bittet darin, bei Cecco Simonetta und Trivulzio, dem berühmten Condottiere, thätig zu sein, dass Mailand von der Liga sich absondere und von Venedig feindlich denken lerne. „Es gefällt mir nicht, schreibt der Herzog, dass Mailand sich nur auf eigene Kraft stützt oder sich auf die Freundschaft Lorenzo's de' Medici verlässt; denn in sich selber ist es nicht sicher, und auf die Freundschaft des Mediceers ist nicht zu bauen. Man hat jederzeit gesehen und sieht heute

„Lorenzo liess sich durch eigene Leidenschaft und durch das Vertrauen auf die unbestimmten Versprechungen Venedigs und Mailands verleiten, die friedlichen Anerbietungen, welche von Neapel und von Rom aus kamen, sowie die vernünftigen Rathschläge Friedrichs von Urbino nicht zu beachten."[1]) Die Zeit war gekommen, wo die Freundschaft Ludwig XI. gegen die Mediceer sich bewähren musste; denn Lorenzo de' Medici konnte sich die Schwierigkeiten seiner Lage kaum verhehlen. Mailand war durch den Aufstand in Genua hinreichend beschäftigt, Venedig rieth zum Nachgeben. Welches Heil konnte Florenz von einem Kriege erwarten, der ihm so thätige und energische Gegner brachte wie den Papst und den König von Neapel? Jetzt war der Augenblick gekommen, wo er seine Opferwilligkeit gegen die Republik durch Zurücksetzung seiner eigenen Interessen und der seines Hauses bewähren konnte,

---

noch deutlich, dass er weder die Ruhe noch die Wohlfahrt dieses Staates will. Da ihm bekannt ist, wie liebevoll sich der Papst gegen die Herzogin und den Herzog von Mailand benommen hat, so würde er nicht gegen Se. Heiligkeit in der Weise aufgetreten sein, wie ihm beliebte, denn er hat den Grafen Carlo (Braccio) erst gegen Perugia gereizt und ihn dann gegen Siena gehetzt, ohne zu bedenken, wie gefahrvoll es für jenen Staat ist, in Italien Krieg zu entzünden, namentlich durch einen alten Gegner des Hauses Sforza, wie der Graf Carlo ist. Wenn Messer Giovan Jacopo sagt, er argwohne, Lorenzo sündige gegen den heiligen Geist, so bin ich derselben Ansicht und glaube, er verzweifelt an Gottes Gnade. Da er den König und mich, der ich nur ein armer Edelmann bin, beleidigt hat, wird er dem Ersteren nie wieder vertrauen und hat sich deshalb den Venetianern ganz in die Arme geworfen." S. A. v. Reumont, Lorenzo de' Medici, Leipzig 1864, I. B. (A. d. Toscan. Central-Archiv Cl. I, Abth. IV, 104.)

[1]) Buser, Die Beziehungen der Mediceer zu Frankreich, Leipzig 1879, S. 193.

denn nur diese standen jetzt auf dem Spiele; oder war die glänzende Rede, die er nach seiner Errettung vom Balcon seines Hauses an das begeisterte Volk hielt, nur ein geschickter und glücklicher Appell an die Grossmuth der Florentiner gewesen? Hatte er damals wirklich und aufrichtig sich und sein Haus dem Wohle des Staates nachgestellt und seine ungerecht erworbene Macht zurückgegeben, dann war jetzt der entscheidenste Augenblick seines ganzen Lebens gekommen, seine Gesinnung zu beweisen,[1]) denn seine spätere Reise zu König Ferrante von Neapel und die ihr vorhergehende Rede waren nur ein geschicktes Manoeuvre, da er der Umgebung des Königs, wie Muratori mit Recht betont, hinlänglich durch Bestechung

---

[1]) Ebenso unaufrichtig als die nach der Verschwörung gehaltene Rede ist sein nach Eintreffen der Bulle gemachtes Versprechen, sich opfern zu wollen. Cfr. Pignotti, Storia della Toscana, IV, pag. 63. „Questa misura, che in una città per lo più addetta alla divozione dei pontifici ed assai religiosa produceva un grand' effeto, era presa per gettar tutto l'odio della guerra sopra Lorenzo. Egli perciò, chiamato a parlamento in Palagio un gran numero di cittadini, disse, *che se la sua morte o il suo esilio potevano salvar la patria, non esiterebbe un momento a sacrificarsi per la pubblica salvezza, che gli doleva solo di vedere il vicario di Cristo in tempi così pericolosi, in cui dalle armi ottomane era minacciata tutta l'Europa, invece d'impiegar le sue cure in riunire i principi cristiani alla comune difesa, si rivolgesse alla ruina d'un miserabil privato.*" Lorenzo sprach zu seinen Parteigängern, war also sicher, dass man seine Phrasen nicht ernst nahm. Wer hinderte mehr den Papst, gegen die Türken zu operiren, als die Republik durch ihre Eingriffe in den Kirchenstaat? In der Rede bei Macchiavelli, (Ist. Fior. lib. VIII.) heisst es: „la qual guerra affermano fare a me ed alla casa mia: il che Dio volesse che fusse il vero, perchè i rimedj sarebbono presti e certi, nè io sarei si cattivo cittadino, che io stimassi più la salute mia che i pericoli vostri, anzi volontieri spegnerei l'incendio vostro con la rovina mia."

versichert war, um ohne ernstliche Gefahr diese Reise unternehmen zu können. „Um seinetwillen musste der Krieg begonnen, der Friede, welcher damals erhältlich war, zurückgewiesen werden; um seinetwillen wurde Ludwig XI. als Schiedsrichter angerufen.“ [1])

Der König von Frankreich hatte vom 12. Mai von Arras aus an Lorenzo de' Medici geschrieben und sein Beileid ausgedrückt „das so gross sei, als ob er selbst von den Ereignissen betroffen wäre.“ „Da die Medici,“ sagt er weiter, „Unsere Verwandten, Freunde und Verbündete sind, und da Wir dafür halten, dass die gedachte Beleidigung und der Tod Unseres Vetters Giuliano auf Uns eine solche Wirkung geübt haben, als ob dies Alles Unserer eigenen Person zugefügt worden sei, und Wir das von den Pazzi begangene Verbrechen als crimen laesae Majestatis ansehen, so sind Wir nicht geneigt, die Sache ungestraft hingehen zu lassen, sondern willens, ein Strafexempel zu statuiren. Deshalb werden Wir Euch Unseren treuen Rath und Kämmerer, den Sir von Argenton, Seneschall von Poitou zusenden, in den Wir besonderes Vertrauen setzen, um Euch von Unseren Absichten in Kenntniss zu setzen. Wir bitten Euch, ihm volles Vertrauen zu schenken wie Unserer eigenen Person und bitten Gott, theure Freunde, er möge Euch in seinen Schutz nehmen.“ [2]) Die Antwort Lorenzo's auf diesen Brief ist vom 19. Juni: „Der Brief, den Ew. Majestät bei Gelegenheit des mir zugestossenen Unglücks mir zu schreiben geruhte, giebt von der ausserordentlichen Zuneigung und väterlichen Liebe Ew. Majestät gegen mich Zeugniss etc.[3]) Im Papst er-

---

[1]) Buser, l. c. p. 196.

[2]) Desjardins, Nég. dipl. entre la France et la Toscane, T. I, pag. 171.

[3]) Die Behauptung des Briefes: „Hat er (Sixtus IV.) sich doch

kenne ich die Quelle alles Uebels, das mich betroffen hat. Hat er doch, nicht zufrieden, gegen mich, meine Söhne, Nachfolger, Gönner, eine ungerechte Excommunication zu schleudern, gegen die Republik den Krieg gerüstet und den Sohn König Ferdinands mit einem Heere gegen uns ausgesandt, um diejenigen, welche er durch List und Betrug nicht vernichten konnte, mit Waffengewalt niederzuwerfen. Ich nehme Gott zum Zeugen, dass mein einziges Verbrechen gegen den Papst nur das ist, dass ich noch lebe, dass ich mich nicht habe abschlachten lassen, dass die Gnade des Allmächtigen mich beschützt hat! Das ist meine Sünde, dieses das Verbrechen, deshalb habe ich es verdient, excommunicirt und ausgerottet zu werden. Aber mit uns sind die canonischen Gesetze, mit uns das natürliche und politische Recht, mit uns die Wahrheit und die Unschuld, mit uns Gott und die Menschen. Jener verletzt alle Diese zu gleicher Zeit. Ich schreibe an Ew. Majestät über diese Dinge wie an einen theuren Verwandten, von dem ich ohne Zweifel seiner Güte, seines guten Gewissens, seiner hochherzigen Gesinnung wegen reichlichen Schutz, Hilfe und Gunst erwarten darf, falls es nöthig sein sollte." [1]) In gleicher Weise schrieb Lorenzo auch an den König von Spanien „nos quantum possumus," heisst es darin, „ad

---

selbst in Gegenwart vieler Personen als Urheber des Verbrechens bekannt" ist eine Unwahrheit. Cfr. das Verhör des Montesecco.

[1]) Fabroni, Vol. II, p. 131, 132: „Haec ego ad Majestatem Vestram tanquam ad pium parentem scribenda decrevi, a qua procul dubio *propter suam bonitatem, innocentiam, animique magnitudinem* multum auxilii, multum favoris ac praesidii, ubi opus fuerit, expectamus." Ludwig XI. war gewiss von aller „bonitas, innocentia, animique magnitudine" in seinen eigenen Augen so weit entfernt, dass ihm diese Epitheta wie eine Beleidigung erschienen sein müssen, er, in dessen Augen alle menschliche Tugend überhaupt nur Schwäche war.

bellum accingimur, damusque operam, ut viribus saltem hostium resistamus. Et resistemus procul dubio, ut spero, nam et ipsi nobis non desimus et affuturum Deum meliori caussae speramus."[1])

In Florenz fanden sich übrigens gefällige Canonisten, welche die Provocation an ein künftiges Concil, die zumal von Frankreich ausging, billigten, und das Interdikt keineswegs für so weit bindend erachteten, dass dadurch aller Gottesdienst untersagt sei.[2]) Das Rechtsgutachten des Francesco de' Accolti aus Arezzo an Lorenzo beruhigt diesen vollständig über den Widerstand gegen die Excommunicatio latae sententiae und das Interdict.[3]) Demgemäss blieben die Kirchen geöffnet, und die Obrigkeit zwang den Clerus, zu functioniren, als ob nichts vorgefallen wäre. Trotzdem man die Excommunication, wie auch der Papst betonte, gänzlich missachtete und sich

---

[1]) Fabroni, II, p. 132, 133.

[2]) Cfr. Fabroni, I, p. 81. „Consuluerunt itaque homines, qui Pontificii juris scientia excellere putabantur, Bartholomaeum Socinium, Bulgarium Bulgarinium, Lancellotum Decium, Andream Panhormitam, Petrum Philippum Cornium, Franciscum Accoltum."

[3]) „Hi quidem judicarunt, provocandum esse ad futurum concilium, et Accoltus, edita commentatione quadam, multis argumentis probavit, tantae vis non esse latam a Pontifice sententiam, ut ab omni sacrificio omnibusque sacris caeremoniis esset abstinendum." Fabroni, l. c. Uebrigens wäre dem Francesco Accolti die Sache fast übel bekommen, denn, wie aus einem Schreiben an Lorenzo de' Medici hervorgeht, war diese Angelegenheit dem Herzog von Calabrien gemeldet worden, so dass der neap. Gesandte in Siena den Antrag stellte, den Accolti festzunehmen „me capi ac dedi hostibus, quibus si traditus fuissem, haud dubium erat, quin de vita et fortunis meis actum esset." Die Herren in Siena liessen ihn dann laufen „eorum opera effugi manus me persequentium et atrocissimum exitium." Fabroni, II, 135. Ein Held scheint der grosse Canonist demnach nicht gewesen zu sein.

über ihre Folgen hinwegsetzte, sind die Schreiben der Republik voll von Klagen über das durch die Censuren entstandene Elend, das in Wahrheit nicht vorhanden ist. Welche Theilnahme kann man dem Lenker der Florentiner Republik entgegenbringen, der fortwährend versichert, sein Leben für das Heil des Staates hingeben zu wollen: „volontieri spegnerei l'incendio vostro con la rovina mia“ [1]) und den vernünftigen Vorstellungen Venedigs und des Herzogs von Urbino, einen unheilvollen Krieg zu vermeiden, kein Gehör schenkt? Da der Papst in seinem Schreiben an den Herzog von Urbino ausdrücklich gesagt hatte: „treten Wir doch Niemand entgegen als dem undankbaren, excommunicirten und häretischen Lorenzo, warum führte er das in schönen Reden so oft dargebrachte Opfer seines Lebens nicht aus, [2]) ging nach Rom und stellte sich der Gnade des Papstes oder seines Nepoten anheim und löschte mit dem Opfer seines Lebens den Brand aus, den er selbst entzündet hatte? Oder wusste er vielleicht, dass seine Reden, geeignet, die Massen zu täuschen, an seine Creaturen, ihm ergebene Magistrate gerichtet, einen für ihn günstigen Erfolg haben mussten, dass seine Worte: „eglino offendono più voi che noi, più questo palagio e la maestà di questo governo che la casa nostra“ [3]) ein wahrer Hohn waren auf die verlorne Freiheit der Republik? Fürchtete er, dass mit ihm diese sogenannte Freiheit zu Grunde gehen und Florenz in den Händen des Grafen Riario als Beute zurückbleiben würde? Dann musste er wissen, wie sehr unter dem Druck seiner Ty-

---

[1]) Macchiavelli, Ist. Fior. lib. VIII.

[2]) „Nunc si pro vobis mihi mors appetenda sit, ut hoc pietatis munus mihi liceret patriae praestare!“ Cfr. Brutus, Hist. Flor. lib. VII. ed. di Venezia 1764, p. 316.

[3]) Macchiavelli, l. c. lib. VIII.

rannis alles Gefühl der Freiheit erloschen war, wenn er die Republik nicht für fähig erachtete, ihre eigenen Rechte zu wahren, die von Niemand mehr beschützt worden sind als von den Päpsten selber.

Der Clerus von Florenz ging noch weiter. „Per tanto," sagt Macchiavelli, non che i Fiorentini ricevessono l'interdetto ed a quello ubbidissero, *ma sforzarono i sacerdoti a celebrare il divino uffizio,*[1]) *feciono uno concilio in Firenze di tutti i prelati Toscani che all' imperio loro ubbidivano, nel quale appellarono dell' ingiurie del pontefice al futuro concilio.*" Da wir in vorliegender Darstellung des Kampfes zwischen dem Papste und Florenz keine andere Absicht haben als die, die historische Wahrheit an's Licht zu stellen, welche zugleich am Besten der Kirche und ihren unveränderlichen Principien dient, so sehen wir uns nicht durch irgendwelche Rücksichten veranlasst, anzunehmen, und zwar „zur Ehre des Florentiner Clerus," dass dieses Concil nicht stattgefunden habe. Wohl aber sind wir der Ansicht, dass die Corruption, welche die Mediceer gepflegt und begünstigt haben, einen Clerus herangezogen hat, würdig an seiner Spitze den Hausfreund und Erzieher der Medici, Gentile, Bischof von Arezzo zu haben. Wir nehmen mit Savonarola an, dass das hochbegabte und edel angelegte Florentiner Volk wie kein zweites Italiens einen religiösen Boden besass, den es in allen Parteikämpfen, Excommunicationen und äusseren Streitigkeiten bewahrt hat, denn sonst hätte es nicht in einer von Factionen zerrissenen Stadt solche Wunderwerke

---

[1]) Pignotti, Storia della Toscana, T. IV, p. 65 bemerkt: „Sprezzato l'interdetto, che i più dotti canonisti e teologi di Firenze e dell' università di Pisa mostrarono ingiusto e perciò insussistente, fu ordinato, che si tenessero aperte le chiese, si celebrassero i divini uffizi."

der christlichen Kunst und Poesie, solche Monumente der Caritas, solche nie ermüdende Opferwilligkeit für die Pracht und Würde seines religiösen Cultus hervorgebracht. Mit Savonarola sagen wir: „questo popolo è molto inclinato al cultu Divino, come sa chi ne ha pratica, onde saria facilissima cosa instituire in lui un perfettissimo culto ed ottimo vivere Christiano, *se fosse in lui un buon governo, che certo, come noi proviamo ogni giorno, se non fossero i cattivi preti e religiosi, Firenze si ridurria al vivere de' primi Cristiani e saria uno specchio di religioni a tutto il mondo.*“ [1])

Wir nehmen also zur Unehre des unter den Medici grossgewordenen Clerus an, dass das Concil wirklich berufen worden sei und die Tendenzen der von Gentile von Arezzo verfassten „Synodus Florentina“ vertreten habe. Pignotti sagt ausdrücklich, obgleich er sonst mehr den mediceischen Standpunct vertritt als sich mit der historischen Wahrheit verträgt: *„Che nello stesso tempo si celebrasse in Firenze nella cattedrale un Sinodo responsivo al Breve del Papa, benchè da alcuni storici, assai posteriori al fatto, sia posto in dubbio, non pare, secondo i canoni storici, che possa negarsi.* Il documento autografo esiste nell' archivio vecchio, scritto di mano di Gentile da Urbino, vescovo di Arezzo, e vi si nota il giorno della celebrazione. Se fosse stato un progetto senza esecuzione, come mai vi sarebbe la data? [2]) L'istorico Macchiavelli, che all' avvenimento della congiura dei Pazzi si trovava

---

[1]) Savonarola, Tratt. del gov. II, p. 43. Derselbe sagt vom Tyrannen: „Conversa etiam con religiosi e simulatamente si confessa da chi è veramente religioso per parere di essere assoluto, ma dall' altra parte guasta la religione usurpando i beneficj e dandoli ai suoi satelliti e complici e cercandoli per i loro figliuoli e così si usurpa i beni temporali e spirituali.“

[2]) Datum in Ecclesia nostra Cathedrali S. Reparatae, 23. julii 1478.

fra il nono e decimo anno della sua età,[1]) asserisce con tutta la sicurezza, che il Sinodo fu celebrato. Michel Bruto, benchè assai posteriore, che cerca ogni suo potere di contraddirgli, pure conferma il parere di Macchiavelli e aggiugne, che il pontefice se ne lagnò altamente.[2]) Queste prove giungono all' ultima evidenza colla notizia, che il Sinodo fu in quel tempo stampato: e benchè un timoroso rispetto verso la Santa Sede ne abbia fatto sparire tutti gli esemplari, n'esisteva uno in questi ultimi anni, veduto dal dottor Lami nella bibliotheca forse Strozziana, ché il devoto possessore probabilmente distrusse, non avendo (come pare) permesso al Lami[3]) di nominarlo. Or come

---

[1]) Gewiss genügend, um eine Erinnerung eines so hervorragenden, die ganze Stadt bewegenden Ereignisses, das auch vielen Widerspruch in dem christlich denkenden Volke finden musste, zu behalten.

[2]) Hist. Flor. lib. VII.: „Postremo quum nondum sibi satis esse factum arbitrarentur, nisi in divinam et sacrosanctam potestatem saevirent, eorum imperio per Etruriae pontifices, concilio indicto, adversus majorum mores, qui unum tantae rei in terris auctorem romanum pontificem agnoverunt ... provocare ad gentium omnium futurum conventum."

[3]) Lami, Lezioni di antichità Toscane, pref. p. CXXXV. Ein anderes Exemplar existirte in Venedig in der Bibliothek des Grafen Trifone Urachiers, Consultors der Republik. Der Abate Morelli, Bibliothekar von S. Marco hatte diese Copie in der Hand und berichtete darüber an Pignotti. Cfr. Doc. II. in fine lib. IV. della Stor. della Toscana. In dem Briefe Morelli's heisst es: „Le mantengo la parola che le ho data, di scriverle qualche cosa sopra l'esemplare di antica stampa del famoso „Sinodo Fiorentino", da me veduto presso il conte Trifone Urachiers, consultore della repp. di Ven., e possessore di una ricchissima libreria. Ne' miei zibaldoni trovo di averlo veduto nel 1771 e notai che il libro consiste in dieci carte in picciolo foglio e di stampa sì antica, che può benissimo convenire all' anno 1478, in cui la celebrazione del Sinodo si mette." Aus der Hand des Grafen Urachiers geht das

supporre, che il vescovo Gentile osasse di stampare una manifesta impostura e che nessun pio Fiorentino in quel tempo, o poi, ne lo accussasse e la trasmettesse ai posteri? Niun altra cosa manca a compiere la più evidente dimostrazione, che il trovar le lettere di convocazione, le quali però per l'accennata causa, come gli esemplari stampati, possono essere state soppresse. *E veramente l'espressioni, di cui si fa uso in questo Sinodo escono dai limiti di ogni moderatione e decenza, tanto convenienti in ispecie a un ceto di ecclesiastici.*" Zu diesen Zeugnissen kommt noch das des Scip. Ammirato, der, obgleich er in den „Istorie Fior." die Sache mit auffallendem Schweigen übergeht, in seinen „Ritratti," wo er mit grösserer Freiheit spricht, als zweifellos erwähnt, dass das Concil wirklich stattgefunden habe.[1]) Ist auch das Document über die Synodus Florentina kein wirklicher Synodalact, wie der gelehrte Morelli nach Vergleichung des Fabroni'schen Textes mit einem andern alten Druck zu schliessen vermeint, so verhindert das keineswegs, dass eine Synode wirklich stattgefunden und die in dem Document enthaltenen Ansichten den Gegenstand der Debatte gebildet haben. Eine

---

Exemplar in die Hände eines Käufers über, von dem es Morelli geliehen erhält, der nun bei näherer Prüfung eine Differenz zwischen dem alten und dem neuen Druck (bei Fabroni) entdeckt, denn es fehlen zwei Seiten des alten Druckes bei dem Letzteren: „Mancando ivi tanto quanto si contiene in due carte dell' edizione antica, la qual mancanza non v'è già nel testo fabbroniano. Passi e nomi propri corrotti ne osservai molti." Daraus schliesst er „che il testo fabbr. è di una seconda dettatura, più acconcia della prima nell' antica edizione rappresentata. Questa differenza ... giova a far credere ch' esso non è un atto sinodale, sebbene può veramente essere stato radunato un sinodo sopra quell' affare."

[1]) Pignotti, l. c. p. 66, nota 1. Cfr. Ammirato, Ritratti d'Uomini illustri di Casa Medici (Tom. III, opp., Firenze 1640, p. 1—229) in vita di Lor. il Magn.

nicht zu erzielende Einigkeit in der Annahme des von Gentile eingebrachten Entwurfs mag einen wirklichen Synodalact verhindert haben.[1]) Aber auch Fabroni hält es für seine Pflicht als Historiker, trotz der schamlosen Injurien gegen den Papst, die in diesem Document enthalten sind „referre omnia quae dicta et acta sunt." Er ist demnach über die Thatsache gar nicht im Zweifel und hat Gelegenheit gehabt, das Exemplar in der Laurentiana mit anderen zu vergleichen, sonst wäre ihm die Verschiedenheit der Texte nicht aufgefallen. Der Schlusspassus in Morelli's Briefe an Pignotti über die Vergleichung des neueren und älteren Druckes lautet vollständig: „Questa differenza di dettatura, considerata in aggiunta alla forma dello scritto, *la quale presenta piuttosto un' invettiva, che altro*, giova a far credere, ch'esso non è un atto sinodale, sebbene può veramente essere stato radunato un sinodo sopra quell' affare."

Demnach vermögen wir, gestützt auf das Zeugniss Macchiavelli's als Zeitgenossen, Ammirato's, Michel Bruto's, Fabroni's, Morelli's, Pignotti's, dem Clerus der Republik Florenz nicht die Schmach zu ersparen, seine Gesinnungen in einem Document niedergelegt zu haben, das mehr wie jedes andere den verhüllenden Schleier von der Corruption des mediceischen Zeitalters fortreisst und unter dem glän-

---

[1]) Auch Fabroni, II, p. 136, weist auf die „differenza di dettatura" hin: „Ejus autographum asservatur in Tabulario Mediceo, quod exscribendum duximus, propterea quia ab eo plurimum differunt, quae de hac Synodo edita sunt. *Vererer reprehensionem prudentum, quod talia, injuriosa sane Sixto Pontifici ediderim, nisi historici munus esset referre omnia, quae dicta et acta sunt.*" Im Text, der uns weniger zuverlässig erscheint als diese dem Document beigefügte Bemerkung, glaubt F. das Statthaben der Synode bezweifeln zu müssen.

zenden, von der Oberflächlichkeit gepriesenen Firniss antikisirender Cultur in Poesie, Kunst und verfeinertem Lebensgenuss, jene Rohheit des Gefühls offenbart, die, wie einst in dem Zeitalter des Perikles und des Augustus das Singen der Dichter, das Bilden der Künstler, den Cultus des Sinnlichschönen, das „Corrumpere et corrumpi" begleitet. Hatte Savonarola nicht Recht, als er von diesen Anbetern der Macht und des Goldes die einschneidenden aber ewig wahren Worte sprach: „Tutti quelli ancora, che seguitano il Tiranno, partecipano della sua miseria, così nelle cose temporali, *come nelle spirituali ed eterne:* onde perdono la libertà, che è sopra tutti i tesori, oltre che la loro roba ed onori e figliuoli e donne sono in potestà del Tiranno: ed i peccati suoi vanno continuamente imitando, perchè si sforzano, di fare ogni cosa che gli piace ed assomigliarsi a lui più che possono, e però saranno nell' inferno gli artefici della sua gravissima pena?" [1])

Die masslose Sprache, die in der „Synodus Florentina" gegen das Oberhaupt der Kirche geführt wird, hat zu dieser Zeit in Italien nicht ihres Gleichen und lässt sich nur mit der Luthers im folgenden Jahrhundert zusammenstellen. „Florentina Synodus in luce illa Spiritus Sancti congregata," so beginnt dieses denkwürdige Actenstück, das ganz von jenem Geiste erfüllt ist, der später die nordischen Reformatoren zu ihren an Wahnsinn grenzenden Ausfällen gegen das Papstthum anstachelt, die nur noch pathologisches Interesse erwecken können, da jede Logik und wissenschaftliche Form bei Seite gesetzt ist. [2])

---

[1]) Tratt. del gov. III, p. 64.

[2]) Als weitere Schmähartikel ohne Belang, da ohne sachliche Begründung, sind die beiden Briefe zu verzeichnen, welche Francesco Filelfo von Mailand aus im Jahre 1478 an den Papst richtete. Cfr. Baluzius, Miscell. ed. Luc. T. I, p. 514 seqq.

Sixtus fungirt als „Adulterorum minister“ und „Vicarius diaboli, qui ecclesiam deformem meretricem reddidit.“ Dann kommen abgerissene Citate aus dem Verhör des Giovanbattista da Montesecco, dann eine Darstellung der Ermordung und ein Versuch, die in der Bulle des Papstes enthaltenen Anklagen zu entkräften. Das Document schliesst mit dem Wunsche: „Domine Deus noster, cujus manus est super omnes, qui quaerunt eum in bonitate custodiens corda vestra et intelligentias vestras, liberet vos a falsis Pastoribus, qui veniunt in vestimentis ovium, intrinsece autem sunt lupi rapaces.“ Hält man die klar formulirten Beschwerden des Papstes in seiner Bulle, seine in dem Briefe an den Herzog von Urbino ausgesprochene muthvolle Gesinnung, welche sich aller Consequenzen der gethanenen Schritte voll bewusst ist, die vornehme, würdevolle Ruhe, welche sich durch diese Aeusserungen hindurchzieht, an dieses wüste Durcheinander von Blasphemien, Fälschungen und Entstellungen des Thatsächlichen, von cynischer Roheit und Kopflosigkeit, so richtet sich das Document ganz von selber. Wer darin eine auch nur einigermassen sachgemässe Vertheidigung oder Zurückweisung der erhobenen Anklagen suchen würde, wäre in arger Täuschung befangen. Florenz hat wohlgethan, als es später aus diesem Taumel erwachte, die Exemplare der „Synodus“ zu vernichten, denn sie gereichen dem in der Umgebung der Medici gepflegten Geiste, der hier durch den Mund des Bischofs Gentile sich kundgiebt, nur zur Unehre. Gewiss ist dieses dem Volke innewohnende religiöse Gefühl, das die dem Oberhaupte der Kirche zugefügten Beschimpfungen aus dem Gedächtniss der Nachkommen zu tilgen suchte, ein Beweis für unsere so oft aufgestellte Behauptung, dass das edel angelegte Volk von Florenz sich eines religiösen Sinnes erfreute, der die Quelle seiner idealen Productivität bildete, dass die Cor-

16*

ruption vielmehr von oben her begünstigt und gefördert wurde.

Die gänzliche Hülflosigkeit der mediceischen Organe, die in der Bulle erhobenen Anklagen sachgemäss zu widerlegen, ist zugleich die beste Rechtfertigung für das Vorgehen des Papstes gegen diese Partei überhaupt, unter deren Regiment der von dem Verluste bürgerlicher Freiheit nicht zu trennende antikirchliche, revolutionäre Geist sich ausgebildet hatte.

Zur Probe der Haltung dieses Schriftstückes diene Folgendes: „Homicidium est innocentis agni Juliani de Medicis, quem tanquam fur et latro ante altare Domini mactavit et perdidit: illud per Salviatum Archiepiscopum Pisanum molitus est, hoc per Raphaelem perfecit Riarium quem quia puerum ad Cardinalatum evexerat, voluit ut his primitiis et per sanguinem Christianum defectum suppleret aetatis etc. Excommunicat Magnificum Laurentium *sanctissimum civem* (sic), quod se mactari ut frater non permiserit, Dominos urbis, quod se dejeci de fenestris noluerint." Dann folgen Exclamationen: „O excommunicatam excommunicationem! O maledictam melodictionem damnatissimi judicis! cujus maledictione os plenum est et amaritudine et dolo sub lingua ejus labor et dolor, sedet in insidiis ut interficiat innocentem! Permittitur etiam diabolo defensio, nec vim vi repellere natura unquam aut leges nullae vetuerunt."

Diese letztere Behauptung widerlegt sich einfach dadurch, dass es sich bei den zahllosen Hinrichtungen nicht darum handelte, „vim vi repellere," sondern um Hinmordung auch unschuldiger Personen ohne alle Untersuchung der Schuld, ohne zuständiges Gericht und ohne den Taumel der ersten Leidenschaft,[1]) sowie um unnöthige Grausamkeiten gegen die Pazzi'sche Familie.

---

[1]) Hinrichtungen fanden statt, ausser am 26. April, wo die

Dann heisst es: „pro remuneratione servati Cardinalis . . . saevit in animas litterisque necat, quos ferro non potuit.“ Wenn es sich nur darum handelte, den Cardinal zu retten, warum gab man ihn erst dann frei, als der Florentiner Gesandte, der Papst und schliesslich auch die übrigen Gesandten in Florenz über die ungerechte Detention Vorstellungen machten?

Dann wird der „modus tam nefandae conjurationis, quem deprehensi sine tortura scripsere et Praetor alienigena ac sex viri religiosi e sanctioribus nostrae civitatis subscripsere,“ besprochen: „Inseremus propria verba Jo. Baptistae Montesecco, qui mandatum Sixti acceperat.“ Hier ist insofern eine Unwahrheit gesagt, als der Papst keinen Auftrag zum Morde der beiden Brüder gegeben hatte und nur in Gegenwart des Grafen, des Erzbischofs und Montesecco's in das „mutar lo Stato“ einwilligte, wobei er ausdrücklich betonte, er wolle Niemand an Leib und Leben geschädigt wissen. Dann heisst es, die Ursache des Hasses liege darin, dass der Graf Riario geglaubt habe, sich in Imola nicht halten zu können, ohne mit den Leitern der Republik verbündet zu sein: „Major autem obligatio inveniri posse non videbatur, quam si suo beneficio praeessent, qui in ea Republica primates essent, fieri autem id sine status mutatione non poterat, mutari autem status sine morte Laurentii et Juliani de Medicis impossibile videbatur.“ Dann erfolgt ein offenes Geständniss, das die traurige Lage der Republik besser offenbart, als es je durch Cambi oder Rinuccini geschehen ist: *„Nullus enim pene in ea civitate patricius est, qui, hac promovente domo, patricius non sit, nullus plebejus, qui Cosmianis opibus et pane Laurentiano pastus aliquando non fuerit.“* Damit

---

Hauptverschwörer endigten, am 27, 28, ferner am 2, 3, 13, 29. Mai. Cfr. Ammirato, Congiura de' Pazzi, Firenze 1826, p. 86, 87.

enthüllt Florenz gewiss mehr seine eigene Schande, eine Domäne der Mediceer zu sein als die des Papstes, wie es zu thun glaubt.[1])

Dann folgen Bruchstücke aus dem Verhör des Montesecco: „Item tanquam sine sanguine tanta mutatio fieri posset retulit, sic Comitem respondisse" se farà quanto se poderà non intervenga; pure quando intervenisse, la Vostra Santità perdonerà a chi il fesse. Rispose il Papa al Conte: tu sii una bestia, tanquam vellet dicere „a domandarmene, nam et ipsum Pontificem consensisse caedi subsecuta verba satis plane demonstrant." Hier ist eine offenbare Fälschung. Montesecco erhielt vom Papste folgende Antwort: „Madiasi che Sua Santità dice, che vorria seguisse la mutazione dello Stato, ma senza morte de persona. E dicendoli io, presente el Conte e l' Arcivescovo, Padre Santo, queste cose se potranno forse mal fare senza morte di Lorenzo e di Giuliano e forse delli altri; Sua Santità mi disse: *„io non voglio la morte di niuno per niente, perchè non è offizio nostro acconsentire alla morte di persona, e benchè Lorenzo sia un villano e con noi si porte male, pure io non vorria la morte sua per niente, ma la mutazione della Stato sì."* Et el Conte respuose: se farà quanto se poderà, acciò non intervenga; pure quando intervenisse, la Vostra Santità perdonerà bene a ch'il fesse? El Papa respuose al Conte: „tu sii una bestia. *Io ti dico: non voglio la morte di niuno, ma la mutazione dello Stato sì."*

Hier ist der zweimal deutlich ausgesprochene Wille des Papstes vorhanden, dass Niemand am Leben geschädigt

---

[1]) Cfr. Pico della Mirandola, Vita Savonarolae, Paris 1674, p. 23: „Is (Laurentius), cum eo tempore in republica Florentina princeps esset et haberetur sic ut fere omnia ad ejus nutum agerentur, quanquam *sub specie civilis instituti.*"

werde. Montesecco und der Graf mussten beide wissen, dass der Papst einen Mord auf keine Weise zulassen würde, und die Worte: „tu sii una bestia" werden in ihrem Sinne durch das Folgende „non voglio la morte di niano" deutlich. Der Papst hebt das schlechte und undankbare Betragen Lorenzo's hervor, aber trotzdem wünscht er seinen Tod nicht und zwar unter keiner Bedingung.

An einer anderen Stelle hat der Papst zum drittenmal seinen Willen in derselben Weise in klarer, nicht zu missdeutender Form ausgesprochen: „Io desidero assai, che lo Stato de Fiorenza se mute et che se leve delle mani di Lorenzo, che elli è un villano e un cattivo uomo e non fa stima di noe e tuttavolta ched e' fosse fuor de Fiorenza lui, farissimo de quella Repubblica quello voressimo e saria ad un gran proposito nostro." Darauf antworten der Graf und Salviati: „sicchè siate contento si facci ogni cosa per venire a questo effetto?" als ob sie hofften, dass in diesem lebhaft geäusserten Wunsch eine stillschweigende Concession läge, ihn auf solche Weise zu realisiren. Der Papst wehrt abermals diese Deutung, die man seinen Worten unterlegen könnte, ab: *„Io ti dico che non voglio. Andate e fate quello volete voi, purchè non v'intervenga morte."* [1])

In der „Synodus Florentina" sind alle diese Aeusserungen des Papstes mit Absicht fortgelassen, wodurch der Sinn der Unterhaltung ein ganz anderer wird. Auch an der Stelle, wo Montesecco vom Papste beschieden wird: „Io ti dico, Giov. Battista etc.," welche im Orginal mit der Versicherung

[1]) Excusatio Florent. bei Fabroni II, p. 173, 174. Wie richtig Montesecco die Ansicht des Papstes aufgefasst hatte, geht aus seiner mit dem Grafen gehaltenen Unterredung hervor, auf welche in der Erzählung der Verschwörung selbst bereits hingewiesen worden ist.

endigt: „Io ti dico che non voglio," schliesst in der „Synodus" der Passus ohne diese Worte.

Dann beruft man sich auf die Schmähschriften eines Mannes wie Filelfo, den die Republik seiner Maldicenz halber ausgewiesen hatte, und der von Mailand die berüchtigten beiden Briefe an den Papst richtete: „Scribit tamen ad eum Philelphus, vir non minoris doctrinae quam aetatis, istud idem audivisse se Mediolani his verbis: „at audio abs te, quo nihil est absurdius magisque indignum sanctissimo ore tuo id jactatum fuisse tuo consilio et jussu." Anstatt auf den Wortlaut des Verhörs stützt man sich auf einen in ganz Italien wegen seiner Schmähsucht verrufenen Mann.

Nach diesen einseitig verwendeten Bruchtheilen des Verhörs, das in der „Expostulatio Florentinorum" wenigstens unverstümmelt vorliegt, erfolgt ein Bericht über den Hergang der Ermordung, mit den nöthigen Ausfällen gewürzt: „Sanguis optime de Christiana religione meritus per Principem religionis fusus, violata per Pontificem (?) Ecclesia, polluta per Summum Sacerdotem (?) sacra sunt. Et haec ne quis ignoret aut excusare possit, confirmat aperto bello et promulgatis censuris coeptam conjurationem sequitur. Eam mulierculam imitatur, quae vento detectum calvitium, ut posteriori veste retegeret, nates detexit (sic). In cubiculo suo, ut vidistis, tracta res est: suus Comes Pactios ad necem armavit, suus Cardinalis familiam caedi, praesentiam sceleri praestitit,[1]) suus exercitus fideles fines nostros pro Turcis ingressus est."

Dann folgt ein Versuch, die Klagen des Papstes zu

---

[1]) Bekanntlich stellte sich sofort die vollkommene Unschuld des jungen, unerfahrenen Cardinals heraus. Aber auf eine Unwahrheit kommt es dieser „Synodus in luce Spiritus sancti congregata" nicht an. Cfr. Guicciardini, Stor. Fior. l. c. p. 38.

entkräften. Die ganz unsachgemässe Darstellung verdient im Grunde keine Berücksichtigung, da ganz offenbare Thatsachen abgeläugnet oder entstellt werden. Es handelte sich bekanntlich in der Bulle um: „Adjutum Vitellium, tentatam Perusiam, defensum Montonium, vocatum Deiphobum, Tifernum expetitum, captos Romipetas, Piratas immissos, negatam Salviato Pisano sacram possessionem, suspensionem ejusdem familiarium, mortem Archiepiscopi ac detentionem Cardinalis."

Ad I wird bemerkt: „Fuit insuper auxilium illud ejusmodi, ut fidem Ligae servaret, Pontificis mentem offendere non posset: nam Legati copiolas tam verum est alioquin fuisse lacessitas, quam falsum, Florentinos eam solvere obsidionem non potuisse, si voluissent. Huius rei testem alium nolumus, quam nepotem suum, ipsum scilicet Cardinalem S. Petri ad Vincula, quem is falso in testimonium Bullis inseruit.[1]) Fatetur hic ingenue, palam se nunquam in ea legatione aut Laurentium aut aliquid Laurentii contra Ecclesiam vidisse, dignior nepos thiara, quam patruus pileo.

Der Cardinal Giuliano beklagte sich in seinen Briefen

[1]) Cfr. Fabronius, II, p. 106: „Extant epistolae Julii Card. S. Petri ad Vincula datae IV. Kal. Quintib. ann. 1474 *quibus cum Florentina Republica queritur de allatis Vitellio subsidiis.* Missus enim ille fuerat Tifernum a Pontifice caussa recuperandi civitatem ejiciendique ab eo Vitellios." Michael Brutus bemerkt: „Quoniam enim magna cum Laurentio amicitia Vitellio intercedebat et *pecunia illi a civitate suppeditari et commeatus clam ac subsidia summitti credebantur,* iniquo animo id Pontefice ferente, qui aliis etiam de causis superius commemoratis jam a Laurentio alienatus, hanc insuper sibi illatam ab eo injuriam querebatur. *Atqui utcunque Nicolaus a Florentinis et a Laurentio adjutus Pontificis vim* atque arma sustinuerit: is rerum exitus consecutus est, *ut aequioribus ille quidem conditionibus, quam Xystus voluisset,* sed tamen illi urbe cedere sit coactus." Hist. Flor. lib. V. ed. Ven. 1764, p. 259.

an die Republik über die dem Vitelli geleistete Hülfe, die auch von allen Historikern anerkannt wird; da er die Expedition gegen Todi, Spoleto und Città di Castello leitete, wird ihm das Mass der Schuld genügend bekannt gewesen sein.[1]) Ebenso wie dieser Punct wird auch der zweite, welcher die Perugia geleistete Hülfe betrifft, mit Ableugnung documentirter Thatsachen abgefertigt.

Ad II. „Sunt juncti foedere Florentini cum Perusinis et his Perusinis, qui Comiti Carolo adversantur, Pontifici favent, et culpat Vicarius veritatis Laurentium, quod per Comitem Carolum quaesierit abducere Perusiam ab Ecclesiae reverentia. *Vanum omnino et ridiculum mendacium!* Nam hi quoque Perusini, qui Caroli partes sequebantur, cum Florentiae exularent, in Pactiana conjuratione deprehensi cum reliquis, qui Archiepiscopum ad occupandum Palatium secuti sunt, periere.[2]) Et, inquit, ut subdat

---

[1]) Cfr. M. Brutus, l. c. p. 242: „Cum enim Tifernum, *cujus urbis Nicolaus Vitellius princeps cum caeteris Umbriae populis a Pontifice defecerat,* aliquamdiu a suis (Papae) obsessum, propediem esset in potestate habiturus: factum esse Laurentii opera dicebat, ut quibus ille vellet conditionibus, magna a se pecuniae vi in summa difficultate aerarii dissoluta, urbis deditionem faceret."

[2]) Macchiavelli sagt nur: „Trovavansi in questi tempi alcuni Perugini, cacciati per le parti di casa loro, i quali i Pazzi, promettendo di rendere loro la patria, avevano tirati nella voglia loro: donde che l'arcivescovo de' Salviati, il quale era ito per occupare il palagio insieme con Jacopo etc., gli aveva condotti seco." Cfr. lib. VIII, 7. Dass hier einige der Vertriebenen umkommen, alterirt die Thatsache gar nicht, dass Carlo Braccio auf Florentiner Gebiet Hülfe und Unterstützung fand, seine Unternehmungen gegen Perugia und dann gegen Siena zu richten. In dem bereits mehrmals citirten Briefe des Herzogs von Urbino an Ser Matteo in Mailand heisst es: „denn er (Lorenzo) hat den Grafen Carlo erst gegen Perugia gereizt und ihm dann gegen Siena gehetzt."

Perusiam per Carolum suae tyrannidi. Subditur ne per reditum unius viri tam facile populosissima civitas nunquam verum jugum passa servitutis. Eratne insuper Comes Carolus tam servus, praestaret ei secum patriam alienae subdere ditioni? Tyrannus praeterea Laurentius ne est, qui suo exercitu potuerit rem tantam aggredi? At forsan discessus Caroli a Venetis fuit adeo ignotus, ut simulatus putari posset. Pudet respondere tam puerilibus verbis et impudenti mendacio verecundam apponere veritatem!" Auf solche Weise fertigte man auch diese Thatsache ab.

Die dem Braccio geleistete Hülfe wird mit folgenden Phrasen gerechtfertigt: „Ipse qui Comitem Carolum in Senenses pepulerat, Florentinos, qui hominem abscedere jusserunt, accusat. Nos jure ne, an injuria nobilis Senex ad propria rediens sua sede spoliatus fuerit, unde illi incubuit post necessitas, ut vivere posset, sua a Senensibus repetere, non requirimus. Nolumus enim quae nostri judicii non sunt, ut Sixtus nobis affirmare. Sed ob aliud quam Montonium, ob aliud venisse illuc castra Sixtiana ostendemus. Legite hanc sui Joannis Baptistae narrationem, non extortam cruciatu, nec ad ejus rei fidem exactam: cognoscetis Sixtum proditionem proditione voluisse occulere, imitatum eas mulierculas, quae cum ipsae meretrices sint, alias fornicarias appellant (sic)." Dann kommt ein Citat aus dem Verhör des Montesecco, das mit den Worten beginnt: „Dipoi comenzò andare per il tavolero il fatto del Conte Carlo etc.," woraus nichts Anderes zu entnehmen ist, als dass den Verschwörern diese Angelegenheit insofern günstig ist, dass die gegen Montone abgesendete Heeresabtheilung zur Unterstützung der Action in Florenz dienen soll, denn von einer Unterstützung des Conte Carlo kann vernunftgemäss nicht die Rede sein. Dann heisst es von dieser nach Montone geschickten Armee weiter: „In cervices Florentinorum, in jugulum hujus populi, qui toties sanguinem suum pro dignitate Pontificum fudit, vicinus ille ad Montonium exercitus cogebatur, ut cum primum conjurati in urbe homicidium commisissent, externa haec auxilia ad fovendam proditionem, vel diripiendam potius opulentissimam civitatem convolarent. Nam is exercitus nonne illius Sixti erat, qui Spoletum Tudertumque Apostoli Petri urbes sine causa (sic) diripuit? Et quid pietatis in alienas sperari poterat, si in suas, dum longa processione Legatum excipiunt, tam crudeliter saevitum est?[1])

Die Angelegenheit von Citerna erhält folgende Beleuchtung: „Non occupant per insidias nocturnas alienas urbes Reipublicae, Sixte Pontifex. Tyrannorum ea ars est et eorum, qui non per comitia, sed cubicula res suas gubernant Ignota cordis peccata castigas, qui manus et oris manifestam injuriam intulisti. Centurionis puerum sepelis, qui Lazarum in tua sede foetentem non excitas. Sed hujus tuae calumniae quam vel saltem conjecturam affers? Nonne tua Citerna est? etc.“

Die Vertheidigung, welche die dem Erzbischof vorenthaltene Besitznahme des Erzbisthums Pisa bezweckt, beschränkt sich auf wilde Ausbrüche der Leidenschaft: „Negatum vero a principio Salviato Pisani Archiepiscopatus possessionem tam excusamus, ut doleamus postmodum

---

[1]) Auch hier wieder eine völlige Entstellung der Thatsachen. Die Rebellion in diesen Städten, von Vitelli unterstützt, hatte mit der Ermordung des guelfischen Herrn von Todi begonnen, und der Papst musste den Unordnungen ein Ziel setzen, den Klagen der unterdrückten Gemeinden Gehör geben! Der Dank, der sich allgemein in der Aufnahme des Cardinallegaten aussprach, dessen Rückkehr nach Rom sich zu einem Triumphzuge gestaltete, zeigt, wie erkenntlich die Gemeinden für sein kräftiges und doch massvolles Einschreiten waren. Cfr. Jac. Volat. Diar. bei Muratori, Rer. It. Script. T. XXIII.

fuisse concessam. Si perstitissemus in ea inobedientia, nostrae nunc obedientiae retributionem non lugeremus.[1]) Per eum enim Sixtus, ut vidistis, omnem perditionem istam machinatus est. At dicet, suspensus fuit et per vos laqueo necatus. Archiepiscopus non erat, quem popularis ille furor, dum palatium suum defendit, suspendit.[2]) Archiepiscopi enim talia non faciunt: armatus scudo et ense captus est, invasor Curiae retentus. Et quis hunc pro Archiepiscopo cognovisset, aut cognitum sacerdotaliter tractasset?"

Zur Vertheidigung der Gefangenhaltung des Cardinals wird dann der von diesem am 10. Juni 1478 aus dem Kloster der Serviten an den Papst gerichtete Brief citirt, der unter dem Einfluss der Furcht geschrieben, oder in die Hand dictirt worden ist. Dann heisst es: „Quid igitur captum Cardinalem queritur Sixtus, si ipse se liberum et debitorem Laurentio profitetur?" Dass der Cardinal erst in Folge der Drohungen des Papstes und der ernsten Vorstellungen der Fürsten freigegeben wurde, verändert freilich die ganze Sachlage, findet aber hier keine Berücksichtigung.

Ueber die „clerici necati" geht man leicht hinweg: „Ob necatos clericos non dicit, armati erant, palatium capiebant, seditionem moverant, janitorem Curiae, abreptis clavibus, tenebant, gladios in jugulum Dominorum vibrabant, Julianum occiderant. Suasit id Dominus, suasit natura, suasit ratio: privilegio privatur qui privilegio abu-

---

[1]) Welche Beweisführung! Hätte man ihn, wie gebührend, ruhig sein Erzbisthum antreten lassen, würde er auch nie auf diesen verzweifelten Weg gerathen sein! Das Naheliegende leuchtet nicht ein.

[2]) Die Hinrichtung ohne allen Process und zuständiges Gericht gehörte sicher nicht zur defensio palatii, denn letztere war mit der Gefangennahme der wenigen Eingedrungenen und der Schliessung der Thore, Besetzung der Zinnen etc. völlig gesichert.

titur, nec ideo ecclesiastica dignitas permissa est, ut clericus grassari in ecclesia permittatur.“ Dabei wird übersehen, dass auch ganz unschuldige Personen ihren Tod fanden.

„Sed quis judicem eum existimet, qui gestae rei partem unam tantum et illam multo aliter, quam gesta sit, in sua sententia exprimat? Trucidati in ecclesia, sine causa vulnerati inter missarum solemnia, sine ullo Dei respectu impetimur. A proditore, ab hoste aperto judicamur. Et quis hanc censuram timeat? Quis non clamet in coelum? Quis non premat calcibus omnem religionem, omne execrationum genus, nedum hanc venientem a tam iniqua proditione sententiam! Nescimus quidem utro major sit Sixti ne temeritas an injustitia, qui censuris et armis credat commissum homicidium et seditionem justificare (In margine: Pugnant sane inter se vis et censura; qui utramque adhibet, utroque indiget. Vim prohibuit Dominus Pastoribus, cum jussit Petro, ut etiam pro se Christo gladium non educeret) etc.

Restat itaque, ut sententia nulla sit, quae nullam habuit judicandi causam, falsum sit judicium, quod mendacio nititur. Acceperit Spiritum Sanctum, non simoniace sit creatus, qui vocem suam veri Pastoris, non haeretici hominis vult haberi. In tam manifesta itaque innocentia lacessiti, non servata forma, non servato jure, damnati, ad quem recurremus? Ad Pastorem animarum nostrarum? At is pro remedio perturbatae pacis, tentatae tirannidis, invasi Palatii, afflictae civitatis, vulnerati Laurentii, occisi in ecclesia per proditionem Juliani excommunicat, interdicit et Curiam ac domos principum civitatis solo aequari jubet, obsidet oppida nostra, diripit segetes, urit villas etc. Oh Pastor! Oh idolum derelinquens gregem! Ad alterum igitur lumen, ipsum scilicet Caesarem semper Augustum confugiamus, id enim Dominus ut huic nocti praeesset creavit! Turbatur navicula Petri, quod in ea erat Judas etc.

Dicite illi erranti cum Domino: Vade post, Sathana, scandalum nobis es, non sapis quae Dei sunt. Infatuatum sal foras mittite, priusquam conculcetur ab hominibus. Domine Deus noster, cujus manus est super omnes, qui quaerunt eum in bonitate, custodiens corda vestra et intelligentias vestras, liberet vos a falsis Pastoribus, qui veniunt in vestimentis ovium, intrinsece autem sunt lupi rapaces."

Nach den vorliegenden Citaten wird es ersichtlich sein, dass Lorenzo und seine Parteigänger sich ausser Stande sahen, eine sachgemässe Vertheidigung ihres Verhaltens zusammenzustellen: völlige Kopflosigkeit spricht aus diesem chaotischen Durcheinander von Ausbrüchen der Leidenschaft, Fälschungen des Thatbestandes und Insulten des Papstes; aber für die Beurtheilung des mediceischen Zeitalters ist dieses Document höchst bezeichnend. Wir haben früher die Schilderung gegeben, welche Macchiavelli von der durch die Mediceer beförderten Corruption entwirft. Der Besuch des üppigen Herzogs von Mailand mit seinem Gefolge von Müssiggängern veranlasst ihn, von der Verachtung zu sprechen, mit der man mitten in der Fastenzeit die Gebote der Kirche verletzte, sich an Gelagen und Festen berauschte, so dass schliesslich beim Abzuge dieser Herren die Sitten in Florenz sich noch zügelloser darstellten als zuvor. Diese Culturzustände erklären besser als jedes andere Moment, wie es möglich war, dass das eben besprochene Schriftstück, welches die innere Fassungslosigkeit und Zerrissenheit der Gemüther enthüllt, überhaupt entstehen konnte. Es erscheint weder wunderbar, noch auffällig, noch inconsequent, wenn die durch die Erniedrigung des Verlustes der Freiheit, durch Schmeichelei und all die Uebel der Tyrannis niedergehaltenen Geister eines so hochbegabten Volkes, dem die Gelegenheit zu freierer, besserer Entfaltung genommen wird, in einer solchen Weise ihr inneres Leben offenbaren.

Zum Belege möge noch Michael Brutus als Schilderer der mediceischen Corruption hier seine Stelle finden.[1]) Auch er knüpft, wohl im Anschluss an Macchiavelli, an die Niederwerfung des Aufstandes von Prato und die dann entstehende allzu grosse Sorglosigkeit und Musse des Florentiner Lebens seine Darstellung an:

„Hac tanta exorta subito et restincta flamma, repente obliti homines, ut fit in secundis rebus, quanto defuncti periculo essent ex nimio otio atque animi securitate: ad inertiam et desidiam conversis animis, ut nunquam antea majorum memoria, ad omnia vitia, quae turpia magis et detestabilia sunt in hominum vita, intoleranda atque infinita licentia aditum ibi aperuerunt. *Tanta autem infamia tum civitas laborasse fertur, ut scriptores ejus temporis* (credo quod natis hominibus ad industriam et frugalitatem, multo etiam quam esset gravior videretur) *dignam rem existimarint, quam memoriae hominum proderent. Querebantur grandes natu homines temporum vitio commutata facie rerum, in qua civitate, summa cum laude majorum, parsimonia victus et moderatio viguisset, in ea ipsa quae res privatorum ambitio et mollitia ostentaret, luxum, illecebras, mollitiam, corruptelas, nequitiam omnem et vitae turpitudinem haesisse. Itaque quorum majores multis laboribus ferendis, virtute, abstinentia, probitate excolenda, civitatem florentissimam fecissent, eos tanquam pudore amisso, jam quod deperderent, nihil reliqui haberent: foedissimis voluptatibus diffluentes, vino, alea, luxuria perditos, turpissimis amoribus atque intempestivis conviviis addictos, nullis non flagitiis coopertos et sceleribus conspici.*

In legum et judiciorum contemptione positam summam impunitatem: in audacia et temeritate fortitudinis laudem, facilitatis in animi remissione atque indulgentia, in male-

[1]) Hist. Flor. lib. V, p. 235, 236.

dicentia et dicacitate, commoditatis et elegantiae: omnia languide, dissolute, molliter agi ac per summam ignaviam et inertiam. Corporis cultum, in quo cum studium atque industria excelleret, tum ne quid luxui deesset, unguenta summo labore et pretio quaesita consumerentur, quibus obliti in matronarum coetu homines delicati atque elegantes niterent: contra cultum animi nullum: nullam disciplinam ac vitae institutionem dignam liberis hominibus, nullam officii religionem, nullam fidei. Cetera ex eodem instituto, foeditatem in moribus et turpitudinem, studium eorum quae conspicerentur, quod ambitio et cupiditas definiret immensis finibus: in lustris, in ganeis, in ludo talario frequentiam, in curia et foro vastitatem, alendis improbis hominibus, lenonibus, sicariis,[1] *aleatoribus profusissimos sumptus: fovendis miseris, honestis artibus provehendis sordes atque avaritiam incredibilem.* Atque ut haec tanta malorum vis altius infixa animis insideret, Galeatius Sforza per causam, ut ferebatur, voti dissolvendi Florentiam cum uxore venerat, regio quidem apparatu et penitus insolito liberae civitati, in qua praesertim summa, ut diximus, parsimoniae laus et frugalitatis haberetur."

Hatte Savonarola Recht, als er die Tyrannis in Florenz mit sicheren, ewig wahren Zügen kennzeichnete: „Così sempre cerca di corrompere la gioventù e tutto il ben vivere della città, come cosa a lui sommamente contraria?"[2])

Hatte Sixtus IV. Recht, als er Lorenzo de' Medici in seiner Bulle „filius iniquitatis et perditionis alumnus" nannte? oder sind in der That die glänzenden Erscheinun-

---

[1]) Sollte die Klage des Papstes über die Raubanfälle gegen Rompilger, Handelsleute u. A. nicht durch diese Schilderung von den „alendis improbis hominibus, lenonibus, sicariis" begründet werden?

[2]) Tratt. del gov. II, cap. 3. p. 42.

gen der Renaissance, jene stolzen und üppigen Männer und Frauen, wie sie Ghirlandajo im Chor von S. Maria Novella geschildert hat — die Genossen jenes Bacchanals, das selbst in die ehrwürdigen Räume des Gotteshauses gedrungen ist — die Vertreter der wahren Grösse des Florentiner Volkes? Wir sind überzeugt, dass kein aufrichtiger Forscher sein Auge durch den äusseren Glanz der sogenannten Renaissance derartig blenden lässt, dass er für den tiefen und gewaltigen Strom des Verderbens, der diese Epoche durchzieht, kein Verständniss mehr besitzt. Die äusseren, gefälligen Seiten dieser Cultur sind so oft, und am meisten von der Hand des Dilettanten, geschildert worden, dass ein Betonen des inneren Kernes, der Seele dieser Bewegung, welche die Neuzeit einleitet, wohl angezeigt erscheint. Wie die Belege darthun, hat Savonarola in seinen Schilderungen der Cultur der letzten Decennien des XV. Jahrhunderts keineswegs übertrieben; sie bleiben eher hinter denen anderer Historiker zurück. Mit dem Auge dieses tiefen Kenners der menschlichen Natur und seiner Zeit müssen wir uns gewöhnen die Renaissance zu messen, ohne deshalb die Fehler zu verkennen, die den Protest des grossen Florentiner Reformators gegen Zeit und Menschen begleiten.

Der Kanzler Bartolommeo Scala setzte eine ruhigere, objectiver gehaltene Vertheidigung auf,[1]) welcher er das

---

[1]) Fabroni, II, 167 ex Cod. Bibl. Strozz. Baluzius (Miscell. T. I, p. 505 ed. Luc.) giebt die Aufforderung der Florentiner an den Kaiser, ihnen zu helfen. Auch dieser Brief ist reich an offenbaren Unwahrheiten. So heisst es: „Imputat nobis Apostolica Sanctitas rebellionem plurimarum terrarum Ecclesiae, quae se ab ipsius obedientia subtraxerunt, defectiones hujusmodi nobis et nostris machinationibus adscribendo. O miram improborum virorum audaciam, qui praesumpserunt Sanctitati Apostolicae persuadere, quae manifeste culpa officialium Sanctae Matris Ecclesiae

Verhör Montesecco's ohne die von der „Synodus Florentina" beliebten Verstümmelungen zu Grunde legte. Der Beistand Ludwig XI. wird angerufen und an den Kaiser appellirt. Auch hier kehren jene Phrasen wieder: „In nobis, ni fallimur, causa agitur publica Christianae religionis, quae dum Sixtus suis bellum infert, versatur in pericolo manifestissimo. Tua est in primis rerum omnium Christianorum cura."

Als der Papst diese Antworten erhalten, schrieb er den vorher citirten Brief an den Herzog von Urbino, indem er ihm zu seinen kriegerischen Unterhandlungen Glück wünschte und sich bereit erklärte, den kommenden Gefahren furchtlos entgegen zu gehen. Der ruhige Ton dieses Schreibens sticht merklich gegen die leidenschaftlichen Ergüsse der aus Florenz und Mailand hervorgegangenen Documente ab.

---

contigerunt, nos et Commune nostrum offendendi proposito commisisse. Provocaverunt etiam se in libertatem, vel ad veteres Dominos redierunt miseri populi, quos ad hoc attemptandum intollerabilis praesidentium superbia, crudelitas, avaritia, nec non iniquitas concitavit." Solche Unwahrheiten wagte Florenz dem Kaiser gegenüber, nachdem die Angelegenheit von Spoleto, Città di Castello, Perugia, die Massregeln des Papstes herausgefordert hatte. Der klägliche Ton des Schreibens ist ebenso unwürdig als der Uebermuth gegenüber der Kirche: „Non movit Sanctissimum Patrem nostrae causae rectitudo, non juris tam canonici quam civilis qui contra nos turbatissime processit et procedit, non movit eum nec moveat ruina status Ecclesiae, non desolatio fidelium, quae usque adeo processit, quod Saraceni per mare contra Christianos discurrerunt."

17*

IV. Capitel.

Intervention Frankreichs zu Gunsten der Republik. Verhandlungen in Rom. Krieg zwischen dem Papst und Florenz.

Ludwig XI. strebte im Norden Italiens eine Liga unter dem Protectorat Frankreichs an. Savoyen und die Lombardei, welche lange Zeit dem Hause Burgund anhänglich waren, mussten deshalb gewonnen werden, ebenso wie die Alliance von Florenz und Venedig, zumal da er gegen den Papst vorzugehen und ein Schisma im Auge hatte.[1])

Philippe de Commines musste deshalb nach Turin gehen, wo er der Herzogin von Savoyen die Vermählung ihres Sohnes Carlo mit einer Prinzessin von Mailand in Vorschlag bringen sollte. Einer der hervorragendsten Mailändischen Diplomaten, der sich damals in Casale befand, folgte mit Aufmerksamkeit der Reise des Sir von

---

¹) Cfr. Kervyn de Lettenhove, Lettres et Négociations de Philippe de Commines, Bruxelles 1867, T. I, p. 168 seqq.: „il fallait de plus qu'il luttât contre le Pape, dût-il aller jusqu'à provoquer le schisme et devancer Henri VIII, alors que Luther n'était pas encore né.“

Argenton. Am 16. Juni 1478 schrieb er an die Herzogin von Mailand, um ihr ausführliche Nachricht von den Intentionen des Königs und der Mission seines Gesandten zu geben:[1])

„Der Marchese[2]) hat heute zu mir geschickt und mir sagen lassen, der König hege schon seit längerer Zeit den Plan, in der Kirche ein Schisma hervorzurufen. Das was in Florenz sich ereignet hat, bietet ihm einen trefflichen Vorwand dazu, deshalb sendet er den Herrn von Argenton, welcher in der Franche-Comté war, zu der Frau Herzogin von Savoyen, zu Ew. Excellenz und zu den Florentinern. Er wird nicht nach Venedig gehen, da der König sich überzeugt hält, dass die Signorie dort Alles thun wird, was er durch einen einfachen Brief erbitten wird, in Anbetracht des Bündnisses, das sie vereinigt.

Der Gesandte soll sich über den Papst beklagen, weil er nicht daran denkt, den katholischen Glauben gegen die Türken zu vertheidigen[3]) und bestrebt ist, seine Verwandten zu erheben und zu bereichern, indem er alle Falschheiten zulässt, die dazu führen können und ihnen, wie es in Florenz geschehen ist, völlig freie Hand lässt, zu schalten. Er wünschte deshalb, dass die Herzogin von Savoyen, Ew. Hoheit und die Venetianer Niemand von jenseits der Alpen passiren und nach Rom kommen

---

[1]) Der Brief bei K. de Lettenhove. (Arch. di Milano).

[2]) Der Marchese von Monferrato.

[3]) Wie hatte der heuchlerische König die eifrigen Bemühungen des Papstes für die Türkenexpedition aufgenommen? Bessarion wurde so übel behandelt, dass dieser Umstand sein Ende beschleunigte. Ludwig XI. dachte nicht im Geringsten an irgend etwas Anderes als an die Befriedigung seiner habsüchtigen und ehrgeizigen Pläne.

liessen etc. Herr von Argenton sollte gestern oder heute mit der Herzogin von Savoyen zusammentreffen, bei der er, wie ich glaube, zwei Tage verweilen wird, dann soll er sich zu Ew. Excellenz begeben. Er hat ein Gefolge von 25 oder 26 Reitern. Der Marchese will seinen Seneschal schicken etc.

Andrerseits sendet der König Monseigneur von Clermont nach Rom, um sich beim Papste zu beklagen, dass dieser keine Massregeln gegen die Türken ergreife, dass er nur dahin strebe, seine Verwandten zu bereichern und dass er seine Einwilligung zu der Unternehmung gegen Florenz gegeben hat, welche später eine Ursache des Ruins für Italien werden wird.[1]) Wenn Se. Heiligkeit der Papst sich entschuldigt, dass er nichts davon wisse und dass es der Graf Girolamo sei, der sich als junger, zügelloser Mensch habe fortreissen lassen, soll der Gesandte seine Vorstellungen gegen den Grafen Girolamo richten, und hervorheben, dass der Unwille des Königs über diesen Verrath aller Welt kund werden solle. Ich habe den Marchese gefragt, was er darüber denke: er zeigte sich entschieden unzufrieden darüber und führte eine Menge Gründe seines Missvergnügens an: ein Schisma zu provociren sei gegen den Glauben, ebenso wie die Zustimmung und Begünstigung eines solchen Planes; offen dem König von Frankreich auf diesem Wege folgen, hiesse vielleicht ihn in die Lage versetzen, Ew. Hoheiten zu schaden, wenn das Schicksal wollte, dass der König Nachtheil davon hätte. Er schloss: dieser Staat könne nichts Besseres thun, als sich mit aller Welt gut zu stellen, ohne für Jemand Partei zu nehmen. Ich erwiderte ihm, ich

[1]) Dass Ludwig VI. schon seit längerer Zeit die Kirche mit einem Schisma zu beglücken bedachte, ist wahrscheinlich kein Grund für den Ruin Italiens.

wolle meine Ansichten offen als Soldat darlegen, mir missfielen diese Gesandtschaften an den Papst keineswegs, da sie ihn nöthigen würden, die Liga zu begünstigen und eine gute Entscheidung gegen die Türkei zu treffen: es wäre nicht glaublich, dass man wirklich ein Schisma im Auge habe.[1]) Er antwortete mir, dass, wenn man nicht zustimmte, dem Willen des Königs bis zu diesem Puncte zu folgen, die Gesandtschaften allerdings eher nützen als schaden könnten. Ich werde übrigens später Alles, was ich von der Reise des Herrn von Argenton vernommen habe, ausführlich melden.

Gestern Abend wurde der Marchese benachrichtigt, dass Messer Roberto (da Sanseverino) einen Aufruf in Asti erlassen habe: wer immer eine Forderung an ihn besitze, solle sich an seinen Kanzler wenden und werde befriedigt werden etc.[2])

Der Marchese ging dann zu einem so tiefsinnigen Raisonnement über, dass ich seine Gründe nicht verstehen konnte. Er bemühte sich, mir klar zu machen, dass in dem Falle, wo das Geschick es zuliesse, gegen Ferrante zu agiren, es gut sein würde, eine Ursache aufzufinden, die ihm viele Feinde im Königreiche erwecke und dass der Weg so geebnet sei: König René habe nämlich dieser Tage Leute nach Venedig und Florenz geschickt; er sei von zwei Seiten angeregt worden, einen ständigen Gesandten in Venedig und in Florenz zu halten, er beabsichtige diess auch zu thun und wolle noch einen dritten nach Mailand senden, da man wohl wisse, dass hier das Haupt und der Grundstein des Ganzen sei etc. Daraus

[1]) Dass auch Lorenzo de' Medici für ein solches gewirkt, wird der spätere Verlauf der Darstellung lehren: die Versuche in Basel fanden an ihm kräftige Unterstützung.

[2]) Cfr. Corio, Stor. di Mil. P. VI, cap. 3.

schlöss er, dass, wenn es zum Kriege mit König Ferrante käme, dieses die Liga fördern dürfte, und dass eine Unterstützung der Partei des Hauses Anjou den Plänen des Königs sehr nützlich sein könne;. denn viele Unterthanen des Königreichs (Neapel) würden Partei für René nehmen und sich gegen Ferrante erklären etc.

Der Marchese wünschte, dass man seinen Plan geheim hielte; er zeigte mir auch einen Brief des Königs René, der ihn wissen liess, dass Ettore Scaglione zu Ew. Excellenz gesandt werden würde; er habe aber, da er etwas am Fieber leide, noch nicht kommen können. Nach einer langen Unterhaltung über diesen Gegenstand sagte ich ihm, dass der König René auf seine Rechte an das Königreich Neapel verzichtet hätte und zwar zu Gunsten des Königs von Frankreich. Er erwiderte mir, es sei das allerdings wahr, aber diese Cession sei nicht giltig, da sie aus Furcht geschehen sei. Kurz, um ihn zufrieden zu stellen, würde Ew. Excellenz gut thun, ihm zu antworten, Ew. Excellenz seien befriedigt über die Gesandtschaft etc." Casale, d. 16. Juni 1487. Ew. etc. Antonio d'Applano.

Am andern Tage hörte Antonio d'Applano, dass Commines von Turin abgereist und auf dem Wege nach Mailand sei. Er schrieb unverzüglich dahin: „Diesen Abend wird, wie ich so eben höre, der Herr von Argenton in Vercelli eintreffen und dort übernachten; vielleicht kommt diese Nachricht von anderer Seite schneller zu Ew. Excellenz als durch mich; ich unterlasse deshalb nicht, in grösster Eile es zu melden." [1])

---

[1]) K. de Lettenhove pp. 176, 177. Unterschrift des Briefes: De Casal, le 17 juin 1478, à la première heure de la nuit. Rückseite: cito, cito, cito, cito. Nuit et jour sans relâche, par un messager à cheval."

In einem späteren Briefe führte Appiano Details an über den Aufenthalt des Sir von Argenton in Turin, die ihm unterdessen zugekommen waren: „Messer Roberto[1]) ist in Turin gewesen, um den Herrn von Argenton zu sehen, und man sagt, dass er grosse Anstrengungen gemacht habe, dass dieser Gesandte sich bei Ew. Excellenz für ihn verwende. Der Gesandte hat ihm geantwortet, dass er seine Commission nicht um ein Haar überschreiten dürfe etc. Wenn Se. Majestät aber keinen anderen Krieg habe, würde Sie M. Roberto begünstigen. Dieser will auch seine drei Söhne dem König überlassen, der sie wie Verräther behandeln soll, wenn er sich, begünstigt und unterstützt vom König, nicht so verhielte, dass der König ganz über Mailand disponiren könnte etc.“[2])

„Ludwig XI. nährte seit längerer Zeit lebhafte Sympathie für die Sforza von Mailand, jene grausamen und schlauen Tyrannen, die sich so rasch aus niederer Lebensstellung zur Macht emporgearbeitet hatten. Er hatte sie zumal für Francesco gezeigt, „dont la vertu et bonté,“ sagt Commines, „estoit bien à estimer,“[3]) quoiqu'il se fût rendu coupable de certains crimes perpétrés „sans grâce ne miséricorde“.[4]) Der König hatte von ihm zur Zeit der Schlacht von Montlhéry Hülfstruppen erhalten und war entschlossen, wenn ihm ein Unfall zustossen sollte, sich zu diesem Fürsten zu begeben, „qu'il réputoit son

[1]) Roberto da Sanseverino hatte eines Complottes halber Mailand verlassen müssen. Commines hatte ihm keine sicheren Zusagen gemacht, aber doch eine Intrigue gegen die Herzogin begünstigt, die er zwei Tage darauf in eine Verbindung mit Frankreich ziehen sollte! Cfr. K. de Lettenhove, l. c. p. 178.

[2]) l. c. p. 177.

[3]) Mém. T. II, p. 320. éd. Lenglet.

[4]) Mém. T. II, pp. 376, 377.

grand amy,"[1]) und betonte selbst in einer seiner Verordnungen die hervorragenden physischen und moralischen Eigenschaften desselben, so wie die Erhabenheit seines unbeugsamen Geistes.[2]) Später hatte Ludwig XI. für 50,000 Ducaten das Lehen Genua an Galeazzo vergeben, und trotz verschiedener Wiedernahme waren Verträge zwischen dem König von Frankreich und den Gesandten Mailands in den Jahren 1463, 1468 und 1474 geschlossen worden. Der Augenblick war gekommen, sie zu erneuern und zu bestätigen."[3])

Philippe de Commines enthüllte in Mailand die Intentionen seiner Regierung, worüber der Brief der Herzogin an Lorenzo de' Medici weitere Belege giebt. Sie theilte ihm d. d. 18. Juni Folgendes mit: „Herr von Argenton,[4]) Gesandter des Königs von Frankreich ist diesen Abend angekommen; Unsere Unterredung mit ihm erstreckte sich über die Beziehungen zu Sr. Majestät, die Erneuerung des Lehns von Genua und Savona zu Gunsten Gian Galeazzo's und die Bestätigung des Bündnisses zwischen Sr. Majestät und Uns. Herr von Argenton hatte Uns von Rezo aus geschrieben, dass er Briefe des Königs empfangen habe, welche seine Zufriedenheit aussprechen, dass Unsere Angelegenheiten durch seine Vermittlung geleitet werden sollten. Wir sagten, dass Madame von Savoyen nach dem Tode des erlauchten Herzogs Galeazzo, Unseres Gatten, beharrlich darauf bestanden hat, zwischen Sr. Majestät und Uns allein zu vermitteln, dass Wir ihr immer

---

[1]) Mém. T. II, p. 73.

[2]) Recueil des Ordonnances, T. XVI, p. 57.: „Praestantissimas animi et corporis dotes ... pro incomparabili invicti animi sui sublimitate." K. de Lettenhove, p. 179, nota 4.

[3]) K. de Lettenhove, p. 179.

[4]) K. de Lettenhove, p. 179 seqq.

ausweichend geantwortet haben, aber freundschaftlich, da Wir aus gewichtigen Gründen Uns nicht ihrer Vermittlung beim König bedienen wollten etc.

Da M. von Argenton betont hat, Wir müssten Uns bittweise an den König wenden, werdet Ihr ihn wohl wissen lassen, dass Wir es gethan haben und dass Wir unmittelbar nach dem Tode Unseres erlauchten Gatten, Unseren Secretär Marco Trotto, abgeschickt haben, um vom König die Erneuerung des Lehns und die Bestätigung des Bündnisses zu erbitten; Unser Gesandter trat dem Könige mit dem grössten Respect nahe, aber er wurde übel aufgenommen und in ungünstigen Ausdrücken von Sr. Majestät verabschiedet. Wir schickten dann einen andern Gesandten, Cristoforo de Castiglione, der von Sr. Majestät wohlwollend empfangen wurde, ohne jedoch etwas zu erreichen. S. M. verhiess Uns dabei stets einen Gesandten, aber Wir haben lange darauf gewartet, obwohl Wir dachten, es wäre die Absicht, nicht darauf einzugehen. Da Wir indess entschlossen waren, dabei nicht stehen zu bleiben und S. M. einen Beweis Unseres Vertrauens und Unseres Eifers zu geben, Ihr zu dienen, schickten wir drei Gesandte ab, würdige und ehrenhafte Männer, die keine andere Frucht ihrer Sendung zurückbrachten als die Erklärung: Wir sollten Alles an Signor Roberto restituiren. Ihr wisst, ob diese Erklärung ehrenvoll für den König und für Uns war: er hätte nicht solche Forderungen an Uns stellen sollen, sondern handeln wie es einem Vater gegen seine Kinder zukommt in Rücksicht auf Unsere Dienste, Unsere Verwandtschaft und des Bündnisses wegen etc. Indess wollen Wir nicht gegen den Willen Sr. Majestät handeln, und was das Lehn von Genua betrifft, so haben Wir noch fünf Jahre lang Rechte darauf. Wir haben nun das Bündniss aufrecht gehalten und sind gewillt, es Unsererseits zu beobachten, selbst wenn S. Majestät einiges

Missfallen haben sollte: Wir halten viel auf Unsere italienischen Bundesgenossen und achten die auswärtigen nur soweit, als sie Uns. Wenn die Aussöhnung sich realisiren lässt, müssen zwei Dinge mit Stillschweigen behandelt werden und von der Convention fern bleiben: das was Signor Roberto betrifft, und dass von der Geldforderung für ihn nicht die Rede sei etc."

Vierzehn Tage später schrieb die Herzogin an ihre Gesandten in Rom: „Herr von Argenton, Gesandter Sr. Majestät des allerchristlichsten Königs von Frankreich verlässt Uns heute, um sich nach Florenz zu begeben, nachdem er in Savoyen gewesen ist: Er hat den Auftrag, alle Potentaten zu vermögen, sich dem Gehorsam des Papstes zu entziehen, da S. Majestät es für das allgemeine Wohl für nothwendig hält, ein Concil der ganzen Christenheit zu versammeln, sobald die Gemüther dafür günstig gestimmt sein werden. Dann wird S. Majestät dasselbe in seinem Königreich zusammenberufen.[1]) „Commines täuschte sich, wenn er glaubte, der Excommunication Lorenzo's de' Medici zuvorkommen zu können, denn am Tage als er Mailand verliess, war sie ausgesprochen worden. Er kam nach Florenz in dem Augenblick, wo man die „X della guerra" wählte, und schlug vor, dem Papste mit der Entziehung des Gehorsams zu drohen, wenn er von seinen Feindseligkeiten nicht abstehen würde."[2])

---

[1]) K. de Lettenhove, p. 182. (Archiv. di Mil., 22 di giugno 1478).

[2]) l. c. Ammirato, ad ann. 1478: „nel qual tempo era a Firenze arrivato Filippo Argentone, ambasciador del re di Francia, profferendo alla Repubblica in nome del re suo signore, così di procedere unito insieme con gli ambasciadori de' principi collegati intorno a minacciar il papa della disubbidienza se non si levava dall' arme, come di concorrere con le forze del suo regno per la quiete d'Italia, se il papa in quelle perseverava."

So kam Philippe de Commines nach Florenz, aber er brachte nicht viel mehr als die Versicherung des königlichen Wohlwollens: „La faveur du Roy leur fit quelque chose, mais non pas tant que j'eusse voulu, car je n'avois armée pour les ayder: mais seulement j'avois mon train.“ [1])

Commines hat über die Erfolge seiner Gesandtschaft in Rom sich nicht ausgesprochen, denn sie misslang vollständig. Seine Ansichten über Rom und die dortigen Verhältnisse müssen durch eigene Anschauung einen bedeutenden Umschwung erlitten haben, denn er äusserte:

„Die Päpste seien weise und wohlberathen, und ohne die Zwistigkeiten der Colonna und Orsini: *la terre de l'Église seroit la plus heureuse habitation pour les subjects qui soit en tout le monde, car il ne paient ne tailles, ne guères aultres choses.*“ [2])

Ludwig XI. hatte dem Papste gegenüber mit der Erneuerung der pragmatischen Sanction und der Zurückhaltung der Annaten (durch welche ungeheure Summen nach Rom flössen und den Papst übermüthig machten, mit seinen Nachbarn anstatt mit den Türken Krieg anzufangen) gedroht, doch hielt ihn die Scham ab, ein so feierlich abgeschworenes Institut, wie die Sanction, zu erneuern; ausserdem drohte er mit einem Concil. [3])

Der Cardinal von Pavia schrieb an Sixtus in Folge der Drohungen des Königs am 16. Juli 1478 Folgendes: „Durch einen zuverlässigen und gottesfürchtigen Mann, den Ew. Heiligkeit auch kennt, habe ich Nachricht erhalten, dass der König von Frankreich uns einen Gesandten zuschicken wird, der in seiner Heimath eines

---

[1]) Mém. T. II, p. 205 éd. Lenglet (l. VI, chap. 5.)

[2]) Mém. T. II, p. 367. K. de Lettenhove, l. c. p. 184.

[3]) Rain. Annal. Eccl. ad ann. 1478. Ciaconius, Vitae Pontiff. T. III, col. 18.

grossen Rufes geniesst und der hochfahrende Aufträge mitbringt. Wenn nämlich die gegen die Florentiner erlassenen Censuren nicht widerrufen werden, wenn diejenigen, welche den Mord Giuliano's geplant, nicht ihre Strafe sühnen und von dem begonnenen Kriege Abstand genommen wird, soll der schuldige Gehorsam aufgehoben und an ein Concil appellirt werden. Die Prälaten, auch die geringeren Grades, sollen zu ihren kirchlichen Pflichten zurückkehren und abberufen werden. Zu dem Ende werden die Gesandten von Mailand und Venedig zusammentreten, denselben Antrag stellen und, wenn er nicht erfüllt wird, nach Hause zurückkehren. Wenn wir ihre Forderungen zurückweisen, fährt er fort, werden jene ihre Drohungen unverzüglich ausführen. Vier so bedeutende Mächte, drei in Italien, die grösste jenseits der Alpen sind wohl in Anschlag zu bringen, und es liegt die Gefahr nahe, dass noch andere sich ihnen anschliessen: Ew. Heiligkeit wird mit einem Blick sie zu übersehen wissen. Und doch dürfen wir auch nicht zustimmen; denn, falls die Waffe, die Gott in unsere Hände gelegt, die apostolische Strafruthe, ihnen entfällt, würden wir, was wir einmal verloren haben, nicht mehr ersetzen können. Wir müssen demnach vor Allem Zeit gewinnen; auch muss man die Grausamkeit der Florentiner gegen die Cleriker den Gegnern vorhalten und, dass sie solche ohne Unterscheidung hingemordet haben. Dann muss man die Zurückhaltung des Cardinals betonen, der an dem Verbrechen nicht betheiligt gewesen war. Solche Dinge könne der heilige Stuhl nicht ungestraft hingehen lassen. Dennoch seien Ew. Heiligkeit bereit gewesen, väterlich zu verzeihen, wenn nur ein geringes Zeichen der Busse bei den Schuldigen vorhanden gewesen wäre. Ew. Heiligkeit wisse sehr wohl, dass Venedig, Mailand und mehrere andere Freunde der Republik diese ermahnt, Verzeihung zu erbitten. Auch wisse Ew. Heiligkeit die Bedeutung der königlichen Forderungen wohl zu würdigen, die für beide Theile folgenschwer sein würden und deshalb sorgfältig in Erwägung gezogen werden müssten. Augenblicklich sei es schwer, die Cardinäle zusammenzurufen, da sie zum Theil abwesend seien und wegen der Jahreszeit nicht ohne Lebensgefahr zurückberufen werden könnten. Der Ort, wohin Ew. Heiligkeit sich zurückgezogen, sei kaum für den eigenen Haushalt hinreichend; deshalb möge S. Majestät einen Verzug gestatten: auch die Gesandten Ew. Heiligkeit seien nicht immer gleich empfangen worden, sondern hätten ihren Bescheid oft erst nach längerer Zeit empfangen. Ew. Heiligkeit würde, wenn es anginge, in die Stadt zurückkehren und dann die Cardinäle zu einer Synode zusammenrufen, auch die geeigneten Prälaten aus den angrenzenden Provinzen dazunehmen. Mit dieser Antwort wird der König zufrieden sein, und Ew. Heiligkeit hat Zeit gewonnen, die Forderungen zu überdenken und das Geeignete auszuwählen. Das aber wird Ew. Heiligkeit zum Vortheil gereichen, dass sich Dieselbe über die Arroganz des Königs von Frankreich mit Fug und Recht wird beklagen können und besonders darüber, dass man nicht einmal die nöthige Zeit gestatten will, sie in Erwägung zu ziehen, und dass diese Beleidigungen nicht in eigner, sondern in fremder Sache geschehen sind. Möge Ew. Heiligkeit sich ganz dem göttlichen Schutze überlassen und starkmüthig bleiben. Derjenige, der seinen Priestern in schwierigen Dingen beigestanden, wird sie in geringeren nicht verlassen. Jene kämpfen für das Unrecht, wir dagegen für das Recht, Jene wollen vernichten, wir sie retten etc."

Man sieht, dass Commines Recht hatte, als er, von seiner Mission nach Rom zurückkehrend, erklärte, dass der Papst gut berathen wäre. Sixtus benutzte die vortrefflichen Winke des Cardinals, wie aus der Antwort an die französischen Gesandten hervorgeht, welche von Maffeo Volterrano in seinen Consistorialdiarien aufgezeichnet ist.[1])

Philippe de Commines war nach kurzem Aufenthalt in Rom nach Florenz zurückgekehrt. Dort fand sich auch ein Abgesandter des Königs René ein;[2]) aber ausser an der Gegenwart dieser Herren mussten die Florentiner sich an Versprechungen genügen lassen; denn die wenigen Hülfstruppen, die Turin und Mailand auf Bitten des Gesandten geliefert, konnten keine wirksame Hülfe genannt werden.

Am 24. Juli meldeten Sacramoro und sein Gefährte, die Gesandten in Florenz, nach Mailand, dass sie den Bericht von Genua an die X, an Lorenzo de' Medici und an Herrn von Argenton mitgetheilt hätten, der sich äusserst befriedigt gezeigt habe.[3])

Unterdess kamen Nachrichten vom König auf den von Philippe de Commines von Mailand aus gesandten Bericht. Der letztere hatte Vollmacht, mit der Herzogin ein Bündniss abzuschliessen.[4]) Die Alliance sollte zu Gunsten des jungen Herzogs Galeazzo und der Investitur der Lehn von Genua und Savona stattfinden; die Vollmachten dafür erhielt Commines am 28. Juli und berichtete darüber an die Herzogin.[5]) Der Tractat des Bünd-

---

[1]) Rain. ad ann. 1478, num. 17.

[2]) Ammirato, l. c.: „Eravi ancor giunto un uomo del re Renato, il quale prometteva per questa guerra la persona del suo nipote, essendogli morto il duca Giovanni suo figliuolo, benchè i Fiorentini credessero che egli fusse venuto per scoprir paese."

[3]) Brief vom 24. Juli 1478 bei K. de Lettenhove, p. 185.

[4]) Brief des Königs vom 13. Juli 1478 bei K. de Lettenhove, p. 185, 186.

[5]) l. c. p. 188, 189.

nisses wurde am 18. August in Florenz unterzeichnet.[1]) Wenige Tage darauf verliess Commines Florenz „où il avait esté bien traicté des Florentins et à leurs despens, et mieulx le derrenier jour que le premier.“ Bei seiner Abreise offerirte man ihm als Geschenk ein silbernes Tafelgeschirr, 55 Pfund schwer, und richtete an Ludwig XI. ein Dankschreiben über die erwiesenen Gunstbezeugungen: „Inter innumera et immortalia beneficia tuae Christianissimae Majestatis in nos et civitatem omnem et nationem nostram, imprimis est quod ad nos magnificum atque illustrem dominum Argentonae, consiliarium tuum, misisti oratorem, quae res rebus nostris multum attulit favoris et dignitatem multum ornavit. Vir est, quantum cognoscere potuimus, maximae et rarae virtutis et dignus qui ametur a Majestate Tua et habeatur carus.“[2]) Ew. Majestät, heisst es weiter, wird aus seinem Munde den Zustand unserer Angelegenheiten erfahren, den wir brieflich nicht auszusprechen vermöchten. Es bleibt uns nichts übrig hinzuzufügen, als dass alle unsere Hoffnung auf Ew. Majestät beruht:[3]) grausame Feinde erheben sich wider uns

---

[1]) l. c. p. 190, 191. Geschlossen zwischen Lorenzo de' Medici und Commines als Mandataren des Königs, und Filippo Sacramoro und Angelo de' Talenti als solchen der Herzogin.

[2]) Desjardins, Nég. entre la France et la Toscane, T. I, p. 172. K. de Lettenhove, l. c. p. 192.

[3]) Es ist hier noch das umfangreiche Schreiben Ludwig XI. vom 17. August 1478 einzureihen, welches er zu Gunsten der Florentiner Republik erlassen hatte. Cfr. Ph. de Commines, Mémoires, ed. Godefroy, Preuves, T. III, p. 552 seqq. Es heisst darin: „Loys par la grace de Dieu, Roy de France. A tous ceux qui ces presentes Lettres verront, Salut. Comme en ensuivant les louables et vertueuses oeuvres de nos très-chrestiens Progeniteurs, Roys de France, nous ayons tousjours desiré et desirons la paix et union des Princes et peuples Chrestiens, à ce que per l'union d'iceux ils soient plus forts et mieux disposez à la deffense de la Foi

und haben viele Vortheile über uns erlangt, da sie uns unversehens angegriffen haben etc." Lorenzo de' Medici hob in einem Briefe die Talente des Gesandten noch besonders hervor und dankte für den geleisteten Beistand: „Allem, was der Herr von Argenton von ihm berichten würde, möge der König vollen Glauben schenken, als ob er selbst es sage: es sei ein Mann von hervorragendem

---

Catholique, à present en divers lieux opprimée par les Infideles et à cette occasion, quand avons sçu la guerre n'aguaires suscitée en Italie, à cause de la machination et entreprise faite contre nos très-chers amis, confederez et Altiez de la Communauté et Seigneurie de Florence, par un qu'on appelle le Comte Jeronime, homme n'aguaires comme inconnu et de basse et petite condition, ayons envoyé devers nostre Saint Pere le Pape, pour luy supplier et requerir qu'il luy plust de s'employer à la pacification desdites guerres et divisions et luy ayons fait remontrer la très-injuste surprise et usurpation que ledit Comte Jeronime et ses adherans et Complices ont voulu puis n'aguaires faire contre ladite Seigneurie et Communauté de Florence, pour icelle comme l'on dit injustemen appliquer audit Comte Jeronime ou autres, les execrables meurtres et homicides qui par frauduleuse et precogitée insidiation ont à cette cause esté conspirés et machinés contre la personne de nostre cher et amé cousin, Laurent de Medicis et contre ceux de sa Maison, lesquelles machinations ils ont executé ès personnes de Julien de Medicis e de François Nory, qu'ils ont tués et meurtris inhumainement dedans l'Eglise et ainsi qu'on chantoit la Grand' Messe et pareillement vouloient faire audit Laurent de Medicis, s'il ne fust eschappé et en eschappant a esté grievement et énormement (?) blessé; pour lesquelles causes nous avons esperance que nostredit Saint Père, comme bon Père et Pasteur du peuple Chrestien, se voulsisse employer à la dite paix, sans soy montrer partial d'un costé ne d'autre et confians que pour nous, qui avons tousjours eu et avons le saint Siege Apostolique en singuliere reverence et devotion, il voulsist quelque chose faire, luy avons fait remontrer l'ancienne amitié, confederation et alliance que avons à la dite Seigneurie et Communauté de Florence, qui tousjours a esté si affectée a nous, aux Roys et a la Maison de France etc."

Verdienst und grossen Fähigkeiten, würdig, geliebt und hochgeschätzt zu werden, es möchte wenig Männer seines Gleichen in Frankreich und Italien geben: Rachomandovi strettamente detto monsignor d'Argentona, ilquale senza fallo, e huomo excellente et compiuto d'ogni buona parte da doverlo amare et tenere charo et da fare grandissima stima; et io in specialità non vorrei etc., rispetto al gran bene che è in lui, parendomi che V. M. debba stimarlo et tenerlo charo." [1]) Mit diesen Briefen reiste Commines am 24. August von Florenz ab und ging unverzüglich nach Turin. Am 28. empfing er in Asti die Nachricht vom Tode der Herzogin von Savoyen, welche am 27. in Montecapra bei Vercelli verschieden war. Ueber Pavia reiste er nach Mailand,[2]) wo er am 3. September eintraf und investirte vier Tage nachher die Herzogin mit dem Lehn von Genua und Savona. An demselben Tage (7. September 1478) wurde das Bündniss abgeschlossen, welches das Herzogthum Mailand mit Frankreich verknüpfte.[3])

---

[1]) K. de Lettenhove, pp. 193, 194.

[2]) Die zwei Briefe an Antonio de' Medici bei K. de Lettenhove, l. c. p. 195.

A Messire Anthoine de Médicis, à Millan.

Anthoine, je seray end (endemain) ycy et mercredi à Millan. Il est venu ycy ung homme qui m' a dit que madame de Savoie est morte, dont je suis bien esbahy et fort desplaisant. Je vous prie, renvoyés-moy ung homme batant au devant de moy, qui m'en sache à dire la vérité, et à Dieu. Escript à Hasti, à mi de nuit, à vendredit XXVIII. d'ost. Le vôtre, Commynes.

A Messire Anthoine de Médicis, à Millan.

Anthoine, j'escris des lettres au roy et vous prie que vous les envoyès à Lyon, et le plus tost que vous pourrés, en cas que vous soyéz seur de la mort de madame de Savoie et autrement non. Et à Dieu, Anthoine mon amy.

A Pavie, le XXX. d'aost. Le vôtre, Commynes. Cfr. Benoist, Les Lettres de Commynes aux archives de Florence, pp. 9, 10.

[3]) Die Depesche der Herzogin an ihre Gesandten in Florenz

18*

Der König hatte den Auftrag gegeben, die Schwestern des jungen Herzogs von Savoyen nach Frankreich zu führen, um seine Nichten standesgemäss zu verheirathen. Monseigneur d'Anjou und Jean Caumont sollten sie zunächst nach Grenoble führen, wo sie ein entsprechendes Gefolge erwartete: für die Herzogin Maria war der Marschall von Burgund bestimmt, der sich seit dem Tode des Herzogs dem Könige sehr treu erwiesen hatte, für Luigia der Graf von Angoulême; dabei hatte der König in Aussicht gestellt, selbst nach Lyon oder nach Grenoble zu kommen, wenn die Umstände es gestatteten.[1]) Am 30. September reiste Commines aus der Hauptstadt Savoyens ab, aber, ehe er Turin verliess, sandte er an die Herzogin von Mailand die Copie eines längeren Briefes, den er vom König erhalten hatte. Ludwig XI. meldet darin,[2]) die Gesandten des Königs Ferrante, Don Antonio d'Alessandro und Lancellotti seien nach Arras zu ihm gekommen und hätten ihm gemeldet, die Herzogin von Sovoyen habe den Abate Casanova zum König von Neapel geschickt, um die Ehe des Prinzen von Tarent und seiner Nichte zu stipuliren, König Ferrante habe indess nicht zustimmen wollen; sie wären deshalb zu ihm gekommen, um ihn im Namen

---

und die Antwort derselben vom 18. September 1478 bei K. de Lettenhove, p. 201. In dem Briefe des Herzogs an G. Bossio, Mail. Gesandten in Turin, heisst es: „Der Herr von Argenton, der sich nach Florenz begeben hatte, ist hierher zurückgekehrt und hat die Liga bestätigt, die wir mit dem König geschlossen haben: er hat Uns am 7. hujus mit Genua belehnt. Morgen Mittag reist er ab und wird sich bei Euch einige Tage aufhalten." K. de L. pag. 202.

[1]) Cfr. den Brief des Bossio nach Mailand bei K. de Lettenhove, p. 202 seqq. d. d. Turin 18. Sept.

[2]) l. c. p. 203 seqq. Copie des Briefes im Arch. Med. Fir. filza 89 c. 119, 120. 23. Sept. 1478. Commines an Lorenzo de' Medici. Cfr. Buser, l. c. p. 479, 480.

der Herzogin zu ersuchen, seine Zustimmung zu geben. Er habe geantwortet, er würde Herrn von Saint-Pierre nach Turin schicken, um seinen Verpflichtungen in Betreff des Heirathsgutes seiner Schwester nachzukommen, um die Eheschliessung könne er sich aber nicht kümmern wegen des zu Genua begonnenen Krieges, einerseits aus Respect für die Verpflichtungen der Liga, andererseits wegen des Lebens. Er habe hinzugefügt, wenn die Herzogin sich selbst hineinmischen wolle, könne sie frei über ihre Tochter disponiren, worüber sich die Gesandten sehr befriedigt gezeigt hätten. Dann hätten sie sich bemüht, ihn auszuforschen, ob es möglich sei, ihn zu einem Verzicht auf die Protection von Mailand und Florenz zu bewegen, aber, als sie ihr Bemühen erfolglos gesehen, hätten sie sich zur Abreise entschlossen. Unterdessen sei der Tod der Herzogin erfolgt, und sie hätten ihm erklärt, sie würden den Contract mündlich abschliessen; der Abate Casanova sei nach Neapel gegangen, um die Sache zu ordnen. Da der König Misstrauen gegen den Abate empfunden habe, sei ein Gesandter von ihm nach Turin gegangen, um den Contract mündlich abzuschliessen. Die Gesandten hätten dann gewünscht, die junge Herzogin zu sehen und seien abgereist, ohne anzugeben, wann sie dieselbe geleiten würden. Er möchte Lorenzo de' Medici von Allem benachrichtigen, die Venetianer über diese Eheschliessung beruhigen, da ihnen keinerlei Unannehmlichkeit daraus erwachsen solle, und die Liga seines Beistandes versichern." [1])

---

[1]) Der Brief schliesst: „Eglie giorni IIII che gli arivo qui uno veschovo di fregius che a finto di non venire punto daparte del papa, tutta volta alla fine egli a ben mostro che fingieva perche e ma dato una lettera della quale io vi mando l'originale e simile la copia della risposta che io fo al papa pel signore dal-

Die Ehe des Prinzen von Tarent und der Herzogin Anna von Savoyen wurde am 1. September 1478 geschlossen; denn es erschien dem König gut, während er im Norden Italiens eine Liga gegen den Papst und Ferrante von Neapel in's Leben rief, zu gleicher Zeit im Süden die Fäden einer Intrigue zu spinnen, deren Werkzeug einer der Prinzen des Hauses Arragon war.[1]) Durch diese Combination hoffte er, auf die eine oder die andere Weise, wie immer die Ereignisse sich gestalteten, seinen Einfluss in Italien zu wahren. Commines bestärkte vielleicht den König in diesen Plänen, denn er konnte nicht vergessen, dass der Prinz von Tarent ihm 4000 Livres Rente versprochen hatte, wenn er in den Besitz einer Krone kommen würde.[2])

Obgleich der König die Verantwortlichkeit für diese Coalition mit Neapel ganz seiner Schwester zuschob, war es doch für die Mächte der Liga befremdlich, zu glauben, dass hier nichts Anderes mitgewirkt habe als der Wunsch der Verstorbenen.

Venedig durchschaute die Pläne des Königs, aber es verheimlichte seinen Argwohn.[3])

---

paghon e pel presidente di tolosa, che perlo simile portano lettere e altri che manno scripto e anno conmessione di non fare ne dire se none quello che Lorenzo dira loro e che gli parra che sia il bene della legha e dilui e di non gli celare niente diquello, che potranno intendere dalla parte contraria et di fare pesuoi affari come pemiei proprii." Cfr. die Copie des Briefes Ludwig XI. an Commines. Commines an Lorenzo. Arch. Med. Fir. filza 89 c. 119, 120; 23. September 1478. Buser, l. c. p. 480.

[1]) K. de Lettenhove, p. 210.

[2]) Mém. T. II, p. 330.

[3]) Cfr. den Brief des Leonardo Botta d. d. 5. October 1478, von S. Clemente bei Venedig, bei K. de Lettenhove, p. 211 seqq.: „Ich verstehe wohl, dass man hier keinen grossen Glauben an das hat, was von Frankreich kommt und dass man fürchtet, der König

In Rumilly fand eine Versammlung der hohen Herren von Savoyen statt, worin beschlossen wurde, die Administration des Landes und die Vormundschaft des zwölfjährigen Herzogs Philibert in die Hände des Königs von Frankreich zu legen.

Commines reiste zunächst nach Lyon, um die Gesandten der Liga zu erwarten.[1]) Von hier aus schrieb er an die Herzogin von Mailand, man habe dem König berichtet, sie wolle die Liga verlassen und sich gegen Florenz erklären: „Il est vray, madame, qu'il avoit esté raporté au roy que vous vouliez lesser la ligue que vouz avez avec Florentins et vous déclairer contre eulx et mesmement contre la personne de Lorens, son cousin, qui luy eust esté chose bien estrange, veu que ce n'eust esté le bien de vous, ne de votre estat et aussi l'amour et l'affection que vous voïez que le roi leur porte, et semble bien audit seigneur que vous ne monseigneur votre fils n'avez parent, ne amy au monde à qui vous soiez tant tenus de vouloir complaire comme à luy etc.“[2]) Der Brief enthält eine Hinweisung auf Roberto Sanseverino: „Ledit seigneur sera bien joïeulx d'entendre que vos affaires sont en bonne seurté et ne reste sinon pour bien le contenter, que de continuer la guerre en faveur des Florentins et nommément de la personne de Lorens, sans dissimulation.“ Aber Roberto stützte sich ebenso wie Ludwig XI. auf zwei Parteien: während er mit dem König verhandelte, näherte er sich zugleich dem Papste und dem König von

werde uns, ist die Ehe erst geschlossen, mit schönen Worten abspeisen und die Sachen hinziehen.“

[1]) Cfr. den Brief des Lionetto de' Rossi, Vorstehers der Bank der Medici in Lyon an Antonio de' Medici in Mailand, bei K. de Lettenhove, p. 214. d. d. 6. October 1478.

[2]) Der Brief bei K. de Lettenhove, pp. 215, 216. Escript à Lyon le . . . jour d'octobre.

Neapel. Diese zweideutige Rolle blieb Commines nicht verborgen, und er berichtete darüber an Antonio de' Medici: „Anthoine, ce soir, qui est le XII de ce mois, ay trouvé ung clerc du segneur Robert qui est françois, qui a prins congé dudit segneur. Tontesfoy, il apporte lettres de luy au roy en s'excusant de ce qu'il a fait. Ledit clerc m'a monstré le double de deux lettres, l'une du pape, l'autre du roy Ferrand, qu'ils escrivent à ceuls de Jennes en les confortant de toujours demeurer bien d'acoord et en leur promettant grant chose.

Ledit clerc m'a dit en secret que le segneur Robert a appointement avec le pape et le roy Ferrand et s'appelle lieutenant général. Il fait faire gens à deux fils qu'il a, et ne sont pas ceuls qu'il a avec les secrements et doit faire jusques au nombre de III c. hommes d'armes, et m'a dit ledit clerc qu'il a quelque intelligence en Lombardie et qu'il doit partir bref de Jennes pour y aller.“ [1])

Um diese Zeit starb im Kerker des Schlosses von Monza einer der Hauptagenten der beiden Oheime des jungen Galeazzo Sforza, Donato de' Conti, der sich des Beistandes und der Unterstützung des Königs von Frankreich rühmte, gleich Roberto da Sanseverino. [2]) Trotz der zweideutigen Rolle, die der König in dem Unternehmen gegen die Herzogin Bona gespielt und die er jetzt durch seine Beziehungen zu Sanseverino fortsetzte, hörte die bethörte Fürstin nicht auf, der von Ludwig protegirten Liga ihr Vertrauen entgegenzubringen. Dass der König den

---

[1]) K. de Lettenhove, p. 216.

[2]) K. de Lettenhove, p. 227. In dem Briefe Cecco Simonetta's im Namen der Herzogin von Mailand an den König von England d. d. 28. September 1477 (l. c. p. 166 seqq.) heisst es in Bezug auf Donato: „Leviri autem et patrui nostri, adjecto sibi Donato de Comite, peditatus praefecto, quasi ad depellendum Sanseverinatem contenderent, se illi conjuncturos pacti erant.“

Unternehmungen Donato's nicht fern stand, zeigt seine Reclamation, die er durch Philippe de Commines beim Tode dieses Mannes erheben liess, worauf ihm die Fürsten durch ihren Gesandten Andrea Cagnola antwortete:[1] „Was den Fall Donato anlangt, von dem der Herr von Argenton gesprochen hat, so werden Wir gern dem Wunsche des Königs in einer so unbedeutenden Sache nachkommen. Was Wir dem Gesandten und dem Secretär, welche der König in der Angelegenheit des Sanseverino schickte, erwiedert haben, werden Wir nun gegen Euch wiederholen: Donato de' Conti litt seit längerer Zeit an der Gicht, die ihn oft entsetzlich quälte. Da er im Thurm von Monza gefangen sass, einem feuchten und dunklen Kerker, wurde er von neuem mit Gichtanfällen heimgesucht, die ihn dem Ende zuführten. Wenn S. Majestät Uns nicht glauben will, so möge Sie Jemand hersenden, und Wir werden den Ort zeigen, wo Donato begraben ist; man kann ihn dann ausgraben und den Körper genau prüfen lassen etc." Simonetta schreibt dann noch einmal in dieser Angelegenheit an Cagnola: „Das Factum des Donato betreffend, so werdet ihr sehen, dass das, was unsere erlauchte Herrin schreibt, die reine Wahrheit ist, dem ich nichts hinzuzufügen weiss, als dass ich nie Hass gegen Donato empfunden habe etc."

Wie die Gesinnung Ludwig XI. gegen Rom damals war, ersehen wir aus einem Schreiben Cagnola's an die Herzogin, aus Thouars vom 30. December 1478. Es heisst darin: „S. Majestät erzählte viel Schlimmes vom Papst, dem König Ferrante und dem Grafen Girolamo, indem Sie sich mit solcher Weitschweifigkeit über diesen Gegenstand verbreitete, dass wir an diesem Tage nur Zuhörer blieben. Am andern Morgen empfing uns S. Majestät sehr leutselig, und wir sprachen von den Mitteln, deren sich

[1]) Briefe bei K. de Lettenhove, p. 227 seqq.

unsere Gegner bedienten, den Frieden zu stören, sowohl von Seite des Papstes, welcher die Schweizer sich erheben lässt, als von Seite Genua's und König Ferrante's, die nicht aufhören, uns zu schaden, selbst bis zur Verständigung mit den Türken (?). S. Majestät schien sehr angelegentlich an ein Concil zu denken; wenn es nicht stattfände, könnte es Sr. Majestät zum Schaden gereichen, die dasselbe durch Briefe und Gesandtschaften hat ankündigen lassen."[1]) Die Andeutung über den Beistand, den der Papst in der Schweiz gefunden, bezieht sich übrigens auf die kriegerischen Luzerner, welche gegen Mailand rüsteten und bis Bellinzona vordrangen. Die Mailänder erlitten durch sie mehrere empfindliche Niederlagen und waren froh, als die Dazwischenkunft Ludwig XI. sie endlich von diesem Gegner befreite.[2]) Cagnola berichtete darüber: „Als ich nach Chi-

---

[1]) l. c. p. 231 seqq.

[2]) Cfr. den Brief Cagnola's l. c. p. 237 seqq. Wie man in Mailand über Lorenzo dachte, zeigt der Brief des letzteren an Morelli, in dem er sich darüber beklagt, man halte ihn für die Ursache, dass Mailand in den Krieg hineingezogen wäre: „Per lettere del M. Ceccho et di M. Giovan Jacomo resto avisato che del fatto de denari non bisogna stare a speranza, che dio sa, quanto sono suto contento, maxime intendendo le cagioni e che costi reputano che io li habbi messi in guerra. Dovevavi essere delle altre scuse e per certo non dovevano, negandomi una cosa dichè mi havevano data intentione, aggiugnervi una cagione che mi havessi a dare più molestia che leffetto, perchè suole chi niega una cosa ragionevole farlo con parole e con modi piu grati che può; ma così pare che piacci loro, quanti più dispetti mi possono fare in diversi modi: et se non che io non posso credere che in effetto voglino il male mio, mi parrebbe un cattivo segno di volermi giuchare, perchè questa pare la scusa e la licentia, perchè dicendomi che sono in guerra per me e che hanno perduto genova et li altri mali per mio capo, pare una meza giustificazione di poter fare quello che pare a loro. Vorrei piuttosto haverci perduto X. m. ducati non che accattatili contanto stento et vituperio

non gekommen war, konnte ich mich vergewissern, dass das Terrain schon vorbereitet war, denn der Florentiner Gesandte war einige Tage zuvor eingetroffen und hatte sich damit beschäftigt. Seit ich hier bin, haben wir die Briefe abgefertigt, welche diese Affaire betreffen, und haben sie in die Hände Lorenzo's de Medici durch einen seiner Agenten gelangen lassen. Wir hören nicht auf, die Concilsangelegenheit zu betreiben etc."

Die französische Gesandtschaft an den Papst zur Regelung der streitigen Angelegenheiten bestand aus acht Herren, an deren Spitze der Chevalier Guy d'Arpajon, Vicomte de Lautrec, stand. Am 1. Januar 1479 reisten sie von Mailand ab, um nach Florenz zu gehen, wo sie am 10. eintrafen.[1]) Am folgenden Tage wurden sie im Signorenpalast in Gegenwart Lorenzo's de' Medici, der Prioren der Freiheit und des Gonfaloniere della giustizia empfangen; auch die Gesandten der Liga, Venedigs, Mailands und Ferrara's waren zugegen, während die französischen Herren ihre Creditbriefe überreichten;[2]) der Em-

che havere lette simili parole. Et se io potessi favellare, proverrei che la guerra hanno piutosto causata costi e che sono suti cagione che non ci siamo molto meglio difesi, perchè se non fussi suto el rispetto di cotesti Sri., haremo havuto capo alle nostre genti di qualità che ci harebbe difeso. Benchè io habbi ad comportare molte cose, pure me troppo difficile comportare queste, maxime da persone che a mio parere non lo debbono fare etc." Arch. Med. Fir. filza 96, c. 96. 13. November 1478. Cfr. Buser, l. c. p. 485.

[1]) Mémoires de Philippe de Commines, ed. Godefroy. A Londres et à Paris 1747. Preuves, T. IV, p. 163 seqq. „Relation et Actes de la négociation faite par les Ambassadeurs du roy Loys XI. pour traiter la paix entre le Pape Sixte IV. et le Roy de Naples d'une part et la Republique de Venise les Ducs de Milan et de Ferrare et la Republique de Florence, dautre."

[2]) Credentia ad Excelsam Communitatem Florentinorum. l. c. p. 179. „Et le premier jour ensuivant partismes dudit Milan pour

pfang war glänzend, und man zweifelte nicht, dass die Macht Ludwig XI. ihren Vorstellungen in Rom den gehörigen Nachdruck geben werde. Nach nur kurzem Aufenthalt reiste die Gesandtschaft nach Rom weiter, wo sie am 24. Januar anlangte und sich zunächst an den Cardinal Giuliano della Rovere wandte, an den der König von Frankreich ein besonderes Schreiben gerichtet hatte; sie versicherte den Cardinal des besonderen Vertrauens und der Gunst Ludwig XI., und dieser ging noch denselben Abend zum Vatican und erwirkte beim Papst eine Audienz für den 26. Januar,[1]) in welcher sich derselbe erzürnt über Lorenzo de' Medici ausliess und die Florentiner, die ihn unterstützten. Am 27. empfing Sixtus die Gesandtschaft im Consistorium; sie trat mit folgenden drei For-

---

aller à Florence." Dass auch der König von Ungarn zu vermitteln suchte, erfahren wir aus dem eben citirten Briefe Lorenzo's an Morelli (Buser l. c. p. 486): „Qui arrivo uno ambre. del Re dungheria. Hieri expose la sua ambasciata che in effetto mostrava, che el Re di ungheria haveva gran vogla di interporsi per acconciare queste guerre e discordie d'Italia e grande speranza di poterlo fare."

[1]) „Le Lendemain presentasmes certaines lettres de créance, que le Roy nostredit Seigneur escrivoit à Monsigneur le Cardinal Sancti Petri ad vincula. Et en expliquant icelle créance lui dismes que le Roy nostredit Seigneur avoit singulière fiance en lui et nous avoit chargé et enjoint nous conduire et gouverner par lui etc. Lequel Cardinal nous fit response, qu'il estoit délibéré de soy employer les choses dessus dites, à servir le Roy de corps et de biens, sans aucune chose épargner et nous dit que aucuns des adversaires avoient forgé quelques instruments, qui avoient esté monstrés à nostredit Sainct Père et manifestés par tout Rome, lesquels n'estoient honnestes; et nous lui respondismes, que ne portions instructions, lesquelles lui communiquasmes ensemble nosdites commissions, et icelles vues, dit qu'il estoit très-joyeux de ce que lesdites instructions se trouvoient fausses et que ce jour mesme le diroit à nostre Sainct Père." l. c.

derungen hervor: „1. solle der Papst die Waffen niederlegen, 2. sei ein Generalconcil zu versammeln, 3. dürfe, wenn der Papst auf diese Bedingungen nicht eingehe, kein Geld mehr aus Frankreich an den apostolischen Stuhl abgeführt werden." Zugleich überreichten die Gesandten eine Denkschrift, welche, im Falle die Florentiner nicht zu Gunsten aufgenommen werden sollten, mit einer Versammlung der Bischöfe drohte. Diejenigen, welche gegen Lorenzo und Giuliano conspirirt hatten, sollten die Strenge der Gerechtigkeit erfahren; die Censuren gegen Lorenzo und seine Mitschuldigen und Gönner sollten aufgehoben, der Krieg gegen die Republik sollte eingestellt werden.[1])

---

[1]) „Credentia ad Sanctissimum Patrem nostrum Summum Pontificem verbo explicata ei etc." l. c. Maffeo Volterrano bemerkt ad ann. 1479, 27. Januarii: „Hodie datus est illis senatus frequens, in quo nixi genibus usque in finem mandata regia ediderunt. Addiderunt, quod idem Pontifex bellum in Italia alienis affectibus magis, quam suis serviens suscitasset, perniciosum fidei et suae sedi periculosum; multa etiam dura de ejus operibus essent nuntiata; indixisse Aureliani magnum conventum praelatorum etc." Cfr. Rain. ad ann. 1478, n. 17. Für das Concilium Aurelianense waren u. a. folgende Puncte festgesetzt worden:

„1. dictas inhibitiones et proclamationes teneri et observari, et observando contraventiones puniri.

2. revocationem Praelatorum continuari et fortificari, et quia port praecepta eis facta Curiam Romanam non dimiserant, nec in suis Praelaturis faciendam residentiam venerant, fructus et emolumenta illarum sub manu regia ponerentur.

3. ut ipse Rex Christianissimus mandare et convocari favere concilium generale vellet.

4. in eum casum in quem ipse summus Pontifex nollet pacificationi assentire, placeret Regi armatam transmittere."

Cfr. Mémoires, Preuves. Ueber die Synode von Orléans schreibt Lion. de' Rossi aus Lyon an Lorenzo de' Medici: „L'Assanblea a orliens deprelati di francia si tiene et è vi gran giente, ma non credo vi si conchiugha nulla perlla speranza che questo vescovo

Der Papst liess darauf antworten, dass der König eine solche Gesandtschaft wohl nicht hätte abfertigen lassen, wenn er beide Theile gehört hätte. Der Papst, dessen Herrschaft nicht von Menschen, sondern von Gott komme, pflege nicht ohne den Rath der Cardinäle zu handeln; wenn er also mit ihrer Zustimmung die Waffen ergriffen habe, so sei dies wohlerwogen geschehen. Der erlauchte König von Frankreich rühme sich, aus dem Blute des grossen Königs Karl abzustammen und mit Recht: er solle nun auch denselben nachahmen, der, wenn der heilige Stuhl ihm irgend eine Verpflichtung auferlegt habe, nicht sogleich die Cleriker seines Reiches von der römischen Curie abberufen, nicht die pragmatische Sanction wieder aufgenommen, noch ein Generalconcil berufen haben würde, vielmehr erwidert hätte: „Im Angedenken an den seligen Apostel Petrus wollen wir die römische Kirche ehren, sowie den apostolischen Stuhl, indem wir das uns auferlegte Joch geduldig tragen. Nun aber lege der Papst dem Könige keineswegs ein Joch auf, und wenn er Lorenzo de' Medici, des Königs Verwandten, ein solches auferlege, so sei es nicht unerträglich, denn das Heilmittel liege ja in seiner Hand, und wenn Lorenzo selbst die rechte religiöse Gesinnung habe, müsse er auch dann, wenn die Last ihm schwer dünke, nach dem Beispiel König Karls dieselbe tragen, da, wie der heilige Gregor sagt, es gegen

---

adato al re chel papa fara. Credo chelle coxe resteranno imbastite fino che il re intenda il ciertto del partito del papa, nonstante che infino a ora la potuto chonosciere; pure questo fregius la in modo assichurato, che fia cagione di fare soprasedere. Se dicosta le coxe non seghuitono alla pacie, sarebbe buono davere uno prociesso della vita del papa et delle coxe fatte di poi il suo pontefichato . . . perchè a publicharlo diqua giovera assai . . ." Arch. Med. Fir. filza 20 c. 460, 26. September 1478. Cfr. Buser, Die Beziehungen der Mediceer zu Frankreich, Leipzig 1879, p. 478, 479.

den kirchlichen Gebrauch sei, nicht auch die ungerechte Zurechtweisung des heiligen Stuhles geduldig zu tragen. Der Papst sei rechtlich nicht verpflichtet, über seine Handlungsweise Rechenschaft abzulegen, da Gott wollte, dass die Nachfolger Petri nur dem Himmel selbst verantwortlich wären. Nichtsdestoweniger wolle S. Heiligkeit im Andenken an Leo IV., seinen Vorgänger, über das Geschehene Rechenschaft ablegen und sende deshalb einen Gesandten mit den nöthigen Informationen ab, der dem König von Mund zu Mund berichten solle; wenn S. Majestät ausserdem einige gelehrte und tüchtige Männer bestimmen wolle, zumal, wenn das heilige Collegium wieder vollzählig versammelt und S. Heiligkeit nach Rom zurückgekehrt sei, so wolle er diese informiren. Wenn aber jene behaupteten: „über die Gerechtigkeit dieser Sache wollen wir nicht sprechen, die Gründe des Vergehens wollen wir nicht hören; unsere Lippen sind verschlossen; zuerst müssen die Censuren aufgehoben werden," was heisse das anderes, als dem Papste erklären: was bis jetzt mit reiflicher Ueberlegung und Absicht gethan ist, das widerrufe ohne Grund! Es widerstrebt der kirchlichen Praxis, durch späteren Widerruf zu zerstören, was einmal angeordnet ist. Auf die Forderung des allgemeinen Concils antworten Wir, dass es dem römischen Pontifex zukommt, ein solches zu berufen, wie die Synode von Nicäa bestimmt. Wem anders steht es zu, die Glieder der streitenden Kirche zu versammeln als dem Haupte, welches der Papst ist? Auf dem Concil haben auch nicht die Könige und weltlichen Fürsten den Vorsitz zu führen, sondern der Papst allein, welcher das Haupt der gesammten Kirche ist. Dreierlei Gründe pflegten ein Concil nothwendig zu machen: die Bekämpfung der Häresie, die Friedigung der Fürsten und die Reformation der Sitten. Besondere Häresien seien nicht vorhanden, eine Pacification der Fürsten würde noch grössere Aergernisse hervorrufen, als schon vorhanden wären. Dass der König von Frankreich die pragmatische Sanction erneuern wolle, darauf sei zu erwidern: Entweder war diese Sanction gerecht, oder sie war ungerecht; war sie gerecht, weshalb hat der König sie dann feierlich abgeschworen? War sie ungerecht, welche Ehre wird er dann davon haben, wenn er sie wieder aufnimmt? Was die Abberufung der Prälaten betrifft, so ist zu entgegnen, dass die Diener der Kirche im Papst allein ihren Herrn verehren. Wäre der König nur ein Weniges über den vorliegenden Fall informirt, so würde er den Gesandten nicht einen solchen Auftrag gegeben haben, sondern hätte vielmehr gesucht, Lorenzo de' Medici zur Kenntniss seiner Irrthümer zu bringen und dafür genügende Sühne zu leisten; denn gesetzten Falls, die päpstliche Sentenz wäre ungerecht, so würde er doch gehalten sein, sie zu ertragen. Handelt es sich nicht hier um ein Verhältniss des Sohnes zum Vater? muss der Sohn sich nicht demüthigen? Wenn Lorenzo die ihm auferlegte Busse nach den Canones mit reuigem Herzen trägt, wird sich das Uebrige leicht beilegen lassen. Vor Allem aber ist die Antwort des Königs abzuwarten, da S. Heiligkeit einen Gesandten an denselben abgefertigt hat.[1])

Man sieht aus dieser Antwort, dass der Papst gut berathen war. Er kehrt die Waffen auf seine Ankläger, und der alte Tyrann von Frankreich ist einem solchen Gegner augenscheinlich nicht gewachsen.[2]) Man droht ihm mit einem Concil, und er antwortet: ein solches lasse befürchten,

[1]) Rain. Annal. Eccl. ad ann. 1478 n. 17 seqq.

[2]) Der Papst betont auch, es lägen viele Briefe des Clerus vor, der sich in Folge dieses Verfahrens in seinen Vorrechten bedroht sähe: „Plena est curia literis, quibus sacerdotes toto orbe dispersi clamore conqueruntur contra Papam, nisi vindicet Ecclesiae injuriam." Cfr. Rain. l. c.

dass die Streitigkeiten unter den Fürsten nur noch schlimmer würden: tum quoniam non posset Sanctitas sua, salva honestate, dissimulare, quam multas civitates et terras atque dominia ecclesiae tam Romanae, quam aliarum usurpata detinentur a nonnullis potentiis temporalibus, tum etiam quoniam sunt aliqui principes, qui inter se contendunt de jure regnorum.“[1])

Die Rede ist klar, besonnen und von solcher Logik des Gedankenganges, dass den Gesandten nicht viel mehr übrig blieb, ihre Sache zu vertheidigen. Philippe de Commines hatte Recht gehabt, als er, von seiner Mission zurückkehrend, einem Vorgehen gegen den Papst keinen grossen Erfolg prophezeite und hervorhob, wie gut derselbe berathen sei.[2])

Die Gesandten hatten noch geheime Instructionen an den Papst und trugen dieselben in einer dazu bestimmten Audienz vor. Sie verwahren sich darin gegen eine Beleidigung des heiligen Stuhles: „In hoc non potuit neque potest aliqua detractio auctoritatis Sanctae Sedis Apostolicae Sanctitatisque vestrae notari, unde non ignoramus quod Vicarius Christi a nemine judicatur. Arbitrorum tamen duo sunt genera, primum arbiter juris et illud re-

---

[1]) Ebenso sagte er dem venet. Gesandten: „(Il Papa alterato rispose), che lui non voleva rispondere come si conveniva a tanto superbo parlare molto incharicando il Viniziano et dicendo, che tengono molti luoghi di sancta chiesa, quali, quando concilio si facessi, aranno a restituire.“ Cfr. Buser, l. c. p. 487.

[2]) Der Papst hatte die Rathschläge des Cardinals von Pavia benutzt, eines trefflichen Diplomaten, von dem Victorelli bemerkt: „Multas literas Sixto scripsit Cardinalis Papiensis; epistola 462 affirmat, *vere laudari in ipso Sixto religionem, integritatem, munificentiam, bonorum operum studium, doctrinam ingentem, qua ea aetate major non fuit.*“ Cfr. Ciacon. Vit. Pontiff. T. III, col. 1471.

dactum est ad instar judiciorum et de hoc non intelleximus: aliud est arbitrator seu amicabilis compositor et pacis tractator, habens vim transactionis et amicabilis concordiae et de isto genere remissionis intelleximus et intelligimus etc.

Quibus non obstantibus S. V. recusavit has Quaestiones Christianissimo Regi Domino nostro et nobis Oratoribus suis remittere et voluit per nos aliquae media pacis aperiri, quare videtur nobis tanquam arbitratoribus, amicabilibus compositoribus et pacis tractatoribus quod S. V. debet mediis sequentibus hanc sanctam pacem amplecti.

I. Videlicet quod magnificus Laurentius et Universitas Florentinorum, seu illam repraesentantes, qui Archiepiscopum et presbyteros eorum auctoritate, et degradatione illorum non facta suspendi fecerint, humiliter petunt indulgentiam et absolutionem in forma Ecclesiae consueta per Procuratorem vel coram Legato in Florentiam per S. V. destinando.

II. quod pictura et imagines illorum deleantur de ipsorum Florentinorum Palatio.

III. quod pro animabus defunctorum unum anniversarium eorum expensis fieri faciant.

IV. quod promittant, obligent et jurent amodo bonos et obedientes filios esse Ecclesiae Sanctae Apostolicae, Sedi ac Sanctitati vestrae et nunquam libertates et privilegia Ecclesiae infringere in quantum Sedis Apostolicae auctoritatem attinet.

V. in hoc faciendo praestent bonam securitatem et cautiones dent, eadem firmet et promittat illustrissima Liga ac omnes de ipsa Liga assecurent status tam Ecclesiae quam illustrissimi Principis Regis Ferdinandi, Comitis Hieronymi et omnium aliorum, qui de his dissensionibus et guerris se intermiserint per S. V. nominandorum. Et pariformiter S. V. Rex Ferdinandus et Comes Hieronymus et alii in hac parte concludenti similes securitates et cautiones magnifico Laurentio et Florentinis ac illustrissimae Ligae dent et praesentent atque inter omnes fiat bona pax validaque confoederatio et unio ut illi perfido Turcho resisti valeat ac firmare possint.

VI. Facta dicta concordia, quod omnia arma per S. V. Regem Ferdinandum, Florentinos et illustrissimam Ligam sumpta convertantur contra illum immanissimum Turchum et quaelibet partium tradat copiam armatorum expensis suis per unum, duos vel tres annos, prout necessarium vel expediens fuerit etc.

De quibus mediis S. V. et Reverendissimi Domini Sacri Collegii debent contentari, causa et materia principali considerata; si enim primi motus Florentinorum non potuerunt temperari et leges et canones transgressi fuerunt, mitius cum eis agi debet, ubi autem in toto orbe hoc negotium praedicabitur et quare Sanctitas vestra in has dissensiones et guerras fuerit suscitata, dicetur quod hoc fecit ex parvo fundamento, minime ad honorem S. V. cedenti."

Auf diese Vorschläge antwortete der Papst, wie er schon mehrmals betont hatte, dass der heilige Stuhl Niemandem sich unterordnen könne und der Statthalter Christi Niemandes Gericht unterworfen sei.[1]) Die Gesandten wurden angewiesen, sich an eine Deputation der Cardinäle zu wenden, welche zu dem Ende eingesetzt war, die Voll-

---

[1]) „Et ce fait, nostredit Sainct Père nous dist, comme plusieurs fois nous avoit dit, qu'il ne remettoit point lesdites dissensions, questions, différences et guerres au Roy nostredit Seigneur ne à autre par manière de remission portant contrainte, difant, que le Vicaire de nostredit Seigneur Jesus-Christ ne se doit remettre, soubmettre ne estre jugé par homme quel qu'il soit, mais estoit bien content, que gracieusement amiablement et par bon tracté les droits et raisons des parties fussent venes et quelques bons moyens trouvés pour pacifier lesdites dissensions et guerres." Preuves, l. c.

19*

machten und Instructionen zu prüfen, wieweit dieselben berechtigten, über diese Materie und im Namen der Liga zu verhandeln, und ob sie Vollmacht hätten, die Hülfe des Königs gegen die Türken zu versprechen.[1]) Es war der 11. Februar, als die Gesandten mit den Cardinälen verhandelten. Die Erklärung, die dem Papste dann überreicht wurde, lautete: „Postquam S. V. cui semper obedire et satisfacere parati sumus, vult potestates nostras videre, illas impresentiarum differimus:

I. siquidem habemus potestatem componendi hanc pacem per viam arbitratorum, seu tractatorum, vel amicabilium compositorum, ut in prima potestate etc.

II. habemus aliam potestatem offerendi nomine Regiae Majestatis se et regnum suum ad defensionem fidei Catholicae disponere et realiter ad effectum reducere.

Verum non habebamus in praeceptis hanc commissionem, B. V. ostendere, nisi in recusatione contentorum in prioribus orationibus propter nonnulla alia in eadem ultima potestate existentia.

Illam igitur Sanctitati vestrae ac reverendissimis in Christo Patribus et Dominis Sacri Collegii exhibemus et insinuamus.

Das Document betont besonders die Türkengefahr und die Nothwendigkeit, die Liga zu beschützen. Der Ton ist ziemlich hochfahrend und gebietend: „Quamvis Dominus Noster Jesus Christus beatum Petrum Apostolum et suos successores in pastorali officio instituerit, ut gregem

---

[1]) „Et le Mercredy unziesme jour dudit mois de Fevrier fusmes mandés par lesdits Cardinaux deputés en cette matière, pour venir devers eux aux Palais où nous nous transportasmes et par eux fusmes requis monstrer nos puissances et instructions, pour sçavoir et cognoistre si nous avions puissances de besongner en cette matière et respondre pour ladite illustrissime Ligue." Preuves, l. c.

Dominicum in fide recta, pacis unione et Dei famulatu conservarent, nihilominus Sanctissimus Pater Summus Pontifex et illustrissimus Consanguineus noster Rex Ferdinandus dissensiones et guerras in tota Italia suscitarunt etc.“ Dann wird die Synode von Orléans erwähnt:[1]) „Praelatos, Magnates et alios Proceres Regni et Delphinatus nostri in magno numero Aurelianis convocari fecimus ad sciendum quomodo in hac re periculosa agere debebamus: et finaliter in dicta Congregatione advisatum et conclusum inter alia fuerit necessarium esse concilium

---

[1]) Cfr. Mém. Preuves, T. III, p. 555. Avis sur l'assemblée de l'Eglise Gallicane, tenue a Orléans:

„Premièrement. Sera remontré le bon et juste vouloir et intention du Roy, qui est si justement et raisonnablement fondé, que plus ne pourroit. Car en tant que touche l'Estat de nostre Sainct Père et du Sainct Siége Apostolique, le Roy n'y veut et n'y entend estre fait quelque lesion ou préjudice.

Mais seulement est fondée son intention sur trois choses, qui sont si très-saintes et justes, que plus ne pourroient.

La première, pour la deffense de la Foy Catholique, dont il est telle nécessité que chacun voit.

La seconde, pour l'ordre et regle de toute l'Eglise Universelle: par faute de laquelle ordre adviennent à présent les guerres, divisions et autres scandales, qui sont en Italie et par toute Chrestienneté.

La tierce, pour obvier au dommage que souffre tout le Royaume et l'Eglise de France par l'extraction des pecunes et autre abus, qui se font de par Cour de Rome au moyen de ceux qui tiennent nostre Saint Père entre leurs mains.

De toutes lesquelles choses le Roy parla l'autre jour, quand l'on fut devers luy, si bien et sagement, qu'on ne pourroit plus.

Car premièrement il parla de nostre Saint Père en si grande reverence et devotion, que Prince Chrétien et Catholique peut faire.

Secondement il parla des guerres et divisions qui sont entre les Princes et Nations chrestiennes et de la necessité qu'il est de les pacifier Tiercement il parla du comte Jeronime et autre qui tiennent n. S. P. et par consequent toute l'Eglise etc.“

generale convocari etc." Dann wird der Papst ersucht, er möge ein solches „in aliquo loco tuto, decenti et convenienti ad fines tractandi de modo et forma auxilium illustrissimae Ligae Italiae" zusammenberufen, da zumal Venedig von Türken bedroht sei, und möge mit der Liga Frieden schliessen, sie schützen und gegen die Türken vertheidigen. Der Papst wird ersucht, auf dem Concil selbst den Vorsitz zu führen. Sollte er dieses Concil zu berufen sich weigern, oder über Gebühr hinausschieben, so werde der König selbst mit den andern Königen, Fürsten und Potentaten ein Generalconcil berufen: recusatione seu absentia dicti Summi Pontificis non obstante." [1]) Am 15. Februar wurden die Gesandten in das Consistorium beschieden: auch die Gesandten des Kaisers und Maximilians waren zugegen. Der deutsche Legat trat kräftig für die Rechte des heiligen Stuhles auf: „ein Concil wäre nicht nöthig, nur dass der Papst mit den Florentinern Mitleid hätte, den Frieden mit Italien schliesse und die obwaltenden Zwistigkeiten fahren lasse, damit er die christlichen Fürsten gegen die Türken einigen könne." Dieses wurde durch den Gesandten Maximilians von Burgund bestätigt.[2])

Der Papst erwiederte auf die von der Gesandtschaft

---

[1]) Cfr. Mém. Preuves, p. 207 seqq. Die Urkunde ist datirt von Plessis-les-Tours, 20. November 1478.

[2]) „Et commença a parler l'Archevesque Coaquensis, premier Ambassadeur dudit Empereur, lequel dist en effet e substance, que l'Empereur avoit esté adverti que plusieurs se parforçoient fouler l'honneur et authorité du Saint Siége Apostolique et de sa Sainteté et du Sainct Collége, et les blasmoient fort et vouloient faire beaucoup de choses à iceux préjudicables, et que icelui Empereur s'en estoit informé et avoit trouvé tout bien, honneur et bon gouvernement en eux, et qu'il estoit deliberé de les soustenir envers tous et contre tous garder et conserver l'honneur et auctorité du Sainct Siége Apostolique et de Sa Sainctetè, et ne requeroit Concile etc." l. c.

aufgestellten Punkte der Vergleichung mit Florenz: „Was den ersten Punkt anlangt, dass Lorenzo und die Repräsentanten der Commune, welche den Erzbischof und die Cleriker ohne Degradation aufhängen liessen, demüthig Absolution in der kirchlich üblichen Form erbitten, entweder durch einen Procurator oder vor dem Legaten, der deshalb nach Florenz zu senden ist, so wundern wir uns, dass über die Festhaltung des Cardinals nichts gesagt ist. Wir antworten darauf, dass, da Lorenzo und seine Mitschuldigen dem apostolischen Stuhl soviel Beleidigungen zugefügt haben, wie aus Unseren Processen und Bullen hervorgeht und aus den Rechtfertigungen, die Wir euch gegeben haben, ersichtlich ist, es auch geziemend und natürlich erscheint, dass er selbst komme, seine Vergehen zu bekennen und von seinem geistlichen Vater eine entsprechende Busse entgegennehme, welche, gemäss Unserer Humanität, unter dem gebührenden Mass auferlegt werden wird. Denn die Sünder pflegen persönlich ihr Bekenntniss abzulegen und nicht durch einen Geschäftsträger oder Bevollmächtigten. Auch haben sie nichts zu fürchten; denn Lorenzo kann ohne Sorge mit den zwei Prioren und Gonfalonieren und mit Zehn aus dem Volke zu Uns kommen.

Was die Austilgung der Gemälde der Hingerichteten betrifft, so ist diese Forderung ganz geziemend.[1])

Das Anniversarium betreffend, antworten Wir, dass, als einst der Staat von Mailand und Pavia ein verhältnissmässig viel kleineres Vergehen gegen den apostolischen Stuhl sich hatte zu Schulden kommen lassen, ihnen ausser

[1]) Cfr. Arch. delle Riformagg. di Fir. Lettere de' X, filza 9. Gaye, cart. ined. T. I, p. 574: „Domanda il Papa che la Signoria faccia cancellare la pittura dell' Arcivescovo Salviati.“ d. d. 9. Februar 1479.

anderen Bussen auferlegt wurde, dass ein Anniversarium für die Todten gehalten werde und die Armen, die sich dazu einfanden, mit Almosen bedacht würden. In Mailand wurde noch besonders eine Kapelle für das Anniversarium errichtet und spendete man reichliche Almosen: deshalb sollen Diejenigen, welche schwerere Vergehen begangen haben, eine Kapelle in Florenz bauen und zwei Priester genügend ausstatten, damit darin täglich celebrirt und das Jahresgedächtniss abgehalten werde, womit reichliche Almosen zu verbinden sind.[1])

Was den Punkt anlangt, dass die Florentiner versprechen, gute und gehorsame Söhne der Kirche zu sein und niemals die Privilegien und Freiheiten derselben antasten zu wollen, antworten Wir, dass ausser diesem Eide noch andere Cautionen nöthig sind, die Wir in Erwägung ziehen wollen. Dass die Liga den Besitzstand der Kirche garantiren will und für die Freiheit derselben Sorge zu tragen entschlossen ist, darauf haben Wir Folgendes zu erwidern:

„Da Wir von dem lebhaften Wunsche beseelt sind, dass für die Sicherheit und Freiheit der Kirche und für ihren Besitzstand gesorgt sei, damit Wir nicht von neuem wider Unsern Willen in kriegerische Verwicklungen gerathen, so wünschen Wir darüber eine Erklärung, in welcher Weise das geschehen soll, denn die Liga, welche vor wenigen Tagen der Kirche ihren Schutz freiwillig angetragen hatte, ist in ihrem Verhalten Uns gegenüber durch die Thatsachen hinreichend gekennzeichnet.

Eine Generalunion, wie ihr sie vorschlagt, sagt Uns zu, sobald diese Angelegenheiten beigelegt sind. Wir selbst haben immer mit grosser Mühe und Sorge Bedacht darauf genommen, dass das gemeinsame Gut der christ-

---

[1]) „quinquaginta sestariorum panis.“

lichen Religion erhalten bleibe, und wenn dem nicht gewisse Hindernisse entgegengetreten wären, würde auch der Erfolg gewahrt geblieben sein. Diese Hindernisse müssen erst beseitigt werden. Was die nach geschehener Vereinigung geplante Unternehmung gegen die Türken betrifft und die Betheiligung der Parteien durch Armeen für ein oder zwei Jahre, so erwidern Wir darauf:

„Gegen Unseren Willen haben Wir die Waffen ergriffen, um die gerechte Sache zu schützen und damit, nach Erlangung des Friedens, Wir mit den andern christlichen Fürsten Uns ganz und ungetheilt gegen den gemeinsamen Feind wenden könnten. Es giebt Nichts, was Wir mehr ersehnten, als dass Wir all Unsere Lebenszeit und alle Kräfte diesem heiligen Werke zuwenden könnten, wie Wir bisher gethan haben, und da Wir Uns bereits in dieser Sache viel Mühe gegeben haben, so möchten Wir erfahren, welche Betheiligung daran ihr von Seite eures Königs versprechen könnt,[1]) damit nach Beilegung der Verwicklungen Wir Uns zu dieser heiligen Expedition rüsten können.

Was die Aufhebung des Kriegszustandes betrifft und die den Florentinern und ihren Complicen zu ertheilende Absolution, so wundern Wir uns, dass ihr eine solche Forderung stellt, von der nöthigen Compensation aber keine Erwähnung thut, besonders da Wir wissen, dass es die Absicht des allerchristlichsten Königs ist, die er Uns schriftlich mittheilte, für die Ehre und Integrität der Kirche

---

[1]) Es war diese Forderung den Phrasen Ludwig XI. gegenüber gewiss sehr gerecht und verständig: die Gesandten hatten nichts zu versprechen, da der König gar nicht daran dachte, eine Expedition auszurüsten; aber es liegt ganz in den Plänen des Königs begründet, die Türkenangelegenheit in den Vordergrund zu schieben und seine eigenen Intentionen auf eine Machtstellung in Italien dahinter zu verbergen.

Sorge tragen zu wollen. Da ihr hinreichende Vollmachten nicht besitzt und die Ankunft der Oratoren der Liga ankündigt, werden Wir das zum Frieden Italiens Nöthige in ihrer Anwesenheit mittheilen."

Unterdess war der Prinz von Tarent, der Sohn König Ferrante's nach Rom gekommen und bei seinem Bruder, dem Cardinal, abgestiegen; die französischen Gesandten hatten sich zu ihm begeben und ihm das Schreiben des Königs überreicht,[1]) worin dieser ersucht, das weitere Vorgehen gegen seine Freunde und Alliirte, Mailand, Venedig, Florenz einzustellen und in diesem Sinne bei seinem Vater, dem König Ferrante einzuwirken, damit Alle vereint sich zur Vertheidigung der Türken rüsten könnten."

Am 25. Februar trafen die Gesandten der Liga ein und versammelten sich bei der französischen Gesandtschaft, die sie ersuchten, ihnen eine Audienz beim Papste zu erwirken, welche unverzüglich bewilligt wurde.

Am 5. März wurden die Gesandten der Liga zugleich mit den französischen in das Consistorium berufen, wo auch die Gesandten des Kaisers, König Ferrante's und des Herzogs von Oesterreich zugegen waren. Der Papst liess ein Schreiben folgenden Inhalts verlesen:

„Es sei, wie allen Anwesenden bekannt, von jeher die Absicht Sr. Heiligkeit gewesen, im Verein mit den übrigen christlichen Fürsten eine Expedition gegen die Türken zu unternehmen: deshalb habe er die Waffen ergreifen müssen, um alle Hindernisse, die diesem Plane sich entgegengestellt, zu beseitigen.[2]) Zur Annahme des

---

[1]) Preuves, l. c. Lettre de créance à Monsieur le Prince de Tarente quasi semblable à celle de l'Illustrissime Prince le Roy Ferrand son père et de Monseigneur de Calabre son frère.

[2]) Das Haupthinderniss waren die Eingriffe der Florentiner in den Kirchenstaat: hier schürte man die Revolution, beförderte die

Friedens sei er stets bereit, wenn dieser mit der Ehre und dem Ansehen des päpstlichen Stuhles vereinbar sei, eine Nothwendigkeit, die auch die Gesandten des Kaisers, des Königs von Frankreich und des Herzogs Maximilian anerkannt hätten. Unterdess wären von den französischen Gesandten Vermittlungsvorschläge vorgetragen worden, die nicht ganz der Würde der Kirche und des apostolischen Stuhles entsprochen hätten; deshalb habe S. Heiligkeit sich entschlossen, mit Zuratheziehung des Cardinalscollegiums folgende für die Ruhe Italiens und der Christenheit erspriessliche Vorschläge zu machen, ohne welche weder die Würde der Kirche gewahrt, noch der Friede Italiens hinlänglich gewährleistet sei:

I. „Vor allen Dingen sei es nöthig, die Würde der römischen Kirche unversehrt zu bewahren, denn, wenn dieses nicht geschähe, würden die Versuche, sie zu beleidigen und ihre Freiheit zu unterdrücken immer kühner hervortreten. Da durch die gedachten Gesandten in Vorschlag gebracht werde, dass Lorenzo de' Medici und die Commune Florenz — eventuell ihre Vertreter — wegen ihrer Vergehen der Hinrichtung geistlicher Personen, ohne Degradation, um Verzeihung bitten sollten (durch einen Bevollmächtigten oder vor dem nach Florenz zu sendenden Legaten), so haben Wir ihnen erwiedert, dass, da Lorenzo und seine Mitschuldigen dem heiligen Stuhle solche Beleidigung zugefügt haben, es auch passend und naturgemäss sei, dass jene selbst kämen, sich als schuldig anzuklagen und ihre Busse entgegen zu nehmen.

Unordnungen und zwang den Papst, seine Augen von den Gefahren der Christenheit auf die trostlosen Verhältnisse im eigenen Lande zu richten. Der Papst spricht die reine Wahrheit: nicht er ist der Friedensstörer Italiens, sondern die Habgier der grossen und kleinen Tyrannen.

II. Ebenso hielten Wir es für passend, die Malereien in Florenz austilgen zu lassen.

III. Den Vorschlag, ein Anniversarium für die Getödteten halten zu lassen, haben Wir dahin beantwortet, dass nach dem Vorgange von Mailand und Pavia ein solches nicht genüge, sondern dass sie eine Kapelle, wie das in Mailand geschehen sei, bauen und den Unterhalt für zwei Priester fundiren sollten, die täglich für die Getödteten zu celebriren und das Anniversarium zu halten verpflichtet seien, womit das Austheilen von Almosen verbunden sein sollte.

IV. Dass sie versprechen und schwören, treue und ergebene Söhne der Kirche sein zu wollen, darüber bittet S. Heiligkeit, sich ausführlicher auslassen zu wollen und sichere Garantien zu bieten, dass nichts gegen den apostolischen Stuhl und die kirchliche Freiheit unternommen werde, sowie gegen die Provinzen, Städte, Flecken und gegen alles Eigenthum des kirchlichen Territoriums überhaupt, dass ihnen keine durch die heiligen Canones verbotenen Steuern aufgelegt werden, noch dass sie sich in die Verleihung der Benefizien hineinmischen, sondern Alles dem apostolischen Stuhl überlassen; ausserdem sind alle Einkünfte, welche den kirchlichen, den Befehlen des Papstes gehorsamen Personen entzogen wurden, zurückzuerstatten. Auch für diejenigen, welche sich nicht unterworfen haben, sind sie zu erstatten und bei einem geeigneten Depositar niederzulegen, welcher ex consensu der italienischen Fürsten zu wählen ist. Diese Gelder sollen für die Türkenexpedition verwendet werden.

V. Die Florentiner selbst, oder andere von den Herren Italiens, welche Prälaten oder kirchliche Personen ihrer Benefizien oder ihres sonstigen Eigenthums beraubt haben, zumal deshalb, weil sie sich den Befehlen des apostolischen Stuhles unterworfen haben, sollen Alles in integrum restituiren und es dem apostolischen Stuhl überlassen, in streitigen Fragen zu entscheiden und Recht zu sprechen. Alle päpstlichen Provisionen für Kirchen, Convente und Benefizien sollen wirksam sein und zu Recht bestehen.

VI. Alle kirchlichen Personen, saeculare oder regulare, welche Würde immer sie innehaben mögen, die das Interdict nicht beobachtet und sich ohne päpstliche Absolution dem heiligen Dienste hingegeben haben, sollen dieses fernerhin nicht thun, noch soll ihnen dasselbe von den Obrigkeiten gestattet werden, bis der heilige Stuhl es anders bestimmt.

VII. Alle, welche in Folge Nichtachtung apostolischer Briefe ihrer Benefizien verlustig gegangen sind, sollen als solche anerkannt werden, und Niemand soll sich in ihre Angelegenheit hineinmischen.

VIII. Da die Florentiner und Andere S. Heiligkeit und den apostolischen Stuhl bei verschiedenen Fürsten fälschlich beschuldigt haben, sollen sie gehalten sein, Solches zu widerrufen und den verletzten guten Ruf durch Gesandte wieder herstellen zu lassen.

IX. Die Florentiner sollen eine Summe von 100,000 Ducaten entrichten wegen ihrer Verachtung der Censuren und der Interdicts, welche gegen die Türken zu verwenden ist.[1])

X. Die Processe der Cleriker sollen frei und ungehindert an der römischen Curie verhandelt werden, ebenso wie die Ehe- und andere geistliche Angelegenheiten, und nicht vor den weltlichen Behörden, trotz der entgegenstehenden Verbote der Fürsten.

XI. Die Benefizien, deren Collation den Ordinarien zukommt, sollen von diesen selbst in ihren Diöcesen frei

[1]) Wenn man in Florenz in der That solchen Eifer für die Türkenexpedition empfand, so war hier eine treffliche Gelegenheit, ihn zu beweisen.

übertragen werden und ohne Hinderniss seitens der weltlichen Gewalt: geschieht es anders, so sollen diejenigen, welche auf andere Weise solche Benefizien erlangt haben, für inhabil gelten.

XII. Da es aus sträflicher Gewohnheit eingeführt ist, dass von den bischöflichen Sitzen, Abteien, Prioraten, eine gewisse Abgabe von 50 Ducaten jährlich der weltlichen Gewalt entrichtet wird, so geziemt es sich, dass dieses hinfort unterbleibe.

XIII. Was den Punkt betrifft, dass die Liga den Besitzstand der Kirche, des Königs Ferrante, des Grafen Girolamo und all der Uebrigen garantiren will, die in diesen Streitigkeiten und Kriegen betheiligt sind, so wünscht S. Heiligkeit zu wissen, in welcher Weise das geschehen soll, um nicht abermals wider Willen in Krieg verwickelt zu werden; denn die Thatsachen haben gezeigt, wie die Liga, welche vor wenigen Tagen freiwillig der Kirche ihren Schutz angetragen hatte, gegen S. Heiligkeit gesonnen ist: deshalb ist über diesen Punkt die sicherste Caution zu geben.

XIV. Den Vorschlag einer Conföderation und Union betreffend, um den Besitzstand für alle Zeiten zu sichern und gemeinsam gegen die Türken vorgehen zu können, so erklärt S. Heiligkeit sich dazu bereit und willig und erinnert an die zu dem Zweck bereits übernommenen Mühen und Nachtwachen. S. Heiligkeit schlägt eine allgemeine Liga vor, deren Capitel unter den Theilnehmern zu vereinbaren sind.[1])

[1]) Dieser Punkt ist der beste Beweis für die Absichten des Papstes, Einheit gegen den Islam zu erzielen; die Ausführung seiner grossen Idee scheiterte an der Uneinigkeit und Opposition der Fürsten.

XV. Die Expedition gegen die Türken betreffend, so ist Sr. Heiligkeit nichts erwünschter als diese. Sie wird deshalb im Lateran einen Fürstentag abhalten, zu dem alle Fürsten eingeladen werden sollen, zumal S. Kaiserl. Majestät und der König von Frankreich, sich persönlich zu betheiligen. S. Heiligkeit wird allen Uebrigen vorangehen in der Rüstung gegen diesen gemeinsamen Feind.

XVI. Was die Restitution der eroberten Plätze anlangt, so haben Diejenigen, welche die Kirche unterstützt haben, so viele Ausgaben gehabt, dass S. Heiligkeit nur mit ihrer Zustimmung hierüber verhandeln kann.

XVII. Da S. Heiligkeit, herausgefordert und gereizt, in der Wiedereroberung von Città di Castello unter die Herrschaft der Kirche, sowie in der Vertheidigung von Perugia und in dem gegenwärtigen Kriege vielerlei Schaden erlitten hat, so wird ersucht, für die von S. Heiligkeit, dem König Ferrante und der Commune von Siena, sowie dem Grafen Girolamo bei der Conservirung von Imola, das oftmals durch Verrath überfallen worden ist, erlittenen Unkosten entsprechenden Ersatz zu leisten.

XVIII. Da die Commune Florenz Borgo S. Sepolcro besetzt hält, welches der Kirche rechtmässig zugehört,[1]) so wird die nach allem Recht derselben zu leistende Restitution der Stadt gefordert: ebenso die Zurückgabe von Castrocaro und anderer der Kirche gehörender Plätze.

XIX. Es wird ersucht, Niccolò Vitelli, seine Söhne, Anhänger und die übrigen Rebellen der Kirche nicht als

---

[1]) Ausser Borgo S. Sepolcro waren Modigliana und Castrocaro herauszugeben.

Unterthanen aufzunehmen und zurückzubehalten, noch im Florentiner Gebiet ohne besondere Erlaubniss Sr. Heiligkeit zu dulden.

XX. Um allen Verwicklungen und Kriegen vorzubeugen, welche aus dem Exil der Brüder des weiland Herzogs Galeazzo von Mailand entstehen könnten, wird ersucht, dieselben in ihr Vaterland zurückkehren zu lassen und ihnen hinreichende Provision zu geben, damit sie ruhig in ihrem Vaterlande leben können.

XXI. Dem Herzog von Urbino möge gestattet werden, sich seines Hauses und seiner Besitzung vor den Thoren von Florenz ungehindert zu bedienen, ohne von Jemand gestört zu werden."

Am 28. April erfolgte die Antwort der Gesandten der Liga, nachdem sie von ihren Regierungen die nöthigen Instructionen erhalten hatten:

„Florenz erwiederte,[1]) dass Lorenzo einen Gesandten an den heiligen Stuhl schicken werde, dessen Verzeihung zu erbitten, wenn in der Wuth des Volkes gesündigt worden sei: die Bilder sollten entfernt werden, aber nach Niederlegung der Waffen und der Suspension der Kirchenstrafen.

Die Kapelle und das Anniversarium betreffend, so wäre das ein Denkmal der Schmach für das Volk.. Die Erinnerung an dieses Ereigniss sei vielmehr aus dem Gedächtniss desselben auszutilgen und ewiger Vergessenheit anheimzugeben.

Die Angelegenheiten des Verhaltens kirchlicher Personen den Befehlen des heiligen Stuhles gegenüber betreffend, sowie die Verleihung der Benefizien, die Restitution der Ehre des heiligen Stuhles vor den weltlichen Mächten, den freien Verkehr mit der Curie in Ehe- und anderen

[1]) Cfr. Preuves, l. c. p. 228 seqq.

geistlichen Sachen, die ungehinderte Uebertragung der Benefizien durch die Ordinarien, so sei in diesen Punkten nicht mit directer Missachtung der Rechte des heiligen Stuhles gefehlt worden, und werde ohne Zweifel nach dem Abschluss des Friedens Alles geregelt werden: jetzt in diese dem Frieden ferner liegenden Dinge (?) näher eingehen, hiesse dieselben erschweren oder hinausschieben, was Beides zu meiden sei. Diese Capitel seien darum zu übergehen, besonders das, welches von der Zahlung der 100,000 Ducaten für die Türkenexpedition handle.

Den Besitzstand der Kirche und der anderen Herren betreffend, so wird nach dem Friedensabschluss die Ruhe derselben nicht mehr gestört werden, und Nichts dürfte leichter zu concediren sein, als die Zusicherung dieses ruhigen Besitzstandes.

Die Angelegenheit der Türkenexpedition ist, da die Verhältnisse sich seit der Zeit geändert haben, wo die Gesandten an die Curie geschickt worden sind, und als nicht direct zum Friedenstractat gehörig, bei Seite zu lassen.

Die Restitution der fortgenommenen Orte anlangend, so entspricht es dem Frieden, dass alles im gegenwärtigen Kriege occupirte Land restituirt und in seine früheren Grenzen gebracht werde, damit die Herren in Siena sich nicht über ihre Verluste beklagen.

Da die Liga sich als provocirt betrachtet, so weist sie die Forderung der Zahlung der Unkosten zurück.

Die Angelegenheit von Borgo S. Sepolcro liegt dem gegenwärtigen Friedenstractat ferne, da sie keinen eigentlichen Grund zum Kriege abgegeben hat. Nach geschlossenem Frieden lässt sich das freundschaftlich abmachen (?).

Den Vitelli könne man als alten Freund nicht aus dem Gebiete der Republik fortweisen, doch werde man Sorge tragen, dass derselbe nach geschlossenem Frieden hinfort nichts mehr gegen den Kirchenstaat unternehme, so lange er auf Florentiner Territorium verbleibe.

In der geringfügigen Sache des Herzogs von Urbino wäre eine Vermittlung nicht nöthig gewesen, da der Krieg die Ausübung seiner Rechte nicht tangirt habe."

Unterdess waren auch die Gesandten von Genua eingetroffen, welche ihre Creditbriefe von Battista di Campo Fregoso überreichten und zu dem feierlichen Consistorium am 12. Mai beschieden wurden. Sie dankten zunächst dem Papste, da sie durch seine und des Königs Hülfe zu ihrer alten Freiheit zurückgekehrt wären. Der Papst nahm die Huldigung des Campo Fregoso durch die Gesandten entgegen und liess darüber einen Act aufnehmen, wogegen die französischen Gesandten protestirten, da der König der eigentliche Herr von Genua sei und diese Angelegenheit vor sein Forum gehöre.

Unterdess hatte auch der König von England Gesandte nach Rom geschickt, um sich an den Friedensverhandlungen zu betheiligen. Es war am 21. Mai, als die Gesandten der Liga, von England und Frankreich sich im Palast des Cardinals von Rouen versammelten, wo die Deputation der Cardinäle zusammentrat. Die Gesandten der Liga behaupteten, neue Instructionen von ihren Herren empfangen zu haben, die sie nur dem Papste selber mittheilen könnten, und die französischen Herren fürchteten deshalb, es möchten neue Verwicklungen entstehen. Mit den englischen Gesandten war Louis Toustain von Ludwig XI. geschickt worden und brachte ebenfalls neue Instructionen mit.[1]) Der König schrieb: „Mein Vetter, der König von England, hat mich wissen lassen, dass er sehr wünscht,

[1]) Preuves l. c. p. 240. Instructions à Monsieur Louis Toustain de ce qu'aura affaire en allant à Rome en la compagnie de Monsieur le Docteur d'Angleterre.

sich für die Pacificirung Italiens zu verwenden und hat deshalb eine Gesandtschaft an den heiligen Vater nach Rom abgefertigt, indem er mir zugleich einen englischen Doctor zusandte, der mich davon informiren sollte. Ich habe diesen beauftragt, sich an euch zu wenden, und in seiner Gesellschaft kommt M. Louis Toustain, mein Rath und Secretär. Wenn der englische Doctor eingetroffen sein wird, informirt ihn von allen euren bisherigen Schritten und dem bisherigen Gang der Verhandlungen und erweist ihm alle schuldige Ehre. Wäret ihr schon abgereist, so erwartet den besagten Doctor an irgend einem Orte, wo er euch Alles mittheilen kann und ihr darüber verhandeln könnt."[1])

Toustain kam über Mailand und Florenz und war informirt, mit der Regentin von Mailand und Lorenzo de' Medici zu verhandeln. In seiner Instruction heisst es: „En passant per Milan et Florence, sçaura avec Madame de Milan et son Conseil et aussi avec le magnifique Laurent et la Seigneurie de Florence, ce qu'il leur semblera estre à faire en ces matières et selon qu'il trouvera avec madite Dame et son dit Conseil y besongnera et non autrement tant de prendre treves que du temps et condition d'icelles."

Am 22. Mai verfügten sich die Gesandten vor den Papst und die Cardinäle, und die Liga liess durch den Mund des venetianischen Orators die Ansichten der italienischen Mächte vortragen. Die Liga drohte, dass, wenn der Papst binnen acht Tagen den Frieden nicht bewilligte, sie nach ihren Instructionen von Rom abreisen und in ihre Heimath zurückkehren würden.[2])

---

[1]) Das Schreiben des Königs datirt von Forges-les-Chinon, 14. März 1479.

[2]) Preuves, l. c. p. 242: „et outre que en cas que nostredit

20*

Der Papst zeigte sich über diese Antwort höchst verwundert, da jene es ablehnten, über seine Forderungen zu debattiren. Er sagte, er hätte sie deshalb aufgestellt, damit man darüber verhandle und dieselben je nach Uebereinkommen annehme. Auch über den Termin von acht Tagen war er erstaunt, da er den Frieden nicht ohne den König von Neapel abschliessen könne und auch nicht ohne die Commune von Siena, seine Verbündeten.[1]) Andererseits enthielte eine solche Forderung so viel Anmassung und Verachtung gegen den heiligen Stuhl, dass das ebensoviel hiesse, als: „Du wirst binnen acht Tagen den Frieden abschliessen, oder du sollst Krieg haben.“ In solchen Ausdrücken dürfe man nicht mit dem Statthalter Christi verkehren. Auch er habe es so nicht mit ihnen gemacht, sondern stets die Termine bewilligt, die sie gewünscht hätten. Indess würde er mit den Cardinälen innerhalb der acht Tage berathen und ihnen dann seine Willensmeinung kund thun.“

Nach den Gesandten der Liga sprachen die französischen und trugen den gemeinsamen Wunsch der Könige von Frankreich und England nach baldigem Frieden in allgemeinen Ausdrücken vor: „Sie hätten vernommen, dass Briefe angelangt seien, welche die factische Eröffnung des Krieges meldeten und offerirten nochmals den Willen ihrer Souveräne, die Schwierigkeiten der Vermittlung zu über-

---

Sainct Père dedans huit jours n'auroit accordé la paix, selon les offres dessusdites, qu'ils se departissent de Rome.“

[1]) Während der Papst sich hier an seine Verbündeten hält, schliesst Ferrante von Neapel später mit Lorenzo de' Medici einseitig und mit Verletzung des Bündnisses Frieden. Der Papst konnte sich nicht auf seine Bundesgenossen verlassen, ein weiteres Moment, das ihn auf Nepoten wies, denen Land und Leute zu Gebote standen.

nehmen und die Ehre und Rechte der Kirche und des heiligen Stuhles aufrechthalten zu wollen."

Am folgenden Montag, dem letzten des Monats Mai, berief der Papst alle Gesandten von England, Frankreich und der Liga nebst den Cardinälen und einer grossen Anzahl Prälaten in den Palast und ertheilte ihnen folgende Antwort: „Wir haben im verflossenen Februar die Gesandten des Königs von Frankreich mit besonderer Freude empfangen, da sie erklärten, sie wären gekommen, den Frieden in Italien herbeiführen zu helfen und die Interessen der christlichen Religion fördern zu wollen; zugleich versprachen sie auch den Beistand Sr. Majestät in der wichtigen Frage über die Türkenexpedition. Wir selbst zeigten Uns sowohl diesen als den Vermittlungsvorschlägen der Liga gegenüber entgegenkommend und, obgleich Wir erst vor Kurzem gereizt würden, haben Wir doch Tag und Nacht über die Herbeiführung des Friedens nachgesonnen. Als nun die Verhandlungen anfingen, kamen Briefe aus Venedig an, die Uns in Kenntniss setzten, dass Venedig mit den Türken einen Separatfrieden geschlossen habe. Wir beklagten dieses im Interesse der christlichen Religion, da dem Friedensschlusse dadurch das Fundament entzogen wurde.

Dennoch haben Wir nicht unterlassen, zum Frieden weiterhin fortzuwirken; wie der Ausgang Unserer Erwartung war, ist hinlänglich bekannt. Man antwortete auf Unsere Vermittlungsvorschläge nichts Anderes als: Wir sollten die Waffen niederlegen und die Censuren aufheben.[1]) Man brachte mündlich mehr noch als schriftlich Beschuldigungen gegen Uns vor, die falsch waren, und auf welche Wir weder damals geantwortet haben,

[1]) Preuves, l. c. p. 245: „ad media nil respondentes, deponi tantum arma et censuras suspendi immutabili voluntate postulavere."

noch auch jetzt antworten werden. Wenn jene die Ehrfurcht gegen den gemeinsamen Vater ausser Acht lassen, so wollen Wir doch Unsere väterliche Pflicht gegen die Söhne nicht vergessen. Für Unsere Antwort hat man Uns nur acht Tage Zeit verstattet, obwohl Wir ihnen zu ihren Berathungen hinlängliche Freiheit bewilligt haben. Es erschien Uns hart und der dem apostolischen Stuhl zukommenden Achtung wenig entsprechend, bei den Schuldigen gar kein Zeichen der Reue und Busse wahrzunehmen. Da man Unsere Censuren verspottete, und auf Befehl der Behörden das Interdict nirgends beachtet, es vielmehr an allen Orten profanirt wurde,[1]) so erscheint es in der That lächerlich, Etwas aufzuheben, was gar nicht beobachtet wurde und Etwas zu bewilligen, was sich die Schuldigen schon von selber genommen haben. Fürchteten sie die Censuren, so fragt man, warum verachteten sie dieselben, und fürchteten sie sie nicht, so erscheint es ohne Belang, ob eine nach dem Urtheil des Schuldigen gleichgültige Sache bewilligt oder genommen wird.

Es ist ausserdem einleuchtend, dass zum Schlusse eines Friedens die Niederlegung der Waffen nicht unmittelbar nothwendig erscheint: viele Friedensschlüsse sind bekanntlich zu Stande gekommen, ohne dass die Waffen sistirt waren. Eine Deposition derselben wäre offenbar gefährlich gewesen und hätte den Gang Unserer Züchtigung unterbrochen und die Halsstarrigkeit der Schuldigen nur vermehrt. In der nackten und überstürtzten Forderung, die Waffen niederzulegen, ist kein Wort enthalten, dass die Sicherheit der Staaten garantirt sei. Die französischen Gesandten haben Uns eine

---

[1]) Cfr. Macchiavelli, Stor. Fior. lib. VIII, Scip. Ammirato, lib. XXIV.

Generalunion in Italien vorgeschlagen, die deren Sicherheit gewährleisten solle; dann sollten die christlichen Waffen auf Unsere Anregung gegen den Türkenfeind sich richten, und jede der Mächte sollte ihre Truppen für zwei oder drei Jahre zu diesem Ende der Liga zu Hülfe senden.

Mit dieser Anregung vereinigten sich die Wünsche Unserer Brüder, die Gesuche des Kaisers und des Herzogs Maximilian, deren Ansehen bei dem apostolischen Stuhle immer hervorragend war und sein wird. Auf ihr Ansuchen wurden Waffen und Censuren für eine gewisse Zeit sistirt,[1])

---

[1]) Nachdem der Termin der fünf Wochen, innerhalb welcher der Compromiss hätte unterzeichnet werden sollen, verstrichen war, ohne dass Florenz Schritte der Aussöhnung gethan hatte, erliess der Papst eine neue und verschärfte Bulle: „Et quamquam," heisst es darin, „haec omnia pro pace Italiae et expeditione praedicta fecerimus, et ad alia quaecunque, quae ad pacem ipsam conducerent, nos promptos et paratos semper exhibuerimus, nihilominus Florentini et eorum colligati et fautores praedicti compromissum praedictum firmare et pacem ipsam pervenire nullatenus curarunt, illorum sententiam opere comprobantes, qui per praemissos tractatus et suspensiones existimabant, nos in longum duci, *immo dictis quinque hebdomadis vix decursis pendente etiam tractatu treugae et cessationis ab offensis inter eos et communitatem civitatis nostrae Perusinae, in civitatem ipsam gentium suarum armigerarum copias clam introducere tentarunt et impediti fidelium custodum providentia, Perusinum agrum non inventa resistentia discurrerunt castraque et loca plurima occuparunt et inventa in illis animalia et bona, quae potuerunt, in praedam abduxerunt.* Quo factum est, ut pro occupatorum castrorum et locorum praedictorum recuperatione et propulsandis offensionibus hujusmodi, quas eorum gentes praedictae tam in praedicto Perusino, quam Senensium agro, in quo oppidum casularum vi expugnatum omnimodae direptioni exposuerunt et igne illius aedificia concremarunt, inferebant, gentes nostrae armigerae amplius ab armis, ut usque tunc de mandato nostro fecerant, non cessarent, prout nec cessarunt, occupata fere omnia celeriter reparantes: sicque ex hujusmodi longae pacis tractatu tantorum principum interventione habito,

und Unsere Heerführer wurden angewiesen, im Vorgehen inne zu halten. In der Hoffnung des Friedens haben Wir damals von der Strenge der Züchtigung nachgelassen. Dennoch ruhten ihre Zurüstungen nicht, Truppen zu sammeln, sich zu verproviantiren. Zwanzig Tage lang haben Wir auf die Antwort gewartet. Als Wir Uns dann der Hoffnung hingaben, der Aufrichtung einer Generalunion und dem Kreuzzuge gegen die Türken nahe zu sein, haben Wir die Antwort erhalten, die vor Kurzem Allen kund geworden ist. Unsere Vorschläge wurden abgewiesen, von den Absichten jener Herren wissen Wir nichts oder wenig, und zwar beliebte man Unsere Forderungen so abzulehnen, dass sie theils entstellt, theils vernachlässigt, theils offen verurtheilt wurden. Die das Heil der Seelen

---

nullus hactenus bonus successit effectus. Nos igitur . . . arma resumere et illis ob continuatam tanto tempore excommunicatorum praedictorum cordis duritiam et iniquitatem uti, quamquam inviti compellimur, et quamquam suspensio ipsa, ob causam ineundae pacis illius tractatu pendente facta, utpote ad causam hujusmodi relata pacis ejusdem tractatu durante durare debuerit, idque oratorum praedictorum humilis supplicatio, dum de compromisso praedicto in legatum et praefatos reges ageretur, ut praefertur, super ulteriori suspensionis jam factae prorogatione, durantibus dictis quinque hebdomadis, manifeste testetur, nihilominus, ne excommunicati, anathematizati, diffidati, maledicti et rebelles praedicti exinde argumenta sumant sibi ipsis et aliis persuadendi suspensionem ipsam adhuc durare, habita super hoc cum praedictis fratribus nostris deliberatione, de illorum unanimi consilio et assensu omnem censurarum hujusmodi suspensionem . . . praesentium tenore revocamus, cassamus et irritamus ac eosdem excommunicatos, sacrilegos, interdictos, maledictos et diffidatos, quo ad prolatas in eos censuras et poenas praedictas eorumque aggravationem et alia omnia in dictis aliis nostris literis contenta, in eodem statu fore, in quo erant antequam suspensio praedicta a nobis emanaret, praefata auctoritate declaramus etc." Cfr. Rain. ad ann. 1479, n. 14, 15.

betreffenden Capitel wurden von ihnen mit einem Worte abgefertigt: sie behaupten, wenn der Friede geschlossen wäre, würde Vieles verbessert werden; was also vor dem Frieden gesündigt worden ist, das hängt von ihrem freien Belieben ab, es zu verbessern, nicht von der ihnen obliegenden Pflicht. Sie wünschen ungestraft sündigen zu können und übergehen mit zweifelhaften Worten die Verpflichtung, für die Seelen der schimpflich Getödteten Sorge zu tragen; auch von der Detention des Cardinals sagen sie nichts. Dieses Denkmal ihrer Schmach sollten sie austilgen und nicht Unsere Sorge für das Heil der Gemordeten als Infamie ansehen. Zwar rechnen Wir Uns die Beschuldigungen der Gottlosen zum Lobe an und wollen lieber dieselben ertragen, als die Seelen auf die ihnen zukommende Hülfe und Erquickung warten lassen.

Das in einem gerechten und nothwendigen Kriege Genommene, was Unsere Verbündeten erhalten haben, fordern sie in den Bedingungen des Friedens zurück, Unsere Stadt Borgo S. Sepolcro aber schliessen sie von den Bedingungen des Friedens aus, obwohl darüber öffentliche und unumstössliche Documente vorhanden sind. Wir glauben deshalb, dass sie gewillt sind, dieselbe niemals herauszugeben, ausser durch Gewalt, wenn sie sich nicht verpflichtet fühlen, es bei dem Friedensschlusse selbst zu thun. Ueber den Herzog von Bari, die Brüder Sforza, sowie über Roberto Sanseverino wollen sie ebenso wenig wie über Borgo S. Sepolcro und die anderen Dinge, die sie mit Unrecht fest halten, etwas wissen, und suchen diese Punkte von dem Friedenstractat zu entfernen. Dabei ermüden sie nicht, den aus seiner Stadt Città di Castello wegen seiner Tyrannei vertriebenen Vitelli, Unseren Unterthanen, wieder in seine Herrschaft einsetzen zu wollen, anstatt ihn aus ihrem Gebiete zu vertreiben, wie es bei benachbarten

Mächten Sache der Höflichkeit und Gefälligkeit ist. Wenn sie sagen, er werde der Kirche keinen Schaden mehr zufügen und glauben, Wir würden Uns damit begnügen, so wissen Wir recht gut, dass, so lange dieser Mensch auf ihrem Gebiete weilt, seine Gegenwart zu Verwicklungen, Aergernissen und Ruhestörungen Veranlassung geben wird.

Am meisten aber hat Uns die Antwort überrascht und verletzt, die Uns auf den Vorschlag eines allgemeinen Bündnisses und einer Expedition gegen die Türken in so harter Weise zu Theil geworden ist, da man behauptete, die Bedingungen dafür hätten sich geändert. Das heisst: man hat Frieden mit der Türkei geschlossen und will das mit Stillschweigen übergehen. Wir haben die Rede des venetianischen Orators vernommen, der für Mailand und Florenz zugleich sprach. Allein in der Hoffnung, die Potentaten Italiens zu vereinigen und mit vereinten Kräften die christliche Religion zu schützen, haben Wir die kaiserlichen, königlichen und herzoglichen Gesandten, sowie die Verbündeten gütig aufgenommen, mit Ehren überhäuft und die falschen, gegen Uns erhobenen Beschuldigungen mit väterlicher Geduld ertragen und ihnen volle Zeit gelassen, ihre Beschlüsse zu treffen, nicht ohne eigene Gefahr. Dennoch hat man Unsere Friedensvorschläge nicht angehört, Unsere Rathschläge bei Seite gesetzt, Unsere Forderungen mit Zweideutigkeiten entstellt. Nichts von den die Ehre des heiligen Stuhles betreffenden Dingen ist angenommen worden, Nichts bewilligt, was der Ehre des Höchsten zukommt; vielmehr bestehen sie mehr als je auf ihrer Weigerung, nachdem sie noch acht Tage für den Abschluss des Friedens bewilligt. Trotz der Ermahnungen zum Frieden seitens des Papstes, des Kaisers, seines Sohnes, der Gesandten beharren sie in ihrer unanständigen und unpassenden Antwort auf dem Weggange, ja den König von Frankreich, der sich zu ihrem Fürsprecher gemacht, haben sie kaum beachtet. Unter seinen Vermittlungsvorschlägen war auch der, dass die Florentiner und Lorenzo de' Medici für ihre begangenen Sünden, die sie nach Art unbussfertiger Menschen für gar keine oder nur für sehr geringe ansahen, um Verzeihung bitten sollten. Was für eine Demuth ist nun das! und wie entsprechen ihre Worte dem Sinne der Unsrigen? Ihr Gesandten aus Frankreich habt es selbst gehört: es war besonders hinzugefügt, dass sie in der kirchlich gebräuchlichen Weise um Absolution nachsuchen sollten. Diese Form verachten sie, wenn sie die Genugthuung längnen und zurückweisen. Der König billigte ein Anniversarium für die Seelen der Getödteten; Wir erweiterten diesen Vorschlag, indem Wir es als dauernd festsetzten; wenn sie es nun offen zurückweisen, so verwerfen sie auch den Vorschlag des Königs. Dieser wünschte, dass die Sicherheit des apostolischen Stuhles beschworen werde und man sich zur Bewahrung der Freiheiten und Privilegien der Kirche verpflichte; aber hier sind es nur Worte allein, die sie gebrauchen, denn ihre wahren Gesinnungen zeigen ihre bisherigen Thaten. Der König schlug ausserdem eine Generalunion der italienischen Fürsten vor, zum Zwecke gemeinsamen Vorgehens gegen den Türkenfeind, aber da jene schon Frieden mit demselben geschlossen haben, verweigern sie auch hierin, auf die Intentionen des Königs einzugehen.

So beklagen Wir vor Gott und vor Unsern Brüdern, dass Unsere väterliche Stimme und Unsere heilsamen

Rathschläge bis auf die heutige Stunde nicht gehört worden sind, dass eure Fürsten von Unserer Milde keinen Gebrauch haben machen wollen, und dass mehr Vertrauen auf Waffen und Krieg bei euch vorhanden ist, als auf euren gemeinsamen Vater, den apostolischen Oberhirten und eure Mutter, die Kirche, und dass die so lange dauernde Mission des Uns befreundeten Königs und seine im Interesse des Glaubens gemachten Vorschläge erfolglos geblieben sind. Ebenso wirkungslos blieb die Vermittlung der kaiserlichen Majestät, Deren Sohn, und des erlauchten Königs Eduard von England heilsame Ermahnungen. Da' ihre Ansichten und Willensmeinungen die Ehre des apostolischen Stuhles anstrebten, so hätte es auch euch, die ihr geringer seid, geziemt, eure Herzen vor dem Statthalter Christi zu demüthigen und euch der Pietät der grössten Fürsten anzuschliessen. Auch das Schicksal des unglücklichen Italiens beklagen Wir, das von seinen Söhnen in dem drohenden Ruin dieser Zeiten schutzlos gelassen wird, während ein scharfer Feind schon lange seine Herrschaft bei Uns aufzurichten sucht.

Damit vor eurem Weggange wenigstens Unser guter Wille der Welt kund werde, haben Wir die Gesandten kommen lassen, um sie aufzufordern, sich zu erklären, ob sie unter ehrenhaften Bedingungen mit Uns und dem König von Neapel zur gemeinsamen Vertheidigung des christlichen Glaubens sich vereinigen wollen, damit so für die Aufrichtung des Friedens und für das Heil der christlichen Religion gesorgt werde, wie es der allerchristlichste König angeboten hat und seine Gesandten es bekräftigt haben. Denn Wir führen geistliche und leibliche Waffen nur zu dem Ende, um nach Entfernung der Friedenstörer ruhig zu leben und der Vertheidigung des Glaubens mit den übrigen christlichen Fürsten alle Unsere Kräfte widmen zu können. Mit allem Eifer streben Wir nach dem Frieden und der Ruhe Italiens in der Hoffnung, dass ihr in einmüthiger Stimmung gegen die Fürsten euch erheben würdet: denn vereint haben die Gesandten des Kaisers, des Königs Ludwig, des Königs Ferrante und des Herzogs Maximilian, von Uns befragt, sich dahin erklärt, dass sie zu diesem Ende hierher geschickt seien und deshalb als Vermittler und Fürsprecher aufgetreten sind.

Der venezianische Orator hat hierauf zwar eine lange Antwort gehabt, aber das Ende derselben war, dass die Conföderirten über einen so ehrwürdigen Zweck und ein so heiliges Unternehmen Nichts festsetzen oder versprechen könnten. Die Gesandten von Mailand und Florenz haben, aufgefordert, sich zu äussern, der Ansicht der Venetianer sich angeschlossen.

Es ist ungewiss, wohin Wir Unsere Hoffnung richten und auf welche Weise Wir den Gläubigen zu Hülfe kommen sollen, da eure Antworten die Aussicht auf eine Einigung der Fürsten benehmen und alle Versuche an eurer Hartnäckigkeit scheitern. Ihr erwartet nun das Ende Unserer Antwort. Was Anderes können Wir euch antworten, als dass Wir, obgleich zum Kriege gereizt und provocirt, doch mit ganzer Seele zum Frieden geneigt sind: aber wohl gemerkt, zu einem Frieden, der dauerhaft und nicht mit Verachtung Gottes und des apostolischen Stuhles geschlossen ist. Ja, wenn ihr den Frieden von Anfang an gesucht hättet, würdet ihr ihn jetzt haben, denn Wir hätten ihn unverzüglich gewährt. Wenn jetzt die Zeiten oder die Pläne, oder die Sünden der Menschen ihn nicht zulassen, so wird, wenn Gott, der die Herzen erleuchtet und Barmherzigkeit übt, ihn zulassen wird, Unsere Gesinnung dieselbe sein wie heute, und Unsere Arme werden den Reuigen zu jeder Stunde offen stehen; jetzt aber, da ihr behauptet, fortgehen zu müssen, wollen Wir euch nicht halten: ihr seid frei! Wollet ihr bleiben, Alle, oder Einige, so seid ihr sicher bei Uns; aber eine solche Stunde wie diese, die Dinge beizulegen, wird nicht wiederkehren." [1])

Nach dieser entscheidenden Rede frug der Papst die Gesandten der Liga, ob sie bleiben wollten, um über ihre Artikel und Forderungen debattiren zu hören, und sie antworteten, dass sie Befehl ihrer Herren empfangen hätten, nicht mehr zu warten, sondern bei Todesstrafe sofort zurückzukehren und dass sie nichts hinzuzufügen hätten, als die Aufforderung ihrer Gebieter, ein Generalconcil zu versammeln, worauf der Papst erwiderte: nicht er hätte dasselbe zu fürchten, sondern zumal die Venetianer, die mit den Türken Frieden geschlossen hätten. Darauf entfernten sich die Gesandten aus dem Saale des Consistoriums.

Am 2. Juni versammelte der Papst die Gesandten von Frankreich, England und Deutschland und entliess sie. Er ernannte einen Legaten für Frankreich, um den König über den Stand der Dinge zu unterrichten und schlug einen Compromiss vor: „Nachdem in den verflossenen Tagen die erlauchten Könige von Frankreich und England die Schwierigkeit, diese Angelegenheit vermöge der von Uns vorgeschlagenen Mittel zu lösen, erkannt haben, so haben sie Uns ersucht, über diese Differenzen einen Compromiss abzuschliessen. Da Wir zum Frieden geneigt sind und nicht wollen, dass irgend Etwas unterbleibe, was dem förderlich sein könne, so senden Wir einen Legaten nach Frankreich und nehmen die Könige von Frankreich und England zu Schiedsrichtern und freundschaftlichen Vermittlern an, jedoch so, dass, wenn sie in diesem Falle nicht einig werden sollten, S. Kaiserl. Majestät und der erlauchte Herzog Maximilian hinzugezogen werden. Dieser

[1]) Preuves, l. c. p. 243 seqq.

Compromiss soll dauern, so lange es dem Legaten belieben wird und die genannten Fürsten bestimmen; während desselben sollen die Feindseligkeiten aufhören und die Censuren suspendirt sein, jedoch so, dass die Parteien innerhalb fünf Wochen, vom heutigen Tage ab gerechnet, den Compromiss zu bestätigen gehalten sind.“ [1])

---

[1]) Wie aus der Bulle des Papstes vom 10. August hervorgeht, hatte Florenz die Frist ablaufen lassen und nicht aufgehört, den Fortebraccio gegen Perugia anfzuhetzen, um dem Papste Verlegenheiten zu bereiten.

V. Capitel.

Krieg zwischen Rom und Florenz. Abreise Lorenzo's de Medici nach Neapel. Verhandlungen daselbst mit Beiseitesetzung des Papstes. Endlicher Abschluss des Friedens auch in Rom.

Da man in Florenz zum Kriege entschlossen war, begannen jetzt die Rüstungen. Die „Zehn des Krieges" wurden ernannt, darunter auch Lorenzo de' Medici,[1]) aber die Vorbereitungen schritten langsam vor, und man eröffnete den Krieg mit ungenügenden Mitteln und ohne tüchtigen Führer, während der Herzog von Calabrien und Federigo von Montefeltro mit ansehnlichen Kräften in's Feld rückten;[2]) Perugia hatte auf des Papstes Befehl das

---

[1]) Lorenzo de' Medici, Tommaso Soderini, Luigi Guicciardini, Bongianni Gianfigliazzi, Piero Minerbetti, Bernardo Bongirolami, Roberto Leoni, Giovanni Serristori, Antonio di Dino, Niccolò Fedini.

[2]) Commines berichtet darüber: „Le Pape envoya excommunier les Florentins: ce cas incontinent advenu, et fit marcher l'armée, quand et quand, tant de luy, quand du Roy de Naples, laquelle armée estoit belle et grosse et en grand nombre de gens de bien." Von den Florentinern berichtet er: „Laurent de Medicis, qui estoit leur chef en la cité, estoit jeune et gouverné de jeunes gens. On

Bündniss gelöst, das es mit Florenz geschlossen hatte. Die Armee der Verbündeten betrat am 10. Juli Florentiner Gebiet, indem sie in das Chianathal eindrang.[1]) Dieser schnellen Bewegung verdankte die Armee ihre weiteren Erfolge, denn die Florentiner hatten nicht Zeit, gegen Imola und den Grafen Riario irgend Etwas zu unternehmen.[2]) Zugleich sandte der Papst der Republik ein Breve zu, worin er diesen Schritt motivirt: „Er sei zum Kriege entschlossen, um Florenz von einer Tyrannei zu befreien, die ihn stets verhindert habe, im Interesse der Christenheit einen allgemeinen Kreuzzug in's Werk zu setzen, und forderte die Entfernung Lorenzo's." Das Breve wurde im Senat vorgelesen, und man berief eine Versammlung der Bürger, vor denen Lorenzo sich rechtfertigen sollte. Dieser kannte die Situation zu gut um nicht zu wissen, welchen Ton er einzuschlagen hatte. Nachdem er sich bereit erklärt, Alles über sich ergehen zu lassen, Verbannung oder Tod, wenn nur das Staatswohl befördert werde, legte er seine Habe und sein Leben auf dem Altar des Vaterlandes nieder.

Das verbündete Heer drang rasch und siegreich vorwärts. Von Montepulciano ging man nach Rencine, das geplündert und in Brand gesteckt wurde. Am 26. Juli stand die Armee in Castellina und beschoss diesen Ort,

---

s'arrestoit fort à son opinion propre. Ils avoient peu de Chefs, et leur armée très-petite." Mém. liv. VI, chap. 5.

[1]) Cfr. Allegretti, Diari Sanesi l. c. „Ricordo come adì 10 di luglio e'l Duca di Calavria con le sue genti e'l Conte d'Urbino con le genti del Papa, e quali erano a lega co' Sanesi e Sanesi con loro, gionseno a Montepulciano e Chianciano, e furono guaste tutte le mulina di Montepulciano."

[2]) Cfr. Ammirato l. c. „furono prima d'opinione d'assaltar essi Imola se l'aver trovato che i nimici venivano grossi non gli havesse indotto a tener le genti unite."

nachdem die Artillerie von Rom her verstärkt worden war. Da der Castellan der Festung keine Hülfe von den Florentinern erhielt, wurde dieselbe nach acht Tagen übergeben, und am 18. August zog der Herzog von Calabrien dort ein. Am andern Tage ging die Armee weiter und lagerte in Radda, das bald genommen wurde.[1]) Man brannte das Castell nieder, schleifte die Mauern; eine grosse Menge Getreide wurde nach Siena gebracht. Am 28. stand der Herzog schon in Asciano und besuchte von hier Montoliveto; auch Brolio wurde, nachdem die Festung durch die Artillerie erheblich gelitten hatte, übergeben, und die Einwohner erhielten freien Abzug; diese Festung wurde durch die Sienesen zerstört, denen von hier aus früher grosser Schaden in ihrem Gebiete zugefügt worden war. Ebenso fiel Cacchiano;[2]) am 29. lagerte die Armee bei Monte Sansavino.

Die Florentiner, welche das rasche Vordringen mit Bestürzung sahen und von Mailand höchst ungenügend unterstützt waren, sandten nach Venedig, um dort Hülfe zu suchen. Venedig hatte es abgelehnt, sich in die Privatstreitigkeiten der Republik Florenz zu mischen und betrachtete diesen Fall als einen privater Natur. Tommaso Soderini musste dem Senat von Venedig die Lage der Florentiner auseinandersetzen und um Hülfstruppen ersuchen. Aber während man noch mit den Rüstungen beschäftigt war, fand die Uebergabe von Castellina statt. Als die Verbündeten bei Monte Sansavino lagerten, stand das Florentiner Heer drei Miglien davon, und man schloss zuvörderst einen kleinen Waffenstillstand. Am 1. November

---

[1]) Radda, berühmt durch seine starken Befestigungen, war ein altes Castell und der bedeutendste Platz des Chianti; seine Erbauung geht in's XI. Jahrhundert zurück.

[2]) Flecken in der Commune von Castel nuovo Berardenga.

ging dieser zu Ende, und Florenz bat um Verlängerung, aber der Herzog von Calabrien schlug das Gesuch ab. Die Signoren von Monte Sansavino hatten erklärt, dass, wenn bis zum 8. November die Florentiner das Lager der Verbündeten nicht beseitigt hätten, die Stadt sich freiwillig an diese ergeben würde. Zur grossen Schmach der Ersteren zogen am Sonntag den 8. November die Verbündeten in die Stadt ein und vertrieben die Besatzung; auch ein Ueberfall der Florentiner auf Castellina wurde durch die Aufmerksamkeit der Wachen verhindert. Am 12. November zog die Armee der Verbündeten in die Wälder zwischen Lucignano und Torrita, denn der Winter hatte begonnen, und die durch Regen erweichten Strassen machten die Bewegungen beschwerlich. Man näherte sich dann Asciano, Montalceto und Buonconvento, und der Herzog von Calabrien nahm Quartier in Compagnatico, der von Urbino in Petriolo. Noch andere Festungen im Chianti- und Arnothale wurden genommen, welche später wieder rebellirten, als das Lager von Cacchiano aufgehoben war, so Castelnuovo di Val d'Arno, Castagnoli, Vertine, la Volpaia, Monte Luco, Lecchi, Tornano und andere Plätze.

Auch die Florentiner zogen sich in Winterquartiere zurück, und der Herzog von Ferrara, der die venezianischen Bundestruppen geführt hatte, ging mit wenig Ruhm bedeckt nach seiner Heimath zurück.[1])

In diese Zeit fällt die Umwälzung in Genua, die nicht ohne Einfluss auf die Angelegenheiten in Florenz geblieben ist. König Ferrante von Neapel hatte, um Florenz der mailändischen Unterstützung zu berauben, mit Hülfe der Sforza, der Oheime des unmündigen Galeazzo, Genua gegen den Herzog rebelliren lassen. Die Stadt erklärte sich für frei, und der mailändischen Besatzung verblieb nur das

[1]) Allegretti, l. c.

Castelletto, in das sie sich zurückzog. Unter dem Schutze desselben sandte die Herzogin Bona Truppen nach Genua, aber diese wurden geschlagen, und da die Regentin fürchtete, den Staat für ihren unmündigen Sohn in Gefahr zu bringen, wenn dieser Krieg fortdauerte, so entschloss sie sich, da sie Genua nicht unterwerfen konnte, zu einem Ausgleich und überliess das Castelletto an Battisto Fregoso,[1]) den Feind des Prospero Adorno, damit dieser den Adorno verjage und die Anstrengungen der Sforza zu nichte mache. Mit Hülfe des Castelletto und seiner Partei bemächtigte sich Fregoso der Stadt Genua und liess sich zum Dogen ausrufen. Die verbannten Sforza und Roberto Sanseverino mussten Genuesisches Gebiet verlassen und kamen nach Lunigiana.[2]) Zu dieser Zeit starb in Mailand, unter dem Eindruck der für sein Vaterland überaus traurigen Verwicklungen, Donato Acciajuoli, ein Mann von unbestechlicher Geradheit des Characters, der sich unter den in Rom für ihn schwierig sich gestaltenden Verhältnissen als aufrichtiger Freund seines Vaterlandes gezeigt hatte. Er war auf der Reise nach Frankreich, aber erschöpft von der Hitze des Weges und gebrochen durch Leiden des Gemüthes sank er hier auf das Krankenlager, von dem er in wenigen Tagen dahinschied.[3]) Sein Vaterland

[1]) Cfr. Corio l. c. P. VI, cap. 3: „con condizione che se mai accadesse non poter egli in qualche tempo dimorare in Genova rimettesse il duca nel pristino stato e fosse sempre amico e fautore nelle cose spettanti al suo stato, le quali cose promettendo Battistino si recò a Genova, dove coll' ajuto de' suoi partigiani e col presidio che il duca avea nel Castelletto di Genova espulse Prospero, Roberto ed il conte Giulio e poscia col consentimento del Visconti fu creato da quel popolo doge di Genova."

[2]) Cfr. Macchiavelli, lib. VIII, cap. XIII.

[3]) Cfr. Vesp. Fior. p. 348: „dimostrò in questa sua fine ch'ella non si mutò dalla sua passata vita; ma quale fu la vita, il simile fu la fine."

ehrte seine Verdienste, indem es ihn prächtig begraben liess, die hinterlassenen Töchter ausstattete und den Söhnen Privilegien bewilligte.[1])

Man machte in Florenz verschiedene Pläne, sich den Verlegenheiten dieses Feldzuges zu entreissen. König Ferrante sollte zur See angegriffen werden, um so den Krieg aus dem Gebiete von Toscana zu entfernen, und die Anjou nach Italien zu rufen und zu einer Unternehmung auf Neapel zu bewegen. Endlich wurde Roberto Malatesta, Herr von Rimini, mit Florentiner Sold zum Capitano gewählt, und man beschloss, im Gebiete von Perugia ein Lager zu errichten, um diese Stadt von dem Gehorsam der Kirche loszutrennen und von hier aus in die päpstlichen Staaten einzufallen.[2]) Hierfür bestimmte man den Freibeuter Carlo Fortebraccio di Montone, der, indem man auf seinen Anhang im Gebiete von Perugia rechnete, eine Rebellion in's Werk zu setzen bestimmt war. Gegen das feindliche Lager im Sienesischen sollten der Herzog von Ferrara als Generalcapitano der Liga und der Marchese von Mantua, Capitano von Mailand, operiren. Auch auf Frankreichs Hülfe hoffte man noch, und Guidantonio Vespucci war, wie bereits erwähnt, an Donato Acciajuoli's Stelle zum Orator gewählt worden, um Ludwig XI. von der kläglichen Situation der kriegerischen Unternehmungen zu informiren und um Hülfe zu bitten. Aber die Versprechungen des Königs erfüllen sich nicht.[3]) So waren

---

[1]) Prov. Reip. Flor. Cfr. Fabroni II, p. 191. (An Donato's Stelle trat als Orator beim König von Frankreich Guidantonio Vespucci.) Cfr. Macchiavelli, l. c. „ed a' figliuoli esenzione ed alle figliuole dote conveniente a maritarle concesse."

[2]) Guicciardini, Stor. Fior. cap. 5.

[3]) Cfr. Guicciardini, l. c. „Aveva il re più volte promesso mandare buono numero di gente d'arme in Italia, e in effetto ogni cosa fu vana se non con lettere e con imbasciatori al pontefice."

die Pläne für das Jahr 1479, und als die Zeit herankam, sie auszuführen, erschien Roberto Sanseverino mit seinen Leuten und schweifte bis vor die Thore von Pisa. Die Stadt war nicht für eine Vertheidigung eingerichtet, und die beiden Commissarien Bongianni Gianfigliazzi und später auch der Herzog von Ferrara gingen dahin ab, um die Angriffe zurückzuweisen. Auch Carlo di Montone und Deifebo di Anguillara warfen sich dorthin, während Roberto Sanseverino am Fluss Serchio lagerte. Aber der Letztere zog es vor, da er sich schwächer fühlte als der Gegner, sich auf Florentiner Gebiet zurückzuziehen; doch genügten diese Vorkehrungen, die Angriffe auf Pisa zurückzuhalten.

Als die Florentiner sich von diesen Angriffen auf Pisa befreit sahen, versammelten sie ihre Armee zwischen Colle und S. Gimignano; des Unfriedens halber, der zwischen den Sforza und Braccio sich erhoben hatte, mussten sie jedoch ihre Leute trennen, und ein Theil wurde unter Carlo di Montone in das Gebiet von Perugia gesendet, ein anderer schlug bei Poggibonsi ein Lager auf, um die Verbündeten vor dem Eintritt in Florentiner Gebiet zurückzuhalten. Man hoffte, dass Carlo Braccio Anhänger genug hätte, und der Papst sich in Folge dessen genöthigt sehen würde, zur Vertheidigung viel Leute dorthin zu senden. Ausserdem sollte Niccolò Vitelli sich Città di Castello nähern, um seinen Gegner Lorenzo daraus zu vertreiben und die Stadt dem Gehorsam des Papstes zu entziehen.[1])

[1]) Macchiavelli, l. c. cap. XV. „Stimarono per questo partito costringere ancôra i nimici a dividere le genti: perchè credevano o che il conte Carlo occuperebbe Perugia, dove pensavano avesse assai partigiani, o che il papa fusse necessitato mandarvi grossa gente per difenderla. Ordinarono oltre di questo, per condurre il papa in maggiore necessità, che messer Niccolò Vitelli, uscito di Città di Castello, dov' era capo messer Lorenzo suo nimico, con

Auch schien es, als ob diese Anschläge Erfolg haben sollten, denn Carlo Braccio machte im Gebiete von Perugia nicht unbedeutende Fortschritte.[1]) Niccolò Vitelli konnte zwar nicht in Città di Castello eindringen, aber er verwüstete das Land umher bis vor die Mauern der Stadt. Diese Hoffnungen, den Krieg in das Territorium der Kirche mit Erfolg hinüber zu spielen und die Streitkräfte der Verbündeten erfolgreich zu zersplittern, wurden zuletzt zu Wasser. Zuerst starb Carlo Braccio inmitten seines siegreichen Vordringens in Cortona, und die Florentiner wussten die Erfolge, die er errungen, nicht zu benutzen. Die päpstliche Besatzung in Perugia fasste neuen Muth, verliess die Stadt und schlug drei Miglien vom Feinde entfernt oberhalb des Trasimenischen See's ein Lager auf. Jacopo Guicciardini war Commissarius der Florentiner, und Roberto Malatesta blieb nach dem Tode Carlo's der angesehenste Führer dieser Heeresabtheilung. An der Stelle, wo einst die Römer eine entscheidende Niederlage erlitten, empfingen auch die päpstlichen Truppen eine Schlappe, die in Florenz mit lautem Jubel begrüsst wurde.[2]) Aber die Freude infolge dieses Sieges wurde

---

gente s'appressasse alla terra per fare forza di cacciarne l'avversario e levarla dall' obedienza del papa."

[1]) Cfr. Allegretti l. c. „Adì 7 di Giugno e'l Magnifico Ruberto da Rimini e'l Conte Carlo da Montone, Deifabo del Conte Averso, Missier Niccolò Vitelli et altri Condottieri e Soldati di Fiorentini cavalcarono in quel di Perugia con più di 40 squadre di Cavalli e Fantaria assai e presero tra Castella e tenute circa a 30, che la maggior parte se lo' de' d'accordo. E adì 8 andorono fino alle Porte di Perugia."

[2]) Cfr. Allegretti l. c. „Adì 29 ci fu nuove, come il Signor Matteo di Capova con le sue genti in quel di Perugia aveva assaltato e'l Magnifico Ruberto da Rimini Capitano de' Fiorentini et avevali tolto da 150 Cavalli e fu il Sabbato adì 26. Et adì 27 e'l Magnifico Ruberto assaltò e'l Signor Matteo e tolseli tutti i

bald gedämpft durch die Unordnungen im Lager zu Poggibonsi. So wurde der Vortheil, den die eine Heeresabtheilung mit den Waffen errungen hatte, durch die Uneinigkeit der andern wieder aufgehoben.[1]) Die Ursache des Streites war die im Sienesischen gemachte Beute, bei deren Theilung zwischen dem Marchese von Ferrara und dem von Mantua Differenzen entstanden, so dass man mit den Waffen aneinander gerieth; in Folge dessen wurde der Herzog von Ferrara mit seinen Leuten in die Heimath entlassen.

Der Herzog von Calabrien, der sich in der Nähe dieser Heeresabtheilung befand, die jetzt schon ohne Führer geblieben war, fühlte sich durch die Unordnungen im Florentiner Lager ermuthigt, einen Angriff gegen dasselbe zu wagen. Obgleich das Lager gut befestigt war, und die Vertheidiger an Kräften weit überlegen schienen, ergriffen sie doch sofort die Flucht,[2]) als sie die Staubwolken vor den Colonnen des Herzogs emporsteigen sahen, und liessen

---

carriaggi e molti uomini d'arme, et erano col Signore Matteo e'l Signor Giulio con 7 squadre di cavalli, e'l Prefetto da Vico con squadre et altri Signori, tanto che in tutto erano 30 squadre di cavalli."

[1]) Macchiavelli, l. c.

[2]) Ueber die Niederlage am Tras. See soll Ludwig XI. nach Vespucci's Bericht sehr erfreut gewesen sein. Er schreibt darüber: „Quando lo seppe el re di Francia, fe, come suol fare, segno di grande letizia, che tre volte s'inginocchiò in terra baciando la terra et ringraziando Dio. Tutto quello dì mai con li sua non parlò d'altro, dicendo i mia amici Florentini et il mio cusino Lorenzo de' Medici quest' anno saran ben vendicati."

„Intendesti come la Maestà del Re fu advisato del glorioso successo delle nostre genti in quello di Perugia, et di questo S. M. se ne rallegrò, che di continuo di poi, secondo che abbiamo dalla corte, sempre ha mostrato e ne' gesti e nel parlare segno di maggiore letizia." Cfr. Fabroni II, p. 196.

alle Munition, Wagen und Kanonen in den Händen der Verbündeten zurück. „Dahin," sagt Macchiavelli, „waren die Feigheit und Zuchtlosigkeit des Kriegswesens jener Zeit gelangt, dass, wenn ein Pferd Kopf oder Rücken zeigte, dies den Anstoss zum Siege oder zur Niederlage gab." Diese Niederlage hatte den Soldaten des Herzogs reiche Beute verschafft, während die Florentiner voll Schrecken blieben; denn zu gleicher Zeit wüthete die Pest in Florenz und trieb Viele, um ihr Leben zu retten in die Villen und auf's Land. Diesen Umstand verstärkte das Niederschlagende der Verluste im Felde: Diejenigen, welche in Val d'Elsa oder Valdipesa Besitzungen hatten, flohen schreckerfüllt in die verpestete Stadt zurück, weil man glaubte, der Feind werde bald vor den Thoren stehen. Die „Zehn des Krieges" befahlen deshalb, dass die Heeresabtheilung, die im Gebiete von Perugia stand, sich nach Val d'Elsa verfügen solle, um sich dem Feind entgegenzuwerfen, der jetzt ohne Widerstand das Land durchzog. So liess die Armee von weiteren Unternehmungen auf Perugia ab und rückte nach Casciano, einem Castell, acht Miglien von Florenz, während die von ihren Feinden befreite Besatzung von Perugia jetzt täglich Ausfälle in das Gebiet von Arezzo und Cortona unternahm. Der Herzog von Calabrien hatte sich Poggibonsi's und dann Vico's bemächtigt und zuletzt Castaldo geplündert, worauf er sich nach dem Castell von Colle begab, das sehr stark befestigt war. Während er dieses belagerte, verlegten die Florentiner, um die Belagerten zu unterstützen, ihr Lager von Casciano nach S. Gimignano, fünf Miglien von Colle, und belästigten mit der leichten Reiterei die Truppen des Herzogs, ohne dadurch den Fall von Colle aufhalten zu können, das sich am 13. November zum grossen Leidwesen der Florentiner aus Mangel an Lebensmitteln ergeben musste. Siena war über diesen Fall besonders erfreut, da es, ausser der Abneigung gegen Florenz, besondere Ursache hatte, den Bewohnern von Colle feindlich gesinnt zu sein.

Am 15. zog der Herzog von Calabrien siegreich in Colle ein und wurde ehrenvoll empfangen. Die Florentinische Besatzung, an ihrer Spitze den Marchese dal Monte, schickte er fort. Die Festung war reichlich mit Vertheidigungsmaterial versehen; darunter waren acht Kanonen von beträchtlicher Grösse, welche man nebst den Pulvervorräthen nach Siena schaffte,[1]) während zur Bewachung von Colle der Baron della Torricella, Capitano der Infanterie, mit einer beträchtlichen Besatzung zurückblieb. In Vico di Val d'Elsa beliess man 300 Füsser, ebensoviel in Poggibonsi; in der Badia und in der Bastei von Poggio Imperiale verblieben je zehn Mann; Castellina, Monte Domenici und die Pieve a S. Paolo wurden den Sienesen zur Bewachung übergeben, Monte Sansavino den päpstlichen Truppen.

Siena erwies sich dem Herzog für die geleistete Hülfe dankbar und sandte ihm, sowie dem Herzog von Urbino reiche Geschenke an Mundvorräthen; auch der Signor von Camerino wurde bedacht, ehe er in seine Heimath ging.[2])

So war der Winter hereingebrochen, und der Papst, sowie König Ferrante trugen Florenz einen dreimonatlichen Waffenstillstand an, der innerhalb der gesetzten Frist von zehn Tagen mit Freuden acceptirt wurde. Unter den Be-

---

[1]) Allegretti, l. c. „Adi 19 di Novembre giousero in Siena una Bombarda di due pezzi, chiamata la Disperata e quattro Passavolanti, le quali erano in Colle, mandate da Fiorentini."

[2]) Allegretti, l. c. Adi detto el Comune di Siena mando al Duca di Calavria un ricco e degno presente, cioè: vitelli, castroni, capponi, biada, pane, vino etc. E un simile al Signore di Camerino, che si debbe partire Domenica. E un' altro simile presente al Duca d'Urbino."

dingungen des Waffenstillstandes war auch die, das von Florenz den Sienesen geraubte Land an seine früheren Besitzer zurück zu geben.

Die Herzöge von Calabrien und Urbino wurden in Siena glänzend empfangen, und man bereitete ihnen Festlichkeiten, ihre militärische Tüchtigkeit zu ehren. Der Herzog von Urbino ging dann in die Bäder von Viterbo, um seine durch den Feldzug angegriffene Gesundheit zu stärken, während der Herzog von Calabrien in Siena verblieb und von den dankbaren Bürgern gefeiert wurde.

Unterdess erfolgte in Mailand die für die Zukunft Italiens verhängnissvolle Rehabilitirung der Sforza und die Regentschaft des Moro. Roberto Sanseverino hatte mit Lodovico und Ascanio geschickt operirt; dazu kam die unglückliche Vorliebe der Herzogin für den Abenteurer Tassini, die sie den bewährten Rath Cecco Simonetta's verachten liess. „Duchessa illustrissima," hatte dieser prophezeit, io perderò la testa e voi in processo di tempo perderete lo stato." [1])

Infolge vielfacher Anklagen seiner Gegner wurden Simonetta, sein Bruder Giovanni und andere Anhänger des Herzogs verhaftet; [2]) die Brüder Simonetta wurden nach

---

[1]) Corio, P. VI, cap. 4.

[2]) Simonetta und sein Bruder wurden am 10. September verhaftet und am 11. nach Pavia geführt, wo man sie dem Commandanten der Festung, Attendolo Bolognini übergab. Schon im October desselben Jahres wurden drei Richter zum Verhör der Gefangenen nach Pavia geschickt. Lodovico, der ausser nach dem Leben Simonetta's auch nach seinem Reichthum strebte, hatte ihn durch einen Secretär wissen lassen, dass er seine Freiheit durch die Summe von 40,000 Gulden erkaufen könne, die er bei Florentiner Banken angelegt hatte. Der Gefangene antwortete: „Io sono stato illegalmente carcerato, le mie case sone stato saccheggiate, ed io venni indegnamente oltraggiato, tale fu la ricompensa ch' io m'ebbi per averne con fedeltà ed amore servito lo

Pavia gebracht und dort gefangen gesetzt. Lodovico ergriff die Regierung, und drei Tage darauf kam auch Roberto Sanseverino nach Mailand.

Die Lage der Dinge in Florenz war äusserst bedenklich geworden, und Lodovico il Moro rieth ernstlich zum Nachgeben. Pippo Pandolfini, der Florentiner Gesandte theilte die Vorstellungen des Mailänder Herzogs dem Magistrat der „Zehn" mit; er schrieb: „Der Herzog habe ihn noch am Abend holen lassen und ihm einen Bericht des Mailänder Gesandten Sacramoro gezeigt, der sich auf

---

stato di Milano. Se ho commesso qualche mancamento mi s' infligga il meritato gastigo, ma le sostanze che ho radunato con onorate fatiche e mercè le mie parsimonie debbo tramandarle a' miei legittimi successori. Dio mi ha bastantemente favorito dandomi vita fino a questo giorno, altro adesso non bramo che la morte." Cfr. Corio, l. c. nota 2. Rosmini, Storia di Milano, T. IV, p. 194. Bossi, Istoria di Pavia, anno 1479.

Das von Bossi aufgefundene Document (Corio, l. c.) lautet:

Duces Mediolani etc. Dilecti nostri. Havemo inteso quanto fino ad ora ne havete scritto.

Voi capitaneo circa la commissione haveste da noi. Ad che di presente non accade altra risposta. Ma perchè desideriamo la expeditione di questa facenda, volemo che ambidoi voi subito ne avvisiate distintamente in che pena tanto pecuniaria come corporale etiam ultimi supplicii meritamente credesse ad essere condannato Cicco Simonetta per quello havete contra lui fino al di presente acciocchè possiamo poi farne intendere il parere nostro. Il che faremo indilate per non tenervi più in dimora. Ex arce nostra Portae jovis Mediolani die XX Octobr. 1480.

A tergo — Spectabilibus atque sapientibus Doctoribus Dominis Borrino de Collis consiliario et capitaneo justitiae Mediolani nec non Ambrosio Opizzono nostris dilectis. Papiae."

Corio bemerkt noch: „giunto l'anno 1480 alla fine di febbrajo giunsero a Milano gli oratori del duca d'Austria ed implorarono dal duca la liberazione di Cicco, ma ciò non ostante ad onta che fossero ricevuti con grandi onori, partirono senza aver ottenuto quanto chiedevano."

die Friedensverhandlungen bezöge. Die Sachen gingen zu langsam, und der glückliche Augenblick, mit Neapel zu unterhandeln, gehe vorüber. Poggio, Colle und Castellina seien in den Händen der Feinde, Genua stehe zu ihrer Verfügung, auf Venedig solle man sich nicht verlassen, es habe seine eigenen Interessen zu wahren. Durch zu grosse Hartnäckigkeit würde man die Geneigtheit des Königs von Neapel verscherzen oder den Frieden doch nur unter ungünstigen Bedingungen erhalten können." [1]) Kurze Zeit nach dem Einlaufen dieses Schreibens traf in der That das Anerbieten eines Waffenstillstandes seitens des Herzogs von Calabrien in Florenz ein. Die kurze Ruhe zeigte alle Schäden der Lage um so deutlicher, und man klagte sich gegenseitig und rücksichtslos über die im verflossenen Kriege begangenen Fehler an. Die schweren und vergeblichen Kosten, die schlechte Heeresleitung, die mangelhafte und säumige Vorbereitung, die ungerechte Steuerlast, die bewiesene Feigheit der Truppen bildeten nicht nur den Gegenstand der Unterhaltung für die Bürger, sondern wurden in den Consiglien erörtert. Ja man sagte es Lorenzo kühn in's Angesicht, die Stadt sei müde, noch länger Krieg zu führen und bedürfe des Friedens; man wolle sich nicht länger des Mediceischen Regiments halber der Excommunication und dem Interdict aussetzen. [2])

---

[1]) Fabroni II, 196.

[2]) Cfr. Jacopo Nardi, Ist. Fior. lib. I. „E da questi principi fu in quei tempi (la città) tanto afflitta e oppressata, che ritrovandosi gravata di intollerabili spese, non mancava degli amici chi ne' publici consigli ne facesse spesso querela. Tra quali Girolamo Morelli, amicissimo e confidente dello stato de' Medici, ebbe ardimento di dire a Lorenzo, che la città oramai era stracca e non voleva più guerra, nè per difendere lo stato de' Medici stare interdetta e scomunicata. *Per la qual cosa spaventato Lorenzo, vedendo che i consigli della città concorrevano difficilmente a*

Venedig hatte sich als Bundesgenosse kalt und wenig zuverlässig gezeigt; der Herzog von Mailand war unmündig und im eigenen Lande in Kämpfe verwickelt. Die Eröffnungen Lodovico's mochten Lorenzo de' Medici die gefahrvolle Lage der Dinge nach aussen hin deutlicher gezeigt haben, dass weder auf Mailand, noch auf Venedig zu rechnen sei; die Aeusserungen der Consiglien, die sich regende Unzufriedenheit in der Stadt, welche nur schwer die neue Steuer bewilligte, die immer drohender hervortretenden Stimmen des Unmuths zeigten Lorenzo den Abgrund, der sich langsam zu seinen Füssen öffnete und trieben ihn in die Arme des Königs von Neapel, da seiner Herrschaft alle jene moralischen Bande fehlten, welche in Zeiten des Unglücks den Herrscher an sein Volk ketten.

Lorenzo zeigte dem Papste gegenüber allen Stolz des tiefgekränkten Tyrannen: hatte er doch selbst die Bedingungen des Friedens, welche Ludwig XI. vorgeschlagen hatte, unwillig abgelehnt und es vermieden, den Klagen des Papstes in Betreff der Unterstützung seiner Feinde gerecht zu werden und eine Grundlage für einen erspriesslichen und dauernden Frieden zu bieten. Es ist übrigens Thatsache, dass die Geschichtschreiber diesen Consequenzen gegenüber für die gerechten Forderungen des Papstes, welche der Würde der Kirche und des apostolischen Stuhles entsprachen, wenig Verständniss besitzen. „In Rom wollte man den Frieden nicht," „Rom war und blieb zum Kriege entschlossen" und andere Phrasen helfen auch den Neueren über diese Schwierigkeiten hinweg, ohne dass sie durch Prüfung der vom Papste und von Ludwig XI. vorgeschlagenen Friedensbedingungen den berechtigen Forderungen des Hauptes der Kirche eine unparteische Auffassung ent-

vincere le gravezze e far denari, fu necessitato a rimettersi nelle braccia del re."

gegen zu bringen vermögen. Sixtus IV. wird als Friedensstörer bezeichnet, und die verfolgte Unschuld Lorenzo's de' Medici flüchtet zu König Ferrante; dass der Papst die sicherste Garantie dafür fordern musste, dass Unternehmungen wie die des Braccio auf Perugia, des Vitelli auf Città di Castello unterblieben, falls nicht alle Rechtspflege im Kirchenstaat illusorisch werden sollte, wird jedem Forscher einleuchten, der den Kern historischer Wahrheit in dieser von Leidenschaften bewegten Zeit aufrichtig sucht, ohne sich durch die blendende und farbenprächtige Erscheinung der Person Lorenzo's de' Medici, oder anderer Repräsentanten des Zeitalters der Principien Macchiavelli's, über das eigentliche Wesen der politischen und socialen Bewegung der sogenannten Renaissance täuschen zu lassen. Indem wir die Schilderung der glänzenden Hülle Anderen überlassen, halten wir es für Pflicht des Darstellers dieser Zeit, die treibenden Kräfte der Bewegung zu characterisiren, den inneren Organismus ihres Leben zu erfassen, und wenn bei dem Ernst dieses Versuches, dem Wort Salvandy's „L'histoire bien faite est le tableau des justices du ciel" gerecht zu werden, die Freude an dem schimmernden Kleide der Zeit, das die sinkende Volksfreiheit und Menschenwürde verhüllt, nicht hat aufblühen wollen, weil der Kern dieser Erscheinungen oft ein gar zu armseliger ist, so glaubten wir, nachdem die glänzende, oft überschätzte Form, in der der Renaissancegedanke auftritt, ihre Bewunderer und Darsteller zumal durch Dilettanten gefunden hat, einen ernsteren Massstab an die Zeit anlegen zu müssen, als den des gefälligen, mit vielen Details belasteten Erzählers. Ganz ohne Absicht gestaltet sich eine so angelegte Darstellung zur Apologie eines Papstes wie Sixtus IV., wenn wir das ernste, aufrichtige Wollen eines Mannes, dem die engherzige, kleinliche Hauspolitik der Fürsten seiner Zeit gegenübersteht, in Betracht ziehen, ohne uns den Schwächen seines Characters, den Fehlern seiner Politik zu verschliessen. Der Cardinal Aegidius von Viterbo hat diesen Papst aus dem Hause della Rovere mit der Eiche verglichen,[1]) und in der That ragt seine Gestalt heldenhaft über die Schaar seiner Zeitgenossen hinaus; seine wuchtige Sprache klingt wie die Stimme eines Helden vergangener Zeiten, und seine Hand führt das Schwert vollwichtig gegen das Netz, das mehr und mehr den apostolischen Stuhl hemmend umzieht: Sixtus ist eine gerade und leidenschaftliche Natur. Er hat nie ein Hehl daraus gemacht, dass er die Entfernung der Mediceer lebhaft wünschte und hat dies der Republik gegenüber offen und vielfach ausgesprochen; aber gerade darin liegt der beste Beweis, dass er ein Verbrechen gegen das Leben derselben nicht beabsichtigte; denn welcher Papst würde die Ehre und das Ansehen des apostolischen Stuhles in solcher Weise blos stellen? Die folgenden Zeiten haben gelehrt, wie richtig Sixtus IV. das Wesen des Mediceerregimentes beurtheilte: die Verdemüthigung Innocenz VIII. vor der Politik Lorenzo's ist ein Zeichen von dem Wachsen und Steigen der kirchenfeindlichen Strömungen. Die Klagen dieses Papstes über den Verrath, der ihm überall entgegentritt, über die Käuflichkeit seiner Umgebung, über die Nichtachtung göttlicher und menschlicher Rechte seitens der Fürsten, verhallen ungehört in dem Brausen der Zeitbewegung, bis in dem Sohne Lorenzo's de' Medici, den die Wellen an die Spitze derselben emportragen, der Cultus der Form die tiefsten Gebrechen der Gesellschaft mit blendender Hülle umkleidet. Die Völker haben die Hefe dieses horazischen, schäumenden, geniessenden Zeitalters geleert

---

[1]) Cfr. Victorelli, Addit. ad Ciac. p. 11. „Cardinalis Aegidius Viterbiensis Sixtum Pontificem cum David in multis comparat et quercum ipsum considerat."

und ihre Bitterkeit empfunden. Lorenzo auf politischem, Leo auf kirchlichem Gebiete sind zu Führern und Repräsentanten des geistigen Lebens ihrer Zeit geworden; Beide haben als Erbschaft die Revolution hinterlassen, der eine auf religiösem, der andere auf politischem Gebiete; unter Clemens VII., dem Sohne des ermordeten Giuliano, fand die Verwüstung des Heiligthums statt, wie sie schlimmer niemals über die ewige Stadt hereingebrochen war. Mögen die Worte eines grossen Kenners Florentiner Geschichte unsere Anschauung stützen: „Noi dell' età di Lorenzo sappiamo l'equilibrio d'Italia ordinato e per allora mantenuto, la lingua italiana quasi risuscitata tra gli scrittori, un nuovo vessillo inalzato dal Ficino contro al regnante scolasticismo, la critica filologica creata dal Poliziano e la poesia rinverdita (?) e le allegorie del Pulci e i canti carnascialeschi e la forbita eleganza degl' ingegni e la spensieratezza del vivere, la quale precesse alle imminenti calamità. *Lorenzo e gli amici suoi poteron godersi uno di quei tempi felici, nei quali, come fu detto, i popoli non hanno istoria, ma questa felicità siffatta prepara maisempre sciagure senza rimedio, perchè distrugge negli uomini la vita interiore e quella forza di volontà, che sola è atta ad impedirle.*" [1])

Am 5. December liess Lorenzo de' Medici ungefähr vierzig angesehene Bürger sich im Palaste der Signorie versammeln und trug ihnen seinen Entschluss vor, den Frieden zu vermitteln. „Die Stadt," sagte er, „bedürfe desselben und könne sich allein nicht gegen so mächtige Feinde vertheidigen; denn die Bundesgenossen thäten nicht ihre Schuldigkeit. Da nun die Gegner mehr gegen ihn selbst, als gegen die Stadt erzürnt seien, und der König

[1]) Gino Capponi, Pref. al Doc. I. etc. l.,c. p. 318.

insbesondere es ausgesprochen habe,[1]) er sei der Stadt nicht feind, sondern liebe sie und wünsche ihre Freundschaft, so habe er beschlossen, sich persönlich nach Neapel zu begeben. Wenn die Feinde nur ihn wünschten, hätten sie ihn in Händen und würden die Stadt nicht mehr verfolgen; hätten sie andere Absichten, so würde diese Reise sie offenbaren, und die Bürger würden um so energischer Freiheit und Regierung schützen. Er erkenne wohl die Gefahr (?), in welche er sich begebe, aber er setze das Wohl des Staates seinem eigenen vor, nicht nur aus der gemeinsamen Pflicht aller Bürger gegen den Staat, sondern weil er mehr Wohlthaten und mehr Ansehen als irgend ein Anderer erhalten habe. Er hoffe, dass alle gegenwärtigen Bürger in seiner Abwesenheit auf den Staat und seine Angelegenheiten Acht haben würden und empfehle ihnen deshalb sich, seine Familie, sein Haus und all das Seinige."[2])

Zum zweitenmal appellirte Lorenzo an die Grossmuth seiner Mitbürger; als er nach dem Attentat vom Balcon herab an die erregte Volksmasse jene Rede hielt, in der er sich bereit erklärte, zum Heile der Republik abzutreten, war es ein schwer verletztes Volk, auf das er sich stützen konnte und das ihn zur Höhe seiner Stellung in der Republik emportrug; jetzt lagen die Dinge anders, und die Gefahr für ihn war grösser. Nach dem Falle der befestigten Plätze, besonders Colle's, stand den Verbündeten der Weg nach Florenz offen; die elende, planlose Kriegführung hatte alle Stände gleichmässig erbittert, die ausserdem noch unter harten Steuern seufzten. Valori übertreibt die Lage der Dinge nicht, wenn er be-

[1]) Auch der Papst war der Stadt nicht feind, sondern verlangte nur die Entfernung Lorenzo's de' Medici.

[2]) Cfr. Ammirato, lib. XXIV, Guicciardini, Stor. Fior. cap. VI, Raph. Volat. lib. V.

richtet:[1]) „Florentinorum res ob militum inertiam ac dissensiones et voluntariam Venetorum ignaviam inclinare ad ruinam minari videbantur. Nam ob diuturnum bellum aerarium publicum atque adeo civitas omnis pecuniis exhausta erat. Proventus et negotiatorum rationes magna ex parte defecerant, subditi oppressi, ager populationibus vastatus, majestasque omnis Flor. Reip. veluti senio confecta videbatur.“ Mit dem Papst Frieden zu schliessen wäre für die Republik erspriesslich, für Lorenzo demüthigend gewesen; so entschloss er sich, als Bittender nach Neapel zu gehen: von den Gefahren dieser Reise zu sprechen und sie als ein Opfer auf dem Altar des Vaterlandes darzustellen, lag ganz in den Intentionen des Mediceischen Regiments; denn das Volk musste hier einen Act des Heroismus erblicken, während es sich nur um ein Befestigen der Tyrannis handelte, die durch die unweise Politik Lorenzo's erschüttert war. Das Gold hatte ihm längst auch in Neapel die Wege bereitet und ernstliche Gefahren beseitigt. Ammirato, der in solchen Dingen zurückhaltend zu sein pflegt, bekennt doch offen: „Lorenzo havendo co' doni guadagnato gli amici del Re,“[2]) und auch Muratori erscheint es unglaublich, dass Lorenzo ohne sichere Fundamente einen solchen Versuch gewagt habe.

Noch dieselbe Nacht reiste Lorenzo de' Medici ab, ohne, wie wir vermuthen, anderen Gefahren entgegen zu gehen als denen, welchen Seefahrer überhaupt ausgesetzt sind; von S. Miniato aus schrieb er an die Signorie und

---

[1]) Vita Laur. Med., p. 172.

[2]) Ist. Fior. lib. XXIV. Cfr. Muratori, Annali d'Italia T. IX. ed. di Milano 1744, p. 533. *„Tuttavia è da credere, che non si sarebbe così facilmente azzardato Lorenzo ad un tal tentativo, se non avesse avuto fondamenti bastevoli di sperarne buona riuscita. Forse egli, come fu creduto, avea preventivamente con danari guadagnata la grazia dei più possenti presso di Ferdinando.“*

22*

entschuldigte sich, dass er nicht zuerst ihr seinen Plan mitgetheilt habe; die Zeit erfordere aber schnelles Handeln. Zugleich setzte er seine Gründe auseinander, ganz so wie er es vor dem Rath der „Zehn" und der Volksversammlung gethan hatte; auch den Herzögen von Ferrara, Urbino und Calabrien that er seinen Entschluss kund. Der Kanzler B. Scala schrieb ihm dann, dass der Rath der „Zehn" ihn in der Eigenschaft eines Gesandten beim König von Neapel bestätigt habe: „Animum in pacem intenderunt et fieri eam per te posse honoratam et dignam civitate putant. Magna spes est in tua prudentia et auctoritate. Regis quoque mentem non ex praesenti rerum conditione pensant, sed paullo altius res ab eo gestas et paterna in nos studia meritaque recensent." [1])

Lorenzo war nach Neapel abgereist, und der Waffenstillstand zwischen den Krieg führenden Mächten dauerte fort, als plötzlich Lodovico Fregoso, der mit Sarzana Unterhandlungen gepflogen hatte, in diese Festung einfiel und die Florentiner Besatzung gefangen nahm. [2]) Dieser Unfall wurde in Florenz mit Bestürzung aufgenommen, denn man schob ihn auf Rechnung des Königs von Neapel. [3]) Als man sich deshalb beim Herzog von Calabrien beschwerte,

---

[1]) Fabroni II, p. 205.

[2]) Cfr. Jac. Volat. Diarium col. 100.

[3]) B. Scala schrieb an Lorenzo de' Medici am 1. Januar 1479: „Le cose di Sarzana intenderete per la lettera de' X, dove sien ridotte per la tornata di Ser Alexandro. El Duca di Calabria non si vuole dimonstrare excepto come ha fatto insino a qui con lettere et mandati et produce la cosa a capitoli della pace. A me non pare questa cosa vadi a buon cammino. Ajutatela costà in quel modo che vi piace. Habbiamo in questo caso più adversarii, che non si converrebbe et forse chi ne doverebbe dare più favore, non lo fa et vassi con astuzia per fare e' facti d'altri più che e' nostri." Cfr. Fabroni II, p. 200.

der zu Siena weilte, versicherte dieser durch Briefe und einen Gesandten, dass diese Occupation ohne Vorwissen des Königs und ohne seine Mitwirkung geschehen sei. Das Kritische der Situation ward indess dadurch noch vermehrt, und Florenz fürchtete, den Frieden mit den ungünstigsten Bedingungen erkaufen zu müssen. Das Haupt der Republik war in den Händen des Königs, diese selbst ohne Mittel zu weiterem Widerstande, und eine neue kriegerische Verwicklung mit Genua stand in Aussicht, dessen Freiheit unter den Auspicien und der Beihülfe König Ferrante's erst kürzlich gewonnen war. Lodovico il Moro musste als Freund nicht minder gefährlich sein, denn als Gegner, und Venedig war kein zuverlässiger Bundesgenosse. Die Hoffnungen der Republik richteten sich alle nach Neapel auf die Verhandlungen Lorenzo's mit König Ferrante.

Dieser war durch den Mailändischen Gesandten von der Abreise Lorenzo's informirt und hatte einige Galeeren nach Livorno geschickt. Der Empfang in Neapel war ein glänzender; ausser einigen Schiffen, die vorauf gingen, um das Haupt der Florentiner Republik schon ausserhalb des Hafens zu grüssen, waren am Hafen selbst Federigo, Ferrante's Sohn und sein Enkel Ferdinando, nebst einer Zahl der vornehmsten Einwohner anwesend. Von allen Seiten war das Volk zusammengeströmt, den Mann zu sehen, der sich zu solcher Stellung emporgeschwungen hatte. Mit heiterer und zuversichtlicher Miene trat Lorenzo vor den König, dessen Aufnahme ihm den günstigsten Erfolg verhiess. Befriedigt äusserte er sich darüber am 5. Januar an den Magistrat der „Zehn“ in folgenden Worten: „Per diverse vie ho compreso che Sua Majestà ha più gelosia della mia persona e delle cose mie, che non ho io medesimo.“ [1])

---

[1]) Cfr. Fabroni II, p. 206. Die Briefe Lorenzo's geben von

Aber in Venedig empfand man diese Verhandlungen Lorenzo's sehr übel, da man einen jähen Abschluss des Friedens vermuthete und die Reise nur als Bekräftigung des neuen Bündnisses ansah. Um sich einem solchen gegenüber auf alle Fälle gerüstet zu halten, sandte die Republik ihre Bundesarmee sofort in die Romagna zurück und forderte Mailand und Florenz auf, den geschlossenen Vertrag zu bestätigen, da man aus Rom und anderswoher erfahren habe, dass er bereits gebrochen sei; um jeden Verdacht und jede Unsicherheit darüber zu entfernen, sei es nöthig, ihn sofort zu erneuern.[1]) Um die in Neapel geknüpften Verhandlungen nicht zu stören, wurde der Antrag abgelehnt; für Florenz erwuchsen daraus verschiedene Unannehmlichkeiten. Es musste den Venetianern auf ihr Verlangen Roberto Malatesta als Capitano überlassen, während Agostino und Lodovico Fregoso sich Sarzana's be-

dem Fallen und Steigen seiner Hoffnungen in Betreff günstiger Friedensbedingungen Zeugniss. Scala sagt in dem bereits citirten Schreiben: „La lettera vostra de' 18. molto rallegrò ciascuno et parve havere la pace in mano. Questa de' 22. ha molto alterato et facto fare ad ciascuno, che n' ha avuto notizia di strani pensieri. La risposta è stata consultata qualche dì. Finalmente vedrete le conclusioni facte. Se non da voi non si sarebbe obtenuta di tanta cosa si libera commissione. Ecci et de' primi, che l'hanno baptezata col foglio bianco et così è in fatti. Ma essendo voi in chi tal commissione viene, non si dubita, che nabbi a seguire buono fructo. Io come vostra creatura vi ricordo, che quel che quà non si facesse a punto, correggiate colla auctorità vi si dà nell' ultimo capitolo della vostra lettera. La pace che ha a essere grata, ma se le conditioni non fussino con qualche honore, sapete i costumi nostri; vogliamo e non vogliamo secondo i venti et affectioni. *La ragione poco ci s'impaccia.* Questi di Milano si dimostrano in favore, come vedrete per le lettere, ma costì lo dovete meglio intendere. Venezia ancora non credo si contentasse di quel che in tutto ci avesse a dispiacere etc.“ l. c. pag. 201.

[1]) Guicciardini, l. c. cap. 6.

mächtigten, und, als sie sich bei den Herzögen von Calabrien und Urbino darüber beklagten, ward ihnen zwar Genugthuung zugesichert, aber auf dem Wege diplomatischen Verkehrs wurde nichts erreicht, und Sarzana blieb in der Gewalt der Verbündeten.

Der lange Krieg mit seinen kläglichen Resultaten hatte Muth und Eifer in Florenz erschöpft; schon fing man an, verächtlich von einer Regierung zu sprechen, die solche Misserfolge aufzuweisen habe; man beklagte sich über den Steuerdruck und die ungleiche Vertheilung der Kriegslasten. Lorenzo's Vertrauen in die Intervention König Ferrante's nannte man Verwegenheit, und der Druck der Ungewissheit lastete schwer über der Stadt. Der Papst, welcher lebhaft wünschen musste, an den Verhandlungen Theil zu nehmen, hatte Boten nach Neapel gesendet, um Lorenzo einzuladen, in Rom zu erscheinen. Er hatte alle Ursache, einen einseitig abgeschlossenen Vertrag mit Misstrauen anzusehen und auf persönliche Abbitte für das Vorgefallene zu dringen. Das Wohlwollen Ferrante's gegen Lorenzo erschien ihm als Bruch der Bundespflichten. In der Instruction, welche der Papst seinem Bevollmächtigten Crivelli ertheilte, wird besonders auf das gemeinsame Handeln gegen Lorenzo hingewiesen. Sixtus betont, dass, nachdem die Dinge in Florenz sich für die Ehre der Kirche und des heiligen Stuhles auf's Ungünstigste gestaltet hätten, er die Ansicht des Königs über die Gefangenhaltung des Cardinals und andere Punkte eingeholt habe. Darauf sei er vom König in mehreren Schreiben aufgefordert worden, die Waffen gegen Lorenzo zu ergreifen und ihm, neben der völligen Zustimmung zu allen zu treffenden Massregeln, der Beistand seiner eigenen Söhne versprochen worden; ja sein Blut und Leben zu opfern habe der König sich bereit erklärt, um diesen dem heiligen Stuhle angethanen Schimpf zu rächen. Darauf habe man nach gemeinsamer

Uebereinkunft den Plan gemacht, Lorenzo und seinen Anhang als die Ursachen des Unfriedens Italiens zu bekämpfen. Vor Allem sollte Florenz seine alte Freiheit, die ihm jener geraubt, zurückgegeben werden, worüber er und der König sich durch Documente besonders verpflichtet hätten, veranlasst durch das schlimme Betragen Lorenzo's und die Intriguen, welche gegen beide Staaten gerichtet gewesen seien, wobei Lorenzo sich besonders bemüht hätte, das gute Verhältniss zwischen dem Papst und König Ferrante zu stören.[1] Lorenzo sei ein Undankbarer, denn durch den heiligen Stuhl habe er Reichthümer gewonnen. Trotzdem habe er (der Papst) sich erst dann entschlossen, mit den Waffen gegen Lorenzo vorzugehen, als die geistliche Strafruthe erfolglos geblieben sei. Dann hätten sich die weltlichen Fürsten in's Mittel gelegt und mit Rücksicht auf die Ehre des apostolischen Stuhles verschiedene Versuche gemacht, die Sache zu schlichten. Das Jahr 1479 habe dann grosse Erfolge gebracht; von Mailand seien Friedensvorschläge ausgegangen, welche der König abgelehnt habe; den Cardinälen seien diese Massnahmen verdächtig erschienen, als wolle der König allein und ohne Rücksicht auf den heiligen Stuhl die Verhandlungen führen. Diese Befürchtung sei nun wirklich eingetroffen. Man sei übereingekommen, auf der Entfernung Lorenzo's aus Florenz zu bestehen; dann aber habe der König allerlei Schwierigkeiten gemacht, ob das ausführbar sei, und ob nicht Lorenzo wie sein Grossvater Cosimo zurückkehren würde. Obgleich er überzeugt gewesen sei, dass Lorenzo, der Gutes mit Bösem vergolten habe, nun nach dem Vorgefallenen um so schlimmer sein

---

[1]) A. v. Reumont, Lorenzo de' Medici, I. B., p. 495, ex Cod. Capponi XXII, p. 68 seqq. (catalogo Nr. 1312). Datum fehlt, aber das Schriftstück nimmt Bezug auf die Ereignisse des Jahres 1479.

werde, sei er doch bereit gewesen, sich mit ihm auszusöhnen, aber die von ihm selbst aufgestellten und durch die Florentiner Gesandten vorgetragenen Bedingungen müssten erfüllt werden, damit man einen sicheren Anhalt habe. Plötzlich sei der Waffenstillstand proclamirt worden, der ihn von dem einseitigen Vorgehen des Königs überzeugt und sein volles Misstrauen erregt habe. Er habe nicht umhin gekonnt, diesem Vertrage die Zustimmung zu verweigern und sich nur nothgedrungen dazu entschlossen und zwar unter dem Vorbehalt, dass die gedachten Bedingungen zu Recht bestehen blieben. Mit aufrichtigem Bedauern habe er den günstigen Moment, Italien den wahren Frieden zu geben und Florenz von der Mediceischen Tyrannis zu befreien, ungenützt vorübergehen sehen, während die kriegerischen Erfolge alles Recht dazu gaben, Solches zu erwarten. Dann habe er auf die Erfüllung der Bedingungen sicher gerechnet und dem Könige diese Rücksicht auf die Ehre des heiligen Stuhles zutrauen zu können geglaubt. Der König habe versichert, zehn Reiche, wenn er sie hätte, und die Krone selbst auf's Spiel setzen zu wollen, ehe er Lorenzo, ohne die besprochenen Bedingungen zu erfüllen, entliesse. Den Wunsch, den er geäussert, Lorenzo solle nach Rom kommen und persönlich Verzeihung erbitten, habe dieser abgewiesen, und sei er darin vom König unterstützt worden. Diese einzige Genugthuung aber dürfe er nicht aus der Hand lassen. Die Bedingungen in Betreff der Herren aus der Romagna lehne er ab, ebenso den Vorschlag, in Mailand durch einen Gesandten die Friedensverhandlungen zu Ende zu führen. Der König habe die Erledigung der ganzen Sache in der Hand, da seine Waffen siegreich gewesen seien, und Lorenzo sich in seinen Händen befinde, er ihm also Bedingungen vorschreiben könne. Der König solle seinen Pflichten dem geschlossenen Bündniss gegenüber nachkommen, dann würde die Angelegenheit sich erledigen lassen; aber ein wahrer Friede müsse im Auge behalten werden, und, um diesen Frieden zu erlangen, habe er den Krieg mit grossen Kosten begonnen: er wolle keinen Frieden zur Unehre des heiligen Stuhles."

Lorenzo de' Medici hatte vom December bis März ohne Gefahr seines Lebens, aber mit wechselnden Hoffnungen und nicht ohne Aufregung die Verhandlungen mit dem König geleitet und seinen glänzenden Geist, seine vielseitige Begabung enthüllt. Man hatte ihn wohl deshalb so lange hingehalten, weil man die Florentiner Verhältnisse und die Beziehungen Lorenzo's zu den politischen Parteien kennen lernen wollte. Ein in Florenz entstehender Umschwung der Dinge gegen die bestehende Regierung hätte die Frage sogleich entschieden und den König aller Verlegenheiten dem Papste gegenüber enthoben. Ferrante gewann Zeit, Lorenzo und die Stärke seiner Partei in der Republik hinlänglich zu prüfen und entliess ihn endlich am 6. März 1479 mit allen Zeichen des Wohlwollens und dem Uebereinkommen dauernder Bundesgenossenschaft.

Als Lorenzo schon fern von Neapel war, scheinen die Vorstellungen Lorenzo Giustini's, welche dieser von Rom mitbrachte, den wortbrüchigen König zum Nachdenken gebracht zu haben: Zeuge dessen ist der Brief, worin er Lorenzo auffordert, umzukehren, um die Friedensstipulationen zu Ende zu führen.[1]) Wahrscheinlich hat der König diesen Brief nur deshalb geschrieben, um den päpstlichen Gesandten zu beruhigen. So entspricht es am meisten dem Character des Königs und den nachfolgenden Ereignissen. Der Brief lautet: „Wir haben gestern von Messer Lorenzo de Castello, dem päpstlichen Gesandten, ein Schreiben erhalten, das Wir diesem Briefe beilegen etc.

---

[1]) Fabroni II, p. 213 seqq.

S. Heiligkeit habe sich bereit erklärt, heisst es weiterhin, den Friedensbedingungen zuzustimmen, welche von Lorenzo und den Gesandten des Herzogs aufgesetzt worden seien, ebenso habe auch der Graf Riario zustimmend geantwortet. Lorenzo möge deshalb nur zurückkehren und diese Angelegenheit zu Ende führen, denn wenn sie hinausgeschoben würde, könnten leicht Verwicklungen entstehen und den Frieden stören, da Diejenigen, welche ihn zu beschleunigen wünschten, es leicht übelnehmen könnten. Wenn Lorenzo ihm antworte, dass seine Abreise unfreiwillig und für die Angelegenheiten in Florenz nothwendig gewesen sei, die in Gefahr standen, aus den Fugen zu gehen, so könne er ja seine Umkehr leicht durch die Ungunst des Wetters und die inzwischen eingelaufene Antwort Sr. Heiligkeit entschuldigen. Es stände ihm dann auch frei, den Aufenthalt nach Belieben zu verlängern, indem er an seine Freunde schriebe, dass sie sich der Leute des Papstes oder des Königs bedienen möchten, falls die Ruhe der Stadt es erfordern sollte. Nicht nur würde man in Florenz an seiner Umkehr keinen Anstoss nehmen, vielmehr darin eine Garantie des Friedens erblicken. Dies habe auch dem M. Lorenzo gut geschienen, welcher darin nur den besten Erfolg und keinerlei Gefahr erblicken könne, wohl aber zahlreiche, aus der Weigerung sich ergebende Uebelstände.

„Deshalb bitten Wir Euch, zu Wasser oder zu Lande zurückzukehren, damit für den Friedensabschluss und die Liga ein gutes Endresultat sich ergebe. Eure Weigerung würde die Ursache sein, dass der gehoffte Erfolg ausbliebe, während die Rückkehr allen Verdacht Sr. Heiligkeit beseitigen und seinen Sinn derart besänftigen würde, dass nicht nur Ihr, sondern auch Wir selbst und die Mailänder die Folgen spüren sollten. Denn die Letzteren haben Befehl, wenn der Friede nicht innerhalb acht Tagen und spätestens noch weiterer vier Tage zu Stande kommt, unverzüglich abzureisen. Eure Gegenwart wird also für alle Betheiligten segensreich sein, und ist erst der Friede geschlossen, dann könnt Ihr zum Ruhme für die Republik heimkehren. Wir halten es für überflüssig, noch weitere Gründe anzuführen, Euch zur Umkehr zu bewegen, und da Ihr so verständig seid, werdet Ihr das Alles besser einsehen als Wir es darzustellen vermögen."

Lorenzo erfüllte den Wunsch des Königs nicht, der augenscheinlich mehr um des Papstes willen geschehen sein mochte, als im eigenen Interesse, das durch Vereinbarung mit Lorenzo längst sichergestellt war: ausserdem erforderten die Zustände in Florenz dringend seine Anwesenheit, wenn nicht seine Herrschaft ganz fraglich werden sollte. Um eine Falle zu legen hat der König diesen Brief sicher nicht geschrieben, wohl aber ist anzunehmen, dass der Papst den Gegenstand von Vereinbarungen zwischen Beiden ausmachte; mit Recht wendet sich dieser nach den Erfahrungen dieses Krieges von Neapel ab und den Venezianern zu.

Lorenzo kehrte über Livorno und Pisa nach Florenz zurück; sein Einzug war glänzend, und man pries ihn jetzt laut als den Retter des Vaterlandes. Aber bald erfuhr die jubelnde Republik die Gewaltthätigkeit ihres Retters. Die Erfahrungen des letzten Krieges hatten Lorenzo gezeigt, wie leicht seine Stellung durch Misserfolge der Politik, kriegerische Verwicklungen, zu erschüttern sei: die Folge war, dass er mit Hülfe der ihm ergebenen Häupter der Republik „Balia" erhielt und den „Consiglio dei Trenta," woraus später die „Settanta" wurden, einsetzen liess. Das Amt der „Zehn" des Krieges wurde beseitigt und an Stelle desselben wählte man die „Otto di pratica." Ammirato gesteht in Bezug auf diese Neuerungen: „Parendo che le cose fossero assai bene assettate, ancorchè molti si lamentassero, *che Lorenzo co' denari publici havesse rimediato alle sue cose private, che correvan pericolo.*"[1])

Zwei Tage nach der Ankunft des Hauptes der Republik wurde der Tractat des Friedens zwischen Florenz und Neapel bekannt gemacht, wodurch beide Mächte sich gegenseitig zur Conservation ihrer Staaten verpflichteten. Die in dem verflossenen Kriege den Florentinern genommenen Gebietstheile waren nicht unbedingt zurückzuerstatten, sondern es sollte dem Ermessen des Königs überlassen bleiben, wie viel davon restituirt werden sollte.[2]) Die Pazzi, welche noch im Thurme zu Volterra sassen, sollten befreit werden, und an den Herzog von Calabrien war für eine gewisse Zeit eine Entschädigung der Kriegskosten zu zahlen. Florenz fühlte nun, dass es die Bedingungen eines besiegten Staates erhalten hatte, und dieser Umstand dämpfte die Freude über die Rückkehr Lorenzo's. Auch die aufständischen Herren der Romagna waren in dem Friedensinstrument nicht genannt, obgleich Florenz sich ihretwegen, die zum Theil im Solde der Republik gestanden, viel Mühe gegeben hatte. Hier mochte der König dem Papste doch nicht offen Hohn sprechen,

---

[1]) Lorenzo hat in der That die durch die Reise nach Neapel gebrachten Opfer dadurch compensirt, dass er nun die letzten Ueberreste republikanischer Freiheit hinwegnahm und seine erschütterten Finanzen durch öffentliche Gelder aufbesserte.

[2]) Er gab später Vico, Certaldo, Poggibonsi, Colle und Monte Sansavino zurück, während Castellina den Sienesen verblieb. Schon am 11. Januar schrieb Agnolo della Stufa an Lorenzo de' Medici: „Il consiglio loro (cittadini) fu et è stato, che liberamente le condizioni della pace in tutto e pertutto sieno rimesse nella Sua Maestà. Et benchè in epsa forma di capitoli o per lo scriver tuo si dica, che la Castellina ed il Chianti rimanga a' Sanesi et ogni altra cosa si restituisca etc."

da diese Herren die Ursache aller Wirren im Territorium der Kirche gebildet hatten. Auch die Wiedergabe des Chianti hatte Lorenzo nicht erlangen können, und über Sarzana, das noch während seiner Abreise occupirt worden war, und dessen Herausgabe er sich hatte angelegen sein lassen, war keine Zusage gemacht worden. Vor Allem sollte die Verzeihung des Papstes eingeholtwerden. „Essendosi riconciliato con sua maestà,“ sagt Nardi, „fu fatta tra quella e la città confederazione e lega a difensione degli stati, per vigore della quale *la città nostra pagava l'anno a quel re fiorini sessanta mila!*“ [1]) Nach solchen Erfolgen fragt man sich, wie war es möglich, dass die Republik in Lorenzo de' Medici den Retter des Vaterlandes erblicken konnte? Oder vielmehr, wie musste alles edlere Empfinden unter dem Druck der Tyrannis geschwunden sein, da man einen Mann, der mit hochtönenden Phrasen die Stadt verlassen hatte, und sie nur betrat, um die letzten Reste der Freiheit zu beseitigen, weil seine Herrschaft gefährdet schien, mit Jubel begrüsste?

Am 25. März fand in Florenz die Verkündigung des Friedens statt. In Rom verlas der General der Augustiner, P. Ambrosius Cerano von der Kanzel von S. Maria del Popolo das Friedensinstrument; [2]) aber, obgleich der Papst den Frieden ratificirt hatte, um den Vorwürfen der Störung des Friedens zu entgehen, war er doch mit Recht über diese einseitigen, die Ehre des apostolischen Stuhles schädigenden Abmachungen entrüstet und beharrte auf seiner

---

[1]) Nardi, Ist. Flor. lib. I.

[2]) Jac. Volat. Diar. col. 100. „Pacis vero ipsius conditiones in maxima celebritate in Aede Virginis Populeae ex pulpito per Generalem Augustinianensium P. Ambrosium Ceranum sunt recitatae, dum ageretur divina res, astante Pontifice et Cardinalibus ac Curiae Magistratibus die solemni Annuntiationis B. M. V.“

Forderung, Lorenzo solle nach Rom kommen und seine Sache vertheidigen.[1]) Da dieser sich weigerte, liess der Papst die Censuren zu Recht bestehen.

Die Diarien jener Zeit berichten, wie ungünstig die Friedensbedingungen für die Kirche waren. Aber der Papst glaubte, sich dabei begnügen zu müssen, um nicht in neue Uebel verwickelt zu werden. Er erkannte die Falschheit des Arragonesen, welcher mit völliger Umgehung des heiligen Stuhles, dem er sich verpfändet, und den er selbst zur Aufnahme des Kampfes ermuntert hatte, jetzt nur im eigenen Interesse gehandelt hatte, nachdem er kurz zuvor geschworen, eher zehn Reiche und die Krone verlieren zu wollen, als dass er Lorenzo ohne die vom Papste gewünschten Bedingungen entliesse. „Die Bedingungen dieses Friedens," sagt Raph. Volaterranus, „waren derartige, dass sie weder der Würde des Pontifex, noch der des heiligen Stuhles entsprachen. Von dieser Zeit an entfernte sich das Vertrauen des Papstes von Neapel und wandte sich den Venetianern zu."

Der Friedensabschluss in dieser Form hatte nicht nur dem Papste, sondern auch Venedig gerechte Ursache zur Klage gegeben, da so wichtige Abmachungen ohne die Mitwissenschaft der Republik geschlossen waren. Während man über den Frieden verhandelte, blieb der Herzog von Calabrien in Siena, wo ihn die Zwistigkeiten der Parteien fesselten. Nachdem man ihn in einer Reihe glänzender Feste verherrlicht hatte, wählte man ihn auch zum Schiedsrichter der inneren Angelegenheiten und rief ihn von Buonconvento, wo das Heer lagerte, in die von Factionen zerrissene Commune. Er theilte nun Strafen an Geld, Ammonitionen, Verbannung und Kerkerstrafe aus, ernannte

[1]) Panv. in vita Sixti IV. ed. Colon. 1626, p. 329. „Initi ejus foederis fama Xysti papae animum gravissime perculit."

Cavalieri und trat ganz als regierender Herr auf,[1]) so dass man in Florenz zu fürchten anfing, er möchte sich in Siena festsetzen. Die Ankunft der Türken in Italien machte diese Pläne zu nichte;[2]) am 5. August trafen Briefe in Siena ein, welche die Einnahme von Otranto meldeten. Der Herzog verabschiedete sich sofort von der Balia und ging nach Buonconvento in das Lager zurück. Am 7. reiste er ab, nachdem er von den Bürgern freundschaftlichen Abschied genommen[3]) und in Siena einen Theil seiner Armee zurückgelassen hatte.

Der Einfall der Türken störte die Pläne des Herzogs von Calabrien, während er die Versöhnung der Florentiner mit dem Papste beschleunigte. Es hat nicht an Stimmen gefehlt, welche die Republik des Einverständnisses mit den Türken beschuldigt haben; aber, wenn es wahr ist, dass Lorenzo de' Medici hier seine Hand im Spiele gehabt hat, als er an der entscheidenden Existenzfrage seiner Dynastie angekommen war, so müsste er es in einer Weise verheimlicht haben, dass eine Beweisführung durch Documente unmöglich erscheint.

Camillo Porzio stellt die Verhältnisse so dar, dass Florenz, um sich von den Angriffen des Herzogs von Calabrien zu befreien, seine Zuflucht zu Mahomet genommen

---

[1]) Jac. Volat. Diar. „Senis tunc agebat Alfonsus Calabriae princeps, ut supra monstratum est, civitatis decreta omnia nutu suo fiebant, nec de re aliqua jam ad senatum referebatur, quin prius Calaber illam probasset."

[2]) Cfr. Ammirato, l. c. „Il Duca di Calavria sospirando che la fortuna gli togliesse di grembo l'occasione d'insignorirsi di Toscana, fu costretto ritornare nel regno e difendere le cose sua."

[3]) Cfr. Allegretti. „Alla partita toccò la mano a tutti, abbracciandoli con gran tenerezza e amore e di poi cavalcò via e lassò in Siena Misser Prinzivalle con alcune Squadre di cavalli e fanti."

habe,[1]) der bekanntlich mit Florenz in guten Beziehungen stand, was er durch die schleunige Gefangennahme und Remission eines der Verschwörer,[2]) sowie durch Geschenke an Lorenzo de' Medici bewiesen hatte.

Der Passus möge hier seine Stelle finden: „perchè dimorando (duca di Calavria) dentro di Siena, altrui porgeva sospetto di volere quella repubblica sotto vari colori alla sua ubbidienza ridurre: *ma non potendo i Fiorentini dalle potenze Cristiane conseguire che lo travagliassino e che con loro pericolo conservassino le proprie fortune, si gittarono a quella de Turchi,* ch'aveva il suo imperio nell' Albania e parte nella Schiavonia, dirimpetto al regno, e dimostrarono a Maumette loro imperatore, come la grandezza di questo giovane era, se non di presente, nel tempo avvenire per dover nuocere non meno ad esso che a loro: anzi molto più a lui, essendo l'impresa più giusta, rispetto alla religione, più agevole per lo poco tratto del mare Jonio che divide ambi i loro regni e più favorita da' Principi Cristiani. Era Maumette per diverse cagioni contra il re Ferdinando oltremodo sdegnato e vie più di altra cosa, per aver porto quella state medesima soccorso a Rodi che egli indarno aveva oppugnato: *sicchè non fu difficile a' Fiorentini disporlo all' impresa, fargli espugnare la città di Otranto ed il paese all' intorno predare.* Questa subitana guerra, commossa al re da sì grande nimico, come sgomentò il rimanente dell' Italia, così trasse di capo al Duca di Calavria il disegno di occupare la Toscana: sicchè

[1]) Camillo Porzio, La congiura de' Baroni del regno di Napoli contra il re Ferdinando I., lib. I. Cfr. Albino, de bello Etrusco, p. 35. „Plerique mortalium Florentinos, cum ad ulciscendas injurias occasio praestaretur, id cum Venetis clam molitos affirmant."

[2]) Bernardo Bandini war nach Constantinopel geflüchtet und wurde in türkischer Kleidung zurückgesandt.

chiedendo agli uomini ed a Dio ajuto, si dispose, lasciato di turbare i Cristiani, a guerreggiare co' Turchi, restituendo a Siena la libertà ed a Firenze le terre tolte."

Der Brief Lorenzo's de' Medici an Albino, den Secretär des Herzogs ist allerdings kein Beweismittel, dass Lorenzo nicht gegen Neapel conspirirt habe; denn zumal in dieser Zeit ist der diplomatische Verkehr nur ein gegenseitiges Ueberlisten, und die Sprache scheint dem Menschen nur verliehen, die Gedanken zu verbergen. Mit der Abschwächung des Glaubens, dem Sinken der allgemeinen Moral, die ihre Wurzeln hinwiederum nur aus dem Glauben schöpft, schwindet auch das Gefühl der Manneswürde und Mannesehre; Treulosigkeit, Verrath verlieren das Brandmaal, welches die christliche Gesellschaft ihnen aufgedrückt; der Erfolg giebt dem Werke, den Zügen der Politik den Character. Der Brief an Albino ist allerdings derartig voll unwürdiger Ergebenheitsversicherungen, dass es nahe liegt, darin eine Verhüllung der Intrigue zu suchen, die sich gegen den Herzog abgespielt, während er in Siena einer Gewitterwolke gleich Toscana zu bedrohen schien. Lorenzo de' Medici entwickelt die zarteste Sorge für das Wohl des Herzogs: „Er möge sich für Gott und für uns, seine Diener erhalten und sich nicht vor den Andern in Gefahr bringen. Da Ihr immer um ihn seid, sendet mir häufig Nachricht von ihm und habet Sorge für seine Person, denn Ihr müsst mehr auf sein Wohl bedacht sein, als auf Euer eigenes Leben. Wollt Ihr das nicht um Euretwillen thun, so thut es doch um meinetwillen, wenn Ihr Freundschaft für mich empfindet und empfehlt mich Eurem Herrn; Eure Antwort erwarte ich mit grösster Sehnsucht." [1]) Der Ton dieses

---

[1]) Fabroni II, 216. Der Brief vom 18. Mai 1481. „Al mio caro quanto fratello Albino, segretario dello Illmo. Sig. Duca di Calabria."

Briefes ist so übertrieben, dass der Gedanke nahe liegt, Lorenzo habe dadurch allem Verdachte entgehen wollen.

Als die Florentiner sich von der Gegenwart des Herzogs von Calabrien frei wussten, erhoben sie wieder ihre Forderungen bezüglich der Restitution der im Kriege verlornen Castelle, welche der Herzog in den Händen der Sienesen zurückgelassen hatte. König Ferrante war unter den veränderten Bedingungen seiner Stellung zu Florenz jetzt damit einverstanden, und nachdem die neue Conföderation zwischen Neapel und Florenz geschlossen war, wurden die eroberten Plätze zurückgegeben. [1])

Die Landung der türkischen Flotte an der apulischen Küste hatte die Gedanken von den inneren Zerwürfnissen auf ernstere Gefahren gelenkt. Otranto war nach kurzem Widerstande gefallen, und die entmenschten Horden hatten den grössten Theil der Einwohner hingeschlachtet, die Umgegend verwüstet und verbrannt und die unglücklichen Gefangenen zu Sclaven gemacht. Der Papst schrieb jetzt an die Fürsten und ermahnte sie, zusammenzuhalten; nach Genua, Neapel, Frankreich [2]) und England gingen seine

---

[1]) Cfr. Jac. Volat. col. 124. „Die 28 Martii Collense oppidum Vallis Elsae et Mons Sancti Savini, quae proximo bello Florentinis erepta fuerant, per Pontificem et Regem eisdem sunt restituta, erant enim in Regia potestate. Castellina vero et Mons Dominici ac Sacellum Sancti Poli in Senensem potestatem ad tempus dimissa."

[2]) Der Cardinal Giuliano della Rovere, Gesandter in Frankreich, schrieb von Paris aus an Maximilian von Oesterreich: „Non dubito quin Vestra Excellentia intellexerit causas meae Legationis ad pacem Principum Christianorum et communem utilitatem spectare, ut Christiana Respublica, quae furore immanissimorum Turchorum absque spe et auxilio ipsorum Principum servari non potest, reconciliatis inter se Catholicis conjunctisque viribus, ut opus est, defendatur. His de causis a Sanctissimo Domino nostro et Sacro Collegio missus continuato itinere licet per aestus maximos ad Serenissimum Dominum Ludovicum Francorum Regem Christianissimum perveni,

23*

Boten, die christlichen Fürsten an ihre Pflichten zu mahnen. Der Herzog von Calabrien war mit der Bildung des Heeres beschäftigt, und auch für Florenz drängte die Lage der Dinge zur Entscheidung. Jetzt endlich entschloss sich die Signorie, eine feierliche Gesandtschaft an den Papst abzufertigen, welche um Aufhebung der Censuren bitten sollte. In der dieser mitgegebenen Instruction heisst es: „Ihr werdet nach Rom gehen, zu Sr. Heiligkeit, und zwar mit möglichster Eile. Dort werdet ihr im Verein mit M. Antonio Ridolfi, unserem Gesandten, Audienz nachsuchen. Zuvor aber habt ihr euch zu berathen und die Weisungen M. Ridolfi's ganz besonders in Betracht zu ziehen. So werdet ihr euch dem Papste vorstellen, das Credenzschreiben überreichen und Folgendes dazu bemerken:

„Nachdem durch die Gnade und Mühewaltung Sr. Heiligkeit den herrschenden Verwicklungen ein Ende gesetzt worden, und Italien zum grössten Theile zur Ruhe gebracht ist, haben wir doch noch nicht die wahre Ruhe und die Früchte derselben genossen; denn es fehlt uns, die wir dem heiligen Stuhle aufrichtig ergeben sind, vor Allem die Gnade und Huld dessen, der nach göttlicher Anordnung als Nachfolger Petri und Stellvertreter Christi bestellt ist. Deshalb ist es uns passend erschienen, der heiligen Kirche und Sr. Heiligkeit die schuldige Ehre und Ergebenheit zu beweisen und zwölf Gesandte an Dieselbe abzuschicken. Da wir auch überzeugt sind, dass öffentlich und privatim, der menschlichen Schwäche und Geneigtheit zum Sündigen gemäss, durch uns mancherlei Fehler begangen sein mögen, welche naturgemäss den Sinn Sr. Heiligkeit verletzt haben müssen und welche der erhabenen Weisheit Derselben klarer erscheinen mögen als uns, so

---

quem libera voce ad opem Reipublicae ipsi ferendam hortatus sum." Cfr. Phil. de Commines, Mém. Preuves, Vol. III, p. 596.

sind wir abgesandt, um Verzeihung für alle diese Fehler zu erflehen, in welche wir nach dem Ermessen Sr. Heiligkeit gefallen sind, indem wir inständigst und demüthigst bitten, S. Heiligkeit möge uns gnädigst dieselben nachlassen und die Stadt und unser Volk, alle Bürger, Laien wie Cleriker jeden Ranges, und Alle, die uns angehören, zu Gnaden aufnehmen und in Zukunft uns väterlichen Schutz und Beistand mit Vergessen des Vorgefallenen angedeihen lassen. Endlich versichern wir feierlichst, dass die ganze Stadt, unser Volk und alle Bürger jeden Standes und Ranges öffentlich und privatim den lebhaften Wunsch haben, würdige Früchte der Busse zu thun und Sr. Heiligkeit durch die That ihren Glauben, Eifer, Gewissenhaftigkeit und Ergebenheit gegen die Kirche zu beweisen, so dass man in der That erkennen soll, dass wir nicht bloss jene Florentiner sind, die immer der Kirche ergeben und zugethan waren, sondern dass wir gewillt sind, durch das Beispiel im Glauben und mit den Werken die Ehre und Würde der heiligen Kirche und Se. Heiligkeit noch eifriger im Auge zu haben, so dass Se. Heiligkeit diesen milden und freundlichen Entschluss nie bereuen soll."

In diesen und ähnlichen wirkungsvollen Ausdrücken werdet ihr Verzeihung nachsuchen und dann die Antwort abwarten. Wenn dieselbe dem Gesuche entsprechend ausfällt, und, wie es gehofft und gewünscht wird, unsere Bitte Erhörung findet, werdet ihr die gewöhnlichen Besuche bei den Cardinälen mit geziemender Eile machen, jedem derselben das Wohl der Stadt an's Herz legen und die Credenzbriefe abgeben. Dann werdet ihr euch verabschieden und sogleich hierher zurückkehren. Wenn die Antwort einen Aufschub enthalten sollte, so werdet ihr die Beschaffenheit derselben wohl beachten. Wäre die Ursache gerecht und der Aufschub kurz, und thäte sie der Ehre der Stadt und eurer Würde keinen Abbruch, so werdet ihr warten und die Beendigung der Angelegenheit mit Ernst und Umsicht zu beschleunigen suchen. Wäre der Aufschub verclausulirt und spitzfindig abgefasst, und litte das öffentliche Ansehen darunter, so wenn von Geld die Rede wäre, oder wenn man eine Demonstration für die Beobachtung des Interdicts verlangte, oder die Absolution und Benediction keine allgemeine wären, sondern irgend Jemand ausschlössen, oder für die Stadt im Allgemeinen oder Besonderen schimpflich wären, so glauben wir, würde aus eurem Dableiben kein rechter Erfolg sich ergeben. In diesem Falle werdet ihr, nach Motivirung des Schrittes, wie es im besonderen Falle — für den wir euch keine specielle Information mitgeben — nöthig sein wird, von Sr. Heiligkeit Abschied nehmen und zurückkehren, indem ihr Sr. Heiligkeit ersucht, von dem Acte der Unterwerfung und Reverenz gegen den heiligen Stuhl gnädigst Notiz nehmen zu wollen, und auf die der Unterwerfung entsprechende Verpflichtung des Hirtenamtes, zu verzeihen, hinweist; denn wir zweifeln nicht, dass Se. Heiligkeit das was Dieselbe jetzt nicht thut, ein ander Mal thun werde.

Es könnte auch Zurückweisung ohne Aufschub erfolgen, oder eine Ausflucht. Dann braucht ihr nicht bestürzt zu werden, was dann zu thun sei. Bei offener Zurückweisung werdet ihr sagen, dass wir nichtsdestoweniger zufrieden sind, das gethan zu haben, was wir unserer Pflicht als christliches und religiöses Volk schuldig zu sein glaubten und dass wir überzeugt sind, Gott werde unsere Verdemüthigung und Reverenz gegen den heiligen Stuhl angenommen haben, und die Fürsten und christlichen Völker werden, zumal in diesen gefährlichen Zeiten, unsere Bitte und unsere guten Vorsätze nicht verurtheilen. In diesem Falle werdet ihr von den Cardinälen Abschied nehmen, oder auch nicht, wie es euch gut dünken wird. Sprechet dann von der erhaltenen Abweisung und weist darauf hin, dass Gott nicht mit menschlichen Augen die Dinge ansieht, und dass die Welt über diesen Act der Verdemüthigung anders urtheilen wird, als es hier geschehen ist. Dann kehret ohne Verzug zurück. Bei eurer Ankunft lasset sogleich unsern Erzbischof Rinaldo Orsini es wissen und theilt ihm den Grund der Reise und eure Commissionen und Informationen mit und bittet ihn, euch zur ersten Audienz zu begleiten, denn es ziemt sich, dass er dabei sei, wenn ihr zum Papste geht, und nach seinen Anweisungen habt ihr euch zu richten. Wir glauben, dass die Angelegenheit Lorenzo's in der allgemeinen mit eingeschlossen sein wird; wenn sie aber davon getrennt wäre, wird Antonio de' Medici seine Sache zu führen haben und auch Antonio Pandolfini, welcher mehr Kenntniss davon hat. Wenn vom Erzbischof von Pisa die Rede sein sollte, oder von den Benefizien, die während des Krieges verliehen worden sind, und von den Steuern und Lasten des Clerus, so müsst ihr euch an Messer Antonio halten und an das, was er euch darüber mittheilen wird, der von unseren Intentionen genau unterrichtet ist.

Wenn die Dinge so beigelegt sind, und Alles nach unserem Wunsche geordnet erscheint, so wird es Zeit sein, Se. Heiligkeit anzugehen, sich unserer Angelegenheiten anzunehmen, besonders, dass die uns im letzten Kriege entrissenen Länder in unseren Besitz zurückkehren. Unser Volk, das Nichts mit grösserem Verlangen erwartet, wird diese Wohlthat dankbar anerkennen und sich viel bereitwilliger zu Allem zeigen, was die Vertheidigung der Religion anlangt. Dann ist es Zeit, Sr. Heiligkeit auch unsere Kaufleute anzuempfehlen. Unter den übrigen Credenzbriefen ist einer an den Grafen Girolamo, den ihr nach eurem Ermessen benützen möget.“ [1])

---

[1]) Fabroni II, p. 248.

Die Gesandten waren Francesco Soderini, Bischof von Volterra, Luigi Guicciardini, Bongianni Gianfigliazzi, Piero Minerbetti, Guidantonio Vespucci, Gino Capponi, Domenico Pandolfini, Antonio de' Medici, Jacopo Lanfredini, Piero Mellini, Maso Albizzi, Giovanni Tornabuoni. Am 25. November waren sie still in Rom eingezogen, denn da sie noch unter den Censuren standen, durften ihnen die Angehörigen des Papstes oder der Cardinäle nicht entgehen gehen. Nur einige Freunde oder Verwandte geleiteten sie. Am Montag wurden sie zu geheimer Sitzung des Senats der Kirche zugelassen. Der Bischof von Volterra hielt die Ansprache, welche mit Beifall aufgenommen wurde. Der Papst antwortete mit anerkennenden Worten und entliess die Gesandten, um mit den Cardinälen zu berathen, ohne deren Zustimmung er nichts beschliessen könne. Sie sollten jedoch ruhig und unbesorgt sein und sich in Betreff des apostolischen Stuhles den besten Hoffnungen überlassen.

Am folgenden Sonntag, d. 3. December, an welchem der Papst der Feier in der Basilika anzuwohnen pflegte, wurden, nachdem in den vorangehenden Tagen über die Friedensbedingungen verhandelt worden war, die Gesandten nach der Peterskirche beschieden, wo sie der Papst in der Vorhalle erwartete. Er sass, mit dem Rücken der mittleren ehernen Pforte zugewendet, auf einem mit Purpurseide bedeckte Sessel; um ihn im Kreise standen die Cardinäle und Prälaten. Die Gesandten erschienen in demüthiger Haltung vor dem Papst, warfen sich zur Erde nieder, bekannten ihre Fehler gegen die Kirche und den Papst und baten um Nachlass für sich und das Volk. Hier sprach Guicciardini, ein Mann von 70 Jahren; wegen des Geräusches der Menge, die dem Acte beiwohnte, wurde seine Rede nur von Wenigen verstanden. Als Guicciardini geendet hatte, liess der Papst die Friedensbedingungen und das Bekenntniss der vorgefallenen Excesse durch einen apostolischen Notar vorlesen:

„Nachdem sie zuerst sich gewisser Vergehen schuldig bekannt und dafür um Verzeihung gebeten, versprechen sie, die Freiheit der Kirche eine bestimmte Zeit hindurch nicht antasten zu wollen und die apostolischen Provisionen, sowohl die gegenwärtigen, als die zukünftigen, zu achten. Sie verpflichten sich, gegen die Kirche keinen Krieg zu führen, auch nicht gegen die Untergebenen derselben, sei es mittelbar oder unmittelbar. Sie wollen zu allen Zeiten den apostolischen Verordnungen gehorsam sein, dem Clerus keine Steuern auflegen, noch die aufgelegten einfordern, ausser denjenigen, welche schon seiner Zeit für die Universität Pisa bewilligt wurden. Sie verpflichten sich, dass das Volk innerhalb sechs Wochen diesen Bestimmungen nachgekommen sein wird. Inbetreff des im Kriege verlornen Eigenthums behalten sie sich das Geltendmachen ihrer Rechte vor.“ [1])

Ausserdem hatte die Republik noch für den Türkenfeldzug fünfzehn Galeeren auszurüsten.

Nach Verlesung dieses Instruments leisteten die Gesandten den Eid in die Hände des Papstes und verpflichteten sich und das Florentiner Volk, alle diese Punkte gewissenhaft bewahren zu wollen. Nachdem Sixtus Ruhe geboten, sprach er Folgendes:

„Ihr habt zwar, meine Söhne, viel gesündigt, zuerst gegen unsern Herrn und Erlöser, da ihr grausam und auf schimpfliche Weise den Erzbischof von Pisa und Priester Gottes getödtet habt. Denn es steht geschrieben: „Du sollst meine Gesalbten nicht anrühren.“ Ihr habt gegen den römischen Pontifex gesündigt, welcher die Stelle des Erlösers auf Erden vertritt, indem ihr ihn verläumdet und

[1]) Jac. Volat. Diar. l. c.

auf dem ganzen Erdkreise beschimpft habt. Ihr habt gesündigt gegen den erhabenen Senat der Cardinäle, indem ihr den Cardinallegaten des apostolischen Stuhles gefangen hieltet. Ihr habt gegen den ganzen Stand des Clerus gefehlt, indem ihr ihm schweren Tribut auferlegtet und zwar wider seinen Willen und ohne Zustimmung des Papstes. Ihr habt gesündigt durch Raub, Brandstiftung, Plünderung und seid die Ursache zahlreicher Uebel geworden, da ihr unseren apostolischen Weisungen und Ermahnungen nicht gefolgt seid. Wäret ihr von Anfang an zu Uns, dem Vater eurer Seelen gekommen! Ohne Zweifel wäre es dann nicht nöthig gewesen, die Waffen zu ergreifen, um das der Kirche zugefügte Unrecht abzuweisen. Wir haben sicherlich nur mit Widerwillen gehandelt, aber Wir sahen Uns genöthigt, so zu handeln um des apostolischen Amtes willen. Jetzt aber, meine Söhne, die ihr in Demuth zu Uns kommt, nehmen Wir euch in den Schooss Unserer Gnade auf und absolviren euch, da ihr eure Fehler und Ausschreitungen bekennt: sündigt hinfort nicht mehr und kehret nicht gleich den Hunden zu dem Ausgespieenen zurück. Ihr habt nun hinreichend erfahren, wie viel die Waffen der Kirche noch vermögen, und wie schwer es ist, sein Haupt gegen den Schild Gottes zu stossen und seinen Panzer durchbrechen zu wollen." [1])

Nachdem er noch Mehreres in ernster und gütiger Weise hinzugefügt, nahm er eine Ruthe in die Hand, wie sie die Poenitentiare zu gebrauchen pflegen, und berührte die Schulter eines Jeden aus der Gesandtschaft, wobei er

---

[1]) Macchiavelli, ist unwahr, wenn er behauptet: „Alle quali scuse il papa rispose con parole piene di superbia e d'ira" l. c. lib. VIII. Ebenso M. Brutus, lib. VII. Jac. Volat. ist als Augenzeuge und als ruhiger, unparteiischer Erzähler durchaus zuverlässig.

das Miserere recitirte und die Cardinäle ihm antworteten. Dann wurden die Poenitenten zum Fusskuss zugelassen und gesegnet. Als dieser Act vorüber war, öffnete man das eherne Thor der Kirche; der Papst wurde auf seinem Sessel emporgehoben und zum Hochaltar getragen, wo ein Pontificalamt die Handlung beschloss. Ein Dominicaner hielt dabei die Predigt. Nach vollendeter Feier liess der Papst die Gesandten von seinen Hausprälaten in ihre Wohnung geleiten, damit diejenigen, welche des Anathems wegen ohne Ehrenbezeugungen empfangen worden waren, nicht ohne solche scheiden sollten, nachdem die Censuren fortgenommen waren. So verliessen sie die Stadt unter dem Beifall des Volkes.[1])

---

[1]) Jac. Volat. Diar. „Mane absque pompa urbe egressi versus Florentiam iter ceperunt, animis ut est a plerisque creditum, non bene paratis propter imperatas Triremes, quarum onus, ut non expectatum, ita nimis grave visum est eis.“

VI. Capitel.

Bündniss des Papstes mit Venedig gegen Neapel. Schlacht bei Campomorto und ihre Folgen. Aussöhnung zwischen Rom und Neapel.

Die türkischen Einfälle hatten die Verwicklungen aufgeschoben, welche in Folge des vom König von Neapel einseitig abgeschlossenen Friedens zwischen dem Papst und Venedig einerseits, und Florenz und Neapel andrerseits, sich herausstellen mussten. Der Tod hatte den Plänen des alten Mahomet ein Ende bereitet, und Otranto kehrte zu Neapel zurück. Als diese Furcht beseitigt war, trat eine neue Gruppirung der italienischen Staaten zu Tage. Der Papst hatte sich Venedig genähert, an welches sich Genua, Siena und andere kleinere Staaten anschlossen, während auf der andern Seite Florenz, Neapel, Mailand und Bologna standen. Ferrara gab diesmal den Anlass zu neuen Zwistigkeiten. Ercole, Herzog von Modena, durch seine Gemahlin Leonora mit den Arragonesen verschwägert, wünschte, sich von alten Verpflichtungen gegen die Republik Venedig zu befreien, zumal von der Herrschaft des Vicedominus, der sich erheblicher Privilegien erfreute.[1])

[1]) Romanin. Storia docum. di Venezia, Tom. IV, p. 402 seqq. ed. di Venezia, 1855.

Grenzstreitigkeiten im Gebiete des Po bildeten die Einleitung zu den sich erhebenden ernsten Differenzen.[1]) Venedig hatte in Goro und Capodargine Befestigungen angelegt, worin man in Ferrara ein Zeichen der Unterdrückung erblicken wollte; die alte Verpflichtung des Salzbezuges und gewisse Steuern[2]) bildeten weiterhin Motive des Conflicts; dazu kam, dass der venetianische Vicedominus einen Priester wegen Schulden hatte verhaften lassen und sich überhaupt in geistliche Rechte, als Legate und Decem, eingemischt hatte. Der Vicar des Bischofs behauptete dieser Verhaftung gegenüber, sie sei ein Eingriff in die Rechte der Kirche[3]) und excommunicirte den Vicedominus, welcher, nachdem er vergeblich beim Herzog darüber Klage erhoben hatte, erzürnt von Ferrara abreiste. Ercole sandte nach Venedig und liess sich rechtfertigen, aber die Republik verlangte in einem Schreiben vom 7. August 1481 peremptorisch die Zurücknahme der Excommunication gegen

---

[1]) Secr. 27 sett. 1481, p. 41. Cfr. Romanin l. c. Corio, P. VI, cap. 4. „e causa di codesta guerra si fu perchè Ercole Estense a persuasione di Lodovico Sforza suo genero non aveva voluto concedere il passo alle genti veneziane per soccorrere il Rosso etc."

[2]) Ibid., lettera al papa. Macchiavelli sagt: „Desideravano i Viniziani d'insignorirsi di Ferrara e pareva loro avere cagione ragionevole alla impresa e speranza certa di conseguirla." Ist. Flor. lib. VIII, cap. XXII.

[3]) Brief des Vicarius an den Bischof, vom 10. Juli 1481, bei Rom. l. c. nota 3. „che il visdomino non contento di esercitar l'officio suo *ha posto la falce in messem alienam ed intromettersi nei legati pii, nelle decime ed altre cose pertinenti al spirituale, che ha fatto retenir un prete del vescovato* et che essendo li clerici esenti non solo de jure humano ma anco divino dalla potestà secolare dovendo anzi li laici ubidir piutosto che comandar a clerici egli per conservar indemne le imunità ecclesiastica si risolse ad instantia del prete, il quale non poteva ricuperar alcune sue robe date in pegno, escomunicar il visdomino." Arch. Donà, Roma.

den Vicedominus und seine Wiedereinsetzung in die früheren Rechte, Reparation des Schadens und Anerkennung der geschlossenen Conventionen. Auch der Bischof schrieb von Rom aus an seinen Vicarius[1]) und missbilligte dessen Verfahren, indem er ihm die Aufhebung der Excommunication anbefahl; dem Senat von Venedig drückte er seinen Unwillen über das Vorgehen seines Vicarius aus und betonte, der Papst habe lebhaftes Missfallen darüber empfunden und würde den Vicedominus nicht excommunicirt haben.[2]) So wurde diese Angelegenheit erledigt; aber der Senat erklärte dem Gesandten von Ferrara, die Ehre und das Ansehen Venedigs erforderten, dass die Zurückberufung öffentlich und bedingungslos geschehe.[3]) So günstig sich jetzt die Verhältnisse für den Papst infolge seines massvollen und klugen Verhaltens auch gestalteten, um so mehr verwirrten sie sich für den Herzog von Ferrara. Nach manchem Gesandtenwechsel und vielerlei Vorschlägen wurde in Venedig der Krieg beschlossen.[4]) Dennoch waren

[1]) Romanin, p. 408, nota 2. „20 Agosto 1481 lettera del vescovo al vicario, li comanda di assolver imediate il vice-domino pubblicamente siccome pubblicamente lo ha iscomunicato, il che quando haverà esseguito debba imediate transferirsi a Roma, lasciando un sostituto al carico di vicario.“ Arch. Donà, Roma.

[2]) „Scrive l'istesso vescovo al Senato in sua escusatione dicendo *che il Papa li ha parlato della scomunica sopradetta con molto dispiacere di Sua Santità, alla quale non era necessario ricorrere professando egli molta osservanza et devotione verso il Sermo. dominio . . .*“ l. c. nota 3.

[3]) 10. September ibid.

[4]) Sismondi und Darù sprechen von einem Accord der Theilung der Ferraresischen Staaten mit dem Grafen Riario, aber in den Acten des Senats ist nichts darüber vermerkt, im Gegentheil. Cfr. Romanin. p. 408, nota 5. Secreta, T. XXIX, XXX, XXXI, „ita etiam quidquid restat circa observantiam capitulor. et pactor. nostrorum componendum, regendum, componetur, regetur paterne et

die Ansichten im Senat sehr getheilt. Francesco Venier betonte das verwandtschaftliche Verhältniss des Herzogs mit den Arragonesen und dem König von Ungarn, die Eifersucht, die bei den übrigen italienischen Fürsten entstehen würde, und die Gefahr, dass der Papst keineswegs eine Macht- und Gebietserweiterung in seiner Nachbarschaft dulden würde: der Krieg mit den Türken sei kaum vorüber, der Staatsschatz erschöpft, das Volk des Kampfes müde. Francesco Michiel sprach dagegen; man dürfe den Vorgang nicht ungestraft hingehen lassen, damit das Beispiel des Herzogs nicht zu weiteren Beleidigungen der Republik und endlich zur Schwächung ihres Ansehens führe; Ungarn sei im Kriege mit dem Kaiser, den Truppen des

parte nostra et filiali ex parte domini ducis sino ullo cujuspiam interventu quemadmodum ad conferendum statum illum supdicto duci nemo preter nostrum dominum intervenit." Cfr. Malipiero. Cirneo, de bello Ferrariensi (Muratori, It. Rer. Script. T. XXI). Porzio, Congiura de' Baroni, lib. I. „I Veneziani e'l Papa si collegarono a' danni del Duca di Ferrara, del Re Ferdinando genero, *perchè egli non osservava* i patti intra di loro nei tempi addietro stabiliti." Ebenso Frizzi, Mem. per lo Stato di Ferr. Sabellico berichtet: „passato poco tempo avenne che prese Hercole per moglie Leonora di Ferdinando Re figliuola, co'l quale parentato divenuto arrogante cominciò ad osservare meno l'amicitia Vinitiana e muovere alcune cose contro gli antichi patti della confederatione: perchè lasciò fare il sale da suoi huomini a Comacchio etc. Haveva egli rizzato alcune fortezze vicino a capo d'argere come se dovesse haver quei confini; finalmente fatta biasimevole ingiuria al Magistrato che Vinitiani tenevano per la confederatione in quella città il Vescovo lo scomunicò come empio etc. I padri prevedendo che cosa accennavano quei movimenti, hora per lettere, hora per oratori l'ammonirono, che non studiasse d'alienarsi da Vinitiani . . . sprezzando tali ammonitioni quell' huomo arrogante, il quale per il nuovo parentato havea preso troppo ardire tentarono i padri di ritenerselo amico per Opera di Xisto Pontefice." Cfr. Ist. Vin. Deca III, lib. I.

Herzogs von Calabrien sei der Durchgang durch die päpstlichen Staaten verschlossen etc.[1]) Malipiero versichert, dass die Kriegserklärung vom Volke überaus günstig aufgenommen worden sei: „E in bandirla (la guerra) se ha visto un contento si grande nel populo che mai è stato a far guerra de tanto consentimento." Giovanni Mocenigo, der Doge, benachrichtigte die Rectoren der Provinzen von dem Beschluss des Senates.

Als die Vorbereitungen zu Ende waren, übergab der Doge am 2. Mai die Fahne von S. Marco an Roberto Sanseverino, welcher den Titel eines Generallieutenants erhielt und zum venezianischen Nobile creirt wurde; Antonio Loredano, der berühmte Vertheidiger von Scutari wurde zum Provveditore, Damiano Moro zum Commandanten der Flotte gewählt; während der General Vettore Soranzo an den Küsten operiren sollte, war Damiano Moro bestimmt, auf dem Po in die Ferraresischen Staaten einzudringen. Die Landmacht war ebenfalls in zwei Armeen getheilt, von denen die eine, unter Roberto Malatesta, gegen Ferrara,[2]) die andere, unter Sanseverino, gegen die Romagna operiren sollte. Der Letztere hatte sich mit Lodovico il Moro ernstlich entzweit und war, nachdem er in Tortona einen Aufstand versucht hatte, nach Genua gegangen, von wo ihn die Republik in ihre Dienste genommen hatte.[3])

---

[1]) Sabellico l. c., Romanin. p. 404, 405.

[2]) Details in dem Diar. Ferrar. bei Muratori, It. Rer. Script. T. XXIV.

[3]) Cfr. Ammirato, lib. XXV. Roberto Sanseverino hatte sich mit Lodovico, seinem Vetter entzweit wegen des grausamen Vorgehens des Herzogs gegen die Regentin Bona und den jungen Herzog Galeazzo „Di questi modi di procedere avendo preso sospetto grandissimo Ruberto Sanseverino, cugino di Lodovico, in prima si allontanò dalla corte, poi in tutto si alienò da lui. Laqual cosa

So war Italien abermals in zwei feindliche Heerlager geschieden: auf der einen Seite standen der Herzog von Ferrara und mit ihm der König von Neapel, die Florentiner, Lodovico Sforza, Federigo, Marchese von Mantua, Giovanni Bentivoglio, das Haupt von Bologna, und das Haus Colonna, auf der andern der Papst, Venedig, der Graf Girolamo Riario, Herr von Imola und Forli, der Marchese Bonifacio von Monferrato, die Republik Genua, und Pietro Maria de' Rossi, Conte di San Secondo, in Parma.[1])

Lodovico il Moro wählte den Herzog von Urbino zum Capitano; die Florentiner nahmen Costanzo von Pesaro[2]) in ihre Dienste. König Ferrante schickte den Herzog von Calabrien, welcher von Sixtus IV. den Durchgang durch die Staaten der Kirche verlangte.[3]) Als ihm dieser natürlich verweigert wurde, suchten Florenz und Neapel gemeinschaftlich den Papst in Bedrängniss zu führen, um ihn von Venedig abzuschneiden. Der Graf Riario war in

---

con altre accompagnata, pose di nuovo l'arme in mano di tutta Italia, perciocchè Ruberto con Pietro dal Verme, con Piermaria de' Rossi conte di Sansecondo, con Obietto dal Fiesco e con molti altri amici si congiunse, e costoro da' Veneziani fatti amici del papa desiderosamente furon raccolti."

[1]) Romanin, p. 407. Cfr. Corio, P. VI, cap. 4 „il duca (di Milano), il quale ebbe fatto gridar ribelle Pier Maria Rosso e suo figliuolo Guido, fece contro di loro cavalcare Bonifacio, fratello di Guglielmo di Monferrato etc."

[2]) Cfr. Ammirato, lib. XXV. „Questi era (capitano) Costanzo Sforza, principe di Pesaro, a cui il gonfaloniere Attilio de' Medici la mattina del quarto giorno d'ottobre aveva in su la ringhiera con gran pompa dato il bastone del generalato."

[3]) Rain. ad ann. 1482, n. 1. „Sixtus qui animadversa Ferdinandi in Sedem Apostolicam perfidia foedus cum Venetis pepigerat, aditu in pontificiam ditionem prohibuit ut ducem Ferrariensem ecclesiastici imperii beneficiarium, qui contra Sedem Apostolicam Florentinis antea subsidio fuerat, justa poena percelleret."

Begleitung seiner Gemahlin nach Venedig gegangen und dort mit fürstlichen Ehren empfangen worden. „Wenn es der Kaiser selbst gewesen wäre," schrieb Matteo, Archidiacon von Forli, am 23. September 1481 an Lorenzo de' Medici, „man hätte ihm keine grösseren Ehren erweisen können. In allen Orten, die das gräfliche Paar auf der Reise berührte, wurde es im Namen der Republik feierlich begrüsst. In Malamocco, fünf Miglien von Venedig kamen ihm vierzig der ersten Bürger entgegen, dann der Doge selbst auf dem Bucintoro mit hundertfünfzehn edlen Damen, zur Begleitung der Gräfin, bei S. Clemente. Der Doge mit den edlen Herren und Damen begleitete den Grafen bis zum Hause des Marchese, wo seine Wohnung bereitet war. Als am andern Morgen der Graf die Signorie im Palast besuchte, kam ihm diese bis an den Fuss der Treppe entgegen; am andern Tage begleitete ihn der Doge selbst zum Besuche des Arsenals. Man hat den Grafen auch zum Nobile von Venedig gemacht, und um ihm die Einrichtung des Consiglio grande zu zeigen, wurde dieser eines Tages versammelt etc." Am 9. September wurde im Palast ein glänzendes Fest veranstaltet, an dem die Aristokratie den höchsten Luxus entfaltete, und die Damen mit den kostbarsten Edelsteinen, Cameen und Perlen geschmückt erschienen. Als der Graf eintrat, erhoben sich der Doge und die ersten Magistratspersonen und geleiteten das Paar zum Ehrenplatz. Ein glänzender Ball folgte, und eine luxuriöse Mahlzeit beschloss das Ganze. So wurden die guten Beziehungen Venedigs zum Papste bekräftigt, und der Feldzug begann.

Im Norden gingen die Armeen Venedigs schnell vor; die Flotte auf dem Po, Malatesta und Sanseverino drangen gleichzeitig vor. Während der Letztere Polesine besetzte und durch die Sümpfe des Tartaro mit Hülfe von aufgeworfenen Dämmen, Brücken und schnell errichteten Befestigungen einen Weg für das Heer und die nachzusendenden Proviantcolonnen suchte und Melara besetzte, operirte die Flotte gleichzeitig so, dass Adria, Ostilia, Pollicella in ihre Hände fielen. Einen festen Widerstand setzte erst das durch starke Bastionen und einen tiefen Graben geschützte Castell von Ficarólo entgegen, das den Zugang zu Ferrara vertheidigte.[1]) Von allen Seiten strömten Sanseverino Soldaten zu, denn man hoffte auf gute Beute; das Castell war noch nicht genommen, als die Nachricht kam, der Herzog von Urbino rücke heran, worauf Sanseverino sich zurückzog, aber später die Artillerie von neuem auffahren und ihr Feuer auf die Mauern eröffnen liess, bis am 30. Juni die Festung sich übergeben musste.[2]) Unterdess waren auch das Gebiet von Polesine und die Stadt Rovigo ganz in den Händen der Venezianer. Diese Eroberungen, sowie der Sieg bei Argenta und der Schaden, den die Flotte Vettore Soranzo's an den neapolitanischen Küsten verursachte, bewogen den Herzog, einen Gesandten nach Venedig zu schicken, der einen Ausgleich versuchen sollte; aber, nachdem Venedig einmal den Kampf siegreich begonnen, zeigte es sich nicht geneigt, auf Verhandlungen einzugehen. Die Offerte des Orators: „L'Eccellenza del mio Signore si raccomanda alle Eccelleaze Vostre con

[1]) Details bei Sabellico, l. c.

[2]) Cfr. Romanin p. 408, nota 1. „Vegnudo alla presentia della Signoria nostra el' fidelis. nostro ministro Alvise de Veniexia maistro de affinar polvere de bombarde nel nostro arsena, se ha offerto per suo ingegno et maisterio far uno nobilis et degno esperimento de la fede et virtu soa, zoè trar le nostre bombarde in Figaruol cum certa ballotta de metallo in chadauna d'esse, la qual trata et dappoi toccata la terra per un pezzo se avre e fa levar rumor grandissimo cum fumo avenenato dal qual impossibil è per certa mestura li mete, che alcuno che de li se atrova ne possi scapolar ma imediate muoreno." Secreta p. 88, 30 maggio 1482. Die Schilderung des Sturmes auf Ficarólo p. 379.

24*

farli intendere che quando ei fusse incorso in veruna cosa che potesse essere stata in dispiacer di questa illustrissima signoria e quando così sia stato, se ne attrova in gran dispiacere, offerendosi essere e voler essere buono e devoto figlio di quella," beantwortete der Senat folgendermassen: „Noi abbiamo inteso quello che per nome del signor vostro avete esposto ai savi del Consiglio de' Dieci. E quanto spetta alla persona vostra, vi abbiamo veduto volentieri per le vostre buone condizioni, secondo il costume nostro. Quanto veramente all' esposizione vostra, vi diremo, che se il signor vostro avanti tolessimo questa guerra fosse stato della mente e disposizione quale al presente esser si dimostra, le cose sue sarian passate altramente. Ma essendo venute le cose a quelli termini che la vostra prudenza intende e vede, non abbiamo a dirne altro, salvo che ve ne ritorniate imediate con il nome di Dio al prefato vostro Signore." [1])

Der Herzog von Ferrara hatte den Po durch drei hölzerne Forts schützen lassen; zwei standen am Ufer, das dritte lag schwimmend im Flusse; alle drei waren gut mit Besatzung und Kanonen versehen. Sigismondo d'Este, der Bruder Ercole's, und Giovanni Bentivoglio mit 600 Reitern und ebensoviel Füssern vertheidigten die Ufer. Damiano Moro hatte eine grosse Zahl Schiffe auf dem Flusse; er selbst commandirte von einer Gallione herab zum Angriff, der so gewaltig war, dass die Cavallerie am Ufer in die Flucht geschlagen und die Castelle erstürmt wurden. Aber der Kampf war sehr blutig gewesen und der Sieg theuer erkauft. Das schwimmende Castell im Flusse wurde als Trophäe dieses Sieges nach Venedig transportirt, die anderen beiden wurden verbrannt; die Sieger aber plünderten auf beiden Ufern des Flusses die

[1]) Romanin, p. 408, 409. Secr., p. 143, 27 Nov. 1482.

Villen der Bürger und die Vorstädte und schleppten die geraubten Vorräthe nach Ficarólo, das, wie berichtet, der trefflichen Artillerie Venedigs erliegen musste,[1]) ohne dass der Herzog von Urbino es hätte verhindern können.

Unterdess hatte auch Rom ein kriegerisches Gewand angelegt. „Ex hoc maximo tempore," sagt der Chronist, „armorum et belli motus augeri sunt coepti. Quisque dat operam delectui quam maxime potest. Romae per hos dies omnia obstrepunt armis et ea urbs, quae superiore tempore diplomatibus expediendis solum dare operam consuevit, nunc spe pacis rejecta, praeter arma nil expedit. Milites et pedites et armatos equos ad omnes viarum exitus obvios habent homines. Officinae nil aliud operantur, quam instrumenta bellica."[2]) So waren die letzten Jahre des Papstes voll Waffenlärm. Rom war ein Heerlager geworden; auf allen Wegen sah man Gewappnete; in allen Werkstätten wurde Kriegsgeräth angefertigt. Der Graf Girolamo[3]) war zum Feldherrn der Kirche ernannt worden

---

[1]) Sabellico l. c. hebt die treffliche Artillerie hervor „lequali per la molta velocità chiamano passavolanti. Non resistea a tal peste armatura ne steccati o altro bastione. Trapassava la balla di metalle ogni cosa come la saetta del cielo."

[2]) Jac. Volat. l. c. col. 172.

[3]) Cfr. Navagero, Stor. Ven. (bei Muratori, It. Rer. Script. T. XXIII, col. 1165.) „E fu condotto a stipendio d'essa lega il Conte d'Imola con cavalli 800 e Fiorini 24000 all' anno in tempo di guerra e 18000 in tempo di pace. E s'obbligò la Signoria alla protezione d'esso Conte." Pignotti (l. c. T. IV, lib. 4, cap. 15) bemerkt: „per interessar vieppiù a loro favore il conte Girolamo, accolsero lui e la moglie in Venezia con onori soliti a prodigarsi ai sovrani." Der Brief des Matteo, arcidiacono di Forlì an Lorenzo de' Medici lautet im Original: „Da Imola scripsi a Vostra Magnificentia la partita dell' Excellentia del Sig. Conte per andare a Venetia insieme con Madonna Contessa, e come io andava in loro compagnia; hora essendo noi tornati hieri, el conte prese la volta

und richtete in der Nähe von Pontemolle ein Lager ein. Unterdess war der Herzog von Calabrien bis in die Nähe von Rom gekommen und verwüstete, von den Colonna unterstützt, die ihm ihre festen Plätze öffneten, die Cam-

ad Imola, et io me ne venni ad Forlì: et credo infallanter ci sarà Sua Signoria in Kalendis de Octobre per starci dieci dì; et per satisfare al debito mio me parso dare adviso ad Vostra Magnificentia delle cose occorse in parte et pertanto quella sappi che secundo el giudicio et opinione comune de omni homo quella Signoria de Venetia non fece mai, già è bono tempo, tanto honore al Sig. nessuno, che là sia andato, per grande che sia, quanto ad Sua Signoria incominciando da Ravenna et dipoi per tutte le terre loro per insino ad Chioggia, mandandoli da Venetia gentili homini incontra, et dipoi ad Malamoccho presso ad Venetia ad 5 miglia, facendoseli incontra etiam da quaranta cittadini de' principali. Et la Signoria del Duce cum el Bucintoro et 115 gentil donne per compagnia di Madonna Contessa, li venne etiam incontra ad Sancto Clemente presso ad Venetia ad due miglia, et ultra questo non si poteria dire cum quanta expectatione et dimostratione di letitia et di benivolentia di tutto quel popolo intramo in la terra. El Duce cum tutti e nomati gentili homini et donne, accompagnando el Conte per insino ad Casa del Marchese, dove li era deputata la stantia sua. Dipoi la mattina sequente andando el Conte per visitare la prefata Signoria del Duce, quella se li fece incontra insino ad piè le scale del palazzo: un altro dì volendo dimostrare l'arsanale della munitione loro, el Principe etiam li fece compagnia per tutto. Hannolo fatto gentile homo di Venetia et per monstrarli l'ordine del Consiglio loro uno dì ad la presentia sua feceno adunare el Consiglio grande, per el quale elexero alcuni officiali, per li quali havendosi ad fare per sorte certi electionarii, feciono per uno di questi el Sig. Conte ad voce viva per farli maggiore honore, el quale eleggendo M. B. Bembo Potestà di Ravenna et havendosi ad confirmare per el Consiglio, subito si convinxe. In summa se fusse stato lo Imperatore, non credo, che l'avessero possuto più honorare, et benchè cussì sia, non dimeno son certo, che questa sua gita non ha partorito cosa, che habbi ad dispiacere ad la V. Magn., nè ad li altri amici nostri etc." Forlivii 23. Septembris 1481." Fabroni II, p. 226.

pagna bis vor die Thore Roms. Sixtus IV. hatte die ganze Falschheit des Königs von Neapel erfahren, da dieser die Colonna und Savelli gegen ihn aufgereizt hatte, und die Zwistigkeiten sich bis in das Cardinalscollegium erstreckten. „Zu dieser Zeit," sagt Jac. Volterrano, „verliessen alle Colonna ausser denjenigen, welche in Palästrina sassen, mit den Savelli die päpstliche Partei und hingen dem König von Neapel an, welchem Mailand, Florenz und Ferrara verbündet waren. In Marino und anderen Städten ihres Gebietes lagen die Truppen des Herzogs, den sie dahin gerufen hatten. Der Abfall dieser Herren von der Partei des Papstes wurde anfangs verheimlicht und schien darum den Meisten unglaublich. Einige von den Cardinälen gingen deshalb nach Marino und Genzano und suchten, da sie grosse Uebel des Zerwürfnisses fürchteten, die Colonna von ihrem Vorsatz abzubringen und mit dem Papste zu versöhnen; aber sie mussten unverrichteter Sache nach Rom zurückkehren." Die Grafen Riario und Orsini, die jetzt an der Spitze der Vertheidiger der Kirche standen, beklagten sich im Senat über diesen Abfall und beschuldigten die anwesenden Cardinäle Colonna und Savelli des Verrathes. Aber diese vertheidigten sich energisch und, indem sie offen das Verhalten ihrer Angehörigen tadelten, suchten sie diesen alle Schuld zuzuweisen. Die Sitzung endigte stürmisch und wurde bis zum Abend hingezogen. Endlich beschloss der Papst, Vorsichtsmassregeln zu treffen und zwei Cardinäle als Geisseln zurückzubehalten.[1]) Auch Mariano Savelli, der Bruder des Cardinals wurde festgenommen, obgleich das Gerücht behauptete, sie hätten sich freiwillig angeboten, um ihre Ehre zu retten;[2]) dann erst

[1]) Rain. Ann. Eccl. ad ann. 1482, n. 2, 3. Jac. Vol. Diar. col. 173.

[2]) Cfr. Sansovino, Storia di Casa Orsina, Venezia 1565, p. 112, 113.

wurde die Sitzung geschlossen. Glücklicherweise blieben die gefürchteten Unruhen, welche man von dem Anhange der Colonna fürchtete, aus; aber zur Vorsicht hatte man den Vatican durch einige Schaaren Reiterei und Fussvolk bewachen lassen, welche zwei Tage in Waffen blieben. Die Cardinäle wurden in dieser Nacht und am folgenden Tage mit geziemendem Respect in Gewahrsam gehalten: Savelli bei Giuliano della Rovere, Colonna beim Cardinal von S. Chrysogono, den Nepoten des Papstes. In der Nacht des folgenden Tages wurden die beiden gefangenen Cardinäle und der Graf Mariano Savelli nach der Engelsburg gebracht." [1])

Um diese Zeit kam auch die Nachricht nach Rom, dass der ehemalige Erzbischof von Krain sich in Basel als Cardinal gerire und ein Concil gegen Sixtus anzuregen

---

Dort finden sich Details über die Colonna und ihre Betheiligung am Verrathe gegen den Papst. Von Prospero Colonna heisst es: „La sua ritirata adunque dispiacque molto al Pontefice, non tanto perchè gli fosse mancato di fede, quanto che per suo particolare interesse, perchè Prospero possedeva molte castella, dalle quali il Pontefice poteva temer gran mutamenti di cose con suo gran detrimento, attento che se prima pensava di muover la guerra, a Ferdinando, era al presente costretto a difendersi quando gli fosse mossa dal re, e a mettere in travaglio tutta la città."

[1]) Sansovino, l. c. „Fu preso parimente il capitan Mariano, fratello di Giambattista, o perchè il Pontefice credesse, che Prospero si fosse tolto da lui per consiglio di costoro, o pur perchè havendo cotali huomini in mano, sperasse d'acquetare i romori della città, reprimendo parte della nobiltà e della plebe ch' adheriva a' Colonnesi." Stefano da Palestrina war dem Papste treu geblieben; um so verletzender war das Verhalten Prospero Colonna's „Prospero Colonna, fratello del Cardinal Giovanni, Signor di Palliano et di molte altre castella nel Latio, postosi al servitio del Pontefice et ricevuti danari, si levò alle sprovveduta dall' obedienza del Papa e diede il passo per Palliano al Duca di Calabria" l. c. p. 111.

bemüht sei, dass ihm von den Feinden des Papstes dabei Unterstützung zu Theil werde, und die Basler, materieller Vortheile halber, diesem Unternehmen günstig seien. Immerhin vermehrte diese Nachricht die Verlegenheit des Papstes.[1])

Am 5. Juni stand Alfons von Calabrien auf den Hügeln von Marino im Gebiet der Colonna und schlug dort ein Lager auf. Am folgenden Tage rückte das päpstliche Heer von Pontemolle, wo es ein Lager eingerichtet hatte, durch die Porta del Popolo in die Stadt ein und zog bis zum Lateran, wo es sich niederliess, nicht ohne den Bürgern Schaden zuzufügen.[2]) Der Papst litt in diesen Tagen an Gichtanfällen und konnte sein Zimmer nicht verlassen. „Il Pontefice,“ sagt Sansovino, „per tutte queste cose posto in sommo pensiero e dispiacere d'animo e specialmente perchè l'armata di Ferdinando infestava le maremme di Roma, faceva far le guardie tutta la notte da suoi camerieri e credeva d'esser ridotto in ultimo exterminio, poichè l'armata de Vinitiani, con la qual sperava, penava tanto a venire.“

Am 12. Juni ging der Herzog bis an die alten Aquäducte vor, wich aber zurück, als die Römer sich ihm ententgegenstellten. Er führte, was den Papst sehr erbitterte, in seiner Armee Janitscharen gegen die Christen zum Kampfe, welche von dem Ueberfall auf Otranto zurückgeblieben waren, und von denen man einige gefangen in

---

[1]) Ueber die Basler Versuche und die Betheiligung der Florentiner daran wird späterhin abgehandelt werden, wie es die Darstellung des Verhältnisses Sixtus IV. zu Florenz erfordert.

[2]) „Occupava i giardini e le vigne“ Sansovino, l. c. Weiteres berichtet Infessura, doch ist seine mit sichtbarem Hass des Papstes geschriebene Darstellung mit Vorsicht zu benutzen. Ein Chronist, der einen Papst von so schrankenloser Liberalität und hoher Verdienste um die Stadt des schmutzigsten Geizes beschuldigt, verliert allen Anspruch, eine historische Quelle zu sein.

die Stadt brachte. Das Unbehagliche der Situation zu vermehren, kam auch die Nachricht nach Rom, dass Niccolò Vitelli, der mehrere Jahre verbannt gewesen war, mit seinen Truppen und unter dem Schutze des Herzogs von Urbino und des Signor von Pesaro in Città di Castello wieder eingerückt sei, und dass die Besatzung der Burg bestochen worden sei, zu capituliren.[1]) Der Papst war auf's Höchste erregt und sandte den Patriarchen von Antiochien und den Signor von Camerino mit einigen Truppen dahin, um den Muth des Präfecten der Burg wieder aufzurichten. Jacopo Volterrano bemerkt hierzu, dass diese Bewegungen der gegen den heiligen Stuhl Verbündeten dazu dienen sollten, die Verbindung der venetianischen Truppen mit den päpstlichen zu hindern, dass aber gerade das Gegentheil eingetreten sei. Denn Roberto Malatesta und Francesco da Tolentino, welche mit einer Heeresabtheilung auf dem Marsche waren, um dem Papste zu Hülfe zu kommen, erhielten den Befehl, nach Città di Castello abzuschwenken und mit dem Patriarchen und dem Signor von Camerino sich zu vereinigen. Die Truppen kamen zu spät, denn die bestochene Besatzung hatte sich bereits dem Vitelli übergeben; sie verwüsteten deshalb nur das Gebiet der Stadt. Der Papst liess jetzt die Angelegenheit von Città di Castello fahren und rief Roberto Malatesta und Niccolò da Tolentino zu Hülfe, um die vom Herzog belagerte Stadt zu befreien.[2]) Ende Juni war auch die

---

[1]) Cfr. Diario del Notajo b. Muratori, It. Rer. Script. T. III, p. 2, col. 1074. „Alli 16 venne la nuova, come la città di Castello era in tutto perduta per la Chiesa."

[2]) Cfr. Morosini, Storia di Venezia, p. 611. „Passato il Malatesta a necessario soccorso, avisato che Niccolò Vitelli congionto al partito de' Colonnesi assistito dall' armi de' Fiorentini, che s'erano dall' amicitia della Republica alienati haveva nella Marca preso terra di non poca importanza; condottisi a quella parte, vi

venetianische Flotte an den apulischen Küsten gelandet. Auf etwa hundert Schiffen führte sie 800 illyrische Reiter mit sich, welche durch ihre Schnelligkeit bei den Ueberfällen, Plünderungen, und beim Fouragiren erhebliche Dienste leisteten. Unterdess liefen über die Belagerung von Ficarólo günstige Nachrichten ein. Während der Herzog von Urbino in der Fieberluft der Sümpfe erkrankte und nach Ferrara gebracht wurde,[1]) ging Sanseverino mit erneuten Anstrengungen an die Erstürmung der Mauern dieser Festung, die er theilweise durch seine Artillerie niederlegte. Dann wurde die Brustwehr des Thurmes genommen, und in der Nacht des 29. Juni stürmte man die Bastionen, nachdem man die Gräben überbrückt hatte. Der nächtliche Kampf war grausam und blutig; mit dem Lärm der Geschütze, die den Angriff unterstützten, mischte sich das Geschrei der Stürmenden, das Wehklagen der Sterbenden und Verwundeten. Als die ferraresische Besatzung unter dem Druck dieses Angriffes zurückwich, wurden die Fliehenden erschlagen, oder in die Sümpfe getrieben, und nur Wenige zu Gefangenen gemacht in der Erbitterung dieses nächtlichen Kampfes.[2])

Unterdessen waren auch Sanseverino und Loredano erkrankt und nach Padua gebracht worden, wo der Letztere starb, während Sanseverino genas.[3]) Auch Damiano

---

fece di più altre l'acquisto e quindi con molta celerità voltosi verso Roma, che senza di lui sarebbe stata in molto pericolo, si pose a fronte dell' esercito nemico."

[1]) Der Herzog von Urbino befand sich in diesem Feldzuge, sei es in Folge von Kränklichkeit und Alter, oder in Folge der Tüchtigkeit Sanseverino's dem Letzteren gegenüber im Nachtheil, und seine Operationen waren nicht glücklich, so der Versuch Ficarólo zu Hülfe zu kommen.

[2]) Cfr. Sabellico, p. 233.

[3]) Sabellico, l. c.

Moro starb, vom Senat nach Venedig zurückgerufen, daselbst in Folge der Anstrengungen dieses Feldzuges. Einige Berichterstatter des Krieges gegen Ferrara, welche zugegen waren, erzählen, dass an 20000 Menschen der Fieberluft der Sümpfe erlegen seien.[1]) Roberto Malatesta, welcher mit seiner Armee von der andern Seite Ferrara bedrängt hatte, wobei ihm von Bernardo Bembo, dem Prätor von Ravenna, Zufuhr von Lebensmitteln zukam, erhielt nun vom Senate den Befehl, nach Rom zu gehen und dem Papst in seiner Bedrängniss zu Hülfe zu eilen,[2]) während Francesco Diedo, venetianischer Gesandter in Rom, beauftragt war, Leute im Namen des Papstes anzuwerben, um die Armee Roberto's zu verstärken. Unterwegs hörte Letzterer den Abfall von Città di Castello und marschirte, nachdem er einige Plätze im Gebiete dieser Stadt genommen, in Eilmärschen auf Rom los. Unterdess verwüstete der Herzog von Calabrien das Gebiet der Stadt

---

[1]) Sabellico, l. c. Die Venetianer verloren wohl an 10,000, Ferrara 5000 Mann.

[2]) Cfr. Sabellico, p. 224. „Perciò havea chiesto il Pontefice da Vinitiani, che mandassero Roberto Malatesta per liberarlo dall' assedio. I padri quantunque haveano assai che fare nella guerra di Ferrara, tuttavia determinano che Vettore Soranzo molesti la spiaggia di Puglia e di Calavria con l'armata. Commandano poi a Francesco Diedo ch' era oratore al Pontefice, che per nome suo soldasse in Roma gente. Commettono ancora a Roberto d'Arimino che con quanto maggiore essercito potesse, andasse a levare da Roma l'assedio. Mandano appresso Pietro Diedo che gli fusse legato e soldasse gente d'ogni luogo per ajutare il Pontefice non solamente col capitano, ma con buon numero de' soldati. Roberto havuto il commandamento di andare a Roma, si partì di Flaminia con gran cavallaria. Fra tanto venne la nuova che Niccolò Vitello ajutato da Fiorentini haveva preso Tiferno, ove sendo andato e presi alquanti luoghi di Tiferanti per forza, perch' era Roma in pericolo, andò verso quella a gran giornate."

Rom; dazu kam, dass den Römern die Zufuhr der Lebensmittel über Ostia abgeschnitten wurde, da der König von Neapel siebzehn Galeeren und zwei grössere Schiffe dahin gesandt hatte,[1]) worüber die Römer beim Papst und beim Grafen Riario bittere Klage führten. Das Kritische der Situation wurde noch durch die Nachricht gesteigert, dass Benevent zur Partei des Königs übergegangen sei und auch Terracina der Kirche den Gehorsam aufgekündigt habe, nachdem es die päpstliche Besatzung aus seinen Mauern vertrieben.[2]) In dieser Noth war die Erscheinung Roberto Malatesta's vor den Thoren Rom's eine wahrhaft ersehnte und mit grösstem Jubel aufgenommen; ein Theil des päpstlichen Hofes war ihm nach der Porta del Popolo entgegen geeilt; als aber die Nachricht kam, er werde durch die Porta Vaticana einziehen, erwartete man ihn dort und führte ihn im Triumphe nach S. Maria Maggiore, wo der Papst ihm eine Wohnung angewiesen hatte.[3]) Die Curie war in freudiger Bewegung, und das Volk rief sich zu: „Dieser ist es, der Israel erlösen wird.“ Auch der Graf Riario und der Gesandte Venedigs, Francesco Diedo, hatten Malatesta begrüsst und ihm bis an den Palast, wo er abstieg, das Geleit gegeben. Am folgenden Tage wurde Roberto in geheimer Sitzung vom Papst empfangen. Unterdess waren am 15. August auch die venetianischen Hülfstruppen angelangt, mit denen sich die Soldaten des Grafen Girolamo vereinigten, welche Francesco da Tolentino anführte. Durch die Porta S. Pietro zog diese Armee ein und marschirte am Vatican vorüber. Der Papst stand am

---

[1]) Infessura, Diarium, b. Muratori, T. III, 2.

[2]) Auch die Burg ergab sich bald freiwillig. Cfr. Jac. Volat. l. c. col. 177. „Praefecto sponte se dedente, qui Abbas erat ex Ordine Vallis Umbrosae et a Forlivio tanquam fidelis accitus.“

[3]) Der Tag des Einzuges war der 23. Juli.

Fenster und sah auf die vorüberziehenden Truppen herab, indem er sie segnete. Die Stadt war voll Kriegslärm und freudiger Bewegung, und man rief nicht nur den Namen des Papstes und der Kirche, sondern auch den von S. Marco. Die Fahnen der Republik wurden mit denen des Papstes vereint durch die ganze Stadt getragen, und Eintracht herrschte im gemeinsamen Lager.

Nach wenigen Tagen erfolgte der Ausmarsch gegen die Truppen des Herzogs von Calabrien, dessen Ergebniss der siegreiche Tag von Campomorto bildet, der den Papst und Rom von aller Bedrängniss befreite. Infessura beschreibt den Kampf des Weiteren: „Am 25. August verliess das päpstliche Heer mit den venetianischen Bundestruppen die Stadt unter Führung des Roberto Malatesta,[1]) um den Feind zu verjagen, der sich im Gebiete von Velletri festgesetzt hatte und sich in einem wohlverschanzten Lager in gedeckter Stellung aufhielt. Dann fand eine Verabredung zwischen Malatesta und dem Herzog von Calabrien über den Tag des allgemeinen Treffens statt; aber, nachdem Roberto Malatesta neue Verstärkungen erhalten hatte, schien der Herzog muthlos zu werden und zog sich in einen festeren Platz in die Berge zurück, verfolgt von den päpstlichen Truppen. Die Artillerie des Feindes richtete dabei nicht geringen Schaden an, bis der Himmel sich in's Mittel legte und ein Regen das Pulver nässte. Als das Feuer der Artillerie schwieg, brach Malatesta in das Lager ein, und der panische Schreck, der bei dem energischen Angriff des gefürchteten Generals entstand, vollendete den Sieg. Der Herzog ergriff die

---

[1]) Die Anführer des in 6 Abtheilungen getheilten Heeres waren: „Virginio, Niccolò und Giordano Orsini, Jacomo de' Conti, Gianfrancesco da Tolentino und Renato Trivulzio. Jeder von ihnen hatte 500 Füsser und 8 Schwadronen Reiter unter sich."

Flucht und stürmte bis Terracina. Sechs Stunden hatte der Kampf gedauert, wobei der Sieger die Verschanzungen des Lagers zerstörte, die gesammte neapolitanische Artillerie eroberte und eine grosse Anzahl Gefangener machte,[1]) die man nach Rom schickte."[2])

Sansovino[3]) giebt eine gute Beschreibung des Terrains

---

[1]) Ammirato (l. c. lib. XXV.) nennt: „il duca di Melfi, Vicino Orsino, Rossetto da Capoa, Marticella, Pietro Paolo della Sassetta."

[2]) Diar. l. c. Ausser Infessura und Jac. Vol. sind als Quellen zu bezeichnen: Sanudo, Istor. di Venezia und Diarium Parmense, b. Muratori, T. XXII

[3]) Storia di Casa Orsina, p. 113. „Era quel luogo dalla parte dell' Ostro chiuso da una palude non molto grande, da Settentrione e da Oriente era impedito da molti tronchi e arbuscelli, ma dall' Occaso, dove gli ecclesiastici havevano l'entratura, giaceva una prateria di larghezza di 500 passi. I vecchi dicevano, che già i Capenati vi hebbero le loro habitationi e che poi fu cognominato Campomorto, perchè i Romani vi fecero una notabil giornata co' Gothi. Era nella predetta pianura una fossa d'altezza di duoi piedi, fattavi già anticamente per scolar l'acque. Su le ripe adunque di questa fossa il Duca di Calavria mise le sue artiglierie e lontano di quindi quasi per lo spatio di 300 passi, ve ne haveva fatta un' altra di maggiore altezza, fra laquale egli alloggiava tutte le genti. Ora havendo Roberto messo l'esercito in ordinanza et secondo il costume de' Capitani esortati i suoi a portarsi valorosamente, mandò la fanteria a' nemici, laquale (perch' era per la maggior parte cerne, essendo stati loro opposti dal Duca i Turchi, dell' opera de' quali egli si soleva servir nell' imprese), si mise in paura e vergognosamente rigittata, harebbe potuto confondere tutto l'esercito, se Roberto non si fosse a tempo intramesso tra loro con una elettissima banda di huomini valorosi, co' quali sostenendo l'empito de' nemici, non pur gli rispinse indietro, ma passato il fosso, strigneva da tutti i lati le genti reali, perchè non potendo la cavalleria star solda alla furia di Roberto postasi a fuggire, lasciò in preda a' nemici i Turchi, che combattevano disarmati, i quali furono quasi tutti morti. Il Duca veduta la cavalleria posta in rotta, si ritirò incontanente a Nettuno, indi salito in una piccola barca, corse con la medesima prestezza a

und des Angriffes: „Der Platz war im Osten durch einen nicht sehr grossen Sumpf gedeckt, von Norden und Osten durch Bäume und Buschwerk geschützt; im Westen, wo die Päpstlichen angriffen, war eine etwa 500 Schritt breite Wiese. Die Alten sagten, dass man den Ort Campomorto genannt habe, weil schon die Römer dort mit den Gothen einen beträchtlichen Zusammenstoss gehabt hätten. In der gedachten Ebene war ein Graben, etwa zwei Fuss tief, der schon seit alten Zeiten zum Abfluss des Wassers diente. Hinter diesem Graben hatte der Herzog von Calabrien seine Artillerie aufgestellt, und etwa 300 Schritt davon hatte er einen zweiten, beträchtlich tieferen, ziehen lassen, hinter dem seine Leute campirten. Nachdem Roberto sein Heer zum Angriff geordnet und nach Gewohnheit der Capitani zur Tapferkeit ermahnt hatte, schickte er die Infanterie gegen den Feind, welche — sie bestand grösstentheils aus Neulingen, denen der Herzog die Türken, deren er sich bediente, gegenüber gestellt hatte — erschreckt, zurückgeworfen wurde und fast das ganze Heer in Verwirrung gebracht hätte, wenn sich Roberto nicht zu rechter Zeit mit einer erlesenen Schaar tüchtiger Soldaten dazwischen geworfen, mit denen er den Anprall des Feindes aushielt und diesen nicht nur zurückwarf, sondern bis hinter den Graben verfolgte und von allen Seiten einschloss, so dass die Cavallerie [1]) dem Ansturm nicht wieder-

---

Terracina, dove erano le galee di suo padre. Roberto in questo mezo dopo la vittoria si condusse a Velletri per curare i feriti e per riposar gli stanchi dalla battaglia, laquale era durata dalla prima hora del dì fino a vespro. Il giorno seguente mandò la cavalleria leggiera a mettere a sacco la bagaglia del Duca e ne hebbe la maggior parte. Delle genti reali morirono intorno a 250, ma furon presi più di 500 huomini d'arme, fra quali furon più di 20 condottieri et Capitani di nome et di grado onorato."

[1]) Cfr. Sabellico l. c. „Haveva egli ottima cavalleria, ma

stehen konnte, sondern sich zur Flucht wandte und den Verfolgern die Türken als Beute überliess, welche fast alle niedergehauen wurden. Der Herzog, als er seine Cavallerie in Auflösung sah, floh nach Nettuno, wo er in eine kleine Barke stieg und nach Terracina eilte, um unter den Schutz der Galeeren seines Vaters zu kommen. Roberto Malatesta ging nach diesem Siege nach Velletri, um die Verwundeten pflegen und die Ermüdeten ausruhen zu lassen, denn die Schlacht hatte von der ersten Tagesstunde bis zum Abend gedauert. Am folgenden Tage schickte er die leichte Reiterei aus, um das Gepäck des Herzogs in Beschlag nehmen zu lassen und erhielt den grössten Theil desselben. Von den Leuten des Königs waren etwa 250 gefallen, aber 500 gefangen genommen, unter denen mehr als 20 Anführer und Capitani von Rang und gutem Namen.“ [1])

Der Sieg über die Truppen des Herzogs von Calabrien wurde in Rom am 22. August durch Freudenfeuer und öffentliche Dankfeste verherrlicht; [2]) alle Glocken läuteten, und die Bürger überliessen sich ganz der Freude, dieser vielfachen Bedrängniss durch äussere und innere Feinde, zumal der Gefahr der Hungersnoth und den Ausschreitungen der Soldaten entronnen zu sein. Am Tage darauf ergab sich auch das befestigte Lager von Marino; man brachte dem Papst die Schlüssel der Stadt und führte Fabrizio Colonna gefangen nach Rom. Der Papst nahm die Gefangenen gütig auf und verzieh ihnen. [3])

[1]) Sabellico bemerkt dazu: „Et è di raro avvenuto, che tanti Capitani siano stati pigliati in un conflitto. Roberto menandosi inanti questi e gran turba de' prigioni, poco dopo entrato in Roma, mostrò a Romani la forma del trionfare già dismessa.“

[2]) Cfr. Diario del Notajo l. c. col. 1077. „Sonò Campidoglio a gajo, e tutte le Chiese rispuosero al suono e si fecero fuochi.“

[3]) Cfr. Jac. Vol. Diar. l. c.

Als Civita Nevina sah, dass sich Marino ergeben hatte, war es ebenfalls zur Uebergabe entschlossen, und die Abgesandten reichten die Schlüssel der Stadt dem Cardinal von Rouen ein. Der Graf Girolamo, welcher vom Schlachtfelde nach Rom zurückkehrte, brachte die Gefangenen und die erbeuteten Fahnen mit,[1]) unter denen sich das Banner der Kirche fand, das in der Schlacht bei Rimini verloren ging. „Roberto," sagt Sabellico, „zeigte den Römern wieder die alte, vergessene Form der Triumphzüge, als er mit der grossen Schaar seiner Gefangenen in die Stadt einzog." Roberto Malatesta's Name wurde gebührend verherrlicht, da man in der That nur seiner Tüchtigkeit die Erfolge dieses Tages verdankte. Aber in Folge der Anstrengung eines sechsstündigen Kampfes bei grösster Hitze bekam der ruhmbedeckte Feldherr einen Blutsturz und liess sich krank nach Valmontone bringen, um in der Ruhe seiner Gesundheit zu pflegen. Als jedoch das Fieber, das sich eingestellt hatte, zunahm, schickte ihm der Papst eine Sänfte und liess ihn nach Rom bringen. Im Hause des Cardinals von Mailand aufgenommen, wurde er mit der dem Vertheidiger der Kirche zukommenden Rücksicht gepflegt und vom Papste besucht, der ihm für die be-

---

[1]) Cfr. Sansovino, l. c. p. 114. „I Cavalieri, tolti loro i cavalli, eran condotti a piedi, et i soldati vincitori presili ad uno ad uno per lo dito grosso della mano, gli conducevano a paro a paro. I Capitani più illustri eran menati a cavallo dagli huomini vincitori per lo dito grosso al modo medesimo che si disse de' pedoni. Fra gli altri dell' esercito vittorioso erano maravigliosamente ammirati Virginio et Vicino figliuolo di Pietro Angelo Orsino, perchè quel giorno Virginio fece prove pur troppo eccelse, ma Vicino con animo immenso et con una sua feroce et terribil bravura, rotta una grossa banda d'Arragonesi, meritò nella pompa di quel triomfo honorato, di strascinar per terra lo stendardo Reale."

wiesene Tapferkeit dankte. Als der Zustand des Kranken keine Hoffnung mehr liess, spendete ihm Sixtus mit eigener Hand das Sacrament der letzten Oelung,[1]) und wenige Tage darauf schied Roberto Malatesta mit allen Tröstungen der Religion versehen aus diesem Leben. An demselben Tage starb auch Federigo von Montefeltro,[2]) Herzog von Urbino, der Feldherr der Liga, in Bologna an den Folgen der Anstrengungen dieses Feldzuges;[3]) dort der Schwieger-

[1]) Cfr. Diar. del Notajo, col. 1078. „Papa Sisto andò a visitarlo e diedegli la estrema unzione." Corio, p. VI, cap. 4. „Il vincitore ammalatosi dopo tale vittoria in Roma, già assoluto dal pontefice d'ogni peccato abbandonò la vita."

[2]) „Nel medesimo giorno che fu ai dieci del predetto mese non essendovi intervallo maggiore di sette ore Federico, principe d'Urbino nei campi ducali finì i suoi giorni." Cfr. Corio l. c.

[3]) Vesp. Fior. l. c. p. 108. Wahrscheinlich sind Beide am 10. d. M. gestorben. Cfr. Ammirato, Ist. Fior. l. XXIV. Die Vermuthung, dass Malatesta an Gift verschieden sei, ist haltlos. Sabellico bemerkt: „Levossi un sospetto, che fusse con veleno stato ucciso, ma era più certa fama, che nel passato conflitto, ove tanto felicemente combattè, fusse dal caldo e dalla fatica travagliato in guisa, che fra pochi dì crescendo l'infermitate morisse." Ebenso wie der Herzog und die Venetianer Loredano und Damiano Moro, die in Folge der in den Sümpfen des Po herrschenden Fieberluft starben, ist auch Malatesta den Einflüssen des Klima's im Fiebermonat August erlegen, der für einen Feldzug der allerungünstigste ist. Dass er nach der Schlacht durch einen kalten Trunk sich geschadet, wie berichtet wird, ist sehr glaublich für Jeden, der die römische Campagna zu dieser Jahreszeit besucht hat und weiss, wie schnell der Gebrauch des kalten Wassers das Fieber herbeiziehen kann, und wie gefährlich grosse Anstrengung in der Hitze zu sein pflegt. De Magri sagt mit Recht: „Ma in quella guerra il ferro nemico era meno formidabile, che l'aere mortifero cui d'uopo era respirare in mezzo alle paludi. Per ciò spaventosa fu la mortalità de' soldati, de' contadini adoperati ne' lavori ed eziandio degli ufficiali di alto grado. I soli Veneziani perdettero tre supremi capitani, Pietro Trivisani, il Loredano e

25*

vater, hier der Schwiegersohn, beide an der Spitze einer Armee. Die Wittwe Roberto's in Rimini empfing an demselben Tage die Nachricht vom Tode des Vaters und des Gemahls; der Papst sandte den Cardinal von Mailand als Legaten nach Rimini, die betrübte Familie zu trösten und etwaige Unordnungen niederzuhalten. Dem Vertheidiger der Kirche wurde ein prächtiges Leichenbegängniss bereitet,[1]) und Rom hatte Trauer über den Tod eines Mannes, der es soeben aus der Bedrängniss errettet und die Freude des Sieges nur wenige Tage genossen hatte; Jacopo Volterrano widmet dem Helden den Nachruf: „Id nemini dubium esse potest, quin terrorem maximum a cervicibus nostris depulerit." Der Chronist berichtet von der Leichenfeier: „Alli 25 fu fatto l'esequio del Magnifico Ruberto in Santa Pietro e fu fatto il Ciburio come se fusse un Papa con tutte le cerimonie, che si usa da fare e con molte bandiere e molti stendardi, l'uno con l'arme sua grande e nera e con questo motto: Veni, vidi et vici, victoriam Sixto dedi, mors invidit gloriae. E vi stette Papa Sixto con dieci Cardinali e il Vescovo di Ventimiglia fece l'orazione."[2]) In S. Pietro errichtete man dem Vertheidiger der Kirche ein marmornes Denkmal mit der Inschrift:

Ruberto son, che venni, vidi e vinsi
Lo invitto Duca, e Roma liberai;
E lui di fama, e me di vita strinsi.[3])

Damiano Moro e vuolsi che le febbri pestilenziali traessero a morte fra i due eserciti più di ventimila uomini. Cfr. Corio, P. VI, cap. 4, nota 5. Macchiavelli, lib. VIII, u. Ammirato, lib. XXV.

[1]) Cfr. Infessura, Diar. l. c.

[2]) Diario del Notajo, col. 1078.

[3]) Guicciardini, Stor. Fior. cap. VII. Jac. Vol. „Roberti sepulcrum marmoreum in Petri apostoli Basilica in insigni loco constitutum, videtur ab omnibus hodie." l. c. col. 180. Vol. citirt die Inschrift so: „Veni, vidi, vici, lauream Pontificis retuli, mors se-

Mailand und Florenz gegenüber, die sich mit Neapel alliirt hatten, und dem Papst alle Hülfe abzuschneiden bemüht waren, zeigte sich die Nachsicht Sixtus IV., denn anstatt sie mit Censuren zu belegen, mahnte er sie jetzt mit väterlichen Worten, vernünftigere Pläne zu fassen (paternis monitis blande ad saniora suscipienda consilia pellicere maluit).[1]) Dann wandte er sich an den König von Frankreich und bat ihn, seine Autorität in Mailand geltend zu machen, dass man seinen Ermahnungen Gehör schenke.

Werfen wir nun einen Blick auf die in Florenz im Laufe der erzählten Ereignisse sich ergebenden Verhältnisse zu den übrigen Mächten: Da zwischen der Republik und Lodovico Sforza von Mailand „mutuo amore, benevolenza, confederazione e un medesimo volere" herrschte, so war Costanzo Sforza di Pesaro,[2]) um die Rebellion Sanseverino's zu unterdrücken, nach Mailand geschickt worden. Am 4. October hatte derselbe aus den Händen des Gonfaloniere Attilio de' Medici auf der „ringhiera" vor dem Palast der Signorie mit grosser Feierlichkeit den Commandostab erhalten, am 18. traf der Generalcapitano der Republik in Mailand ein.[3]) Zu dieser Zeit nahm

---

cundis rebus invidit." Cfr. Ammirato lib. XXV. „morì con gran dolore di Roma e di tutta la corte." Von der Reiterstatue Malatesta's berichtet derselbe: „Ma levato del suo luogo in tempo che si cominciò la nuova fabbrica di S. Pietro è poi stata sempre in parte oscurissima con poca cortese rimunerazione di così segnalato beneficio."

[1]) Cfr. Rain. ad ann. 1482, n. 5.

[2]) Cfr. Corio, P. VI, cap. 4. „Morto l'Urbinate il predetto Sforza gli fu dal duca surrogato, ed Ascanio Maria da Venezia ov' erasi recato venne a Brescia."

[3]) Cfr. Ammirato, lib. XXV. „lo trattarono di nuova condotta (essendo deliberato di goderselo insieme) così che potesse resiedere a Milano presso il duca il quale volle averlo consiglier suo e all' uopo chiamato dalla Repubblica e col consenso del duca dovesse

Genua der Republik Florenz gegenüber eine aggressive Stellung an, und die Letztere sandte Giovan Francesco Sanseverino und Niccolò di Berignano nach der Festung Sarazanello mit Schützen zu Pferde und den 400 Reitern Costanzo Sforza's, welche in Arezzo lagen. Zugleich versuchte man von Florenz aus, Roberto Sanseverino zu bewegen, sich mit seinem Vetter Lodovico auszusöhnen und sich mit der Besoldung zu begnügen, welche er zum Vorwande seiner Abreise von Mailand gemacht hatte. Aber Roberto liess antworten, er habe kein Vertrauen zu dem jetzigen Regiment in Mailand und fuhr fort in seinen Bemühungen, diesem entgegenzuwirken. Während so Agostino Fregoso die Florentiner in Spannung erhielt, verhandelte die Republik mit dem König von Neapel über die Restitution der befestigten Plätze, welche im vorigen Kriege an Siena verloren gegangen waren, und obgleich die Verhandlungen sich hinzogen, hatten sie doch für Florenz ein günstiges Resultat. Als zu dieser Zeit der Cardinal Giuliano della Rovere von seiner Mission nach Frankreich zurückkehrte, wurde er in Pisa ehrenvoll empfangen, als ob man in Florenz noch nicht wüsste, welche Stellung der Papst einnehmen würde; man bot vielmehr Alles auf, den Cardinal zu unterhalten und liess reiche

---

andare ov' ella il chiedesse. La condotta si ritenea per 30 mesi dal maggio allora già scorso, per diecimila fiorini d'oro annui se pace fosse, per diciottomila se guerra, per sè; manterrebbe gli uomini secondo la cifra degli antichi patti ed avrebbe ventidue mila fiorini per loro in pace, trentatre in guerra. Il duca di Milano davagli settemila ducati in pace; tredicimila in guerra e l'alloggio per ducento cavalli nel ducato e questo per lui, per li armati diecisettemila ducati in pace e trentuno in guerra. A' 10 di gennaio 1482 Costanzo Sforza fu con illimitati poteri civili e militari creato governatore di tutto lo Stato sforzesco e luogotenente ducale." Cfr. nota 2, pag. 59, vol. VI. ed. di Torino 1858.

Jagden veranstalten,[1]) als ob man sich mitten im Frieden befände. Als aber Roberto Sanseverino in Piombino angelangt war, schöpfte die Republik ernstlich Verdacht und entliess Giovan Francesco, dessen Sohn, aus ihrem Sold, jedoch mit dem ausdrücklichen Befehl, dass seine Gemahlin, die in Pisa geblieben war, unbelästigt bliebe, da man nicht mit Frauen, sondern mit Männern Krieg führe. Giovan Francesco hatte in der That drei Schiffe Genua's mit 3000 Fussoldaten unter seinen Befehl genommen, die gegen Florenz bestimmt waren. Jetzt stellte sich auch heraus, dass Venedig zum Kriege entschlossen und eine Verständigung mit Ferrara nicht mehr zu hoffen war, worauf man den Herzog von Urbino zum Capitano generale der Liga wählte. Am 20. April wurden in Florenz die „Otto di pratica" gewählt, welche, auf die Nachricht, dass Sanseverino sich nach der Lombardei gewandt habe, alle Anstrengungen machten, dass der König von Neapel den Herzog von Calabrien seinem Schwiegersohn zu Hülfe sende, wobei sich die Absichten des Papstes enthüllen mussten, da der Herzog die Staaten der Kirche passiren würden. Hierüber wurde, ausser durch Gesandte, mit Don Federigo von Arragon verhandelt, der kurz vorher von seiner Gesandtschaft nach Frankreich zurückgekehrt war, und in Pisa von Bernardo del Nero bewillkommnet wurde. So begann der Krieg in Italien an drei Punkten zugleich: im Gebiete von Parma zwischen den Soldaten des Herzogs von Mailand und des Grafen von Sansecondo, der sich lebhaft für die Wiedereinsetzung der Herzogin Bona und des Herzogs Galeazzo interessirte, in Ferrara zwischen Sanseverino und dem Herzog von Urbino, in der römischen Campagna zwischen dem Papst und dem Herzog von Calabrien. Am 28. Mai hatte Sanseverino seine Stellung

[1]) Ammirato, l. c.

vor Ficarólo gewählt und der Herzog gegenüber in der Stellata Position genommen. Zu dieser Zeit hatte Florenz in Mailand auf die Rückkehr seines Feldherrn gedrungen, um Toscana zu sichern, während der Papst in Venedig um die Unterstützung Malatesta's bitten liess. Trotz aller Versuche seitens der Florentiner hielt Genua fest zum Papste, und bildeten die Dinge in Sarzana für Florenz eine beständige Verlegenheit. So entbrannte der Krieg auf allen Seiten. Als Costanzo Sforza von Pesaro aus der Lombardei zurückgekehrt war, sandte ihn Florenz nach Città di Castello, da der Gebieter von Faenza, der die Republik um Hülfe gebeten hatte, seiner nicht mehr zu bedürfen versicherte. Der Papst hatte einen Herold nach Florenz gesandt und die Excommunication über den Signor von Piombino aussprechen lassen; aber die Republik liess den Boten des Papstes aus ihrem Gebiete ausweisen. Für den Grafen von Sansecondo gestalteten sich die Dinge schwieriger, da Mailand sich mit Obietto und Luigi Fieschi ausgesöhnt hatte; aber die Nachrichten von Ficarólo lauteten ungünstig und schwächten die Hoffnungen in Florenz. Die erste günstige Nachricht für die Liga bildete die Einnahme von Città di Castello, wo Niccolò Vitelli am 19. Juni seinen Einzug hielt; aber noch ehe der Monat zu Ende ging, war auch Ficarólo, die wichtigste Festung Ferrara's, gefallen.[1]) Ausser Città di Castello gingen durch Bestechung noch die beiden Forts dieser Stadt, das von S. Maria am 9. Juli, das von S. Jacopo am 11. dem Papste verloren; nachdem die Prioren und Niccolò Vitelli davon Besitz ergriffen, wurden beide Forts geschleift.[2]) Unterdess wurde zwischen Perugia und Cortona Waffenstillstand geschlossen, und das Heer der Re-

[1]) Cfr. Corio l. c. „castello ameno e importante."

[2]) Ammirato, l. c.

publik lagerte in Celle. Der Herzog von Calabrien hatte Trevi und einige andere unbedeutende Plätze genommen und später Terracina durch Verrath erhalten, ein Umstand, der die Ankunft Malatesta's in Rom wesentlich beschleunigte. Florenz hatte zuerst geglaubt, sein Eilmarsch gelte Città di Castello, und die Nachricht hatte dem Heere nicht wenig Schreck eingeflösst, während Perugia neuen Muth erhielt und einige von den Florentinern genommene Castelle zurückeroberte. In Folge dessen hatten auch Bartolommeo Pucci, der Commissar für Città di Castello, sowie Costanzo Sforza Weisung erhalten, dass das Heer in Celle nicht sicher wäre und sich nach Castello zurückziehen sollte. Als am 26. durch Briefe aus Rom die Nachricht kam, die schnelle Bewegung Malatesta's gelte dem Entsatze der ewigen Stadt und der Bedrängung des Herzogs von Calabrien, und dass in Perugia zur Sicherheit der Signor von Camerino nur mit zehn Schwadronen zurückbleiben solle, blieben die Dinge in Città di Castello wie zuvor, und einige Truppen, die man aus der Romagna herbeigezogen hatte, wurden zurückgesandt, darunter auch die Leute des Herzogs von Urbino, welche unter dem Befehl seines Sohnes Antonio standen. Als man sich in Florenz von dieser Sorge frei wusste, rüstete man sich zur Belagerung von Citerna im Vertrauen auf den günstigen Verlauf der weiteren Bewegungen des Herzogs von Calabrien, welcher nach der Einnahme von Terracina die Bedeckung eines Proviantzuges überfallen und zweihundert Pferde erbeutet, später, als der Graf von Pitigliano zur Unterstützung herbeigeeilt war, diesen geschlagen und den Grafen von Majano, aus dem Hause Orsini, gefangen hatte. Auch hatte man als gute Nachricht vernommen, dass der Graf von Pitigliano bei diesem Ueberfall verwundet worden, und dass sein Lager von Krankheit heimgesucht wurde. Aber dieser glückliche Verlauf der Unternehmungen Alfonso's von Calabrien erhielt durch die Schlacht bei Campomorto ein jähes Ende.

Als die Florentiner diese Nachricht erhielten, beschlossen sie die „Zehn“ des Krieges zu wählen, welche Braccio Martelli an den neuen Herzog von Urbino sandten, mit der Bitte, die Soldaten seines Vaters nicht zurückzuziehen; denn man fürchtete zumal die Bewegungen des Niccolò da Tolentino, der die durch den Signor von Faenza den Florentinern eroberte Bastei von Saturano wieder genommen hatte. Guicciardini, Commissar für diese äusseren Angelegenheiten, wurde beauftragt, Alles anzuwenden, die Bastei zurückzuerhalten und durch Antonmaria Ordelaffi, der sich nahe an Forlì halten sollte, den Gegner aufzuhalten. Die Belagerung von Citerna schritt indess fort, und am 24. des Monats verhandelte die Stadt mit dem Commissar und dem Capitano der Florentiner: falls innerhalb zehn Tagen kein Entsatz kommen würde, wollte man sich übergeben und schickte darauf hin zehn Geisseln von den angesehensten Einwohnern in das feindliche Lager. Die Frist ging vorüber, ohne dass Hülfe nahte, und Citerna, sowie das Castell öffneten ihre Thore. So standen die Dinge in Toscana.

In der Romagna hatten die päpstlichen Truppen sich theils nach Pontecorvo, theils nach Piperno zum Schutze der Grenzen geworfen, und fünfzehn bis sechszehn Schwadronen waren nach Perugia bestimmt, um sie nach Bedürfniss in der Romagna zu verwenden. Der Herzog von Calabrien, der nach Neapel geflüchtet war, hatte sich wieder aufgerafft, traf am 18. September in Capua ein und wandte sich dann nach S. Germano. Der König von Neapel, dessen Schiffe zwei Genuesische Galeeren, die mit Getreide beladen nach Ischia gingen, genommen hatten,[1]) liess

[1]) Cfr. Corio, l. c. Ausserdem gingen 28 neap. Schiffe nach Genua, um die Verproviantirung der Stadt zu hindern.

seine Flotte in Livorno zum Schutze seiner Verbündeten sich concentriren. Mailand hatte, durch den Tod Piermaria's de' Rossi begünstigt, Sansecondo occupirt, und der Graf Guido, Sohn und Nachfolger Piermaria's in Parma hatte seinen eigenen Sohn nach Mailand geschickt.[1])

So gut die Angelegenheiten der Liga auf dieser Seite standen, so ungünstig gestalteten sie sich auf der anderen. Die Venetianer hatten bei Argenta die Florentiner überrascht, welche unter Andrea dal Borgo eine empfindliche Niederlage erlitten, wobei Gismondo d'Este, Niccolò da Correggio und Ugo Sanseverino gefangen wurden.[2]) Die Republik und die „Zehn" hatten kurz vor diesem Ereigniss ihrem Feldherrn Costanzo Sforza, der nach Pesaro gegangen war, die Weisung zugehen lassen, Virginio Orsini den Durchgang zu gestatten, der darum gebeten hatte; jetzt kam Befehl, dass alle Truppen nach der Romagna marschiren sollten, und zwar sowohl wegen des Standes der Dinge in Ferrara, als wegen ihrer Festungen. Dem Capitano ging dieselbe Weisung zu, aber er entschuldigte

---

[1]) Cfr. Corio, P. VI, cap. 4. „E Guido Rosso primogenito di Pier Maria, uomo di grand' animo ed esperto nella militar disciplina, essendo assediato in Sansecondo con settecento cavalli e seicento fanti e poco sicuro della vittoria fece la pace col duca e gli diede Filippo suo figlio per ostaggio, il quale venendo a Milano stette presso il Conte Giov. Borromeo suo avo. Perciò fu richiamata anche l'armata di Puglia, e la misero sul Po, di maniera che tutti i loro eserciti si radunarono ad Argenta, castello del Ferrarese."

[2]) Cfr. Corio l. c. „In questo fatto d'armi restò ucciso Giovan Luigi Bosso commessario del duca, e prigioniero il principe di Salerno, Ugo Sanseverino, Niccolò da Correggio, nipote dell' Estense, e con trecento altri furono condotti a Venetia." Die Florentiner hatten zu Anfang gesiegt, waren aber, als sie sich dann sorglos mit der zurückgelassenen Beute beluden, von neuem angegriffen und gänzlich geschlagen worden. Cfr. Sabellico, l. c.

sich mit der Ungunst der Jahreszeit. Unterdess gingen die Venetianer siegreich gegen Ferrara vor; Ficarólo war gefallen, Polesine genommen; der Zugang nach Ferrara stand offen.

Piero Nasi ging jetzt mit Geld ausgerüstet nach Pesaro, um den Capitano zum Ausmarsch zu bewegen, der sich durch seinen Gesandten Pandolfo Collenuccio hinwiederum in Florenz gegen den Vorwurf des Ungehorsams vertheidigen liess; so zog sich der November erfolglos hin. Beim Herzog von Calabrien musste Francesco Gaddi zur Thätigkeit anspornen; aber der Herzog, der schon den Plan einer Aussöhnung mit dem Papste im Auge hatte, schien nicht geneigt, zum Entsatze Ferrara's herbeizueilen.[1]) Florenz wandte sich deshalb an Ottaviano Ubaldini, den Gouverneur der Staaten von Urbino, und an Giovanni Bentivoglio von Faenza, Ferrara zu unterstützen; denn man hörte, dass Imola Truppen aufgenommen habe und dass man in Forlì ebenfalls rüste. So standen die Dinge, als die Nachricht des geschlossenen Friedens die Feindseligkeiten sistirte. Wir kehren nun zur Schilderung der Verhältnisse in Rom zurück.

Sixtus IV. hatte in diesem Kriege sich der treuen Bundesgenossenschaft Genua's erfreut. Es hatte seine Flotte ausgerüstet, um der Seemacht Neapels entgegen zu treten, wofür der Papst seinen Dank aussprach, und sich verpflichtete, die Freiheit und Würde der Republik jederzeit anerkennen und schützen zu wollen. Am 27. October 1482 schrieb er an dieselbe: „Nos una cum inclyto Venetiarum domino vobis nequaquam defuturi sumus juxta foederis nostri conventiones, quin omnibus viribus nostris conservationi libertatis vestrae consulemus, futurum enim confidimus, Deo auxiliante, ut et virtute vestra et mutuo prae-

---

[1]) Ammirato l. c.

sidio nihil hostile timere possitis, atque ea de causa commendamus eam demonstrationem instruendae classis, quam scribitis.“ Agostino Fregoso hatte, wie berichtet, die Festung Sarzana occupirt, und da er sie mit eigenen Mitteln nicht zu halten vermochte, verkaufte er sie an die Bank von S. Giorgio. Diese Bank, die einen Staat im Staate bildete, datirte aus den Zeiten, wo Genua nach dem schweren Kriege mit Venedig sich ausser Stande sah, seinen vielen Verpflichtungen gegen die Bürgerschaft in Folge der Anleihen anders zu entsprechen, als indem es derselben die Zolleinnahmen überliess und bestimmte, dass Jeder nach Höhe seiner Forderung daran participiren sollte, bis alle Ansprüche an die Commune befriedigt wären; zu den Berathungen wurden den Participanten die Säle des Palastes über dem Zollhause eingeräumt.[1]) Diese Gläubiger constituirten sich unter einer Regierung, indem sie einen „Rath der Hundert“ einsetzten, welcher ihre Angelegenheiten berathen und beschliessen sollte, während ein Magistrat von acht Bürgern als Haupt zu bestätigen und auszuführen hatte. Die ganze Corporation und ihre Häuser bildeten die Gesellschaft von S. Giorgio. Gut verwaltet und mit reichen Mitteln ausgestattet, vermochte diese Gesellschaft den Bedürfnissen der Republik wirksam zu entsprechen, so dass allmälig ausser den Einkünften der Dogana auch Grundbesitz ihr verpfändet wurde, bis zuletzt der grösste Theil der Administration desselben in ihre Hände kam, wobei die Bürgerschaft sich gut stand und sich im Laufe der Zeit daran gewöhnte, in dieser Societät die eigentliche und nationale Regierung der Republik zu sehen, da der häufige Wechsel der politischen Leiter derselben in der Commune selbst Zwietracht und Parteikämpfe zum Nachtheil des allgemeinen Wohls hervorrief. „Esempio

---

[1]) Macchiavelli, lib. VIII, c. XXIX.

veramente raro," bemerkt Macchiavelli, „e da filosofi in tante loro immaginate e vedute republiche mai non trovato, vedere dentro ad un medesimo cerchio, intra i medesimi cittadini, la libertà e la tirannide, la vita civile e la corrotta, la giustizia e la licenza, perchè quello ordine solo mantiene quella città piena di costumi antichi e venerabili. E s'egli avvenisse, che col tempo in ogni modo averrà, che S. Giorgio tutta quella città occupasse, sarebbe quella una republica più che la Viniziana memorabile."

Dieser Gesellschaft von S. Giorgio überliess Agostino Fregoso die Festung Sarzana, welche sie gern acceptirte und sofort ihre Vertheidigung übernahm. Sie rüstete eine Flotte aus, welche die Küsten Toscana's und Livorno's beschädigte[1]) und die Fortschritte der Florentiner hinderte. Die Letzteren wünschten in Folge dessen lebhaft den Besitz von Pietrasanta, um die Belagerung von Sarzana zu erleichtern, da das Gebiet von Pietrasanta zwischen dem von Pisa und Sarzana lag; zu dem Zweck hatte man von Pisa aus eine grosse Menge Lebensmittel und Munition mit so schwacher Bedeckung nach Pietrasanta abgeschickt, dass dieser Umstand die Vertheidiger naturgemäss zum Ueberfall reizen musste. Dieser fand in der That statt, und Florenz glaubte nun hinreichenden Grund zu haben, die Belagerung von Pietrasanta zu beginnen. Dass die entschiedene Haltung Genua's den Interessen des Papstes förderlich war, ist unzweifelhaft, und er hat dies auch völlig anerkannt, indem er alle Rechte und Freiheiten Genua's bestätigte.

Sixtus IV. berichtete über die siegreiche Schlacht von Campomorto auch an den Kaiser. „Er sei, schrieb er, wider seinen Willen zu diesem Kriege geschritten, aber man habe ihn genöthigt, der Gewalt wiederum Gewalt

¹) Pignotti, l. c. lib. IV, cap. 15.

entgegenzusetzen, und nur um der Ehre des heiligen Stuhles willen sei dieser Kampf geführt worden.“ Dann klagt er über den König von Neapel „den er doch mit Wohlthaten überhäuft habe und der gegen die Kirche und den apostolischen Stuhl treulos gewesen sei. Ausser seinen Versprechungen sei er schon der Investitur halber verpflichtet gewesen, den heiligen Stuhl und die Kirche zu schützen, nicht aber dürfe er diese verletzen und beschimpfen. „Was Anderes hätte Uns zu einem Kriege bewegen können, da die Venetianer, zur gegenseitigen Vertheidigung der Staaten mit Uns verbündet, mit dem Herzog von Ferrara über Dinge in Streit geriethen, die Uns nichts angingen? Da man Unser Bündniss mit Venedig doch als einen Kriegsfall ansah, mussten Wir rüsten, die Gewalt abzuwehren. Plötzlich überfiel Uns der König von Neapel, indem er seinen Sohn mit einem Heere aussandte und die Rebellen gegen Uns in seinen Schutz nahm, ihre Festungen, die Unsere Stadt bedrohten, benutzte, um Ausfälle in das Gebiet derselben zu unternehmen. Im Angesichte Rom's wurde ein Lager aufgeschlagen, Raubzüge wurden unternommen, und sogar die Obrigkeiten des römischen Volkes zum Abfall verlockt; Città di Castello, Terracina, beide hervorragende Gebiete des Kirchenstaates, überfiel man; die Küste Unseres Landes bedrohten feindliche Schiffe,[1]) und, was noch schlimmer ist, der gemeinsame Feind der Christenheit, von dessen wilden Angriffen Wir im vergangenen Jahre den König selbst befreit hatten, wurde gegen Uns bewaffnet.[2]) Wir haben das Alles ertragen,

[1]) Cfr. Diar. del Not. col. 1075. „E in questo di vennero dodici Galere del Re e quattro Fuste, in tutto sedici legni, ad Ostia; steteronvi tre dì et furono messi fanti nella Rocca di Ostia et andovvi! Majannino Fiorentino e trasse un passavolante contro le Galere e le Galere ebbero paura e se ne andarono.“

[2]) l. c. „Alli 3 (Agosto) perchè le cose non si possono sapere

so lange es dem Allmächtigen gefiel, der das Schifflein Petri, das von den Wellen umhergeworfen wird, nicht untergehen lässt und Diejenigen, welche glauben, seine Kirche unterdrücken zu können, ihres Irrthums überführt. Als darum Unser Heer dem Feinde gegenübertrat, war es so muthig und kampfeseifrig, dass schon im ersten Treffen der Gegner in die Flucht geschlagen wurde: fast die ganze Armee mit ihren Fahnen wurde gefangen genommen. Wir thun dies Ew. Majestät kund, nicht damit man Uns für übermüthig im Glück halte, denn Wir sind wider Unsern Willen hierzu genöthigt worden, und Gott möge Denen verzeihen, welche die Ursache gewesen sind, dass Christenblut vergossen wurde. Aber damit Ew. Majestät die Gerechtigkeit Unserer Sache erkenne, welche die göttliche Majestät mit ihrem Beistande unterstützte — denn dieser allein schreiben Wir den Sieg und die Erlösung der Kirche von ihren Gegnern zu — und damit Ew. M. sich überzeuge, dass Wir zur Einigkeit der christlichen Fürsten und zum Wohle der Heimath Unsere Anstrengungen gegen den gemeinsamen Feind des Glaubens richten, so dass es in der That Nichts giebt, was Wir mehr wünschen könnten, bitten Wir, Ew. M. wolle sich zu diesem heiligen und verdienstvollen Werke nicht allein bereit und willig finden, sondern auch Uns und dem apostolischen Stuhle gegen seine Feinde beistehen. Rom 25. August 1482."

Gleiche Schreiben sandte der Papst an die andern

---

di per dì, alli dì passati venne ad Ostia una Galea del Re, nella quale erano 25 Turchi, ovvero Janizzeri, i quali annegarono il Patrone della Galea e molti Compagnoni e pigliarono la Galea e condusserla ad Ostia e donaronla al Papa." Ebenso berichtet Muratori (Annali d'It. T. XIX, p. 543) „adì 15 arrivò a Ferrara Alfonso Duca di Calabria, menando seco alcune squadre d'uomini d'armi e circa cinquecento di que' Turchi, ch' egli avea preso e tolto al suo servigio dopo la liberazione d'Otranto."

Fürsten, die Gerechtigkeit seiner Sache vertheidigend. Ferrante von Neapel suchte seine Treulosigkeit zu verbergen und zumal in Portugal durch Gesandte sein Verfahren zu rechtfertigen; aber Sixtus schrieb an den Bischof von Elbora, der im vorigen Jahre auf sein Ansuchen die portugiesische Flotte gegen die Türken geführt hatte, und vertheidigte sich gegen diese Angriffe.

In Folge des vernichtenden Schlages gegen Alfons von Calabrien und der Eroberung einiger fester Plätze an der Küste durch die Venetianer[1]) war die Furcht der Arragonesen, der König von Frankreich könne dadurch ermuthigt werden, seine alten Rechte auf Neapel geltend zu machen, entscheidend für ihr Verhalten. Sie schickten deshalb einen Vermittler an den Papst, der ein Blanquet mitbrachte, in das derselbe beliebig seine Bedingungen setzen konnte. So weit verdemüthigten sich diese Herren und so sehr fürchteten sie den Verlust ihrer Herrschaft, dass sie sich bedingungslos dem Papst übergaben, um sich vor den Ansprüchen Frankreichs zu retten.

Der Papst nahm den dargebotenen Frieden an, worüber Infessura berichtet:

„Inde ad paucos dies facta fuit pax inter ecclesiam et praefatum regem, et Columnenses redacti sunt in gratiam cum certis pactis et capitulis inter alia, quod terrae hinc inde restituerentur acceptae, et quod Cardinales, qui carcerati sunt, dimitterentur, et terra Terracinae cum ejus arce rediit ad ecclesiam, et Marinum cum reliquis ad Columnenses Cardinales.“[2])

[1]) Cfr. Pignotti, l. c. lib. IV, cap. 15. „presero Gallipoli, Brindisi, minacciando tutta la costa. Il vecchio re che si conosceva si poco amato dai baroni del regno, turbato a questo impensato assalto, accelerò anch' esso la pace con i Veneziani e si trasse dietro per conseguenza i Fiorentini.“

[2]) Cfr. Ammirato l. c. ad ann. 1482. „Tra tanti sospetti suc-

Terracina und Benevent kehrten unter die päpstliche Herrschaft zurück, und am 7. Januar des folgenden Jahres wurden beide Städte durch ein apostolisches Schreiben von ihren Vergehen losgesprochen. Der Herzog von Calabrien kam nach Rom und verweilte einige Tage im Vatican, den Frieden zu bestätigen. Bald darauf langte auch eine spanische Gesandtschaft an, die den Wunsch einer allgemeinen Liga der Fürsten Italiens zum Bündniss gegen die Türken befürwortete. Ammirato meint, was den Papst zum schnelleren Abschluss des Friedens bewogen habe, sei die Ueberzeugung von der zum Schaden der Kirche wachsenden Macht der Venetianer gewesen, die sich zu Herren Italiens hätten erheben wollen.

Die „Decemviri Baliae Civitatis Florentinae" berichteten an ihren Orator: „Magnifice orator noster etc.[1]) Questa per darti notizia di quanto habbiamo . . . per lettere de' 13. e 14. che in effecto per quella de' 13 dice, come tutti li Oratori delli . . . sono stati col Conte Jeronimo et ringratiatolo secondo la loro commissione dell' opera fatta da lui a beneficio di tutta Italia della pace e lega nuova-

---

cesse molto opportunamente la sospensione delle arme tra il papa e la lega regia, cose trattate, per quello che fu stimato, dal cardinale S. Pietro in Vincola, il quale insino de' 14 d'ottobre ci fu avviso che si era partito di Roma per la via del re e del duca di Calavria. Dietro la quale seguì prestamente la pace conchiusa in Roma in camera del papa il 12 di dicembre a' cinque ore di notte, nella quale intervenne Anello Arcamone ambasciador règio, Giovanni Antonio vescovo di Alessandria ambasciador di Milano e Sforza Bettini mandato da' Fiorentini per concorrer con esso loro a tutto ciò che bisognava, essendo opinione per niun' altra cosa essersi a ciò il pontefice lasciato indurre, che per essersigli fatto conoscere, che la grandezza de' Veneziani sarebbe stato l'abbassamento di S. Chiesa, avendo eglino, come per molte prove si era conosciuto, volto l'animo a farsi sig nori d'Italia."

[1]) Cfr. Fabroni II, p. 233 seqq.

mente facta a Roma, et perchè fu gratamente risposto, et con affectionate parole dimostrò la buona disposizione della Santità del Papa, et ordinata la Sua Signoria la audientia dal Pontefice a dì 14. furono molto gratamente uditi et exposte le loro commissioni, la Sua Santità dimostrò quanto volentieri haveva facto decta pace et lega et che sempre era stata sua intentione farla, et che ella si sarebbe fatta più tempo fa, se gli Ambasciadori della Lega non si fussino partiti, et che da poi che Dio ne haveva conceduto tale gratia, confortava ciascuno francamente a pigliare la difesa contro all' ambitione de' Vinitiani, et che poichè haveva veduto la risposta factagli dalla Signoria di Vinegia haveva un' altra volta richiestoli, che dovessino desistere e venire alla pace, la quale cosa credeva non farebbono, ma lo havea facto per più justificatione et meglio potere venire alle censure, a che non parve ancora a M. Anello, che per li Oratori ne fusse altrimenti confortato, ma di aspettare ancora qualche dì. Propuose ancora la Sua Santità una armata di 40 galee et 8 in 10 navi, ma che di questo si rimetteva alla Dieta. Avvisa ancora Pier Filippo come il Conte havea fatto comandare allo Ambasciator Veneziano, che si partissi et come uno delli Oratori del Re di Castiglia andava a Vinegia a protestare a quella Signoria, che se non desistevano dalla guerra, quello Re li tratterrebbe per nemici. Ancora avvisa come il Cardinale di Malfetta viene a Siena con commissione di riunire li usciti di Siena con quelli di dentro. Questo è in effettto quanto contengono le lettere di detto Pier Filippo scripte all' Ufficio nostro. Ma per lettera scripta per lui a uno de' nostri dell' Ufficio in privato dimostra con efficaci ragioni temere, che se dette terre vengono nel potere o giudicio del Papa, non ci habbi a essere facto pagare denari, o veramente che non siamo astretti a qualche cosa delle cose di Castello, perchè la opinione loro è che noi soli

26*

siamo quelli che non la lasciamo loro havere, et dice ancora come M. Anello del tucto governa. Dice ancora, che il Conte desidera assai piacere al Duca di Calabria et per questo dubita forte, che i Sanesi non siano stretti a rimettere tali usciti, perchè a questo concorre ancora il Cardinale di Siena etc." Das Verlangen des Papstes nach einem wahren und dauerhaften Frieden trat nie mehr hervor, als nach diesem kurzen und für ihn vortheilhaften Kriege, der die Unzuverlässigkeit der neapolitanischen Dynastie hinlänglich dargethan hatte und die in der Bulle des Papstes ausgesprochenen Klagen über den seitens Lorenzo's de' Medici den Feinden der päpstlichen Regierung im Kirchenstaat gewährten Schutz und Beistand vollständig begründete. Die armselige Vertheidigung, welche die Mediceerpartei in der „Synodus Florentina" versucht hatte, erscheint um so haltloser, je offener durch den Krieg die Beziehungen der Republik zu Carlo di Montone, den Friedensstörer und Mordbrenner in Siena, zu Niccolò Vitelli und anderen Tyrannen zu Tage getreten waren. Darum sagt Rainaldi mit vollem Recht: „Victus est igitur sua sponte precibus et officiis Sixtus, qui vi et armis vinci non potuerat." [1]) Man hat den Nachfolger Sixtus IV. beschuldigt, seine Augen hülfesuchend nach den Alpen gerichtet und Frankreich ermuthigt zu haben, seine alten Ansprüche geltend zu machen, obgleich in Wahrheit der vielduldende Innocenz VIII. niemals diese Schritte gethan hat, die von Mailand ausgehen, wo die Saat des Verderbens am üppigsten aufsprosst, während der deutsche Kaiser sich nicht scheut, einen durch Verbrechen aufgerichteten Thron und einen auf Verletzung der einfachsten und natürlichsten Rechte basirten Gewaltzustand zu sanctioniren. Der Verrath und die Ländergier der Potentaten

---

[1]) Annal. eccl. ad ann. 1482, n. 12.

Italiens haben Sixtus IV., der wie sein grosser Nepot Giuliano della Rovere in Wahrheit die Kraft der Eiche, die dem Sturme trotzt, in sich trägt, das Schwert in die Hand gegeben. Die wahren Ursachen des Krieges liegen in Neapel, Florenz und Mailand, in denen Gewalt, Uebermuth und Rechtlosigkeit jene Triumphe feiern, wie sie Macchiavelli naiv genug geschildert hat. Den Papst als den Störer des Friedens Italiens bezeichnen, heisst die Geschichte nicht kennen, oder, was dasselbe ist, Infessura's Tendenz nachahmen, ohne historische Kritik und sorgfältige Vergleichung der Quellen, durch die allein der Kern historischer Wahrheit gefunden wird.

Sixtus IV. legte die Trophäen dieses Sieges zu den Füssen der „Immaculata" nieder, die er in hoher Verehrung hielt,[1]) und zu der er in den Nöthen seiner Regierung beharrlich seine Zuflucht zu nehmen pflegte. Das wunderthätige, vom Volke besonders in Ehren gehaltene Marienbild, das er selbst oft besuchte, hatte ihn zum Bau jenes schönen Tempels angeregt, welcher den Namen „S. Maria della Pace" erhalten hat. Die Urkunde darüber ist vom 16. September des folgenden Jahres und legt

---

[1]) Cfr. Oldoin. Annott. ad Ciacon. col. 27. „Ad cultum beatissimae Virginis solidius instituendum ac propagandum, tertio Kalendas Martii constitutionem edidit, qua omnibus, qui immaculatae Virginis Conceptionem devote celebrarent et missae atque officio ejus a Sixto instituto adessent, aut officium private recitarent, easdem impertiit indulgentias, quae ab Urbano IV. et aliis Pontificibus concessae fuerant in Corporis Christi solemnitate. Jussit insuper, ut Conceptionis festum, quod Ecclesia Romana celebrat in tota Ecclesia in laudem beatae Virginis cum octava celebraretur: Romae in templo Vaticano sacellum extruxit in Virginis immaculatae honorem. Alio Savonae in S. Francisci claustro erecto magnificentissimo sacello religionem suam in Virginem testatam voluit, bis millibus aureorum nummorum in ejus ornamentum transmissis."

Zeugniss ab von der Pietät dieses Papstes gegen die „Regina coeli:" „Cum nuper suffragante divina gratia majorem et saniorem partem principum et dominorum Italiae, inter quos magnum dissidium cruentaque bella vigebant, ad mutuam concordiam et pacis desiderium per intercessionem ejusdem excellentissimae Virginis et opem Altissimi ad nostras preces assidue propitiantis cum magna fere totius Italiae laetitia et consolatione perduxissemus et reliquos adducere cogitaremus, ante quandam imaginem beatae Virginis, quae nonnullis miraculis de novo coruscare coeperat et a fidelibus frequentabatur,[1]) essemus adorantes et genibus flexis constituti, inspirante (ut pie credimus) divina gratia nobis visum fuit incongruum, quod imago ipsa in quodam parvo tabernacolo consisteret, prout tunc ad parietem ejusdem ecclesiae extabat. Itaque in eodem loco templum ad honorem Altissimi et beatae Virginis aedificandum statuimus illudque ad perpetuam tam grandis muneris, nobis non humano consilio, sed divina providentia magna in parte concessi memoriam, sub celebri forma miroque aedificio fabricari fecimus ac ipsum in honorem Virginis praelibatae nostris sumptibus a fundamentis erectum Deo dicavimus et in memoriam hujus pacis et concordiae templum pacis

[1]) Cfr. Victorelli, Additt. ad Ciacon, col. 11. „Ubi nunc templum S. Mariae Pacis, erat olim aedes paroecialis S. Andreae de Aquarenariis, cum porticu, sub qua in pariete picta sanctissimae Virginis Dei Matris effigies conspiciebatur, quae ab aleatore, ira percito, gladio icta, sanguinem fudit. Ardebat bellorum flammis Italia, Sixtus IV. ad miraculis claram Imaginem venerabundus confugit addiditque precibus votum, se nobile Templum ibi conditurum promittens, si Italicos Principes concordiae vinculo Divina clementia necteret: magna ex parte, quod cupiebat, adeptus, Templum magna sua impensa a fundamentis erexit et pacem cupitam memorans, Pacis appellavit, anno autem 1483 Canonicis Regul. Lateran. tradidit et singularia privilegia concessit. Sacra Imago die S. Martini a porticu ad novam aedem translata fuit."

nuncupari voluimus, sperantes, quod per haec et alia quamplura praeclara templa et pia loca, quae in alma Urbe et extra a fundamentis propriis expensis nostris et quidem magnis fundari et instaurari facimus et, vita nobis comite, cum aliis bonis operibus omnino perseverare intendimus, Italia ipsa dulcedine pacis fruetur et in ea laetabitur etc." [1])

Der Papst wünschte lebhaft, der Frieden möchte ein dauernder sein, und alle Fürsten Italiens sollten daran Theil nehmen. Deshalb benachrichtigte er Ferdinand und Isabella von Spanien von seinen Absichten und Wünschen und bat sie, die Vorschriften, die seine Legaten präsentiren würden, zu beobachten. „Es übrigt nur, schrieb er, dass, nachdem dieser Euer Plan, den Frieden zu befördern, von Allen mit dem höchsten Beifall aufgenommen ist, wie er denn von katholischen und wahrhaft religiösen Fürsten ausgeht, Ihr Euch bemühet, mit allem Eifer und aller Sorgfalt dahin zu wirken, dass die Bedingungen dieses Friedens, die schon von den Parteien acceptirt sind, in der That beobachtet werden, wie denn auch Eure Gesandten sie in Eurem Namen angenommen haben, und Ihr zweifellos dieses bestätigen werdet, besonders, da Wir überzeugt sind, dass die Ehre des heiligen Stuhles Euch aufrichtig am Herzen liegt." [2])

Aus diesem Briefe erfahren wir, dass unter der Mitwirkung des spanischen Gesandten die Bedingungen des Friedens zu Stande gekommen waren. Jacopo Volterranno nennt die bedeutendsten:

---

[1]) Cfr. Diar. del Not., col. 1080. „Alli 13 Dicembre, Venerdì, festa di S. Lucia, Papa Sisto andò per Roma e entrò in S. Maria delle Virtù e stato li un pezzo ad orare, battezzò la Chiesa della Madonna delle Virtù e chiamolla S. Maria in pace."

[2]) Rain. ad ann. 1482, n. 13.

„Pax perpetua, ita enim est dictum. Foedus in annos viginti. Ab armis discessus repentinus. Venetis honorificus locus servatus, si et ipsi foedus ingredi voluerint, et triginta dies ad id concessi. Totidem dies Potentatibus ceteris dati in id foedus venire volentibus. Ratae ac firmae sint Apostolicae provisiones hactenus factae, faciendae vero nullo modo aut colore impugnandae. Defensio Ferrariae. Stipendium Hieronymo Comiti in annos tres XL aureorum millia pro rata ab unoquoque Potentatuum. Equites num... Pedites num... et equorum stipendium pro rata. Defensio mutua. Ablata in praesenti bello restituenda omnia. Nicolai Vitelli Tifernatis Oratoribus Regis Hispaniae potestas omnis tributa ad mentes quatuor. Columnensium et Sabelliorum status omnis potestati et arbitrio solius Pontificis dimissus. Cardinalis Columnensis et Sabellus itidem. Cardinali Mantuano Legato in omnes foederatorum copias imperium tributum. Virginio Ursino statutum stipendium aequis portionibus a Pontifice et Rege. Regis filia Virginii filio desponsata, Tagliacotiae et Albae Comitatus promissus." [1])

---

[1]) Cfr. Panvin. in vita Sixti IV. „Pace paulo post inter pontificem et regem facta captivi omnes in pugna ad Campum mortuum remissi et Cardinales Calumna Sabellusque, quos belli initio sibi tanquam regis fautores suspectos in Hadriani molem pontifex conjecerat, dimissi. Columnenses quoque, qui regi foedere conjuncti, illum intra oppida sua susceptum commeatu adjuverant, sibique multis inlatis incommodis ubique adversati fuerant, primum quidem venia donavit, deinde graviter bello persecutus est, quum Laurentius protonotarius ex ea familia rursus contumax nimium videretur." Die grosse Milde des Papstes gegen die treulosen Colonna vermochte nicht den hartnäckigen Lorenzo Colonna zur Niederlegung des Schwertes zu bewegen. Sein Process, der mit der Hinrichtung endigt, ist ein einfacher Act der Gerechtigkeit gegen einen Empörer, der trotz der Zusicherung der Gnade mit den Waffen in der Hand gefangen wird. Infessura's gehässige

Die spanischen Gesandten hatten bei dem Zustandekommen des Friedens eine nicht unwichtige Stellung eingenommen. Unter den Florenz berührenden Stipulationen war auch die, dass die Disposition über Stadt und Festung Citerna den spanischen Gesandten zukommen sollte: „i quali, sagt Ammirato, stavano in Roma come amici e confederati comuni, per farne poi quello che essi arbitrassero."

Der Friede wurde um die Weihnachtszeit in Rom verkündet. Der Chronist berichtet darüber: „Et in questo dì (23 Dicembre) andò il bando per Roma, che la mattina seguente dovesse andare la processione ordinata da San Lorenzo in Damaso fino a Santo Pietro ad ora di Vespro, dove il Papa collegialmente con tutti i Cardinali doveva pubblicare la pace della guerra, che è stata tra il Re Fernando di Napoli, Duca di Milano, e Fiorentini, e Sua Sanctità, e che si dovesse far fuochi, letizia e sonare campane; e dicesi che verrà il Duca di Calabria." [1])

„Am 24. November fand diese Procession von S. Lorenzo in Damaso nach S. Pietro statt, an der alle geistlichen Orden theilnahmen, wie am S. Marcusfeste, nebst allen Bruderschaften und einer zahllosen Volksmenge. An diesem Tage blieben alle Verkaufsläden geschlossen wie an einem Festtage. Zur Stunde der Vesper liess der Papst in S. Pietro den Frieden von der Kanzel herab verkünden und die Capitel desselben verlesen. Am Weihnachtsfest traf der Herzog von Calabrien in Ostia ein und am 26. December in Rom, begleitet von 15 Cardinälen,

---

Darstellung macht natürlich einen Martyrer aus ihm. Gerade die Beurtheilung dieses an sich so einfachen Rechtsfalles zeigt die Tendenz Infessura's, den Papst durch Entstellung der Thatsachen verhasst zu machen. Näheres darüber im weiteren Verlaufe der Darstellung.

[1]) Diar. del Not. l. c.

dem Grafen Riario und türkischem Gefolge; er stieg, wie bereits bemerkt, im Vatican ab. Am 29. wurde ihm von Papst ein geweihter Degen überreicht, wobei ihm unter den ersten Würdenträgern der Kirche der Platz angewiesen war. Der Papst begleitete die Uebergabe des Schwertes mit passenden Ermahnungen, es fortan zur Ehre des heiligen Stuhles und zur Vertheidigung der Kirche zu gebrauchen. Der Herzog versprach dagegen Ergebenheit und Treue der Kirche und erbat Verzeihung für das Begangene. Dann wurde er, zwei Cardinäle zur Seite, das Schwert in der Hand tragend, in seine Gemächer zurückbegleitet." [1]) „Er wurde in Rom gefeiert, sagt Volterrano, nachdem er mit genauer Noth der Gefahr entgangen war, von seinen eigenen wilden Reitern erschlagen zu werden." Am 30. December nahm er seinen Weg nach Ferrara, um seinem Schwager, der sich in höchster Noth befand, mit den 900 Reitern, die er bei sich führte, zu Hülfe zu kommen; denn die Venetianer lagerten vier Miglien von Ferrara, und die Fahnen von S. Marco wehten schon im Parke des Herzogs. Ercole war von dem Missgeschick, das ihn betroffen, so niedergebeugt, dass er schon für todt gehalten wurde, [2]) und seine muthige Gemahlin nahm deshalb die Leitung des Staates in die Hand. Es wurde mehr Besatzung in die Stadt gezogen und durch neuangelegte Befestigungen dem Feinde der Zugang erschwert. Sforza liess auch an dem Punkte, wo der Po sich theilt, eine starke Bastion errichten und Besatzung hineinlegen, damit die andere Seite Ferrara's gedeckt sei; durch den Park [3]) wurden tiefe Gräben gezogen; mit dem Reste des

[1]) Diar. del Not. l. c.

[2]) Cfr. Ammirato l. c. „fama non del tutto falsa, perciocchè per le battiture ricevute da' Venetiani era stato vicino a smaniare."

[3]) Cfr. Sabellico, l. c. „Gliè un luogo vicino a Ferrara un miglio, chiamasi Parco. Il quale Borso (d'Este) havea cinto di

Heeres wollte er Sanseverino entgegentreten. Um die Anhänglichkeit Ferrara's an die Dynastie neu zu beleben, zeigte sich der Herzog vom Balcon seines Palastes dem Volke. In Folge dessen ergriffen etwa 25,000 Mann mit neuem Muth die Waffen gegen Sanseverino, der in Folge dieses neuerwachten Patriotismus vorsichtig seine Truppen von Ficaròlo und Polesine zurückzog, wo er sein Lager hatte. [1])

muro, ma Hercole abbracciando più campi molto l'accrebbe, facendovi entro laghi, rivi, boschi e campi e luoghi da cacciare. Fermossi il Venetiano prima d'atorno a queste mura, che non molto dal fiume si scostano e pose sopra'l Po un' altro ponte più fermo del primo."

[1]) Cfr. Corio l. c. Sabellico berichtet von der über den Po geschlagenen Brücke: „Primieramente furono poste nel fiume per ordine navi da carico, fermate con le ancore a catene di ferro attaccate acciò non si potessero tagliare, di poi unite da l'una a l'altra riva sode travi, era come un ponte di pietra fermo; le botteghe d'ogni cosa vendibile poste d'amendue i lati, non lasciavano vedere l'acqua et con ponti levatori rimaneano ne l'acqua, come in isola. Et a fin che non fusse arso di notte il ponte, attaccarono ducento passi avanti grosse tavole alle ancore, che porgeano in fuori 'l ponte, acciocchè ritardassero l'ardente materia di sopra mandata, sin che fusse al tutto estinta e consummata. Fatto 'l ponte, il Severinate, rotto 'l muro del parco, avicinossi per un miglio a Ferrara in ordinanza. Ove sendo stato a faccia alla città per alquanto spacio, ne movendosi il nimico, ridusse l'esercito nei steccati. Inde voltossi il Vinitiano a fortificare il presidio a canto al fiume da nimici abbandonato, pigliando maggior spacio e fattagli d'atorno profondo fosso da venti piedi, con bastioni e rivellini lo fece forte, opera invero inespugnabile, e se nel fare la pace non era levata via, un perpetuo terrore a Ferrara. Fermate le cose in tal guisa, cavalcavano i Vinitiani liberamente inanti alle porte di Ferrara, impiendo tutto 'l paese d'orribile spavento."

VII. Capitel.

Conflict des Papstes mit Venedig in Folge der Occupation Ferrara's. Florenz begünstigt den Concilsversuch in Basel. Verhängung der Censuren über Venedig. Friedensversuche des Papstes.

Die Abkehr des Papstes von Venedig, dessen Hülfe ihn soeben der grössten Bedrängniss entrissen hatte, und die schnelle Aussöhnung mit Neapel erschcinen zunächst befremdend.[1]) Sixtus hatte die Züchtigung des Herzogs von Ferrara, des Lehnsträgers der Kirche, zugelassen, da er sich treulos gegen ihn verhalten hatte, aber er war keineswegs gesonnen, Venedigs Gelüste auf Kosten einer Stadt des Territoriums der Kirche zu unterstützen; diese Gelüste, Territorium zu erwerben und den mit grossen Kosten unternommenen Krieg zu einem gewinnreichen Ende zu führen, traten immer mehr zu Tage.[2]) Der Papst

---

[1]) Cfr. Malipiero, p. 268 „e parte per necessità parte per el continuo stimolo dei principi sopra diti el papa se ha resolto de sopararse de la Signoria."

[2]) Cfr. Rain. ad ann. 1482, n. 17. „Inconstantis ingenii rem leviter perpendentis notatur Sixtus qui cum hoste Neapolitano sibi extremum intentante exitium adversus foederatum Venetum, cujus

hat in dem Schreiben an den Herzog von Sachsen die Beweggründe dieses Schrittes der Abkehr von Venedig auseinandergesetzt; es heisst darin:

„Wir haben in den verflossenen Tagen Ew. Edlen die Gründe auseinandergesetzt, welche Uns bewogen haben, mit den Fürsten Italiens in ein Bündniss zu treten; aber da Unser Breve, wie Wir aus dem Bericht des Cardinals von Siena entnehmen, noch nicht angelangt war, so wollen Wir dieselben hier kurz wiederholen. Wir hatten zuvor mit Venedig im Interesse des allgemeinen Friedens und zum Schutze der beiderseitigen Staaten ein Bündniss geschlossen, aber als die Venezianer selbst Ferrara den Krieg erklärt hatten, einige Städte und feste Plätze Unseres Gebietes besetzten und Uns keineswegs Hülfe gewährten, wozu sie verpflichtet waren, wie Du aus den Capiteln des Vertrages ersehen wirst, die Wir in Abschrift beilegen, und da ferner Unsere Stadt Ferrara von ihnen belagert wurde, so sahen Wir Uns genöthigt, in so schwierigen Verhältnissen mit den Fürsten Italiens in ein Bündniss zu treten und, was Wir immer gewünscht haben, mit Allen Uns friedlich zu stellen, indem die Majestäten von Spanien ausserdem durch ihre Gesandten für das Friedenswerk sich bemüht hatten. Da also das heilige Collegium und fast alle Staaten Italiens in diesem Sinne sich thätig bezeigten, und Wir erkannten, dass aus der bestehenden Conföderation mit Venedig eine Unseren Absichten ganz entgegengesetzte Wirkung entstände, nämlich eher Verwirrung als Eintracht, so haben Wir Uns dem neuen allgemeinen Bündniss angeschlossen, in dem Wir auch für die Venezianer einen Platz reservirt

---

ope impendentem perniciem averterat, conspirarit, sed altius momenta rerum penetrando illum Ecclesiae dignitatem, juris aequitatem, Dei gloriam asseruisse constabit."

haben, während Wir sie ermahnten und noch fortwährend ermahnen, von der Belagerung Ferrara's abzustehen, das unter Unserer und der Kirche Jurisdiction steht, und mit den übrigen Mächten zur gemeinsamen Pacificirung Italiens Frieden zu schliessen, ein Zweck, dem Wir Uns mit allem Eifer gewidmet haben. Du wirst diese Unsere Absicht aus dem Briefe an die Venezianer erkennen, der in Abschrift beigegeben ist. Wir haben das wiederholen wollen, damit Ew. Edlen erkennen, dass nur die Liebe zum Frieden und der Wunsch, dass mit gemeinsamen Kräften und in einträchtiger Gesinnung gegen die Ungläubigen vorgegangen werden könne, Uns zum Abschluss dieses Friedens bewogen hat, und damit Ew. Edlen hinlänglich informirt seien, um auf die Anklagen derjenigen antworten zu können, die Unsere Intentionen für die Pacificirung Italiens zu verdächtigen nicht ablassen." [1])

Der Papst schickte den Cardinal von Mantua als Legaten nach Ferrara, der dem Herzog Hülfe versprechen sollte. Als er in Florenz eintraf, stieg er im Hause des Gonfaloniere ab und verhandelte mit den Signoren über die gegenseitige Stellung der Liga zu Venedig und die zu treffenden Massnahmen. Der Herzog von Calabrien, der Befehl gegeben hatte, dass 1000 Mann Truppen zur See nach Piombino gebracht würden — unter ihnen seine 500 Türken — war, wie bereits erwähnt, mit seinen Reitern trotz der Ungunst der Jahreszeit unterwegs. Die „Zehn," welche Beschluss gefasst hatten, ihn mit den grössten Ehrenbezeugungen zu empfangen und wussten, dass er den Weg über Orvieto und Cortona nehmen würde, trugen Antonio Ridolfi und Jacopo Guicciardini auf, ihm dahin entgegen zu gehen, um ihn bis Florenz zu geleiten. Am

[1]) Rain. ad ann. 1483, n. 8.

3. Januar 1483 wurde der Herzog von den beiden Commissarien in Cortona empfangen und traf am 5. in Florenz mit etwa 500 Reitern ein, da die übrigen schon über Castrocaro voraufgeschickt waren.[1]) Er stieg im Hause des vorigen Gonfaloniere ab und wurde mit besonderer Auszeichnung aufgenommen. Mit ihm kamen, ausser seinen Baronen, Virginio Orsini, der Graf von Pitigliano und Antonmaria Pico, der von seinem Bruder Galeotto aus Mirandola vertrieben war; diese Herren waren Condottieri des Papstes. Nach dreitägigem Aufenthalt zog am 8. der Herzog von Florenz ab. In Betreff Sarzana's und Piancaldoli's waren Beschlüsse gefasst worden, und Sforza Bettini ging nach Rom ab, mit dem Auftrage, dass, wenn der Papst geneigt sei, auf die Intentionen des Königs von Neapel in Betreff der festen Plätze der Republik, welche jetzt in den Händen der Sienesen waren, einzugehen, Florenz ihm Città di Castello überlassen würde. Während dieser Verhandlungen traf die überraschende Nachricht ein, dass Costanzo Sforza von Ferrara abgereist sei, wohin man ihn im December vorigen Jahres mit aller Mühe gebracht hatte. Auch von Sarzana trafen ungünstige Nachrichten ein; es hiess, Lodovico Fregoso bereite einen Sturm auf Sarzanello vor. In Florenz erschien Bartolommeo Sozzini im Auftrage der Balia von Siena, um mitzutheilen, dass ihre Verbannten Montereggioni occupirt hätten, weshalb sie mit der Republik den Frieden wünschten. Man erwiederte ihm entgegenkommend, und den Verbannten Siena's in Poggibonsi, Staggia, Colle und anderen Orten wurde bedeutet, sie hätten dieselben zu verlassen. Dem Papste wurde jetzt Citerna zurückgegeben, und da er sich geneigt zeigte, den Wünschen des Königs von Neapel in Betreff der occupirten Castelle der Republik zu entsprechen, sandte

---

[1]) Ammirato, ad ann. 1483.

man ihm Pierfilippo Pandolfini zu den darauf bezüglichen Verhandlungen.[1])

Sixtus IV. hatte dem Cardinallegaten ein Handschreiben an den Herzog von Ferrara mitgegeben, das dem gedemüthigten Lehnsträger der Kirche wirksame Hülfe versprechen sollte: „Wir haben mit Unwillen," heisst es darin, „von dem Kriege und den Verwüstungen vernommen, von denen Unsere Stadt Ferrara jetzt zu leiden hat. Da nun die übrigen Potentaten Italiens augenblicklich im Frieden, und auch Wir mit ihnen durch das Band der Eintracht vereinigt sind, so haben Wir beschlossen, Dir den nöthigen Beistand zu leisten und haben Uns deshalb an den Dogen von Venedig, Giovanni Mocenigo gewendet und ihn ersucht, um der Achtung vor dem apostolischen Stuhle willen, dessen Territorium verletzt wird, die Waffen niederzulegen und mit Uns sich dem allgemeinen Bündniss der Staaten Italiens anzuschliessen." Rom 13. Dember 1482.

Zugleich ermahnte der Papst die Ferraresen, Venedig kräftigen Widerstand entgegen zu setzen; auch Bologna ging er an, den Belagerten Hülfe zu leisten, und während das päpstliche und neapolitanische Heer sich rüsteten, bat er Jacopo Trivulzio, den mailändischen Capitano, einzuschreiten. Aus dem Schreiben an Mocenigo erfahren wir Näheres, welche Gründe den Papst bewogen, so energisch für Ferrara einzutreten. Nachdem eingangs darauf hingedeutet ist, dass dem apostolischen Stuhl von Anfang an Nichts näher gelegen habe, als die Pacificirung Italiens und die Befreiung desselben von den Türken, weist er auf seine beständigen Bemühungen hin, die Fürsten Italiens zur Eintracht zu bringen, ja auch die ausseritalienischen Mächte durch seine Gesandten für diesen heiligen Zweck zu begeistern. Hätte er aber wider seinen Willen selbst

---

[1]) Ammirato, l. c.

fortwährend gegen innere Feinde die Waffen ergreifen müssen, so habe er dieses um der Freiheit der Kirche willen gethan und mit dem lebhaften Wunsche, dann endlich den ersehnten Frieden zu erlangen. Italien sei in den verflossenen Monaten in einen blutigen Krieg hineingerathen; die Kirche habe mehrere Städte und Castelle verloren; Rom sei belagert, das Gebiet verwüstet worden; die eigenen Unterthanen hätten sich im Aufruhr gegen ihn erhoben; die Küste habe eine Flotte bedrängt. In Folge dessen seien der für alle Staaten nothwendige freie Verkehr mit der Curie zu schwerem Nachtheil der Christenheit unterbrochen und die kirchlichen Einkünfte geschmälert worden; die nächsten Angehörigen der Curie wären deshalb im Aufruhr gegen ihn aufgestanden. Dazu komme noch, dass eine so ausgezeichnete Stadt der Kirche, wie Ferrara, sich in grosser Gefahr befinde; ein Schisma drohe überdem in der Kirche auszubrechen; die christlichen Fürsten hätten ihn gedrängt, zumal Ferdinand und Isabella von Spanien, und hätten direct um seine Friedensvermittlung gebeten. Deshalb bitte er ihn, sich dem allgemeinen Frieden anzuschliessen, die Waffen niederzulegen, das Eroberte zurückzugeben und die Stadt der Kirche nicht länger durch eine Belagerung zu bedrängen. Uebrigens wolle er beim Herzog von Ferrara vermitteln, die streitigen Punkte zu beseitigen und Venedig zufrieden zu stellen." Rom 11. December 1482.[1])

Die Republik beklagte sich bitter über das Verfahren des Papstes, rief ihren Gesandten Francesco Diedo von Rom ab[2]) und antwortete auf das Schreiben Sixtus IV. Folgendes:

„Die Signorie habe immer hervorstechende Proben ihrer Friedensliebe abgelegt und habe erst, nachdem sie vielfache Beschimpfungen erlitten, zu diesem Mittel ihre

[1]) Rain. ad ann. 1482, n. 19.

[2]) Cfr. Romanin, l. c. p. 411.

Zuflucht genommen. Die Herzöge von Ferrara hätten von der Republik vielfache Wohlthaten empfangen: dagegen habe der gegenwärtige Fürst die Treue verletzt, die Rechte der Venetianer angegriffen, sei in ihr Territorium eingebrochen, habe ihre Obrigkeit aufgehoben und habe sich darauf jeder Ermahnung, jeder Remonstration unzugänglich gezeigt, zugleich habe er die mit Ferrara verbündeten Feinde Sr. Heiligkeit anzureizen nicht unterlassen, wobei S. Heiligkeit selbst die der Republik zugefügten Beleidigungen für unerträglich erklärt habe. Die Republik erinnerte dann an die von ihr geleistete Hülfe, den Sieg Malatesta's, betonte, dass sie sich zu einer Zeit, wo sie deren besonders bedurfte, der Truppen entäussert hätte: Ferrara sei jetzt in die Enge getrieben; das Ende des Krieges stehe bevor; nach solchen Kriegskosten, solchen schweren Opfern sich zurückziehen, hiesse, sich vor aller Welt lächerlich machen, sich den Launen der Feinde, den Insulten ihrer Truppen aussetzen und Andern den Vortheil des Friedens überlassen, selbst aber alle Uebel des Krieges auf sich nehmen. „Es giebt nur zu Viele," heisst es weiter, „die nicht leiden wollen, dass wir Frieden haben, noch auch mit unseren Kriegen einverstanden sind; denn wenn sie uns in Frieden sehen, thun sie Alles, uns in Krieg zu ziehen; sind wir in einen solchen verwickelt, so können sie unsere Siege nicht ertragen. S. Heiligkeit möge deshalb die Gerechtigkeit unserer Sache in's Auge fassen und zulassen, dass der Herzog die Strafe seiner Hartnäckigkeit ganz und voll erdulde, denn der einmal beschlossene Krieg müsse zu Ende geführt werden; man zweifle übrigens nicht an dem guten Ausgange eines Krieges, zu dem S. Heiligkeit selbst angeregt und getrieben habe." [1])

---

[1]) Malipiero p. 272, 1. Jan. 1483.

Venedig, das durch Sanseverino, der die baldige Einnahme Ferrara's ankündigte, im Ausharren bestärkt wurde, wies auch die Vermittlungsversuche des kaiserlichen Gesandten, sowie des Bischofs von Lissabon und eines Orators der Republik Florenz zurück. Weder der unglückliche Versuch Giustiniani's,[1]) der bei einer Recognoscirung in einen Hinterhalt gerieth und nach Ferrara gebracht wurde, noch die Kunde, dass der König von Neapel dreissig Galeeren und der Papst weitere fünf Schiffe von Ancona abgesendet habe, schwächten die Kriegslust Venedigs.

Auch Mailand und Mantua wollten die Depossedirung Ercole's nicht zugeben. Durch eigene Schuld hatte dieser eine Gefahr herbeigezogen, die immer grössere Dimensionen annahm. „Was die Angelegenheit Ferrara's betrifft, hatte der Papst an den Herzog von Mailand geschrieben, so würde sie weder Deiner noch der übrigen Mächte Hülfe entbehren, wenn jener Fürst Unseren Ermahnungen und Weisungen Gehör gegeben hätte. Italien würde jetzt der Ruhe geniessen, wonach Wir immer gestrebt haben, und Wir wären jetzt nicht genöthigt, einen Krieg abzuwehren, der Uns aufgedrungen ist." Der Herzog von Calabrien machte einen letzten Versuch, Venedig zur Umkehr zu bewegen, indem er Francesco Michiel, den venetianischen provveditore um eine Besprechung ersuchte, die sogleich bewilligt wurde. Als der Herzog betonte, er sei gekommen, den Frieden zu vermitteln und Venedig tadelte, dass es so unerbittlich die Depossedirung des Herzogs verlangte, während er zugleich auf die Unterstützung desselben durch den Papst, Neapel und Mailand hinwies, entgegnete ihm Francesco Michiel: „er hätte den Auftrag zum Kampfe gegen Ferrara, nicht zum Frieden; übrigens sei die Signorie

[1]) Capitano generale. Cfr. Romanin, l. c. p. 412.

27*

mächtiger als man erwarte." Erfolglos endete diese Unterredung.[1])

Als alle Versuche des Papstes, Venedig von der Fortsetzung des Kampfes abzuhalten, erfolglos geblieben waren, verband er sich mit Neapel, Mailand, Florenz, Mantua und Ferrara zur Abwehr dieser Angriffe auf den Lehnsträger des heiligen Stuhles. Er hatte die Zustimmung des Cardinalscollegiums erhalten[2]) und bekräftigte dieses Bündniss durch eine Urkunde. Ferrara befand sich in der That in höchst bedrängter Lage. Costanzo Sforza gerieth allmälig dem Feinde gegenüber in eine so kritische Position, dass ihn Lorenzo de' Medici einlud, mit seiner ganzen Familie auf dem Gebiete der Republik Zuflucht zu suchen; er zog es indess vor, obgleich er noch im Solde der Florentiner stand, zu Venedig überzugehen: nur um wenige Tage darauf vom Fieber hinweggerafft zu werden.[3]) Auch der Herzog von Urbino hatte schon das Gefährliche der Situation erkannt und am 4. Mai 1482 an Lorenzo de' Medici berichtet: „Die Festung von Melara sei gefallen, und die Venetianer beabsichtigten die Vereinigung ihrer Armeen zu Wasser und zu Land, der Fluss stände ihnen offen und damit Ferrara; man möge ihm schleunigst Truppen zu Hülfe senden, besonders von denen aus der Romagna, damit er diese Vereinigung hindern könne. Da er sein eigenes Land und das des Costanzo Sforza, Signor von

---

[1]) Romanin, l. c. p. 413.

[2]) Muratori, Annali d'Italia, T. IX, p. 542 ed. di Mil. „Non meno i saggi Cardinali, i quali non sapeano sofferire, che Ferrara venisse in potere de' Veneziani, quanto gli ambasciatori della lega, che si trovavano in Roma, mossero tutta la lor facondia per far ravvedere l'ingannato Papa della sua sconsigliata guerra."

[3]) Cfr. Fontius, Annales ad ann. 1483. „Constantinus Sfortia Pisauri princeps fidus antea Florentinis, durante adhuc stipendio, defecit ad Venetos. Neque multos post dies tertiana febri cor-

Pesaro, decken müsse, könne er sich ohne diese Hülfe nicht entfernen." [1])

Federigo von Montefeltro konnte damals diesen gewiss verständigen Plan aus Mangel an Unterstützung nicht ausführen; bald raffte ihn das Fieber dahin, und Ferrara wurde schnell wie mit eisernen Banden umschlossen. Ein Congress, für den Cremona bestimmt war, sollte nun über weitere zu fassende Massregeln beschliessen. Vor dem Cardinallegaten sollten erscheinen: Alfonso von Calabrien im Namen des Königs von Neapel, Lodovico Sforza für den Herzog von Mailand, Lorenzo de' Medici als Gesandter der Republik, Ercole von Ferrara, Giovanni Bentivoglio für Bologna, der Markgraf von Mantua, und Bonifacio, Marchese von Monferrato, für die übrigen Anhänger der Liga. Ferrante hatte an den Herzog geschrieben und ihm Instructionen für den Congress mitgegeben. „Es sei nöthig," schrieb er, „dass er gut versehen sei, übrigens enthielte seine Instruction im Wesentlichen die Vorschläge, welche der Papst durch M. Lorenzo Giustini ihm habe machen lassen.

Venedigs Absicht, die Suprematie, die es zu Wasser ausgeübt, nun auch zu Lande zu verfolgen, trete deutlich zu Tage. Wenn es ihm gelungen sei, Ferrara einzunehmen, würde es leichter die eine oder die andere der Mächte der Liga überwältigen können; denn dieser Weg des Angriffs gegen Venedig sei damit abgeschnitten, und mit der Einnahme Ferrara's stände auch das übrige Gebiet des Herzogs in Frage. Die Pforte sei dann geschlossen, durch die man sich mit Mailand habe in Verbindung setzen können. Deshalb müsse die Liga alle Kräfte gegen Venedig concentriren, damit nicht

---

reptus, moerore, ut creditur, violatae fidei et a Venetis pacti non soluti stipendii V. Kal. Sextiles interiit."

[1]) Fabroni II, p. 236 seqq.

nur Ferrara ihm entrissen werde, sondern damit es auch seines Rufes als erste Macht zu Wasser und zu Lande verlustig gehe. Der Papst habe dann folgende Propositionen gemacht, worüber die Liga beschliessen möge:

Die Liga solle 1 Million und 50,000 Ducaten jährlich geben, oder nach Umständen mehr. Diese Ausgabe, vertheilt auf die alliirten Mächte, würde pro rata nicht übermässig viel betragen; damit könne man eine Seemacht von achtzig Galeeren und zehn Schiffen für sechs Monat im Jahre herstellen, welche etwa für die gedachte Zeit 300,000 Ducaten Kosten würden. Ferner genügten 400,000 Ducaten im Jahr zur Erhaltung von 4000 Mann, es blieben demnach noch 350,000 Ducaten, um sie dem König von Ungarn für 8000 Füsser bei achtmonatlicher Unterhaltung zu geben und den Sold für die Anführer zu bezahlen. Damit die Mächte sich gern zu dieser Ausgabe vereinigten, könne man jeder derselben ausser dem Vortheil der Erniedrigung Venedigs noch folgende Belohnungen bieten: dem Papst Ravenna und Cervia, dem Herzog von Mailand, Brescia und Bergamo, den Florentinern solche Dinge, die ihnen zusagten, und Neapel Dasjenige, was Sr. Heiligkeit gefiele und den übrigen Alliirten.

Wenn diese Truppen vereinigt würden, könne immerhin eine Macht von 2500 Mann in die Lombardei einrücken; 1000 müssten Ravenna belagern, und der Rest könne für die Sicherheit von Ferrara und Mantua verwendet werden. Von der andern Seite solle der König von Ungarn einfallen, dem ausser den 100,000 Ducaten der Papst noch den Decem bewilligen könne. Zur Sicherstellung des Erfolges sei eine Uebereinkunft nöthig, nicht eher Frieden zu schliessen, bis jede der Mächte ihr Ziel erreicht habe. Auf diese Weise würden die Türkenangelegenheit und der Succurs für Ferrara gesichert sein; ausserdem sei nicht zu zweifeln, dass die Venetianer, wenn sie vom König von Ungarn bedrängt und von der Lombardei und Romagna aus gleichzeitig angegriffen würden, eine der ihrigen gleiche Macht nicht aufzubringen vermöchten, welche die Zuflucht der Häfen von Ancona und der des Papstes für sich habe, von wo aus sie mit aller Sicherheit die Venetianer beobachten und angreifen könne. Auf diesem Wege sei auch die Zufuhr der Lebensmittel abzuschneiden etc."

Lorenzo de' Medici vertrat die Republik Florenz auf diesem Fürstentage. Ludwig XI., der für seinen alten Verbündeten einen Hinterhalt fürchtete, warnte ihn, seinem argwöhnischen Character gemäss, selbst hinzugehen: „Zu dem Congress von Ferrara zu gehen," schrieb er ihm, „hätte ich Euch nicht rathen mögen; nehmet nur ja Eure Person in Acht, denn ich kenne weder den Ort, noch die Persönlichkeiten, mit denen Ihr zusammentreffen werdet. An Eurer Stelle hätte ich einen Vertreter geschickt und meine Abwesenheit entschuldigt; da Ihr es aber nun einmal zugesagt habt, appellire ich an Euch, an eine glückliche Stunde und an Gott. Luis."[1]) Als Lorenzo de' Medici in Cremona weilte, schrieben ihm die Zehn der Balia: „Er möchte seine Vollmachten in Betreff der Bewilligung der Kriegskosten nicht überschreiten, trotz der Pläne, die man in Neapel schmiede, da ja schon das, worüber er Vollmachten besitze, nur schwer sich realisiren lasse."

Der Papst bestätigte die Beschlüsse des Fürstentages von Cremona „Comparuerunt statuto tempore ad dietam coram legato dilecti filii nobiles viri Alfonsus, dux Calabriae, nomine praedicti Regis, et Ludovicus Sforzia, locum tenens ducis Mediolanensis, ac Laurentius de Medicis, tunc orator Florentinorum, praedictus dux Ferrariensis ac Marchio Mantuanus, ac post habita super his, quae ad conse-

---

[1]) Fabroni, II, 243.

quendam dictae civitatis Ferrariensis defensionem et votivam Italiae perpetuam pacem spectant plurima colloquia, tandem nominibus, quibus interveniebant in dieta die undecima proxime praeteriti mensis maji, quam plurima utilia et salubria ad praemissum effectum per nos, et Regem, ac Mediolanensem ducem et Florentinos ipsosque Ferrariensem ducem et marchionem Mantuanum fieri debere ordinarunt. Romae 1483 prid. Kal. maji." [1])

Unterdess hatte Venedig abermals durch die Fieberluft in den Niederungen des Po viele Verluste an Mannschaften erlitten; der Befehlshaber war erkrankt und hatte sich nach Venedig zurückgezogen. Die Liga rüstete sich nun zu energischerem Vorgehen. Der Papst hatte den Herzog von Calabrien zum Heerführer bestimmt und durch den Cardinal von Gonzaga abermals Ferrara Hülfe angekündigt. Das verbündete Heer belief sich nun auf 4000 Reiter und 8000 Füsser, und es gelang ihm, auf dem Po einen Erfolg über die Venetianer zu erringen, wobei 200 Schiffe genommen wurden, und der Anführer Giustiniani gefangen wurde. Der Cardinallegat Gonzaga [2]) meldete diesen ersten Erfolg dem Papste, der sich sehr erfreut zeigte und darauf erwiederte: „Wir haben Dein Schreiben aus Ferrara vom 24. März empfangen und daraus ersehen, dass ein Theil der Flotte von den Unsrigen genommen ist, was Uns zu grosser Freude gereichte, und hoffen Wir täglich bessere Nachrichten zu erhalten."

Auch an Ferrante schrieb der Papst über diesen Sieg, indem er den Bericht des Cardinals von Mantua beilegte und ihn bat, das Nöthige veranlassen zu wollen, dass es

---

[1]) Rain. ad ann. 1483, n. 4.

[2]) Cfr. Muratori, Annali d'Italia, T. IX, p. 542. „Spedito a Ferrara il Cardinal Gonzaga legato di Bologna, recò un' immensa consolazione a quel popolo."

dem Heere an nichts mangele, um sicher auf der eingeschlagenen Bahn fortschreiten zu können. „Deshalb beschwören Wir Dich aus allen Kräften und rufen Gott und die Menschen zum Zeugen an, dass, wenn irgend etwas Widriges passiren sollte, dieses nicht Unserer Schuld beizumessen ist, sondern allein der Ew. Majestät."

Als Venedig sich so ernstlich bedrängt sah, rief es Renato von Lothringen zu Hülfe. Antonio Venciguerra, einer der Secretäre der Republik, war mit ziemlich grossen Verheissungen an ihn abgesandt worden. Mit einem kleinen Heere von 200 Reitern und 1000 Füssern wurde er von Venciguerra über die Alpen geleitet, während B. Vetturi und N. Foscarini, als Commissarien des Senats, ihn an der Grenze im Trentinischen erwarteten. Aber der Erzherzog von Oesterreich[1]) widersetzte sich seinem Uebergange über die Alpen. Renato drang zwar bis in's Venetianische vor, indess ohne den Ruf seiner kriegerischen Tüchtigkeit aufrecht erhalten zu können, so dass er sich endlich genöthigt sah, nach Frankreich zurückzukehren.[2]) Sixtus hatte dem Erzherzog von Oesterreich seinen Dank für die Hülfe abgestattet und beschloss nun, die auf dem Congress von Cremona acceptirten Censuren gegen Venedig in's Werk zu setzen: „In privato senatu," berichtet Jac. Vol., „diei ultimi aprilis confirmata fuere literis apostolicis plumbeo signo quae paulo ante decreta fuerant in concilio Cremonensi: diplomata a patribus scripta propriis manibus referuntur; Veneti tamen Cardinales aegre impetraverunt ad

---

[1]) Cfr. Sabellico, p. 236 a. t. „Il Duca d'Austria e gli altri Prencipi de Germania per aggradirsi al Pontefice non lasciarono passare le genti Allobroge et altre nationi Galliche, lequali egli havea soldato."

[2]) Rain. ad ann. 1483, n. 7. „Veneti Renatum ducem Lotaringiae Renati olim regis Neapolitani ex filia nepotem in spem aviti regni evocarunt."

subscriptionem non cogi. Adducta in exemplum Pii tempora, quibus in decreto contra Andegavenses bello, Rothomagensis et Avinionensis ad subscribendum non sunt coacti; XXIV. maji extra ordinem vocati sunt in consistorium patres et actum est de publicandis censuris contra Venetos propter obsidionem Ferrariae.“ [1])

Francesco Diedo, der Gesandte Venedigs, war schon von Rom abgereist und hatte einen Geschäftsträger hinterlassen, der sich nun weigerte, die Bulle des Interdicts nach Venedig gelangen zu lassen, welche zuerst an der Pforte von S. Pietro angeschlagen und dann durch einen Herold des Papstes dem Patriarchen von Venedig, Maffeo Ghirardo überbracht wurde, mit dem Auftrage, dieselbe unter Strafe der Excommunication und Suspension dem Dogen und der Signorie mitzutheilen.[2]) Der Patriarch gab Krankheit vor und benachrichtigte den Dogen und den Rath der X, welche ihm das strengste Stillschweigen anbefahlen, sowie die ungestörte Fortsetzung des Gottesdienstes, als ob nichts vorgefallen wäre. Dann erklärte die Signorie, sie appellire an ein zukünftiges Concil, ernannte eine Commission von fünf Doctoren des canonischen Rechts nebst mehreren Prälaten und Nobili, denen die Frage der Gültigkeit unterbreitet wurde,[3]) und sendete die von dieser Versammlung abgefasste Appellation durch einen Courir nach Rom, wo sie an der Pforte der Kirche von S. Celso angeheftet erschien. Gesandte wurden an den Kaiser, an die Könige von Frankreich und England, an den Herzog von Burgund, sowie den Erzherzog von Oester-

[1]) Diar. l. c. col. 185.

[2]) Romanin, l. c. p. 413.

[3]) Cfr. Romanin, p. 414. Malipiero giebt die Namen: „M. Antonio Saraco, arcivescovo di Corinto, Niccolò Franco, vescovo di Parenzo, Pietro da Monte, vescovo di Croja, Leone Garaton, vescovo di Sitia e Francesco Contarini, vescovo di Negroponte.“

reich abgeschickt, das Verhalten der Republik zu rechtfertigen.

Am 25. Mai war die Excommunication publicirt worden.[1])

In dieser Bulle beruft sich der Papst auf die Verpflichtung des Waffenstillstandes auf drei Jahre: „Districte praecipiendo mandavimus, ne durante dicto triennio quovis colore, directe vel indirecte, palam vel occulte quemquam ex eisdem principibus aut personis praedictis offenderent, aut offendentibus praestarent auxilium.“ Dann beklagt er sich, dass Venedig den ersten Anlass zum Streite gegeben, indem man im Gebiete von Ferrara Castelle erbaut habe (propugnacula quaedam erigendo). Er hätte die Venetianer für Vertheidiger, nicht aber für Verächter des apostolischen Stuhles gehalten, auch hätte er selbst den Herzog von Ferrara ermahnt, seinen Verpflichtungen nachzukommen, und dieser das Versprechen geleistet, sie zu beobachten, wie seine Vorfahren gethan. Damit kein Vorwand zum Streite mehr vorhanden sei, habe er selbst das schriftliche Versprechen des Herzogs von Ferrara, das er ihm übermittelt, nach Venedig geschickt *(misimus eisdem Venetis verborum formam in scriptis, quam ipse dux Ferrariensis observasse et observare velle nobis scripserat)*, und hätten die Gesandten des Herzogs und der Fürsten Italiens gleichlautende Erklärungen im Consistorium abgegeben, mit dem Versprechen, der Herzog sei bereit, die Beschlüsse des Papstes auszuführen. Die Venetianer hätten erklärt, sie würden in den Streitigkeiten mit Ferrara keinen Schiedsrichter anerkennen und hätten sofort die Waffen ergriffen. Als der Herzog von Calabrien dann zur Befreiung seiner Schwester, der Herzogin Eleo-

[1]) Cfr. Volat. „Eodem die (Domenico) diplomata cum bulla plumbea censurarum contra Venetos valvis Basilicae affixa sunt.“

nora und seines Schwagers den Durchgang durch päpstliches Gebiet begehrt habe, sei ihm dieser abgeschlagen worden, da der französische Gesandte damals noch eine friedliche Lösung der Frage in Aussicht gestellt habe. Trotzdem, dass dann schnell der Einbruch und die Belagerung der Stadt erfolgt sei, habe der Papst doch auf jedem möglichen Wege die Venetianer und die übrigen Mächte zu friedlichen Gesinnungen zu bewegen versucht und um so mehr, da er erkannt habe, dass Venedig alle seine Anstrengungen nicht, wie es zuerst behauptet, auf den Schutz seiner Grenzen, sondern auf die Zertheilung des Gebietes von Ferrara gerichtet habe.

Als dann endlich mit Gottes Hülfe die übrigen Potentaten Italiens seine Friedensvorschläge acceptirt hätten, und auch für Venedig alle wirklichen Schwierigkeiten hinweggenommen worden seien, habe er nach dem Schlusse des Friedens den Venetianern eine Stelle reservirt, den Frieden unter annehmbaren Bedingungen zu acceptiren und habe ihnen mit väterlicher Gesinnung die ebenso nothwendigen als gerechten Beweggründe auseinander gesetzt, sie ermahnend, vom Kriege abzustehen, das Eroberte zurückzugeben und die Controverse mit Ferrara ruhen zu lassen. „Ihre Antwort,“ fährt er fort, „war in ganz anderem Tone gehalten als Wir gehofft hatten und erfüllte Uns mit tiefem Schmerz, da Wir ihre dem Frieden völlig abgeneigte Gesinnung erkannten. Obgleich sie Uns offen erklärten, sie wären entschlossen, den Krieg fortzuführen, beschlossen Wir doch, eine weitere Einladung zur Erlangung des Friedens an sie ergehen zu lassen, und ermahnten sie mit väterlicher Liebe, wie Wir es stets gethan haben, Unsere Vorschläge im Geiste der Religion eingehender zu prüfen und die Leidenschaft nicht über die Vernunft herrschen zu lassen; denn wenn sie auch, wie sie Uns versicherten, den Sieg in Händen hätten, würde der Ruhm um so grösser sein, wenn sie sich dem allgemeinen Frieden anschlössen; wollten sie jedoch den Krieg, wie sie gemeldet, unbeirrt fortsetzen, so sollten sie wohl überlegen, dass ihr Kampf der Kirche gelte und dass sie alle Mächte Italiens gegen sich haben würden, die sie nicht als Vertheidiger ihres Eigenthums, sondern als Eroberer des Territoriums der Kirche betrachten würden.

Wir riethen ihnen auch, sich nicht des Sieges zu rühmen, den sie schon in Händen zu haben glaubten, denn es könne leicht sich ereignen, dass Gott ihnen wieder nehme, was sie gewonnen hätten.

Dann ermahnten Wir sie, ihre zügellosen Wünsche fahren zu lassen, ihre Truppen zurückzurufen, Ferrara zu räumen und die genommenen Castelle zurückzugeben, widrigenfalls Wir nicht anstehen würden, mit geistlichen und weltlichen Waffen gegen sie vorzugehen, indem Wir dem Beispiele Unseres Vorgängers, Clemens V., zu folgen entschlossen seien, der gegen Venedig vorgehen musste, weil es Ferrara der Kirche entrissen hatte, den weltlichen Arm zu Hülfe rief und, nachdem er die Venetianer von der Gemeinschaft der Kirche ausgeschlossen hatte, ihre Güter preisgab. Auch Wir konnten ohne weiteren Aufschub und ohne fernere Monition in derselben Weise vorgehen, da Venedig gegen Unsere, am Tage coena Domini publicirten Warnungen in Ferrara eingebrochen ist etc." [1])

Der Papst theilte die getroffenen Massregeln dem Kaiser, den Königen von Frankreich, Spanien, England, Ungarn und Portugal, sowie den deutschen Fürsten zur Publication mit. Venedig appellirte, wie gesagt, an ein Concil und petirte bei den Mächten, dieser Provocation beizustimmen; aber Ludwig XI. liess die Sentenz gegen Venedig bekannt machen, wofür ihm der Papst ein

---

[1]) Rain. ad ann. 1483, n. 8—17.

besonderes Dankschreiben zugehen liess. Zugleich hatte der heilige Franz von Paula, der damals nach Frankreich ging, die Aufgabe, die Gründe für das Vorgehen des Papstes gegen Venedig des Weiteren auseinander zu setzen und den König zu ersuchen, die päpstlichen Gesandten vor denen Venedigs zur Audienz zuzulassen. Der Papst schreibt darüber an den heiligen Franz von Paula: „Agimus majestati regiae gratias, quod bullam censurarum contra Venetos editam tam benigne in regnis suis publicare mandavit, super quo etiam volumus, ut tu nostro nomine quando cum illius majestate eris, itidem facias et gratias illi agas eamque horteris, ut si orator Venetorum, qui istuc venturus dicitur, justificationes nostras mendaciis et oblocutionibus refellere volet, ne audiatur, aut fides ei adhibeatur, vel saltem nulla capiatur deliberatio, donec nostri et confoederatorum nostrorum oratores, quos missuri propediem sumus, istuc perveniant, qui etiam justitiam nostram aperient et majestatem regiam plenius informabunt.“ [1])

In einem weiteren Erlasse setzte der Papst die Nichtigkeit des Appells an ein Concil auseinander. Er beruft sich auf Papst Gelasius, Pius II. und die Synode von Mantua, auf das alte, in den Concilienbriefen übliche „salva in omnibus apostolicae sedis auctoritate:“ [2]) daher seien Diejenigen, welche von dem römischen Pontifex an ein imaginäres Concil appellirten, Uebertreter der Canones, welche die Einheit der Kirche zerreissen und den Primat leugnen wollten; ihre Appellation sei thöricht, gottlos, sacrilegisch, häretisch [3]) und incurrire die Excommunicatio

[1]) Rain. ad ann. 1483, n. 22.

[2]) „Ipsi sunt canones, qui appellationes totius Ecclesiae ad hujus sedis examen voluere deferri, ab ipsa autem nunquam appellari debere et ipsam de tota Ecclesia judicare, de ipsius autem judicio nunquam judicari sanxerunt.“ l. c. n. 20.

[3]) „Ex quibus manifeste infertur, quod hujusmodi eorundem

latae sententiae, von der Niemand als der Papst absolviren könne, und welcher alle Anhänger verfallen seien, die diese Lehre vertheidigten, beschützten oder ihr Vorschub leisteten, seien es Obrigkeiten oder Private. Daraus gehe hervor, dass die Appellation Venedigs an ein zukünftiges Concil der dem heiligen Petrus und seinen Nachfolgern verliehenen Gewalt widerstreite und darum nichtig sei. Ihre Gründe, sich nicht den Wünschen des apostolischen Stuhles beugen zu wollen, seien eitel, da der Herzog von Ferrara sich erboten habe, den Verpflichtungen gegen Venedig nachkommen zu wollen und den päpstlichen Verordnungen sich zu unterwerfen.[1])

Schauen wir auf das Verhalten des Papstes in dieser Angelegenheit zurück, so müssen wir ihn von aller Schuld freisprechen, den Krieg veranlasst oder befördert zu haben. Er hatte im Gegentheil Alles gethan, die Unbesonnenheit des Herzogs von Ferrara wieder gut zu machen und jede weitere Ursache des Krieges fern zu halten. Die Excommunication des Vicedominus durch den Vicar des Bischofs wurde durch Letzteren sofort annullirt, und derselbe schrieb einen entschuldigenden Brief an den Senat von

---

Venetorum appellatio, ex eo quia a Romano Pontifice non appellatur est ipso facto nulla, et quia ad fictum et imaginarium concilium interposita fuit sacrilega et abhorrenda extitit et ut ad tribunal omnipotentis Dei interposita per eos sustineri non potest, nisi alterum de duobus affirment, videlicet vel Omnipotentem ipsum B. Petro Apostolorum principi et per eum ejus successoribus omnimodam potestatem in terris non tradidisse et aliquid de ea retinuisse, vel quod a vicario ad eum, cujus vices gerit, cujusque unum et idem est tribunal, valeat appellari, quorum primum haereticum, aliud vero a sacris canonibus alienum esse nemo ambiget." l. c. n. 21.

[1]) Rain. ad ann. 1483, n. 17. Cfr. Muratori, Annali d'Italia, Tom. IX, p. 534.

Venedig, worin er das Missfallen des Papstes über den Vorfall hervorhob.[1]) Dem Herzog von Ferrara selbst stellt Muratori das Zeugniss aus: „Egli è fuor di dubbio, aver Ercole Duca tentata ogni via per impedir questa guerra, avendo spedito più volte Ambasciatori a Venezia con tutte le giustificazioni ed esibizioni più umili. Tutto invano: *era fisso il chiodo, guerra si voleva perchè parea certo il guadagno.*“[2])

Venedig wollte sich diese Gelegenheit, sich Ferrara's zu bemächtigen, nicht entgehen lassen und wies darum die sichersten Garantien, welche Papst und Herzog ihm boten, zurück. Der Krieg war auf jede Weise in Venedig eine beschlossene Sache; wo lag die Störung des Friedens, auf Seite des Papstes, der Alles that, die gekränkten Rechte Venedigs in Ferrara wieder herzustellen und den Herzog zur demüthigsten Unterwerfung nöthigte, oder auf Seite Venedigs? Wiederum ist es die Ländergier, die den Papst nöthigt, das Schwert gegen die Republik zu ziehen, die ihn erst aus der Hand seiner Feinde gerettet hatte; oder soll Sixtus IV. seinen Lehnsträger in Stich lassen, Ferrara der Verwüstung preisgeben und die Stipulation des mit Venedig geschlossenen Friedens, welche die Republik zur Unterstützung des Papstes verpflichtete, bei Seite werfen lassen, weil die Republik es für angezeigt hält, sich einen Einfall in das Territorium der Kirche zu erlauben, um seiner Eroberungslust zu genügen? Ist es die Schuld des Papstes, dass, wohin er sich wendet, Verrath und Eigennutz ihm entgegentreten, und will man ihn für die Schuld

---

[1]) Cfr. Romanin, l. c. p. 408. Dort die Belege aus den Secreten der Republik.

[2]) Annali d'Italia T. IX, p. 540. Die meisten Details über die Angelegenheit zwischen Venedig und Ferrara, bei Petrus Cyrneus Comment. (Rer. It. Script. T. XXI.) und Sanuto, Vite (Murat. T. XXII.)

der Potentaten Italiens verantwortlich machen? So erscheint es erklärlich, wenn in einer Zeit, wo das geschriebene und gesprochene Wort, der beschworene Vertrag keine Bedeutung mehr haben, als die, welche der augenblickliche Vortheil verleiht, der Papst, der zugleich Herr des Kirchenstaates ist, an die Gründung einer Hausmacht denkt und seine Nepoten, mit Fürstenthümern ausgestattet, als feste Punkte in diese Fluth ehrgeiziger Bewegungen setzt, die von allen Seiten über das Territorium der Kirche hereinbrechen.

Ferrante von Neapel hatte unterdess eine kleine Flotte von 50 Galeeren unter seinem Sohne Federigo ausgerüstet, welche sich nach Ancona gewandt hatte. Von da ging sie nach den Küsten Dalmatiens und griff die Insel Lissa an, die sie verwüstete. Da aber das Gebiet des Kirchenstaates und Apulien den Angriffen Venedigs offen standen, so schrieb Sixtus an Ferrante, er möchte die Flotte von Dalmatien abberufen und zum Schutz der italienischen Küsten verwenden; auch die Sicilianer ermahnte er, den Venetianern zu Leibe zu gehen, und erklärte die Letzteren für „infames", ihre Handelsobjecte für Beute des Eroberers. Trotzdem liefen die Verhandlungen fort, und im November sandte Sixtus einen Erzbischof zur Vermittlung nach Venedig.

Sixtus IV. hatte in dem Schreiben an den Dogen von Venedig auf die Gefahr eines hereinbrechenden Schisma's hingewiesen und deshalb die Nothwendigkeit des Friedens für die Kirche betont; in Frankreich wie in Deutschland trat eine schismatische Bewegung zu Tage: die Vorboten der grossen Revolution auf kirchlichem Gebiete im folgenden Jahrhundert.

Unter dem Vorwande, die Disciplin der alten Kirche zurückzurufen,[1]) hatte der Erzbischof von Krain, ein unwürdiges Mitglied des Dominicanerordens, die Kirche und

[1]) „simulato revocandae in Ecclesiam primaevae sanctitatis studio." Rain. ad ann. 1482, n. 23.

den Clerus mit starken Invectiven angegriffen,[1]) als er zwischen 1480 und 1482 nach Rom als kaiserlicher Gesandter gekommen war.[2]) Seine Hoffnung, die Cardinalswürde zu erhalten, war gescheitert, und in höchster Erbitterung darüber führte er, wie er selbst später aussagte, gegen den Papst eine so schonungslose Sprache (primum secrete et deinde coram testibus. Hottinger, Hist. eccl. N. T. saec. XV., Tiguri 1654, p. 347—604, App. sect. 1), dass ihn dieser festsetzen liess: „Eodem die (13. Junii 1481), sagt Jac. Volterranus, Andreas Archiepiscopus Craianensis in Adriani molem est trusus. Fuerat hic triennio continuo Romanorum imperatoris Friderici legatus; sed muneris depositi accepto nuntio, illico in carcerem est conjectus, tamen post aliquot dies, Cardinale Sancti Angeli deprecante libertati est redditus ac paulo post indignato nimium animo in Germaniam regressus est.“[3])

---

[1]) Infessura l. c. Cfr. Rain. l. c. „Quod autem antea querentem Pontificem audivimus, nonnullos schismatis conflandi nefaria agitare consilia, non praeterimus, fuisse hoc tempore in Germania nequissimum novatorem pseudodominicanum Andream nomine, archiepiscopum Craianensem Friderici Imperatoris legatum, qui, quod dignitatem cardinalitiam non adeptus esset, ira furens adversus majestatem pontificiam conjuravit ac Basileae conciliabulum, ut factionis socios sibi asscisceret, cogere annisus est, de quo haec tradit Jacobus Volaterranus: Hoc tempore, nempe junio ineunte, vulgatum est Romae quemadmodum Andreas archiepiscopus Craianensis pro Cardinali in Basilea se gerit ibique concilium inchoat contra Pontificem. Dicitur Fredericus Imperator secreto illi assistere. Basileenses illi aperte favere, ut frequens ibi concilium congregetur, non tam Pontificis odio, quam propria utilitate.“

[2]) Cfr. Burckhardt, Andreas von Krain, in den Beiträgen zur vaterländischen Geschichte, V. B. Basel 1854, p. 25. Die Vollmachtschreiben für den Krainer d. d. Grätz 17. August 1479 und Neustadt 24. Februar 1480 im Staatsarchiv zu Basel.

[3]) Diar. col. 136. Rain. l. c. bemerkt: „conjectum in vincula atque dignitate archiepiscopali exutum.“

Es ist nicht zweifelhaft, dass der Dominicaner Andrea Zuccalmaglio seine Erhebung zur erzbischöflichen Würde [1]) seiner politischen Stellung bei Friedrich III. verdankte. Slavonier von Geburt, ohne höhere theologische Bildung, ein Mann von ungebändigter Leidenschaft und masslosem Stolz, bildete er ein gefügiges Werkzeug in der Hand der Mächte, die sich seiner als Rüstzeug ihrer Angriffe gegen die Kirche bedienten. Sein Secretär und Vertrauter, Petrus Numagen, spricht verächtlich von einem Manne, [2]) der ausser seinem Hasse gegen die Curie keine wesentlichen Eigenschaften eines Reformators mitbringt und in der Abfassung seiner Pamphlete von den Inspirationen seines Schreibers abhängt. [3]) Auf der Rückreise durch Italien muss Andreas von der Liga, welche in dem erbitterten Manne ein geeignetes Werkzeug sah, dem Papste Verlegenheiten zu bereiten, gewonnen worden sein und von Florenz und andern Mitgliedern der Liga schriftliche Zusicherungen erhalten haben, ohne welche er sein Wagstück schwerlich unternommen hätte. [4]) Da man den Bann fürchtete, müssen diese Zusagen nur im Geheimen geschehen sein; auch war die Erscheinung des Krainers keine derartige, dass sie

---

[1]) Residenz in Laybach (Aemona). Hottinger l. c. p. 407 seq. Der Inquisitor Krämer wirft ihm „Slavonica vesania, durities, crudelitas, pernicies“ vor. Der Erzbischof entschuldigt sich mit S. Hieronymus, der sein Landsmann gewesen. Cfr. Burckhardt l. c. nota 1. p. I.

[2]) „Numagen glaubte bald zu bemerken, dass der Erzbischof nicht ganz bei gesunden Sinnen sei und in blinder Leidenschaft seinem Verderben entgegen gehe.“ Cfr. Burckhardt, p. 2. Dieser Secretär heisst bei Hottinger „Notarius et Sacellanus ecclesiae Tigurinae.“

[3]) Andreas war, nach Numagen, „nichts als beredt.“ Cfr. Hottinger, l. c. p. 855. „sola facundia, ut credo, sublimatus.“

[4]) Burckhardt, l. c. p. 49.

28*

grosse Hoffnungen auf eine wirksame antipäpstliche Führerschaft hätte erregen können. Dass Andreas auf diese ungewissen Zusagen einging, zeigt, wie gering seine geistige Begabung und seine Kenntniss der unzuverlässigen Politik der italienischen Fürsten war.[1])

Andreas wandte sich zuerst nach Bern, wo er in Folge der kaiserlichen Geleitsbriefe sich einer guten Aufnahme erfreute. Schon hier scheint er sich als Cardinal und päpstlicher Legat geberdet zu haben, da man ihm „päpstlicher Heiligkeit zu Ehren," einen guten Empfang bereitete. Die Berner gaben ihm ein empfehlendes Schreiben nach Basel mit, wo er, ohne die Gastfreundschaft seines Ordens in Anspruch zu nehmen, sich im Hause „zum König" eine Wohnung miethete.[2]) In der Schweiz fand sich in der Person des Peter Numagen aus Trier ein Privatsecretär zu ihm, der in seinem Namen, wohl aus Inspiration kirchenfeindlicher Mächte die berüchtigten Actenstücke, besonders die Citation Sixtus IV. abfasste,[3]) wie er selbst sagt, weil er als kaiserlicher Notar gern dem seine Feder leihen wollte, der sich einen kaiserlichen Gesandten nannte. Die erste offizielle Erzählung des Raths von Basel[4]) erwähnt, dass Andreas am 25. März 1482 während des Amtes im Münster ein Concil angekündigt habe. Der Secretär berichtet: „im Chor des Münsters habe er schreckliche Dinge gegen Papst Sixtus vorgebracht und dann auf alberne Weise ein heiliges Concil der heiligen katholischen Kirche

[1]) Burckhardt, p. 2, n. 1.

[2]) Hottinger, p. 353, 394 „in stuba domus ad regem." Die späteren heftigen Invectiven des Andreas gegen den Orden, dem er angehörte, zeigen, dass er wohl nie grosse Freundschaft mit ihm gehalten hat. l. c. p. 422 seqq.

[3]) Hottinger, p. 357 „multa ejus rogatu scripsi."

[4]) Cfr. Burckhardt p. 3, 4.

versprochen aufzurichten; des folgenden Tages erschien er im Rath mit der offiziellen Anfrage, ob man ihm als einem Diener und Rath der kaiserlichen Majestät Sicherheit des Aufenthalts gewähren wolle. Er entfernte sich vorläufig, ohne Antwort abzuwarten."[1])

Da der Krainer sich als einen kaiserlichen Gesandten bezeichnet hatte, der aus Rom zurückkehrte, sich den Titel eines Cardinals (v. S. Sisto) und päpstlichen Legaten beilegte und im Namen des Kaisers ein Concil verkündigte, so konnte das Auftreten dieses Mannes nicht ohne Eindruck bleiben; naturgemäss vermuthete man hinter diesem Gesandten des Kaisers diesen selbst, und dieser Umstand gab der Bewegung grössere Bedeutung.[2])

In Folge der öffentlichen Rede des Krainers im Chor des Münsters und der Ansprache an den hohen Rath zu Basel, wo er sich auf seine Eigenschaft als kaiserlicher Minister berief, wurde ihm durch Brief und Siegel freies Geleit versprochen, wenngleich seine starken Invectiven gegen den Papst die Vermuthung nahe legten, dass hier Privathass im Spiele sei.[3]) Des Krainers Secretär glaubte schon jetzt am Anfange der Thätigkeit dieses Mannes zu bemerken, „dass sein Patron im Kopfe nicht ganz richtig sei (cerebro laesus), dass er seiner selbst nicht mächtig, keiner Erwägung fähig, für keinen Rath mehr empfänglich sei, und Ansichten dieser Art mussten bald auch unter

---

[1]) Die Nachricht kam im Juni nach Rom. Jac. Volt. bemerkt, wie vorhin citirt: „Hoc tempore (nempe junio ineunte) vulgatum est Romae quemadmodum Andreas archipraesul Craianensis pro Cardinali in Basilea se gerit ibique concilium inchoat contra Pontificem."

[2]) Cfr. Jac. Vol. „Dicitur Fredericus Imperator secreto illi assistere, Basileenses illi aperte favere, ut frequens ibi concilium congregetur, non tam Pontificis quam propria utilitate." Hott. p. 360.

[3]) Burckhardt, p. 28.

den Mitgliedern der Regierung rege werden." [1]) Trotzdem schien das Unternehmen den Baslern gewinnbringend genug, um einen theilweise seiner Verstandeskräfte beraubten Mann als Hebel einer Bewegung zu gebrauchen, die durch die möglicherweise sich ergebende Zusammenkunft reicher Prälaten der Stadt materielle Vortheile bringen konnte. [2])

Am 27. April schrieb der Papst zum erstenmal an den Rath von Basel und bat diesen, den Bischof nöthigenfalls bei Ausführung der päpstlichen Befehle zu unterstützen. [3]) In Folge dessen trat der Rath zusammen und entschied „vorläufig dem Krainer das Geleit zu belassen." [4]) Dieser hatte an den Kaiser geschrieben und die Antwort erhalten, der Sache Einhalt zu thun und an den kaiserlichen Hof zu kommen. Der Rath erhielt ebenfalls auf seine Anfrage beim Kaiser den Bescheid: sich der Sache nicht weiter anzunehmen, bis der Kaiser sie empfehle.

Im Laufe des Mai traf ein päpstlicher Bote, Hugo von Landenberg, Propst zu Erfurt, in Basel ein und bat um die Auslieferung des Krainers, die ihm abgeschlagen wurde. [5]) Der Papst hatte unterdess den Minoriten Antonius Gratia Dei, der als Gesandter Kaiser Friedrichs und Maximilians nach Rom gegangen war, informirt und denselben nebst zwei Ordensbrüdern nach Innsbruck zum Erzherzog Sigismund geschickt, um zu hören, ob dieser an dem Auftreten des Krainers in Basel betheiligt sei. Von hier sollte der

---

[1]) Burckhardt, p. 29. Hottinger, p. 356 „non sui compos, sed amens."

[2]) Cfr. Rain. l. c. „Agitabantur nimirum Basileenses avaritiae stimulis, scilicet conficiendi plurimi auri spe, si episcoporum solemnes coetus in ea urbe celebrarentur."

[3]) Breve v. 27. April 1482 im Staats-Archiv zu Basel. B. p. 29. Der Bischof war Caspar ze Rin.

[4]) Nach B. 6. Mai.

[5]) B. p. 32, 33.

Bote nach Wien zum Kaiser gehen, falls er in Innsbruck zufriedenstellende Nachrichten erhielte. [1])

Unterdess schrieb der Kaiser an den Krainer und an den Rath von Basel, aber beide Schreiben waren unbestimmt und abwartend gehalten. Andreas hatte neue Programme erlassen und masslose Beschimpfungen der Hierarchie zu Tage gefördert. „In den ersten wie in den folgenden öffentlichen Aufrufen, Expositionen, Invectiven," sagt Burckhardt, „fällt sofort der Mangel jeder eigentlich theologischen, dogmatischen Opposition auf. Das erste wie das letzte Wort bezieht sich auf die Verderbniss der Hierarchie, auf die Rechte der allgemeinen Kirche, so gut wie nichts aber auf die Lehre im engeren Sinne. Der Erzbischof verdient schon deshalb nicht, in die Reihe der „Reformatoren vor der Reformation" gesetzt zu werden etc. Ueberdies sind jene Aufrufe nicht einmal vom Erzbischof selber abgefasst, sondern nur unter seiner Eingebung von Petrus Numagen zusammengeschrieben." [2])

Das erste dieser Actenstücke, vom 20. Juli 1482 schildert die Verderbniss der Kirche und empfiehlt als einziges Mittel dagegen ein Concil, wozu sich Basel am besten eigne, da das alte Concil noch nicht beendigt sei. Dann kommen wilde Ergüsse über die Verderbtheit der Curie und wird der Papst aufgefordert, das Concil zu beschicken, widrigenfalls ihm mit Entziehung des Gehorsams, oder mit Absetzung gedroht wird. [3])

Dann folgt [4]) die lange Invective gegen den Papst,

---

[1]) B. l. c. Hottinger, p. 567—572. Breve d. P. vom 1. Juni p. 570.

[2]) B. l. c. p. 35. Cfr. Joh. v. M. V, p. 288.

[3]) Cfr. Hottinger, p. 360 seqq.

[4]) XII. Kal. Augusti. Cfr. Rain. l. c. n. 24. „Eo prorupit improbissimi hominis impudentia, ut Pontificem in jus vocare apud concilium ausus sit. Hottinger, p. 368—394.

welche öffentlich in der Stadt angeschlagen wurde. „Schon in den ersten Worten dieses schrecklichen Actenstückes redet er denselben Sixtus, von dem er noch Tags zuvor den Besuch seines Concils verlangte, gar nicht mehr als Papst an: „O Francesco von Savona, Sohn des Teufels, der du zu deiner Würde nicht durch die Thür, sondern durch das Fenster der Simonie hereingestiegen! Du bist von deinem Vater, dem Teufel, und deines Vaters Willen begehrst du zu thun. „In diesem bis auf Luther nicht mehr erhörten Stil wird dem heiligen Vater eins nach dem andern in's Gesicht geworfen." [1])

Die Energie und Wachsamkeit des Papstes schlummerten nicht. Inmitten der Fehde mit Neapel, von Feinden umstellt, in der eigenen Stadt seines Lebens nicht versichert, hielt er seinen Blick fest auf diese Bewegung gerichtet. Am 21. Juli entsandte er von Rom aus den Bischof von Suessa,[2]) Angelo Geraluna, der die Excommunicationsbulle des Krainers brachte. Die Bulle betont, dass Andreas sich einen Cardinalstitel angemasst habe und verlangt, dass derselbe als Betrüger zur Busse eingesperrt werde. Der Legat ging, wie Rainaldi sagt, zum Kaiser, um ihn über den Character des Mannes aufzuklären,[3]) der sich auf die kaiserliche Autorität stützte, um sein unsauberes Treiben zu fördern.

---

[1]) B. l. c. Der Rath von Basel liess diese Pamphlete abreissen.

[2]) „Perfunctus est eo munere episcopus Suessanus." Rain. l. c. Die Bannbulle datirt vom 16. Juli. Dieselbe im Auszug (nach B.) bei Wurstisen p. 468. Im Brief an den Kaiser (Hottinger, p. 557) nennt sich Andreas „cardinalis utique creatus."

[3]) „Missam vero ad Caesarem legationem addit auctor ne cavillis impostorum subornari se pateretur doceretarque pontificiam majestatem nullum in terris judicem agnoscere, indicendorum conciliorum jus ad eam spectare, neque ulla valitura, quae illius auctoritate non fulciantur."

Während der Krainer sich nochmals in einem dringenden Schreiben an den Kaiser wandte, erschien ein Erlass des damaligen Inquisitors für Oberdeutschland, Heinrich Krämer, der den Krainer als „infamem, schismaticum et haereticum" bezeichnete. Derselbe wurde darin zu einer Disputation aufgefordert, zog es jedoch vor, durch eine Schmähschrift zu antworten, die ganz besonders gegen den Dominicanerorden, sowie gegen die Minoriten gerichtet war. [1])

Während der Rath von Basel, durch einen neuen päpstlichen Abgesandten, den Prior Kettenheim, gedrängt wurde, sich zu entscheiden und endlich mit dem Papst selber verhandeln zu wollen erklärte, traten Abgesandte der italienischen Liga als Bundesgenossen des Krainers auf. Der eine derselben, Bartolommeo aus Piacenza, kam im Namen des Herzogs von Mailand, der andere, Baccio Ugolini, ein Vertrauter Lorenzo's de' Medici, im Namen der Florentiner.

Der erste Bericht Ugolini's an Lorenzo, vom 20. September 1482, meldet die Ankunft des Gesandten in Basel am 14. Wir ersehen aus diesem Schreiben, dass der unglückliche Andreas das gefügige Werkzeug für die Pläne der italienischen Fürsten abgeben sollte, dem Papste Verlegenheiten zu bereiten. Diese Schreiben präcisiren zugleich den Standpunct des Mediceers den Interessen der Kirche gegenüber. Die Kirche ist für ihn nur eine Macht, die, sofern sie sich seinen Plänen gefügig erweist, von ihm benutzt und gepflegt wird; tritt sie seinem Ehrgeiz entgegen, so wird mit allen Mitteln dagegen gestritten, und die unedelsten Werkzeuge werden hervorgesucht, des Papstes Widersacher zu stützen, während die hochtönendsten Phrasen von den Gefahren der Christenheit, dem vom Papste vernachlässigten Feldzuge gegen die Türken

---

[1]) „Wir sind berechtigt, sagt B., mit Peter Numagen selber an seinem Verstand zu zweifeln." l. c. p. 45. Hottinger, p. 422 seqq.

die Massen über die wirklichen Ziele der Tyrannis täuschen müssen. So bröckeln die moralischen Stützen der Gesellschaft unter dem Pesthauch der Selbstsucht auseinander, und der Grossinquisitor hatte wahrlich recht, als er dem Krainer die Worte entgegenhielt: „Cujusmodi reformatio? Dic, ubi obedientia principum? ubi zelus fidei? Et quia ista deficiunt, quaeso, ex conciliis cujusmodi reformatio proveniet?[1]"

Der Bericht Ugolini's lautet:

„Am 14. hujus kam ich mit dem Gesandten Mailands hier an und ging sogleich zum Krainer, begleitet von einem hiesigen Bürger, Giovanni Hermin,[2]) und offerirte ihm in Eurem Namen zu Gunsten dieses Unternehmens soviel ich wusste und konnte, indem ich ihn lobte und ihm schmeichelte, wie das so der Brauch ist. Nachdem wir so miteinander scharmützelt, kamen wir auf den Grund der Sache zu sprechen, welche, obgleich er viel Wesens davon macht, mir doch nicht so bedeutsam erscheint, wie man sie darstellt und der ich nicht mehr Vertrauen entgegenbringe als gerade nöthig ist. Vom Kaiser weiss er nichts Bestimmtes anzugeben, woraus man schliessen könnte, dass er der Sache geneigt sei, dagegen von Frankreich und andern Ländern und besonders von Savoyen; aber ich glaube nur so viel, als ich sehe. Was ich Brauchbares gefunden habe, ist zuerst seine Person (?), denn er scheint mir in der That ein zu jeder bedeutenden Unternehmung (?) sowohl durch Muth als durch Verstand und Wissen (?) tüchtiger Mann zu sein und was noch mehr, er hat Praxis und Erfahrung in der Welt, weshalb er viele Jahre in bedeutenden Geschäften und ansehnlichen Gesandtschaften verwendet worden ist.

Die Hauptsache aber ist die, dass er Frate ist; das

---

[1]) Hottinger, p. 413.

[2]) Hans Irmy.

ist die Krone aller seiner Eigenschaften, und er hat ein Vertrauen erweckendes, unerschrockenes Gesicht und wird seinen Mann stellen und sich Niemand nahe kommen lassen.

Dann gefällt mir auch das Land, das man dazu ausgewählt hat, denn nach meinem Dafürhalten könnte es gar nicht tauglicher, schöner, gesünder und geeigneter sein für den Verkehr von Wagen, Schiffen etc. Auch könnten die Bürger gar nicht in besserer Stimmung sein, worauf ich mehr Werth lege, als auf alles Uebrige, denn ich habe Gewissheit darüber. Deshalb haben sie auch gar nicht gewollt, dass ihre Priester das Interdict beobachteten, und offenbar begünstigen sie den Erzbischof so viel sie können; noch gestern schickte man den Kanzler der Stadt zum Kaiser, um sich zu beklagen, dass der Papst sie interdicirt habe und ihn daran zu erinnern, dass er das Concil nicht von hier verlegen lasse, denn wenn es nicht hier zu Stande kommt, würde es anderswo nur zum Schaden des Krainers sich aufthun.[1])

Schon vor einem Monat ist ein Gesandter an den Kaiser abgegangen, dann ein Courier mit Briefen, aber weder von dem Einen noch von dem Andern hat man bis jetzt die geringste Nachricht erhalten; jeden Tag erwartet man sie zurück. Der Mailänder und ich sind in Ungewissheit, und da wir hier nur so heimlich hereingekommen sind und unsere Diener nicht mitgenommen haben, wissen wir nicht recht, wie wir uns zu verhalten haben. Wenn eine gute Antwort eintreffen sollte, werden wir uns der Commune in unserem Character als Gesandte vorstellen, und vielleicht werde ich es auch ohne den Mailänder und, ohne die Antwort des Kaisers abzuwarten, thun,

---

[1]) Der Zweck dieses Concils war also nicht das Beste der Kirche, sondern die Begünstigung eines sinnlosen Betrügers, um egoistische Zwecke zu verfolgen.

um auf jeden Fall unsere Person sicher zu stellen; denn sollten sie durch den Krainer erfahren, dass ich in der bewussten Angelegenheit hier bin, so möchten sie, wenn ich mich nicht zu erkennen gebe, Verdacht schöpfen. Doch bin ich mit mir darüber noch nicht recht im Klaren: Gott möge mich erleuchten! (sic.) Sollte übrigens die Angelegenheit, weil der Kaiser entgegen ist, keinen Fortgang haben, so dünkt es uns passend, das Concil nach Pisa zu verlegen, oder anderswohin in Italien; der Erzbischof ist dem auch gar nicht abgeneigt. Denket Ihr einmal darüber nach und gebet uns Nachricht von Eurer Meinung. Pisa ist ein für Spanien bequemer Ort und auch für die anderen Mächte, die vielleicht unserem Plane geneigter sind als Deutschland. Dieser Mann aber ist ganz geeignet dazu, es dem Papste und dem Grafen (Riario) einzuträuken, und das ist genug[1]) etc. Basel 20. September 1482."

Der zweite Brief ist zehn Tage später geschrieben:

„Mit dem mailändischen Courier, den wir am 20. hier abfertigten, schrieb ich ausführlich an die Acht und Ew. Magnificenz etc.

Seitdem ist nichts für oder gegen besagte Angelegenheit gethan worden, was von Bedeutung wäre, aber die Sachen stehen eher besser als schlechter. Die feindlichen Legaten haben keine besonderen Fortschritte gemacht und weilen noch in einem Flecken Namens Torego (Suring), eine Tagreise von hier, und wir glauben, sie fürchten sich hereinzukommen wegen des Unwillens, der hier über das Interdict herrscht, vielleicht haben sie auch andere Intentionen und verzögern den Streich, den sie gegen uns führen sollen, um ihn desto intensiver zu machen. Wer

[1]) Cfr. Fabroni II, p. 229. „Costui è huomo per fare ogni cosa, purchè e tuffi el Papa, el Conte, e questo basti."

kennt ihre Geheimnisse? Furcht haben wir nicht vor ihnen, vielleicht sie vor uns etc.

Die Bürger stehen fest in ihrem Glauben an das Concil,[1]) und wenn der Kaiser sie nicht nöthigt, lassen sie uns sicherlich nicht ohne Hülfe. Ihr Gesandter, von dem ich schrieb, dass er zum Herzog Sigismund gegangen sei, ist zurück, und man hört, er habe sehr gute Nachrichten gebracht; das Einzelne kennt man freilich noch nicht, denn sie sind viel verschlossener als wir und halten viel auf die Ehre ihrer Sache. Jener Freund des Namens Medici, der hier war, ist auswärts in einer Gesandtschaft,[2]) und so haben wir schlecht Fischen nach Geheimnissen; dennoch, wenn etwas vorfällt, kann es uns nicht lange verborgen sein. Vom Kaiser ist weder Brief noch mündliche Antwort auf die an ihn gesandte Botschaft gekommen. Da der Krainer den hiesigen Bürgern erzählt hat, dass wir im Interesse dieser Sache gekommen wären, und indem ich zweifelte, ob die Stadt in Erwartung der Gesandten nicht schwankend sei, wenn der Erzbischof so allein bleibt, habe ich mich nun dem Rath in meiner Eigenschaft als Bevollmächtigter unserer Signorie entdeckt und die Briefe überreicht. Darnach hielt ich eine längere Rede zu Gunsten des Concils, indem ich die Herren dieser ehrwürdigen Unternehmung halber lobte und die Person des Krainers hervorhob, während ich, die Regierung Sixtus IV. verächtlich dar-

---

[1]) Cfr. Hottinger, p. 353 (Stettler, lib. VI, p. 288). „Reversus ex Italia 1482 Bernam venit, ubi coram senatu mentem suam et Reformationis studium aperuit, tanto cum successu, ut Magistratus eum literis Basileam fuerit comitatus. *Basileae tantum apud cives habuerunt pondus, ut spes optati successus haud vulgaris ei apparuerit.*"

[2]) Hans Irmy war als Gesandter nach Rom gegangen.

stellend, die Nothwendigkeit eines Concils betonte. Sie hörten das Alles dankbar an und besonders gefiel ihnen, dass ich nicht nur Hülfe, Unterstützung, Gesandtschaften und Betheiligung von Prälaten seitens der Florentiner versprach, sondern in ihrem Namen seitens der Liga.[1])

So halte ich mich überzeugt, dass ihnen das in ihrer Unschlüssigkeit wegen der kommenden Gesandten des Papstes nicht wenig Kraft und Stütze geben wird, gemäss dem Worte des Terenz „dum in dubio est animus etc." Nachdem ich gesprochen hatte, verhiess man mir, die Antwort darauf nach geschehener Consultation zukommen zu lassen. So stehen die Dinge. Heute werde ich sie zu Haus erwarten und werde sehen, ob sie Muth haben. Postscripta: es sind vier von ihren Bürgern bei mir gewesen und haben mir von Seite des Senates viel Lobsprüche zu Theil werden lassen, indem sie den Florentinern für ihre Anerbietungen danken lassen. Was die Concilsangelegenheit betrifft, so versichern sie, gegen den heiligen Stuhl wohlgesinnt zu sein und, soweit es in ihrem Willen steht, dafür sorgen zu wollen, dass die Kirche, welche sie in grosser Gefahr, oder besser, in Ruin sehen, im Glauben an Christo reformirt werde. Dennoch versichern sie, nichts von selber angefangen, sondern Alles mit Zustimmung des Kaisers gethan zu haben, von dem sie in wenigen Tagen noch gewisse Zusagen erwarten; sobald sie diese erlangt haben, wollen sie mich davon benachrichtigen, damit ich an unsere Signoren berichten

---

[1]) Demnach muss die Liga ernstlich die Unterstützung des Krainers beabsichtigt haben. Nach einer von Burckhardt (l. c. p. 49. nota 3) citirten Schweizerchronik konnte Andreas vorlegen „von vil Stetten, Comunen und Pottentaten versiglette Mandatten und Brieff."

kann, dass diese, wie ich versprochen, Gesandte und Prälaten herschicken. Ich dankte und machte die gewöhnlichen Höflichkeitsformen etc. Uebrigens habe ich eine solche Herrschaft über den Krainer erlangt, dass er über nichts froher ist, seitdem er einmal diese Affaire begonnen hat, als dass ich mich nun den Herren entdeckt habe; er will mich jetzt gar nicht mehr aus dem Gesicht verlieren, weder, um zum Kaiser zu gehen, noch anderswohin.[1]) Er erhebt stündlich seine Hände unzähligemal zum Himmel und dankt Gott, der mich ihm gesandt hat (?) Fraget nicht, mit welchem Eifer die Doctoren der Universität die Schriften lesen, die ich hier im Rathe mitgetheilt habe. Was können wir mehr wünschen? Der Papst ist verhasster hier als dort, und wenn der Kaiser uns nicht einen Strich durch die Rechnung macht, hoffe ich den besten Erfolg. Basel 30. September 1482."

Der Bischof Angelus von Suessa kam im Laufe des October nach Basel, ebenso der Bischof Caspar ze Rin und der Erzherzog Sigismund; die Eidgenossenschaft schickte Gesandte zur Vermittlung.[2])

In der am 22. October durch den Rath anberaumten Sitzung, der diese Herren anwohnten, trat der päpstliche Legat mit der grössten Entschiedenheit auf und forderte den Rath binnen 30 Tagen vor den heiligen Stuhl. Die Verlegenheit des Krainers erreichte damit den höchsten Grad, da auch die erwarteten Depeschen aus Florenz ausblieben. Das armselige Werkzeug der Leidenschaft und des versteckten Hasses der Mächte, die ihn als Agent auf

---

[1]) Ein sicheres Zeichen, wie sehr er die Macht des Papstes fürchtete und von der Schwäche seiner Unternehmung überzeugt war, ist dieses Anklammern an die Verheissungen der Florentiner.

[2]) B. l. c. p. 56.

die Bühne schoben und achtlos fallen sahen, als ihren Combinationen die noch ungeschwächte geistliche Macht entgegentrat, erschien wie ein Rohr, vom Winde bewegt, bereit „sich dem Ersten an den Hals zu werfen, der ihm persönliche Sicherheit gewährleisten könne."

In dieser Stimmung ist der dritte Brief Ugolini's abgefasst:

„Aus dem letzten Schreiben vom 24. an die „Acht" und Ew. Magnificenz werdet Ihr vernommen haben, in welchen Hoffnungen und Plänen ich mich bewegte. Was es auch sei, Nichts soll meine Ansicht vom Concil erschüttern, wenn auch inbetreff des Ortes und der Person des Krainers irgend ein Zweifel sich erheben sollte, wegen der grossen Anstrengungen, welche unsere Feinde machen. Es gereicht mir zu grossem Kummer, auf alle meine Briefe niemals die geringste Antwort erhalten zu haben, nicht einmal durch die zuverlässigsten Boten; auf die ersten drei Depeschen konnte wenigstens Antwort kommen!

Wenn mir von Ew. Magnificenz ein Wink über das von mir einzuhaltende Verfahren zugegangen wäre, so hätte ich gewusst, mit welchem Winde ich diese schwankende Barke hätte dirigiren sollen, aber ohne Antwort zu handeln wagte ich es nicht, denn wenn ich auch im Allgemeinen die Intentionen Ew. Magnificenz kannte, so wusste ich sie doch nicht im einzelnen Falle, da ich verschiedene Züge in der Hand hatte.

Der Krainer, wenn er auch noch nicht verzweifelt, hier etwas auszurichten, sucht doch nach anderen Brücken, und es ist wohl glaublich, dass, wenn er hier keinen Erfolg hat, er sich Demjenigen in die Arme werfen wird, der ihm die grösste Sicherheit gewährt, wenn er sich zurückziehen kann. Ich habe ihm bis jetzt nichts anderes geben können, als mein Vertrauen allein, indem ich ihm versprach, die Liga werde ihn auch ferner begünstigen und seine Schritte begleiten, um ihn im Eifer zu erhalten. Aber vielleicht will die Liga ausserhalb Basel sich gar nicht in ein Concil mischen, oder sie hat andere Pläne, die ich nicht wissen kann, so dass, wenn ich auch im Besitz eines Generalmandates bin, Alles zu thun, dass das Concil in's Leben trete, mir doch detaillirte Instructionen über Eure Intentionen, ohne welche ich im Dunkeln umhertappe, nöthig sind. Wir bemühen uns aus allen Kräften, dass das begonnene Werk guten Fortgang habe, und obgleich das Fundament schwach ist, sind wir doch überzeugt, dass das Haus nicht ganz baufällig ist. (?) Selbst wenn der Kaiser oder die Schweizer uns Basel nehmen sollten, dürfte, meines Erachtens, die Liga nach solchem Anfang die Unternehmung nicht fallen lassen. Die laufenden Ereignisse berichte ich an die „Acht", meine Gedanken an Ew. Magnificenz, mit der ich freier verkehren kann, als mit der Behörde etc. Der Ausgang ist ungewiss; wenn jedoch einen Monat nach unserer Ankunft ein einziger Prälat sich für uns erklärt hätte, würde die Sache nicht so weit zurückgegangen sein und so ungünstig stehen, wie es jetzt der Fall ist: käme die Sache nur wenigstens in Fluss, und zögerte man nicht, die Medicin einzugeben, bis der Kranke todt ist! Diese Ungewissheit ist peinlich! Vielleicht hat der Kaiser sich ungünstig geäussert, und was dann thun? wäre er dagegen, müsste man die Angelegenheit in Fortgang erhalten und auf ein geeigneteres Terrain verlegen." Basel, 25. October 1482.

Wir sehen aus diesem Schreiben, dass der „fidatissimo" Lorenzo's de' Medici [1]) ein Generalmandat besass, das ihm Vollmacht gab, dem Krainer jede erdenkliche

---

[1]) „me' è parso mandarli Bartolomeo Ugolini mio fidatissimo." Cfr. Lettere di Lor. il Magn. al Duca Ercole d'Este, bei Cappelli, Lettere di L. de' Medici, Modena 1863.

Hülfe zuzusagen. In Florenz, d. h. bei der Partei des Mediceers lag die bestimmte Absicht vor, den Papst und die Kirche in Verlegenheiten zu stürzen, unter deren Schutz sich so manche Pläne verwirklichen liessen, die der noch kraftvolle Arm Sixtus IV. vernichtete; dass diese klägliche Unternehmung an dem Willen des Kaisers scheiterte, mindert die schuldbaren Intentionen der italienischen Bundesgenossen nicht, die aus den niedrigsten Motiven diese antikirchliche Bewegung förderten. Dass das klägliche Werkzeug[1]) ihrer Pläne seine Carriere mit der An-

[1]) Cfr. Hottinger, p. 355. „Gesta Archiepiscopi Craynensis in facto Indictionis Concilii, per Petrum Numagen Trevirensem descripta feliciter incipiunt. Canit, non arte dulciter Philomela, sed natura, quae illi in sui pestem hoc donum concessit, ut ejus delectata, utpote quae cantu placeat, cantu, ut ajunt, continuato moritura deficiat. Cattus nequam rabiem, mentita mansuetudine, dissimulans, blanditiem sibi pungit dire, muris visi avida etc. *Miser ille Archiepiscopus dictus Craynensis, postquam corde invido et dementi audacia in choro Ecclesiae Basileensis execrabilia in summum nostrum Pontificem Dominum Sixtum IV. pupugisset, sacrum Concilium Ecclesiae s. Catholicae insulsa pronuntiatione promittens, Bernenses in sui amorem traxit, quorum favore ipse a Basileensibus tutelae receptus est; homo, inquam, qui sola facundia, ut credo, sublimatus et ab eadem ipse praecipitanter deceptus, aliosque multos decepit.* Sunt et plura, sed pauca dicam, quae me ad familiaritatem suam induxerunt, inductumque in ea (saepe tamen interrupta) retinuerunt. *Homo ille cerebro laesus, non sui compos semper, sed amens, in parte vero amente periculosior, nihil sibi prospexit, nihil ponderavit capitis sui furore in haec maxima mala seductus est, dum nec quisivit consilium, nec cepit oblatum. Hujus quamvis criminationes, tam publicae, quasi dissimulatae invidiae domesticae revera displicuerint, publicationis tamen solemnitas et rei gestae series magnitudoque illius audaciam, ne dicam temeritatem in admirationem vehementem traxerunt,* ut qui non timeat, inter tot doctos viros Praelatosque et utriusque status personas praestantissimas hujusmodi attemptare.“ Peter Numagen betont dann, dass er von seinen „praeceptores“

massung der Cardinalswürde und anderen betrüglichen Dingen anfängt, die dem Privatsecretär sofort das Bekenntniss abnöthigen, er habe es mit einem unzurechnungsfähigen Menschen zu thun, war den Beschützern desselben wenig förderlich, obgleich der Florentiner Ugolini am wenigsten davon berührt erscheint; der Vertraute Lorenzo's de' Medici ist über diese Bedenken erhaben, denn die Hauptsache ist: „Andreas ist Frate und ganz der Mann dazu, es dem Papste und dem Grafen Riario einzuträ̈nken." Dass Lorenzo de' Medici die Depeschen seines eifrigen Vertrauten nicht entsprechend beantwortete, liegt wohl daran, dass er sich seiner Rolle als Protector schämte, oder besser, die Censuren des Papstes fürchtete, die seiner Regierung keineswegs förderlich waren, indem sie die Unzufriedenheit des Volkes gegen den Urheber derselben erregten.

Vergleichen wir diese Briefe, in denen ein der Kirche feindseliger Geist spricht, mit der „Synodus Florentina", mit den Briefen an den Kaiser, den Erwiederungen der Republik auf die Bullen des Papstes, den Schreiben Lorenzo's an den König von Frankreich, den unsauberen Ergüssen Filelfo's, so findet sich eine merkwürdige Ueber-

gedrängt worden sei, immer wieder sich dem Krainer anzuschliessen: „me adhortationibus multis compulerunt ipsi adesse, quasi maximae salutis de eo expectatio esset. Unde saepe illis, ne dicam vaticinio quodam quae secuta sunt, insinuavi, et tamen quoties me subtrahere ab ejus frequentia studui, illi me semper arguentes in eandem reduxerunt, credentes quidem mihi de inscitia, sed de occulta intelligentia et favore D. n. Imperatoris sperantes *eo quod Archiepiscopus et in magnis ambassiatis fuisset, tum Papae, tum Imperatoris, cujus etiam se oratorem nominavit.*" Später entschuldigt er sich damit: *„Sum enim scriba publicus a dextrisque et a sinistris desiderantibus calamum accommodo, obsequor, et obsequii mercede me sustento."*

29*

einstimmung geistiger Hohlheit, Haltlosigkeit und Zerrissenheit, Rohheit des Gefühls, Mangel an Muth und gutem Gewissen, während die Erlasse des Papstes in ihrer kühnen Haltung, vornehmen Ruhe und einschneidenden Logik die innere Kraft verkünden, die der hinter einem Wortschwall sich bergenden Muthlosigkeit entgegentritt. Hier vernehmen wir das Rauschen in den Zweigen der Eiche, dort ist es das Schilfrohr, das dem Winde sich beugt. Florenz unter den Mediceern geniesst das traurige Vorrecht, jenen antikirchlichen Geist erzogen zu haben, der das Kind der Tyrannis ist, der seine Nahrung aus den erschlafften, des edleren Weltkampfes[1]) entwöhnten Geistern zieht und der, indem er seine Spitze gegen die Autorität der Kirche wendet, unter dem Scheine der Freiheit und des Eifers für die Reinheit des Glaubens, das Mark der Volksfreiheit[2]) zerstört, wie ein giftiger Thau sich über die Ernte wahrer und echter Geistesfrüchte lagert und blühende Länder in Wüsten umwandelt, gleich der Barbarei des Islam. Die Sache des Krainers wurde durch die Ende October einlaufenden Schreiben des Kaisers gänz-

[1]) Cfr. Joh. von Müller (Allgem. Gesch. Buch XVII, Cap. 7): „Aus dem Schoosse dieser Unruhen brach das Licht der Wissenschaften hervor, und erhoben sich Tugenden wie bei den alten Griechen und Römern. Gleichwie das Leben der Natur durch Wirkung und Gegenwirkung entgegen arbeitender Kräfte besteht, gleichwie die Religion die ewige Ruhe nicht hier giebt, sondern zu Kämpfen des Lebens stärkt, so bedarf der menschliche Geist und die Energie der Seele grosse Durchschütterungen und unübersteiglich scheinende Hindernisse, um, zurückgekehrt in sich, die von Gott in uns gelegte Kraft aufzurufen, dass sie sich entwickle und erhebe." (Die ital. Republiken.)

[2]) Joh. von Müller (l. c. B. XV, Cap. 5) sagt von Papst Alexander III., dem Bezwinger Barbarossa's: „Dieser Toscaner war der Vater der italienischen Republiken."

lich preisgegeben,[1]) in denen ihm vorgeworfen wird, dass er schon in Rom gegen kaiserlichen Befehl gehandelt habe und nur aus Rücksicht auf ihn, den Kaiser, aus dem Kerker befreit worden sei; obgleich er abberufen und nach Wien citirt worden, habe er vorgezogen, nach Basel zu gehen und daselbst aus Leichtsinn, Bosheit und Rachsucht ein Concil zu versammeln gesucht, was an sich nur dem Papste und dann dem Kaiser zustehe. Er habe sich fälschlich als einen kaiserlichen Gesandten ausgegeben und Einvernehmen mit ihm, dem Kaiser, vorgegeben, um seine Sache dadurch zu fördern. Dann werden die Basler aufgefordert, ihn zu verhaften, als Schismatiker, Rebellen und Majestätsverbrecher, den kein freies Geleit schütze. In demselben Sinne schrieb der Kaiser an den Krainer selbst, den er auffordert, sich nach den Weisungen des päpstlichen Gesandten Gratia Dei zu richten, da sein Unternehmen des Fundamentes göttlichen und menschlichen Rechtes entbehre. Ein drittes Schreiben ging an das Reich, worin Jedermann aufgefordert wurde, zur Verhaftung des Krainers mitzuhelfen, da kein freies Geleit hinfort mehr gültig sei.[2])

Am 19. September hatte der Papst an den Administrator von Mainz, Albert von Sachsen, über diese Sache

---

[1]) Am 21. Juli hatte der Kaiser ihn noch „Venerabilis, devote, dilecte“ genannt. Cfr. Hottinger, pag. 555. „Accipimus te apud civitatem nostram Basileensem, quatenus sancta Synodus congregetur, vehementer incumbere. Quia vero rem tanti momenti non ad te pertinere, sed nos plurimum respicere noscatur: Idcirco seriosius te requirimus, quatenus qua authoritate, cujusve ope, consilio, vel directione propositum tuum stabilire contendas, nos facias per tuas literas quantocius certiores.“ Ex Vienna XXI. Julii An. LXXXII. Darüber ist der Krainer entsetzt, und Numagen berichtet: „Ad quam missivam territur Craynensis, quid responderet ignoravit, mihi igitur onus imposuit, quatenus ex mea industria, si quid possem, scriberem“ l. c. p. 556.

[2]) B. p. 58, 59. Copien der Briefe gingen nach Rom.

Mittheilung gemacht; er erwähnte, der Krainer habe durch seine Verbrechen sich der Todesstrafe schuldig gemacht, sei aber in apostolischer Milde begnadigt worden; da er indess nicht aufhöre, über die päpstliche Autorität loszuziehen, werde die gebührende Strafe nicht ausbleiben.[1])

Die veränderte Stellung des Papstes zur Liga brachte es mit sich, dass diese sich von der ferneren Unterstützung des Krainers zurückzog. Baccio Ugolini[2]) und Bartolommeo aus Piacenza, verschwanden aus Basel; seit dem 18. December ist von ersterem nicht mehr die Rede. Friedrich III. hatte sich ganz dem Willen des Papstes gebeugt, denn die Antwort desselben (vom 29. December) auf ein Schreiben des Kaisers lautet höchst befriedigend: „Quoniam opinioni omnium abunde satisfecisti, dignissimamque operam navasti, jure ipso ingentes tibi, quod certe facimus, habendae sunt gratiae. Reliquum est, fili charissime, ut eodem, quo coepisti, animo auctoritatem, dignitatem et honorem sanctae sedis semper protegas et tuearis, praesens vero negotium ita prosequaris, ut desideratus effectus subsequatur, et scelestus ille (nimirum archiepiscopus Craianensis) poenas suae temeritatis et audaciae luat, ne tanta petra scandali in Ecclesia Dei cum perturbatione et reductione fidelium populorum diutius maneat: ex hoc enim augebitur in dies magis cumulus benevolentiae et charitatis, quam ex tuis pluribus meritis praefata sedes erga te gerit et ab universo orbe uberius commendaberis etc.“[3])

---

[1]) Rain. l. c. n. 25.

[2]) Bei Numagen: „Venerabilis Dominus Bartholomaeus Archidiaconus Placentinus, Honorabilis Bartholomeus Ugelini Italicae Ligae Orator.“ Cfr. Hottinger, p. 568.

[3]) Rain. l. c. n. 24. Am 19. December hatte Sixtus das Bündniss mit der Liga unterzeichnet.

Der Papst hatte den Grafen Thierstein nach Basel gesandt,[1]) die Verurtheilung des Krainers zu betreiben, und in der Sitzung vom 18. December trat Gratia Dei als Ankläger in einer ansehnlichen Versammlung des Rathes und der päpstlichen Geschäftsträger auf.[2]) Peter Numagen, der Secretär, berichtet, Andreas habe dieser Anklage[3]) gegenüber die Besinnung vollständig verloren: „Dem Kaiser, vertheidigte sich Andreas, sei er stets unterwürfig und gehorsam gewesen, er habe Alles aus guter Absicht gethan,

---

[1]) „Pontifex Comiti Thiersten munus imposuit, ut Basileam se conferret judiciariaque illum acerbitate coerceret. Perfecta fuere sedulo mandata pontificia" l. c.

[2]) Hottinger, l. c. p. 567 seqq. „Hac itaque praescripta missiva recepta, Dominus Imperator venerabilem fratrem Antonium Gratia Dei sacrae Theol. Doctorem, ordinis fratr. Min. cum suis imperialibus literis Basileam destinavit; qui illuc veniens, ad diem Mercurii XVIII. Decembris mensis consulatum congregari fecit, ad quem etiam convenerunt Rev. in Christo pater Dom. Jodocus de Sylinen, Episcopus Sedunensis, et Gratianopolitanus Princeps, Praefectus et Comes Walesiae et venerabiles viri Antonius de Rupe Decretorum Doctor etc., Emericus de Kemel, fratr. Min. Ord., nec non illustris Princeps, Dominus Dux Sabaudiae, Comes Breysiae, Generosus et magnificus Dom. Rod. Comes de Hochberg etc."

[3]) Cfr. Hottinger, pag. 569. „Oratio Gratia-Dei ad Senatum." Der Legat nennt den Erzbischof „Frater Andreas, olim Archiepiscopus Craynensis, vir adeo malignus et plenus furia, maledictus, profanus, varius, lubricus, fallax, stolidus, ignavus et insolens, ingratus." Das Schreiben des Kaisers vom 20. October lautet: „Venerabilis, devote, dilecte, ex binis literis tuis ad nos delatis plene intelligere non potuimus, quae per nostras ad te instanter quaesivimus, qua videlicet ratione et auctoritate ea attemptares, quae ad te non spectant, sed post summum Pontificem nobis tamquam Romano Imperatori incumbunt. Quamobrem, cum non solum Pontificem summum, verum et nos plurimum offendas, cum te de Pontificis et nostra autoritate insolenter intromittas, ordinemque divini et humani juris, nescimus qua mente et spiritu involvere et confundere praesumas etc."

gar nichts aus Hass gegen den Papst, für den er mehr gethan habe, als je ein Anderer auf dieser Welt (?)! auch nicht aus Hass gegen die Kirche, denn Alles sei zum Besten derselben gesagt und gethan worden." Allmälig erholte er sich von der niederdrückenden Wirkung der Rede des Gratia Dei und ging nun auf die Nothwendigkeit des Concils ein, da die Decrete von Basel noch nicht ausgeführt seien; die Kirche bedürfe der Reinigung, Alles, was er gegen den Papst gesagt und geschrieben, sei wahr und allgemein bekannt. Die Folge dieser Rede, welche darthat, dass der Angeklagte durchaus nicht gesonnen sei, weiteren Schritten zu entsagen, war die Verhaftung desselben.[1])

Am Anfang folgenden Jahres dankte der Papst sowohl dem Kaiser als dem Erzherzog Maximilian für ihren in dieser Sache bewiesenen Eifer. Die dann entstehende Frage über die Auslieferung des Krainers ergiebt einen Competenzconflict, in Folge dessen der Bischof von Suessa die widerstrebenden Basler mit dem Interdict belegt[2]) und Sixtus sich an den Kaiser wendet. „Imperium vestrum reipublicae quotidianis administrationibus debet esse contentum, non usurpare quae sacerdotibus Domini solum conveniant."[3])

---

[1]) Cfr. Volat. „Post hos dies nuntiata Craianensis captivitas apud Basileam Germaniae civitatem: captum fuisse dicunt in senatu civitatis, Caesaris mandato et Pontifice petente. Cfr. Hottinger, pag. 583: „Quo die videlicet Saturni XXI. Decembris convenientes et concordatis in unum Oratoribus, tum Papae, tum Imperatoris et Senatu, Craynensis solemniter coram omnibus captus est. Quam capturam Oratores hinc inde evulgarunt et gratanter acceptarunt, nomineque tum Papae, tum Imperatoris laudarunt, ratamque et gratam habuerunt."

[2]) Wurstisen, Chron. Bas. lib. VI, p. 473.

[3]) Rain. l. c. n. 27. Die traurige Angelegenheit wird durch den Selbstmord des Andreas erledigt; am 13. November 1484 findet man ihn erhängt in seinem Kerker.

VIII. Capitel.

Letzte Ereignisse bis zum Frieden von Bagnolo. Tod des Papstes. Sein Character im Lichte unparteiischer Forschung. Schluss.

Alfonso von Calabrien hatte sich nach dem Siege über Giustiniani nach der Lombardei gewandt, während Florenz den Grafen von Pitigliano Mailand zu Hülfe sandte, das den Angriff Sanseverino's fürchtete. Rinuccio Farnese, einer der tüchtigsten Capitani des Herzogs von Urbino, leitete die Bewegungen in Ferrara und zeigte sich williger als Costanzo Sforza, den Befehlen der Republik zu gehorchen. Am 8. Mai hatte Lodovico das Interdict gegen Venedig in der Cathedrale verkünden lassen und traf selbst am 20. Juni in Mailand ein, nachdem die Unterwerfung Parma's vollendet war. Venedig, welches den Herzog von Lothringen gegen Ferrara in's Feld stellen wollte, rechnete ausserdem auf eine Unternehmung Sanseverino's zu Gunsten des jungen Herzogs Galeazzo von Mailand, welche durch einen Aufstand daselbst unterstützt werden sollte. Ein vornehmer Mailänder, Luigi Becchetto, welcher in Turin als Verbannter lebte, und mit dem Sanseverino Verabredungen getroffen, hatte an Visconti, den

Präfecten der Festung Trezzo geschrieben, er möchte Sanseverino ungestört den Fluss passiren lassen. Der Uebergang erfolgte auf einer Schiffbrücke, und am 15. Juli rief das Heer Roberto's den Namen der Herzogin Bona und des jungen Herzogs Galeazzo aus; eine Bastei zum Schutze des Uebergangs wurde errichtet. Als die Nachricht dieses Erfolges nach Mailand kam, rief sie dort Bestürzung hervor, und Lodovico vermuthete eine tiefgehende, gegen ihn gerichtete Bewegung, weshalb er alle Wachen verstärken liess; aber es stellte sich bald heraus, dass dieser Versuch nichts auf sich habe, und die Armee Mailands ging auf venetianisches Terrain zur Aggression vor. Wenige Tage darauf schied Costanzo Sforza aus dem Leben, und Alfonso kam auf Verlangen des Herzogs von Mailand nach Cremona, wo auch alle Gesandten der Liga sich einfanden. Alfonso wurde einstimmig zum Oberbefehlshaber ernannt und ihm die Leitung des Angriffs auf die Venetianer übertragen.[1]) Am 20. Juli traf der Herzog von Calabrien in Mailand ein und wurde mit allen Ehren empfangen;[2]) nach zwei Tagen ritt er nach Monza, wo er das Heer mustern wollte. Roberto, welcher seine Unternehmung verunglücken sah, zog sich in das Gebiet von Bergamo zurück. Am 27. Juli liess Alfonso bei Cassano eine Brücke schlagen und führte 6000 Reiter und 5000 Füsser hinüber; als er das Bergamaskische betreten hatte, wurde der Krieg gegen Venedig ausgerufen. Am folgenden Tage wurden auch Brücke und Bastei von Trezzo genommen und der venetianische Provveditore Morosini getödtet.

---

[1]) Corio, P. VI, Cap. 4.

[2]) Er überzeugte sich von der traurigen Lage seines Schwiegersohnes und machte Lodovico darüber Vorwürfe; sicher ist die Entfremdung, die dann zwischen beiden eintrat, die Ursache, dass Lodovico sich argwöhnisch von der Liga zurückzog.

Alfonso, der eine Anzahl fester Plätze im Bergamaskischen eroberte, übergab sie nebst 400 Reitern und 500 Füssern an Alberto Visconti und ging mit dem Rest seines Heeres auf das Gebiet von Brescia über. Hier trafen Alfonso, der Cardinal von Mantua, Legat des Papstes, und der Graf Girolamo Riario zusammen. Wenige Tage darauf gingen Lodovico und Ascanio Sforza im Gebiete von Brescia siegreich vor und nahmen eine Reihe von Castellen fort, so dass Brescia selbst zitterte, da es die ghibellinische Partei in seinen Mauern fürchtete, die sich dem Mailänder zuneigte.

Auf der andern Seite hatte der Herzog von Ferrara einen grossen Theil des von den Venetianern occupirten Landes zurückerobert und nöthigte diese, sich auf entferntere Plätze zurückzuziehen. Florenz ernannte den Grafen Marzano zum Capitano generale,[1]) der im vergangenen Jahre gefangen worden war.

Der Herzog von Calabrien war mit Zustimmung der Liga über den Mincio in's Veronesische gegangen und hatte das Land geplündert; am 27. September hatte er Asola genommen und nach acht Tagen das Gebiet unterworfen, das dem Markgrafen von Mantua, Federigo Gonzaga, überlassen wurde. Roberto Malatesta vermied eine offene Feldschlacht.

Da der Herzog von Lothringen, ohne etwas ausgerichtet zu haben, nachdem sein Contract abgelaufen war, sich nach Hause gewendet hatte, so war die Lage Venedigs augenblicklich auf dem Festlande eine keineswegs günstige. Aber seine Gegner verstanden die erlangten Vortheile augenscheinlich nicht zu benutzen. Der Herzog

---

[1]) „il quale nell' anno antecedente essendo stato preso in quel di Ferrara entro il castello era prigoniero presso il duca, ed io Bernardino sebbene giovane d'età, come cameriere del principe fui deputato a tenergli compagnia." Corio, l. c.

von Calabrien hatte nach der Eroberung von Asola weiteres Vorgehen unterlassen und befand sich auf dem Wege nach Ferrara, von Sanseverino gefolgt. Lodovico Sforza, der mit seinen Leuten bis vor die Thore von Bergamo gekommen war, kehrte nach mehreren Raub- und Beutezügen nach Mailand zurück, während Alfonso im Ferraresischen den Venetianern etwa fünfzig Schiffe wegnahm. So wurde keine der begonnenen Unternehmungen zu Ende geführt. Ende November traf Alfonso in Cremona ein. In Genua hatte indess Paolo Fregoso seinen Neffen Battistino nebst Familie gefangen genommen, sich zum Dogen erklärt und als solcher mit den Venetianern sich verbunden.

Unterdess hatte sich die venetianische Flotte den Küsten Apuliens genähert, und Domenico Malipiero [1]) (Capitano di nave) hatte dem Generalcapitano einen Angriff auf Gallipoli vorgeschlagen, wozu vierzehn Galeeren und fünf Schiffe bestimmt wurden.[2]) Nachdem einige Compagnien Soldaten ausgeschifft waren, begann der von Marcello geleitete Sturm, welcher die Venetianer zu Herren Gallipoli's machte, das geplündert wurde.[3])

Malipiero, um die Ehre der Frauen zu schützen, liess dieselben in zwei Kirchen einschliessen und bewachen, worauf er sie ihren Familien, Gatten und Kindern unversehrt zurückgab. Trevisani, der Nachfolger des gefallenen Marcello, setzte den Kampf gegen die apulische Küste fort und nahm noch andere Plätze fort. Trotz dieser Siege befand sich Venedig in übler Lage: seine Kassen waren

---

[1]) Der Verfasser der Chronik.

[2]) Romanin, l. c. p. 414. Cfr. Annal. Placentin. (It. Rer. Script. T. XX.) Sabellico, Sanuto, Naugerio.

[3]) Marcello, der vom Schiff aus den Angriff leitete, fiel, von einer Kanonenkugel getroffen. Tintoretto hat diesen Kampf an der Decke der Sala del Consiglio Maggiore verherrlicht.

erschöpft, seine Arsenale waren geleert; der Kampf gegen Ferrara hatte ihm eine grosse Zahl von Schiffen gekostet; Hunger und Pest drohten dem verwüsteten Lande; der Landmann war verarmt. „Wir werden um Frieden betteln," ruft Malipiero prophetisch aus, „und das Eroberte zurückstellen." [1])

Es ist zweifellos, dass die Liga, durch auseinandergehende Interessen gespalten, der Auflösung nahe stand. Alfonso, welcher in Mailand Augenzeuge der traurigen Stellung seiner Tochter und des jungen Schwiegersohnes gewesen war, hatte sich bitter bei Lodovico il Moro beklagt, und dieses Zerwürfniss hatte den Letzteren der Liga entfremdet, den Herzog von weiteren Unternehmungen zu Gunsten Mailands nach Ferrara zurückgetrieben. Während der argwöhnische Herzog von Mailand im Verborgenen Fühlung mit Venedig suchte, blieb auch Florenz, das keine wesentlichen Vortheile errungen hatte, von dem Resultat dieser Liga unbefriedigt. So gab es keine gemeinsamen Interessen mehr, welche die Verbündeten zusammenhielten, und alle Theile waren zu einer Lösung geneigt. Roberto Sanseverino, der heimlich mit dem Grafen Riario verhandelte, und ihm im Namen Venedigs den Besitz von Pesaro

[1]) Cfr. Malipiero, p. 288. „È stato tolto centoventiotto mila ducati dell' una per cento, deputati a pagar il pro de monte nuovo, è sta cresciuto un tercio tutt' i dazi, è sta impegnato tutte le volte de Rialto a razon de 28 per cento l'anno, è sta pagato in zecca i argenti de particulari, sie ducati la marca, è sta tolto le cadenele d'oro che le donne portava al collo, e messe in comun. Oltra tante decime è sta messo tanze a la terra, le entrate de la terra e quelle della Terraferma è calade, se ha perso molte nave e galie, se ha tolti homeni di guerra nudi e rotti perchè non se ha possudo far altro, se ha evacuato l'arsenal che altre volte ha fatto tremar el mondo, avemo fame e peste . . . se ha speso un milion ducento mila ducati et è morto tanti homeni da ben mendicheremo la pace e ghe restitueremo el tolto."

garantiren wollte, brach diese Verhandlungen allmälig ab, um sich dem Herzog von Mailand zu nähern, den er für mächtiger ansah, als den Grafen Riario. Diese Verhandlungen hatten Sanseverino in Venedig verdächtig gemacht; aber der Frieden von Bagnolo söhnte später den Rath von Venedig völlig darüber aus, denn es hatte am Ende mehr durch den Frieden gewonnen, den es bei völlig erschöpften Kräften geschlossen, als es jemals durch die Fortsetzung des Krieges hätte erreichen können. Während in Ferrara, Bergamo, Brescia und Verona gekämpft wurde, erhoben sich in Rom die Colonna und Orsini. Der Protonotar Lorenzo Colonna, der den hartnäckigsten Widerstand leistete, wurde von Girolamo Riario und Virginio Orsini in seinem Palaste belagert. Fast zwei Stunden wurde hart gekämpft, dann stürmte man den Palast und führte den Empörer vor den Papst. „Sixtus IV.," sagt Volterrano,[1]) „liess ihn hart an, da er den ganzen Tag auf seine Unterwerfung geharrt hatte, um ihm Verzeihung zu gewähren; so liess er ihn in die Engelsburg werfen und als Verbrecher behandeln. Er wollte sich entschuldigen, dass die Seinigen ihn nicht hätten fortgeben lassen, aber die Furcht schloss ihm den Mund, und er vermochte nur wenige Worte zu stammeln. Am folgenden Tage sandten die Colonna von Marino Unterhändler an den Papst und liessen um seine Verzeihung bitten, indem sie ihre Plätze übergaben. Der Papst nahm sie gnädig auf, lobte ihr Verhalten und hiess sie guten Muthes sein, indem er die Bedingungen, die sie mitgebracht, acceptirte; so nahm er sie wieder zu Gnaden auf." Cavio wurde von Girolamo Riario genommen, worüber der Papst dem Neffen gratulirte, indem er hervorhob, dass er seinen Sieg nicht durch un-

---

[1]) Diar. col. 196.

nützes Blutvergiessen und Plünderung befleckt habe. Befriedigt schrieb er darüber: „Tantam habuisti mansuetudinis tuae rationem, ut ad gratiam et misericordiam omnes receperis, incensos iratosque militum animos continueris, pulcherrimam judicaveris eam victoriam esse, quae sine caede, rapinis et hostili sanguine haberi possit, in quo quidem plurimum animo nostro satisfecisti, qui non desideramus populorum desolationem, sed ut vivant." [1])

Auch mehrere Burgen der Colonna im Gebiete der Stadt wurden erstürmt und Paliano belagert. Im vorigen Kriege war Tagliacozzo den Orsini genommen worden, weil sie die päpstliche Partei stützten,[2]) und dann in die Hände der Colonna übergegangen, die mit Neapel verbündet waren. Nach der Niederlage Alfonso's von Calabrien war eine Restitution der eroberten Plätze stipulirt worden; die Colonna wollten jedoch Tagliacozzo nicht herausgeben, weshalb der Papst die Waffen ergriff, das verletzte Recht herzustellen.

Nach Venedig war, wie Volat. berichtet, der Cardinal von S. Marcellinus und Petrus gesandt worden: „Te tamquam pacis angelum nostro et ecclesiae Romanae nominibus ad pacificandam Italiam comitante pacis angelo duximus destinandum. Wir hoffen, Du werdest auf alle Weise bemüht sein, das unschätzbare Gut des Friedens und heilbringender Eintracht zurückzubringen, und ertheilen Dir Vollmacht, im Namen der Kirche darüber zu verhandeln."

Da der Doge Mocenigo Befreiung von den Censuren nachgesucht hatte und dem Papste die Controverse über

---

[1]) Rain. ad ann. 1484, n. 13.

[2]) Cfr. Muratori, Annali d'Italia T. IX. p. 547. „Sotto il Pontificato di Sisto IV. gli Orsini perchè sempre aderenti al Conte Girolamo Riario, sembravano fra quelle illustri famiglie i Benjamini del Papa. All' incontro i Colonnesi erano tenuti d'occhio come di fede sospetta verso il Pontefice."

das Gebiet Ferrara's zu überlassen geneigt schien, hegte dieser die Hoffnung auf baldigen Frieden. Er hatte darüber an den König von Spanien berichtet, welcher sich als Vermittler angeboten hatte. „Wir können," schrieb er, „eine Gelegenheit, Frieden zu schliessen, die Wir immer ersehnt haben, nicht vorüber gehen lassen, besonders da die Venetianer sich bereit erklärt haben, Alles Unserem Urtheil und Gewissen überlassen zu wollen. Eine so freimüthige und ehrfurchtsvolle Gesinnung dürfen Wir nicht zurückweisen, zumal da Wir hoffen, dass daraus der Frieden hervorgehen und grosser Nutzen für die Christenheit sich ergeben wird."[1]) Rom d. 23. März 1484.

Aber die Hoffnungen des Papstes gingen nicht in Erfüllung. Venedig hatte diesen Kampf gesucht, um sich der lang ersehnten Beute zu versichern, und es war entschlossen, sich die Opfer dieses Krieges, der seine Kassen geleert hatte, bezahlen zu lassen. Welche Menschenleben hatte allein die Ungunst des Klima's in dem schrecklichen Sommerfeldzuge gekostet! aber, nachdem Venedig zum Leidwesen des Papstes mit den Türken Frieden geschlossen, angeblich, weil seine Kräfte und Mittel erschöpft waren, fühlte es sich stark genug, jenen grausamen Krieg im Lande zu entzünden, der, wie Malipiero sagt, 1,200,000 Ducaten verschlang, einen grossen Theil Italiens verwüstete und schliesslich Venedig selbst der Verarmung entgegenführte. Ist nun Sixtus IV. der Friedensstörer Italiens, wie seine Gegner ihn nennen? Ist er der „crudelissimus Nero", den Infessura schildert? gewiss ist das nur ein Zerrbild, aber nicht der Papst, der Alles thut, den Grund der Zwietracht zu entfernen! Die Ländergier der Mächte Italiens, nicht der heilige Stuhl hat diese blutige Fackel der Zwietracht entzündet, die Staaten erschöpft, blühende Länder

[1]) Rain. ad ann. 1484, n. 16.

in Wüsteneien verwandelt! Durfte Florenz den Papst anklagen, das ihn selbst fortwährend ermahnt hatte, sich Ferrara's anzunehmen, „avendogli, wie Ammirato sagt, di nuovo fatto toccar con mano, che la perdita di Ferrara si sarebbe tirata dietro la rovina di tutta Italia?" [1])

Die Hoffnungen des Papstes gingen nicht in Erfüllung. Er beklagte sich, dass das Entgegenkommen der Venetianer nur ein scheinbares gewesen sei, dass sie unter diesem Schein ihre kriegerischen Rüstungen verborgen hätten. Die Versprechungen, Alles dem Ermessen und Gutachten des heiligen Stuhles überlassen zu wollen und das der Kirche Entrissene zurückzustellen, seien gleich eitel gewesen, wie sich der Cardinallegat überzeugt habe: „Veneti sicut occulta fraude illa tentarunt, ut commodius et liberius praeparamentis futuri belli, quod in animo habebant, vacare possent, ita rem ex die in diem dolose protrahentes, cum fere singula eis concessissemus, quae postulassent et quae concedi non debebant: cupidi enim Italicae quietis eorum petitionibus satisfacere studebamus, ne quam detrectandae pacis occasionem haberent. Cum crederemus esse conclusam, actualem tandem depositionem impudenter facere negaverunt, quam per litteras suas polliciti erant et ob quam praecipue legatum miseramus. Ita apertam eorum fraudem animadvertentes revocavimus ad nos Ulissiponentem, ne frustra diutius illic tempus contereret, non sine magna honoris nostri et confoederatorum nostrorum diminutione." [2]) Romae d. 15 Julii 1484.

Der Papst hatte den Cardinal von Lissabon von Venedig abberufen und liess hinfort keine für die Venetianer günstigen Bedingungen mehr zu, wie aus den Instructionen an den Cardinallegaten hervorgeht. Er erfuhr jetzt den

---

[1]) Stor. Fior. lib. XXV. ad ann. 1483.

[2]) Rain. l. c. n. 17.

Verrath der Liga, der er sich angeschlossen, um Ferrara dem Kirchenstaat zu erhalten. Denn Ferrante von Neapel und die übrigen Fürsten, welche die Erhaltung Ferrara's als für den Frieden Italiens unerlässlich betont hatten, gaben die Sache des Papstes völlig preis. Ferrante selbst fürchtete für sein Reich, denn an verschiedenen Orten Calabriens hatten sich Unruhen gezeigt. Dazu kam das Zerwürfniss des Herzogs von Calabrien mit Lodovico il Moro.[1]) So ungünstig wie mit Neapel gestaltete sich auch mit Florenz das Verhältniss des Usurpators von Mailand höchst zweifelhaft, denn der Stachel des bösen Gewissens machte ihn misstrauisch gegen seine Bundesgenossen. Venedig benutzte geschickt diese Stimmung Lodovico's, indem es seinen Beistand gegen die Anschläge des Königs von Neapel und zur Erlangung der Herrschaft in Mailand anbot. Während es dem Papste gegenüber scheinbar auf die Friedensvorschläge einzugehen schien, verhandelte es im Geheimen mit Mailand, indem es die Gelüste Ferrante's nach einer Vergrösserung seiner Macht im Norden gebührend hervorhob. Diese Anerbietungen waren für die mailändische Politik der Liga gegenüber massgebend. Der Friede zwischen Venedig und Mailand wurde heimlich abgeschlossen; Lorenzo de' Medici hatte nur widerwillig dem-

---

[1]) Mit dem Tode Federigo's von Mantua hatte alle Vermittlung ein Ende. Cfr. Muratori, Annali d'Italia, T. XIX, p. 546. „Cominciarono poi ad insorgere semi di discordia fra Lodovico il Moro ed Alfonso Duca di Calabria. Lamentavasi il primo, che danaro ed altri ajuti non venissero da Napoli. Si doleva l'altro, che Lodovico si fosse usurpata più autorità di quel che conveniva, sopra il giovinetto Duca Gian Galeazzo Maria suo nipote. Penetrati all' orecchio de' Veneziani questi dissapori, seppero ben essi prevalersene con far segretamente proporre a Lodovico il Moro la loro amicizia, da cui sarebbe sostenuto contro gli attentati del Re di Napoli, anzi ajutato a divenir Duca di Milano."

selben zugestimmt. Sabellico berichtet als Zeitgenosse darüber des Weiteren:

„Cominciossi quivi a trattare di pace con miglior successo, che non s' havea fatto a Cesena, e quanto hebbe migliori principii, tanto riuscì più felicemente, perchè essi capitani (quantunque di raro avenga), che sogliono da la pace abborrire, si fecero auttori di quella. Di qua il Severinate, di là Lodovico Sforza, mandando in sù et in giù messi, mossero cosa non pure da la Gallia ove si guerreggiava, ma da tutta l'Italia disiata. Onde che nel trattare de la pace, o poco innanti andarono male le cose di Vinitiani cerca Ferrara. Haveano alcune squadre di cavalli de la guardia Vinitiana, che era a Lago scuro fatto empito ne i Borghi di Ferrara, et empiuto ogni cosa di spavento et haveano studiato i capitani di pigliare con insidie il nimico etc. In questo tempo la pace stava per concludersi, e fatta la tregua io andai da Verona in campo per vedere l'ordine della guerra, ove con lettere del Trivisano a Nicolo Pesaro et a Luca Pisano da me portate, fui da loro benignamente raccolto, e mirai a grand' agio amendue gli eserciti, i quai non mi parvero molto dissimili, ma v'era in questo gran differenza, che send' io venuto al padiglione d'Alfonso, vidi con gran stupore nell' entrata di quello le bandiere di tutti i prencipi e popoli d'Italia. Laonde considerai meco stesso quanto peso di guerra haveano fin' a quel tempo sostenuto Vinitiani. La pace trattata comme dicemmo, da i Prencipi, fu questi dì con tale conditioni formata, che rihavessero Vinitiani Asola, Romanio e tutte ciò che in quella guerra haveano perduto nella Lombardia. Et essi levate le genti di qua e di là dal Po, e rovinate le fortezze cerca la riva, ritenessero il Polesine di Rovico di tutte le cose tolte al Duca di Ferrara, e rihavessero ogni giurisditione antica e nuova ch' erano usati d'havere in Ferrara, e che restituissero Galli-

30*

poli e ciò che haveano ne la Calavria occupato, a Ferdinando, e che Roberto Sanseverino stesse a soldo de Vinitiani, ma fusse Capitano di tutti i Prencipi e popoli d'Italia. *Cotal fine hebbe la guerra sociale, che fecero Vinitiani quasi contro tutta l'Italia per terra e per mare.* Il cui apparecchio quanto fusse grandissimo, possi per questo comprendere, che si dice esser spesi in due anni che durò la guerra tre millioni e seicento mila ducati a nodrire et ornare gli eserciti per terra e per mare. Rare fiate fu la pace a Vinitiani così grata, la quale fu tanto di gaudio più copiosa quanto fu più bella. Fecionsi per le città e terre a Vinitiani sottoposte fuochi et altri segni d'allegrezza. Fu ordinato un torneamento et altri giuochi con carrette, che si celebrassero per più giorni da carnevale et era il premio de vencitori panno d'oro e d'argento. Vi concorsero da più bande molti. Vennevi Hercole da Este e Giulio Prencipe di Camerino, contro i quali fecese il Prencipe et i Senatori in gran numero. Venne da Melano Leone di Lodovico Sforza figliuolo con Galeazo Sanseverino. Roberto Sanseverinate hoggimai vecchio volse più tosto esser al torneamento preposto, che trovarvisi dentro. Furonvi i Rossi Parmesani, il Prencipe de la Mirandola, e molti altri chiari huomini alcuni per giostrare, altri per vedere tal spettacolo. Et gran numero di persone vi venne per terra e per mare et empì mirabilmente la città. La piazza da san Marco a san Geminiano fu apparecchiata per questo e furono gli apparecchi pomposi, vi vennero in giostra tre figliuoli del Severinate, e venendo in far la mostra in diversi tempi, haveano cadauno innanti venticinque corsieri con oro e porpora coperti. Comparsero quasi con ugual pompa i Rossi. Dicesi che'l nipote di Giulio Prencipe si mostrò assai più pomposo, et che v'erano a guardare da centomila huomini. Sedeva al spettacolo il Prencipe Mocenico et i prencipali con i magistrati della città. Hercole già de Vinitiani acerbo nimico tra gli altri Prencipi era a guardare, e durò per molti giorni a giostra e' l giuoco delle carrette. Finalmente furono giudicati vittoriosi i tre figliuoli del Severinate etc. Et assai huomini per buona sorte e vertù illustri furono creati cavallieri. Giulio di Camerino Prencipe fu de le Vinitiane squadre fatto general Capitano, poi che era il Severinate a l'esercito di tutta l'Italia preposto." [1])

Venedig gewann in dem Frieden von Bagnolo (8. August 1484) das durch den Krieg verlorne Terrain zurück und erhielt noch Rovigo und Polesine dazu, das es Ferrara entrissen hatte. Die alten Vorrechte über Letzteres blieben in Geltung: so erhielt der verlierende Theil den erwünschten Gewinn auf dem Wege diplomatischer Künste, den er mit den Waffen nicht hatte erlangen können.

Während die Dinge in der Lombardei diesen Fortgang nahmen, hatte der Papst Città di Castello von neuem einschliessen lassen, den Vitelli zu vertreiben, aber ein Ausfall der Belagerten war diesen günstig, und ohne wesentlichen Erfolg zog sich die Belagerung hin. Der Papst hegte gegründeten Verdacht, dass Lorenzo de' Medici wiederum seine Hand im Spiele habe. [2]) Guidantonio Vespucci berichtet darüber nach Florenz:

„Ich höre von verschiedenen Seiten, dass Sr. Heiligkeit dem Papste die Angelegenheit von Città di Castello sehr am Herzen liegt und dass er starken Verdacht hegt,

---

[1]) Ist. Vin. IV. Deca, lib. 2.

[2]) Cfr. Fabroni II, p. 249 den Brief Vespucci's vom 28. October 1483 an Lorenzo de' Medici. „Et ideo per chiarire la mente vostra vi adviso, come qui due volte di quelle, che io abbi notitia, è venuto et da Messer Lorenzo da Castello e dal Patriarcha querela delle cose di Castello, videlicet come e nostri e da Anghiari e dal Borgo e di vettovaglie e con le persone porgono ajuto a Messer Niccolò."

dass alle Begünstigung und Hülfeleistung, welche Messer Niccolò Vitelli geniesst, von Euch ausgehe und ganz besonders die Unterstützung mit Geld. Deshalb ist er mit uns unzufrieden und ganz besonders mit Euch, als dem Haupte unserer Stadt, und er ist derartig darüber erbittert (indiavolato di questa cosa), dass wir einen Scandal befürchten müssen; er könnte wohl daran denken, Ferrara auf einem andern Wege als durch die Liga zu befreien und noch schlimmere Pläne fassen. Wenn man die grosse, hier herrschende Rührigkeit erwägt, so erscheint das nicht unglaublich, und deshalb haben wir uns alle Mühe gegeben, den Papst von dieser Meinung abzubringen; zuletzt hatte ich mit M. Francesco da Noceto eine längere Unterredung, in der ich auf das Missfallen hindeutete, das Ihr und die Signorie über einen solchen Argwohn empfändet und den Wunsch aussprach, Se. Heiligkeit zu befriedigen etc. Ich erwähnte auch, es müsse doch Sr. Heiligkeit genügen, den Sieg zu erlangen und wäre nicht nöthig Messer Niccolò verzweifeln zu lassen und die Stadt zu zerstören, indem ich mich erbot, die Entfernung des Vitelli zu bewirken und dass derselbe einen seiner Söhne als Geissel in die Hände Sr. Heiligkeit geben würde, wenn man ihm nur gestatte, ungehindert auf Florentiner Gebiet von seinen Einkünften zu leben. Noceto sah mich dabei an und sagte: „Wenn du das zu bewirken im Stande wärest, könntest du Sr. Heiligkeit gar keinen grösseren Dienst leisten, denn, salvó honore, sind Se. Heiligkeit und der Camerlengo dem Vitelli geneigter als Lorenzo (Giustini).“ Ich antwortete, ich glaube wohl, das bewirken zu können und würde mich jetzt ganz der Sache widmen, wäre auch bereit, nach Castello zu gehen, falls ich die nöthige Vollmacht erhielte. Der Camerlengo conferirte darüber mit Sr. Heiligkeit, und als ich gestern zu ihm ging, theilte er mir mit, der Papst sei mit diesem Vorschlage zufrieden und überliesse die Sache Euch;

er kenne selbst kein besseres Mittel als dieses, die Angelegenheit zu Ende zu führen. Diesen Morgen kam ich wieder mit dem Camerlengo zusammen und sagte, ich zweifelte, ob der Graf nicht dazwischen fahren würde, denn ich hatte gehört, er wolle keinen Ausgleich, aber er versicherte mich, ich sollte mir darüber keine Bedenken machen, da Se. Heiligkeit die entschiedene Absicht habe, von dieser Sache loszukommen, wenn nur seine Ehre gewahrt bleibe; dann ermahnte er mich, ernstlich mich der Affaire anzunehmen. Soviel ist in dieser Sache geschehen, und ich bin auch willens, sie zu Ende zu führen, sobald ich nur erst von Euch Nachricht habe, wie ich mich verhalten soll. Zwei Gründe bewogen mich, dieses Anerbieten zu machen, einmal das Bedürfniss unserer Stadt, dann das Eurige und das ganz Italiens nach Ruhe. Auch bedürfet Ihr der Herren hier in Rom, und ich sehe nicht ein, wie sie Euch nützen sollen, wenn dem Papste nicht dieser Argwohn benommen wird, den man nicht durch Worte, sondern nur durch Thaten beseitigen kann; wenn dies nicht geschieht, könnte leicht grösseres Aergerniss daraus entstehen. Der andere Grund ist der, dass ein Secretär des Signor von Camerino mir vor einiger Zeit mittheilte, sein Herr wisse, es sei die Absicht des Vitelli, auf diese Angelegenheit einzugehen, und er hätte darüber hierher geschrieben, damals habe es indess dem Papste noch nicht angestanden, zu verhandeln. Es scheint mir, dass Messer Niccolò sich dazu bequemen wird, gebe es nun Krieg oder Frieden. Im Kriegsfalle könnt Ihr sicher sein, dass der Papst zu Gunsten der Liga niemals auch nur einen einzigen Soldaten schicken wird, wenn die Expedition gegen Castello nicht vorher beendigt ist. Wenn der Vitelli gewaltsam vertrieben wird, kann er natürlich nirgends bleiben, und dem Frieden wird man ein Capitel anhängen, das besagt: Messer Niccolò ist nirgends aufzunehmen. Im Friedensfalle seid überzeugt, dass der Papst im Stande ist, ihn zu bezwingen. Nur eine Hoffnung bleibt ihm übrig: der Tod des Papstes, und diese Hoffnung ist ungewiss, denn der Papst war niemals besserer Gesundheit als gerade jetzt. Wenn also Messer Niccolò vernünftig ist, muss er sich zu diesem Schritt entschliessen, und auch Euch bitte ich, im eigenen Interesse und dem der Stadt, den Messer Niccolò zu informiren und im Geheimen zu ermahnen. Lasset Euch nicht abschrecken, wenn Ihr hört, der Graf (Riario) wäre damit nicht einverstanden, denn hier sind entschiedene Sympathien für diese Art der Erledigung besagter Angelegenheit vorhanden; wenn der Graf hier wäre, würde der Papst sich vielleicht seinem Willen unterordnen: deshalb thut Eile und Geheimhalten Noth.

Ich habe bereits an den Signor von Camerino geschrieben, um zu sehen, ob auf diesem Wege die Intention Messer Niccolò's kund wird; glaubet nur: für Euch, für die Stadt, für ganz Italien könnt Ihr nichts Besseres thun, als hierfür thätig sein."

Der erste Brief Vespucci's an Lorenzo de' Medici bestätigt die Schuld der Florentiner an der Unterstützung Vitelli's und lässt die Klagen des Papstes als gerechtfertigt erscheinen. Am 23. October meldete der Gesandte:

„Die guten Nachrichten in meinem Schreiben vom 9. können uns nicht zu der Unternehmung des Erzbischofs [1]) aufmuntern und zwar mit Rücksicht auf die Angelegenheit von Città di Castello, worüber Ihr erstaunt, da Ihr ohne Schuld seid. Zur Aufklärung theile ich mit, dass von zwei Seiten Klagen eingelaufen sind, von Lorenzo (Giustini) und vom Patriarchen, dass die Unsrigen mit Lebensmitteln und durch persönliche Hülfe Messer Vitelli unterstützen. Messer Francesco da Noceto und der Cardinal von S. Giorgio haben bei

---

[1]) von Krain.

mir deshalb Klage geführt, aber auch zugleich versichert, sie hätten dem Papste davon noch keine Mittheilung gemacht, um keinen Verdacht und keine ungünstige Meinung gegen Euch und unsere Stadt zu erwecken. Ich musste fortwährend Entschuldigungen vorbringen, wie sie mir passend schienen, dann habe ich an die „Zehn" geschrieben und von ihnen Antwort erhalten, dass, wenn auch die Unsrigen etwas Derartiges begangen hätten, dieses gegen den Willen unserer Signorie geschehen sei, indem ich Perugia erwähnte, welches Siena unterstützt habe. Von der letzten Klage, welche Messer Lorenzo über den Capitano von Borgo S. Sepolcro erhoben hat, ist mir nichts berichtet worden, noch habe ich ihnen davon etwas mitgetheilt. Daraus schliesse ich, dass der Papst, in Unkenntniss dieser Vorgänge, keine üble Meinung gefasst haben kann; derselbe hat auch, sobald von Euch oder Eurem Sohne Giovanni die Rede war, nur wohlwollende Gesinnungen geäussert, und mich selbst scheint er sehr gern zu sehen. Ich glaube nicht, dass Se. Heiligkeit hinter dem Berge halte, denn bei irgend einer Gelegenheit müsste er es doch zeigen, vielmehr bin ich überzeugt, es sei der Leidenschaft des Grafen zuzuschreiben, welcher von Messer Lorenzo da Castello und dem Patriarchen angeregt wird, die sich bemühen, den Grafen gegen Jedermann und zumal gegen uns in Abneigung zu erhalten (?). Glaubet nur, dass, so lange der Graf ihnen sein Ohr leiht, er niemals Euch und unserer Stadt freundlich gesinnt sein wird, und dass die Angelegenheit von Città di Castello ihm mehr am Herzen liegt, als dem Papste selber; vor drei Tagen sah ich ein Zeichen davon: Niccolò hält gute Freundschaft mit dem Signor von Camerino, und da ich mit einigen Secretären des gedachten Herrn Bekanntschaft habe, liess ich ihm den Vorschlag machen, Messer Niccolò mit dem Papste zu versöhnen, unter der Bedingung, dass er aus Castello herausgebe und zwar ohne Provision. Der gedachte Herr schrieb an seine Secretäre, sie möchten mit Sr. Heiligkeit oder mit dem Cardinal von S. Giorgio reden. Derselbe wollte allerdings nicht ohne den Willen des Grafen sich in diese Sache einmischen. Der Cardinal zeigte sich geneigt und meinte, jener Herr habe Sr. Heiligkeit gar keinen grösseren Gefallen erweisen können, wenn auch der Graf nichts von Versöhnung mit Messer Niccolò wissen wolle; er bat um den Brief, den er nach zwei Tagen mit dem Bemerken zurückgab, der Signor von Camerino möge keine weiteren Anstrengungen zur Vermittlung machen, da Se. Heiligkeit die Ankunft des Grafen abwarten wolle. Ich erwähne diese Besprechungen, denn dadurch haben der Cardinal und Niceto, die fortwährend mit dem Papste conferiren, dargethan, dass Se. Heiligkeit der Papst jede Versöhnung gern sehen würde, wenn er nicht mehr Anderen vertraute als sich selber etc.

Was die Friedensgerüchte betrifft, so habe ich Euch die Wahrheit berichtet; man erwartet die Ankunft des Cardinals von Lissabon aus Venedig, und es dünkt uns, die Verzögerung sei ein Zeichen, dass man Gehör geben will. Der Papst hat grosses Verlangen nach Frieden und hat uns Gesandten heute über jene Angelegenheit und die des Erzbischofs Mittheilung gemacht."

Girolamo Riario war nach dem Frieden von Bagnolo im Juli 1484 ausgezogen, die Burgen der Colonna zu erstürmen; nachdem er mehrere Plätze genommen, lagerte er vor Paliano, als die Nachricht vom Tode des Papstes allen weiteren Versuchen des Nepoten, diesen Heerd der Empörung zu vernichten, ein Ende machte.

Jacopo Volterrano hat als Augenzeuge die letzten Tage Sixtus IV. geschildert: „Im Monat August, im dreizehnten Jahr seines Pontificates, an einem Donnerstage starb Sixtus IV., da man das Fest der heiligen Clara feierte, zwischen der vierten und fünften Stunde der Nacht, nachdem er wenige Tage vorher gelitten hatte. An den zwei Tagen, die seinem Tode voraufgingen und an denen die Kirche die Passion des heiligen Laurentius begeht, scherzte er noch im Garten mit uns, die wir ihm Gesellschaft leisteten. Dort hörte er auch vor der Mahlzeit den Bericht des Dulcius aus Spoleto, eines Boten, den der Graf aus dem Lager gesendet, um über den Fortgang der Belagerung von Paliano Bericht zu erstatten. Er unterhielt sich lebhaft mit ihm und erkundigte sich nach den Einzelnen im Lager, ob sie Hoffnung auf baldigen Sieg hätten, was die Colonnesen beabsichtigten, wenn Paliano fiele. Er frug, ob es wahr wäre, dass der Cardinal bei Nettuno ein Schiff bereit hielte? Als der Bote es bejahte, beklagte der Papst die traurige Lage des Cardinals mit sanften und humanen Worten. Er erkundigte sich nach dem Grafen Fondano, ob er mit seinem Heere sich als Freund und Beschirmer der Kirche erwiese und ob Getreide an ihn abgegangen wäre. Als man Gutes über ihn berichtete, Böses hingegen von dem Herrn von Sermoneta, drohte der Papst lächelnd. Er sprach ganz so, als ob er gesund wäre. Seine Arme waren wegen der Handgicht mit Binden umhüllt. Gegen das Ende des Gespräches trug er dem Boten auf, man möchte den Grafen aufmuntern, nur möchte er sich vor den Nachstellungen der Städter in Acht nehmen. Nach der Vesper selbigen Tages gab er einem Ordensbruder Audienz, der wegen des Kreuzzuges von Ungarn gekommen war, und sandte ihn dann, da es sich um Geldangelegenheiten handelte, an den Cardinal von S. Giorgio, den Camerlengo. Am folgenden Tage, als am Mittwoch, war eine Senatssitzung angesagt, aber die Väter, welche angekommen waren, wurden wieder entlassen, da der

Camerlengo hatte sagen lassen, es sei die Nacht schlimmer geworden. Nach der Vesper liess der Papst die Boten der italischen Liga, welche den bei Bagnolo in der Lombardei geschlossenen Frieden melden sollten, vor sich und empfing sie in seinem Schlafgemach. Nachdem er sie angehört, beklagte er sich nicht über die Friedensnachricht, wie böswillige und gehässige Leute behauptet haben, sondern über die schlimmen Bedingungen des Friedens und brach in die Worte aus: „Da haben Wir nun bis jetzt einen gefährlichen und schweren Krieg geführt, um nach erlangtem Siege einen ehrenvollen Frieden zur Sicherheit des römischen Stuhles und zu Unserer Ehre und dieser Liga zu erreichen, und als man schon, wie ihr wisst, nach Gottes Willen die Sache in der Hand hatte, da bringt ihr Friedensbedingungen, die wohl für Besiegte aber nicht für Sieger passen. Die Venetianer haben bereits Unserem apostolischen Legaten viel billigere und für Uns und eure Fürsten nützlichere Bedingungen angeboten, die für den apostolischen Stuhl ehrenvoll waren, während er jetzt dieser Ehre beraubt wird. Sonst wurden die im Kriege genommenen Städte Unserem Schutze anvertraut, der Adel schickte uns Geisseln, und man wartete Unser Urtheil ab; des Ferraresischen Gebietes wurde gar nicht erwähnt. Von all diesen Dingen bringt ihr mir nichts, sondern im Gegentheil einen Frieden voll Schmach und Unehre, eine Quelle der Verwirrung und künftigen Uebels mehr, als des Guten. Diesen Frieden, meine in Christo geliebten Söhne, kann ich nicht empfehlen, noch billigen.“ [1])

---

[1]) Welcher aufrichtige Freund seines Vaterlandes konnte anders

Als die Gesandten merkten, dass der ehrwürdige Greis durch die Nachricht betrübt war, dass auch sein Uebelbefinden dadurch sich steigerte, während seine Sprache matter wurde, versuchten sie, ihn zu trösten, während die Aerzte zu Hülfe kamen. Als sie entlassen wurden, sagten sie, sie wollten zurückkehren, wenn Se. Heiligkeit ruhiger geworden sei; er möchte doch nun dem einmal geschlossenen Frieden seinen Segen ertheilen. Der Papst bewegte ein weniges die Hand aus den Binden und segnete die Abgehenden. Die Kammerdiener legten den von Anstrengung und Schmerz erschöpften Greis auf sein Bett, kamen ihm mit passenden Mitteln zu Hülfe und trösteten ihn durch freundliche Dienstleistungen. Aber in jener Nacht und am folgenden Donnerstage nahm seine Schwäche von Stunde zu Stunde zu, bis er seinen Geist seinem Schöpfer zurückgab, nicht mühevoll, sondern ruhig. Vier Tage vorher hatte er die heilige Communion erhalten. Auch an diesem Tage wurde vor seinem Hingange, da er noch im vollen Besitz seiner Sinne war, seine Seele von den Vorstehern des vaticanischen Palastes Gott und der seligsten Jungfrau empfohlen. Als er todt war, haben ihn die Pönitentiare von den minderen Brüdern gewaschen, mit den heiligen Gewändern bekleidet, auf die Bahre gelegt und öffentlich ausgestellt. Am Abend wurde die Leiche in die Basilika des heiligen Petrus gebracht und in der Kapelle, die er bei Lebzeiten hatte erbauen lassen, mit allen gebührenden Ehren beigesetzt, bis das Mausoleum fertig war. Am vierten Tage begannen die Exequien und dauerten neun Tage ohne Unterbrechung." [1])

---

sprechen als es der Papst hier thut. Der Frieden von Bagnolo zeigt die ganze Zerrissenheit, das Elend Italiens, das seine Schmach nicht mehr fühlt.

[1]) Diar. l. c.

Es ist kein Grund zu zweifeln, dass der Bericht des Burchardus, päpstlichen Ceremonienmeisters, in der Herzählung rein amtlicher Functionen zuverlässig ist, während im Uebrigen Maldicenz und Interpolationen in den Copien die den Text entstellen, dieser vielbegehrten Quelle einen höchst zweifelhaften Character verleihen. Daraus kann man abnehmen, dass der gehässige und entstellte Bericht Infessura's [1]) eine reine Erfindung eines erbitterten Gegners der Kirche und besonders Sixtus IV. ist. Die neuere tendenziöse Geschichtsdarstellung hat sich mit Vorliebe Infessura's bemächtigt und ihn ausgebeutet, ohne an seine Berichte historische Kritik anzulegen, sie mit anderen gleichzeitigen Darstellungen zu vergleichen und sich durch den aus allen Seiten dieser Chronik hervorleuchtenden, oft infernalen Hass abschrecken zu lassen.

Burchardus erzählt in völliger Uebereinstimmung mit dem zuverlässigen und massvollen Secretär und Vertrauten des Cardinals Ammanati von Pavia, Jacopo Volterrano: „Feria quinta, 12. mensis augusti, inter horam quartam et quintam noctis, vel circa, Romae in palatio apostolico apud Sanctum Petrum in superiori camera una, supra curiam ante bibliothecam respondente, obiit sanctissimus in Christo pater et dominus noster, dominus Sixtus divina providentia Papa quartus, cujus animae Omnipotens sua pietate misereri dignetur. Amen.

Quo defuncto, venerunt ad Palatium reverendissimi domini Cardinales in Urbe praesentes omnes, et per ca-

---

[1]) Cfr. Muratori in pref. ad Diar. Inf. „Dissimulare quippe nolo, ipsum ad maledicentiam proclivem satis fuisse. Potissimum vero ubi de Sixti IV. moribus agit, calamo licentiam nimiam dedisse deprehenditur. Sed postquam anno 1723 praelaudatus Eccardus consilium meum praeoccupavit, edito Lipsiae inter Historicos medii aevi Tom. II. ejusdem Infessurae Diario, cur subtraham ego Eruditorum oculis, quod ipsis sine me legere alibi licet."

meram, in qua defunctus jacebat supra lectum, veste quadam longa supra camisiam indutus, supra pectus crucem habens manibus compositis, defuncto reverentiam profundam fecerunt cardinalarem; tum intrabant aulam magnam prope dictam cameram pro rebus ordinandis locuturi.“ [1])

Volterrano berichtet:

„Mortuum minores Poenitentiarii laverunt et veste sacra ex eorum munere ornaverunt et in feretro collocantes, spectandum publice statuerunt. Ad Vesperam ejus diei cadaver Pontificis in Beati Petri ecclesiam deportatum est et in Sacello, quod vivens exaedificari jusserat, honorifice ad tempus depositum, quousque scilicet Mausoleum construatur.“ [2])

Des Burchardus genaue Darstellung führt dann fort, nachdem er das Waschen und Ankleiden der Leiche berichtet, wobei der Fehler begangen wird, dem Papste nicht das Gewand des heiligen Franciscus unter die Pontificalkleider anzulegen: „sacras vestes super praemissis sibi imposuimus, sandalia, amictum album, cingulum, stolam in modum crucis ante pectus, tunicellam, dalmaticam, chirotecas, *casulam albam pretiosam*, pallium, mitram simplicem et anulum cum saphiro pretiosum, valoris ut Sacrista dicebat, 300 ducatorum, sicque paratum supra lectum, quem supra tabulam praedictam ordinavimus, cum cussinis ad caput et pallio brucchati, in medio dictae camerae posuimus, ubi mansit usque ad horam sepulturae. Sollicitari interim feci pro intorticiis, quae cum magna difficultate circa horam decimam quartam habitae sunt numero viginti tantum; quibus apportatis, absque eo, quod aliquod officium circa defunctum dictum esset, praecedentibus cruce et cantoribus, poenitentiarii et cubicularii portaverunt defunctum

---

[1]) Diar. Burchardi, ed Gennarelli, Florentiae 1854, p. 1 seqq.
[2]) Diar. l. c. col. 200.

usque ad primam aulam majorem, videlicet Palatii, ubi erant canonici et beneficiati ac clerus basilicae Sancti Petri, ab illo loco usque ad altare majus portavere defunctum canonici praedicti. Processio facta est per scalam et curiam, ubi Cardinales solent descendere exeundo per portam principalem Palatii ad mediam plateam, ibidem vertentes versus scalas basilicae, ecclesiam sumus ingressi. Defunctus positus est ante altare majus in plano superiore primo, deinde infra caput versum ad altare et pedes extra gratam ferream (ut possint a volentibus osculari) et portae gratis clausae; deinde apertae per modicum temporis et defunctus positus magis versus altare ut libere possent omnes entrare et exire, et positi aliqui custodes, ne anulus aut quid aliud sibi tolleretur. Mansit ibidem usque ad unam horam noctis, vel circa; scutiferi defunctum portaverunt, et illa viginti intorticia ante funus, quod sequebantur octo tantum Cardinales; vidi inter eosdem Sancti Petri ad Vincula, Novariensem, Amalfitanum, Rachanatensem, et quosdam alios post eos praelatos, et Oratores, et quam plurimos alios. Postquam portatus defunctus esset, ut dictum est, in ecclesiam, Cardinales recesserunt, euntes quidam ad palatium praedictum, alii ad domos suas. Peracto prandio, Cardinales commiserunt mihi, quod capsam pro sepeliendo Pontefice et sepulturam ordinarem in cappella sua nova chori canonicorum, et cleri basilicae praedictae, quam ipse defunctus in eadem basilica fieri fecerat circa medium ejusdem cappellae, versus altare majus, in medio, asserentes ipsum defunctum locum hujusmodi in sepulturam suam sibi elegisse, quod etiam feci. Circa horam primam noctis diei veneris 13. augusti portatum fuit corpus defuncti de choro majoris altaris per clerum dictae basilicae processionaliter ad locum sepulturae, et cum omnibus paramentis, ac anulo pretioso ac planeta praedictis sepultum.“

Gegen diesen sachlichen Bericht gehalten erscheint

die Darstellung Infessura's als eine widrige Entstellung, aus welcher infernaler Hass gegen den Verstorbenen hervorblickt:

„Mane sequenti corpus ejus portatum fuit in Ecclesia S. Petri, viginti dumtaxat cereis torceis *in aurea planeta quadam antiqua et quodam modo lacerata* paucis comitantibus hominibus, erat quidem niger, deformis et guttur ejus inflatum, visu similis diabulo, anima ejus ab omnibus qui eum viderunt, maledicta et diabulo commendata fuit palam et aperte, nec visus fuit homo qui de eo benedixerit nisi quidam frater S. Francisci, qui solus illa die corpus suum non sine magno foetore observabat."

Die „casula alba pretiosa", welche der Ceremonienmeister dem ehrwürdigen Todten angelegt, wird bei Infessura zur „planeta quadam antiqua et quodam modo lacerata". Die „poenitentiarii, cubicularii", welche den Todten „ad primam aulam majorem" begleiten, „ubi erant canonici et beneficiati ac clerus basilicae Sancti Petri," welche dann wiederum „usque ad altare majus" processionaliter gehen, während die canonici den Papst auf ihren Schultern „ante altare majus" tragen, sowie die „positi custodes", welche Wache halten, werden zu einem einzigen „frater S. Francisci, qui solus illa die corpus suum non sine magno foetore observabat."

Welchen Glauben verdient ein Chronist, der als Stadtschreiber von Rom und Augenzeuge der Ereignisse solche grobe Entstellungen vorträgt?

Einige Facta bedürfen noch der Aufklärung. Wenn Burchardus sagt: „viginti dumtaxat cereis", so hat das seinen guten Grund. Die Nachbeter Infessura's haben darin mit sichtlicher Befriedigung einen Mangel an Respect gegen den Todten gefunden, während Infessura selbst den Grund angiebt, weshalb der Wachskerzen so wenige sind. Der Ceremoniarius hat nur zwanzig Wachskerzen auftreiben können, weil in Folge der Unordnungen, die nach dem Tode des Papstes (wie häufig) in der Stadt vorgefallen sind, das Magazin zerstört worden ist. Infessura sagt:[1]) „Deinde quoddam magazzenum, quod ibi erat Johannis Baptistae Pallavicini, cognati Comitis Hieronymi, qui diu immunis et sine solutione gabellarum fuerat, ad saccum miserunt. *Ibi erat cera quam destinaverat pro exequiis Sixti;* ibi copia maxima alluminis et argenti vivi et multa bona."

Wenn ferner der Ceremonienmeister nur „octo Cardinales, post eos praelatos et Oratores et quamplurimum alios" der Leiche folgen lässt, so hat das keineswegs seinen Grund in der Missachtung des Verstorbenen, sondern man vergesse nicht, dass die Colonna und Orsini im offenen Kampfe gegen einander wütheten und die Stadt in ein Heerlager verwandelt war. Die gesperrten und verbarrikadirten Strassen machten zur Zeit den Verkehr der Prälaten mit dem Vatican unmöglich. Das oft citirte Diario del Notajo[2]) berichtet darüber: „Alli 13. (agosto) andò tutta Roma in arme, fu messa a sacco la casa del conte Jeronimo, furono saccheggiati navilj e magazzini a Ripe, furono rubate di molte cariche di roba, le quali si portavano da una casa ad un' altra per salvarle, e certi giovani e Spagnuoli le levavano con dire che erano robe di Genovesi. Alli 14. venne il conte Jeronimo con tutto il campo a Roma et alloggiò in Prata; e la Contessa entrò in Castello Sant' Angelo e tenevalo ad instanza del Conte, et il Palazzo si teneva ad instanza del medesimo; e furono fatti steccati a piedi le scale della porta del Palazzo."

Alli 23. fece l'Offizio il Cardinale di Molfetta, et andarono all' Offizio Savello, e San Pietro in Vincula, per

---

[1]) Diar. l. c. col. 1185.

[2]) l. c. col. 1088, 1089.

Trastevere, *non si fidando di passare per Castello Santo Angelo* (l. c. col. 1090)." Deshalb konnten nur acht Cardinäle dem Leichenbegängniss beiwohnen.

Infessura's entstellter Bericht hat schon in älteren Zeiten seine Nachbeter gefunden. Im „Conclavi dei Pontefici Romani" lesen wir[1]) die Worte: „Erat quidem niger, deformis et guttur ejus inflatum etc." unverändert. Noch einige Beispiele mögen die Unzuverlässigkeit Infessura's darthun:

„Die Hinrichtung des Protonotarius Lorenzo Colonna dient ihm dazu, den Character des Papstes auf's Gröblichste zu beschimpfen. Ein Rebell, der mit den Waffen in der Hand ergriffen wird, in offenem Aufruhr gegen seinen Landesherrn, der die Gnade, von der die übrigen Colonna Gebrauch machen, verschmäht, verdient nach allen Landesrechten civilisirter Staaten den Tod. „Den ganzen Tag habe ich auf dich gewartet," sagte ihm der Papst, als der Colonna vor ihn gebracht wird; Infessura findet hier einen Justizmord, und seine Humanität empört sich gegen den „crudelissimus Nero", der das unschuldige Lamm abschlachten lässt. Die Säuberung des Kirchenstaates von den kleinen Tyrannen, welche das Volk peinigen, die Pilger berauben, alle göttlichen und menschlichen Rechte mit Füssen treten, aller Obrigkeit Hohn sprechen, den Verkehr mit der Curie hemmen, ist in Infessura's Augen Eroberungssucht: „Semper in omnibus ejus operibus animum suum ostendit ad hunc finem et propositum, ut aliquem statum, potentiam, sive Dominium acquireret Comiti Hieronymo, ut videri potest per exempla (?) primo propter bellum, quod ingessit Tudertinis, Spoletanis, Civitati Castelli et Florentinis. Deinde propter confoederationes, quos fecit primo cum Rege Ferdinando, secundo contra eum cum

[1]) Colonia 1691, Tom. I, p. 120.

Venetis, tertio contra Venetos cum dicto Rege etc." [1]) Eine derartige Entstellung der Thatsachen entzieht sich der Widerlegung, denn nach dieser Auffassung wäre die Niederwerfung der Unordnungen im eigenen Lande ein Eroberungszug, und doch scheint ein derartiges Raisonnement den Feinden göttlicher und menschlicher Ordnung zu allen Zeiten gefallen zu haben.

Ohne Zweifel ist das gewaltthätige Verfahren des Grafen Girolamo, zumal der Anschlag gegen das Leben der Mediceer, den der Papst verworfen hatte, die Ursache vieler Schäden für das Ansehen der Kirche und des heiligen Stuhles gewesen. Sixtus hat das Vertrauen, das er diesem Nepoten gewährte, durch die Anklagen büssen müssen, die seinem Pontificat so viel Sorge und Unruhe bereiteten, seine grossen, fürstlichen Eigenschaften, seine hervorragende Begabung, im edelsten Sinne des Wortes Mäcen zu sein, in Schatten gestellt haben, und doch dürfen wir uns nicht verhehlen, dass eine energische, rücksichtslose Hand allein in die trostlosen Zustände des Territoriums der Kirche erfolgreich eingreifen konnte, dass, sollte diese weltliche Seite des Papstthums nicht gänzlich verfallen und die Romagna in ein Chaos rechtloser Zustände sich auflösen, hier mit der Gründung von Bollwerken gegen diese Fluth der Auflösung vorgegangen werden musste. In diesem Sinne scheint auch Burckhardt sein Urtheil abgegeben zu haben: [2]) „Girolamo Riario musste, nachdem die Ueberwältigung von Florenz misslungen war, sich mit Errichtung einer Herrschaft auf Grund und Boden des Kirchenstaates selber begnügen. Man mochte dieses damit rechtfertigen, dass die Romagna mit ihren Fürsten und Stadt-Tyrannen der päpstlichen Oberherrschaft völlig

[1]) l. c. col. 1182.

[2]) Cultur der Ren. I. B. p. 101.

zu entwachsen drohte, oder dass sie in Kurzem die Beute der Sforza und der Venetianer werden konnte, wenn Rom nicht auf diese Weise eingriff.“ Wir haben bereits in der Einleitung (S. 42) auf die trostlosen Verhältnisse des Kirchenstaates, die dort herrschende Anarchie und die Nothwendigkeit energischer Rechtspflege hingewiesen und wollen den Cardinal von Pavia, Jacopo Ammanati, der in seiner Verwaltung der Provinzen hinlänglich Gelegenheit hatte, diese Zustände kennen zu lernen, noch sprechen lassen.[1]) Von den Grafen von Anguillara erzählt er:

---

[1]) Cfr. Commentarii Jacobi Cardinalis Papiensis, bei: Pii II. Commentarii, Francofurti 1614 a pag. 373 seqq. Der Secretär des Cardinals, Jacopo Volterrano (Secretarius et Proton. Apostolicus), den der gelehrte Cardinal sehr schätzte und mit dem er in vertrauter Correspondenz stand, ist der Verfasser des Diariums, das oft im Verlauf der Darstellung citirt wurde. Aus Unkenntniss hat man wohl den Cardinal, weil gleichen Vornamens, mit ihm verwechselt (cfr. Muratori in pref. ad Diar. Volat. „Vossius de eo dicit: Jacobus cognomine quidem Ticinensis, verum patria Volaterranus, obscuro loco natus erat, sed virtutis causa a Papa Pio in Cardinalium Ordinem allectus fuit etc.“). „Jacobus Volaterranus, Nicolai filius, ecclesiae Volaterranae archidiaconus, secretarius ap. a Leone X. 1515 episcopus de Aquino factus est“ (Murat.). Er starb schon ein Jahr darauf, 90 Jahr alt. Der Cardinal von Pavia berichtet von sich: „Reliquus ego sum: qui scribendis his operor, Jacobus tituli S. Chrysogoni, Lucensi patria natus, qui sextumdecimum abhinc annum Urbem ingressus, post longam inopiam, miserante Domino, secretariatum Calisti primo, indi Pii sum assecutus. Moxque ecclesiae Papiensi propositus ad Cardinalatum vigesimo post mense assumptus sum: nulla Principum, vel majorum commendatione adjutus. Quanquam vero demandatas legationes juriumque codices referre in meritis meis non possim: referre tamen possum salutares vigilias documentaque permulta ingenii, quibus aliquando vel repressa vel oppressa sunt impiorum consilia; imprimis autem manuum puritatem, quas in maxima corruptelarum opportunitate, Deo adjutore, innocentes servavi.“ Comm. p. 370.

„Eodem anno, Toparchus Anguillariae gentis ad jus Romanae Sedis summa felicitate reductus est: de quo ideo paulo pluribus repetendum putavi, quod toti pene orbi infamis diuturnam nostrae ignominiae notam absterait, viisque apertis securum ad nos patefecit accessum. Eversus ejus gentis aetate nostra primarius hunc Toparchatum tenebat, non hominum solum, sed Dei quoque et Sanctorum ejus contemptor. *Is quantum itineris a Viterbio in Urbem patet, assiduis latrociniis infestum habebat, nulli hominum generi, nulli aetati aut sexui parcens. Uni modo praedae intentus sine discrimine in viatores miseros grassabatur. Sanctuaria haec nostra ex omni natione petentes post longa terrarum confecta spatia, ante faciem nostram quasi in portu facere naufragium cogebantur: spoliabantur, caedebantur et in ignoratam servitutem miserrime trahebantur. Raro nostri oculi foedis carebant spectaculis. Raro Pontifex in publicum prodiens a lamentis oppressorum cessavit; nuditatem ille suam, contusionem alter et livorem verberum ostendebat. Erant qui vulnera et mortes comperegrinantium suorum deflerent. Operiebantur confusione facies nostrae, quod tantum opprobrii ferremus tot annos. Credebamur ab iis qui ea videbant vel nolle, vel non posse latrunculum angusti dominatus corrigere. Nolle impietatis erat, non posse dedecoris. Misera ab hoc portento proveniebant omnia. Voluntas delendi illius Pontificibus saepe fuit: defuerunt tempora, quae suis conditionibus dura non sunt passa desiderium perfici. Admonitus tamen saepe est nunciis et litteris, liberius quoque increpitus atque aliquando bellum ei denunciatum, si ab injuriis non temperaret. Tanquam ad se illa non pertinerent, ita monentium officia derisui habuit. Conclusi nonnunquam apud eum inventi sunt peregrini homines Transalpini et Itali, mares et foeminae, pueri quoque et puellae ad opus damnati. Paulus Pontifex in Cardinalatu agens a Calisto III. ad eum missus: im-*

manitatem illam aspexit, miseransque non valuit tollere. Erant illi oppida pene omnia inter Urbem Viterbiumque media, munita egregie natura et manu. Ab iis obsessis viis operabatur has impietates. Roncilio autem itineris medio positus, per quem obstructis itineribus transiri erat necesse, summam ad ea conficienda opportunitatem praestabat. Notior infamiorque propter haec scelera quisquam aetate nostra non fuit. Nuncupatus Eversus non hominis jam, sed portenti nomen habebat. Nulla in eo erat religio, nulla humanitas, nulla Dei vel nostri cognitio. Dies festos profestosque uno contemptu aeque habebat. Dominicis autem cogens ad privatum opus miseros subditos. Domini dies esse illos dicebat, ac propterea Domino sibi merito debitos. A libidinibus quoque intactum esse nil permittebat. Ferebatur impetu ferali ad eas explendas: parante semper metu quod impudica mens affectabat. Saepe cum virgo sponsa ducebatur ad virum, ad se est interversa et prima spurcitiae suae tulit connubia. Nec in vicinos populos nostrae ditionis est inventus modestior. Nullius optavit agrum, bovem aut equum, quem non extorserit statim injuria. Nullius inspexit animum a se paulo alieniorem, quem non confestim afflixerit. Factionem ubique suam esse volebat atque alienae semper praestare. Si qui Ecclesiae studio constantius adversus eum retinebantur submissis interfectoribus tollebat e medio tam diu eorum observans itinera aditus atque egressus, donec cogitatum impleret. Nulli sine vitae periculo fides sua in Pontificem stetit. Redierant jam eo loci Ecclesiae res, ut hominis imperia potiora nostris apud nostros subditos essent. Accedebat aliud gravius, quod si qui vel odio habebant Pontifices, vel cum iis bellum gerebant, conatus eorum omnes assiduis sollicitationibus inflammabat. Id agens ut fatigata semper Ecclesia malisque externis implicita averteretur a se majoremque occasionem exercendis praedis praestaret. Eugenius IV. ab initio sui Pontificatus trahere ad se beneficio hominem cogitavit medicinamque levitatis apponere, ubi sine periculo adhiberi scalpellum non poterat. Humaniter appellare eum prosequique honoribus coepit. Oppida etiam nonnulla, quae adempta erant Vicanis tyrannis dono concessit admonens identidem, ut beneficii memor coleret Ecclesiam, quietem ageret, a peregrinantium temperaret injuriis, futurum ea ratione ostendens, ut non modo cessaturus esset a metibus, sed rem atque aestimationem gratia Pontificum aucturus. Sed nimirum impiorum mentes excaecatae malis lumen salutis non vident et ad consuetas semper se referunt tenebras. Mansuetudo haec paululum ab initio Eversum continens, continere diu non potuit. Ad ingenium rediens majoribus quam ante incommodis infestum illi se praebuit. *Franciscum Sfortiam minus tunc amicum Eugenio, magnis pollicitationibus ad praedam Romani agri induxit, sperans adjutum se iri oppidis et commeatu Eversi posseque ex propinquo Romam lacessere. Urbem veterem totis copiis advolavit, perturbaturus omnia, si fidem, quam fregerat Eugenio, illi servasset.* In Nicolaum V., qui Eugenio, et in Calistum tertium, qui Nicolao successit, idem inventus est. Conatus Nicolaus non bello aperto, sed inopinato impetu bis illum opprimere, non succedente fortuna necessario destitit. Calistus etsi difficultatibus rerum prohiberetur multis, delere hanc maculam saepe temptavit, verum consilio eorum absterritus, qui publicae quieti, Eversique benevolentiae studere putati sunt, a cogitatis abstinuit. Iniquior in nullum fuit, quam in beatae memoriae Pium. Occupaverat post Calisti obitum, vacante adhuc Sede, Jacobus Picininus Civitates nonnullas intra viscera Ecclesiae, quarum jactura eo grandior apparebat, quo opportunitas inde major ad vexanda reliqua praebebatur. Ferdinandus Arragonensis per id tempus defuncto Alfonso patre in Regnum Neapolitanum successerat. Beneficio illi Pontificis opus erat ad coronam regni accipiendam, quam missis oratoribus, a Pio velut paterno amico impense petebat, ille concessurum se eam ante negabat, quam Picininus, qui stipendia ejus merebat, sua opera quae ademerat redderet. Id cum summo studio conaretur Ferdinandus, Eversus, qui pacem nostram bellum suum putabat, quotidianis litteris Jacobum admonebat, nullorum minis aut precibus cederet, pulcherrimam occasionem praestitam docens parandi dominatus, quam neglectam nunc, posthac habiturus non esset, Regem suis rebis, non amici fortunis consulere, decere unumquemque circumspicere rationes privatas, neque timenda sibi arma Ecclesiae, quae bellum nesciat gerere, ipsum esse Ducem invictum, satisque habere ad perficienda quae diceret, copiarum majores quotidie ex tota Italia ob spem praedae ad se convecturas. Offert quoque sua et sentientium secum praesidia, quae majora opinionibus ostendebat. Denique his stimulis juvenem per se satis accensum sic incitavit, ut aliquando et Pontifici et Regi sanitas ejus in desperationem veniret, graviaque interim susciperentur incommoda. Rursum vero agente Pio Mantuae fidei causa, per occasionem absentis Principis majora molitus est. Juventutem Romanam praesidum negligentia protervius lascivientem, non destitit ad permiscenda omnia commovere, refugia etiam dare, si quando ad poenam a Rectoribus vocarentur, rursumque ad alendam seditionem clam in urbem remittere. Adeo autem valuit ejus perversitas, ut catervis conjuratorum juvenum rem in discrimen adducentibus, nil ab hostili bello esset dissimile. Inter haec quoque Senam reverso Pio et valetudinis causa ad Aquas Petriolanas agente, ope quorundam exulum ingressus Viterbium est, atque eam civitatem subito impetu conatus opprimere, sed vicinis immissis praesidiis repulsus ad portas, ubi propositum tenere non potuit multis interfectis, domibus circiter trecentis direptis, quibusdam incensis, Vetrallam praeda onustus reversus est. Expostulante deinde tam gravem injuriam Pio per irrisum excusabat nec se imperante, nec conscio factum id esse, milites tantum suis ducibus usos, ab exulibusque per occasionem praedae illectos ea temptasse. Tribus praeterea non totis intermissis mensibus suscepta per Ecclesiam Ferdinandi Regis adversus Andegavenses defensione, ne qua in re non esset incommodus, cum iis et nonnullis per Latium Toparchis sceleratis pactionibus conjuravit, quibus urbana mercatorum et curialium praeda, circumstantiaque oppida in mercedem conjurationis dabantur. Porro filium Deiphebum contra edictum Pii in regnum ad bellum misit. Ipse domi manens omnia moliebatur, quibus labefactari causa Ecclesiae posset. Ferentes arma, pecuniam, litteras et quicquid adjumento Andegavensibus esset, ex locis suis tutum iter habebant. Quicquid a quoque ubique conjurabatur, firmabatur apud se. Ipse pactionum formator erat atque expromissor. Venere ad manus nostras nonnulla intercepta per vias, quibus perniciosae cogitationes apertissime patuerunt. Consiliis vero non succedentibus, reputans sola Pontificis morte procedere res Andegavensium posse, ad venena confugit. Artificem et aditum ad caput ejus praemiis magnis paraverat: sed protector noster Deus, qui respicit in faciem Christi sui, intercepit funestum consilium. Taceo quae ante eam diem per contemptum nostrum in vicinos effecit."

Dieser, mit allen Eigenschaften eines Tyrannen gezierte Toparch hat zwei Söhne, Francesco und Deifebo, denen der Cardinal das Zeugniss giebt: „Non fuerunt ii vivente patre ab illo dissimiles. Educatoris totam apprehenderant disciplinam, si vero minus operari perniciem videbantur, id ea factum erat gratia, quod minus etiam poterant." Nachdem diese Herren längere Zeit hindurch die friedlichen Rompilger geplündert und erschlagen und das Land bis Viterbo hin mit ihren sonstigen Gräueln erfüllt, scheint unter Paul II. das Maass ihrer Verbrechen doch endlich voll geworden zu sein, denn der Papst beschliesst, dieses Raubgesindel aus seinen Schlössern zu vertreiben: „contra Romanae Sedis vexilla tanta haec munitionum vis nihil evaluit. Sicut deficit fumus, sicut fluit cera a facie ignis, sic defecerunt apparatus horum a facie Dei.“ Deifebo zeigt sich obendrein beim Angriff als Feigling: „jacuit totus tremefactus ac pavidus.“ Der Erstgeborne des Deifebo wird in die Engelsburg gesetzt, ebenso wird Francesco mit den Seinigen gefangen; Deifebo selbst entflieht zitternd zu seinen guten Freunden, den Florentinern, die das arme Schlachtopfer päpstlicher Gerechtigkeit aufnehmen und ihm Gelegenheit geben, sich im Kriege gegen den Papst an die Waffen zu gewöhnen. Da nach dem Bericht des Michael Brutus zur Zeit Lorenzo's de' Medici in Florenz an sicariis und anderen Uebelthätern kein Mangel war, und die Rompilger geplündert zu werden pflegten, wenn sie Toscanisches Gebiet betraten, so konnte Deifebo sein erlerntes Handwerk hier ungestört fortsetzen. Die Zwingburg der Verbrecher wird durch die päpstlichen Soldaten gestürmt, aus den Kerkern zieht man eine grosse Schaar unglücklicher Gefangener heraus, die seit vielen Jahren dort ein elendes Dasein führen.[1]) Ueber den Untergang dieses Raubnestes herrscht natürlich im ganzen Lande die grösste Freude.

Die ausführliche Darstellung des Cardinals ist überaus instructiv für die Verhältnisse im Kirchenstaat. In seinen Briefen, sowie in den Berichten an ihn über verschiedene

[1]) „Ex tetris quoque cavatisque sub terram carceribus extracti multi sunt, quos Tyrannorum crudelitas annos jam multos suppliciis miserandis affecerat.“ l. c. p. 378.

Städte der Romagna finden sich zahlreiche Andeutungen über die Unterstützung der Rebellion von aussen her, über den Mangel jeder Achtung vor der Autorität, wodurch zumal die Anklagen Sixtus IV. in seiner Bulle gegen Florenz ihre vollste und gründlichste Bestätigung finden. Im 401. Briefe [1]) schreibt der Cardinal über Todi: „Id a me officiosissime fiet mox, ut legationis primos labores absolvero, nec leves, ut scis, nec operis parvi. Incidere in haec nostra initia et Perusina comitia, quae raro tumultibus vacant, *et Tudertina seditio, quae occultis suffragiis alitur.* Utrumque sane exercitatissimo, nedum novo praesidi grave. Comitia ipsa ad finem perducta jam sunt non quiete modo, sed summo civitatis consensu. *Tudertum quo angar nunc reliquum est. Ejus is morbus est, ut et sanari sine periculo et negligi sine interitu nequeat.“* An den Vicekanzler berichtet [2]) der Cardinal über dieselbe Angelegenheit von Perugia aus, wo er als Legat weilt: *„De re Tudertina quod promittam non habeo. Major est aegritudo ejus civitatis, quam ut sanari inermis Legati opera possit. Nihil in ea egit Constantiensis, nihil Ravennas.* Quid aget Papiensis ambobus longe inferior? Pontificis manu ad sanitatem opus est. Nisi Romae dissidentes pacentur, et reditus imperetur ejectis, contemnentur nimium mandata omnia et mandata Legati, ut jam nonnullis in rebus contemni sunt coepta. Ego tamen quae potero officio meo sine defatigatione impendam. Quoad usque Pius et Paulus causam ipsi civitatis non cognoverunt et mali medicinam dederunt, quietem capere populus in factionem divisus non potuit. Idem ut faciat Beatissimus Xistus consulo et rogo.

---

[1]) Cfr. Epp. Card. Papiensis l. c. p. 740. (Sipontino. Perusiae ad XIV. diem Octobris 1471.)

[2]) Ep. 402, pag. 740, 741. Vicecancellario. Perusiae XXI. Octobris 1471.

Sua civitas est et oves pascuae suae, ex quibus quicquid perit, damno et detrimento Ecclesiae perit."

Dann kommt der Bericht[1]) über die Versuche des Cardinals, die Angelegenheit von Todi beizulegen:

„Conatus sum exequi quod in rebus Tudertinis literae vestrae et breve Sanctissimi D. N. jubebant. Vocavi illico ad me D. Egidium de Turri meum in ea civitate locum tenentem, hominem gravem, et ad quaevis magna idoneum. Monstratis quae mandabantur, monui quanta diligentia posset, Tudertinorum animos ad ordinationem Pontificis inclinaret, ostenderetque nil esse in ea, quod merito videretur timendum etc. Reversus Tudertum cum his mandatis, nihil omisit, quod ad persuadendum spectaret. Dexteritate, qua potuit imperata temptavit. Rescripsit tandem, nulla ratione potuisse illos adduci, ut tantum exulum numerum patiantur reduci: esse inter reducendos quos magis quam Matthaeum timeant et justo odio habeant, quibus reductis futura nihilominus sit in metu et dissidio civitas, nec habitura quietem, quae quaeritur. Multis tandem exhortationibus, multis consiliis huç rediisse illorum assensum, ut iis exclusis, quos ad me in inclusa cedula D. Egidius misit. Reliquos, quanquam gravate acquiescant, reduci. His ego intellectis communicavi rem omnem cum Brachio Perusino, ut viderem, si quid hinc sanitatis posset afferri etc. Bis Cancellarium suum misit illuc, ac quibus precibus potuit, idipsum conatus est impetrare. Summa est: in eodem persistunt consilio. Miserunt post haec ad me oratorem, per quem necessitates multas et pericula praetulerunt, idque ipsum visi sunt asseveranter tueri. Per eundem rursus ad parendum sum eos hortatus, non suasionibus parcens, non minis, aut precibus. Rescripserunt non lenius quam

[1]) Ep. 406. pag. 742, 743. L. et N. Cardinalibus Ursino et Theanensi. Fulginii XIV. Decembris 1471.

sunt per oratorem locuti. Profectus ego illuc fuissem, ut videbamini optare, sed inutilem profectionem meam noscebam et nosco. *Civitas in summa licentia est. Facinorum longa impunitas corroboravit audaciam. Nullus magistratuum metus, nulla rectoribus reverentia. Quod cuique in mentem venit, id sine penso impletur. Breviarium meum et crux vestra, Domine Theanensis, ad hos coercendos satis non sunt, Daemoniorum hoc genus fuste, non benedictione manus ejicitur. Cogitate qui futurus meus animus esset, et quae consternatio expectantium Legati auxilium, quod denique Legationis Apostolicae dedecus: veniri ad me dies et noctes, nuntiari cum lacrymis hujus oppugnatam esse nocte illa domum, illius direptam, convitiis affectum alterum, alterum pulsatum ac vulneratum, et solis vocibus ac misera contractione humeri consolari oppressos! Non est facies mea beneficio Dei tam assueta contemptibus, ut pati sine angore has contumelias possit! Sed ubi praecipitatio et temeritas regnat, iniquus est illi congressus, de perturbatis autem in ea civitate et agro rebus non tanta his literis refero, quanta re vera in dies accipio. Praevidens ego, cum Romae adhuc essem, difficultates, quas dico, audiens quoque territorio toto Perusino*[1]) *facinorosis et crassatoribus et damnatis plena omnia esse, petivi deprecationibus multis, ut vel solo semestri indulgeretur Barisellus, quo opinione aliqua metus et terrerem malos et adjumento officialibus essem.*"

Am 12. Mai 1472 schrieb der Cardinal als Antwort auf die Klagen eines Leidensgefährten[2]) in der Verwaltung

[1]) Ep. 442. „Iterum te hortor, ut non modo Perusinos, sed provinciales omnes contineas, ne suo concursu augeant Tudertinas contentiones, quibus mox tota provincia laboratura sit. Exi, si opus est, et ipse tu obi loca, quae propter vicinitatem procliviora sunt ad tumultum etc." Angelo Ep. Tyburtino.

[2]) Ep. 446. Campano.

des Kirchenstaates: „Ex te ante, ex Oratoribus nuper cognovi, quo in statu provinciolae tuae res sint. In miserrimo, quantum video, sunt . . . Deploras praesentes angustias et in voragines dejectum te doles . . . Perduc ad exitum coepta, expirantique civitati spiritum redde etc.“

Der Cardinal erwiederte[1]) am 4. Juli von Todi aus dem Cardinal von Pavia und betonte, wie unverständig man dort vorginge, wie wenig die Befehle und Wünsche des Papstes ausgeführt würden, und vertheidigt sich gegen die ihm gewordenen Anschuldigungen, da er doch selbst diesen Missständen gegenüber machtlos sei: „Equidem nondum in judicium vocor, sed mihi improbari a factiosis quae gessi accusatio est. Quod si liceat, percunctari calumniatores meos velim, cum fide non servata, cum ruptis induciis, omnibus diebus, omnibus horis oppugnarer, cum literae meae et nuncii ludibrio haberentur, quid facere me voluissent? Custodem urbi datum, praefectum provinciae et quod pace ac venia eorum dictum velim, in his locis Pontificis personam sustinentem? Itaque Matthaeum magno et delecto peditatu moenia urbis oppugnantem, diripientem agrum, villas incendentem etc. me et litteras nunciosque meos mirifice contemnentem etque eludentem, opera consilioque meo, auxilio finitimorum, quos dixi, Monticula exui, Soprano spoliavi, Rosario fugere coegi, Quadrellis ejeci . . . *Vos optimo Pontifice per factiones abutimini.* Mihi satis est ad conscientiam judicii mei, testatum esse quod ruimus, aut si qua spes est, ita censeo pellenda esse ex agro Tudertino exulum capita, recipienda oppida, amovenda exulum, deponenda intra urbem arma, magistratus reformandos, adhibendum praesidium, ut improbi comprimantur.“

Ueber Città di Castello schreibt Arrivabene am 6. August

[1]) Ep. 452.

1474 an den Cardinal von Pavia:[1]) „*Licet pro concordia multa proposita sint:, non videntur tamen conditiones recipere.* Mulierem fortem quis inveniet? Ecce jam habemus ecclesiam masculo robore, bonis inquam avibus. Comes Urbini in vexilliferum declaratus nudius tertius erat Neapoli abiturus. Si interim Tyfernates non conciderint, ibit ad eorum oppugnationem. Iturus erat Dominus Zanetinus, sed nunc audio mutato consilio non discessurum. Qualia sint Florentinorum et Ducis consilia tu in finitimis positus plene nosti, nec minus quo in statu aut discrimine sit obsidio. Dux ipse exacto Augusto de profectione ad urbem videtur cogitare et jam describendis quos secum ducturus sit vacat. Simulet ne an ex animo dicat incertum est.“[2])

Am 21. August meldet derselbe:[3]) „Audio Regem suadere Vitellio, ut se bonitati Pontificis permittat, bonas ab eo conditiones accepturus. Id si se facturum receperit, legatum obsidionem soluturum. Ego eum id consilii susceptorum arbitror, non quod voluntas cuperet, sed quod necessitas coegerit; *nescio quantum spei habeat in Florentinis et Duce.* Legatus omni studio contendit, ne ab expugnatione desistatur, nihil enim ait se vereri, quin brevi urbem expugnet.“

Fünf Tage später schreibt der Cardinal von Pavia an den Cardinal von Mantua: „De honoribus Urbinatis et Tifernatibus rebus et colluctatione rerum vestrarum perjucundum fuit ex litteris tuis cognoscere .. Quid autem de ducatu et vexillis attributis sentiam, his litteris taceo. Servo

---

[1]) Ep. 564.

[2]) Die zweideutige Rolle, welche der Herzog von Urbino in der expugnatio Tiferni im Namen des Königs von Neapel spielte, indem er die Beschimpfung der päpstlichen Autorität in der Person des Gesandten geschehen liess, zeigt wiederum, wie wenig sich der Papst auf die Besten stützen konnte.

[3]) Ep. 568.

omnia ad reditum meum. *De obsidione item Tiferni quid cupiam, plane nunc loquar. Dissolvi eam videlicet opto, non conditionibus, quae nullae Tyranno incolumi esse honestae Pontifici possunt. Sed domita civitate, in cujus exitu caeteras urbes nostras vel parendi, vel imperandi nobis sunt sumpturas exemplum.*"[1])

Arrivabene richtet am 27. August an den Cardinal ein Schreiben, das die Energie des päpstlichen Legaten in's Licht stellt: „Abiit hinc Urbinas tuus decimo Cal. Sept. recta ad exercitum suum, quo, ut ajunt, hodie perveniet. Studiosus est concordiae intér Pontificem et Vitellium, sed nisi se ministro, auctore rege, nam quantum video, Ducis gloriae et existimationi infensior factus est. Si e sententia componi non poterit armis dirimetur. Pontifex in hanc sententiam, quam ad continuandam expugnationem proclivior est sua sponte. Sed hunc affectum tollit legati spiritus vehementior quam par sit (?). Nullas conditiones, nisi ut civitas, et omnia suo arbitrio permittantur, videtur admissurus. Sed in tanta nostrorum pertinacia, nisi externis armis adjutus fuerit, Vitellius concidat necesse est. *Ajunt tamen, Florentinos quotidie novos milites scribere et copias augere, jamque ad duo millia equitum coegisse, ut Vitellio laboranti subveniant.* Joannes Pontificis ex fratre nepos, comitatus est socerum in castra.

---

[1]) Ep. 569. Der folgende Brief gleichen Datums zeigt, dass der Cardinal die Vereinbarungen zwischen dem Legaten und dem Vitelli kannte: „Conditiones inter Pontificem et Tifernates accepi et legi et diligenter notavi; nescio ad eas accipiendas quinam animus erit Legato. Mihi vero plus verborum quam rerum continere videntur minusque honorificos nostris tantis conatibus afferre. Aut inchoanda non erat de subditis nostris obsidio, aut inchoata extremis etiam discriminibus non deserenda. Hic unus exitus in utramque partem caeteris civitatibus est, legem daturus parendi nobis, vel imperandi!"

Illic celebrabuntur sponsalia. Cardinalis ad paucos dies relicta provincia Vexillifero in urbem redibit." [1])

Am 1. September berichtet[2]) Jacopo Minutoli an den Cardinal ex castrorum loco apud Tyfernum: „Res Castellana ita est coepta et absoluta. Pridie quam agrum Castellanum attingeret exercitus, missus sum ad tentandum Castellanorum animos, si per deditionem aut honestam pacem fieri posset, ut hanc ruinam evitaret hic miser populus. *Conditiones pacis proponebantur plurimae et non spernendae. Surda tamen aure pertransierunt omnia.* Venit exercitus, obsedimus urbem, fruges desectae. Oppidani ut verbis praedixerant, ita strenue propugnabant. Multis incursionibus factis illisque fortissime defendentibus ad bombardas ventum est. Prima a Perusinis advecta primo ictu in frusta disjecta est. Duae Romanae partem Tyberi, partim terrae advectae metum inauditum incusserunt obsessis. Altera tandem post coeptum opus ad dies octo malignitate pulveris, tum humiditate defecit in cauda. Attulerunt duas alias ex Cesena. Altera tandem eodem modo fracta est. Inter haec actum tacite de conditionibus pacis et res apud Regem, Ducem ac Florentinos tractabatur."

Arrivabene erzählt über den Einzug des Vitelli in Rom in einem Schreiben vom 9. September[3]) an den Cardinal: „Hoc mane rediere Legatus et Dux Urbinas ad aedes Beatae Mariae de Populo, ex mandato Pontificis omnes Cardinales occurrere, sed non potuerunt praevenire assuetumque malo ligurem. Descenderat ipse jam in ecclesiam ante ortum Solis veniens ex castro novo. Deductus est in palatium solenni pompa. Praeibat Dux medius inter Praefectum et Comitem Hieronymum. Hos antece-

[1]) Ep. 572.
[2]) Ep. 573.
[3]) Ep. 578.

debat Vitellius inter quosdam nobiles. Ascenderunt Cardinales in cameram consistorialem, ad quos post paululum evocatus Vitellius sigillatim, et quasi nomenclatoris vicem gerente Duce omnibus deosculatus est dexteram. Hoc peracto, relictis illic legato Duce et Vitellio abiere Cardinales non viso Pontifice, quem ajunt febre continuo aegrotare."

Am 24. September[1]) schreibt der Cardinal über Città di Castello: „Tifernates res si non decipit species, malum exitum non habuere. Plus benevolentiae praestitit Ecclesiae Urbinas quam credidi. Sed utinam his delinimentis parata ad extorquendam Senogalliam via, post beneficium acceptum non retegat faciem veri."

Am 20. December[2]) an Card. Camp.: „Tudertum primo, inde Tyfernum ita exercuere te hactenus, ut extremae desperationis jam sit ad languores quicquam adjungi. Fama est, Regem venturum Romam Jubilei causa, idque hesterno Senatu Pontifex affirmavit. De Tyferno quaeris et Fulginio. Verbo uno de utroque intellige: *ad extirpandam Tyrannidem Tyfernates inclinant, etiam qui primi Tyranno favebant, sed nostram veriti facilitatem non plane se detegunt. Arcem clam poscunt et Vitellium perditum cupiunt.*"

Das Angeführte wird unsere Behauptung, dass die Verhältnisse im Kirchenstaat einer energischen Hand bedurften, falls nicht alle Autorität des Pontifex verschwinden sollte, hinlänglich stützen und die Behauptung Infessura's von der masslosen Eroberungssucht des Papstes und seiner Nepoten widerlegen. Auch der Graf Riario ist, trotz seiner gewaltthätigen Natur, welche der sterbende Antonio[3]) mit

[1]) Ep. 580.
[2]) Ep. 600.
[3]) Cfr. Diar. Volat. col. 109.

32*

Recht ihm vorhält, dieser Anklagen zu entlasten. Imola ging auf dem gesetzmässigen Wege des Kaufes aus den Händen des Herzogs von Mailand in die seinigen über. Auch in Forli ist er nicht als Eroberer aufgetreten. Pino Ordelaffi war mit Hinterlassung eines illegitimen Erben gestorben. Die beiden Brüder des Verstorbenen, Anton Maria und Francesco Maria, unterstützt von Ferrante von Neapel und Galeotto Manfredi in Faenza, traten mit Ansprüchen an die Herrschaft hervor und drohten der Wittwe mit Krieg.[1]) Auf dieses Gerücht hin und um einen blutigen Krieg zu verhindern, eilte der Graf Riario mit den päpstlichen Truppen herbei und erhielt, unterstützt vom Herzog von Urbino, Einlass in Forli. Da die Wittwe des Ordelaffi sich gänzlich ausser Stande sah, die Herrschaft gegen die Ansprüche der Brüder ihres Mannes zu vertheidigen, trat sie dieselbe durch Kauf an Girolamo Riario ab.[2]) Wir vermögen in dem Erwerb dieser beiden Herrschaften keine Eroberungssucht zu erkennen. Bei dem Eintritt des Grafen in Forli war ausserdem der Herzog von Urbino als Vermittler thätig. Auch in diesem Punkte sind die unter dem Eindruck der Leidenschaft geschriebenen Aeusserungen der Chronisten auf das richtige Mass zurückzuführen.[3])

---

[1]) Cfr. Diar. Parmense (Muratori, It. Rer. Script. T. XXII col. 344, 395. „Cum multi Potentatus sperarent Forlivii dominium, circa dimidium Augusti, mortuo subitanee filio naturali Domini Pini, qui cum noverca arcem tenebat, Comes Hieronymus Dominus Imolae urbem favore Pontificis obtinuit munivitque. Cumque gentes Domini Roberti de Sancto Severino ad partes illas properarent, revocatae sunt etc."

[2]) Cfr. Muratori, Annali d'Italia, T. IX, p. 534. Diarium Parmense l. c.

[3]) Cfr. Ciacon. Tom. III. col. 43. „Ingenio magis severo ac voluptatibus minimum praeter unam venationem deditus."

Es wird Niemand die Schwäche des Papstes für den jungen, in der Blüthe des Lebens dahingerafften Pietro Riario, den Sohn seiner Schwester und Bruder des Grafen Girolamo, vertheidigen.[1]) Seine Verschwendung ist oft geschildert worden, und der Brief[2]) des Cardinals von Pavia giebt ein anschauliches Bild von dem Luxus, der den jungen Cardinal umgab. Aber man vergesse nicht, dass dieser jugendliche Cardinal auch Eigenschaften besitzt, die ihn über einen gemeinen, rohsinnlichen Verschwender erheben, wie ihn seine Feinde geschildert haben. Seine Liberalität hat jenen fürstlichen Zug an sich, der auch bei Sixtus IV. hervortritt. Wenn Luc. Wadding[3]) von diesem sagt: „Plures a sacris hominibus decimas exegit, aliosque colligendae pecuniae modos excogitavit, qui gloriam obscurarunt. Sed vel temporum calamitatibus, rerum gerendarum necessitati, aut proximorum, sive ministrorum insatiabili cupiditati haec tribuenda videntur, *cum nullus fuerit Pontificum ad eam diem animo ad munificentiam, liberalitatemque propensior, neque in dando hilarior, nec in promerendis hominibus promptior,*" so passen diese Worte auch auf seinen Neffen. Ciaconius spendet ihm reichliches Lob:[4])

---

[1]) Cfr. Wadding, Annal. Minor. ed. Lugd. 1648, T. VI. p. 715 ad ann. 1471, VII.

[2]) Ep. 548.

[3]) Annal. Minor. T. VII, ad ann. 1484, III.

[4]) l. c. col. 42. Wadding ad ann. 1471, III. bemerkt: „Porro aliud erat Sixti vitium nimia in largiendo, quae petebantur, facilitas; cum enim admodum liberalis esset, neque ulli prorsus negare quidquam sciret, plurimis easdem gratias importune rogantibus saepe concessit. Qua de causa, ut litium et discordiarum initia tolleret, subsignandis libellis Joannem de Monte, mirabilem virum, in aula exercitatum et industrium severiorisque ingenii praefecit, quod non rite concessa inducere posset."

„Cardinalis renuntiatus sublimes et imperio idoneos induit spiritus, magnanimitatem, clementiam, munificentiam, justitiam aliquotque imperantium virtutes coluit, *injuriarum acceptarum facilius quam aliarum rerum obliviscebatur, hostes beneficiis prosequebatur, simulationis et mentitae probitatis osor erat, eos, quibus juste aliquando succensebat, muneribus augebat.* Cum domus Praefectus ei aliquando diceret, illius indulgentia et liberalitate nonnullos ex familiaribus insolentiores effici, tuum est, inquit, errantium familiarium mores corrigere, meum vero eorum erga me amori praemia tribuere; fac tu illud, hoc ego faciam; uterque suo fungatur munere. Quingentos ferme alebat domesticos; hos illustri, illos nobili, omnes honesto loco natos, Antistites, Equites, Doctores, Oratores, Poetas,[1]) aut alicujus alterius honestae artis studiosos, et dicebat, se omnium honestorum virorum hospitem esse. *Justitiae cultor, eximia auctus potestate vim attulit nemini:* cum amici lethali affectum morbo, ut testamentum conderet, hortarentur, quod meum sit, respondit, nihil habeo, omnia sunt Ecclesiae. Pontificem suo nomine obsecrandum dixit, ut aes alienum, cujus majori parte, ut res ecclesiasticas recuperaret, se devinxerat, dissolvere vellet. Saepe tunc dolens animi labes Sacerdoti aperuit et verae immortalitatis epulo iter sibi ad illa munire studuit, familiares vocari jussos ad

---

[1]) Cfr. Vita (Anonymi) Sixti, l. c. col. 1033. „Poetas, Pictores insignes domi habere magna cum impensa conatus est; gaudere item ludos celebrare magno apparatu, nec urbanos solum, verum etiam bellicos. Convivia ita sumtuosa dedit Legatis quibusdam et Leonorae Regis Ferdinandi filiae ad maritum eunti, ut hoc uno lautior habitus sit nemo. Munificus quoque et liberalis erga doctos et pauperes fuit. Praeterea vero aedificare apud Sanctos Apostolos ita magnifice coepit, ut illis fundamentis nil augustius esse videatur: certare ille quidem cum antiquis magnificentia rerum omnium videbatur."

rerum fluxarum contemptum, ad pietatem, ad morum integritatem, ad aeternae felicitatis adeptionem gravi oratione incitavit. Quam fluxae, quam fallaces sint terrenae opes, ego unus, ajebat, Vobis maximo possum esse documento; pulvis et umbra sumus, vivite mei memores, quam caduca sit hujus mundi felicitas, vel meo exemplo discite." [1])

Der Autor führt fort: „Communi fuit statura, ingenio callidus et animosus, ut omnia Curiae negotia summa dexteritate tractaret. Sixtus prae teneritudine amoris continere se non potuit, quin ad sepulcrum adhibitis luctuosis vestibus accederet et super defuncto unice dilecto ploraret et molliter nimis filiolum ac spem suam inclamaret.

So finden sich auch im Leben dieses jugendlichen, der Verschwendung ergebenen Cardinals versöhnende Züge. Die wahrhaft fürstliche Liberalität ist, wie bei Sixtus, bezeichnend „Justitiae cultor, eximia auctus potestate, vim attulit nemini." Wer unter den nach dem Ehrentitel des Mäcen strebenden damaligen Herren Italiens möchte solches Lob verdienen? Weder in Mailand, noch in Florenz, noch an all den andern kleineren Höfen, wo Emporkömmlinge

---

[1]) Sixtus liess ihm folgende Inschrift auf das marmorne Denkmal in der Kirche degli Apostoli setzen:

D. O. M.
Petro Saonensi Gente Rearia nobili ac vetusta
Ex Ordine Minor. Car. S. Sixti Patriarchae
Constantinopolitano Archiepiscopo Floren.
Perusii Umbrieque Legato
Sixtus IV. Pont. Max. Nepoti bene merenti
Posuit
Vix. Ann. XXVIII. Men. VIII. D. VI. gratia liberaliter ac animi
Magnitudine insignis totius Italiae Legatione functus
Moritur magno de se in tam florida aetate desiderio relicto
Quippe qui majora mente conceperat et pollicebatur
Ut Aedes miro sumptu apud Apostolos inchoatae ostendunt
MCCCCLXXIIII.

herrschten, gab es so fröhliche Geber als am Hofe des Papstes, flossen die Steuern so sehr wieder dem Gemeingute zu. Rom durfte sich wahrlich nicht über die della Rovere beschweren.

Neben dieser glänzenden, früh verblichenen Gestalt erhebt sich Giuliano della Rovere, der Sohn Raffaello's, des Bruders Sixtus IV., mit aller Würde seiner dem Ernsten zugekehrten Natur. Energie und Thatkraft geben dieser der Eiche vergleichbaren Gestalt einen frühausgeprägten Character: „At Julianus insigni moderatione usus, familiares quoad fieri potuit modestos sibi delegit, raram supellectilem et dignitati suae convenientem sibi comparat, apparatu modico in victu et vestitu utens, nisi suo recipere quempiam hospitio vel convivio oporteret.“ [1])

Von Girolamo Basso della Rovere, dem Sohne der Schwester des Papstes, Cardinal von S. Balbina, dann von S. Chrysogonus und S. Caecilia, von Alexander VI. zum Episcopus Praenestinus creirt, sagt Ciaconius: „Vir fuit mitis naturae, ab omni vitio et labe alienus, viris virtutibus ornatis mirifice semper favit, quos ut amabat, ita juvare cupiebat, terrenis tamen opibus non abundavit.[2]) Egregium virum fuisse Hieronymum Bassum Cardinalem scribit Folietta, quem Julius II. R. Pontifex affinem habere gloriari solitus fuit, cujus perpetuae vitae cursus constantissime actae et morum candor et integritas ac singulare religionis studium una omnium voce laudatur.“

---

[1]) Vita Sixti, l. c.

[2]) Ciacon. col. 64. Julius II. liess ihm folgende Inschrift setzen:

D. O. M.
Hieronymo Basso Savonensi Sixti IV. P. M. Sororis Filio
Episc. Sabinen. Card. Recinetensi, in omni vita constanti
Integro, religioso, Julius II. P. M.
Amitino suo B. M. pos. MDVII.

Wir geben zu, dass die ungeregelte Neigung des Papstes gegen seine Verwandten die Quelle mancher Uebel für ihn geworden ist[1]) und seine grossen Eigenschaften verdunkelt hat, aber seine Erhebung vom Generalminister des Ordens zum Cardinalat war schon ein Act, der durch die eifrige Verwendung Bessarions und des trefflichen Cardinals von Mantua, Francesco Gonzaga, vollen Glanz erhält. Wadding erzählt darüber:

„Franciscus Savonensis Minister generalis, postquam multa utiliter ad dignitatem Ordinis reformandosque Fratrum mores instituisset, post longam etiam infirmitatem cum recuperandae valetudinis causa Roma Savonam primum se recepisset, deinde Ticino Venetias ire cogitaret, creatus est hoc anno die 14. Kal. Octobris Presbyter Cardinalis S. Petri ad Vincula, tituli Eudoxiae. (Ciaconius creationem hanc uno loco sub Paulo II. rejicit in annum 1464 alias vero in vita Sixti IV. in annum 1463, sed plane utroque erat loco, cum constanter in Ordinis regestro, cujus referantur acta, et decreta usque in hujus anni mensem Septembris.) Papiae primum Cardinalis Mantuani Francisci Gonzagae, deinde Bessarionis Cardinalis Niceni dignitatis praenuncias litteras, mox missum a Pontifice pileum, Cardinalatus insigne, recepit. *Romam veniens comiter ab omnibus susceptus et a Pontifice galero donatus, summo destinatus est Pontificatui Pauli vaticinio, eo enim die, quo galerum dedit, astantibus dixit, hodie nobis designavimus successorem.* Quorundam Cardinalium benignitate adjutus aedes sui tituli ruinosas et jam collabentes ita restituit, ut sibi et familiae commodum adaptarit habitaculum. In hoc vitae statu potissimum in eo posuit studium,

---

[1]) „Erat enim suorum indulgentissimus, eorumque causa, multa praeter fas egisse et concessisse vitio illi datum est.“ Wadding, ad ann. 1471, VII.

ut familiam suam in officio contineret, nihil laboris in obsequium Sedis Apostolicae subterfugeret, exorientes errores assidua litterarum disciplina refelleret. *Tantae integritatis et doctrinae habebatur, ut huic uni ex coetu Cardinalium praecipue res fidei potissimum committerentur.* Etsi vero Paulus nihil tale cogitantem ad hanc dignitatem promoverit, noluit tamen religionis regimen deponeret, sed usque ad proxima comitia generalia retineret." [1])

Oldoinus (Annot. ad Ciacon.) bemerkt:

„Ut sunt varia hominum judicia, ita circa hujus Cardinalis ad Pontificatum assumptionem diversae erant circa merita sententiae; affectus, quo vult, hominem rapit. Qui ultorem scelerum, aut parum sibi propitium senserunt uti erat Joannes Michael Brutus, Florentinus, et si quis alius, prorsus dignitate indignum depraedicant; alii dignissimum proclamant. Summopere hominem laudat Onuphrius Panvinus, gravis sane scriptor et vir ingenuus. Philippus Bergomensis, virum certe ingenio tantum quantum haec tempora, quae praecipue doctrinis viguere, parere potuerunt et tam in Pontificatu, quam ante, mitissimae consuetudinis et vitae continentissimae fuisse narravit. [2]) Jacobus Meyerus virum doctum et probum appellavit, de quo hi extant versiculi:

Non aurum, non nobilitas, sed vivida virtus,
Xiste, tibi Imperium Pontificale dedit:
Discite ab exemplo, quantum valet ardua virtus:
Hac meruit Xistus Pontificale decus.

---

[1]) Annal. Min. ad ann. 1468, XIII.

[2]) „Ubertus Folietta eum diffuso elogio cohonestat, Fulgosius non inepte cum Nicolao V. etiam Liguri studet comparare. Papirius Massonius praealtum ingenium a natura accepisse, gravissimarum artium capax eumque magnitudine animi maximis Europae regibus non imparem fuisse affirmat." l. c.

„Eugenii porro,[1]) Nicolai, Calixti, Pii et Pauli creditoribus una concurrentibus, cum initio Pontificatus pecuniae deessent, gemmis quas Paulus II. in thesauris reliquerat, divenditis, satisfieri voluit. Aerario enim inani, non nisi quinque millia aureorum praeter hominum opinionem invenit. Auditis deinde publice et perbenigne Oratoribus Christianorum Principum, qui Sedi Apostolicae et ipsi obtemperaturos se, quemadmodum mos est, pollicebantur, manum misit ad fortia omnesque. Christianos Principes adversus Turcas statuit convocare. Rhodianos milites, auctore Joanne Baptista Ursino magno Militiae Magistro, ut in hoc opus cum Ferdinando Siciliae Rege et Venetis inirent societatem, Galeatium Sfortiam, Mediol. Ducem, ut ad Orientis partes, praesertim vero Chium insulam, variis injuriis et barbarorum latrociniis obnoxiam, firmandam atque propugnandam, instrueret. Genuenses multis privilegiis, beneficiis et ornamentis in idipsum excitavit etc.“[2])

Von der Neigung Bessarions zu Francesco della Rovere giebt der Brief[3]) des Cardinals von Pavia an den von S. Sisto Zeugniss: „Veniet cum iis litteris Raphael Fulginas, Niceni defuncti cubicularius, qui propter veterem consuetudinem nostram mecum nunc est. Eget patrocinio tuo ad redimendam de adversariorum manibus diuturni servitii non magnam mercedem: audi eum precor honore meo, et pro tua etiam pia consuetudine adjuva. Si ulla in te vivi Niceni fuit injuria, expertes injuriae servi pro domino poenam non luant. Mortui beneficium recordare potius, quam contumelias. Si enim verum expendere volumus et Papiensi tuo aliquid credis: *illius etiam absentis umbra Cardinalem fecit Pontificem nostrum, a quo quidem*

---

[1]) Fügt Wadding hinzu.

[2]) Annal. ad ann. 1471, II, III.

[3]) Ep. 579.

Cardinalatu et Xystus est et tu Sancti Xysti. Affui in eo consistorio et cuncta inspexi et quid ad quemque tunc creatum Cardinalem Paulum induxerit plane sum contemplatus. Iterum crede, Niceni auctoritatem ad balnea Viterbiensia licet agentis, initium fortunae tuae et omnium, qui ab Xysto sunt illo die dedisse. Quo magis has inopes ejus reliquias fidei et bonitati tuae etiam atque etiam commendo his litteris, ut si minus nova adipisci sinuntur, vetera tamen ab illo Patre propter servitium fidele accepta non cogantur dimittere."

Sollten die Worte des Cardinals Ammanati, den wir im Ganzen als aufrichtigen Freund der Kirche, offenherzigen Tadler der Fehler auch der Päpste — sein Brief an Paul II. ist ein redendes Beispiel — als einen unwürdiger Schmeichelei abgeneigten Mann kennen, nicht Gewicht haben? wenn er in dem Briefe an Sixtus IV.[1]) diesen so anredet:

„Cerno haud dubie, quantum tu ad lenitatem in Jacobum addes, tantum illos ad sua in illum officia sedulo additoros, quae cum meo testimonio magna sint, etiam tuo beneficio sunt futura perpetua. *Sed nolo haec omnia valere ad salutem juvenis. Concedo inferiora esse ejus peccato: solam severitatem intuendam permitto. Quid Xyste Beatissime? tuae ne sanctae consuetudinis causa non facies? Quid alia rerum causa minus faciundum existimas? Celebris ob multa es toto orbe terrarum. Laudatur in te religio, integritas, munificentia, bonorum operum studium, doctrina ingens, qualis nostra aetate major non fuit. Sed venia tua dixerim, nil horum tantum gratiae a filiis hominum tibi conciliat, quantum in eorum fragilitate compassio mixtaque semper emendationi facilitas. Nil in te unquam crudele, nil saevum, nil inexorabile inventum est: decreta tua ad*

[1]) Ep. 462. Der Cardinal bittet für den Neffen Pius II.

clementiam et benignitatem sunt semper relata. Imitator Jesu Christi magistri tui fuisti, cujus misereri proprium est semper et parcere. Audisti praeceptum Evangelii sui: Discite a me quia mitis sum et humilis corde. Illud quoque apostoli Pauli nostrae sorti convenire putasti: Vos, qui spirituales estis, corrigite in spiritu lenitatis. Meministi denique nostrae infirmitatis et quod erramus omnes et labimur veniamque, quam quaerimus nobis impertiri, etiam filiis nostris debemus. Divina haec institutio passim in ore est omnium cumque de te sermo habetur, prima semper ad tuam commendationem proponitur. Quam ergo in caeteris tanta gratia in hunc diem servasti, ne patiare nunc primum in Jacobo projici. Plus tua te mansuetudo quam aliorum judicia hactenus adjuvere."

Ausser der Freundschaft Bessarions ist die des vortrefflichen Cardinals von Mantua, Francesco Gonzaga, ehrenvoll für Sixtus IV. gewesen:[1])

„Summo prosecutus est amore Cardinalem S. Petri ad Vincula, Sixtum IV. in Pontificatu dictum, eique adeo favit, ut simul cum Cardinalis Ursini opera Summum Pontificem renunciavit. Cui postea Sixtus inito Pontificatu gratissimum se ostendit, confirmata prius ipsi legatione Bononiensi

[1]) Der Cardinal von Pavia sagt über ihn: „Summa omnia ad summam in Ecclesia gloriam habes, genus, ingenium, linguam, autoritatem et gratiam omnium conatibus tuis faventem" und an einer andern Stelle: „Tu patre sapientissimo natus es, egregiam naturam sortitus, usu quindecim prope annorum edoctus, in magnis semper versatus, vides jam vir, quae senes saepe non vident." Sigonius nennt ihn unter den Episcopis Bonon. „altissimi animi virum". Paulus Cortesius, de Cardinalatu, hebt seine „comitas" und „benignitas" hervor: „nemo illa aetate liberalior fuit judicatus." Andere loben „regiam munificentiam et in sublevandis pauperibus caritatem". Ebenso Possevinus, in hist. fam. Gonzagae. Cfr. Ciacon. T. II, col. 1067, 68 „gravitas et prudentia prope senilis."

et postea Episcopatu ejusdem urbis concesso ut ipsemet ad Jacobum Cardinalem Papiensem scripsit.“

Quanti hunc fecerit Card. Pap., multis ad ipsum datis literis non obscure ostendit et libro II. Comment. verbis extulit etc.[1])

Den Eifer Sixtus IV. für die Türkenexpedition hebt auch Wadding hervor:

„Quamvis Principes Europae summum sibi imminere malum a Mahomete, Turcarum Imperatore, intelligerent, nihilominus privatis affectibus succumbentes potius inter se digladiari, quam conjunctis copiis contra communem hostem plurimas easque vastissimas Christianorum provincias, quasi rupto aggere inundantem, proficisci maluerunt. *Sixtus Pontifex ex alta specula longius prospiciens tantam rei Christianae jacturam avertere modis omnibus satagebat, modo copiis, modo pecuniis.*“[2])

Derselbe Autor citirt die Rede des Octavianus de Martinis, die dieser berühmte Rechtsgelehrte und Consistorialadvocat am 10. April 1482 in der aula majore des vaticanischen Palastes in favorem der Heiligsprechung des seligen Bonaventura gehalten hat. Darin heisst es:

„Ac te ante alios, Sanctissime Princeps, qui cum ex multis jam annis divinarum atque humanarum rerum ac omnis denique philosophiae scientiam plenissime edidiceris, velut splendissimum sidus in firmamento in Dei Ecclesia ceteros illustrasti.

Accedebat praeterea, quod Princeps non profanus pro religioso, aut indoctus pro litterato rogandus erat: sed tu profecto, Pater Beatissime, qui divinis obsequiis, in B. Francisci religione, ex matris utero coelitus destinatus, in eadem Omnipotenti Deo religiosius servivisti ac demum ad

---

[1]) Ciacon. l. c.

[2]) Annal. ad ann. 1476, I.

ejus Principatum singularibus tuis meritis vectus, illam sapienter ac salubriter gubernasti, auxisti atque ampliasti." [1])

Es offenbart sich im Leben Sixtus IV. ein edler Zug von Pietät, der zur Characteristik dieses Papstes gehört, aber von den Darstellern ausser Acht gelassen wird. Die Pietät gegen sein Vaterland, die er in Stiftungen bewiesen und durch seine Briefe an die Behörden seiner Vaterstadt [2]) kundgegeben hat, die Pietät gegen seine Eltern, denen er in der Cathedrale von Savona in dankbarer Gesinnung eine reich ausgestattete Capelle errichten liess, wo ihre sterblichen Ueberreste in einem marmornen Grabmal beigesetzt wurden, [3]) die Pietät gegen seine Familie, die für ihn leider zuweilen zur Schwäche wurde, die Pietät gegen seinen Orden und den ehrwürdigen Stifter desselben, die Pietät gegen die „Immaculata" zeigen die reichen Schätze des Gemüthes in Sixtus IV., welche die stürmischen Zeiten mit aller Bitterkeit, die sie brachten, nicht zerstört haben.

Es war ein lebhafter Wunsch Francesco's della Rovere gewesen, das Grabmal des heiligen Franciscus zu besuchen; erst als Papst konnte er diesen Wunsch ausführen. Wadding erzählt darüber:

„Sixtus etsi dignitate sublimis et potestate supremus, non dedignatus tamen est se Minorem profiteri patremque suum et institutorem humilem depraedicare Franciscum. Retenta constanter religiosae disciplinae pietate erga sanctum Praeceptorem praecordialem conservavit affectum. In

---

[1]) L. c. ad ann. 1482, III, IV.

[2]) Bereits oben sind diese Briefe citirt worden. „Amor noster erga patriam magis in dies confirmatur et augetur" schrieb er nach Savona, dann: „pro nostra praecipua in amantissimam patriam caritate fecimus etc." Cfr. Oldoini Annot. in Ciacon. col. 16.

[3]) Juncta Leonardo conjux Luchina quiescit
Filius haec Sixtus Papa sepulcra dedit.

minoribus constitutus semper concupivit sanctissimum illud Ecclesiae depositum intueri, sed non licuit; nunc sua fretus autoritate, cui contradicere non licebat, statuit hoc anno Assisium pergere et plene votis potiri. Abiit itaque sub mensem Junii protractaque aliqua mora Spoleti et Fulginii, interfuit numerosissimo coetui ex universa Europa ad Indulgentiam Portiunculae, diebus primo et secundo Augusti confluenti. Secreto deinde habito colloquio cum Ministro generali, sacri conventus custode et sacrista, sub altum noctis silentium descendit per occultos recessus ad subterraneam ecclesiam, in qua virum sanctissimum, in pedes erectum, reverenter et cum lacrymis veneratus est. Duos tantum adhibuit comites, Joannem Arcimboldum, Cardinalem, Archiepiscopum Mediol., et Andream de Nursia Praefectum Vigilum. Hic facem Pontifici praeferebat, omnes sacra vulnera viderunt, palpaverunt et osculati sunt. Pontifex propriis manibus ex capitis cincinno capillos abscidit, quos in summa semper habuit veneratione. Andreas hac visione ita colliquefactus est amore et reverentia erga sanctissimum Patriarcham, ut ubicunque deinceps fratribus obviaverit, memor hujus devotissimi spectaculi, a lacrymis difficile se potuit cohibere. Historiae scriptor, apud me Ms., dicit ab ipso Andrea accepisse.“ [1])

---

[1]) Annal. Minor. ad ann. 1476, IV. Das Fest des heiligen Franciscus wurde durch Sixtus IV. zu einem fest. dupl. erhoben. Cfr. die Bulle: „Quod festum S. Francisci Ord. Fratr. Min. institutoris uti duplex ab omnibus celebretur ab omnique opere servili abstineatur“ vom 3. October 1472 in Bullario Rom. Lugdun. 1655, T. I, p. 404. Die Privilegien der Conventualen wurden erweitert durch die Bulle vom 31. August 1474, l. c. pag. 408 seqq. Die Canonisationsbulle des heiligen Bonaventura vom 14. April 1482, l. c. p. 437 seqq. „Superna coelestis patria etc.“ Der Papst theilte den Min. die Canonisation in einem Schreiben vom 20. April 1482 mit. Cfr. Wadding ad ann. 1482, XXX.

Ausser der Canonisation des heiligen Bonaventura und dessen Erhebung zum Kirchenlehrer erhob Sixtus das Fest seines Ordensstifters zu grösserer Feierlichkeit.[1]) Die „Immaculata" hat ihn während seines ganzen Pontificates beschäftigt. Im Jahre 1474 stellte er das Fest der Visitatio wieder her, worüber er eine Encyclica erliess: „Fraternitati vestrae per Apostolica scripta committimus et mandamus, quatenus festum visitationis hujusmodi cum ipsius octava, officii ad ipsius laudem et gloriam noviter instituti recitatione singulis annis sexto nonas julii devote et solemniter celebretis ac faciatis in singulis civitatum et dioecesum vestrarum ecclesiis ab omnibus celebrari et proprium ipsius diei officium antedictum de verbo ad verbum praesentibus mysterii devotione et attentione congruis decantari."[2])

Um den Cultus der „Immaculata" zu fördern, erliess er eine Constitution,[3]) durch welche Allen, welche dieses Mysterium andächtig verehren und der Missa und dem Officium, welches Leonardo de Nogarolis zusammengestellt hatte, beiwohnen, oder das Officium privatim recitiren würden, diejenigen Indulgenzen verliehen wurden, welche Urban IV. und andere Päpste für die Solemnitas Corporis Christi bestimmt hatten. Eine weitere Constitution vom Jahre 1483 verurtheilte Alle als Häretiker, welche den

---

[1]) Wadding ad ann. 1484, VIII. „Ultra S. Bonaventurae canonizationem, aliaque a nobis super relata, multas veteribus solemnitates adjunxit, ut Conceptionis et Oblationis B. M. V., Sanctorum Annae, Josephi et Francisci, quas in Ecclesia celebrari jussit. Festo omnium Sanctorum octavas addidit, Natalitia quatuor Ecclesiae Doctorum voluit festive coli, sed morte praeventus bullam, qua hoc praecipere cogitabat, non publicavit."

[2]) Rain. ad ann. 1475, n. 34.

[3]) Wadding ad ann. 1482, XXXVII.

Glauben an die Conceptio immaculata für sündhaft hielten; ausserdem befahl der Papst, das Fest der Conceptio in der ganzen Christenheit mit der Octave zu begehen und liess im Vatican eine der Immaculata geweihte Kapelle einrichten. Eine zweite wurde in Savona im Convent des heiligen Franciscus gebaut, um die besondere Verehrung des Papstes gegen die seligste Jungfrau zu zeigen; hierzu spendete er 2000 Goldgulden.[1])

---

[1]) Oldoini, l. c. col. 27. Wadding berichtet (ad ann. 1477, I, II.) „Coepit hoc tempore acerrime agitari controversia de immaculata Conceptione B. M. V. in partibus Lombardiae, maxime in civitatibus Ferrariensi et Brixiensi. Hinc ortae dissensiones multae et scandala nonnulla, scriptisque hinc inde libellis, utriusque partis fautores non parva neque pauca jecerunt semina discordiae. Prodiit in publicum unus ante biennium anno scilicet 1475 Magistri Vincentii de Bandellis, de Castro novo, Terdonensis dioecesis, postea totius Ordinis Praedicatorum generalis Magistri, suppresso autoris nomine, cui titulus erat „Libellus de veritate Conceptionis gloriosae Virg. Mar." asperrimis verbis, gravissimisque censuris in sententiam negativam etc. Inde obortae commotiones magnae convocatis utrinque auxiliaribus copiis aliarum religionum magnorumque Doctorum, atque eo processit contentionis studium, ut Pontificem oportuerit ad se causam evocare. Indicta Romae sub principium hujus anni publica disputatione acriter per dies multos certatum est etc. Erat tunc in Curia Leonardus de Nogarolis, Clericus Veronensis, Proton. apost., Artium et S. Theol. Doctor eruditus, qui ex Sacrae Scripturae locis et Sanctor. Patrum sententiis composuit officium de immaculata Conceptione, Missam disposuit, Mariae idemnitatem a peccato originali palam et passim testificatura. Addito supplici libello, piis rationibus Pontificis Sixti animum excitavit ad probandos hos ritus magnisque commendandos indulgentiis." Auch in Ferrara wurde heftig über die „Conceptio" gestritten. Cfr. Wadding ad ann. 1482, XXV. „Acrius et acerbius vigebat dissidium in Lombardia, maxime in Civitate Ferrariensi, ubi cum hoc anno in concionibus quadragesimalibus quidam docerent, B. Virginem in peccato fuisse conceptam, alii ardenter con-

Die grossartige Bauthätigkeit Sixtus IV. regte auch die Cardinäle zu gleichem Wirken an. Estouteville, der Protector des Ordens vom heiligen Augustin, liess Convent und Kirche dieses Heiligen in Rom neu erbauen. Der Cardinal Gabriel Rangoni de Verona, Bischof von Agram, welcher von Pius als Inquisitor der hussitischen Irrlehre bestellt war und auf Verlangen des Königs Mathias von Ungarn, dem er bei dem Friedensschluss mit dem Kaiser (1477) wesentliche Dienste geleistet hatte, zum Cardinal von S. Sergius und Bacchus ernannt wurde, liess seine Titularkirche, die dem Ruin nahe stand, wiederherstellen.[1]) Raffael Riario begann den prachtvollen Palast und die Basilika von S. Lorenzo und Damaso zu erbauen; daselbst die Inschrift:

Raphael Riarius Savonensis Sancti Georgii Cardinalis Sanctae Romanae Ecclesiae Camerarius a Sixto IV. Pontifice Maximo honoribus ac fortunis honestatus Templum Divo Laurentio Martyri dicatum et Aedes a fundamentis sua impensa fecit. 1495.
Alexandro VI. P. M.

Domenico della Rovere, der Bruder des Cardinals Cristoforo und Sohn des Signor von Viconovo, Cardinal von S. Vitale, dann von S. Clemente, ist der Erbauer der dem heiligen Hieronymus geweihten Capelle in S. Maria del Popolo, wo er für sich und seinen Bruder die Ruhestätte wählte. In seiner Heimath liess er im Gebiete von Viconovo die Kirche S. Maria de Tivoleta, in Turin die

---

trarium statuebant, alternisque oppositionibus eo turbarum processum est, ut Hercules Ferrariae dux decreverit, viros quosque doctos ... in palatium suum advocare et palam de hac re praesente urbis Episcopo disputantes audire."

[1]) Oldoin. bemerkt: „Ea fuit animi moderatione et morum gravitate, ut per annos triginta se nulli mortalium succensuisse recordaretur, dexteritate ingenii, maturitate consilii, naturae mansuetudine, doctrina et pietate ornatum omnes venerabantur."

33*

Cathedrale restauriren. Die Inschrift in S. Maria del Popolo lautet:

Dominicus de Ruvere Card. S. Clementis
Capellam Mariae Virg. Genitrici
Dei ac Divo Hieronymo. [1])

Girolamo Basso della Rovere, der Sohn der Schwester des Papstes, welcher ebenfalls in S. Maria del Popolo seine Ruhestätte gefunden hat, wo ihm Julius II. ein Denkmal setzte, war nicht minder als die Vorigen als Erbauer und Restaurator thätig. Old. sagt von ihm: „Hujus Episcopi tempore iterum Lauretana jurisdictio ac dioecesis Recinetensi Ecclesiae vincta est, quam non ita pridem Sixtus IV. Pontifex inde divulserat, cum tamen ejusdem aedis Lauretanae tutelam sibi a Sixto patruo commendatam suscepisset, ob specialem, quem erga eandem Deiparam Virginem gerebat, devotionis affectum, ipsius aedis Lauretanae templum a Paulo II. Pontifice Maximo inchoatum, exaedificavit ejusque cultum sacra supellectile, lectissimis Sacerdotibus et Cantoribus adauxit. Cum eo Lauretanae aedis Protectore ingens Turcorum manus Lauretanis opibus imminens divinitus esset fugata, adversus hujusmodi repentinos, qui iterum excitari poterant, hostium incursus, Lauretanum templum destinatis propugnaculis, in arcis modum primo quoque tempore communire cogitavit, quod et sub Julio II. postea in effectum deduxit etc.“ Insuper auctori-

---

[1]) Old. col. 76 l. c. „Hic magnificentia oblectatus nobiles aedes ad D. Petri scalas in Vaticano condidit, quas ipsemet deinde Vaticanae Basilicae Archipresbyter incoluit.“ Derselbe schreibt von Rom 24. December 1495 an „Petrus, Camerae Ducalis Sabaudiae Senatori: „nos enim non solum Ecclesiam nostram quadratis lapidibus, structuris, tabulatisque ornatissimis, quod parum esset, restaurandum duximus, sed etiam quod magis cupimus intendimusque ipsam vivis lapidibus spiritualibusque aedificiis reformare, augere ac conservare decrevimus.“ l. c. col. 77.

tate Innocentii VIII. eidem Lauretano templo Carmelitanos, quorum patroni munus gerebat, praeposuit, qui Virgini inservirent et peregrinos noxis omnibus expiatos ad propria remitterent. Sanctissimae quoque Cellae pavimentum ... quadrato marmore discolori pulcherrime stravit. Porro circa vestibulum templi magnificentissimas aedes a Bramante nobili illa tempestate architecto descriptas, moliri hic coepit, cisternam quoque ingenti amplitudine in medio templi atrio extruxit et ornavit, ne quando oppidanis vel advenis aqua deesset.“[1]) Vom Cardinal von Lissabon, Giorgio Costa, berichtet derselbe: „Romae in Ecclesia S. Mariae de Populo Sacellum erexit eique dotem dedit imo ob suum in Virginem praecipuum amorem bona eidem Monasterio religiose contulit.“[2])

Stefano Nardini aus Forlì, der Vertraute Pius II. und als solcher mehrfach in Deutschland verwendet, von Sixtus IV. zum Cardinal von S. Maria in Trastevere creirt, seit 1460 Erzbischof von Mailand, errichtete in Rom das Collegium Nardinum, bereicherte seine Cathedrale mit kostbarem Geräth und erbaute in S. Maria Trastevere eine Kapelle.[3])

Der Name Giuliano's della Rovere ist mit zahlreichen Monumenten verknüpft. S. Pietro in Bologna trägt die Inschrift:

Monumentum vetustate corruptum destructumque
Renovatur decreto Cardinalis Juliani de Ruvere
Bononiensis Episcopi ac Principis,
Virtutum bonorumque Virorum fautoris,
Cui Bononia Patria permaxima debet.

In Rom liess er den Porticus vor der Kirche der SS. Apostoli errichten, die Basilika und den Cardinalpalast

[1]) l. c. col. 64.
[2]) l. c. col. 55.
[3]) l. c. col. 48.

von S. Pietro in vincoli, sowie die Basilika der Apostoli [1]) herstellen,[2]) den Palast, welchen Pietro Riario begonnen, vollenden, den Porticus von S. Agnese fuori erneuern. Garimbertus berichtet, dass er auch in Spanien und Frankreich viele Bauten habe aufführen lassen.

Sixtus IV. wird oft beschuldigt, Veranlassung gewesen zu sein, dass der Cardinal Bessarion, damals schon sehr von Krankheit mitgenommen, jene unglückliche Reise nach Frankreich unternommen, welche infolge gegentheiliger Intriguen am Hofe Ludwig XI. erfolglos endigte und dem Cardinal die Demüthigung brachte, zwei Monate auf die Audienz warten zu müssen, worauf er zurückkehrte und in Ravenna starb, ohne nähere Eröffnungen gemacht zu haben. Ein Neuerer citirt die verschiedenen Briefe des Cardinals von Pavia und kommt dann zu folgendem, dem Papste wenig günstigen Resultate:

„Concluons donc que le cardinal de Pavie a souvent changé de langage et d'opinions, mais que, du vivant de Bessarion et lorsqu'il était réellement question de la légation il l'a considérée comme une oeuvre de sacrifice et

---

1)
Sedente
Sixto IV. Pont. Max.
Jul. Car. S. P. Ad Vincula
Nepos Hanc Basilicam
Pene Collabentem
Restituit.

Jul. Card. S. P. Ad Vincula
Sixti IV. Pont. Nepos
Porticum Ad Aedem S. Agnetis V. et M.
Collapsam Restituit.

'e Apsis ist von Sixtus IV.

de dévouement inutile peut-être, mais nullement honteuse, et qu'il a reproché au contraire à la curie romaine d'être le siége de brigues peu avouables et de toutes sortes de conflits, d'ambitions et de trafics déshonorants. Paul Jove le dit formellement, de même que Platina: Bessarion fut exilé avec la dignité de légat en France, parceque Sixte IV., décidé par une licence toute nouvelle à transformer le pontificat en principat, ne pouvait supporter la présence d'un homme qui opinait toujours librement, gravement et dans l'intérêt de la religion." Voilà l'opinion des contemporains[1]) au moment de la légation de B. en France: c'est aussi la vérité qui doit être acceptée par l'histoire."[2])

Derselbe Autor läugnet, dass der König den Cardinal insultirt habe: „Comment admettre que Louis XI après Péronne, Louis XI, diplomate par nature, prudent par expérience, ait fait une si lourde bévue?"

Den Brief des Cardinals von Pavia,[3]) vom 20. October 1473, weil fast ein Jahr nach dem Tode des Cardinals geschrieben, fertigt derselbe mit Folgendem ab: „Observons tout d'abord que Bessarion est mort avant de pouvoir s'expliquer sur les résultats de sa légation et que, malade dès son retour, il n'a pu adresser à la cour de Rome que des comptes rendus insuffisants e incomplets. De plus, le C. de Pavie était légat d'Ombrie depuis l'avénement où il écrit sa lettre. Par conséquent, il n'est pas à la source des informations!"[4])

Sehen wir zu, ob diese Schlüsse durch den Brief des Cardinals von Pavia bestätigt werden.[5])

---

[1]) Pauli Jovii Elogia, Vita Bessarionis. Capranica (Bonav. Malvasia, p. 247—253.)

[2]) Vast, le Cardinal Bessarion, Paris 1878, p. 421 seqq.

[3]) Papiens. Ep. 534.

[4]) l. c. p. 420.

[5]) Der Autor nennt die Erzählung Bandini's (cap. 81) „abso-

Der Cardinal Bessarion war schon am Anfang des Jahres 1472 leidend. Ammanati schreibt ihm deshalb von Foligno (1. Jan. 1472) aus: „Me audi, Nicene. Valerium recipe (medicum), in quo, ut absint caetera quae certe sunt summa, hoc est quidem imprimis, quod recurrentibus morbis tuis assuetus, nil habet incognitum, quod ad lenitudinem illico tollendumque languorem sit necessarium. De Gallica nunc Legatione quod sequitur. Si est spes boni aliqua, ut putas, nil vereare, praestantissime pater, constanti animo perfice quod conandum coepisti. Non te aetas, non valetudo, non longitudo itineris terreat. Vides in quas angustias adducta Christiana res sit. Nulla in re Patriarcha Sedis amissae, Cardinalis Romanae ecclesiae, in tanto coetu sententiae primae Senator, extremum vitae actum exercere dignius potest. Proficiscere in Galliam, excita solito amplius sensus egregios, effunde divitias ingenii, calefac spiritu oris corda frigentia. Qui te Senem tantae auctoritatis patrem, tot morbis affectum circumferri pro Christo in sella videbunt, et moveri mentibus poterunt et Nicenum antistitem, utcunque res cadat, dignum sacer dotio Dei et gloria sempiterna contendent etc.“ [1])

Am 18. Januar schreibt der Cardinal von Foligno aus dem Antonio da Forlì, Clerico Cam. apost.: „Ais Nicenum accelerare suam profectionem, ut mature in Galliam perveniat. Quid si hoc tantum studii redibit ad nihilum? An non me dices prophetam? id crede, quod dico: non ibit, erit Romae ad colendam Sedem, quam datam a Pontifice praedicas. Exitum mox contemplare.[2])

---

lument erroné“ und stützt sich auf die Worte Capranica's (Bischofs von Fermo): „a rege honorificentissime suscipitur, ad quem Nicaenus legatus orationem habuit ornatam, luculentam etc.“ (Bonav. Malvasia, p. 249.)

[1]) Ep. 416.

[2]) Ep. 423.

Vom 5. Februar ist der Brief aus Foligno an Bessarion, der eine Veränderung des Entschlusses bei Letzterem bekundet: „Quod ad legationem depositam attinet, tanti consilium tuum, tanti animum ad publica facio, ut certus sim, si in ea profectione salutem ullam inspexisses, maluisses vitam, quam illam deponere. Hac igitur ratione laudo, quod factum est. Mihi quoque congratulor, quod tanto non patrono modo, sed patre non privor. Nec minus esse Romae utilis quam in Gallia poterit. Mihi quidem, ut verum fatear, quod apud Pontificem te necessarium scire, in Gallia magnam esse tuam auctoritatem acciperem, illud Danthis Florentini occurebat: si mittitur Nicenus, quis hic reliquus erit? Si non mittitur, quis alter mittetur?" [1])

Einen Monat später berichtet der Cardinal an Angelus, Ep. Tyburt.: „Rumor Gallicanae Legationis jam desiit. In Pontefice non modo voluntas, sed ne sermo quidem fuit rumori illi consentiens. Habuit in hunc modum se res: Provinciae decretae cum cessisset in Senatu Nicenus, nil causae praeter valetudinem afferens, Pontifex qui meminerat quanto studio fuisset ante petita, mirareturque tam paucis diebus voluntatem mutatam, de consilii sententia non accipiens cessionem, monuit tantum, ut sanius cogitaret. Hac in suspensione perseveratum est in diem presentem. *Nunc vero cum ad ipsum Nicenum humanissime scripserit Francorum Rex, gratulans legatione, hortansque ad maturandam profectionem, quam sibi et Regno futuram laetam affirmat, visus est in desiderium primum redire.* Nescio quam nunc in partem se vertet." [2])

Bessarion nahm den Plan wieder auf, denn am 13. März

---

[1]) Ep. 431.

[2]) Ep. 437. Wo bleibt also Platina und wo bleibt Herr Vast: „Bessarion fut exilé avec la dignité de légat en France parceque Sixte IV. ne pouvait supporter la présence d'un homme etc."?

schreibt der Cardinal Pap.: „Resumpsit hodie in Senatu Nicenus legationem depositam. Ibit et suspensione animi liberabit, quo premebat metus, ne id oneris in se volveretur." [1])

Am 1. August meldet der Cardinal Pap. an Bessarion, dass er seine Provinz verlassen habe: „Fatigatus valetudine adversa provinciam dimisi, quam mihi dedisti. Eo id liberius feci, quod in exitu est annus. Tendo ad Aquas Lucenses etc. *Tuas res, vel nostrae potius, per hos dies nos fatigarunt: me imprimis affecerunt dolore, quod aperte intelligo, artificiis perversorum in tua injuria oppugnari publicam omnium causam.* Nescio quo in loco nunc sint. Mundae sunt manus meae a sanguine horum omnium. Non enim subterfugi quominus annuntiarem eis omne Evangelium tuum. Dura consolatio rebus tam praesertim afflictis, sed tamen in tanta iniquitate Patri integerrimo necessaria; puto autem si pervenisti ad Regem, probatam esse innocentiam tuam: simul dissipata impiorum consilia." [2])

Der Brief vom letzten September meldet die Rückkehr Bessarion's aus Frankreich; er ist an den Cardinal von Siena gerichtet: „*Redire Nicenum ex Gallia propter me laetor, propter publica doleo. Interrupta vel rejecta magis ejus Legatio non potest non ad offensionem aestimationis Apostolicae esse.* [3]) Addi video in dies exhaustis jam rebus novas jacturas: quibus sola subvenire manus Domini potest. Nec ut subveniat nostra opera sinunt. Recordare si audisti, si non audisti, audi nunc primum verbum sanctissimi Patris Cardinalis S. Angeli: nullis se unquam de pace Legationibus, quae ambitae essent,

[1]) Ep. 439.

[2]) Ep. 459.

[3]) Demnach war aus Frankreich Nachricht eingetroffen und der Cardinal von Pavia bereits informirt.

successum vidisse. *Niceni quidem eo amplius vicem indoleo, quod ejus summa virtus haud dubie ventura est, non in malevolorum tantum sermones, sed eorum etiam, qui ab solo exitu consilia metiuntur.*" [1])

Am 7. October richtet der Cardinal einen Brief an Carlo Salando von Siena aus: „Rothomagensis nostri unae solum litterae ad me pervenere: in quibus commendationem meam quandam curae sibi futuram respondet. Praeter has nullae de quibus scribis, sunt redditae etc. Angor animo plurimum, quaeri rursum profectionem suam in Galliam, sed impensius, quod iturum illum plane prospicio. Angoris mei sunt causae, quod amo hunc Patrem, quod eo Cardinali privatum iri collegium video, cujus ad sustinendas ruinas magna est vis semper, magnumque momentum, denique etiam quod aetas sua et vita cum commendatione hactenus habita, in discrimen honoris adducitur. Sic cogito. Aut fugendae vicis Apostolicae gratia in Galliam petitur aut principum pacandorum. Si illius rei causa, video eam potestatem non diuturnam futuram. Si hujus, nescio quam succedere consilium possit. Aut enim voluntate tantum Regis proficiscetur, aut Regis et Burgundorum Ducis. Si Regis tantum, cuncta ad arbitrium ejus erunt regenda. Id si fiet, summa erit aliorum injuria, si non fiet, *idem paratus erit exitus, qui et Niceno.*" [2])

---

[1]) Ep. 475. Vast sagt von der Ep. 534: „Observons tout d'abord que Bessarion est mort avant de pouvoir s'expliquer sur les résultats de sa légation." Also ist der Card. Pap. nicht „à la source des informations. Ses renseignements ne peuvent être acceptés sans contrôle," l. c. p. 420. Nach dem vorliegenden Briefe war der Cardinal bereits am letzten September 1472 von dem schlechten Ausfall der Legation informirt; er spricht von einer „offensio aestimationis ap."

[2]) Ep. 476.

In dem 488. Briefe[1]) aus Siena, ohne Datum, meldet der Cardinal den Tod Bessarions: „Voco te, Campane frater, ad lamenta et lachrymas. Mortuus Nicenus noster est, vir sine controversia magnus: cujus doctrina ingens erat, ingenium singulare, admirabilis eloquentia, studium autem ad publica non modo continuum, sed supra aetatis ac valetudinis sortem etiam pertinax. Nil habuit Romana Sedes quo gloriari amplius posset, nihil quod ad suum ministerium efficacius inveniret. Videbat prudenter, explicate monstrabat, sine intermissione operabatur, alienae etiam segnitiei reprehensor semper erat ac castigator. Ad hunc referebantur nostra consilia, ad hunc Legationes undecunque nos adeuntes. Sine Niceno nec operum initia erant, nec exitus. Tota operum moles hujus unius humeris insistebat. Omitto amorem in nos etc. *Duram Galliam et impatientem sani consilii, auctricem quoque tanti doloris et obitus.* Quo unquam merito tuo, aut quo sacrificio tanti peccati culpam poteris expiare? Sanctus senex ob falsam de fide sua suspicionem videns incassum isse labores susceptos, relictam in armis Provinciam, perditam spem magnorum pro religione subsidiorum, supra urgentem valetudinem etiam animo consternatus, Ravennae, quo a Taurino devectus Pado erat, spiritum Domino reddidit."

Der Brief aus Siena[2]) vom 20. October 1483 urtheilt über Bessarion ziemlich hart: „Viden' Francisce, ut exitus non boni sint ambitiosis legationibus? Ut etiam Deus nostrae vanitatis nos saepe admoneat? Quid in Niceni et Vicecancellarii legatione judicio Dei expressius? Ille ut in Galliam proficisceretur ad legationem quaestus et nominis plenam, cum antea magnus semper fuisset, nullus ex eo tempore fuit. Vendidit libertatem sententiae, servire

---

[1]) Campano.

[2]) Ep. 534.

alienae cupiditati coactus est, Pontifici non assensit modo in quibus voluit, sed adjutor etiam fuit, ut juramenta violarentur et vota die electionis suae Deo oblata. Ut crearentur quoque indigni Cardinales magna bonorum moestitia et gravi omnium de nobis querela. Profectus est tandem. Potestatem omnem Romanae Sedis detulit secum. Conceptuum plenus in provinciam venit, multa de Rege, non pauciora de se promittens. Quid inter haec Deus ultionum Dominus? Quam insignite ostendit, vanas esse hominum cogitationes? Mox ut regnum ingressus est, ipsi Regi coepit esse suspectus. Progredi ad eum est vetitus. Menses duos ludibrio habitus, tertio tandem admittitur. Una atque eodem ingrato colloquio finitur legatio. Rediit moestus. Ad explicandas facultates nec locus fuit, nec tempus. Dolore inde confectus Ravennae decessit. Domus ejus tam cara ac tanta cura extructa in invisissimi hominis potestatem devenit. Hortator ei absens fueram prosequendae legationis, laudator quoque acceptae. Sed Romam reversus initia ejus cognoscens, ne proficisceretur suasi, nil sani ex malis rationibus sperans. *Deposuit eam in Senatu, in Senatu illam resumpsit.* Exitus fuit, quem narro." [1])

Wie steht es nun mit der von Platina und Paul Jovius erhobenen, von Vast wiederholten Anklage gegen Sixtus IV.? „Bessarion fut exilé avec la dignité de légat en France, parceque Sixte IV.... ne pouvait supporter la présence d'un homme qui opinait toujours librement, gravement et dans l'intérêt de la religion." Mit anderen Worten: Sixtus IV. ist ein Ungeheuer von Undankbarkeit, das sich der Verpflichtungen gegen einen Mann erledigen will, der ihn zum Cardinal und Papst gemacht, indem er den kranken Greis in die

---

[1]) Zu bemerken ist, dass bei Vast der Brief nur bis „Ravennae decessit" (übersetzt) gegeben ist. Von den übrigen Briefen des Card. Pap. citirt er 417, 423, 431, 476.

Höhle des französischen Löwen sendet und sich herzlich darüber freut, dass er diesen grämlichen Tadler und Störer seiner ehrgeizigen Pläne los ist. „Voilà l'opinion des contemporains au moment de la légation de B. en France: c'est aussi la vérité qui doit être acceptée par l'histoire." Unserer Ueberzeugung nach ist das nicht die „vérité", noch ist die Geschichte in der Lage, diese von Platina, Paul Jovius und Vast dargestellte „vérité" zu acceptiren. Dabei ist nicht zu läugnen, dass die Sache pikant und tragisch erscheint und in ihrer romantischen Fassung an Infessura, Burcardus u. A. streift, die ja so viel Stoff geboten haben, über die Päpste als Feinde aller wahren Cultur ganze Bände zu veröffentlichen.

Aus den citirten Briefen ergiebt sich Folgendes:

„In sämmtlichen Briefen steht nichts darüber, dass Sixtus den Cardinal Bessarion exilirt, genöthigt habe, sich dieser Mission zu unterziehen, um ihn zu beseitigen.

Ep. 423. sagt der Card. Pap. von Bessarion: „non ibit, erit Romae ad colendam Sedem, quam datam a Pontefice praedicas." [1]) Wenn der Papst den Cardinal mit einer „Sedes" belehnt und ihn durch ein „intérêt personnel" an Rom fesselt, so hat er nicht die Absicht, ihn zu beseitigen, sondern ihn eben zu fesseln. [2])

---

[1]) Cfr. Vast p. 421. „Pour garder le siége nouveau que le pontife lui a donné; Bessarion avait dont quelque intérêt personnel à ne pas quitter la capitale etc."

[2]) Cfr. Ep. 437. „Provinciae decretae cum cessisset in Senatu Nicenus, nil causae praeter valetudinem afferens: Pontifex, *qui meminerat, quanto studio* fuisset ante petita, mirareturque tam paucis diebus voluntatem mutatam, de consilii sententia non accipiens cessionem, monuit tantum, ut sanius cogitaret. Hac in suspensione perseveratum est in diem praesentem." Wo ist nun die Verbannung, welche der grausame Sixtus über Bessarion verhängt hat? Cfr. Rain. l. c. n. 7. Dass Ludwig XI. nicht an eine Türken-

Ep. 437. betont gerade, dass der König von Frankreich an Bessarion geschrieben habe: „*Nunc vero cum ad ipsum Nicenum humanissime scripserit Francorum Rex, gratulans legatione, hortansque ad maturandam profectionem, quam sibi et Regno futuram laetam affirmat, visus est in desiderium primum redire.*“ Daraus ergiebt sich, dass der König von Frankreich, der in Bessarion einen für seine Absichten gefügigen Character zu finden glaubte, darauf drang, dass dieser die bereits aufgegebene Gesandtschaft wieder aufnahm: „visus est in desiderium primum redire.“ Bessarion hatte also den Wunsch (desiderium), nach Frankreich zu gehen, ist also nicht das Opfer Sixtus IV. In Bezug darauf schrieb der Card. Pap. am 13. März 1472 (Ep. 439): „Resumpsit hodie in Senatu Nicenus legationem depositam.“

Es war nicht schwer, bei der bekannten Taktik Ludwig IX., zumal da er damals die Kirche mit einem Schisma zu beschenken gedachte, diesen Verhandlungen einen ungünstigen Ausgang zu prophezeien. Bessarion aber war frei in seinen Entschlüssen: „Deposuit eam (legationem) in Senatu, in Senatu illam resumpsit.“ [1]) Derselbe Brief

expedition dachte, ist bekannt. „Cumque urgeretur a Cardinale Bessarione, ut cum Carolo duce Burgundiae foedus pangeret collapsaeque religionis et Graeciae Turcica oppressae servitute misereretur, respondit, pacem redintegrari non posse nisi prius Burgundiae Britanniaeque duces, qui Gallicae coronae beneficiarii regiis non obsequebantur imperiis, anathemate percellerentur.“ (Ex Mscpto. Arch. Vatic. Miscell. in Sixtum.)

[1]) Ep. 534. Cfr. Rain. ad ann. 1472, n. 6. „Offert sese primum Card. Bessarion, qui cum infirma esset valetudine atque aetate confectus, legatione in Galliis et Anglia gerenda, *quam antea petierat*, se abdicare est meditatus. Cfr. Rain. l. c. n. 12. „Quod ad Galliarum bella civilia attinet, ad quae Bessarionem missum vidimus, livor fastusque Ludovicum Fr. Reg. et Carolum duc. Burg. adeo efferarant, ut non modo palam ferro flammaque, sed etiam

macht ihm den Vorwurf: „Pontifici non assensit modo in quibus voluit, sed adjutor etiam fuit, ut juramenta violarentur.“ Den entschiedenen Wunsch Bessarions, nach Frankreich zu gehen, deutet auch der 455. Brief des Card. Pap. an:

„Gallicana mutatio in pristinum rursus est immutata. Nescio utrum mutationem magis dignatio vestra ridebit. Post ea quae scripsi illico affuerunt litterae a nostro Niceno: longiores aliquae de rebus communibus, breviores autem sui chirographi, in quibus scribit, prope adductam fuisse in extremum discrimen aestimationem legationis suae, sed benignitate Dei superata artificia malignorum, consensisse Regem, ut ad se proficiscatur et libere allatam potestatem exerceat, tum autem sperare, mox ut illum convenerit, non dubie Celsitudinem suam cognituram odii, non rationis fuisse suspiciones injectas. *„Multa est fiducia eis in litteris, quas quidem legi ego, et ne errarem legendo relegi.“*

Die Behauptung von Vast (p. 420), Bessarion habe sich über den Ausfall der Legation nicht mehr äussern können, da er krank gewesen sei: „Observons tout d'abord que Bessarion est mort avant de pouvoir s'expliquer sur les résultats de la légation et que, malade dès son retour il n'a pu adresser à la cour de Rome que des comptes rendus insuffisants et incomplets. De plus, le cardinal de Pavie était légat d'Ombrie depuis l'avénement de Sixte IV.; il est encore loin de Rome, à Sienne, au moment où il écrit sa lettre. Par conséquent, il n'est pas à la source des informations,“ ist uns völlig unverständlich! Sollte Bessarion seine Papiere nicht seinem geheimen Secretär, der ihn begleitet, mitgetheilt und nach Rom geschickt

clam veneficio se mutuo insectarentur, ut mirum non sit Bessarionem sedare eorum iras non potuisse. Agebant autem Ludovicum contrarii interdum motus, ac modo pacem modo bellum expetebat etc.“

haben? Sollte er auf der langen Reise durch Frankreich sich gegen Niemand seiner Umgebung geäussert haben, denn er war doch nicht ganz ohne Begleitung? Sollte er keine Aufträge hinterlassen haben? Nicht im Stande gewesen sein, noch einen Brief zu concipiren, nicht seinen Dienern gewisse Aufträge zu geben? Sollte er nicht von Frankreich aus nach den dortigen Misserfolgen, wie es bei Gesandten Sitte war, sogleich einen Courier abgefertigt haben? Sollte er sich nicht beklagt haben und konnten diese Klagen nicht nach Rom gelangt sein? sollte er dem Priester, der ihm in seinen letzten Stunden beistand, nicht vielleicht Aufträge, Mittheilungen hinterlassen haben, die dieser nach Rom gelangen liess? Oder waren ihm in der That, wie Herr Vast annimmt, alle Wege abgeschnitten, sich zu äussern, und war der Cardinal von Pavia so lange Zeit nach dem Tode Bessarions[1]) immer noch nicht „à la source des informations“?

Wir gestehen, dass wir den starken Glauben an diese Behauptung nicht besitzen, aber es ist noch lange nicht das Stärkste, was uns in der Geschichte Sixtus IV. von älteren und neueren Darstellern an Glauben zugemuthet worden ist. — H. Vast scheint sich demnach selbst nicht „à la source des informations“ zu befinden.

---

[1]) Sa lettre a été écrite le 20 octobre 1473 presque un an après la mort du cardinal.

Berichtigungen.

Seite 3, Anm. 1, Zeile 1 von oben lies Erigena statt Erigina.
„ 23, Anm. 1, Z. 5 von oben lies saria statt varia.
„ 118, Anm. 1, Z. 7 von oben lies quantunque statt quatunque.
„ 134, Z. 4 von oben lies 1468 statt 1463 (Cfr. Wadding, Annal. Min.)
„ 148, Z. 1 von oben lies Jacobus Volaterranus für Raphael Vol.
„ 244, Z. 12 von unten lies maledictionem für meledictionem.
„ 262, Anm. 1, Z. 1 von oben lies Ludwig XI. statt Ludwig VI.
„ 281, Z. 3 von oben lies Fürstin statt Fürsten.
„ 301, Z. 8 von unten lies des Interdicts für der Interdicts.
„ 346, Z. 14 von unten lies 1480 statt 1479.
„ 505, Z. 14 von unten lies errat für erat. Z. 13 ebenda lies ejus für cujus.

Zeitfracht Medien GmbH
Ferdinand-Jühlke-Straße 7
99095 Erfurt, Deutschland
produktsicherheit@kolibri360.de